Meer

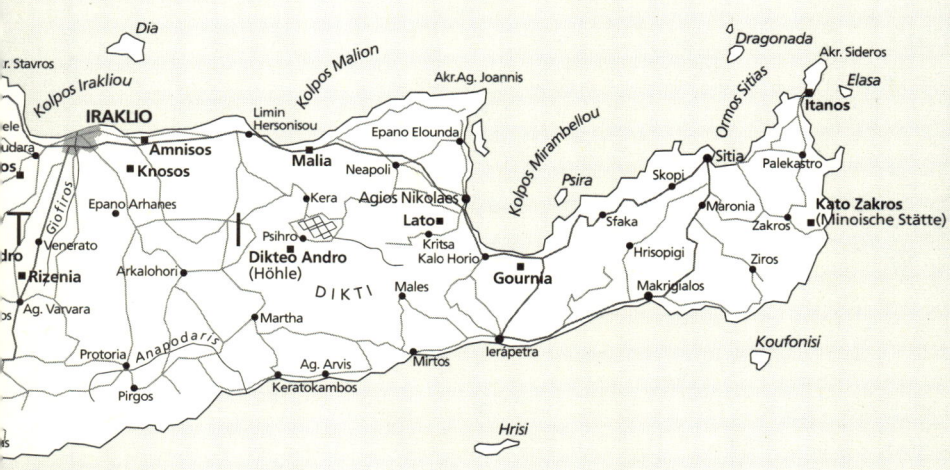

Meer

Karte/Text	Karte / Text
Ag. Agios / Ayiós	Kalives / Kalyves
Ag. Arvisi / Arvi	Knosos / Knossos
Ammoudari / Amoudhara	Kolimvari / Kolimbari
Amnisos / Amnissos	Lendas / Lentas
Falasarna / Phalasarna	Malia / Mallia
Georgioupoli / Georgeioupolis	Polirrina / Polirina
Gortys / Gortis	Rethimno / Rethymnon
Idi Psiloritis / Ida	Theriso / Therisso
Iraklio / Iraklion	

Brinna Otto
König Minos und sein Volk

Brinna Otto

König Minos und sein Volk
Das Leben im alten Kreta

Artemis & Winkler

Die Deutsche Bibliothek – CIP-Einheitsaufnahme
Otto, Brinna:
**König Minos und sein Volk: das Leben im alten Kreta /
Brinna Otto.** – Düsseldorf; Zürich: Artemis und Winkler, 1997
ISBN 3-7608-1113-2

© 1997 Artemis & Winkler Verlag, Düsseldorf / Zürich
Alle Rechte, einschließlich derjenigen des auszugsweisen Abdrucks sowie der
fotomechanischen und elektronischen Wiedergabe, vorbehalten.
Satz: Utesch Satztechnik GmbH, Hamburg
Druck und Bindung: Wiener Verlag, Himberg
Printed in Austria
ISBN 3-7608-1113-2

Hans-Günther Buchholz und dem Andenken an Roland Hampe gewidmet

Inhalt

Vorwort 9

Menschen und Götter auf der »Insel der Seligen« 13
Der Schauplatz 15
Die Geschichte Kretas 21
Antike Zeugnisse und die Tradition der Mythen 34
König Minos – Legende und historische Gestalt 49

Entdeckungsgeschichte – auf den Spuren der minoischen Kultur 65
Arthur Evans, der »Entdecker des alten Kreta« 67
Die weitere Erforschung des »minoischen« Kreta 96
Die bronzezeitlichen Chronologien 110

Das Leben im alten Kreta 117
Die frühesten Spuren in der Steinzeit 119
Die Kultur der frühen Bronzezeit 128
Die Zeit der älteren Paläste 171
Die Zeit der neuen Paläste 305
Kreta im politischen Umfeld 341
Religion und Brauchtum 366
Das minoische Kreta 411

Anhang
Anmerkungen 431
Literaturhinweise 462
Dank 469
Register 470

Vorwort

Kreta, felsige Insel im Meer, dem großen Grünen, Grenze Europas nach Süden, Barriere und Mittlerin, Ort uralter Sagen, Heimstatt der Götter und Menschen, die Du golden des Kronos' Zeitalter und hehr die Tage des Königs Minos erlebtest, immer geheimnisvoll, offenbarst Du Dich und verrätselst Dich wieder.

»Golden haben zuerst das Geschlecht hinfälliger Menschen
todfreie Götter geschaffen,
die himmlische Häuser bewohnen.
Das war zu Kronos' Zeit, als er noch König im Himmel.
Und es lebten wie Götter [die Menschen] und hatten nicht Kummer im Herzen,
fern von Mühen und frei von Not, nicht drückte das schlimme Alter auf sie, sondern allzeit
behend an Beinen und Armen lebten sie freudig in Festen, weitab von allen den Übeln;
starben als käme ein Schlaf über sie. Und alle die Güter
waren ihr Teil; Frucht brachte der nahrungspendende Boden
willig von selbst, vielfältig und reich. Vollbrachten in Ruhe
ferne und froh ihre Werke, gesegnet mit Gütern in Fülle.«
(Hesiod, *Erga* 109–119)[1]

Nach der mythischen Überlieferung der Kreter lebte Kronos als mächtiger König der Titanen mit seiner Gattin Rhea auf Kreta in der Region um Knossos. Unter seiner gerechten Herrschaft führten alle Untertanen ein seliges Leben in Freude und Kurzweil (Diod. Sic. V 66, 1–6). Viele Generationen später lebte König Minos, und mit ihm trat Kreta in eine neue Epoche ein.

»Kreta ist ein Land inmitten des purpurnen Meeres,
Schön und reich und rings umströmt, es leben dort aber
Zahllos viele Menschen in neunzig Städten darinnen.
Ihre Sprache ist bunt gemischt, da sind die Achäer,
da die stolzen Eteokréter, da die Kydonen,

Vorwort

Dorier dreifachen Stammes, und auch die hehren Pelasger. Drinnen ist Knossos, die große Stadt; es herrschte dort Minos jeweils für neun Jahre, des Zeus, des großen, Vertrauter, meines Vaters, des hochgemuten Deukalion, Vater.« (Homer, *Odyssee* XIX 172–180)[2]

So spricht Odysseus, der Sohn des Laertes und König von Ithaka. Er täuscht damit seine treue Gattin Penelope, denn er wünscht, noch für eine Weile unerkannt zu bleiben. Nach zehnjährigem Ringen vor Troja und langen Irrfahrten ist er nach Ithaka zurückgekehrt und hat, als Bettler verkleidet, seinen Palast betreten. Auf die Frage Penelopes nach seiner Herkunft und seinem Geschlecht gibt sich der listenreiche Mann als Enkel des großen kretischen Königs Minos aus, der mit Zeus, dem obersten Himmelsgott, vertrauten Umgang pflegte, und damit als Bruder jenes Idomeneus, der als Führer von neunzig schwarzen kretischen Schiffen mit Agamemnon, dem Mykener, und den Flottenkontingenten seiner übrigen Vasallenkönige gen Troja zog. Penelope aber glaubt Odysseus, gefangen von der Faszination seiner Rede, die in ihrer Mischung von Gegenwärtigem und Mythischem, von Realem und Erdichtetem so ganz und gar kretisch ist.

Zur folgenden Darstellung der Geschichte des vorminoischen und minoischen Kreta, von König Minos und seinem Volk ist eine Bemerkung vorauszuschicken: Für das Verständnis der oft schwierig deutbaren historischen und archäologischen Befunde ist die Zeugenaussage antiker griechischer Quellen zum vorhistorischen Kreta wesentlich. Darin wird von der Regentschaft in Libyen und anschließend in Kreta des gehörnten ägyptischen Fruchtbarkeits-, Orakel- und schließlich Sonnengotts Ammun / Amon gesprochen, den ägyptische Texte den »Stier seiner Mutter« nannten, und von seinem Sohn, dem gehörnten König und späteren Gott Dionysos (Diod. Sic. III 68–74). Auch wird die mütterliche Linie des Geschlechts der altkretischen Könige Minos, Sarpedon und Rhadamanthys aus Libyen und der Levante hergeleitet (Apollodor III 1,1) oder das Königtum von Rhadamanthys noch über Ruhm und Gestalt des Königs Minos erhöht (Homer, *Ilias* XIV 321; *Odyssee* IV 562–565; *Odyssee* VII

321–322; Strabon X 4,8). Wo keine Übereinstimmung mit dem heutigen Forschungsstand erreicht werden konnte, treten eigenen Argumentation und Auffassung in den Vordergrund, um die Diskussion anzuregen und die Suche nach der historischen Wahrheit zu beleben.

Menschen und Götter auf der »Insel der Seligen«

Der Schauplatz

Das Inselland Kreta liegt auf halbem Weg zwischen den drei Kontinenten Europa, Asien und Afrika. Durch die Brückenköpfe kleiner Inseln ist es mit der Peloponnes und mit Anatolien verbunden. Fossile Reste bezeugen die einstige tektonische Verbindung mit dem europäischen Kontinent und mit Asien. Als langgestreckter Inselriegel trennt Kreta die Ägäis im Norden vom Libyschen Meer im Süden. Die zentrale Lage bot die natürlichen Bedingungen dafür, daß hier die erste europäische Hochkultur entstand.

Die Insel Kreta, die von West nach Ost 256 km mißt und deren maximale Breite 57 km beträgt, hat eine Fläche von 8 247 km^2. Ihr Rückgrat bilden hohe Gebirgsmassive aus Kalk- und Schiefergestein. Im Westen erheben sich die Weißen Berge, die Leuka Ori, mit ihren vier Dutzend über 2 000 m hohen Gipfeln, unter ihnen der Páchnes mit 2 452 m Höhe. Dann folgt zum Zentrum der Insel hin der Gebirgsstock des Ida, des Psiloritis mit dem Gipfel des Timios Stavrós von 2 456 m Höhe. Zum sanften Lassithi-Gebirge des östlichen Mittelkreta gehören zwei nahezu gleich hohe Gipfel, der Dikte und der Aféndis Christós von fast 2 150 m Höhe. Auf der Halbinsel Sitia im Osten erreichen die Ori Sitias im Aféndis Kavoússi eine Höhe von 1 476 m.

In die Gebirge eingebettet sind fruchtbare Hochebenen mit Schwemmland. Die größte von ihnen ist in Ostkreta die 800 m hoch gelegene, landschaftlich eindrucksvolle Lassithi-Ebene. Im Westen trifft man in gleicher Höhe auf die kleinere Askifou-Ebene. Andere Hochebenen dehnen sich zwischen 1 200 und 1 300 m Höhe aus. Im Ida-Gebirge ist die nur als Weide genutzte Nidha-Ebene durch eine Straße erschlossen, die zur sagenumwobenen Idäischen Grotte führt. Im Südteil greift die Mesara in die Gebirgslandschaft ein. Diese Tiefebene von 140 km^2 Nutzfläche erstreckt sich 60 km von Westen nach Osten. Die Asteroússia-Bergkette grenzt sie vom Libyschen Meer ab. Die Mesara, die einstige Kornkammer Kretas, gehört zu den ältesten Kulturlandschaften der Insel.

Kreta ist ein Land der Gegensätze. Während der Ida sein Haupt in die Wolken reckt, ist das Meer zu seinen Füßen 4 800 m tief. Sanfte Buchten wechseln mit steilen Küsten, gewaltige Gebirgsmassive mit hügeligen Vorlanden ab. Während die Südküste durch das nahe Herantreten der Gebirgszüge steil und unzugänglich ist – natürliche Häfen öffnen sich nur bei Hagia Triada, bei Lebena und Hierapetra –, verfügt die Nordküste über zahlreiche Halbinseln und Buchten, die natürliche Häfen bilden – so bei Rhetymnon, Iraklion, Amnissos, Mallia, Sitia und Palaikastro. Westlich von Rhetymnon, nahe Chania, bildet die Souda-Bucht ein langgestrecktes seeartiges Becken. Im Osten schneidet der Golf von Mirabello tief in die Insel ein. Hier, am Istmos von Hierapetra, ist Kreta nur 12 km breit.

Das Klima ist mediterran, mit kurzem, regenreichem Winter und über 300 Sonnentagen im Jahr, mit hohen Temperaturen bei sommerlicher Trockenheit während der Zeit von vier Monaten im Westen und von acht Monaten im Osten der Insel. Von den Niederschlägen und dem Schmelzwasser des Schnees tritt im verkarsteten Kalkgebirge ein Teil in Form von kalten, klaren Quellen wieder zutage. Auch kann das Grundwasser in vielen Tälern und Schwemmlandgebieten durch Brunnen erfaßt werden. Von den Flüssen der Insel aber führen heute nur wenige ständig Wasser, so daß Süßwasser auf Kreta sehr kostbar ist.

In der Antike besaß Kreta große Zypressenwälder, von denen heute nur noch Restbestände in den Gebirgen geblieben sind. Daneben gibt es Wildzypressen, Eichen, kretischen Ahorn und Edelkastanien. Die Waldgrenze liegt bei 1 650 bis 1 700 m Höhe, darunter findet man bis zur Küste hinab Aleppokiefern, in Gruppen oder einzeln wachsend. Auf der Sohle von Gebirgsschluchten, an Flüssen und Bächen, stehen schöne Platanen, im warmen Tiefland Dattelpalmen; sie bilden im Norden der Ostküste den Palmenhain von Vai. Auch die Bananenstaude gedeiht auf Kreta und der Johannisbrotbaum, der Chiliokerato (Tausendkarat-Baum), von dessen brauner, glänzender, stets gleich schwerer Samenlinse sich die Gewichtseinheit »Karat« herleitet.

Im grünen Ödlandgürtel stehen übermannshohe Macchien,

Der Schauplatz

niedrige, kugelige, im Frühjahr von Blüten übersäte Phrygana-Büsche sowie verschiedene Stauden und Zwergsträucher. Zwischen ihnen wuchern zahllose wilde Kräuter und Zwiebelgewächse, Asphodelos, Narzissen, Wildtulpen und Orchideen. Bewässert durch weitverzweigte Kanäle, die aus Quellen und Bächen gespeist oder, wie auf der Lassithi-Ebene, durch windbetriebene Radschöpfwerke mit Grundwasser gefüllt werden, gedeiht in den Ackerbauregionen eine üppige Vegetation. Öl- und Mandelbäume, Südfrüchte, Wein, Getreide sowie – in geringem Ausmaß – Kartoffeln und Gemüse werden kultiviert. Ölbäume sind in den Zonen bis zu 800 m Höhe allgegenwärtig. Ihre Zahl auf Kreta wird auf 13 Millionen geschätzt. Oft sind die Pflanzen mehr als einhundert Jahre alt. Ein solcher Veteran kann bei einer Ernte 20 Liter Öl liefern und damit den Jahresbedarf einer kretischen Familie decken. Im November/Dezember werden engmaschige Netze am Fuß der Bäume ausgelegt, auf welche die reifen Früchte fallen. Durch Pressen der Oliven gewinnt man das Öl. Vom kretischen Weinbau kennt man in Europa seit der venezianischen Herrschaft auf Kreta vor allem den Malvasier. Der Bezirk Malevizi, südwestlich von Iraklion, ist noch heute ein Zentrum der Rebenkultur. Dank der reichlichen Sonnenwärme ist der kretische Wein voll, oft süß im Geschmack. Viele Weinbauern keltern ihren Wein noch selbst. Berühmt ist Kreta auch für seinen Thymianhonig. Imker stellen vielerorts ihre kleinen, blauen Bienenhäuschen auf und schleudern den Honig selbst. In den Dörfern werden Weinbeeren zu Rosinen und außerdem Feigen getrocknet. Man erntet auch Zitrusfrüchte, kleine, aber schmackhafte Bananen sowie Kern- und Steinobst wie Äpfel, Birnen und Kirschen.

In den unzugänglichen Berggebieten leben Wildziegen, Agrimi genannt. Die männlichen Tiere tragen mächtige, gewundene Hörner. Das Ödland ist das Weideland der Schaf- und Ziegenherden. Im Winter suchen die Hirten mit ihren Tieren die Tieflandweiden auf, während sie im Sommer auf die Almen ins Gebirge ziehen. Dort finden sich eingefriedete Hürden und aus Feldsteinen gefügte Hütten, kleine Käsereien (Tirokomia), in denen die Hirten nach alter Tradition Käse bereiten.

Die mit dem Land und seiner Nutzung verbundenen Bewohner Kretas folgen dem Kreislauf der Natur. Obwohl auch heute noch die Landwirtschaft ein Haupterwerbszweig ist, befindet sich die Ökonomie der Insel im Umbruch. Treibhäuser zur Steigerung der Erträge durch mehrere Ernten pro Jahr, Tourismus und Geldwirtschaft schreiben neue Gesetze.

Schon in der homerischen Dichtung erwähnt Odysseus das bunte Sprachgemisch auf Kreta. Auch heute setzt sich die Inselbevölkerung aus Vertretern verschiedener Nationen zusammen; es überwiegt jedoch der schwarzhaarige, mittelgroße mediterrane Typus. Die Frauen auf Kreta tragen meist dunkle, zeitlose Kleider. Zum Erscheinungsbild der Männer gehören kniehohe Stiefel und ein schwarzes, um den Kopf geschlungenes Tuch – beides Relikte der traditionellen Männertracht, zu der noch eine bestickte Jacke, eine Schärpe um die Taille und bauschige Hosen gehörten. Kreta vereint heute ihrer Herkunft nach unterschiedliche Menschen, die durch jahrzehntelanges Leben auf der Insel und engen Kontakt zur einheimischen Bevölkerung selbst zu Kretern geworden. Verschiedene Lebensbereiche mögen ihrerseits prägend gewirkt haben. So verkörpert »Iraklion in seiner orientalisch anmutenden Buntheit und Verworrenheit (...) das cholerisch-aufbrausende Temperament, Chania dagegen das fröhliche, sanguinisch-lebhafte. Réthimnion hat ausgeprägt melancholische Züge, und Agios Nikólaos strahlt das leichtlebige Phlegma des Reichtums aus.«[1]

Kreta lebt seit Jahrtausenden vom Handel. So mag sich unter den handeltreibenden Inselbewohnern über Generationen eine Mentalität ausgebildet haben, die sich in dem kretischen Sprichwort »Wer nicht betrügt, bleibt arm« artikuliert. Zweifelhaften Ruhm verleiht den Kretern auch der Brief des Apostels Paulus an den ersten kretischen Bischof Titus, in dem Paulus (1,12) schreibt: »Es hat einer von ihnen gesagt, ihr eigener Prophet: Die Kreter sind immer Lügner (...).« Paulus spielt hier auf einen Ausspruch des kretischen Sühnepriesters Epimenides an, dessen Lebenszeit ins 7. Jahrhundert v. Chr. datiert wird. Wenn diese Worte auch nicht mit Sicherheit Epimenides zugewiesen werden können, so zeigt sich hier doch eine im Altertum verbreitete Meinung. Der im 3. Jahrhundert v. Chr. am Museion von Alexandria wirkende Gelehrte und Dichter Kallimachos führt

Der Schauplatz

sie auf ein historisches Mißverständnis zurück: Als die Gebeine des kretischen Königs Minos begraben wurden, sei auf das Grab die Inschrift »Das Grab des Minos, (des Sohnes) von Zeus« gesetzt worden. Nach Jahren seien die Buchstaben »des Minos« verwischt und nur noch die Worte »Das Grab von Zeus« lesbar gewesen. Daher habe man geglaubt, daß hier Zeus begraben liege. Diese Behauptung der Kreter aber, das Grab des obersten Himmelsgotts, des unsterblichen Olympiers Zeus, zu besitzen, habe sie unglaubwürdig erscheinen lassen.[2]

Die kretischen Landbewohner haften auch noch in unseren Tagen an den alten Gewohnheiten. Traditionen und Familienbande sind ihnen heilig. In der Freizeit spielen die Männer im Kafenión das Brettspiel Tavli oder lassen die Perlen durch ihre Finger gleiten. Zur Lyra werden historische Balladen gesungen und bei festlichen Anlässen, wie Hochzeit und Taufe, Stegreiflieder, die sogenannten Mandinaden, angestimmt. Man tanzt den Fünfschritt mit seinem immer schneller werdenden Rhythmus, den Sirtós, einen Rundtanz, sowie den Kretikós, bei dem Schrittfolge und Tempi wechseln. Jede Gegend hat zudem ihre eigenen Tänze; so führt man bei Sitia den Sitiakós Choros auf, bei Iraklion den Malevízi. Getanzt wird am Namenstag des Dorfheiligen, bei Familienfesten oder einfach zur Unterhaltung im Kafenión des Dorfes. Die Gastfreundschaft ist dem Landmann selbstverständlich. Die Gaben sind die Gaben des Landes.

Bis heute gliedern die religiösen Feiertage das Jahr der Kreter. Unter ihnen steht, wie überall in der orthodoxen Kirche, das Osterfest an erster Stelle, das Auferstehungsfest der Natur am Ende der Winterperiode, die als Regenzeit von November bis April dauert. Andere christliche Feste mögen Wurzeln haben, die weit in frühgeschichtliche Zeit reichen, als auf Kreta ein Jahresgott verehrt wurde, dessen Epiphanie bei Jahresbeginn, dessen »Heilige Hochzeit« und Regentschaft mit der »Großen Muttergöttin« bei Sommeranfang und dessen Tod nach der Erntezeit kultisch begangen wurden. Am 6. Januar, am Jahresanfang, feiert man heute auf Kreta ein Epiphanie-Fest, das an die Taufe Jesu im Jordan erinnert. Der Geistliche wirft ein Kreuz von der Küste ins Meer, worauf Jugendliche in die noch winterkalten Fluten tauchen, das Kreuz wieder heraufholen und aufrichten. Am 21.

Menschen und Götter auf der »Insel der Seligen«

Mai, im ersten Sommermonat, wird das Fest des heiligen Konstantin, Konstantins des Großen, des Begründers des Oströmischen Reiches, und der heiligen Helena, der Kaisermutter, gefeiert. Am 1. November, zu Beginn des Winters, begeht man den Todestag der beiden barmherzigen Ärzte Kosmas und Damian, die unter Diokletian gefoltert und enthauptet wurden.

Die Geschichte Kretas

Frühe Kulturen

Die frühesten Spuren menschlichen Lebens auf Kreta gehören dem 6. Jahrtausend v. Chr. an. Woher die ersten Siedler Kretas kamen, ist ungewiß. Sie suchten ihre Zuflucht in Höhlen, in denen sie auch ihre Toten bestatteten, oder in Behausungen aus vergänglichem Material und lebten vom Sammeln der Nahrung, von Jagd und Fischfang. Mit ihnen entwickelte sich die neolithische Kultur auf der ganzen Insel. Unter dem späteren Palast von Knossos wurden Siedlungsreste des frühen, mittleren und späten Neolithikums gefunden. Demnach hatte sich schon früh die Technik entwickelt, rechteckige Häuser auf Steinfundamenten mit aufgehendem Mauerwerk aus luftgetrockneten Lehmziegeln zu bauen. Werkzeuge aus Stein und Knochen sowie Geräte aus Ton zeugen von Ackerbau, Viehzucht und Webarbeiten. Die steinzeitlichen Bewohner Kretas verehrten eine fettleibige Fruchtbarkeitsgöttin, deren Bild sie aus Stein und Ton formten, und einen jugendlichen männlichen Gott oder Heros (Abb. 1).

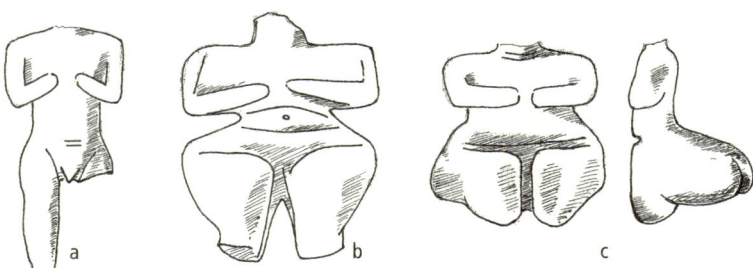

1 Steinzeitliche Idole aus Kreta:
a) männliches Idol aus Knossos,
b) weibliches Idol aus Gortyn,
c) weibliches Idol aus Knossos.

Menschen und Götter auf der »Insel der Seligen«

Zu Beginn des 3. Jahrtausends v. Chr. führten im Nahen Osten neue Technologien, welche die Bearbeitung von Metallen, vor allem von Kupfer, Arsen, Zinn, Silber und Gold, sowie die Bronzeherstellung ermöglichten, zu einer Flut von Unternehmungen. Handelsfahrten, Überseekontakte, aber auch Kriegszüge hatten das Ziel, die begehrten Metalle zu erlangen und, wenn irgend möglich, auch die Metallurgen mitzuneh-men, die in der Bearbeitung der Rohstoffe erfahrenen Handwerker.
Kreta, in die Kontakte zwischen Ägypten, dem Nahen Osten und der Ägäis eingebunden, erfuhr in der frühen Bronzezeit von etwa 2700 bis 2000 v. Chr. einen kulturellen Aufschwung. Belebt von vielseitigen Impulsen, fand das Handwerk erstmals zu einem eigenen, unverwechselbaren Kunststil. Die Siedlungen auf Kreta erhielten protourbanen Charakter, Herrenhäuser wurden gebaut und beeindruckende Kuppelgräber für Sippenbestattungen errichtet.
Diese kulturelle Blüte wurde am Ende der frühen Bronzezeit, um die Wende von 3. zum 2. Jahrtausend v. Chr., vorübergehend unterbrochen. Um 2150 v. Chr. eroberten Gutäer, aus dem Zakros-Gebirge kommend, Mesopotamien und behaupteten sich dort bis 2000 v. Chr. Dadurch wurde das Großreich der Akkader erschüttert, dem auch der Südosten Kleinasiens, die Levante und Palästina angehörten. In Ägypten brachte der Verfall der Königsmacht das Ende des Alten Reiches und in der Folge die Unruhen und Notstände der Zwischenzeit (2181–2133 v. Chr.) mit sich. In Griechenland wurden für die Zeit um 2000 v. Chr. vor allem in der Argolis vielerorts Zerstörungen und Brände nachgewiesen. Man führte sie auf den Zustrom neuer Volksgruppen zurück und erwog, daß sich die Invasion vordorischer Griechen in zwei Wellen um 2000 v. Chr. und um 1600 v. Chr. vollzogen haben könnte. Alles das hatte negative Auswirkungen auf den Handel der ostkretischen Orte und Häfen. Das sinkende Lebensniveau mag Unruhen und kriegerische Gewalttaten verursacht haben, die zur Zerstörung von blühenden Siedlungen wie Pyrgos, Vasiliki und Myrtos führten. Die Bevölkerungszahl auf Kreta verminderte sich. Neue Grabanlagen, wie Porti, Christos und Vorou in der Mesara, wurden angelegt.

Die Zeit der alten Paläste

Nach dem vorübergehenden Niedergang am Ende der frühen Bronzezeit setzte auf Kreta mit dem 2. Jahrhundert v. Chr. wieder eine Periode kraftvoller kultureller Entwicklung ein. Stadtanlagen entstanden und in ihren Zentren Palastbauten. Mit Repräsentationsräumen und -höfen, mit Heiligtümern, Magazinen und Werkstätten bildeten die Paläste von Mallia, Knossos und Phaistos die politischen, religiösen und ökonomischen Zentren der Städte und des sie umgebenden Landes. Handels- und Hafenstädte wie Kydonia (heute Chania), Gournia, Pseira, Mochlos und Palaikastro wurden neu errichtet oder ausgebaut und ausgedehnte Friedhöfe angelegt. Einzelne Herrensitze entstanden, wie der auf der Route zwischen Rhetymnon und Phaistos bei Monastiraki gelegene palastartige Bau. Alte Verehrungsstätten der frühen Bronzezeit wurden zu Gipfelheiligtümern aufgewertet, die sich ebenfalls im Ausstrahlungsgebiet einer Stadt oder eines Palastes befanden. Als Stützpunkte für den weitgespannten Handel gründeten die Kreter Kolonien auf Melos und Rhodos. Kostbare polychrome Palastgefäße, die sogenannte *Kamares-Ware*, gelangten auf verschiedenen Schiffahrtsrouten nach Griechenland (Lerna), auf die ägäischen Inseln (Melos, Rhodos, Kos, Karpathos und Samos), nach Kleinasien (Troja, Milet, Iasos und Knidos), nach Zypern, nach Ugarit in der Levante und nach Ägypten.

Im 4. Jahrtausend v. Chr. waren die sumerischen und ägyptischen Hieroglyphenschriften entwickelt worden. Im 3. Jahrtausend v. Chr. und in den ersten zweihundert Jahren des 2. Jahrtausends v. Chr. wurde aus der sumerischen Hieroglyphe die Keilschrift abgeleitet, welche die Sprache der sumerisch-semitischen Hochkultur festhielt. Wie weit im 3. Jahrtausend v. Chr. im ganzen ägäischen Raum Vertrautheit mit der Kulturtechnik der Schrift bestand, ist heute eine offene Frage. Auf Kreta schrieb man in der Zeit um 2000 v. Chr. mit Hieroglyphen, die lokale Varianten zeigten. In Phaistos wurde eine lineare Variante, das sogenannte Protolinear, ausgebildet, und schließlich ging nach 1700 v. Chr. aus den hieroglyphischen Zeichen die Linear-A-Schrift und später aus dieser die Linear-B-Schrift hervor.

Menschen und Götter auf der »Insel der Seligen«

Gegen 1700 v. Chr. erschütterte ein heftiges Erdbeben Kreta. Ein Großteil der Städte, Paläste und Heiligtümer stürzte ein. Monastiraki und das dreigeteilte Bergheiligtum von Anemospilia auf dem Juchtas wurden nicht mehr aufgebaut. In den Städten aber löste die Zerstörungskatastrophe einen regen Wiederaufbau aus.

Die Zeit der neuen Paläste

Trotz weiterer Erdbeben, in denen Häuser und Palastmauern zusammenbrachen, wurden über den Ruinen der Alten Paläste die größeren und prachtvolleren Anlagen der Neuen Paläste errichtet. Mit ihnen entfaltete sich im späten 17. und im 16. Jahrhundert v. Chr. die Hochblüte der bronzezeitlichen Kultur Kretas. Kleinere Fürstensitze entstanden in Kydonia (Chania), Gournia und Hagia Triada. Auf dem Land bildeten Villen und Herrensitze Zentren der Agrarwirtschaft. Die zahlreiche, aus verschiedenen Volksgruppen bestehende Bevölkerung lebte in einem theokratischen Staat, der aus einer Residenzstadt und ihrem Ausstrahlungsgebiet bestand. König und Königin, Priesterinnen und Priester, Beamte, Händler, Handwerker, Seeleute, Fischer und Bauern gingen als Mitglieder einer geordneten, aufeinander bezogenen Gesellschaft ihren Tätigkeiten nach.

Der blühende Fernhandel lag vornehmlich in der Hand der Könige. Die Kontakte mit dem Nahen Osten, der Ägäis und Griechenland wurden intensiviert und Beziehungen zu den Hyksos-Herrschern und ihrer Hauptstadt Auaris im Nildelta aufgenommen. Der Deckel einer Alabastervase, der bei den Ausgrabungen in Knossos zutage kam, trägt den Namenszug des Hyksos-Herrschers Chajan und macht deutlich, daß damals der König von Knossos wie auch die Könige von Hattuscha und Babylon von den Hyksos-Pharaonen diplomatische Geschenke erhielten. Die Kunst und der kultivierte Lebensstil Kretas wurden weit über die Landesgrenzen hinausgetragen und auf dem griechischen Festland, auf Keos, Thera, Rhodos, Melos, in Milet an der kleinasiatischen Küste, in Tel Kabri in Palästina und andernorts gepflegt. Kretas kultureller und wirtschaftlicher Einfluß im östlichen Mittelmeer erreichte den Zenit. Eine Bedrohung der Insel durch Feindeshand scheint die kretische Flotte ausgeschlossen zu haben. Es war die Zeit der sog. »Pax Minoica«. In diese Periode kultureller Blüte auf Kreta fällt die Katastrophe des Vulkanausbruchs auf Thera. Ihm war ein Erdbeben vorausgegangen, das die Inselbewohner veranlaßte, aus ihrer Heimat zu fliehen und ihren beweglichen Besitz mitzunehmen. Der Vulkan explodierte in drei kurz aufeinander folgenden Eruptionen. Drei Aschelagen überdeckten die verlassene minoisch-kykladische Siedlung Akrotiri. Eine große Wolke weißer Asche, die das Tageslicht verdunkelte, wurde vom Wind ostwärts über Rhodos nach Sardes, Zypern und ins östliche Nildelta getragen. 120 km südöstlich von Thera liegt die Asche auf dem Meeresgrund heute noch 0,78 m hoch. Durch die Heftigkeit des letzten Ausbruchs brach der entleerte Krater ein, Meerwasser füllte die Chaldera. Die einst geschlossene Gestalt der Insel Thera bestand nun zunächst aus drei, nach abermaligen vulkanischen Tätigkeiten in römischer oder späterer Zeit aus fünf getrennten Inseln.

Über den Zeitpunkt des großen Vulkanausbruchs auf Thera gibt es unterschiedliche Annahmen. Eine Datierung auf der Basis einer naturwissenschaftlichen Argumentation setzt ihn um 1645 oder 1626 v. Chr. an. Trifft dieses Datum zu, dann brachte die gewaltige Naturkatastrophe auf der 120 km nördlich von Kreta gelegenen Insel Thera für die kretische Hochkultur, die nach diesem Zeitpunkt noch 170 Jahre währte, keine nachhaltigen negativen Folgen. Der Ausgräber der kykladischen Siedlung Akrotiri, der Archäologe Spyridon Marinatos, sah dagegen lange Zeit den Untergang der altkretischen Kultur als Folgeerscheinung der Thera-Katastrophe an, die er um 1500 v. Chr. datierte. Eine ägyptologische Argumentation schließlich verbindet – gestützt auf Textzeugnisse der 18. Dynastie, die verheerende Sturzfluten und tagelange Finsternis im ersten Regierungsjahr des Ahmose vermerken – jene Ereignisse mit dem Vulkanausbruch auf Thera und datiert diesen um 1565–1540 v. Chr.[3]

Um 1450 v. Chr. scheinen Kriegswirren von äußeren Feinden ausgelöst worden zu sein, die mit der Zerstörung aller blühenden Städte im Zentrum, im Süden und im Osten von Kreta den

Niedergang der dortigen Hochkultur einleiten. So viel steht fest: Um 1450 v. Chr. wüteten Brände, wurden Menschen erschlagen – für Mallia belegt – und sanken die Paläste Phaistos, Hagia Triada, Zakros, Mallia und Archanes, die Städte Palaikastro, Pseira, Gournia und Amnissos sowie die Villen und Herrenhäuser Vathypetron, Tylissos, Sklavokampos und Nirou Chani in Trümmer. Im Norden von Knossos, wo der Schaden begrenzt blieb, wurden zwischen Stadt und Meer Kriegergräber angelegt, wie sie entsprechend auf dem griechischen Festland vorkommen. Auch bei Phaistos entstand eine Nekropole mit Kriegergräbern. Die kretischen Kolonien Kastri auf Kythera und Agia Irini auf Keos verödeten.

In den folgenden Jahrzehnten blieben die Paläste des Südens und Ostens Trümmerstätten. Nur die Anlagen in Knossos, im benachbarten Archanes und in Kydonia (Chania) wurden wieder instand gesetzt. Die politische und kulturelle Landschaft Kretas hatte sich grundlegend verändert. Die friedliche Koexistenz von selbständigen Stadtstaaten mit fünf oder mehr Palastzentren bei einer gewissen Vorrangstellung von Zentralkreta mit Phaistos und Knossos war zerbrochen. Jetzt dominierte Knossos und entwickelte einen neuen, glanzvollen Palaststil. Was war geschehen? Hatte ein dynastischer Umsturz stattgefunden?

Die österreichischen Althistoriker Fritz Schachermeyr und Peter Haider haben in den letzten Jahren immer wieder darauf hingewiesen, daß um die Mitte des 15. Jahrhunderts v. Chr. auf Kreta die Herrschaft in mykenische Hände übergegangen sei.[4] Das legen ihrer Meinung nach Darstellungen kretischer Gesandtschaften in ägyptischen Gräbern der 18. Dynastie nahe, die einen auffälligen Wechsel in Tracht und Gaben um 1450/40 v. Chr. aufweisen. Demnach gab es in der mykenischen Ära Kretas von 1450 bis 1370/60 v. Chr. nur ein machtpolitisches Zentrum auf Kreta, den Hof von Knossos.[5] Dessen Herrscher stützte sich auf einen Kriegeradel, den er, um seine Macht zu festigen, außer in Knossos auch in Tylissos, Phaistos, Hagia Triada, Gournia und in Chania ansiedelte. Kontakte zum Pharao Amenophis III. verhalfen den Königen von Knossos auch zu einer afrikanischen Söldnertruppe, deren schwarzhäutige Vertreter ein Fresko in Knossos wiedergibt. Die guten Beziehungen Ägyptens zu Kreta

Die Geschichte Kretas

und zum mykenischen Festland macht auch ein Itinerar Amenophis' III. deutlich, das Amnissos, Kydonia (Chania), Peloponnes, Kythera, Knossos, Lyktos und weitere Orte im Osten Kretas als Stationen einer Gesandtschafts- und Handelsreise von Kreta zur mykenischen Peloponnes und über Kreta zurück nach Ägypten verzeichnet.

Um 1375 v. Chr. zerstörte eine Feuerkatastrophe den Palast von Knossos. Zur gleichen Zeit wurde auf dem griechischen Festland der mykenische Palast von Theben geplündert. Die Ursachen für beide Ereignisse sind noch nicht geklärt. Für Sir Arthur Evans, den Ausgräber von Knossos, bedeutete der Brand von 1375 v. Chr. (den er um 1400 v. Chr. datierte) das Ende des Palastes. Danach gab es seiner Meinung nach nur noch eine unbedeutende Nachsiedlung mit dem kleinen Heiligtum der Doppeläxte. Das wichtige Tontafel-Archiv der Linear-B-Texte aber sei im Palastbrand gehärtet worden. Folgt man Evans und Michael Ventris, der 1952 die Sprache der Linear-B-Texte als eine frühe Form des Griechischen erkannte, dann wurden Knossos und weite Teile Kretas seit etwa 1450 v. Chr. von Trägern der mykenischen Kultur, die ein frühes Griechisch sprachen, regiert und verwaltet.

Eine Gegenposition bezog Leonard Palmer, ein Altphilologe aus Oxford. Er kam nach dem Studium der Texte und der Ausgrabungsfunde zur Überzeugung, daß der Palast von Knossos bis in die Zeit um 1200–1150 v. Chr. fortbestand. Erst während seiner endgültigen Zerstörung seien die Linear-B-Täfelchen gebrannt worden. Demnach habe man frühestens ab 1400 v. Chr. in Knossos ein Altgriechisch gesprochen. Nach dieser Interpretation konnte sich das Königshaus von Knossos um 1450 nur mit mykenischer Hilfe behaupten, als zum Schutz der Dynastie ein Teil des mykenischen Kriegeradels an seinen Hof kam. Nach 1375 v. Chr. könnte die Dynastie in Knossos gestürzt und bei den Kampfhandlungen der Palast zerstört worden sein. Ein mykenisches Herrscherhaus formte sodann den Palast beim Wiederaufbau nach seinem Geschmack. Eine straffe zentralistische Machtpolitik begann.[6]

Menschen und Götter auf der »Insel der Seligen«

Die Nachpalastzeit

Das 14., 13. und 12. Jahrhundert v. Chr. wird allgemein als die »Nachpalastzeit« Kretas bezeichnet, obwohl es in Archanes, in Knossos und in Kydonia (Chania) Paläste gab. Mykenische Megaron-Bauten in Hagia Triada, Gournia und Tylissos gehörten dem 14. Jahrhundert v. Chr. an. Die altkretische Kultur versank jetzt mehr und mehr und bewahrte sich nur noch in handwerklicher Geschicklichkeit und Erfahrung, in dörflichen Gemeinschaften Ostkretas und seit dem Ende des 12. Jahrhunderts in Rückzugsgebieten des bergischen Hinterlands.

Die mykenische Kultur des griechischen Festlands entfaltete demgegenüber ihre volle Blüte im 14. und 13. Jahrhundert v. Chr. Kolonien und Handelsstützpunkte lagen auf den ägäischen Inseln, an der Westküste Kleinasiens, auf Zypern, in der Levante, in Ägypten und an den Küsten des westlichen Mittelmeers. Zunehmend mehr Piraten im östlichen Mittelmeer störten jedoch den Handel empfindlich. Schließlich kam es am Ende des 13. Jahrhunderts zu zwei großen Wanderungsbewegungen. Die mykenische Kultur mit ihren Städten, Palästen und Burgen zerstörend, zogen mehrere Stämme, die sogenannten Seevölker, über Böotien und die Peloponnes, über Kreta, Rhodos und Zypern nach Syrien. Ein zweiter Zug zerstörte Troja (Stadt VII a) sowie die hethitischen Kernlande im Bogen des Halysflusses und zog über Kleinasien in Richtung Süden ebenfalls nach Syrien.

Im Jahr 1176 v. Chr. wurde die Seevölkerkoalition vom ägyptischen Pharao Ramses III. im Nildelta zu Land und zu Wasser besiegt. Die ägyptischen Besitzungen in Palästina gingen ihm jedoch verloren. Dort und im Gazastreifen siedelten sich kretische und mykenische Kontingente der Seevölkerscharen, die Kaphtoriter und die Philister, an. Die Seevölker hatten auf ihrer Wanderung Menschengruppen zurückgelassen, die das Völkergemisch auf Kreta mehrten und in der nun folgenden Zeit der Erholung im 11. und 10. Jahrhundert v. Chr. dazu beitrugen, daß sich eine bescheidene Nachblüte kretisch-ägäischer Kultur auf der Insel entfaltete. Zu ihr gehörte unter anderem das im Gebirge gelegene Heiligtum von Karphi.

Homer (*Odyssee* XIX 172–180) nannte von den Völkern Kre-

Die Geschichte Kretas

tas die Pelasger und Achäer (vor- bzw. frühgriechische Bewohner des bronzezeitlichen Griechenlands), die Kydonen, wohl kretisch-mykenische Siedler der Region um Chania, das antike Kydonia, und die Eteokreter, Reste altkretischer Bevölkerung im Osten der Insel, deren Hauptsitz, die Stadt Praisos, im 12. Jahrhundert v. Chr. gegründet wurde. Nachdem auf dem griechischen Festland, den Inseln und an der Westküste Kleinasiens neu zuwandernde Völker, die Arkader, Aeoler und Ionier, seßhaft geworden waren, faßten gegen 950 v. Chr. auch die Dorer in Griechenland, auf den Inseln und in Mittelkreta Fuß. Dieser kriegstüchtigen Volksgruppe, die Kenntnisse der Eisenbearbeitung mit sich brachte und bereitwillig das vorhandene Kulturgut aufnahm, war es beschieden, die Völker Kretas einem neuen Abschnitt der Geschichte entgegenzuführen, der Ära des klassischen Altertums.

Von der archaischen Periode bis zur Gegenwart

Nach 800 v. Chr. führten die Lage im Innern und neuerliche Handelskontakte mit Griechenland, dem Nahen Osten und Ägypten zur archaischen Kulturblüte Kretas. Die dorisch-kretischen Städte verfügten über eine eigene Staatsordnung und bewahrten diese noch lange bis in die Zeit des Hellenismus hinein. Das von Sparta her bekannte Gesellschaftssystem wies der waffentragenden dorischen Oberschicht alle politischen Rechte zu. Eine verbindliche Gesetzgebung sicherte den Bürgern bestimmte Freiheiten, verpflichtete sie aber zugleich zum Dienst im Heer, auf den die Jünglinge in Gemeinschaftshäusern vorbereitet wurden. Die unterworfene Bauernbevölkerung war unfrei.

Städteanlagen entstanden, wie die von Lato im Landkreis Mirabello, von Dreros bei Neapolis, von Karfi und von Prinias am östlichen Ausläufer des Ida-Gebirges. Die Nachbarstadt von Phaistos, das dorische Gortyn, erlebte einen immer stärkeren Aufschwung. In der Architektur, in der Koroplastik (plastische Werke aus gebranntem Ton) und Toreutik (Metallarbeiten) traten die schöpferischen Impulse der Zeit zutage. Es entstand der nach

Menschen und Götter auf der »Insel der Seligen«

dem sagenhaften Künstler und Techniker Daidalos genannte daidalische Stil, der auf Kreta, in Griechenland und auf den ägäischen Inseln das individuelle Bild der archaischen Epoche des 7. Jahrhunderts v. Chr. prägte.

Durch den kulturellen Einfluß der um 1000 v. Chr. einsetzenden phönizischen Expansion blühten Handel und Kunsthandwerk im archaischen Kreta auf. Orientalische, griechische und kretische Stilformen verschmolzen. Das von den Phöniziern übernommene Alphabet gab der griechischen Archaik die Schriftlichkeit einer Hochkultur. In Gortyn entdeckten 1889 Frederico Halbherr und Ernst Fabrizius eine einst von den Römern aufgefundene und in den Portikus des Odeums eingefügte, 17000 Zeichen umfassende Inschrift, das berühmte, in Steinquadern eingemeißelte »Recht von Gortyn«. Die Lettern eines frühgriechischen Alphabets, das die Zeichen für *eta, zeta, phi, psi, chi* und *omega* noch nicht kannte, ordnen sich in zwölf Kolumnen zu je 52 Zeilen. Diese verlaufen im sogenannten Boustrophedon, also in der Weise, wie der Ochse den Pflug durch die Furchen zieht: von rechts nach links, von links wieder nach rechts und abermals von rechts nach links usw. Bei der Sprache der ins frühe 5. Jahrhundert v. Chr. datierten Rechtsinschrift handelt es sich um einen altdorischen Dialekt. Kodifiziert sind strafrechtliche und zivilrechtliche Normen, Fragen der Ehescheidung, der Adoption, der Mitgift, des persönlichen Besitzes sowie Schuld- und Erbbelange. So ergeben sich Einblicke in die rechtliche Struktur einer dorischen Stadt des 6. und 5. Jahrhunderts v. Chr.

Kreta galt im Altertum als die Insel des Rechts, auf der einst Zeus seinem Sohn, dem kretischen König Minos, die den Menschen nützlichen Gesetze übergeben hatte. Aus Kreta, so behaupteten die Spartaner (Herodot I 65, 4–5), soll der sagenhafte Lykurg, der Vormund des Königs Leobotes von Sparta, die Gesetze geholt haben.

In klassischer und hellenistischer Zeit rivalisierten die zahlreichen Stadtstaaten Kretas miteinander, wobei Knossos und Gortyn die Vormachtstellung anstrebten. Im Schnittpunkt bedeutender Seehandelsstraßen gelegen, erschien Kreta allen führenden Mächten der griechischen Staatenwelt als wichtiger Bündnispartner, zumal die Kreter als treffsichere Bogenschützen

Die Geschichte Kretas

und Taktiker des unerwarteten Überfalls berühmt waren. So wurde Kreta in den »Bundesgenossenkrieg« (220–217 v. Chr.) hineingezogen, der sich in innerkretischen Streitigkeiten bis ans Ende des 3. Jahrhunderts v. Chr. fortsetzte. Seit dem 2. Jahrhundert v. Chr. intervenierten Rom und seine Verbündeten, die Attaliden von Pergamon, bei Auseinandersetzungen auf Kreta. Schließlich unterwarf in den Jahren 69–67 v. Chr. der römische Konsul Q. Caecilius Metellus die Insel in harten Kämpfen. Die Augusteische Zeit brachte Kreta, das mit Kyrene zu einer römischen Provinz vereinigt wurde, wirtschaftlichen Aufschwung und Wohlstand. Glanzvoll ausgebaut wurde die Hauptstadt Gortyn, aber auch die Garnisonsstadt Knossos erhielt eine neue, bedeutende Siedlung. Im 1. Jahrhundert n. Chr. begann die Christianisierung der Insel. Doch noch im Jahr 250 n. Chr. wurden dort zehn Bischöfe enthauptet, die seitdem als Märtyrer, als Agii Deka (Heilige Zehn) verehrt werden.

Schon vor der Teilung des römischen Imperiums in ein Ost- und ein Westreich im Jahr 395 war Kreta in die Einflußsphäre der griechischen Stadtgründung Byzantion gekommen, die am 11. März 330 den Namen Konstantinopel erhalten hatte und Hauptstadt des Römischen Reichs geworden war. Unter byzantinischer Macht stand Kreta bis zum Jahr 1204. Allerdings gab es ein arabisches Zwischenspiel: Erobert von einer Schar ehemals spanischer Araber unter ihrem Anführer Abu Hafs Omar, wurde Kreta von 824 bis 961 zum Stützpunkt sarazenischer Herrschaft und zur Basis arabischer Piraterie. Das wehrhafte Fort Rabd-e-Kandek war an der Stelle des heutigen Iraklion errichtet worden. General Nikephóros Phokái eroberte 961 die Insel zurück und bestieg, nach Konstantinopel heimgekehrt, 963 den Thron, um einer der mächtigsten byzantinischen Kaiser zu werden.

Im Jahr 1204 fiel Kreta nach dem vierten Kreuzzug an den Markgrafen von Montferrat, Bonifatius II. Dieser verkaufte die Insel für 10 000 Silbermark an die Venezianer, unter deren Oberherrschaft sie über vier Jahrhunderte blieb. Dann begannen die türkischen Angriffe auf Kreta. Konstantinopel war schon 1453 gefallen; jetzt sollte die nächste Barriere im Westen genommen, Kreta dem Ottomanischen Reich eingegliedert werden. 1645/46 wurden Chania und Rethymnon erobert. Das Ringen um die Hauptstadt Candia, das heutige Iraklion, dauerte 22 Jahre, dann brach der heldenhafte Widerstand, den Papst Clemens IX. und Ludwig XIV. unterstützt hatten. Von 1669 bis 1821 stand Kreta unter dem Zeichen des Halbmonds. Macht und Verwaltung lagen in den Händen der Paschas. Mit dem Anwachsen der moslemischen Bevölkerung verstärkte sich auch der kretische Widerstand. Hohe Steuern drückten das Land, Landwirtschaft und Handel gingen zurück.

Der griechischen Befreiungsbewegung von 1821 gegen die türkische Herrschaft schlossen sich auch die Kreter an. Doch während die Griechen 1832 einen eigenen Staat ausrufen konnten, wurde Kreta von den Alliierten an Ägypten, den Bundesgenossen der Türken, gegeben und befand sich 1840 abermals unter türkischer Herrschaft. Angesichts der Unentschlossenheit der Großmächte dauerten auf Kreta Aufstände und Blutvergießen an, bis die Türken 1898 auf Intervention der Alliierten die Insel räumten. Nach unruhigen Übergangsjahren, in denen die Kreter den Anschluß an Griechenland anstrebten, wurde die Insel 1913 endlich in den griechischen Staatsverband aufgenommen. Als sich die griechischen Interessen über die Landesgrenzen hinaus auf Anatolien und die Rückeroberung Konstantinopels richteten, erwuchs ihnen in Kemal Pascha, dem späteren Atatürk, ein entschlossener Gegner. Ein Führer der Griechen war Elefthérios Venizélos, der bereits den kretischen Aufstand von 1905 gegen das griechische Königshaus geführt hatte. Es kam zum tragischen Fall von Smyrna und nach 1923 zur Aussiedlung der kleinasiatischen Griechen und Rückführung der in Griechenland und auf Kreta lebenden Türken. Im Austausch für 13 000 Griechen verließen 11 000 Türken die Insel.

Nach kurzen Jahren der Beruhigung, des Wiederaufbaus und der nationalen Freiheit brachen 1941 die Wirren des Zweiten Weltkriegs über Kreta herein. Englische Truppen verschanzten sich auf Kreta gegen die deutschen Angreifer, konnten sich aber trotz kretischer Unterstützung nicht auf der Insel halten. Deutsche Fallschirmjäger und später deutsche Truppen zwangen sie zum Rückzug übers Gebirge an die Südküste, von wo sie mit Schiffen nach Ägypten übersetzten. Partisanenkämpfe und Ver-

Die Geschichte Kretas

geltungsmaßnahmen der deutschen Besatzung forderten Opfer, bis Kreta 1945 zum Ende des Krieges von der deutschen und italienischen Besatzung befreit wurde. Jetzt konnten die Menschen der Insel wieder zu sich selbst finden, Städte und Dörfer aufbauen, Landwirtschaft, Handel und Tourismus fördern, den Spuren der eigenen Geschichte nachgehen und die Erinnerung beleben an Kretas ruhmvolle Zeit, welche die Antike mit dem Namen des sagenhaften Königs Minos verband.

Antike Zeugnisse und die Tradition der Mythen

Strabon, der 64/63 v. Chr. geborene griechische Historiker aus Amaseia, behandelte Kreta im vierten Kapitel des zehnten Buches seiner *Geographika*. Er setzte sich eingehend mit der Insel – der Landesbeschaffenheit, den Städten und Menschen und der Geschichte Kretas – auseinander.[7] Seinen Aussagen zufolge wurden im Altertum die Länge der Insel auf 2000 bis 3000 Stadien, ihr Umfang auf 5000 Stadien bemessen.[8] Die Berge im Westen hießen schon damals Leuka, »die Weißen«. Vom Ida Zentralkretas war bekannt, daß er den höchsten Gipfel hatte. Sein Umfang wurde mit 100 Stadien berechnet. Eine Schiffsreise von Westkreta nach der Kyrenaika in Nordafrika nahm zwei Tage und Nächte in Anspruch, die Fahrt von Ostkreta nach Ägypten dauerte drei bis vier Tage und Nächte. Von den Volksgruppen Kretas, die Homer aufzählte[9], den Achäern, Eteokretern, Kydonen, Dorern und Pelasgern, galten Strabon die Eteokreter und Kydonen als Autochthone, die anderen als Fremde, die von Thessalien, einem Land, das sonst Doris genannt wurde, nach Kreta gekommen seien. Die Dorer sollen den östlichen Teil der Insel eingenommen, die Kydonen im Westen gesiedelt und die Eteokreter im Süden, in ihrer Stadt Praisos, den Tempel des Diktäischen Zeus errichtet haben.

Nach Homer hatte Kreta hundert[10] oder doch neunzig[11] blühende Städte besessen. Jene die Differenz ausmachenden zehn Städte waren nach dem Zeugnis des Historikers Ephoros von Kyme[12] nach dem Trojanischen Krieg von Dorern, die den Argiver Althaimenes begleitet hatten, auf Kreta gegründet worden. Strabon bezeugte, daß Knossos im Norden, Gortyn im Süden und Kydonia im Westen das größte Ansehen unter den Städten besaßen. Von ihnen nahm Knossos, das schon Homer als große Stadt und Residenz des sagenhaften Königs Minos gepriesen hatte, die erste Stelle ein. In der Vorzeit war Amnissos, der Ort des Tempels der Göttin Eileithyia, die Hafenstadt des Königs Mi-

Antike Zeugnisse und die Tradition der Mythen

nos. Zur Zeit Strabons gehörte Iraklion als Hafenstadt zu Knossos, das einst den Namen des benachbarten Flusses getragen und Kairatos geheißen haben soll. König Minos soll Kreta in drei Bezirke geteilt und darin die Städte Kydonia, Knossos und Phaistos gegründet haben.[13] Phaistos, von den Gründern der Stadt Gortyn zerstört, galt als Geburtsstadt des berühmten kretischen Sühnepriesters Epimenides,[14] dessen Versen reinigende Kraft zugeschrieben wurde.

Über das heroische Zeitalter Kretas lehrte nach Strabon (X 4,8–9) die Geschichte, daß Minos ein hervorragender Gesetzgeber und der erste Thalassokrat (Seeherrscher) gewesen sei.[15] Laut Ephoros[16] habe Minos einem Rhadamanthys nachgeeifert, der in früherer Zeit gelebt, den gleichen Namen wie der Bruder des Minos getragen habe und ein höchst gerechter Mann gewesen sei. Der Überlieferung nach habe Rhadamanthys als erster Kreta kultiviert, Gesetze erlassen und die Städte unter einer Verfassung versammelt. Auch habe er kundgetan, daß er die verschiedenen Erlasse für eine staatliche Ordnung von Zeus bringe. So sei Minos wie einst Rhadamanthys alle neun Jahre zur Grotte des Zeus hinaufgestiegen, habe dort verweilt und sei mit neuen Anordnungen des Zeus zurückgekehrt. Deshalb sage Homer,[17] daß Minos in Knossos als König regiert und alle neun Jahre mit dem großen Zeus Zwiesprache gehalten habe.

Ältere Autoren, so Strabon, hätten im Gegensatz zu Ephoros jedoch geschrieben, daß Minos tyrannisch und schroff gewesen sei und streng die Tribute eingefordert habe. Angesichts dieser unterschiedlichen Berichte seien die Tatsachen schwer zu beurteilen. Auch sei für manche Minos ein Fremder auf Kreta, für andere wieder ein Einheimischer gewesen. Jedoch stimmten die Geschichtsschreiber darin überein, daß Kreta in alten Zeiten gute Gesetze gehabt habe[18] und die besten der Griechen und insbesondere die Lakedaimonier ihnen nacheiferten.

Auch über die Verfassung des Königs Minos überlieferte - Strabon (X 4,16) das Zeugnis des Ephoros von Kyme: Der Gesetzgeber scheine die Freiheit als des Staates höchstes Gut angesehen zu haben. Sie allein führe zu Wohlstand und gehöre insbesondere denjenigen an, die sie erworben hätten, wogegen in einem Staatsgefüge der Abhängigkeit alles den Herrschenden gehöre und nichts den Beherrschten. Wer aber die Freiheit liebe, habe sie zu hüten. Einigkeit herrsche nur dann, wenn Zwietracht, die aus Habgier und Luxus hervorgehe, ausgemerzt sei. Denn wenn alle Bürger ein selbstbeherrschtes und einfaches Leben führten, könnten weder Neid noch Anmaßung oder Haß entstehen. Darum habe der Gesetzgeber angeordnet, daß Jünglinge ihre Gemeinschaften pflegen und erwachsene Männer in öffentlichen Speisevereinen essen sollten, so daß der Ärmere durch öffentliche Ausgaben auf gleiche Weise ernährt werde wie der Wohlhabende. Und damit Mut, nicht Feigheit vorherrsche, solle vom Knabenalter an ein jeder vertraut in der Führung der Waffen und mit strenger Arbeit heranwachsen, so daß ihm weder Hitze noch Kälte etwas ausmachen, noch das Marschieren über unebenes, steiles Gelände, noch Schläge, die er im Gymnasion oder in der Schlacht empfange. Außerdem sollten die Knaben nicht nur in der Kunst des Bogenschießens geübt sein, sondern auch im Waffentanz, den die Kureten und Pyrrichos erfunden hätten.[19] So würden sie auf jede Weise zum Kriegsdienst ertüchtigt. Gleichfalls sollten sie bei ihren Liedern die kretischen Weisen üben mit ihrer hohen Tonlage, die Thales erfunden habe. Schließlich sollten die jungen Leute militärische Kleidung und Schuhe tragen und Waffen ihre wertvollsten Gaben sein.

Weiter erfahren wir von Strabon (X 4,17–19), daß der lakonische Königssproß Lykurg, welcher der Sage nach die spartanische Verfassung begründete und nach antiker Vorstellung zwischen dem 11. und 8. Jahrhundert v. Chr. lebte, einst nach Kreta gereist sei. Dort habe er unter Anweisung des milesischen Dichters und Gesetzgebers Thales die kretischen Gesetze studiert, die in früherer Zeit Rhadamanthys und in späterer Minos den Menschen als von Zeus erhaltene Weisungen kundgetan habe. Nach ihrem Vorbild habe Lykurg die Gesetze der spartanischen Verfassung entworfen – die meisten sollen aber denjenigen des Minos geglichen haben – und danach den Gott Apollon in Delphi aufgesucht, um seine Gesetze den Menschen als göttliche Erlasse zu bringen. Daher hielten manche antiken Historiker die meisten kretischen Einrichtungen für lakonisch, während andere betonten, sie seien in Wahrheit in Kreta erfunden, in Sparta aber vervollkommnet worden. So seien in Sparta – entsprechend den

Antike Zeugnisse und die Tradition der Mythen

kretischen Kosmoi – Ephoren gewählt, die Ämter der Gerontes (Senatoren) und der Hippeis (Ritter) eingeführt und öffentliche Speisungen der Männer, von den Kretern Syssitia andreia (männliche Speisevereine) genannt, abgehalten worden. Laut Strabon (X 4,22) gehörten zur einstigen kretischen Verfassung zehn Archonten, sogenannte Kosmoi (oberste Regierungsbeamte), denen bei Belangen von höherer Wichtigkeit der Rat der Alten, der Gerontes, zur Seite stand. Diesem Rat gehörten erprobte Männer an und solche, die man schon früher des Kosmoi-Amtes wert erachtet hatte.

Zur Führung und Erziehung der Jugend sah die kretische Verfassung vor – immer nach dem Zeugnis des Strabon (X 4,20–22) –, daß die Jugendlichen nicht nur das Schreiben, sondern auch die vom Gesetz vorgeschriebenen Lieder und bestimmte Formen der Musik lernten. Knaben, die hierfür noch zu jung waren, wurden in die männlichen Speisevereine aufgenommen. Dort saßen sie beim Essen auf der Erde, waren im Sommer und Winter schlicht gekleidet und mußten die Männer und sich selbst versorgen. Wuchsen die Knaben heran, so traten sie in die sogenannten »Herden« ein, die von den hervorragendsten und einflußreichsten Jungen zusammengestellt wurden. Jede von ihnen trachtete danach, so viele Mitglieder wie möglich zu gewinnen. Der Leiter der Herde war im allgemeinen der Vater des Knaben, der die Schar versammelt hatte, und hatte die Autorität, seine Gefährten zur Jagd zu führen, Wettrennen zu veranstalten und Ungehorsam zu bestrafen. Die Knaben in den Herden wurden aus öffentlichen Mitteln ernährt. An bestimmten Tagen zog die eine Herde gegen die andere zum Kampf, zu den Klängen der Doppelflöte und der Lyra marschierend, wie dies auch im wirklichen Krieg üblich war.

Der Herde der Knaben entwachsene Jünglinge wurden zur Heirat geführt. Die Bräute aber kamen nicht sofort ins Haus des Bräutigams, sondern erst, wenn sie reif genug waren, die Belange dort zu ordnen. Die Mitgift eines Mädchens betrug die Hälfte dessen, was seine Brüder erhielten.

In der Liebe zum gleichen Geschlecht hatten die Kreter besondere Bräuche, denn sie gewannen ihre gewünschten jungen Partner nicht durch Überredung, sondern durch Entführung.

Menschen und Götter auf der »Insel der Seligen«

Ein Liebhaber tat seine Absicht den Freunden eines Knaben drei oder mehr Tage vor der geplanten Entführung kund. Stellten die Gefährten fest, daß der Entführer dem Knaben ebenbürtig oder gar im Rang und in anderer Hinsicht überlegen war, so verfolgten sie ihn zwar und hielten ihn fern – aber nur in sehr höflicher Art, um dem Brauch zu genügen. Danach wendeten sie den Knaben fröhlich seinem Liebhaber zu und ließen ihn fortführen. War aber der Entführer unwürdig, so hielten die Freunde den Knaben von ihm fern, und die Verfolgung nahm kein Ende, bis der Junge in das Andreion (Männerhaus) des Entführers gebracht worden war.

Als würdiges Ziel der Liebe galt nicht ein Knabe von besonderer Schönheit, sondern von Anstand und besonderer Männlichkeit. Nach der Entführung gab ihm der Liebhaber Geschenke und führte ihn fort zu jedem gewünschten Platz der Insel. Die bei der Entführung anwesenden Jungen folgten den beiden. Nachdem man zwei Monate lang gemeinsam gegessen und gejagt hatte – längere Zeit durfte der Knabe nicht zurückgehalten werden –, kehrten alle wieder in die Stadt zurück. Der Knabe erhielt einen militärischen Mantel, ein männliches Rind und eine Trinkschale als Geschenke – die vom Gesetz vorgeschriebenen Gaben –, hatte das Rind dem Zeus zu opfern und die mit ihm Zurückgekehrten zu beköstigen. Während dieses Festes hatte der Knabe das Recht, über die Intimitäten zwischen seinem Liebhaber und ihm zu sprechen, damit, falls ihm während der Zeit seiner Entführung Gewalt angetan worden war, er sich jetzt an seinem Liebhaber rächen und von ihm lossagen konnte. Es galt aber als schmachvoll für schön anzusehende oder von vornehmen Eltern abstammende Knaben, keinen Liebhaber zu finden. Dafür wurde ein Mangel in ihrem Charakter verantwortlich gemacht. Diejenigen jedoch, die entführt worden waren, erhielten Ehren sowohl beim Tanz als auch beim Wettlauf; sie durften auch die von ihren Liebhabern geschenkte Kleidung tragen. Wenn sie herangewachsen waren, zeichnete sie eine besondere Tracht als ruhmvolle Männer aus.

Strabon schließt mit den Worten, daß er die Verfassung der Kreter wegen ihres besonderen Charakters und ihrer Berühmtheit beschrieben habe.

Antike Zeugnisse und die Tradition der Mythen

Für die Darstellung der Insel und der Verfassung ihrer Stadtstaaten verwendete Strabon die ihm zugänglichen geographischen und historischen Zeugnisse. Er machte sich die allgemeine Sichtweise zu eigen, die in den Ordnungen und Gesetzen des dorischen Kreta ein Weiterleben vordorischer Satzungen aus der Zeit des Königs Minos sah.

Diese Vorstellungen finden sich schon in den Ausführungen des Philosophen Aristoteles über die Politik (*Politikon* II 7). Auch hier heißt es, daß die dorische Verfassung Spartas sich in den meisten Stücken am kretischen Vorbild orientiert habe, weil der spätere Gesetzgeber Spartas, Lykurg, lange im lakonischen Kolonialland Kreta geweilt und die dortigen Gesetze kennengelernt habe. Die Kolonisten Kretas hätten aber die bestehende gesetzliche Ordnung dort bereits angetroffen und auf König Minos zurückgeführt.

Interessanterweise hob Aristoteles aber auch die Unterschiede zwischen der lakonischen und der kretischen Verfassung hervor. Die Spartaner, berichtete er, hätten pro Kopf eine Beisteuer für die Speisung in den Männerhäusern, den Phiditien und ehemaligen Andreia, zu entrichten gehabt. Wer diesen Beitrag nicht zahlte oder nicht zahlen konnte, sei aus den Speisegenossenschaften ausgeschlossen worden. Dagegen habe man in Kreta die Erträge für die Speisung von den Abgaben genommen, welche die Bewohner und Bewirtschafter des zum Stadtstaat gehörenden Landes entrichten mußten. Von diesen Abgaben sei ein Teil für den Gottesdienst und die Staatsausgaben, ein Teil für die Beköstigung der Bürger – Männer, Frauen und Kinder – bestimmt gewesen. Zu Mäßigkeit im Essen und Trinken hätten Gesetze angehalten. Auch habe der Gesetzgeber, um einer Überbevölkerung entgegenzuwirken, Männern den gleichgeschlechtlichen Umgang erlaubt. Bei der Speisung sei in Kreta die Allgemeinheit berücksichtigt worden. Die obersten Regierungsbeamten, die Kosmoi, habe man dagegen dort nicht, wie die Ephoren in Sparta, aus der Allgemeinheit der Bevölkerung, sondern nur aus bestimmten Geschlechtern gewählt. Und die obersten Ratsherren, die Gerontes, hätten auch nur aus dem Kreis ehemaliger Kosmoi gewählt werden können.[20]

Von Plinius dem Älteren, der als Kommandant der Flotte am

Menschen und Götter auf der »Insel der Seligen«

Kap Misenum während einer Rettungsaktion beim Vesuvausbruch des Jahres 79 n. Chr. ums Leben kam, erfahren wir aus dem vierten Buch seiner Naturkunde (*Naturalis historia* IV 58 f.), wie die Insel Kreta zu ihrem Namen kam und wie die damals bekanntesten Städte der Insel hießen. Da lesen wir, Kreta, genannt nach der Nymphe Krete, sei berühmt durch den Ruf von hundert Städten. Philistides aus Mallos und Krates meinten, daß die Insel zuerst Aeria, später dann Kuretis geheißen habe; und manche glaubten, daß sie nach der Milde des Klimas »Insel der Seligen« genannt worden sei.

Zu den antiken Zeugnissen treten die mit Kreta verbundenen Mythen. Eine Auswahl der antiken Quellen soll im folgenden das im Mythos erhaltene Bild der Ereignisse auf Kreta nachzeichnen.

Nach Diodorus Siculus (V 64–66) sahen die Kreter in den Eteokretern die Ureinwohner der Insel. Ihr König hieß Kres, und auf ihn gingen die wichtigsten Entdeckungen zurück, die das Zusammenleben der Menschen auf der Insel verbesserten. Die ersten Götter bewohnten nach kretischer Überlieferung den Berg Ida. Nach einer Tradition waren sie hundert, nach einer anderen zehn an der Zahl, weshalb sie auch die Idäischen Daktyloi (Finger) genannt wurden. Nach Ephoros' Bericht kamen sie vom phrygischen Ida-Gebirge nach Europa. Sie entdeckten den Gebrauch des Feuers und waren Meister in der Metallurgie, in der Verarbeitung von Kupfer und Eisen. Einer von ihnen, mit Namen Herakles, war ein Zauberer und in der Kunst der Einweihungsriten erfahren; er soll die Olympischen Spiele eingesetzt haben, aber nicht identisch mit dem von Alkmene geborenen Herakles sein.[21]

Von den Idäischen Daktyloi stammten die Kureten ab. Zur Zeit der Kureten lebten noch die Titanen, die ihren Wohnsitz im Land um Knossos hatten, wo man noch lange die Fundamente eines Hauses der Rhea und eine ihr seit alters geweihte Zypresse zeigte. Die Titanen stammten vom Himmelsgott Uranos und der Erdgöttin Ge ab, doch gab es auch Stimmen, die erklärten, ihre Eltern seien ein Kurete und seine Gattin Titaea, nach der sie »Titanen« hießen. Sie waren elf an der Zahl: die sechs Brüder Kro-

Antike Zeugnisse und die Tradition der Mythen

nos, Hyperion, Koios, Iapetos, Krios und Okeanos und ihre fünf Schwestern Rhea, Themis, Mnemosyne, Phoebe und Thetys. Kronos wurde ihr König, da er der älteste der Titanen war. Allen ihm ergebenen Menschen verhalf er zu einem zivilisierten, menschenwürdigen Leben, allen, die ihm begegneten, gab er Gerechtigkeit und die Aufrichtigkeit der Seele. Daher, so Ephoros, sei überliefert, daß die Menschen zur Zeit des Kronos reinen Herzens, schuldlos und glücklich waren.

Zu Kronos' Zeiten, so berichtete Diodorus Siculus (III 68–73), eine andere Überlieferung aufgreifend, heiratete Ammon[22] die Titanin Rhea, während er König eines Teiles von Libyen war. Doch bezaubert von der Schönheit des Mädchens Amalthea, das er nahe dem Keraunion-Gebirge traf, verband er sich mit ihr und zeugte Dionysos. Amalthea machte er zur Herrin jenes Landesteils, der die Gestalt eines Stierhorns hatte und damals Hesperoukeras hieß, später aber »Horn der Amalthea« genannt wurde. Rheas Groll fürchtend, brachte Ammon den Knaben in das arabische Land nach Nysa und gab ihn unter den Schutz der erdgeborenen Athena, die nach dem Fluß Tritonis, an dem sie geboren worden war, Tritogeneia genannt wurde. Rhea aber verließ Ammon, kehrte zu den Titanen zurück und heiratete Kronos. Ein Kriegszug der Titanen, angeführt von Kronos, gegen Ammon brachte ihnen den Sieg in Libyen. Ammon floh nach Kreta und heiratete dort Krete, die Tochter eines Kureten. Nach ihr wurde der bisher Idea genannten Insel der Name Kreta gegeben.

Die Libyer erzählten nach ihrer Tradition die folgenden Geschehnisse um Dionysos, Ammon, Kronos und Kreta, wie sie ebenfalls Diodorus Siculus (III 71–74) überliefert hat: Dionysos war ein Königssproß und Heros, der göttliche Ehren erhielt und der wie sein Vater Ammon Hörner trug (III 73,2). Sein Wesen war so edelmütig wie streng, seine Handlungen waren genauso kriegsgewaltig, wie sie Kulturen schufen und Reichtum spendeten. Nachdem Ammon aus Libyen nach Kreta vertrieben worden war, herrschte dort Kronos an seiner Stelle mit harter Hand und wandte sich mit einer Kriegsmacht gegen Nysa, um Dionysos zu unterwerfen. Dieser aber zog ihm entgegen mit Soldaten aus Nysa, aus dem benachbarten Libyen und mit Amazonen, welche die erdgeborene Athena anführte. Das Treffen forderte Opfer auf beiden Seiten, brachte aber für Dionysos den Sieg über Kronos. In einer zweiten Schlacht um die ehemalige Residenz des Ammon in Libyen gelang es Dionysos, Rhea und Kronos gefangenzunehmen. Er stellte für ihre Freiheit die Bedingung, daß sie ihn wie Eltern anerkennen und mit ihm zusammenwohnen sollten. Rhea liebte Dionysos künftig auch wie einen Sohn. In dieser Zeit wurde Kronos und Rhea ein Sohn geboren: Zeus.

Als Dionysos erfuhr, sein Vater Ammon habe nach seiner Vertreibung geweissagt, daß dereinst sein Sohn kommen und des Vaters Königreich zurückgewinnen werde, richtete er eine Orakelstätte für Ammon in Libyen ein und baute die zerstörte Residenzstadt wieder auf. Nachdem er als erster das Orakel befragt hatte, zog er gegen Ägypten zu Felde, setzte den Knaben Zeus als König des Landes ein und lehrte die Ägypter, Wein und Früchte anzubauen und zu verarbeiten. So breitete sich sein guter Ruf aus, und niemand widersetzte sich ihm; alle brachten ihm Gehorsam entgegen und verehrten ihn wie einen Gott.

Inzwischen hatten die Titanen sich zusammengerottet und waren nach Kreta übergesetzt, um Ammon anzugreifen. Zeus aber war Ammon schon aus Ägypten zu Hilfe gekommen. Es entbrannte ein heftiger Kampf. Auch Dionysos, Athena (Diod. Sic. III 73,7–8) und andere, die man für Götter hielt, eilten nach Kreta. In einer großen Schlacht besiegte Dionysos die Titanen endgültig. Danach nahmen Ammon und Dionysos ihre unsterbliche Natur an. Zeus aber herrschte als König über die ganze Welt.

Nach den von den Kretern tradierten Mythen hatten die göttlichen Kinder des Kronos und der Rhea den Menschen die wichtigsten Errungenschaften gebracht (Diod. Sic. V 68–71): Hestia lehrte sie die Kunst, Häuser zu bauen, weshalb die Menschen sie ehrten, ihr opferten und in jedem Haus einen heiligen Schrein einrichteten. Demeter gab den Menschen die Kenntnis, das wildwachsende Korn zu sammeln, um es dann auszusäen und zu kultivieren. Sie führte auch die Gesetze ein, welche die Menschen brauchten, um gerecht miteinander zu leben; daher wurde sie Thesmophoros (Gesetzgeber) genannt. Poseidon befaßte sich mit der Seefahrt und führte die Pferdezucht ein, während Hades die Regeln der Bestattung und des Grabkults einsetzte. Zeus und Hera aber wurden von den Menschen die höchsten Ehren erwiesen, da sie als Urheber und Erfinder von allem galten (Diod. Sic. V 72,5); Zeus als dem Herrn aller Erscheinungen des Himmels gaben die Menschen den Namen »Leben«, da sie ihn für die Ursache allen Lebens hielten (Diod. Sic. V 72,1).

Zeus

Wie Zeus zum obersten Gott aufstieg, darüber herrscht keine Übereinstimmung. Nach manchen Quellen folgte er Kronos in der Regentschaft, nachdem dieser aus dem Kreis der Menschen in jenen der Götter übergegangen sei (Diod. Sic. V 70). Die bekanntere, wohl phönizisch beeinflußte Überlieferung, die Kronos als Gott erscheinen läßt, dem Kinder geopfert wurden (Diod. Sic. XIII 86; XX 14), lautet: Von der Erdgöttin und vom Himmelsgott erhielt Kronos einst die Weissagung, daß sein eigener Sohn ihn entthronen würde; daraufhin verschluckte Kronos jedes neugeborene Kind, das ihm Rhea schenkte – zuerst Hestia, dann Demeter, Hera, Plouton und Poseidon. Erbost begab sich Rhea, als sie mit Zeus schwanger war, nach Kreta und brachte diesen in einer Höhle des Dikte-Berges zur Welt (Apollodor I 5–6). In einer anderen Version verbarg sie ihn ohne Wissen des Kronos und gab ihn den Kureten, die in der Nachbarschaft des Ida-Berges lebten, in Pflege (Diod. Sic. V 70,2). Die bewaffneten Kureten beaufsichtigten das Neugeborene und schlugen lärmend mit Speeren gegen ihre Schilde, damit Kronos nicht die Stimme des Kindes hörte. Rhea aber wickelte einen Stein in Windeln und gab ihn Kronos wie ein neugeborenes Kind. Dieses zogen jedoch die Nymphen Adrastia und Ida, die Töchter des Melisseus, auf; sie gaben ihm die Milch der Ziege Amalthea (Apollodor I 6–7). Nach anderer Überlieferung nährten es die Nymphen mit einer Mischung von Honig und Milch und ließen es am Euter der Ziege Amalthea trinken. Der junge Gott aber gab aus Dankbarkeit den Bienen eine kupfergoldene Farbe und machte sie unempfindlich gegen Kälte. Nach der ihn nährenden Ziege nahm er den Beinamen Aigíochos an (Diod. Sic. V 70,2–6). Als Zeus herangewachsen war, bat er Metis, die Tochter des Okeanos, um Hilfe. Sie gab Kronos ein Mittel, das ihn zwang, zuerst den Stein und dann alle verschluckten Kinder auszuspeien; mit deren Unterstützung besiegte Zeus schließlich Kronos und die Titanen (Apollodor II 1).

Nach kretischer Überlieferung fand die Hochzeit von Zeus und Hera im Gebiet von Knossos statt. Der Platz soll in der Nähe des Flusses Théren gelegen haben, wo zur Zeit von Diodorus Siculus ein Tempel stand, in dem die Kreter alljährlich heilige Opfer darbrachten und nach altem Brauch die Riten der heiligen Hochzeit vollzogen (Diod. Sic. V 72,4). Zeus wurden die Göttinnen Aphrodite, Eleithyia und Artemis, die Grazien, die Horen mit Namen Eunomia (gute Satzung), Dike (Recht) und Eirene (Frieden), des weiteren Athena und die Musen sowie die Götter Hephaistos, Ares, Apollon, Hermes, Dionysos und Herakles geboren (Diod. Sic. V 72,5)[23]. Auch Dionysos, der Entdecker des Weines und seiner Kultivierung, kam nach Meinung der Kreter als Sohn des Zeus und der Persephone, der Tochter Demeters, auf Kreta zur Welt. Orpheus hat die Tradition seiner Einweihungsriten weitergegeben und auch überliefert, daß Dionysos von den Titanen in Stücke gerissen worden sei. Britomartis, so berichtete Diodorus Siculus, die auch Diktynna genannt wurde, soll als Tochter des Zeus und der Karne auf Kreta geboren worden sein. Sie erfand die Netze, die Diktya, die zur Jagd gebraucht wurden, und verbrachte ihre Zeit in der Gesellschaft der Artemis. Deshalb, so Diodorus Siculus, glaubten manche, Diktynna und Artemis seien ein und dieselbe Gottheit. Falsch aber seien die Berichte, nach denen sie Diktynna heiße, weil sie vor König Minos, der ihr Gewalt antun wollte, in die Netze einiger Fischer geflohen sei. Weder könne eine Gottheit in solch hilflose Lage kommen, noch sei es rechtens, Minos eine so gottlose Tat zuzuschreiben (Diod. Sic. V 76,3–4). Ploutos (Reichtum) soll im kretischen Tripolos als Sohn des Iasion und der Demeter geboren worden sein (Diod. Sic. V 77,1).

Von Kreta soll auch das Wissen weitergereicht worden sein, wie die Götter zu ehren wären, welche Opfer sie zu erhalten

Antike Zeugnisse und die Tradition der Mythen

hatten und welche Einweihungsriten mit den Mysterien verbunden waren. So bestand im Knossos von alters her der Brauch, die Einweihungsriten ganz offen weiterzugeben und vor niemandem, der davon Kenntnis erlangen wollte, verborgen zu halten (Diod. Sic. V 77,3–4).

In der Mythentradition der Kreter hatte die Mehrzahl der Götter ihre Heimat in Kreta und war von hier aus zu den Regionen der bewohnten Welt gekommen (Diod. Sic. V 78,1). Viele Generationen nach der Geburt der Götter, so sagten die Kreter, wurden nicht wenige Heroen in Kreta geboren. Die berühmtesten von ihnen waren Minos, Rhadamanthys und Sarpedon, die Söhne des Zeus und der Europa (Diod. Sic. V 78,1). Über die Abstammung der Europa und ihre Verbindung mit Zeus berichtet Apollodor (III 1,1): der Vater Europas war Agenor, Bruder des Belos, Sohn des Poseidon und der Libya. Während sein Bruder Belos über Ägypten regierte, ging Agenor nach Phönizien, heiratete Telephassa und zeugte Europa und drei Söhne, Kadmos, Phoenix und Kilix. Nach anderer Auffassung (Homer, *Ilias* XIV 321 ff.) aber war Europa nicht die Tochter Agenors, sondern die des Phoenix. Zeus liebte das Mädchen und verwandelte sich in einen zahmen Stier; er ließ Europa auf seinen Rücken steigen und entführte sie nach Kreta. Dort zeugte er mit ihr Minos, Rhadamanthys und Sarpedon. Agenor aber sandte seine Söhne aus, Europa zu suchen und nicht ohne sie wiederzukehren. Als die Brüder aber trotz eifrigen Suchens Europa nirgends finden konnten, gaben sie ihre Bemühungen auf. Phoenix siedelte in Phönizien, Kilix blieb in der Nachbarregion und nannte das von ihm unterworfene Land Kilikien. Kadmos ließ sich in Thrakien nieder. Nach Diodorus Siculus (V 48,5) aber kam Kadmos nach Samothrake, nahm an den Einweihungsriten teil und heiratete Harmonia. Später gehorchte er einem Orakelspruch und gründete Theben in Böotien. Die Gefährten des Kadmos sollen auch die Kenntnis des Schreibens und die Schrift nach Europa gebracht haben, welche die Syrier entdeckt und die Phönizier von ihnen gelernt hatten (Diod. Sic. V 74,1).

In Kreta heiratete Asterios (oder Asterion[24]), ein kretischer König, Europa und zog ihre Kinder auf. Als diese erwachsen wa-

Menschen und Götter auf der »Insel der Seligen«

ren, stritten sie sich, denn sie liebten einen Knaben mit Namen Miletos, den Sohn des Apollon und der Aria. Miletos aber zeigte sich freundlich zu Sarpedon; beide flohen vor Minos und verließen Kreta. Miletos landete in Karien, gründete dort eine Stadt und nannte sie Milet. Sarpedon trat Kilix zur Seite, der mit den Lykiern Krieg führte, und wurde nach deren Niederlage König von Lykien.[25]

Rhadamanthys

Über Rhadamanthys erzählen die Quellen unterschiedliche Geschichten. Nach dem ältesten Zeugnis, der *Ilias* Homers (XIV 321–322), gebar Europa dem Zeus nur zwei Söhne, Minos und den gottgleichen Rhadamanthys. Die nächstjüngere Quelle, die Homerische *Odyssee*, läßt beide Brüder nach ihrem Erdendasein auf verschiedenen Positionen wirken: Rhadamanthys (*Odyssee* IV 561 ff.) weilte im Elysium bei den Göttern und Heroen, Minos (*Odyssee* IX 568 ff.) richtete in der Unterwelt die Toten. Pindar, der Odendichter der Spätarchaik und des frühen 5. Jahrhunderts v. Chr., nannte Rhadamanthys den Parhedros, den Mitregenten des Titanengotts Kronos, der vor Zeus, dem Gott der Hellenen, auf Kreta herrschte. Rhadamanthys war durch seine Namensbildung mit -*nth*- einer altägäischen Bevölkerungsschicht zugewiesen.[26] Seine Unabhängigkeit von Zeus kannte auch die altkretische Sage,[27] nach der sein Verehrungs- und Herrschaftsbereich in Mittelkreta lag. So kam die Darstellung des Ephoros von Kyme, den Strabon (X 4,8) anführte, der historischen Wahrheit offenbar nahe. Sie schilderte Rhadamanthys als ersten Gesetzgeber Kretas, dem der in späterer Zeit lebende Minos nacheiferte.

Die mythenschöpferische Begabung Platons, des berühmten Philosophen und Schriftstellers des späten 5. und 4. Jahrhunderts v. Chr., versah Rhadamanthys' Wirken mit einem anderen Vorzeichen. Der einstige Lehrer wandelte sich zum Schüler. In seinem *Minos* ließ Platon zwar Sokrates zunächst (318d) noch von Minos und Rhadamanthys, den Söhnen des Zeus, als von trefflichen Königen sprechen, von denen die Gesetze der Kreter stammten. Aber schon wenig später (320c) sagte er:

»Rhadamanthys aber war zwar ein tüchtiger Mann, denn Minos hatte ihn unterwiesen; doch war er nicht in der ganzen königlichen Kunst unterrichtet worden, sondern nur in ihrer Dienerin, nämlich in der Kunst, bei den Gerichten den Vorsitz zu führen; deshalb wurde er auch als ein guter Richter gepriesen. Denn seiner bediente sich Minos als Gesetzeswächter in der Stadt, für das übrige Kreta aber des Talos.[28] Talos machte nämlich dreimal im Jahr eine Rundreise durch die Dörfer, um dort die Einhaltung der Gesetze zu überwachen, wobei er die Gesetze auf ehernen Tafeln eingegraben mit sich führte, weshalb er auch der Eherne genannt wurde.[29]«

Erst bei Platon (*Apolog.* 41 A; *Gorgias* 523 AB) und nach ihm in der späteren Literatur erschien Rhadamanthys neben Minos und Aiakos als Totenrichter in der Unterwelt.

Die Kreter überlieferten dagegen von den Taten des Rhadamanthys auf Erden (Diod. Sic. V 79,1–2), daß er von allen Menschen die gerechtesten Entscheidungen traf und unerbittliche Strafen über Räuber, gottlose Menschen und alle Übeltäter verhängte. Eine große Zahl von Inseln war in seinen Besitz gekommen und ein Teil der Küste von Asien. Jedermann aber begab sich wegen seiner Gerechtigkeit gern und aus freiem Willen in seine Hand. König Minos hatte seinen Bruder Rhadamanthys als königlichen Mitregent (Diod. Sic. V 84,1–4) und beneidete ihn wegen seines Ruhmes der Gerechtigkeit. Da er ihn aber aus dem Weg schaffen wollte, sandte er ihn zu den entferntesten Teilen seines Herrschaftsgebiets. Rhadamanthys ging auf die Inseln, die noch abseits von den Ionischen und den Karischen Inseln lagen. Er beauftragte seinen Sohn, in Asien als Heros Eponymos (namengebender Held) Erythrae, die nach ihm benannte Stadt, zu gründen, und setzte Oinopion, den Sohn von Minos' Tochter Ariadne, als Fürst in Chios ein.

Rhadamanthys gab den Inselbewohnern Gesetze, floh später nach Böotien (Apollodor III 1,2), heiratete nach dem Tod des Amphitrion dessen Gattin Alkmene, die Mutter des Herakles, und lebte mit ihr in Okaleai in Böotien. Als Herakles einmal in Theben vor Gericht stand, weil er seinen Lehrer Linos, den Bruder des berühmten Sängers Orpheus, im Zorn getötet hatte, nachdem er von ihm gezüchtigt worden war, berief er sich auf ein Gesetz des Rhadamanthys, das demjenigen Straffreiheit zusicherte, der sich gegen einen Angreifer gewehrt hatte. Er wurde freigesprochen (Apollodor II 4,9).

König Minos – Legende und historische Gestalt

Der mythische Herrscher

Bei Homer (*Ilias* II 645–652) hören wir von Idomeneus, dem speerberühmten Anführer des kretischen Flottenkontingents von achtzig schwarzen Schiffen, das sich der griechischen Flotte unter dem Befehl Agamemnons, des Königs von Mykene und Heerführers aller Griechen, anschloß, um gegen das von König Priamos beherrschte Troja zu ziehen. Idomeneus leitete seine Herkunft stolz von Zeus ab, der Minos, den Schirmherrn Kretas, zeugte. Dessen Sohn war der untadelige Deukalion (Ilias XIII 449–453), der Vater des Idomeneus.

Als Eltern des Minos nannte Homer (*Ilias* XIV 321 f.) Zeus und Europa, die Tochter des Phoenix. In der großen Stadt der Kreter, Knossos, herrschte Minos, der nach neunjähriger Regentschaft vertrauter Gesprächspartner des Zeus war.[30] Nach Diodorus Siculus (V 78,3) fand diese Unterredung in einer Höhle statt.[31] Über die an die Regentschaft des Königs Minos sich knüpfenden Sagen geben die Bibliothek Apollodors (III 1–15) und die ergänzend angeschlossenen Textauszüge (*Epitoma* I 7–15)[32] ausführlich Bericht.[33] Danach nahm Minos noch zu Lebzeiten seines Pflegevaters Asterion Regierungsgeschäfte wahr und heiratete Pasiphae,[34] die Tochter des Sonnengotts. Diese gebar ihm die Söhne Katreus, Deukalion, Glaukos und Androgeos sowie die Töchter Akale, Xenodike, Ariadne und Phaedra.

Als Asterios kinderlos starb, wollte Minos die Herrschaft über Kreta antreten, doch wurde diesem Wunsch widersprochen. So stützte er seinen Anspruch mit der Erklärung, er habe die Königsherrschaft von den Göttern erhalten. Dies könne er damit beweisen, daß die Götter ihm jede Bitte erfüllten. Als er dem Poseidon opferte, erbat er einen Stier aus der Tiefe des Meeres, den er als Opfer darzubringen versprach. Poseidon sandte Minos einen prächtigen Stier, und Minos übernahm die Königswürde.

Menschen und Götter auf der »Insel der Seligen«

Den Stier aber trieb er zu seinen Herden und opferte einen anderen.[35]

Minos war der erste Regent, der die Herrschaft über die See erlangte und über fast alle Inseln ausdehnte.[36] Doch Poseidon grollte ihm, da er das versprochene Opfer nicht vollzogen hatte. Er machte den Stier wild und ließ Pasiphae in Liebe zu ihm entbrennen.[37] In dieser unglücklichen Leidenschaft fand Pasiphae Hilfe bei Daidalos, dem Sohn des Erechtheus.[38] Daidalos stammte aus Athen. Doch weil er seinen Schüler Talos, dessen hohes Talent er fürchtete, von der Akropolis in den Tod gestürzt hatte, war er vom Areopag verurteilt und verbannt worden. So floh er zu König Minos nach Kreta. Dort hatte er Ariadne mit den schönen Haaren, der Tochter des Minos, einen Tanzplatz gebaut (Homer, *Ilias* XVIII 590). Jetzt konstruierte er für Pasiphae eine hölzerne Kuh auf Rädern, höhlte sie aus, überzog sie mit der Haut einer Kuh und brachte sie auf die Wiese, auf der der Stier zu grasen pflegte. Dann ließ er Pasiphae in die Kuh steigen. Der Stier kam und besprang das Bildwerk wie eine echte Kuh. Pasiphae schenkte daraufhin dem Asterios das Leben, der Minotauros genannt wurde, weil sein Haupt das eines Stieres, sein Körper der eines Menschen war. Orakelsprüchen folgend, schloß Minos ihn in das von Daidalos erbaute Labyrinth und bewachte ihn. Das Labyrinth aber war ein Gebäude, das mit seinen verschlungenen Windungen jeden verwirrte, der den Ausgang finden wollte.

Einmal nahm Androgeos, einer der Söhne des Minos, an den panathenäischen Spielen in Athen teil, die am Geburtstag der Stadtgöttin Athena abgehalten wurden. Er besiegte in den athletischen Disziplinen alle Mitkämpfer. Darauf sandte ihn der König Aigeus von Athen gegen einen wilden Stier, der die Ebene von Marathon verwüstete. Diesem fiel Androgeos zum Opfer.[39] Nach anderer Überlieferung lauerten ihm neidische Mitkämpfer auf seinem Weg nach Theben auf und töteten ihn.[40] Die Nachricht vom Tod seines Sohnes wurde König Minos auf Paros überbracht, wo er den Grazien opferte. Da nahm er den Kranz vom Haupt und ließ die Flöten schweigen, um das Opfer zu vollenden. Seit diesem Tag wurde das Opfer an die Grazien auf Paros ohne Flötenmusik vollzogen.

Nicht lange danach griff Minos mit seiner Flotte Athen an

und eroberte Megara, das damals vom König Nisos beherrscht wurde. Dieser starb durch die Heimtücke seiner Tochter Skylla. Sein Leben war nach einem Orakelspruch an ein purpurnes Haar geknüpft, das mitten auf seinem Haupt wuchs. Skylla, die sich in König Minos verliebt hatte, riß das Haar aus und tötete so den Vater.[41] Minos aber, inzwischen Herrscher von Megara, fesselte Skylla mit den Füßen an das Heck seines Schiffes und ertränkte sie. Da es ihm aber nicht gelang, Athen einzunehmen, flehte er zu Zeus, ihn Rache an den Athenern nehmen zu lassen. Darauf wurde die Stadt von Hunger und Pest heimgesucht.

Ein altes Orakel befolgend, schlachteten die Athener daraufhin Antheis, Aegleis, Lythaea und Orthea, die Töchter des Hyakinthos, der von den Lakedaimoniern nach Athen gekommen war, auf dem Grab des Kyklopen Gerestos.[42] Als dieses Opfer keine Hilfe brachte, befragten sie das Orakel erneut, und es antwortete ihnen, sie sollten dem Minos jede Genugtuung geben, die er verlangte. So sandten sie zum König Minos, der von ihnen forderte, sieben Knaben und sieben Mädchen ohne Waffen als Fraß für den Minotauros nach Kreta zu schicken. Nach Diodorus Siculus (IV 61,3) forderte Minos sogar alle neun Jahre sieben Knaben und sieben Mädchen für den Minotauros. Als die Bewohner Attikas dieser Forderung nachkamen, wurde das Land frei von allen Übeln, und Minos beendete seine Kriegshandlungen gegen Athen.

Bei der dritten Tributsendung für den Minotauros befand sich unter den sieben Knaben auch Theseus, der Sohn des Königs Aigeus von Athen. Das Schiff, mit dem die Kinder nach Kreta segeln sollten, führte schwarze Segel, und Aegeus gab seinem Sohn den Auftrag, er solle, wenn er lebend zurückkehre, weiße Segel setzen (Apollodor, *Epitoma* I 7 ff.). Als Theseus nach Kreta kam, fühlte sich Minos' Tochter Ariadne in Liebe zu ihm hingezogen. Sie bot ihm ihre Hilfe an, wenn er sie heirate und mit sich nach Athen nehme. Als Theseus dies mit einem Eid bekräftigt hatte, wandte sich Ariadne an Daidalos mit der Bitte, einen Weg zu ersinnen, wie Theseus wieder aus dem Labyrinth finden könne. Auf dessen Rat hin gab sie Theseus einen Faden, den er an der Tür befestigte und hinter sich her zog, als er ins Labyrinth hineinging.⁴³ Nachdem Theseus den Minotauros im letzten Teil des Labyrinths gefunden hatte, tötete er ihn durch den Schlag seiner Fäuste. Danach, den Faden einholend, ging er den Weg zurück.

In der Nacht erreichte Theseus mit Ariadne und den jungen Athenern die Insel Naxos. Hier erfaßte jedoch Dionysos die Liebe zu Ariadne. Er trug sie fort zur Insel Lemnos und zeugte mit ihr die Söhne Thoas, Staphylos, Oinopion und Peparethos.⁴⁴ In seinem Kummer um Ariadne vergaß Theseus, weiße Segel zu setzen, als er dem heimatlichen Hafen nahe war. Aigeus sah das Schiff mit den schwarzen Segeln, glaubte, Theseus sei umgekommen, stürzte sich vom Felsen der Akropolis in die Tiefe und starb.⁴⁵ Nach ihm heißt das östliche Mittelmeer die »Ägäis«.

Als Minos von der Flucht des Theseus und seines Gefolges hörte, schloß er Daidalos als Schuldigen in das Labyrinth und mit ihm dessen Sohn Ikaros, den ihm Nankrate, eine Sklavin des Minos, geboren hatte. Daidalos jedoch konstruierte Flügel für sich und seinen Sohn. Als er Ikaros zum Flug mitnahm, mahnte er ihn, nicht zu hoch zu fliegen, damit der Leim in der Sonne nicht schmelze und die Schwingen nicht hinunterfielen, aber auch nicht dem Meere zu nah zu kommen, damit die Schwungfedern nicht durch die Nässe abgetrennt würden.⁴⁶ Aber der verblendete Ikaros mißachtete die Weisungen seines Vaters, schwang sich immer höher, bis der Leim schmolz. Ikaros stürzte ins Meer, das nach ihm die »Ikarische See« genannt wurde.

Daidalos setzte traurig seinen Weg fort und kam nach Kamikos auf Sizilien.

Minos verfolgte Daidalos. In jedes Land, das er nach ihm durchsuchte, brachte er eine Spiralmuschel mit, und er versprach jedem eine hohe Belohnung, der durch ihr spiraliges Gewinde einen Faden zu führen vermöchte. Er glaubte, daß dieses Kunststück nur Daidalos gelingen könnte. So kam Minos auch nach Kamikos und an den Hof des Königs Kokalos, bei dem sich Daidalos verborgen hielt. Minos zeigte die Spiralmuschel. Kokalos nahm sie, versprach den Faden hindurchzuziehen und trug sie zu Daidalos. Dieser befestigte den Faden an einer Ameise. Nachdem er ein Loch ins geschlossene Ende der Muschel gebohrt hatte, ließ er die Ameise die Muschel durchlaufen. Als Minos den durch die

Schale geführten Faden sah, erkannte er, daß Daidalos bei König Kokalos war, und forderte dessen Auslieferung. Kokalos versprach es und richtete ein Gastmahl für König Minos. Aber während Minos badete, wurde er von den Töchtern des Kokalos umgebracht. Manche sagen, daß er starb, weil er mit kochendem Wasser verbrüht wurde.[47]

Die Begleiter des Minos gründeten auf Sizilien die Stadt Minoa und errichteten ihrem toten König ein zweistöckiges Grabmal. In dessen unterirdischem, verborgenen Raum bewahrten sie die Gebeine des Minos auf, im oberen, dem Blick offenen Saal richteten sie ein Heiligtum der Aphrodite ein.[48] Hier wurde Minos über viele Generationen hinweg verehrt, und die Einheimischen brachten der Aphrodite Opfer dar.

Als aber später – zur Zeit, als Theron der Herrscher von Akragas (Agrigent) war (um 580 v. Chr.) – bekannt wurde, daß hier die Gebeine des Königs Minos bestattet waren, ließ Theron das Grab aufdecken und die Gebeine des Minos den Kretern ausliefern. Diese errichteten nun in der Heimat ein Grabmal mit der Aufschrift »Mínoos tou Diòs táphos« (»Grab des Minos, [des Sohnes] von Zeus«). Später aber behaupteten die Kreter, es handle sich um das Grab des Zeus, weil die Worte »Mínoos tou« (»des Minos«) mit der Zeit unsichtbar geworden waren.[49]

Der historische Hintergrund: Sarpedon, Rhadamanthys und Minos

Noch im 8. und 7. Jahrhundert v. Chr. lag die Überlieferung griechischer Geschichte in den Händen der Dichter, die aber wie Homer aus Smyrna und Epimenides aus Phaistos[50], selbst von Sagen umwoben wurden, bis ihre Gestalt historisch kaum mehr faßbar war. Dennoch bewahrten ihre Dichtungen die Erinnerung an vergangene Geschehnisse, und die späteren Logographen und Historiker, angeführt von den ersten griechischen Geschichtsschreibern Herodot und Thukydides im 5. Jahrhundert v. Chr., griffen auf die Zeugnisse der Dichter zurück.

Homer hatte Minos und Rhadamanthys »Söhne des Zeus« genannt. Dabei wurde die Gestalt des Rhadamanthys göttlicher gezeichnet, wurde er der »Gottgleiche« (*Ilias* XIV 321) und der

Menschen und Götter auf der »Insel der Seligen«

»Blonde« (*Odyssee* VII 321 f.) genannt. Ihm schien der Tod, der alle Sterblichen hinrafft, nichts anzuhaben, denn er wohnte zuletzt an den Grenzen der Erde in den elysischen Gefilden, wohin die Götter den Zeusliebling Menelaos, dem der Tod nicht bestimmt ist, dereinst führen würden und wo ruhiges Leben die Menschen beseligte (*Odyssee* IV 562 ff.) Solche Charakterisierungen können ein Indiz dafür sein, daß Rhadamanthys in einer Vorzeit gelebt hat, die dem Dichter durch ihre Ferne in heroischem Licht erschien.

Die Gestalt des Minos zeichnete sich für Homer konkreter, menschlicher ab. Er wurde zwar der »erhabene Sohn des Zeus« (*Odyssee* XI 568), aber auch »der auf Verderben Sinnende« genannt (*Odyssee* XI 321–322). Er war der Regent von Knossos (*Odyssee* XIX 178)[51] und der Schirmherr Kretas (*Ilias* XIII 449). Nach seinem Tod, der ihn wie alle Sterblichen ereilte, kam Minos in die Unterwelt unter die Herrschaft der Unterweltsgötter. Hier erhielt er das Richteramt über die Toten (*Odyssee* XI 568 ff.) Der Überlieferung nach war Minos ein hervorragender Gesetzgeber gewesen (Strabon X 4,8); sein Richteramt in der Unterwelt erscheint wie ein Reflex hiervon. Als Lykurg zur Zeit Homers, im 8. Jahrhundert v. Chr., nach Kreta gefahren war und sich von den älteren Gesetzen und Einrichtungen des Rhadamanthys und den jüngeren des Minos hatte unterrichten lassen, glich er seine spätere Gesetzgebung zum größten Teil der des Minos an (Strabon X 4,19). Dies geschah, obwohl Rhadamanthys als der gerechteste aller Menschen galt (Diod. Sic. V 79,1–2), wohl aus zwei Gründen: zum einen, weil die Gesetze und Einrichtungen des Minos noch auf Kreta fortlebten (Aristoteles, *Politikon*, II 10) und Lykurg sich durch eigene Anschauung von ihrem Nutzen überzeugen konnte; zum anderen, weil sie griechischer Denkweise entsprachen, sagte doch Diodorus Siculus (IV 60,2; V 78,2), daß Minos ein Grieche war.

Homer und Hesiod überlieferten,[52] daß Minos in der dritten Generation vor dem Trojanischen Krieg lebte. Nach einer auf Marmor geschriebenen, auf das Jahr 264 v. Chr. datierten Chronik auf Paros, dem »Marmor Parium«, wurde Troja 1208 v. Chr. erobert.[53] In annähernd die gleiche Zeit setzten archäologische Funde die Ruinen von Troja VII a, der siebten Stadt des später

König Minos – Legende und historische Gestalt

Hisarlik genannten Siedlungshügels in der Troas, die durch eine Brandkatastrophe zerstört wurde.[54]

Eine weitere Zeitangabe lieferte der »Marmor Parium« zur Tributforderung des Minos an Athen. Die Forderung an König Aigeus, Athen solle sieben Mädchen und sieben Knaben dem Minotauros zum Fraß senden, wurde demnach 1294/93 v. Chr. erhoben.[55] Da König Minos zu dieser Zeit schon seinen erwachsenen Sohn Androgeos verloren hatte, wegen dessen Tod Athen die Tributforderung zu erfüllen hatte, muß König Minos seine Jugendjahre im späteren 14. Jahrhundert v. Chr. verlebt haben. Zu dieser Zeit schrieb man auf Kreta – in Knossos und Kydonia (Chania) – bereits auf Tontäfelchen die Linear-B-Schrift, die heute von der Fachwelt fast unwidersprochen als eine Frühform des Griechischen angesehen und gelesen wird.

Verschiebungen in der Chronologie

Bis hierher stimmen griechische Rückerinnerung und archäologisch-philologische Zeugnisse überein. Zwischen der Lebenszeit des Königs Minos und derjenigen seiner Mutter Europa tritt aber in der Chronologie der Sagen eine zeitliche Lücke zutage: Wenn Minos gleichzeitig mit König Aigeus von Athen und dessen Sohn Theseus lebte, so kann er nicht der Sohn der Europa gewesen sein. Theseus war Zeitgenosse des Eurystheus,[56] des Königs von Mykene. Zwischen Eurysteus und dessen Vorfahr Danaos, der ein Onkel oder Vetter Europas war, klafft eine Zeitlücke von sieben Generationen.[57] Mehrere Generationen müßten demnach auch Minos von seiner Mutter Europa trennen. Daraus lassen sich zwei Schlüsse ziehen: Zum einen, die Europa-Episode gehört einer anderen Realitätsebene des Mythos an; zum anderen, der Name Minos existierte über längere Zeit.

Mit Hilfe Homers und des »Marmor Parium« ließ sich für das 13. Jahrhundert v. Chr. die Generationenfolge des in Knossos regierenden Minos-Geschlechts ermitteln. Um 1208 regierte Idomeneus. Sein Vater war Deukalion, sein Vatersvater Minos II., der 1294/93 die Tributforderung an Athen richtete. Da diese wegen der Ermordung von Minos' erwachsenem Sohn Androgeos er-

Menschen und Götter auf der »Insel der Seligen«

folgte, kann die Geburt von Minos II. um 1340–1330 v. Chr. angesetzt werden. Auf eine ältere Generationenfolge, bestehend aus dem genannten Minos II., seinem Vater Lykastos und dessen Vater Minos I., dem Älteren, wies Diodorus Siculus hin (IV 60,2), der in den betreffenden Kapiteln seiner Universalgeschichte die kretische Rückerinnerung nutzte. Auch auf dem »Marmor Parium« wurde der Name Minos in älterem Zusammenhang abermals genannt.[58] Datiert man das Geburtsjahr des Lykastos um 1360–1350 v. Chr., so kommt man mit dem Lebensbeginn seines Vaters Minos des Älteren in die Zeit um 1400–1380 v. Chr.

Der Name Minos trat aber in noch älteren Schriftzeugnissen auf. Historische Texte Ägyptens aus dem 22. und 23. Regierungsjahr Thutmosis' III. nannten erstmals zwischen 1468 und 1457 v. Chr. Gesandtschaften aus dem »Fremdland Menus oder Minus« neben solchen aus dem »Keftiu-Fremdland«, womit Kreta bezeichnet wurde. Das Fremdland Menus oder Minus lokalisierten ägyptische Texte im ägäischen Raum westlich von Kleinasien. P. Haider hat im Anschluß an J. Vercoutter darauf aufmerksam gemacht, daß hier offenbar ein Staatsgebilde und sein Herrscher denselben Namen trugen. Haider erinnerte an die Namensgleichheit des Stadtgotts Assur mit seiner Stadt sowie seinem Land und seinem Volk Assur.[59] Das erste Auftreten des Namens Menus oder Minus in ägyptischen Texten fiel zeitlich mit einer grundlegenden Veränderung der Verhältnisse auf Kreta zusammen. Nach der Mitte des 15. Jahrhunderts v. Chr. überzog eine Zerstörungswelle die Insel, der Paläste und Städte zum Opfer fielen. Der Palast von Knossos aber blieb unberührt.

1949 fand Spyridon Marinatos dafür folgende Erklärung.[60] In Knossos residierte König Minos, in Mallia König Sarpedon und in Phaistos König Rhadamanthys, die nicht miteinander verwandt waren. Die Überlieferung, die aus ihnen Brüder machte, war demnach ohne Zweifel eine späte Erfindung, obwohl die Herrscher sich wohl mit »Bruder« ansprachen – eine Höflichkeit, wie sie an den königlichen Residenzen des Orients unter Gleichgestellten üblich gewesen war. Das zeige die hethitische Korrespondenz aus den Archiven in Bogazköy und die ägyptische aus El Amarna. Um 1500 v. Chr. kam es zu Auseinandersetzungen zwischen den drei Regenten, bedingt durch das Macht-

König Minos – Legende und historische Gestalt

streben des Königs Minos in Knossos. Sarpedon und Rhadamanthys wurden aus Kreta vertrieben. (Herodot I 173; Apollodor III 1,2; Apollodor II 4,11). Die historische Folge davon war die Zerstörung ihrer Residenzen in Mallia und Phaistos. Von Knossos aus beherrschte Minos jetzt ganz Kreta, bis 1400 v. Chr. der Palast von Knossos einem Großbrand zum Opfer fiel.

Daß Mallia einst der Palast des Sarpedon war, begründete Marinatos aus der Überlieferung vom schönen Knaben Miletos (Apollodor III 1,2), dem namengebenden Heros der Stadt Miletos, die wenige Kilometer östlich von Mallia lag. Von Minos angegriffen, flohen Sarpedon und Miletos nach Kleinasien (Herodot I 173). Sarpedon nahm Lykien ein, während Miletos eine abermals nach ihm genannte Stadt, Milet, in Kleinasien schuf. Nach dem Zeugnis des Ephoros, überliefert durch Strabon (XIV 1,6), gründete allerdings Sarpedon die Stadt und führte deren erste Ansiedler aus dem kretischen Miletos herbei. Für Rhadamanthys überlieferte Pausanias (VIII 53,5) eine von Kinaithos bezeugte Genealogie, die ihn in folgende Reihe stellte: Kres, Talos, Hephaistos, Rhadamanthys, Gortyn, mit Rhadamanthys als Sohn des Hephaistos und Vater des Gortyn. Nun hatte L. Malten bereits den Schluß gezogen,[61] der Schmiedegott Hephaistos stehe ganz isoliert in dieser Reihe kretischer Autochthonen und werde besser durch den gleichnamigen Gründer der Stadt, den Eponym Phaistos, ersetzt. Marinatos folgte dieser Auffassung: Vom Sohn des Rhadamanthys, von Gortyn, wisse die kretische Überlieferung (Pausanias VIII 53,5), daß er die gleichnamige Stadt Gortyn gründete. Phaistos und Gortyn lagen aber nahe beieinander in der fruchtbaren Ebene der Mesara in Südkreta. Hier in Phaistos habe Rhadamanthys residiert.

Seit der Publikation von Marinatos' Thesen hat die Forschung neue Erkenntnisse gewonnen. So wurden die Zerstörungen, die auch die Paläste von Mallia und Phaistos in Trümmer legten, um 1450 v. Chr. und einige Jahrzehnte später datiert. Der Palast von Knossos überstand diese Katastrophen. Er stürzte erst beim Brand um 1375 v. Chr. ein, wurde aber wieder aufgebaut und blieb bis ins 12. Jahrhundert v. Chr. hinein erhalten. Die Dynastie des Königs Minos könnte also, was den Berechnungen antiker Historiographen sowie den Zeitangaben des »Marmor Parium« ent-

Menschen und Götter auf der »Insel der Seligen«

spricht, im 14. und 13. Jahrhundert v. Chr. in Knossos residiert haben.
Wie aber steht es mit den von Marinatos skizzierten Geschehnissen des 15. Jahrhunderts v. Chr. und der Vertreibung des Sarpedon und Rhadamanthys durch Minos aus Kreta? Wenn berücksichtigt wird, daß Mythen zeitlich auseinanderliegende Geschehnisse verdichtend zusammenziehen können, dann scheinen die drei königlichen »Brüder« Sarpedon, Rhamanthys und Minos folgenden historischen Stellenwert zu haben: Sarpedon, vielleicht der letzte Regent im Palast von Mallia, wurde zum Repräsentanten kretischer Kolonisation in Milet und Lykien, die ihrerseits zeitlich nicht auf die Mitte des 15. Jahrhunderts v. Chr. beschränkt war. Rhadamanthys mag um 1450 v. Chr. König von Phaistos gewesen sein. Seine Residenz bestand neben Knossos noch ein paar Jahrzehnte länger als Mallia. Darauf zielte wohl die Überlieferung, die Rhadamanthys den Mitregenten, den Parhedros, des Minos nannte (Diod. Sic. V 84,2). Darüber hinaus stand Rhadamanthys jedoch für *den* altkretischen König schlechthin. Er hieß Cnosius bei Vergil (*Aeneis* VI 566), herrschte auf Kreta und gab den Kretern Gesetze (Strabon X 4,8; 19); eine große Anzahl der Inseln war in seinem Besitz und ein Teil der Küste Kleinasiens (Diod. Sic. V 1 f.). Vergöttlicht lebte er auf der »Insel der Seligen« (Pindar, *Ol. Ode* 2, 77 ff.) neben Kronos fort, auf der Nésos Makáron, wie in der Antike seine Heimat Kreta genannt werden konnte (Plinius, *Naturalis historia* IV 58).
Minos dagegen, der im griechischen Mythos berühmte, von Platon gepriesene König Kretas, war Repräsentant einer neuen Ära, des achäischen, des griechischen Kreta. Dies zeigte schon die antike Überlieferung, nach der Minos ein Fremder war (Strabon X 4,9) und Anspruch auf die Königsherrschaft in Kreta erhob, was ihm zunächst bestritten wurde (Apollodor III 1,3). Die Etablierung der achäischen Ära auf Kreta war ein langwieriger Prozeß, der mit dem Auftreten des Staatsgebildes Menus oder Minus und den Katastrophen auf Kreta um 1450 v. Chr. begann und mit der Zerstörung des Palastes von Knossos um 1375 v. Chr. und dessen Wiederaufbau sein Ende fand.

König Minos – Legende und historische Gestalt

Versuch einer Rekonstruktion

Die Geschehnisse auf Kreta in der Zeit von etwa 1450 bis 1360 v. Chr. könnten diese gewesen sein: Ein Eroberer, vielleicht einer der festländischen Kleinkönige aus der Region nördlich von Theben, hatte eine Heerschar waffentüchtiger Krieger um sich versammelt und brach nach Süden auf. Der Palast von Theben wurde in Trümmer gelegt, doch kam die Bewegung nicht zum Stehen. Weitere Zerstörungen säumten ihren Weg über die Inseln der Westhandelsroute zwischen Kreta und Attika, über Keos, Melos und Thera. Mit der Mykenisierung von Melos, Thera und auch Kythera wurde der Grundstock eines neuen Staatsgebildes gelegt. Dann griffen die Eroberer auf Kreta über und zerstörten die Paläste Mallia, Gournia und Kato Zakro sowie fast alle Herrenhäuser und Siedlungen, und zwar umgehend oder in den Folgejahren. Die Palastzentren Kydonia, Phaistos und Knossos blieben offenbar zunächst verschont, wobei Kydonia dem neuen Staatsverband eingegliedert wurde.[62] Knossos sollte erobert werden, wie die Zerstörung der Stadt und der Gebäude in der Umgebung des Palastes zeigte. Doch diplomatische Verhandlungen des Königs von Knossos erhielten ihm wohl seine Residenz und führten zu einem Bündnis, in das für einige Jahrzehnte auch Phaistos eingeschlossen war. An beiden Palästen wurden damals Truppen geschulten Kriegeradels aufgestellt, deren Nekropolen nördlich von Knossos und bei Phaistos liegen (vgl. Abb. 17 b–c). Es ist hypothetisch, aber nicht unwahrscheinlich, daß diese Truppen nicht dem altkretischen König unterstanden, sondern einem mykenischen Feldherrn, der sie schulte und eine hohe Stellung in der Palasthierarchie einnahm. Gegen Ende des 15. Jahrhunderts v. Chr. fiel auch Phaistos, während Knossos sich zu behaupten suchte und sein Herrscher sich vom Pharao Amenophis III. eine Söldnertruppe aus schwarzhäutigen Afrikanern erbat (vgl. Abb. 16). Auf Kreta bestanden zu jener Zeit nur noch zwei Staatsgebilde: Knossos mit seiner Einflußsphäre und das »Fremdland Menus oder Minus«, zu dem große Teile Kretas und der westlichen Kykladeninseln gehörten. Es kam zu einer Phase der Anpassung und Koexistenz. In den zerstörten kretischen Städten begann neues Leben, erwachten neue Aktivitäten.

Menschen und Götter auf der »Insel der Seligen«

a

Beide kretischen Staatsgebilde schickten ihre Gesandtschaften an den Hof des Pharaos Thutmosis III. Entsprechend nannten die ägyptischen Texte das Kaftu-Fremdland und das Menus- oder Minus-Fremdland nebeneinander. Die ägyptischen Gemälde (Abb. 2) im Grab des Kenamun, des obersten Vorstehers der königlichen Domänen unter Amenophis II. (1426–1400 v. Chr.), zeigen am Thronpodest des Pharaos den Vertreter von Kreta mit kretischer Haartracht, Stirnband und Kinnbart und den Vertreter von Menus oder Minus ebenso mit kretischer Haartracht und Stirnband, aber ohne Bart.[63]

Knossos entfaltete im Wunsch, sich zu behaupten, unter seinem letzten altkretischen Regenten noch einmal allen Glanz. Der

b

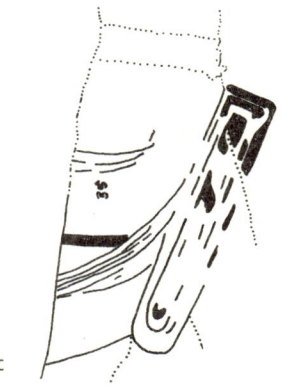

2 Kretische Geschenkbringer auf ägyptischen Grabfresken (nach Schachermeyr 1964):
a) Grab des Useramon,
b) Grab des Senmut,
c, d) Grab des Rechmere:
c) ursprüngliche kretische Schurztracht der 1. Hälfte des 15. Jh. v. Chr.,
d) korrigierte, jetzt ägäisch-mykenische Schurztracht nach der Mitte des 15. Jh. v. Chr.

Palast wurde mit Fresken ausgeschmückt, die Tributbringer, Prozessionsteilnehmer, eine Tänzerin, Festteilnehmer auf ›Klappstühlen‹ und einen lebensgroßen Stier zeigten. Eine glänzende Palasthaltung führte zur letzten Blüte des altkretischen Stils. Dieser orientierte sich jedoch teilweise – wie im Töpfern von »ephy-

3 Ephyräische Becher:
a) vom griechischen Festland,
b) kretische Nachahmung aus Knossos, um 1400 v. Chr. (nach Schachermeyr 1964).

räischen« Bechern (Abb. 3) und im Dekor der »Palaststilvasen« (Abb. 4), die Pendlebury *pottery of empire* nannte – an Kunstformen des mykenischen Festlands.[64]

Um 1400 v. Chr. besuchte eine Handelsexpedition Amenophis' III. auf ihrer Route zur Peloponnes Amnissos bei Knossos, Kydonia (Chania, im ägyptischen Text: Kutira) und Knossos (im ägyptischen Text Kutanaja) und auf der Rückreise die Insel Kythera (im ägyptischen Text: Kunuscha).[65] Haider sah in dem von ägyptischen Texten genannten Fremdland Menus oder Minus ein »Staatsgebilde auf und/oder neben Kreta«.[66] Wir lokalisieren es auf den Inseln Kythera, Melos und Thera, in Westkreta, in der Gegend von Kydonia und in weiteren Teilen Kretas. Dabei ist

König Minos – Legende und historische Gestalt

4 Palaststilvase aus Knossos, 1420–1380 v. Chr. (nach McDonald 1990).

sehr wahrscheinlich, daß das Staatsgebilde den Namen oder Titel seines Begründers erhalten hatte oder *vice versa*. Eine antike Erklärung des Namens Minos leitete diesen von griechisch *ís, inós* (die Macht) ab.[67] Jeder folgende Regent wird wohl neben seinem persönlichen Namen auch den Namen seines Reiches getragen haben, wie ja auch die verschiedenen Stadtgründungen an den Küsten des Mittelmeers Minoa hießen.[68]

Die Phase der Koexistenz endete bald nach 1400 v. Chr. Die mykenische Machtsphäre auf den Inseln war erstarkt. In Thera begann eine neue Bautätigkeit. In Phylakopi auf Melos erhob sich ein mykenisches Megaron über den Ruinen des altkretischen Palastbaus. Nachdem um 1370–1360 v. Chr. auch Knossos mit Feuer und Schwert erobert, dem neuen Reich eingegliedert und zu dessen Residenz gemacht worden war, erschien in ägyptischen Textzeugnissen bis zur Zeit Sethos' I. (1290–1279) und Ramses' II. (1279–1213) das Fremdland Menus oder Minus synonym mit Kreta.[69]

Der um 1370 v. Chr. wiederaufgebaute Palast von Knossos zeigte ein neues Gesicht. Große Säle wurden in kleinere Räume unterteilt, der sakrale Aspekt wich dem ökonomischen. Der Palast eines Priesterkönigtums wurde zum Verwaltungspalast und zentralen Speicher. Mit der Übernahme von Knossos trat der Regent des neuen Staatsgebildes Menus oder Minus die Nachfolge der traditionsreichen altkretischen Könige an. Minos wurde Nachfolger des Rhadamanthys, so wie später – nach der dorischen Eroberung Kretas – Lykurg in der Gesetzgebung der Nachfolger des Minos werden sollte.

Allerdings darf nicht ausgeschlossen werden, daß der Name Minos im 14. und 13. Jahrhundert v. Chr. ein Titel – wie »Pharao« oder »Caesar« – des in Knossos residierenden kretischen Königs gewesen war.[70] Während aber die griechische Sage mit dem Träger dieses Namens alle Großtaten der kretischen Geschichte in Verbindung brachte, unterschied offenbar die durch Diodorus Siculus überlieferte kretische Rückerinnerung zwei große Herrschergestalten namens Minos: Der erste König begründete und befestigte sein Reich auf Kreta. Er bestieg den Thron des Asterion, bekämpfte Sarpedon, lernte von Rhadamanthys die Gesetzgebung und verdrängte diesen schließlich. Er gründete Städte auf Kreta, deren berühmteste Knossos, Phaistos und Kydonia waren, und führte die Gesetze seines Gottes Zeus ein. Der zweite dehnte das minoische Reich aus, über die Grenzen Kretas hinaus. Er schaffte sich eine Seemacht, brachte die meisten Inseln unter seine Herrschaft, vertrieb die Seeräuber, gründete überall seine Städte (Thukydides I 8), besiegte Megara und Athen und fand schließlich auf seinem Eroberungsfeldzug gegen Sizilien in der Stadt Kamikos einen gewaltsamen Tod.

Mag auch manche Tat eines Lykastos oder Deukalion unter dem Namen Minos gesammelt worden sein, so ist doch die Historizität bedeutender kretischer Regenten des Minos-Geschlechts nicht anzuzweifeln. Weitere Klarheit wird man von den Ausgrabungen der Minoa-Orte im ägäischen Raum und von spektographischen Untersuchungen am bronzezeitlichen keramischen Material des sizilischen Minoa erwarten dürfen.

Entdeckungsgeschichte – auf den Spuren der minoischen Kultur

Arthur Evans, der »Entdecker des alten Kreta«

Am Beginn des 20. Jahrhunderts wurde die Weltöffentlichkeit erstmals mit Bildwerken einer höfischen Kultur Altkretas konfrontiert, die bisher nur aus der griechischen Sage bekannt war. Während seiner Ausgrabungen im Palast des Königs Minos von Knossos hob der Engländer Sir Arthur Evans ihre Zeugnisse ans Tageslicht; er begründete mit jahrzehntelangem Forschen und generösem Fördern die vorgriechische Archäologie auf Kreta. Ein mit Sorgfalt erkundetes farbiges Lebensporträt der ungewöhnlichen Forscherpersönlichkeit von Sir Arthur Evans, dem Entdecker der altkretischen Kultur, zeichnete die Archäologin Sylvia L. Horwitz in ihrem 1981 erschienenen Buch *The Find of a Lifetime*.[1]

Arthur Evans (Abb. 5), dunkelhaarig, braunäugig, nur 1,57 m groß, drahtig, widerstandsfähig und von lebhaftem Waliser Temperament, wurde 1851 geboren als Sohn von John Evans, einem erfolgreichen Papierfabrikanten und Privatgelehrten auf dem Gebiet der Prähistorie, Paläontologie und Geologie. Schon der Großvater Arthur Benoni Evans, ein Landpfarrer, war Altertumskundler aus Neigung gewesen. Arthur Evans wuchs in England in einem Haushalt mit fünf Kindern in seinem Vaterhaus Nash Mills auf und zeichnete sich durch Phantasie, Intuition, Unternehmungslust, Verstand und sein Interesse an Altertümern aus. Seine Studien bis ins kleinste Detail wurden durch seine Kurzsichtigkeit begünstigt, die auf nahe Distanz eine äußerst präzise, geradezu mikroskopische Sehkraft bewirkte. Arthur studierte Geschichte in Oxford und Göttingen, führte eine kleine, privat organisierte Ausgrabung in Trier durch und brach 1871 zu seiner ersten Balkanreise auf, die ihn bis nach Kostajnica führte, einer Grenzstadt zwischen dem habsburgischen und dem türkischen Kroatien. Er fühlte sich hier vom Zusammenprall politischer, religiöser und kultureller Gegensätze aufs tiefste berührt und beschloß vier Jahre später, Politik, Volkskunde, Kultur und Geschichte der Balkanländer zu seinem Forschungsgebiet zu

Entdeckungsgeschichte – auf den Spuren der minoischen Kultur

5 Sir Arthur Evans, der Ausgräber des Palastes von Knossos, nach einem Gemälde von Sir W. Richmond, skizziert (nach Schachermeyr 1964).

machen. Als Sonderkorrespondent des *Manchester Guardian* kämpfte er in den folgenden Jahren – während der Erhebungen auf dem Balkan gegen die Regentschaft des osmanischen Reiches – mit der Feder für die Menschenrechte der Slawen und beteiligte sich an einer Hilfsorganisation für Balkanflüchtlinge.

Arthur Evans, der »Entdecker des alten Kreta«

Seine Kontakte mit Aufständischen brachten Arthur Evans jedoch 1882 die Ausweisung aus Ragusa (Dubrovnik) und eine sechswöchige Inhaftierung durch die Österreicher ein. Zwar wurde damit seiner Tätigkeit auf dem Balkan ein Ende gesetzt, doch Evans hatte sich bereits den Ruf eines profunden Kenners der Geschichte und Zeitgeschichte der Region geschaffen. Er schrieb an einem Werk über die Geschichte Ragusas, sah sich allerdings jetzt nach einem neuen Tätigkeitsfeld um.

1878 hatte er Margarete Freeman geheiratet, die Tochter von Edmund Freeman, Historiker und späterer Professor für Neuere Geschichte an der Universität von Oxford. Mit ihr unternahm Evans 1883 eine für sein zukünftiges Leben entscheidende Reise nach Athen und besuchte den damals 61 Jahre alten, durch seine Ausgrabungen in Troja und Mykene berühmt gewordenen deutschen Großkaufmann und Archäologen Heinrich Schliemann.

Schliemann gehörte, seit er 1871 die Entdeckungen des von Homer besungenen Trojas der griechischen Heldensage auf dem Siedlungshügel Hissarlik in der Troas nahe den Dardanellen verkündet hatte, zu den Wissenschaftsheroen des Jahrhunderts – so wie Jean-François Champollion, der 1822 mit Hilfe des Trilinguen-Steines von Rosette die ägyptischen Hieroglyphen entziffert, und Charles Darwin, der 1859 die Evolutionstheorie in seinem epochemachenden Werk *On the Origin of Species* veröffentlicht hatte. Ihnen war es gelungen, der Forschung neue, weitere Horizonte zu zeigen. Sie hatten Tore zu Frühkulturen und vorgeschichtlichen Lebensräumen aufgestoßen.

Auf den empfänglichen, von seinem Jahrhundert geprägten jungen englischen Forscher machte Schliemanns Bericht von seinen Ausgrabungen einen bleibenden Eindruck. Diese hatten in Mykene und Orchomenos Zeugen einer neuen Welt, die älter, viel älter als die klassische war, ans Tageslicht gebracht. Als er die Goldfunde aus den Schachtgräbern von Mykene betrachtete, fühlte er sich bei den Gravuren der Ringsteine an Assyrisches und Altägyptisches erinnert, wogegen ihm das Oktopus-Motiv kleiner Goldzierate von den ägäischen Inseln zu stammen schien. Die Kultur, der diese Zeugen angehörten, hatte Schliemann nach ihrem Hauptfundort die »mykenische« genannt.

Entdeckungsgeschichte – auf den Spuren der minoischen Kultur

Nach seiner Rückkehr aus Griechenland wurde Arthur Evans 1884 der Posten des Kurators am Ashmolean Museum in Oxford angeboten. Das heute weltbekannte Haus besaß damals noch den provinziellen Charakter eines Raritätenkabinetts. Evans machte es zu einem Zentrum weitgespannter archäologischer Forschungen. In seinem Antrittsvortrag legte er ein Bekenntnis zur Archäologie als Geschichtswissenschaft ab:

> »Unser Thema ist Geschichte – Geschichte vom Werden und der Abfolge menschlicher Kunst, menschlicher Intuitionen und menschlicher Glaubensvorstellungen in jedem Teil unseres Erdballs, auf den das Licht der Geschichte fällt. Es gibt Perioden, wie die Papierzeit, in der wir leben, in denen Archäologie wie die bescheidene Dienerin geschriebener Geschichte erscheinen mag. Und doch gibt es frühere Zeitalter, in denen unsere Wissenschaft souverän regiert. Die ungeschriebene Geschichte der Menschheit geht der geschriebenen voraus, die Botschaft der Monumente der der Bücher.«[2]

Im Todesjahr seiner Gattin Margarete – Evans schrieb seitdem nur noch auf schwarz gerahmten Papier – hatte er beim Durchstöbern der Antiquitätenläden in der Athener Plaka Siegel von drei- oder viereckiger Form mit eingravierten Zeichen gefunden, die wie eine Art von Hieroglyphen aussahen. Auf die Frage nach der Herkunft der Siegel erhielt er die Antwort: aus Kreta. Evans begann zu forschen. Er verglich unter anderem die Gravuren auf Siegeln aus den Berliner Museen mit Graffiti auf zwei Vasen aus Mykene, die der namhafte griechische Archäologe Christos Tsountas gefunden hatte. Als Resultat seiner vergleichenden Studien eröffnete er im Herbst 1893 der »Griechischen Gesellschaft« in London, er habe Hinweise für eine prähistorische Bilderschrift auf griechischem Boden entdeckt und vermute, daß dieses Schriftsystem auf Kreta beheimatet sei. Dieser aufsehenerregenden These wurde allerdings kein großer Glaube geschenkt, richtete sie sich doch gegen das bestehende Dogma, daß es vor Homer und auch noch in homerischer Zeit keine Schrift auf griechischem Boden gegeben habe.

Im Jahr 1894 betrat Evans erstmals kretischen Boden. Mit drei Maultieren und einem Maultiertreiber brach er zur Erforschung der Insel auf. Seine Suche galt prähistorischen Schriftzeugnissen, und er fand sie auf Gemmensteinen, auf einer Bronzeaxt und auf Tongefäßfragmenten. Am Ende seiner ersten Forschungsreise konnte er zwei prähistorische, offenbar kretische Schriftsysteme unterscheiden: eine Bilder- oder Hieroglyphenschrift und eine Linearschrift.

Im April 1895 führte ihn eine zweite Forschungsreise durch Kreta – auf der Suche nach weiteren Schriftzeugnissen eines vorgeschichtlichen Volkes. In den entlegensten Dörfern fand er Inschriftgemmen als Amulette, sogenannte Galopetra (Milchsteine), an den Halsbändern von Frauen.

> »Bei den Dörflern, die von ihrer eigenen Vergangenheit keinerlei Ahnung hatten, sehr geschätzt, waren diese Milchsteine in Wirklichkeit antike Gemmen und Siegel mit eingeschnittenen Zeichen oder Szenen von außerordentlicher Schönheit. Bauern pflügten derartige Steine aus den Feldern, Eselshufe schlugen sie aus den Schotterpfaden, und kretische Mütter trugen sie am Hals, damit nie ihre Milch versiege. Bisweilen gelang es nicht, eine Mutter davon zu überzeugen, daß ihrem Kinde nichts zustieße, wenn sie ihm [Evans] ihren Milchstein überließe. In diesem Fall bat er darum, wenigstens einen Abdruck von der Gravierung nehmen zu dürfen.«[3]

Bevor Arthur Evans auch nur einen Spatenstich auf dem Boden Kretas veranlaßt hatte, arbeitete er bereits an einem Text über die kretischen Bildzeichen und eine präphönizische Schrift.[4] Das Volk Kretas, dessen rätselhafte Schriftzeichen er gefunden hatte, nannte er nach dem sagenberühmten König Minos die »Minoer«.

Eine Erinnerung an die Residenzstadt des Königs Minos bewahrte der Ort Knossos, gut sechs Kilometer von Candia, dem heutigen Iraklion, entfernt. Hier, auf einem Hügel, den der Volksmund »Tou Tselebi i Kephála« (»die Kuppe des Herrn [Gottes]«) nannte,[5] wünschte schon Heinrich Schliemann mit der Ausgrabung des prähistorischen Königspalastes sein Lebenswerk zu krönen, wie er 1888 in einem Brief schrieb. Bereits 1878 hatte der Heimatforscher, Jurist[6] und Kaufmann Minos Kalokairinos aus Candia (Iraklion) dort eine Versuchsgrabung unternommen. Er ließ auf dem Hügel zwölf Gräben von ca. 2 m Tiefe ausheben und erkannte, daß es sich bei den freigelegten massiven Gebäudestrukturen um einen Palastkomplex handelte und daß er unter anderem dessen Magazine angeschnitten hatte. Im dritten Vorratsraum fand er mächtige, hohe Vorratsgefäße, sogenannte Pithoi, von deren verkohlten Inhalten Erbsen, Gerste und Saubohnen identifiziert werden konnten. Evans barg während seiner späteren Grabung auch einen kleinen Pithos mit karbonisierten Bohnen, die von den Grabungsarbeitern als »ägyptische Bohnen« bezeichnet wurden, eine Zwergform, die noch um 1900 von Alexandria nach Kreta importiert wurde. Auch eine Linear-B-Tafel, die Evans später in Candia sehen und kopieren sollte, entstammte der ersten Versuchsgrabung des griechischen Forschers.

Als Evans 1894 nach Knossos gekommen war, machte ihn Frederico Halbherr, ein Südtiroler, der die italienischen Forschungen auf Kreta begründete, mit Minos Kalokairinos bekannt. Halbherr, erster Ausgräber des Palastes von Phaistos, gehörte zur Pioniergeneration der Feldarchäologen auf Kreta und wurde dort mit seinem schwarzen Hengst fast zur legendären Gestalt. Um seinen Grabungsarbeitern noch rechtzeitig den verdienten Wochenlohn auszahlen zu können, hatte er einst auf seinem Rappen die Strecke von Candia bis Phaistos in vier Stunden durcheilt, ein Weg, für den Maultierreiter zehn Stunden berechneten.

Evans gelang es 1894, ein Viertel des Kephala-Hügels und damit zugleich das Recht zu erwerben, gegen die Ausgrabung der Stätte durch andere Einspruch zu erheben. Mit Brief und Siegel hatte er seinen Anspruch, das unbekannte Volk der Minoer zu erforschen, sichergestellt. Noch konnte er jedoch nicht daran denken, die mutmaßliche Stätte des Minos-Palastes auszugraben. Die Flamme des Aufstands gegen das Osmanische Reich war vom Balkan auf Kreta übergesprungen. Im Jahr 1896 erhoben sich die Kreter gegen die türkische Regierung. Ihre Freiheitsbestrebungen lösten den Krieg Griechenlands gegen die Türkei aus. Als Evans 1898 nach Kreta zurückkehrte, trat ihm das menschliche Elend unmittelbar vor Augen, das Bürgerkrieg, Fanatismus und blinder Nationalismus geschaffen hatten. Wie einst auf dem Balkan wurde der Archäologe unverzüglich zum Journalisten, zum aufrüttelnden Streiter für die Menschenrechte und zum Nothelfer. Im November 1898 verließ die letzte türkische Truppeneinheit Kreta.

Die Ausgrabungen von Knossos

Als Evans schließlich im Frühjahr 1900 nach Knossos kam, um seine epochemachende Ausgrabung auf dem Palasthügel zu beginnen, bot sich der Kephala als eine öde, vom Pflug unberührte Höhe mit leicht gewölbtem Plateau dar. Während der Hang im Norden und Westen in sanfter Neigung aus dem umliegenden Terrain aufstieg, fiel die Höhe im Osten und Süden jäh ab, mit ihren Steilhängen zum Tal des Kairatos und einem seiner Zuflüsse weisend. Warum blieb die Palastruine über dreitausend Jahre ein paar Zoll unter Humus und Gras bewahrt? Offenbar »haftete eine abergläubische Scheu an der Stätte des Palastes mit seinen Hunderten von Sälen und Kammern, Gängen, Hallen und Treppen, sie mochten »den viel ärmeren und primitiveren Bewohnern Kretas während der folgenden Jahrhunderte unerklärlich geheimnisvoll und unheimlich erschienen sein«.[7]

Arthur Evans war 49 Jahre alt, als er am 23. März 1900 die erste große Ausgrabung seines Lebens begann, die eine bisher unbekannte, vormykenische Hochkultur aus dem Boden heben sollte. Zwei Männer vor allem standen ihm zur Seite: der Schotte Duncan Mackenzie und der Architekt Theodore Fyfe. In den zwanziger Jahren kam noch der Architekt Piet de Jong aus Yorkshire hinzu. Die Arbeit begann im Westteil der Anlage, wo Kalokairinos bereits gegraben hatte. Ein Labyrinth von Bauten und Räumen tat sich hier auf. Zum Vorschein kamen Freskenfragmente, vom Rauch eines Großbrands geschwärzte Mauern und Unmengen zerbrochener Keramik. Schließlich stieß man in den Vorratsmagazinen auf einen Fund, den Evans hoffnungsvoll erwartet hatte. Seine Tagebucheintragung vom 30. März nannte »eine Art Barren aus gebranntem Ton, in der Form einem steinernen Meißel ähnlich und mit Schrift sowie mit Zeichen bedeckt, die wie Ziffern aussahen«.[8] Dieser Tontafel folgten in wenigen Tagen mehr als hundert weitere. Evans triumphierte. Da war ein Hort schriftlicher Aufzeichnungen eines unbekannten

Entdeckungsgeschichte – auf den Spuren der minoischen Kultur

6 Tontafeln des schlanken und breiten Typs mit Linear-B-Schrift aus Knossos (nach McDonald 1990).

Gemeinwesens in unbekannter Sprache – auf europäischem Boden (Abb. 6)!

Die Täfelchen wurden vermessen und beschrieben: In der Regel waren sie 5–20 cm lang und 1,5–7,5 cm breit. Sie trugen meist nur eine einzige, einst in den feuchten Ton geritzte Inschriftzeile. Doch gab es auch Tafeln rechteckiger Form, breit genug, um mehrere Schriftzeichen zu tragen. Evans' auf kurze Distanz mikroskopisch präzis blickende Augen erkannten schwache horizontale Markierungen, Leitlinien für die Schreiber. Später konnten rund 2 000 weitere linear beschriebene Tontäfelchen auf dem ganzen Gelände des Palastes geborgen werden. Evans unterschied zwei kursive Typen: das Linear A und das Linear B. In einem Artikel, veröffentlicht im März 1901 in der *Monthly Review*, schrieb er über die Täfelchen: »Wenn sich die Sprache, in der sie abgefaßt sind, als primitive Vorform des Griechischen her-

Arthur Evans, der »Entdecker des alten Kreta«

ausstellen sollte, was sehr wohl der Fall sein kann, brauchen wir uns um die Entzifferung dieser Archive aus Knossos nicht zu sorgen (...).«[9] Ein der linearen Schrift zugefügtes Piktogramm, ein Bildschriftzeichen, ließ oft erkennen, wovon das Schriftzeugnis handelte. In einem Raum fand man Täfelchen mit Wagen und Pferdeköpfen, in einem anderen solche mit Vasen. Zweifellos stellten sie eine Art Buchführung der Palastverwaltung dar.

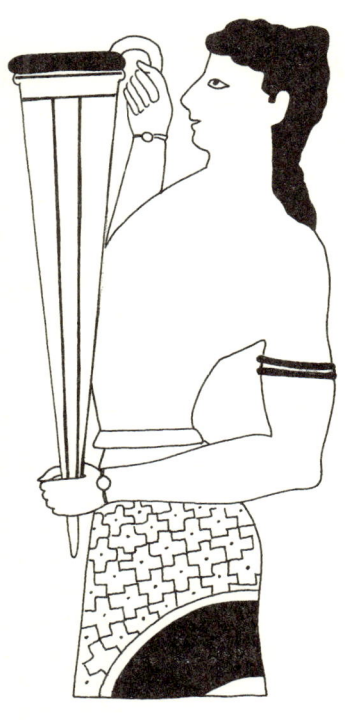

7 Jüngling mit Rhython, der »Cupbearer«, von der Ostwand des Prozessionskorridors in Knossos, um 1400 v. Chr. (nach McDonald 1990).

Zur Schrift kam die menschliche Gestalt, als wenige Tage später die Arbeiter zwei Freskenfragmente eines Gabenbringers mit Rhyton (Ringgefäß) aufdeckten (Abb. 7). Evans sah darin »die bei weitem bemerkenswerteste Gestalt des mykenischen Zeitalters, die bisher ans Licht gekommen ist«, und telegraphierte an seinen Vater John Evans: »Fresken und Schrift gefunden. Herzlichst Arthur«.[10] Die Freskenfragmente stellten den Ausgräber in den Kampagnen von 1900 und 1901 vor neue Aufgaben. Es galt, das Vorhandene, aber Zerbrochene und Zerstreute zusammenzufügen und das Fehlende zu ergänzen. Für die Restaurierung ließ Evans den bewährten Fachmann Noel Heaton aus England kommen. Für die Ergänzung der Freskenfragmente wandte er sich an den Schweizer Maler Émile Gilliéron, dessen Interesse an der Antike schon früh dazu geführt hatte, daß er sein darstellerisches Vermögen in den Dienst archäologischer Themen stellte. Rekonstruktionen von seiner Hand erschienen in den Veröffentlichungen der britischen, amerikanischen, französischen, deutschen, österreichischen und italienischen Institute in Athen. Zudem war Gilliéron Zeichenlehrer der griechischen Prinzen und Prinzessinnen und schließlich Unternehmer. Er ließ galvanoplastische Nachbildungen mykenischer und kretischer Antiquitäten von der Württembergischen Metallwarenfabrik (WMF) in Geislingen an der Steige anfertigen. Gilliéron folgte Evans mit seinem gleichfalls begabten Sohn Edouard nach Knossos, um sich mit Heaton einer möglichst weitgehenden Wiederherstellung der Wandmalereien anzunehmen.

»Bei den freigelegten Stuckfragmenten handelte es sich in der Tat um Bruchstücke von Fresken, die man auf frischem Mauerputz gemalt hatte. Evans konnte mit Leichtigkeit die feinen Doppellinien ausmachen, die von Fäden herrührten, welche man einst als Leitfäden für die Hand des Malers über die noch feuchte Bewurfschicht gespannt hatte. Dennoch kostete es ungewöhnlich viel Mühe, die Stücke zusammenzufügen – es erforderte unendliche Geduld und bedurfte der jahrelangen Erfahrung, die Gilliéron mitbrachte.«[11] Wo Fehlendes ersetzt werden sollte, wurde nach Anhaltspunkten und tragfähigen Analogien gesucht und, soweit diese vorhanden waren, die Rekonstruktion vorgenommen. Allerdings gab es auch Pannen, so beim safranpflückenden blauen Affen – einer Meerkatze, der Kopf und Schwanz fehlten und die Evans zu einem Knaben ergänzen ließ. Der Irrtum wurde deutlich, als sich das zugehörige Fragment mit dem charakteristischen Meerkatzenschwanz fand. Ein weiterer Fehler unterlief Evans, als ein Dekorationsfragment zum Vorschein kam, das den Oberteil eines Kopfes mit einem großen Kopfputz zeigte, von dem sich oben fünf Linien helmbuschartig lösten. Evans sah in diesem Kopffragment einen Teil der Darstellung einer königlichen Hoheit mit Krone, verband es mit dem Fragment eines männlichen Oberkörpers, dessen heraldische Lilienblüten auf der Brust ihn an die *fleur-de-lis* englischer Könige erinnerten, und ließ alles zusammen zur Figur des »Lilienprinzen« ergänzen (Abb. 8). Wolf-Dieter Niemeier erinnerte kürzlich daran, daß die »Federkrone« zum Kopfputz von Sphingen gehörte.[12]

Die meisten Rekonstruktionen aber gelangen vorzüglich. Das gilt besonders für die wiedergewonnene Gestalt des Rhyton-

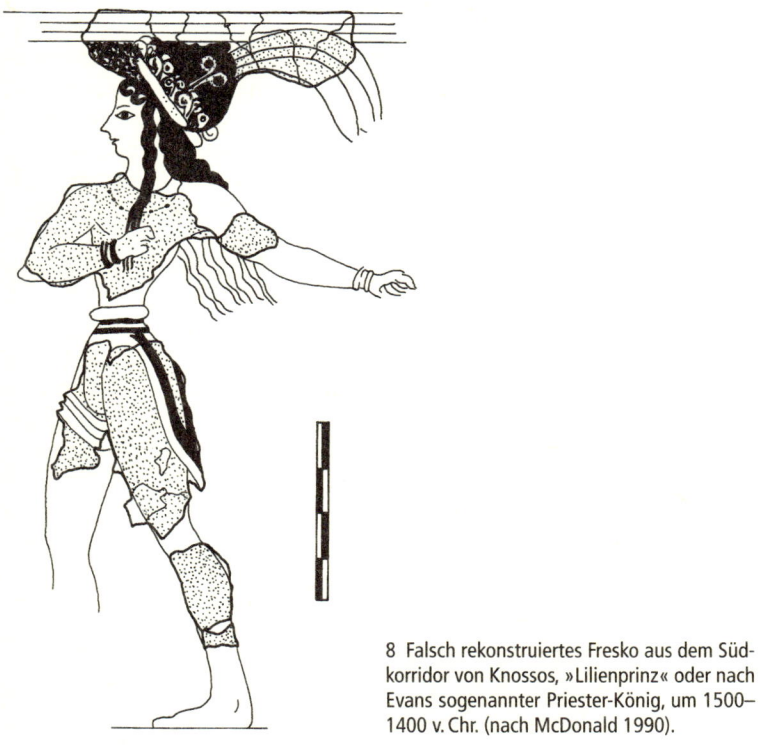

8 Falsch rekonstruiertes Fresko aus dem Südkorridor von Knossos, »Lilienprinz« oder nach Evans sogenannter Priester-König, um 1500–1400 v. Chr. (nach McDonald 1990).

Trägers, zu der weitere zugehörige Fragmente gefunden werden konnten. Dieses Abbild eines vorgeschichtlichen kretischen Jünglings – Evans nannte ihn den »Cupbearer« (Pokalträger, vgl. Abb. 7) – stellte sich nun als lebensgroße Darstellung eines braungebrannten, schlanken, stolzen jungen Mannes mit edlen Zügen, leuchtendem Auge, über den Nacken fallenden, gewellten Haarflechten und schmaler Taille dar. Über die Hüften trug er einen gemusterten Schurz, an den Füßen elegante Sandalen. Zum höfischen Jüngling kam alsbald auch das Bildnis der eleganten, le-

Entdeckungsgeschichte – auf den Spuren der minoischen Kultur

bensfrohen Kreterin hinzu, wie sie zur Zeit des Königs Minos am Hof von Knossos gelebt haben mochte. Ein französischer Gelehrter, der zu Besuch in Knossos weilte und Gilliéron beim Zusammensetzen unzähliger Fragmente des sogenannten »Klappstuhlfreskos« – Evans hatte es so genannt – zusah, machte seinem Erstaunen über die reizenden, auf den Klappstühlen offenbar während eines festlichen oder kultischen Bankettes sitzenden jungen Frauen in dem Ausruf Luft: »Mais ce sont des Parisiennes!« Ein großes Fragment, das sich, wie alle restaurierten Fresken aus Knossos, im Archäologischen Museum von Iraklion befindet und das Bildnis einer lebenssprühenden, dunkelgelockten, großäugigen Kreterin mit einer kecken Nase trägt, ist weltweit unter dem Spitznamen »die Pariserin« bekannt (Abb. 9).

9 Freskofragment aus dem Westtrakt, »piano nobile«, des Palastes von Knossos, sogenannte Pariserin, um 1450–1380 v. Chr. (nach McDonald 1990).

Von den Wandmalereien, die Gilliéron wiederherstellte, ist das »Stiersprungfresko«, das Evans »Toreador Fresco« nannte, das bekannteste (Abb. 10). Ein zum Angriff übergehender Stier wird gerade von einer Stierspringerin bei den Hörnern gepackt, damit sie der kraftvolle Aufschwung des Stiernackens, der gleich

10 Stiersprung aus dem Ostflügel des Palastes von Knossos, um 1400 v. Chr.

erfolgen muß, in den Salto wirft, so wie ihn gerade ein Stierspringer über dem Rücken des Tieres vollzieht. Den Springer empfängt mit vorgestreckten Armen eine weitere Stierspringerin. Es scheint, als seien drei Phasen des Stiersprungs dargestellt: das Sich-in-den-Salto-werfen-lassen, der Salto selbst und das elastische Aufsetzen auf dem Boden hinter dem Stier. Dieser wird sich zum neuerlichen Angriff umwenden, wodurch das akrobatische Spiel von vorn beginnt. Evans war nach Madrid gefahren, um festzustellen, ob im kretischen Stiersprung ein Vorläufer des modernen Stierkampfs zu sehen war, fand aber keinerlei Übereinstimmungen und äußerte abschließend nur die Vermutung: »Die Arten des Zeitvertreibs im Amphitheater, die im Mittelmeerraum nie gänzlich an Bedeutung verloren haben, lassen sich so zumindest auf Kreta bis in prähistorische Zeit zurückverfolgen.«[13]

Einen neuerlichen Beweis sachkundiger Restaurierkunst erforderte ein weiterer kostbarer Fund:

»Die Arbeiter hatten Fragmente von Gegenständen aus funkelndem Kristall und schimmerndem Elfenbein gesehen. (...) Sie stammten, wie Evans bemerkte, von einer Art Spielbrett mit Einlegearbeiten, das noch dort lag, wo es einst hingestürzt war.« Die Bergung übertrug er Kyrios Papadakis, einem geübten griechischen Restaurator. »Dieser Mann mit seiner unendlichen Geduld begann damit, die Ränder des Brettes in einem Holzrahmen zu fassen. Dann verstärkte er die Brettfläche selbst, indem er Lücken in ihr mit Gips füllte. Als er sicher war, daß sich das Ganze in einem Stück bewegen ließ, schob er gipsgetränkte Holzstreifen unter den Rahmen und hob ihn an. Er brauchte für diese Arbeit drei Tage, dann endlich war das Spielbrett geborgen, und seine Einlegearbeiten befanden sich noch immer in der ursprünglichen Position. Manche Teile freilich fehlten, andere wiederum waren zerfallen und zerquetscht. Fyfe ergänzte sie. (...) Wieder fertiggestellt, war dieses königliche Brettspiel (...) etwa 1 m lang und 50 cm breit. Es bestand aus Elfenbein, Gold, Silber und Bergkristall [Abb. 11]. Ein Muster kristallener Margariten auf Goldgrund bildeten den äußeren Rand. Vier große Elfenbeinmedaillons, noch mit ihrer ursprünglichen Vergoldung, zeichneten sich oben auf diesem Brett ab. Auf der anderen Seite bildeten zehn kleine Scheiben eine Art Stufenpyramide. Zwischen ihnen wechselten versilberte Kristall-Stege mit entsprechenden Leisten aus goldüberzogenem Elfenbein ab. Für Evans bestand nicht der geringste Zweifel, daß die Aufgabe der Spieler darin bestand, möglichst rasch das Tor oben am Brett zu erreichen. Wer zuerst ankam, hatte gewonnen. Die Anordnung der Züge deutete darauf hin, daß es sich nicht nur um ein Geschicklichkeits-, sondern auch um ein Glücksspiel handelte. Benützte man auch Würfel dabei? Evans hielt es für möglich. Als dicht daneben die Erde beim Sieben auch Spielfigürchen aus Elfenbein freigab, konnte er sogar die Spielregeln erschließen, ja er sah förmlich die Spieler vor sich: Sicherlich Angehörige der Oberschicht, die sich nach einem Tag voller Hofzeremonien entspannten, ihre Kelche aus edler Eierschalenkeramik voll berauschenden kretischen Weines und eine kannelierte Schale mit Früchten in Griffweite. Über das Spielbrett schrieb Evans an seinen Vater: Es vermittelt wirklich einen Eindruck großzügigen Lebensstils.«[14]

Doch der beeindruckendste Fund der ersten Grabungskampagne sollte noch folgen. In einem von oben geöffneten, kammerartigen Raum wurde ein hochlehniger Thronsessel aus feingeädertem Alabaster[15] mit wellenförmig geschwungener Kontur der Rückenlehne freigelegt. Evans konnte das stolze Bewußtsein hegen, den »ältesten Thron Europas« ausgegraben zu haben. Georg Karo, nach Heinrich Schliemann einer der ersten Erforscher

Arthur Evans, der »Entdecker des alten Kreta«

11 Königliches Spielbrett aus Knossos, gearbeitet in Holz und Elfenbein mit Einlagen aus farbigem Gestein, 17. Jh. v. Chr. (nach Evans 1921).

Entdeckungsgeschichte – auf den Spuren der minoischen Kultur

der mykenischen Kultur[16], besuchte 1900 Evans in Kreta am Ende der ersten Grabungsserie. Seine lebhafte Erinnerung an diesen Besuch hielt der 87jährige Gelehrte in seinem Buch *Greifen am Thron* fest:

»Aber welche Wunderwelt hatte sich schon in der ersten Campagne aufgetan. Ein ganzes Viertel des Erdgeschosses war freigelegt, ein halbes Hundert meist enger und niedriger Kammern auf beiden Seiten eines breiten Mittelganges aneinander gereiht, nach Westen gegen einen großen gepflasterten Platz abgeschlossen, nach Osten auf den mächtigen rechteckigen Mittelhof, das Herz des weitläufigen Palastes, geöffnet. (...) Nur das Kellergeschoß, aber dieses sehr gut erhalten, mit dem oberen Abschluß der meisten Mauern, auf denen häufig noch Schwellsteine und Türpfosten die Rekonstruktion der einst darüber liegenden Staatsgemächer erlaubten, war entdeckt. (...) Dies alles erklärte uns Arthur Evans in seiner lebhaften Art. (...) Und Mackenzie gab bedächtige Erläuterungen dazu. So wurden wir, etwas benommen von dieser neu erstandenen Märchenwelt, durch die zunächst wirklich labyrinthisch anmutenden Kammern zu dem glänzendsten Ergebnis dieser ersten knossischen Campagne geführt: dem Thronsaal. Er wirkte doppelt imponierend nach dem Wirrsal der eben durchschrittenen kleinen Gelasse. Am nördlichen Ende der Westseite des großen Mittelhofes öffnete sich eine breite Vorhalle, von der drei Türen in ein Vorzimmer und drei weitere in den eigentlichen Thronraum führten. Das war ein wirklicher Saal von eindrucksvollen Abmessungen, auch höher als die sonstigen Räume dieses Kellerviertels, in dem man einen Thronsaal am wenigsten erwartete, ebensowenig wie den aus einem einzigen Alabasterblock gefertigten Thronsessel mit seiner hohen, merkwürdig ungriechisch gewellten Lehne. Auf Kreta ersetzte damals dieser glänzend polierte weiße Gipsstein den fehlenden Marmor. Er ist viel leichter zu bearbeiten, aber auch wesentlich weniger wetterbeständig. Die Wände des Thronsaales waren in Freskotechnik leuchtend rot und blau bemalt, von diesem Hintergrund hoben sich elfenbeinfarbig zwei gewaltige liegende Greifen ab, einer jederseits des Thrones, Wächter der Majestät des Herrschers, der hier fremde Abgesandte empfangen haben mochte. (...) Wenn der König hier thronte, schaute er auf ein vertieftes Gelaß an der Südwand des Saales, zu dem Stufen hinabführten. Zwei stämmige Säulen[17] aus Cypressenholz trugen einst hier die Decke, sie standen auf einer halbhohen steinernen Brüstung in der ebenfalls von Mykene her vertrauten ungriechischen, sich nach un-

Arthur Evans, der »Entdecker des alten Kreta«

12 Thronsaal von Knossos, rechts der Alabasterthron, links Abstieg zum »Lustralbecken«, Rekonstruktion (nach Evans 1935).

ten verjüngenden Form, während das Kapitell wie ein Vorläufer des dorischen erschien [Abb. 12]. Ebenso ungriechisch wirkten die flachen, kreisrunden Höhlungen auf der Brüstung, in die einst die Schäfte eingepaßt waren. Hier im Thronsaal waren die Schäfte im Laufe von mehr als zwei Jahrtausenden verkohlt, was ebenso durch Brand, wie durch allmähliche Verwitterung geschehen sein konnte. Von der roten und schwarzen Bemalung waren daher nur geringe Spuren erhalten. Aber in den folgenden Campagnen sind mehrfach noch völlig erhaltene Säulen zu Tage gekommen. Das vertiefte Gelaß zeigt keinen Abfluß, kann also kein Badezimmer gewesen sein, wie man zuerst meinte. (...) Aus dem Thronsaal kommend, schritten wir über den großen Hof. Hier harrten auf drei noch nicht ausgegrabenen Seiten vielversprechende Reste der Freilegung. Zum Schluß besuchten wir noch einmal den Außenhof, der sich fast ohne Grenzen ins Gelände verlor, während die Westwand des Palastes schon klar in ihrer unteren Hälfte vor uns stand: wieder ganz ungriechisch unregelmäßig, mit vorspringenden und zurücktretenden kurzen Strecken; auf niedrigen Fußbodenplatten hohe, aufrechte Blöcke graubraunen Kalksteins, den Orthostaten einer griechischen Mauer entsprechend, darüber Wände aus Bruchsteinen in Lehmverband, die einst mit bemaltem Stuck verkleidet waren. Die Basen von zwei Altären lagen noch vor Mauernischen, einfach niedrige Kalksteinblöcke, deren verschwundene Oberbauten spätere Funde zeigen sollten. (...) Für mich war das wertvollste Ergebnis dieser Stunden der Beginn einer Freundschaft mit den beiden Forschern und ihrem Architekten Theodore Fyfe.«[18] »Es war überhaupt ein entscheidendes Glück für Knossos«, schrieb Karo weiter, »daß die Ausgrabung in den Händen eines reichen und uneigennützig generösen Mannes lag, der in ihr sein Lebenswerk sah. (...) Man schätzt die gesamten Kosten (...) auf etwa fünf Millionen Goldmark. Sie sind gut angewandt worden. Evans mag, wie alle Wiederhersteller antiker Bauwerke, gelegentlich der Versuchung erlegen sein, des Guten zu viel zu tun. Aber wenn man an den riesigen Ruinen einmal nachprüfen wollte, wieviele Ergänzungen tatsächlich notwendig waren, wird man überraschend wenig Unnötiges finden.«[19]

Immer wieder traf Evans in Knossos auf das Thema des Stieres. Wandmalereien, Reliefs, Siegel- und Vasenbilder zeigten das Tier in beeindruckender Naturtreue. Wie ein heiliges Symbol wirkten dagegen die stilisierten Doppelhörner, die »horns of consecration« (Evans), die als Architekturdetails von Palastbauten und Altären auftraten und fast so häufig wie das Doppelaxtsymbol anzutreffen waren. Welche Rolle spielte der Stier im Palast? Die Entdeckung eines überlebensgroßen Stierkopfs in braunrotem Stuckrelief aus dem nordwestlichen Säulenvestibül bildete noch einmal einen Höhepunkt der sensationsreichen ersten Saisongrabung. Am 10. August 1900 schrieb die *Times*: »Hier haben wir vielleicht die Abbildung des herrlichen Tieres vor uns, das das Herz der Pasiphae gewann, oder des nicht minder berühmten Stieres, der Europa nach Kreta brachte.«[20] (Abb. 13).

Die erste Grabungskampagne mit 180 Arbeitern endete am 2. Juni 1900. In den kommenden Jahren erhöhte sich ihre Zahl auf 250 Männer und Frauen: Erdsieber, Scherbenwäscher, Zimmerleute, Maurer und die mit Schaufel, Pickel und Schubkarre tätigen Grabungsarbeiter. Seit den Ausgrabungen Schliemanns in Troja und Mykenai hatte die Öffentlichkeit keinen solchen unmittelbaren Eindruck mehr gewonnen von der Rückgewinnung einer verlorengegangenen Kultur durch den Spaten der Archäologen. Um die hohen Unkosten aufzubringen, wurde der Kreta-Erforschungs-Fonds gegründet, dem als Patron Prinz Georg von

Arthur Evans, der »Entdecker des alten Kreta«

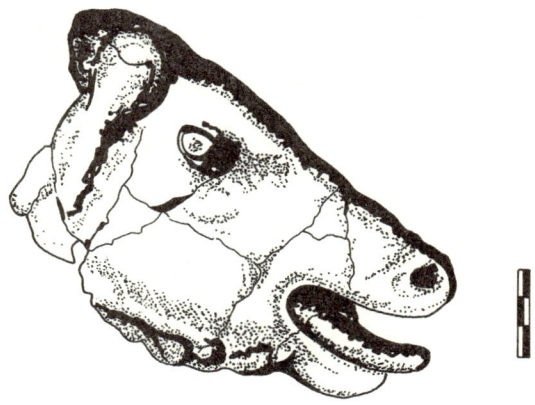

13 Stierkopf eines Freskoreliefs in einer Säulenhalle des Nordeingangs zum Palast von Knossos, 15. Jh. v. Chr. (nach McDonald 1990).

Griechenland vorstand. Die Gelder liefen über das Britische Archäologische Institut, dessen Direktor damals David Hogarth war.

Im Jahr 1901 hatte Evans den Rest des Kephala, des Palasthügels, gekauft. Am Ende der zweiten Saisongrabung, die am 27. Februar 1901 begann, war der Plan des Palastes freigelegt. Evans sah sich mehr und mehr mit dem Problem der Restaurierung des architektonischen Bestands konfrontiert. Die große Ruine machte es erforderlich, daß einsturzgefährdete Partien gefestigt und verlorene Holzsäulen ergänzt wurden, damit die Ausgrabung fortschreiten konnte. Zu einem archäologischen Abenteuer wurden Freilegung und Erhaltung der »Großen Treppe« im östlichen Wohnblock:

>»Als die Grabungsarbeiter in den Wohnräumen östlich vom Zentralhof gruben, stießen sie unerwartet auf eine blockierte Türöffnung. Als sie vorsichtig versuchten, sich ihren Weg hindurchzubahnen, eröffneten sie damit Perspektiven, die selbst Evans im Augenblick noch nicht in ihrer vollen Bedeutung zu erfassen vermochte. Er, sein Assistent Mackenzie und der Architekt Fyfe hatten immer angenommen, sie befänden sich im Erdgeschoß dieses Gebäudeflügels. Doch als nun die Arbeiter die Trümmer beiseite räumten, die die Türöffnung verstopf-

Entdeckungsgeschichte – auf den Spuren der minoischen Kultur

ten, gelangten sie dahinter nicht etwa in einen weiteren Gang oder Nebenraum, sondern statt dessen in ein Treppenhaus, das nach oben führte. In der Steinmauer neben der Treppe erkannte man noch deutlich die Stellen, wo sich mit Einlässen versehene Basen hölzerner Säulen befunden hatten, die das nächsthöhere Stockwerk getragen hatten.

Und doch war dies erst der Anfang. Ein paar Schritte rechts der Treppe blieb der mit Platten ausgelegte Boden nicht auf gleichem Niveau, sondern begann sich offensichtlich zu einem tiefer gelegenen Stockwerk hin zu senken. Ja, vielleicht sogar zu mehreren tiefer gelegenen Stockwerken – wer konnte das wissen? Was war zu tun? Evans und seine Mitarbeiter begannen zu begreifen, was hier auf sie zukam. Ein unsachgemäßer Vorstoß in die Tiefe konnte den gesamten Bau darüber zum Einsturz bringen. Auch wenn man nach oben drang, konnte man alles zerstören, was darunterlag. Bei jedem Hieb der Spitzhacke begann Erdreich zu rutschen, und Steine rollten nach. Gerade diese in Jahrhunderten durch eingesickerte Feuchtigkeit zu einer festen Masse verbackenen Trümmer waren es ja, die alles zusammenhielten – sowohl die Treppen selbst als auch die Wände, Böden und Decken der Räume im oberen und unteren Stockwerk.

Für die Ausgräber gab es nur zwei Möglichkeiten. Sie konnten auf die Gefahr hin weitergraben, daß ebensoviel archäologisches Material, wie sie bargen, erneut verschüttet wurde und weitgehend eine unentwirrbare Masse zerbröckelnder Steine zurückblieb, oder man konnte versuchen, bereits während der Ausgrabung das Bauwerk provisorisch zu konservieren, indem man mit unendlicher Mühe und enormen Kosten Decken und Mauern abstützte, gestürzte Säulen und Balken ersetzte sowie Balustraden und Treppen erneuerte. Evans entschied sich für das zweite, obwohl er damit ein Risiko einging, vor dem wohl noch nie ein Ausgräber gestanden hatte.

Zum Glück erwiesen sich zwei der Grabungshelfer als erfahrene Bergleute. Sie hatten auf dem griechischen Festland in den Silberminen von Laurion gearbeitet. Selbst ihnen schien das Unternehmen äußerst gewagt. Sie brauchten acht Tage voller Angst, um mit in kurzen Abständen eingerammten Pfosten den Teil der Ruine darüber zu unterfangen, von der ersten Treppenflucht zu einem zweiten Treppenabsatz sowie von diesem zwölf weitere Stufen in die Tiefe hinab einen Stollen zu graben, von dort aus in rechtem Winkel zu einer weiteren, tieferen Treppe vorzudringen und dann nach langem, mühsamen Graben zu dem säulenumstandenen Lichthof des Treppenhauses vorzustoßen. Vorsichtig krochen Evans, Mackenzie und Fyfe

Arthur Evans, der »Entdecker des alten Kreta«

durch den Bergwerksstollen drei Treppenabsätze hinab. Mit Bangen und Hoffen zugleich erreichten sie das unterste Geschoß des Wohntraktes. Sie fanden es praktisch unversehrt, wozu zweifellos beigetragen hatte, daß es sich in eine tiefe Einbuchtung der Hügelflanke schmiegte und daher größtenteils natürlichen Seitenhalt fand. Wo der Schutt nicht mehr so dicht lag, konnte man bereits steinerne Bodenplatten und sogar Türpfosten erkennen. Es konnte alles kaum großartiger sein, und doch trauten sie sich kaum weiterzuforschen, denn über ihren Köpfen hingen die Überreste der oberen Stockwerke, und nichts als durch Lehm zusammengehaltener Trümmerschutt hinderte sie am Einsturz. Die Holzsäulen, die die Dächer, die Balken sowie die Decken der Innenräume getragen hatten, das Holzwerk der Wände – dies alles war, wenn nicht schon verkohlt, als der Palast niederbrannte, so doch zumindest später wegen der auf Kreta herrschenden Nässe längst vermodert. Das Mauerwerk, infolgedessen ohne Halt, war, sich ineinander verkeilend, zusammengebrochen. Nach 3500 Jahren wieder freigelegt, schien dieser Teil des Minos-Palastes – jener Teil, in dem sich das Alltagsleben abgespielt hatte – gleichsam im Raum zu schweben. Ihn wieder fest in der Gegenwart zu verankern, war eine zu verlockende Aufgabe, als daß Evans ihr hätte widerstehen können.

Für diese Spezialaufgabe stellte Evans ein Arbeitsteam aus seinen besten Leuten zusammen. Eine besonders wichtige Aufgabe fiel dem Architekten Fyfe zu. Er folgte den Ausgräbern unmittelbar auf den Fersen, so daß Ausgrabung und Rekonstruktion praktisch Hand in Hand gingen. Verkohlte Pfosten und Balken ersetzte Fyfe durch neue aus abgelagertem Holz. Noch in ihren Basen steckende Holzsäulenstümpfe ersetzte er ebenfalls durch neue Säulen gleicher Form und Größe. Eingestürztes Mauerwerk wurde Stein für Stein abgetragen und wiedererrichtet, wo es hingehörte. Dabei verwendete man jedes Steinfragment, das greifbar und vor allem geeignet war, den rekonstruierten Wohntrakt so eng wie möglich dem Original anzugleichen.

Die Rekonstruktion dieses Wohnflügels beruhte keineswegs nur auf bloßen Vermutungen, sondern auf Fakten und Informationen, die man der Grabung verdankte. In jener frühen Phase der Ausgrabung von Knossos befanden sich Evans und seine Kollegen in unaufhörlichem Wettlauf mit der Zeit und den Elementen. Maßnahmen und Materialien zur Absicherung der vom Zerfall bedrohten Ruine waren nur provisorisch. Doch das große Ziel wurde erreicht: Die Große Treppe und der Wohnbereich des Palastes konnten gerettet werden«[21] (Abb. 14).

Entdeckungsgeschichte – auf den Spuren der minoischen Kultur

14 Großes Treppenhaus im Ostflügel des Palastes von Knossos (nach McDonald 1990).

Im Jahr 1902 kam dem Architekten als willkommene Hilfe für seine Rekonstruktionsbemühungen der Fund eines Stadtmosaiks zustatten, gebildet aus 4 x 1,5 cm großen Fayencetäfelchen, die zwei- bis vierstöckige Häuserfassaden darstellten (Abb. 15).

15 Fayencetäfelchen in Form von Hausfassaden, »Town Mosaic« aus dem Palast von Knossos. Die Häuser sind zwei- und dreistöckig aus isodomem Mauerwerk mit Balkenzügen errichtet. Sie haben Fenster, Mansarden und Lichtschächte im Flachdach, um 19.–18. Jh. v. Chr. (n. Dawid 1984).

Arthur Evans, der »Entdecker des alten Kreta«

Evans, der mit seinem Spazierstock »Prodger« mit elastischen Schritten überall zugleich war, verfolgte mit leidenschaftlichem Interesse den Gang der Grabungen und hielt alles für ihn Wichtige in seinem Notizbuch fest. Die systematischen Grabungstagebücher führte Mackenzie. Beide Grabungsdokumentationen befinden sich heute im Ashmolean Museum in Oxford. Da Evans zu den Pionieren der Feldarchäologie gehörte, kannte er viele moderne Techniken noch nicht, die darauf zielen, eine Ausgrabung in ihren Ergebnissen nachvollziehbar und überprüfbar zu machen. So erfordert es die heutige Grabungsmethode unter anderem, daß man in Abständen Erdstege stehen läßt, an deren Profilen die vorhandene Schichtabfolge abzulesen ist und auf Anomalien überprüft werden kann. Die Dokumentation der Grabungstagebücher wird heute durch die Photogrammetrie unterstützt, mit deren Hilfe sich jederzeit jeder Grabungsschritt in dreidimensionaler Wiedergabe erneut vor Augen führen läßt. Zudem helfen den Archäologen heute verschiedene naturwissenschaftliche Untersuchungsmethoden, den Antikenfunden substantielle Aussagen abzugewinnen. Bei organischen Stoffen wie Knochen, Horn oder Holz kann für die Altersbestimmung die in der Nuklearphysik entwickelte Methode der Radiokarbondatierung und bei Holz die Dendrochronologie eingesetzt werden. Zur Datierung von Tongefäßen wendet man die Thermolumineszenz an, wogegen die Spektroskopie, die Untersuchung der Tonstruktur, Hinweise zur Lokalisierung des Tonvorkommens gibt und damit bei der Unterscheidung von am Ort produzierter Keramik und importierter bzw. gewanderter Handelsware hilft.

Aber auch Evans' Grabungen im Palast von Knossos fielen bereits in eine Periode neuer archäologischer Methodik. Das Vorbild einer einwandfreien Ausgrabung hatten die Österreicher 1873 auf Samothrake geliefert. Grundlagen archäologischer Bauforschung schuf Wilhelm Dörpfeld, einstiger Mitarbeiter Heinrich Schliemanns, im Zeusheiligtum von Olympia. Für den Umgang mit Keramikfunden hatte schon Schliemann in Troja in den Jahren nach 1871 eine strengere Norm geschaffen. Arthur Evans selbst, von Jugend auf an archäologischen Objekten und im Erkennen geologischer Befunde geschult, unterschied genau Farbe

Entdeckungsgeschichte – auf den Spuren der minoischen Kultur

und Beschaffenheit der einzelnen Schichten sowie die Stilmerkmale verschiedener Kunstphasen. Es gelang ihm, anhand der wechselnden Keramikstile die Bodenniveaus, die Begehungshorizonte der aufeinander folgenden Bauphasen zu ermitteln und mit Hilfe seiner Mitarbeiter die Geschichte dieses Labyrinths von Bauten unter dem Erdboden bis in neolithische Zeit zu klären. Zu letzterer gehörten – dicht über dem gewachsenen Boden – Spuren primitiver Hütten, und über ihnen lagen einfache kleine Häuser der kretischen Urbevölkerung aus der Jungsteinzeit.

In der ältesten Palastschicht fand Evans eine zu seiner Zeit bereits bekannte, mit leuchtenden Farben auf dunklem Grund verzierte Keramik, die sich in das Datengerüst der Vorgeschichte einordnen ließ. Flinders Petrie hatte sie 1890 bei seiner Ausgrabung der ägyptischen Stadt Kahun (Lahun) angetroffen und als »ägäisch« bezeichnet. Kahun war in der ersten Hälfte des 19. Jahrhunderts v. Chr. als Unterkunft für die Beamten der XII. Dynastie errichtet worden, in deren Händen die Leitung über den Pyramidenbau Sesostris' II. lag. Die farbenfrohe »ägäische« Keramik mußte demnach in der ersten Hälfte des 19. Jahrhunderts v. Chr. gefertigt worden sein. Die Funde aus Knossos lösten das Rätsel ihrer Herkunft. Sie war ein kretisches Erzeugnis, das nach seinem Hauptfundort später allgemein »Kamares-Ware« genannt wurde.[22]

Nach dem Zeugnis der Funde, dem Nacheinander kretischer Keramikstile in den einander überlagernden Schichten, der Importstücke aus Ägypten und dem Vorderen Orient, baute Evans sein chronologisches Gerüst der Früh-, Mittel- und Spätminoischen Periode, mit je drei Unterteilungen für das 3. und 2. Jahrtausend v. Chr. Die Dreiteilung folgte den Vorstellungen des 19. Jahrhunderts, daß jede Kultur ihren Aufstieg, Höhepunkt und Niedergang habe, und orientierte sich zugleich am »Alten«, »Mittleren« und »Neuen Reich« Ägyptens. Auf seine 1905 der anthropologischen Abteilung der »British Association« vorgestellte Klassifizierung der Urgeschichte des ägäischen Raumes stützt sich noch heute das gültige Gefüge der ägäischen Chronologie.[23]

»Knossos und Evans«, äußerte Karo, »bilden eine untrennbare Einheit zwischen dem Archäologen und seinem Arbeitsgebiet. Ohne Evans wäre Knossos, wenn ein anderer dort gegraben hätte, ein Trümmerhaufen, ohne Knossos hätte Evans nie die Krönung seines Forscherlebens gefunden. Es hat ihm während vierzig Jahren des Strebens und der Erfüllung wunderbare Entdeckungen gebracht, in der stets erneuten Fürsorge für die gefährdeten Ruinen schwierige Probleme geboten, den Stolz des Wiederaufbaus und die nach Jahrzehnten unermüdlicher Anstrengung glückliche Vollendung der monumentalen Publikation. 1936 war der letzte Band seines *Palace of Minos* erschienen, des Riesenwerkes, das er im vollsten Sinne des Wortes allein bestritten hatte. Neunzigjährig ist er 1941 mitten im sinnlosesten Krieg unserer Zeit verschieden.«[24]

Die minoische Kultur in Evans' Sicht

Als Evans 1912 zum Präsidenten der »Griechischen Gesellschaft« in London gewählt worden war, veröffentlichte er im Journal der Gesellschaft den Artikel *The Minoan and Mycenaean Element in Hellenic Life*. Darin gab er seiner Überzeugung Ausdruck, daß die minoische Kultur ein eigenes Kapitel der Menschheitsgeschichte sei. Ein wissenschaftliches Studium des griechischen Altertums sei ohne Rücksicht auf die vorausgegangene mykenische und minoische Welt immer weniger möglich. Evans sah die fabulierfreudige, themenreiche minoische Kunst als älteste Quelle des griechischen Mythos, der homerischen Inspiration an.[25]

Die problematischen Befunde der obersten, gestörten Schichten seiner Palastgrabung in Knossos ließen Evans zu zwei divergierenden Darstellungen der spätminoischen Zeit kommen und gaben in der Folge den Gelehrten des 20. Jahrhunderts immer wieder Anlaß, die Geschichte der ausgehenden Bronzezeit neu zu interpretieren. Im Bericht über seine erste Grabungskampagne[26] gelang es Evans bereits, seine Funde aus Knossos mit Hilfe ägyptischer Importe und Exporte sowie anhand von Analogien mit dem mykenischen Festland und den Inseln in einen angemessenen Zeitrahmen zu stellen. Er erkannte, daß über einem neolithischen Siedlungsniveau ein früher Palast der Kamares-Periode, also der mittleren Bronzezeit, erbaut worden war, der bis auf die Zeit um 2000 v. Chr. zurückdatiert werden konnte. Auf dessen Ruinen wiederum hatte ein späterer Palast gestanden, der auf Evans den Eindruck einer mykenischen Anlage machte und ihn an Tiryns erinnerte. Jüngere Umbauten, durch eine Keramik der entwickelten mykenischen Art gekennzeichnet, die sich anhand ihres Vorkommens in der vom Pharao Echnaton gegründeten Stadt Tell el Amarna in die erste Hälfte des 14. Jahrhunderts v. Chr. datieren ließ, waren nach Evans zweifellos ein Werk der mykenischen Zeit. Die jüngste Gestalt des Palastes, zu dessen letzter Phase der Thronsaal gehörte, waren seiner Meinung nach spätestens im 13. Jahrhundert v. Chr. zerstört worden.

Mackenzie veröffentlichte 1902 einen Artikel über die Keramik von Knossos.[27] In diesem unterschied er drei Hauptschichten in der Grabung des Palasthügels von Knossos und entsprechend drei Hauptphasen: Die erste Schicht, die über dem gewachsenen Boden lag, gehörte der jungsteinzeitlichen Besiedlung des Hügels an. Die zweite Schicht bestand aus Lagen, in denen die älteste bemalte kretische Keramik auftrat, und aus Relikten des älteren Palastes mit seinen kunstvollen Keramikklassen der mittleren Bronzezeit. Die dritte, spätbronzezeitliche Schicht erstreckte sich über die gesamte Palastregion. Zu ihr gehörten die Reste des jüngeren Palastes und Ablagerungen, in denen ein voll entwickelter, in Knossos heimischer Palaststil auftrat. Ihr waren auch die Paläststilvasen, Steinvasen, Fresken und die Linear-B-Täfelchen zuzuordnen.

Im Jahr 1904 stellte Mackenzie die Theorie vor, infolge einer mykenischen Invasion vom Festland her sei der letzte Palast von Knossos zerstört worden. Mykener hätten dann Teile der Ruinen für sich wieder bewohnbar gemacht.[28] Mackenzie deutete das gleichzeitige, unvermittelte Auftreten einer typisch festländischen Bauform, des Megarons – eines großen Raumes mit zentraler Herdstelle –, auf Melos (Phylakopi, III. Siedlung) und auf Kreta (Hagia Triada) als Indiz für eine Einwanderungswelle »mykenischer« Bewohner vom Festland. Auch in Knossos wurde während der ersten Grabungskampagne ein Megaron festländischen Typs freigelegt, das Evans zunächst das »pelasgische Megaron« nannte, später aber als Störung der klassischen Zeit ansah und im Zuge der Restaurierungsmaßnahmen tilgte.[29]

Bald nach 1900 hatte Wilhelm Dörpfeld die Theorie vertreten, daß bei den beiden Palästen in Phaistos und Knossos jeweils die ältere Anlage einheimisch kretische Traditionen widerspiegelte, während die jüngere so enge Analogien mit dem griechischen Festland zeige, daß sie das Werk von Invasoren, von Achäern sein müsse, errichtet zur Kontrolle über Kreta.[30] Dagegen hielt Evans die Bevölkerung Kretas für Nichtgriechen. Sollten aber die Bewohner der letzten Phase des Palastes von Knossos als Achäer anzusehen sein, wie Dörpfeld das tat, dann, so Evans, sei Kreta bis in die Jungsteinzeit von Griechen besiedelt worden.[31] In späteren Publikationen stellte Evans die Verbindung des »minoischen« Volkes mit Nordafrika dar und versuchte sogar, seine Ursprünge von dort abzuleiten. Mackenzie pflichtete ihm in einem weiteren Sinne bei: Der physische Typ der bronzezeitlichen Kreter und die leichte Bekleidung der Männer – oft nur mit Gürtel und Gliedtasche – wiesen auf ein heißes Ursprungsland hin und stünden somit im Einklang mit Evans' Ansicht, daß die ägäische Rasse mit den Ägyptern und Libyern in Beziehung zu setzen sei.[32]

Bis 1936, dem Erscheinungsjahr des letzten Bandes von Evans' monumentaler Publikation *The Palace of Minos*, festigte sich für ihn folgende Sicht der historischen Vorgänge auf Kreta: Nachdem zu Beginn der Bronzezeit, um 2800 v. Chr., ein Zustrom von Einwanderern aus Kleinasien und Libyen die steinzeitliche Bevölkerung verdrängt und die Bronze nach Kreta gebracht hatte, entwickelte sich dort bis zum Ende der Bronzezeit eine eigenständige Kultur zur vollsten Blüte. Seit 1900 oder 1800 v. Chr. bestand zumindest in Knossos eine raffinierte Palastkultur, die auch die Technik des Schreibens umfaßte. Mit Hilfe ihrer Kriegs- und Handelsflotte dehnten die Minoer ihr Reich auf die Kykladen und einen Großteil der ägäischen Inseln aus und befriedeten die ganze Region in einer »Pax Minoica«, weshalb Knossos auch keinerlei Befestigungs- und Wehrbauten brauchte. Schon vor 1600 v. Chr. begann die minoische Machtsphäre auch das griechische Festland zu erfassen; dort wurden in der Folgezeit immer mehr Regionen politisch und kulturell von den Minoern dominiert. Als Ableger und provinzielle Variante des Minoischen erblühte die mykenische Kultur. Doch das Festlandunternehmen war offenbar zu erschöpfend für das kretische Volk gewesen, weshalb es um 1400 v. Chr. zu einem Aufstand der niederen Bevölkerungsschichten kam, der zum Untergang des großen Palastes von Knossos führte. Die Macht ging von Knossos nach Mykene über. In der folgenden Zeit wurden die Ruinen des Palastes und der ihn umgebenden Gebäude von heimischen Siedlern schlichteren Lebensstils teilweise wieder aufgebaut und bewohnt. Die letzten Versuche, die minoische Kultur wiederzubeleben, wurden laut Evans in der subminoischen Übergangsphase von der Bronze- zur Eisenzeit, in der schon Eisengeräte und -waffen erschienen, von der Einwanderung griechisch sprechender Achäer zunichte gemacht.

So formte sich Evans' Periodengerüst:

Neolithikum   8000–2900 v. Chr.
Frühminoische Periode (FM I, II, III)
    FM I   2900–2800 v. Chr.
    FM II   2800–2400 v. Chr.
    FM III   2400–2100/2000 v. Chr.
Mittelminoische Periode (MM I, II, III)
    MM I   2100/2000–1900 v. Chr.
    MM II   1900–1700 v. Chr.
    MM III   1700–1580 v. Chr.
(Ende des ersten Palastes um 1700 v. Chr.)
Spätminoische Periode (SM I, II, III)
    SM I   1580–1475 v. Chr.
    SM II   1475–1400 v. Chr.
    SM III   1400–1200 v. Chr.
(Ende des zweiten Palastes um 1400 v. Chr.)

Das »Goldene Zeitalter« Kretas, schrieb Evans in der Einleitung zum *Palace of Minos*, lag in den Grenzen der spätminoischen Periode. Zu ihm gehörte der zweite Palast von Knossos mit seinen Fresken und exquisiten Steinvasen, mit den prunkvollen Palaststilgefäßen und den Berichten in Linear-B-Schrift, die Evans für die »höchste Entwicklung des minoischen Schriftsystems« hielt und für den »graphischen Ausdruck der Tendenz, die den wunderbaren Palast-Stil der Kunst hervorbrachte«. Es schien Evans unwahrscheinlich, daß die Schrifttafeln aus der Zeit nach der Zerstörung des zweiten Palastes um 1400 v. Chr. stammen sollten – für ihn eine Phase des kulturellen Niedergangs. Vielmehr versuchte er, die Datierung der Schrifttafeln in das 15. Jahrhundert v. Chr. durch eine Neuinterpretation der in den Tagebuchnotizen festgehaltenen Fundumstände zu stützen. Um 1450 v. Chr. wurde demnach in Knossos die Linear-B-Schrift aus dem vorangegangenen Linear A entwickelt. In dieser Zeit herrschte nach Evans eine imperialistisch eingestellte Dynastie in Knossos, die danach strebte, die anderen minoischen Residenzen zu erobern und zu zerstören sowie eine Seemacht aufzubauen.[33] Der zweite Palast von Knossos sei im Großbrand um 1400 v. Chr., dessen Flammen die Linear-B-Tafeln härteten, untergegangen. Michael Wood wies darauf hin, daß durch diese Neuinterpretation »beträchtliche Diskrepanzen zwischen dem *Palace of Minos* und den ursprünglichen Tagebüchern und Berichten (entstanden) – Diskrepanzen, die zu bitteren Auseinandersetzungen unter Gelehrten und sogar zu Betrugsbezichtigungen in der Boulevardpresse geführt haben«.[34]

Die weitere Erforschung des »minoischen« Kreta

Die ganze Welt hatte die spektakulären Entdeckungen von Evans im »Palast des Minos« verfolgt. Am meisten aber erregten die neuen Ergebnisse und offenen Fragen die Fachgelehrten. Schon zu Lebzeiten von Arthur Evans beherbergte Athen eine große Zahl internationaler Forschungsinstitute, auch Schulen genannt, die im Verein mit dem griechischen »Archäologischen Dienst« Ausgrabungen in Griechenland durchführten. So begann am Ende des 19. Jahrhunderts eine rege Ausgrabungstätigkeit auf Kreta, die das bronzezeitliche Leben auf der Insel erhellen sollte.

Als erster Kurator Kretas hatte J. Hazzidakis zusammen mit dem gebürtigen Südtiroler F. Halbherr die Idäische Grotte sowie die Eileithyia-Höhle bei Amnissos und mit dem Italiener L. Mariani die Kamares-Höhle in Südkreta erforscht. Unter der Leitung von Hazzidakis wurden drei große »minoische« Villen in Tylissos freigelegt. Die Italiener gruben – zu Beginn unter F. Halbherr, dann unter L. Pernier und schließlich unter D. Levi – Hagia Triada und den Palast sowie die Stadt von Phaistos aus. Feldarchäologische Forschungen in Knossos hatten zuerst der Grieche M. Kalokairinos, dann die Briten A. Evans und S. Hood sowie P. Warren durchgeführt. Ebenfalls ein Brite, D. G. Hogarth, ein Freund von Evans und damals Leiter der »British School of Archaeology« in Athen, erforschte die Psychro-Höhle im Lassithi-Gebirge und leitete Ausgrabungen in den ostkretischen Siedlungen Palaikastro und Zakros.

Die französische Schule führte unter F. Chaponthier, P. Demargne, H. und E. v. Effenterre und Cl. Poursat die Ausgrabungen in Palast und Stadt von Mallia durch. Die Amerikanerinnen H. Boyd und E. Hall legten die nordkretische Siedlung Gournia frei und ihr Kollege R. B. Seager die Stationen Mochlos und Vasiliki. J. Pendlebury, Mitarbeiter von Evans und Nachfolger des Schotten D. Mackenzie, erforschte die Bergsiedlung Karphi, und ein weiterer Freund von Evans, J. Myres, grub das Gipfelheiligtum Petsofa aus. Einen wichtigen Beitrag leisteten die griechischen Archäologen: St. Xanthoudides barg wichtige Zeugnisse aus den »Kuppelgräbern« der Mesara, St. Alexiou legte weitere Rundgräber in Südkreta, speziell in Lebena, frei. C. Davaras erforschte die Nekropole von Hagia Photia bei Sitia, J. Sakellarakis und E. Sapouna-Sakellarakis führten feldarchäologische Forschungen in Palast und Stadt von Archanes, in der Nekropole auf dem Phourni und in der Ida-Höhle durch und gruben das Bergheiligtum von Anemospilia am Juchtas aus. N. Platon legte den Palast von Kato Zakro frei. J. Tzedakis grub mit dem Schweden E. Hallager in Chania, und Sp. Marinatos gab der Welt die lebensfrohen Fresken der »minoisierten« Kykladenstadt Akrotiri auf Thera (Santorin) zurück. Sein Nachfolger wurde Ch. Doumas.

Neben diesen bekanntesten archäologischen Stätten existieren zahlreiche andere, nicht weniger bedeutsame Grabungsstationen, wie die von Warren erforschte frühbronzezeitliche Höhensiedlung Myrtos auf dem Hügel von Phournou-Koriphi in Südkreta oder die von Alexiou freigelegten Gräber von Katsambas, der Hafenstadt von Knossos. Sie tragen ihren Teil zum Mosaik archäologischer Evidenzen bei und helfen, das Bild eines verlorengegangenen Zeitalters zurückzugewinnen.

Der Feldarchäologie trat die ›Archäologie am Schreibtisch‹ zur Seite; bereits in der auf Evans folgenden Forschergeneration begann eine engagierte Auseinandersetzung mit seinem Werk, seinen Erkenntnissen und Überzeugungen.

Evans und die jüngere Forschung

Arthur Evans hatte in den oberen Ablagerungen auf dem Kephala-Hügel keine ungestörten Schichten, sondern ein komplexes, keineswegs klares Bild von der Baugeschichte der Palastruine vorgefunden. Mit zunächst 50, dann 180 Arbeitern schritt die Ausgrabung im Jahr 1900 zweifellos zu schnell voran. Ein Viertel des Palastareals war ausgegraben worden, eine Fläche von 3 500 m^2, wobei nur in geringem Maß Keramik geborgen wurde (höchstens von 300 m^2, wie Erik Hallager kürzlich errechnete).[35]

Die geborgenen Keramikfunde erhielt F. B. Welch zur Bearbeitung; sie sind verloren, dem heutigen Zugriff entzogen.[36] Über die Funde der folgenden Grabungsjahre berichteten die Tagebücher von Mackenzie, in denen er notierte, wie viele Körbe Keramik ausgeschieden wurden. Hallager entnahm dem Tagebuch von 1902 das folgende Beispiel: Aus einer Grabungsfläche im Osttrakt des Palastes, östlich des Megarons der Königin, sind 19 Körbe Scherben weggeworfen worden. 228 meist bemalte mykenische Scherben wurden dagegen kurz beschrieben und bestimmten Gefäßformen zugewiesen. Die Recherchen Hallagers ergaben, daß von diesen 228 Scherben offenbar in einem zweiten Durchgang weitere verworfen wurden, denn im Stratigraphischen Museum von Knossos, das Pendlebury begründete, konnte Hallager von diesem Komplex nur drei mehr oder weniger vollständige kleine Gefäße (zwei konische Becher und eine Schale) und 88 Scherben auffinden.[37]

Die antike Keramik ist ein dem zeitlichen Wandel stark unterworfenes Kleindenkmal. Da sie dem täglichen Gebrauch und der Ausstattung der Räume diente, trug sie mit wechselnden Stilen dem Zeitgeschmack und Innovationsbedürfnis der Menschen Rechnung. Den Archäologen dienen die Funde deshalb als wichtiges Zeugnis bei der Beantwortung von Datierungsfragen. Leider scheint Evans die Evidenz der Funde für die letzten zweihundert Jahre der Palastgeschichte weitgehend und unwiederbringlich abgetragen zu haben, weshalb heute das 14. und 13. Jahrhundert v. Chr. zu den am wenigsten profilierten Abschnitten der kretischen Frühgeschichte zählen.[38]

Für die Zeit von 1450 bis 1200 v. Chr. hatte Evans im vierten Buch seines *Palace of Minos* folgendes Bild gezeichnet: Eine aggressive Dynastie unterwarf in den Jahren um 1450 v. Chr. von Knossos aus die Insel und zerstörte die anderen Paläste. Die Kriegergräber um Knossos, das Freskofragment einer schwarzafrikanischen Söldnertruppe (Abb. 16) sowie Schwert- und Wagenideogramme auf den Linear B-Tafeln (Abb. 17a) waren demnach Zeichen des imperialistischen Geistes, der während der zweiten Phase der spätminoischen Kultur (SM II) in Knossos herrschte.[39] Um 1400 v. Chr. zerstörte ein Erdbeben den Palast von Knossos und setzte der minoischen Kultur auf ihrem

Die weitere Erforschung des »minoischen Kreta«

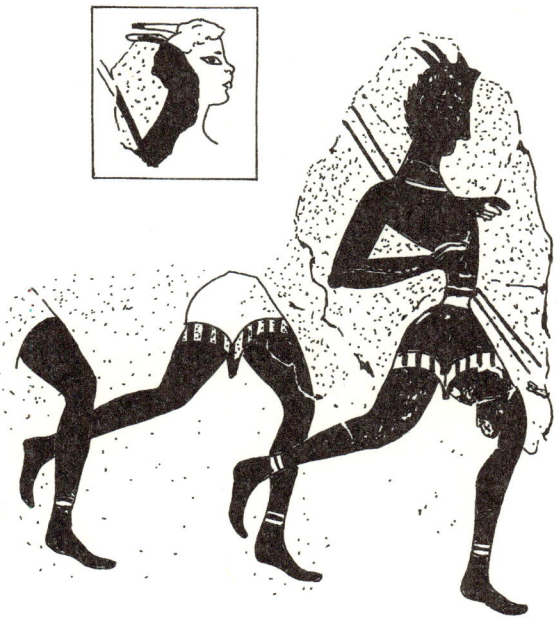

16 Fresko einer dunkelhäutigen Söldnertruppe des »Captain of the Blacks« aus dem Palast von Knossos, um 1400 v. Chr. (nach Schachermeyr 1964).

Höhepunkt ein Ende. Im 14. Jahrhundert und in der Folgezeit wurden die Ruinen des Palastes teilweise wieder besiedelt – von Menschen, denen die Technik des Schreibens unbekannt war. Die kretische Kultur blieb aber auch in dieser kulturschwachen, spätminoischen Phase (SM III) ohne mykenischen Einfluß.[40]

Evans hatte geglaubt, die Entwicklung des Linear-B-Schriftsystems aus der Linear A-Schrift falle in die Zeit nach 1450 v. Chr. und die Linear B-Tontafeln seien beim Großbrand von Knossos um 1400 v. Chr. gehärtet worden. Deshalb schien nach der sensationellen Erklärung des Architekten Michael Ventris aus dem Jahr 1952, daß er den Schlüssel zur Entzifferung der Linear B-Schrift gefunden und die ihr zugrundeliegende Sprache als altertümliches Griechisch erkannt habe, zweifelsfrei erwiesen, daß vor 1400 v. Chr. ein griechisch sprechender Dynast im Pa-

Entdeckungsgeschichte – auf den Spuren der minoischen Kultur

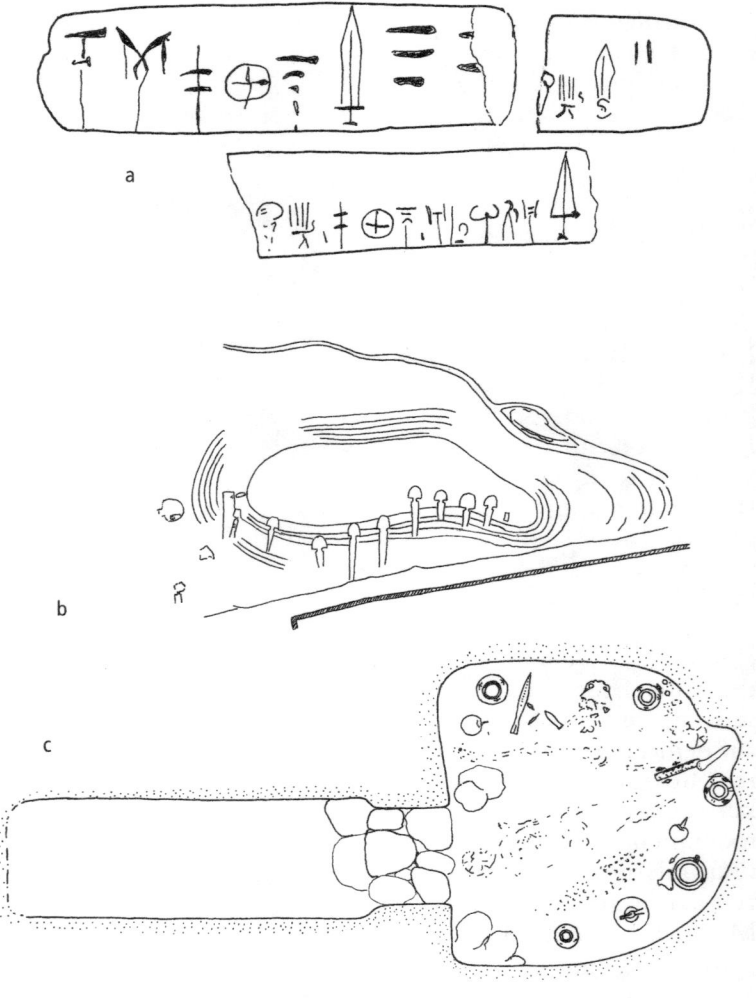

17 a) Linear B-Täfelchen mit Schwertideogrammen aus dem Osttrakt des Palastes von Knossos, 14.–13. Jh. v. Chr. (nach Evans),
b) in den Felsen geschnittene Kriegergräber bei Phaistos (nach Schachermeyr 1964),
c) Kriegergrab von Hagios Ioannis bei Knossos (nach Schachermeyr 1964).

Die weitere Erforschung des »minoischen Kreta«

last von Knossos geherrscht habe. Schon Dörpfeld hatte ja den zweiten Palast von Knossos als eine achäische Anlage angesehen. Den Griechen des Altertums galten die Achäer des heroischen Zeitalters als ihre unmittelbaren Vorfahren. Nach Haider können sich hinter dieser Bezeichnung Reste der mykenischen Bevölkerung und der Linear B-Kundigen verbergen.[41] Evans sah das spätbronzezeitliche Griechenland als Domäne der minoischen Kultur an. Der Brite Alan Wace, der 1920 bis 1923 bedeutende Ausgrabungen in Mykene durchführte, und sein amerikanischer Kollege Carl Blegen, ein später Nachfolger Schliemanns in Troja, vertraten dagegen den Standpunkt, daß die mykenische Kultur nicht einfach am Ende der mittleren Bronzezeit von Kreta auf das Festland verpflanzt worden sei, sondern ein Amalgam aus festlandtypischen und minoischen Elementen darstelle. Die bronzezeitliche Kultur des Festlands nannten sie, abgeleitet von »Hellas«, die helladische Kultur. Diese gliederten sie, der Periodeneinteilung von Evans folgend, in eine früh-, mittel- und späthelladische Phase, wobei die letzte Periode auch als mykenische Kultur bezeichnet werden konnte. Als ihre Träger wurden um 1900 v. Chr. auf das Festland gekommene Griechen gesehen.

Für Evans, der die mykenische und die minoische Kultur als eine Einheit auffaßte, lag deren »Goldenes Zeitalter« am Anfang der späten Bronzezeit. Diesem waren auf Kreta die »Neuen Paläste« mit ihren Fresken, Prunkvasen und Schriftzeugnissen und auf dem Festland die Schachtgräberfunde von Mykene mit ihren Goldmasken und -diademen, mit Prunkschwertern und kunstvollen Steinvasen sowie die von Evans zu früh datierten monumentalen Kuppelgrabbauten von Mykene, Orchomenos und andernorts zuzurechnen. Blegen dagegen setzte die Blütezeit der mykenischen Kultur später an; in einem Brief vom 20. März 1931 an Alan Wace schrieb er:

»Warum waren wir vor zehn Jahren in Mykene so ängstlich, als es galt, aus Ihren Entdeckungen in den Bienenkorbgräbern [Kuppelgräber] Schlüsse zu ziehen? Es kommt mir so vor, als seien wir durch das, was wir fanden, viel zu eingeschüchtert gewesen, und als hätten wir [das sogenannte Schatzhaus des] Atreus erheblich fehldatiert. Wissen Sie, diese alte herkömmliche Ansicht, die wir alle, ohne zu fragen, geschluckt haben und die die Kreter immerzu verkünden, ist

Entdeckungsgeschichte – auf den Spuren der minoischen Kultur

sicherlich völlig verkehrt – ich meine die Ansicht, daß Spät-Helladisch III [1400–1200 v. Chr.] eine Zeit des Verfalls gewesen sei (...) [es] war der Höhepunkt mykenischer Größe hinsichtlich Reichtum, Macht und Glanz, und der höchste Gipfel wurde im 13. Jahrhundert [v. Chr.] erreicht.«[42]

Die neueren Forschungsergebnisse gaben Blegen für Mykene recht. Wie aber stand es in dieser Zeit um Kreta? Die Frage nach dem Fortbestehen des Palastes von Knossos im 14. und 13. Jahrhundert v. Chr. warf Blegen 1958 auf, nachdem er 1939 den mykenischen »Palast des Nestor« aus dem 13. Jahrhundert v. Chr. auf dem Hügel Ano Engliano im messenischen Pylos freigelegt hatte. Dort war er auf ein Archiv von Linear B-Tafeln gestoßen, das nach dem Zeugnis der ebenfalls dort gefundenen Keramik in das ausgehende 13. Jahrhundert v. Chr. zu datieren war.[43] Die in Pylos gefundenen sowie die von Wace in Mykene entdeckten und ebenfalls ins 13. Jahrhundert v. Chr. (Späthelladisch III B) datierten Linear B-Tafeln schienen Blegen überraschend gleichartig mit den aus Knossos stammenden zu sein. Ihr Fundort sowohl im West- als auch im Ostflügel des Palastes von Knossos und im benachbarten sogenannten Arsenal (Abb. 18) ließ Blegen vermuten, daß es der Brand eines dritten Palastes war, der die Linear B-Tafeln härtete. Diese Dokumente seien Berichte eines Dynasten des mykenischen Festlands, also eines Königs, der annähernd gleichzeitig mit den Herrschern von Mykene, Tiryns und Pylos im 13. Jahrhundert v. Chr. lebte.[44]

Auch Leonard R. Palmer, Professor für vergleichende Sprachwissenschaft in Oxford, sprach sich auf dem 1. Kretologenkongreß in Iraklion 1961 gegen eine Datierung der Linear B-Texte von Knossos ins 15. Jahrhundert v. Chr. aus, und zwar aufgrund philologischer Folgerungen, wonach das Griechische der Linear B-Tafeln von Knossos entwickelter sei als das auf den Tafeln von Pylos. Palmer dachte daher an eine Brandkatastrophe um 1150 v. Chr., die den dritten Palast von Knossos zerstörte und die Tontafeln härtete. In seinem Buch *Mycenaeans and Minoans* schrieb er seine Sicht der historischen Ereignisse auf Kreta nach 1450 v. Chr. nieder. Er teilte mit Blegen die Vorstellung, daß die einstige friedvolle und fruchtbare Koexistenz von Kreta und dem mykenischen Festland gegen 1450 v. Chr. Rivalität und Kon-

Die weitere Erforschung des »minoischen Kreta«

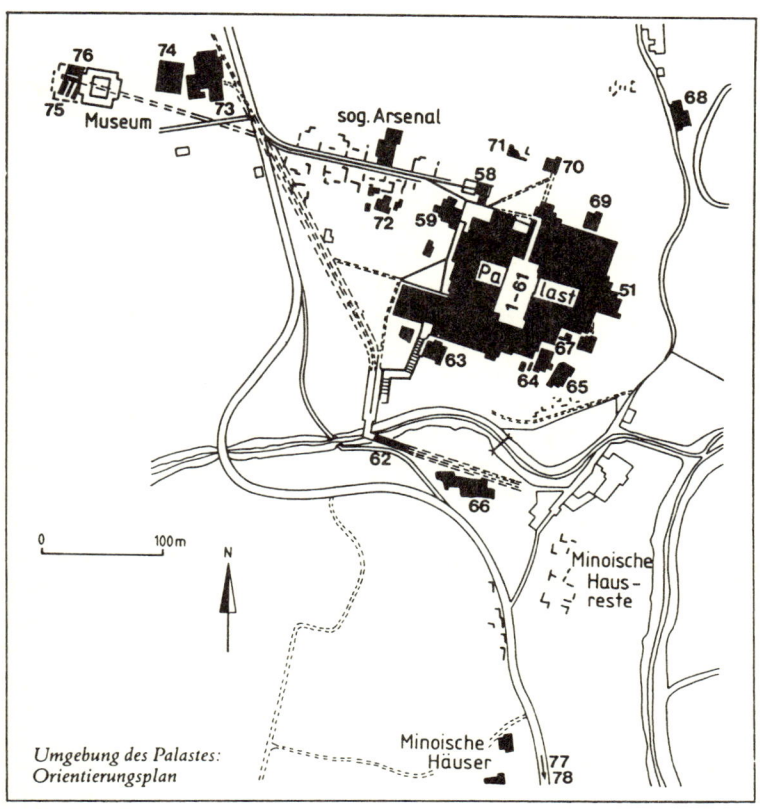

18 Umgebung des Palastes von Knossos, Orientierungsplan (nach Bichler/Haider 1988): 51) Ostbastion, 58) Theaterareal, 59) westliches Schatzhaus, 61) Säulenportikus, 62) Viadukt, 63) Südhaus, 64) Haus mit der »Altarschranke«, 65) Südosthaus, 66) Rasthaus, »Karawanserei«, 67) Pfeilerkrypta des Alten Palastes, 68) »königliche Villa«, 69) Nordosthaus, 70) nördliche Pfeilerhalle, 71) Nordhaus, 72) »Haus der Fresken«, nördlich das »Arsenal«, 73) kleiner Palast, 74) »unerforschtes Herrenhaus«, 75) Töpferöfen, 76) öffentliches Heiligtum, 77) »Haus des Oberpriesters«, 78) »Tempelgrab«.

fliktbereitschaft wich. Das führte schließlich um 1400 v. Chr. zum Sieg der Mykener über Knossos. Die militärischen Züge der vorangegangenen SM II-Phase deuteten darauf hin, daß sich Knossos auf eine kriegerische Auseinandersetzung vorbereitet hatte. Nach der Einnahme durch die Mykener diente der Palast von Knossos bis zum Ende der Bronzezeit als Sitz einer Dynastie mykenischer Griechen, die das minoische System des Schreibens für ihre Sprache übernahmen, um in der Nachfolge der kretischen Könige Verwaltungsberichte abzufassen. Dieser Brauch einer palatialen Buchführung sei dann von Kreta auf das griechische Festland gekommen.[45] Bei seiner Durchsicht der Grabungsdokumentation von Evans und Mackenzie im Ashmolean Museum in Oxford stellte Palmer fest, daß die Linear B-Tafeln aus zwei Niveaus der Wiederbesiedlungsphase des Palastes stammten und daß ein Wiederaufbau nicht nur an der Peripherie des Palastes, wie Evans meinte, sondern zumindest auch im Westtrakt der Anlage stattfand.[46]

Die intensiv diskutierten Thesen von Blegen und Palmer lösten archäologische Nachforschungen aus. Der Brite Sinclair Hood, in den 1960er Jahren Direktor des Britischen Archäologischen Instituts (British School) in Athen, der seit 1951 feldarchäologische Forschungen in Knossos – im Palast und in der Stadt – durchführte, wandte sich den neuen Fragen zu. Er stellte fest, daß mit den Linear B-Tafeln drei Keramikgruppen in Knossos gefunden wurden. Die erste Gruppe, bestehend aus dekorierter Feinware, stamme aus der Südecke des Palastareals und sei in die SM III B-Periode zu datieren (um 1300–1200 v. Chr.); die zweite Gruppe, ebenfalls dekorierte Feinkeramik, sei von M. Popham der Phase SM III A$_2$ (ab 1365 v. Chr.) zugewiesen worden; die dritte Gruppe setze sich aus unbemalter Keramik, meist Vorratsgefäßen, zusammen, werde allgemein als SM III B-Ware angesehen, gehöre aber ebenfalls der Phase SM III A$_2$ an.[47] Diese keramischen Funde sprachen demnach für eine Datierung der Linear B-Tafeln von Knossos gegen Ende des 14. Jahrhunderts v. Chr. und ins 13. Jahrhundert v. Chr. Die beiden Niveaus, die Palmer ausgemacht hatte, fanden damit eine Zeitbestimmung.

Die Datierung der Linear B-Täfelchen in die Phase SM III wurde auch von Arthur Evans bestätigt. In dem Bericht von 1905 über seine Ausgrabung des sogenannten Kleinen Palastes (vgl. Abb. 18) von Knossos schrieb er:

Die weitere Erforschung des »minoischen Kreta«

»Auch hier, wie dort [beim großen Palast], gibt es zahlreiche Spuren einer Wiederbesiedlung während der Periode des Niedergangs der minoischen Kultur, Spuren der Umwandlung herrschaftlicher Hallen in Gemächer für bescheidenere Bewohner. (...) Könige gab es wenig, Leute gab es viel – das herrschaftliche, jetzt teilweise erforschte Gebäude ist wie der große Palast in kleinere Wohnräume unterteilt worden. (...) Überall läßt sich ein gradueller Abfall vom Modell des letzten Palastes beobachten. Von hohem Interesse ist jedoch das Zeugnis einiger bruchstückhafter Tontäfelchen, das darauf hinweist, daß die vollentwickelte Linear Schrift [Linear B] des minoischen Kreta während der späteren Periode fortbesteht. Es scheint also, daß die Zerstörung des Palastes nicht die Schriftlosigkeit mit sich bringt. Das dunkle Zeitalter Kretas beginnt noch nicht.«[48]

Zur Wiederbesiedlungsphase, der »Reoccupation Phase« (Evans), gehörten das 14. und 13. Jahrhundert v. Chr. Evans selbst bezeugte, daß die »entwickelte Linear Schrift« dieser »Reoccupation Phase« angehörte. Nun insistierte aber Stefan Hiller darauf, daß die Linear B-Buchführung ausschließlich auf den palatialen Gebrauch beschränkt war.[49] Dies alles spricht für die einstige Existenz eines dritten, jetzt mykenischen Palastes in Knossos. Weitere Forschungen an Keramikgruppen von Knossos, die Mervyn R. Popham und Erik Hallager vornahmen, brachten zusätzliche Bestätigung für eine Palastanlage in Knossos während des 14. und 13. Jahrhunderts v. Chr.

Popham kam darüber hinaus zu dem Ergebnis, daß der zweite Palast von Knossos nicht um 1400 v. Chr. zerstört wurde, sondern noch ein Vierteljahrhundert länger bestand. Die von 1400 bis 1375 v. Chr. erzeugte SM III A$_1$-Keramik sei von Knossos aus über das sich bereits wieder erholende Kreta verbreitet worden. Die Zerstörung des Palastes von Knossos falle in den frühesten Beginn von SM III A$_2$, in die Zeit um 1375 v. Chr. Nach einer Zwischenzeit sei der Palast am Ende von SM III A$_2$ oder zu Beginn von SM III B teilweise wieder aufgebaut und bewohnt worden. Für das Ende des Palastes, wohl in der zweiten Hälfte des 13. Jahrhunderts v. Chr. anzusetzen, gelte das Statement von Emily Vermeule: »No one knows how Knossos fell, or why.«[50] Kreta habe noch in der SM III A$_1$-Phase und vermehrt wieder in der SM III B-Phase Keramik exportiert.[51]

Entdeckungsgeschichte – auf den Spuren der minoischen Kultur

An dreißig mit kurzen Linear B-Inschriften versehenen Gefäßen, sogenannten Bügelkannen, aus dem mykenischen Theben, von denen Palmer angenommen hatte, sie seien von Kreta nach dem Festland verschifft worden, wurden in Oxford spektrographische Untersuchungen durchgeführt. Diese ergaben, daß Gruppe I dem Typ F eines ostkretischen Tonvorkommens bei Zakros und Gruppe II dem Typ O eines ostkretischen Tonvorkommens bei Palaikastro nahestand.[52] Die Bügelkannen wurden in die Zeit kurz vor 1300 v. Chr. datiert (Abb. 19). Das Herkunftsland der Gruppen I und II war aller Wahrscheinlichkeit nach Kreta. Ihre Inschriften bestehen aus drei Wörtern: einem Personennamen (Beamter?), einem Ortsnamen und einem Adjektiv (Zugehörigkeitsbezeichnung). Das alles spricht für eine palatiale Verwaltungstätigkeit in Kreta während des späteren 14. Jahrhunderts v. Chr.

19 Bügelkanne aus Theben mit Linear B-Inschrift, um 1300 v. Chr. (nach McDonald 1990).

Erik Hallager brachte Beweise, daß der Brand des zweiten Palastes von Knossos in die SM III A₁-Phase fiel und der neue, aber bescheidenere dritte Palast früh in der SM III-Periode aufgebaut wurde. Eine Anzahl von Vasen, die Kalokairinos im Westteil des Palastes ausgegraben hatte, gehörten nach Hallagers Untersuchung der SM III B-Phase an und wiesen ihrerseits auf eine Besiedlung des Areals im 13. Jahrhundert v. Chr. hin. Die Vorratsgefäße zeigten zugleich, daß bestimmte Räume des Palastes zu dieser Zeit als Speicher dienten.[53] Die Forschungen Hallagers brachten Indizien dafür, daß der Palast im 14. und 13. Jahrhundert v. Chr. nicht nur an der Peripherie wiederaufgebaut und bewohnt war. Die Linear B-Texte in seinem Westteil bewiesen eine Verwaltung von gespeicherten Gütern.

Die weitere Erforschung des »minoischen Kreta«

Blegen und Palmer hatten eine archäologische Prüfung der von Evans und Mackenzie ans Tageslicht gebrachten Funde und Befunde gefordert. Die neuere Forschung machte sich diese Zielsetzung zu eigen und lieferte bis heute eine beachtliche Anzahl von Indizien, die für den Fortbestand des Palastes von Knossos bis zum Ende des 13. Jahrhunderts sprechen. Zusammenfassend sind es im wesentlichen die folgenden Punkte:

1. Scherben der SM III A_1/A_2-Phase, die versiegelt unter dem letzten Pflaster des Zentralhofs und unter intakten Böden des Westtrakts lagen, bezeugen, daß in großen Teilen des Palastes von Knossos eine Bautätigkeit nach 1375 v. Chr. stattfand und das oberste Bodenniveau des von Evans ausgegrabenen Palastes einem Bauwerk des 14. Jahrhunderts v. Chr. angehörte.

2. Die letzten Umbauten im Areal des Thronraums und die Konstruktion des Treppenaufgangs südlich des Thronraums werden mit guten Gründen in die Zeit nach 1375 v. Chr. (SM III A_2) datiert.[54]

3. Die von Kalokairinos durchgeführten ersten Grabungen im Westteil des Palastes von Knossos erbrachten Gefäße der SM III B-Phase, die diesem Palastteil im 13. Jahrhundert v. Chr. eine Funktion zuweisen.

4. Mit Hilfe keramischer Funde wurden die Linear B-Täfelchen, die aus dem Osttrakt und aus dem Westtrakt des Palastes, aus dem sogenannten Arsenal und Kleinen Palast stammen, in die Phasen SM III A_2 und SM III datiert. Damit läßt sich die Existenz einer Palastverwaltung im 14. und 13. Jahrhundert v. Chr. belegen.

5. In der SM III-Periode war Knossos nicht das einzige palatiale Verwaltungszentrum auf Kreta. Mindestens ein weiteres bestand in Kydonia (Chania) in Westkreta. Dafür stehen SM III-Gefäße mit Linear B-Beschriftung aus Knossos und Chania.[55]

Diese Belege bestätigen das Bild, das schon 1962 James W. Graham zeichnete und nach dem Kreta gegen Ende der spätminoischen Periode von Griechisch sprechenden Herrschern in Knossos regiert wurde.

Entdeckungsgeschichte – auf den Spuren der minoischen Kultur

»Es ist daher nicht überraschend«, so Graham, »daß, als Agamemnon irgendwann nach der Mitte des 13. Jahrhunderts v. Chr. seine Vasallenkönige zum Kriegszug gegen Troja um sich versammelte, Homer den Idomeneus, den Enkel des Minos, zu ihm eilen läßt. Nicht lange nach der Rückkehr der griechischen Heerführer aus Troja, ungefähr um 1200 v. Chr., teilte Knossos das Schicksal von Mykene, Tiryns und Pylos, indem es wie diese in Schutt und Asche fiel.«[56]

Im Sinne Homers gebrauchten auch die Linear B-Tafeln den Begriff »Achäer«. Ventris las die Linear B-Schrift als Dokument eines achäischen Altgriechisch,[57] und seither wurden zumeist die Träger der mykenischen Kultur als Achäer angesehen. Auch in König Minos glaubte bereits ein Teil der Fachwelt, unter ihnen Sir William Ridgeway,[58] einen Achäer sehen zu dürfen.

Nach Niemeier[59] häuften sich in der SM III A2-Phase, um 1360 v. Chr., die Anzeichen für ein mykenisiertes Kreta. Dazu gehörten das Megaron in Hagia Triada, die Häuser vom Megaron-Typ in Tylissos, Gournia und im westkretischen Koumi und Samonas sowie das Haus mit zentralem Rundherd mykenischer Bauart in Kydonia (Chania), des weiteren die Schachtgräberanlage und die Pferdebestattung im Kuppelgrab A von Archanes. Die Eroberung Kretas durch die Mykener fiel demnach in die Zeit der Zerstörung des Palastes von Knossos in der Phase III A1/A2, in den Jahren um 1375 v. Chr. Nach einer neuerlichen Bautätigkeit im Palastareal herrschte die nun mykenische Dynastie in Knossos bis zur endgültigen Zerstörung des Palastes gegen 1200 v. Chr. über eine vorwiegend minoische Bevölkerung.[60]

Gegen eine Eroberung Kretas durch die Mykener um 1375 v. Chr. spricht allerdings, daß Kreta zu dieser Zeit wieder aufzublühen begann und daß nur der Palast in Knossos zerstört wurde, daß aber auf der Insel sonst kaum Spuren gewaltsamer Auseinandersetzungen zu finden sind und auch die Stadt Knossos unversehrt blieb.[61] Nach wie vor deuten die weiträumigen Zerstörungen um 1450 v. Chr. oder bald danach, denen die kretischen Paläste – außer Knossos – und viele Städte und Siedlungen zum Opfer fielen, auf Eroberungszüge von äußeren Feinden hin. Diese um einen starken Kriegsherrn versammelten, griechisch sprechenden Mykener und minoisierten Kykladen-

Die weitere Erforschung des »minoischen Kreta«

bewohner fanden ihren Weg über die Inseln Keos, Melos und Thera nach Kreta. Sie faßten vielleicht zunächst in Westkreta Fuß und unternahmen von dort aus Eroberungszüge auf der Insel. Sie verbündeten sich mit Knossos, während sie ihre Einflußsphäre auf die drei genannten Inseln der Westroute ausdehnten und diese mykenisierten. In jener Zeit, um die Mitte des 15. Jahrhunderts v. Chr., nannten ägyptische Texte erstmals neben Kreta das Fremdland »Menus oder Minus«. Um 1375 v. Chr. wurde schließlich auch der Palast von Knossos erobert, der dabei starke Brandzerstörungen erlitt. Die machtvolle Herrscherpersönlichkeit des Eroberers hatte weitere Einwanderer vom griechischen Festland an sich gezogen. Das mykenisch-achäische Element auf Kreta erstarkte, was letztendlich zur Eroberung des Palastes von Knossos und zur Etablierung achäischer Regenten auf der Insel führte. Ein kurzer innerkretischer Aufstand erstickte im Keim. Beim Neuaufbau erhielt der Palast, den wir den dritten Palast von Knossos nennen, ein bescheideneres Gepräge, große Hallen wurden in kleinere Räume unterteilt. Weite Teile der Anlage dienten der Verwaltung und Lagerung von Gütern des Landes, die Linear B-Tafeln nannten Öl, Wolle und Kleider. Die Inseln der Dodekanes und der kleinasiatischen Küste wurden in der zweiten Hälfte des 14. Jahrhunderts v. Chr., im SM III A$_2$, mykenisiert. Es war die alte Ostroute Kretas. Eine nahe Wehr- und Fluchtburg, Kastrokephalo (westlich von Iraklion), wurde auf der Höhe des Nordabsturzes der Halys-Schlucht angelegt.[62] Ägyptische Texte verwendeten nun für »Kaftu«, die ägyptische Bezeichnung für Kreta, synonym den Terminus »Menus« oder »Minus«, womit sie dem neuen Staatsgebilde auf Kreta Rechnung trugen. Dessen Geist straffer Organisation und männlicher Zucht sollten Jahrhunderte später die Spartaner von König Minos erben.[63]

Minos galt den späteren Griechen als König der Könige. Sein Thronsaal in Knossos mit dem Thron an der rechten Wand wurde in den Palastmegara von Mykene, Tiryns und Pylos nachgeahmt.[64]

Die bronzezeitlichen Chronologien

Evans hatte die bronzezeitliche Kultur des 3. und 2. Jahrtausends v. Chr. auf Kreta die »minoische Kultur« genannt. Er dachte dabei an den berühmtesten kretischen König des 2. Jahrtausends v. Chr., an Minos, den Hesiod (frg. 103) den »königlichsten unter den sterblichen Königen« nannte.

Wohl gab es erst seit der mittleren Bronzezeit, um 2000 v. Chr., einen Palast in Knossos, und ein König mit dem Namen oder dem Titel »Minos« konnte frühestens zu dieser Zeit in Knossos geherrscht haben. Doch Evans behielt die Bezeichnung »minoische Kultur« als Terminus technicus für die gesamte bronzezeitliche Kultur kretischer Prägung bei. Er teilte die »minoische Kultur« in eine Früh-, Mittel- und Spätperiode ein, jede Periode ihrerseits in drei Phasen und jede Phase in die Abschnitte A und B. Diese relative Zeitgliederung war vom Wandel der keramischen Stile diktiert worden. Eine absolute Datierung der Zeitstufen des minoischen Kreta ermittelte Evans aufgrund von Kulturbeziehungen zu Ägypten und Vorderasien.

Im Jahr 1959 stellte Georg Karo die Phasen der minoischen Kulturentwicklung denen des griechischen Festlands gegenüber:[65]
Eine Periodeneinteilung, die sich an den baugeschichtlichen Zäsuren der kretischen Paläste orientierte, hat Nikolaos Platon, der Ausgräber des Palastes von Kato Zakro in Ostkreta, vorgenommen. Er stellte sie der ägyptischen und mesopotamischen Chronologie gegenüber:[66]
Schon 1988 wurde Platons »Postpalatiale Periode« von Peter Haider in der Erkenntnis, daß es zu dieser Zeit noch Paläste auf Kreta gab, in eine »Späte Palastzeit« umbenannt, der die »Nachpalastzeit« oder »postpalatiale Periode« folgte:[67]
In den folgenden Jahren erhielt die Erforschung der Bronzezeit im östlichen Mittelmeer neue Impulse. Dendrochronologische Untersuchungen am Holz kalifornischer Fichten und Auswer-

Die bronzezeitlichen Chronologien

Jahr (v. Chr.)	Kreta	Griechenland
2600	Neolithikum und Subneolithikum	
	Frühminoisch I–II (FM I–II)	Älteres Neolithikum
2500		
2400		Spätes Neolithikum
2300		Frühhelladisch I–III (FH I–III)
2200		
2100		
2000	Mittelminoisch I–IIIa (MM I–IIIa)	
1900		Mittelhelladisch I–III (MH I–III)
1800		
1700		
1600		
1570		Späthelladisch I (SH I)
	Mittelminoisch IIIb (MM IIIb) – Spätminoisch I (SM I)	
1500		
1425	Spätminoisch II (SM II)	Späthelladisch II (SH II)
1400	Spätminoisch III (SM III)	Späthelladisch III (SH III)
1300		
1200		
1150		
1125		
1100		
1000		

Chronologie-Tabelle 1 (nach G. Karo)

Entdeckungsgeschichte – auf den Spuren der minoischen Kultur

Jahr	Kreta	Ägypten	Mesopotamien
6000	Frühneolithisch I–II		
5000			
4000	Mittelneolithisch	Vordynastisch	Periode von Obeid (um 3500 v. Chr.)
3000	Spätneolithisch	I.–III.Dynastie (3100–2612 v. Chr.) frühdynastisch	Periode Djemet Nasr (um 3000 v. Chr.) Sumerische Zeit
2800			
2600	Vorpalatial I	IV.–V. Dynastie (2612–2280 v. Chr.) Altes Reich	1. Dynastie von Ur (um 2500 v. Chr.)
2400	Vorpalatial II		Periode von Akkad (2400–2200 v. Chr.)
2200	Vorpalatial III	VII.–X. Dynastie (2280–2040 v. Chr.) erste Zwischenzeit	Invasion der Guttäer Neusumerische Zeit
2000	Ende Protominoisch	XI.–XIII. Dynastie (2133–1625 v. Chr.) Mittleres Reich	II. Dynastie von Ur
2000	Paläopalatial I		III. Dynastie von Ur
1900	Paläopalatial II		I. Dynastie von Babylon (1894–1595 v. Chr.) Hammurabi (1792–1750 v. Chr.)
1800	Paläopalatial III		
1700	Neopalatial I		
1600	Neopalatial II	XIV.–XVIII. Dynastie (1720–1527 v. Chr.) Hyksos-Zeit	Kassitische Zeit (1595–1155 v. Chr.)
1500			
1400	Neopalatial III	XVIII. Dynastie (1570–1320 v. Chr.) Neues Reich	
	Postpalatial I (1400–1320 v. Chr.)		
1300	Postpalatial II	XIX. Dynastie (1320–1200 v. Chr.)	
1200	Postpalatial III (1260–1150 v. Chr.)		
1100	Ende Minoische Zeit	XX. Dynastie (1200–1085 v. Chr.)	

Chronologie-Tabelle 2 (nach N. Platon)

Die bronzezeitlichen Chronologien

Jahr	Kulturepochen	Palastzeiten	Kulturphasen	Kreta
7000	Neolithikum			
3000	Chalkolithikum			
2800				
2600	Frühe Bronzezeit	Vorpalastzeit	FM I	
2400			FM II	
2200			FM III	Kriegerische Zerstörungen
2000	Mittl. Bronzezeit		MM I A	
1800		Ältere Palastzeit	MM I B	
1700			MM II	Erdbeben
1600		Jüngere Palastzeit	MM III A	
–			MM III B	
1550 –	Späte Bronzezeit		SM I A (–1510 v. Chr.)	
1500 –			SM I B	Erdbeben Thera-Katastrophe Mykenische Machtergreifung
1450 –		Späte Palastzeit	SM II	
1400 –			SM III A1	Machtergreifung der Linear B-Leute
1350			SM III A2	
1300 –			SM III B (–1220 v. Chr.)	
1250 –				
1200			SM III C1	~ 1. Wanderungswelle (sog. Seevölker)
1150 –		Nach-Palastzeit	SM III C2–C3	~ 2. Wanderungswelle
1100				
1050 –				
1000 –			Subminoikum	
950 –				Einwanderung der Dorer
900				

Chronologie-Tabelle 3 (nach P. W. Haider)

tungen vulkanischer Säuremerkmale in Kernschichten der Grönlandgletscher ergaben chronologische Übereinstimmungen mit Radiokarbondaten von Akrotiri. Demnach fand die Eruption des Vulkans von Thera zwischen 1645 und 1626 v. Chr. statt, also über hundert Jahre früher, als die traditionelle Methode ermittelt hatte. Dabei waren synchrone Ereignisse in den Chronologien Ägyptens und Mesopotamiens zur Zeitbestimmung herangezogen worden. Führende Vertreter der neuen Datierung der ägäischen Spätbronzezeit sind P. P. Betancourt und S. Manning.[68] Sie sahen ihren Beginn um 1700 v. Chr. Die folgende Tabelle zeigt, wie weit die aktuellen wissenschaftlichen Standpunkte bei der zeitlichen Definition spätbronzezeitlicher Stilstufen Kretas divergieren können:[69]

Zeigte Tabelle 4 die jüngsten Bemühungen um Fixpunkte im Datengerüst der minoischen Stilstufen, dessen Ausbau terminologisch und forschungsgeschichtlich den Arbeiten von A. Evans

Jahr	Warren-Hankey	Lurz	Manning
1700	MM III A (1700–1650/40 v. Chr.)	MM III	SM I A
– 80			
– 60		Thera-Katastrophe	
– 40	MM III B	SM I A	Thera-Katastrophe
– 20			
1600	SM I A		SM I B
1550		SM I B	SM II
1500			SM III A1 (bis 1390 v. Chr.)
	SM I B (1480–1425 v. Chr.)		
		SM II/III A 1	
1400	SM II (bis 1390 v. Chr.)		
	SM III A1		SM III A 2
	SM III A2	SM III A2	SM III B
1300	SM III B	SM III B	

Chronologie-Tabelle 4 (nach P. Warren/v. Hankey, N. Lurz, S. Manning)

Die bronzezeitlichen Chronologien

Jahr	Sakellarakis (1991)	Dickinson (1994)	Platon (1968)
2000 – – 1800 –	Zeit der Alten Paläste	1. Palast-Periode	Präpalatial
1700 – 1600	Zeit der Neuen Paläste	2. Palast-Periode	Neopalatial
– 1400 – – 1200	Ankunft der Achäer Letzter Palast von Archanes	3. Palast-Periode	Postpalatial
– – 1000			

Chronologie-Tabelle 5 (nach J. u. E. Sakellarakis, O. Dickinson, N. Platon)

folgte, so stellt die folgende Übersicht die neuesten Forschungstendenzen innerhalb eines Chronologiesystems dar, das sich an den Bauphasen der Paläste orientiert und von N. Platon eingeführt wurde (vgl. Tabelle 2):[70]
In den Argumentationen der Forschung nach Evans und unseren vorangegangenen Studien kristallisieren sich folgende große Zeitabschnitte der Altkretischen Kultur heraus:

Entdeckungsgeschichte – auf den Spuren der minoischen Kultur

Jahr	Ägäische Zeitstufen	Altkretische Palastzeiten	Altkretische Kulturepochen
3000	Frühe Bronzezeit	Vorpalastzeit	Vorminoische Epoche
2200 2000	Mittlere Bronzezeit	1. Palastzeit (ältere Paläste)	
1700 1650 1600 1550	Späte Bronzezeit	*Erdbeben* 2. Palastzeit (jüngere Paläste) *Thera-Katastrophe* *Erdbeben*	
1500 1450 – – – –		*Zerstörung der Paläste* Ende des Palastes von Phaistos (um 1410 v. Chr.)	*Zerstörungshorizont* Zwischenzeit
1400 – – – 1350 – – – 1300		Ende des Palastes von Knossos (um 1370 v. Chr.) 3. Palastzeit (Späte Paläste) Knossos, Archanes, Chania/Kydonia; Megaronbauten in: Hagia Triada, Tylissos, Gournia, Komi, Samonas	Minoische Epoche
1200 1100 1000		*Seevölkerzerstörungen* Nachpalastzeit	Subminoicum

Chronologie-Tabelle 6

Das Leben im alten Kreta

Die frühesten Spuren in der Steinzeit

Frühe Spuren menschlichen Lebens fand J. Evans in Knossos.[1] Sie gehörten der Jungsteinzeit an. Die Menschen lebten in Hütten aus Holz, von deren einstiger Existenz nur noch Pfostenlöcher zeugten. Noch im Frühneolithikum – in der Schicht 9 von Knossos – wurde ein entscheidender Entwicklungsschritt vorwärts gemacht: Die Bewohner brannten kumpfartige Tongefäße an der offenen Feuerstelle und fertigten Knochenlöffel. Die ersten festen Häuser mit Wänden aus Lehm oder Lehmziegeln entstanden. Es scheint, als seien dabei teilweise gebrannte Lehmziegel verwendet worden. Diese Technik fand jedoch keine Fortführung. Das übliche Baumaterial für das aufgehende Mauerwerk blieben während der ganzen Bronzezeit auf Kreta luftgetrocknete Lehmziegel. Möglicherweise kannten die Einwanderer, welche die Gefäßherstellung nach Kreta mitbrachten, auch die Technik der gebrannten Ziegel – ein Wissen, das später in der neuen Heimat wieder verlorenging.[2]

Im Mittelneolithikum waren die Häuser in einer Technik erbaut, die in Altkreta bis zur Römerzeit Standard bleiben sollte: Das Fundament und der untere Teil der Mauer wurden aus Stein errichtet, der obere Mauerteil bestand aus luftgetrockneten Lehmziegeln und Lehm. Ein mittelneolithisches Haus, das in Knossos freigelegt wurde, zeigte einen großen viereckigen Raum mit dem Eingang in der Nordwestecke. Eine niedrige quadratische Plattform, diagonal der Tür gegenüber in der Südostecke, diente wohl dem Hausherrn als Lagerstatt. Ähnliche Schlafpodien wurden auch in den bronzezeitlichen Palästen und Häusern gefunden. In den Boden aus gestampfter Erde war in der Mitte des Raumes eine Feuerstelle eingesenkt, auf der ein schnelles Mahl bereitet werden konnte. Üblicherweise wurden die Speisen wohl unter freiem Himmel gekocht und gebraten, wie das die homerischen Gesänge schildern und wie es noch heute in südlichen Regionen geschieht. Eine mit Steinplatten verschlossene Mauernische des Hauses enthielt ein Vorratsgefäß, war also die Speisekammer des Eigentümers, der ein weiteres Tongefäß in einem aus Steinplatten gebildeten Behälter geborgen hatte (Abb. 20 a).

Die mittelneolithische Keramik belebte durch ihre verschiedenen Farben den Wohnraum; schwarze, braune, lederfarbene, ziegelrote und gelbliche Gefäßfragmente wurden gefunden. Als Handhaben waren röhrenförmige Schnurösen und Bandhenkel üblich. Alle Gefäße waren noch handgemacht. Das Eß- und Trinkgeschirr wurde farbiger gebrannt und poliert, das Grobgeschirr war meist dunkeltonig gehalten. Im Gegensatz zu den frühneolithischen Ritzmustern, deren geometrische Motive weiß inkrustiert wurden und lebhaft mit der dunklen Gefäßwand kontrastierten, bevorzugten die Siedler jetzt – jedenfalls in Knossos – die dezente Wirkung einpolierter Riefelmuster.

Als Handwerkszeug verwendeten die Menschen schwere Steinäxte aus verschiedenen Steinen, wie Schiefer, Steatit, Grünstein und Hämatit. Für feinere Arbeiten wurden Obsidianklingen und Knochennadeln benutzt. Tonspulen und Spinnwirtel bezeugten eine ›Heimindustrie‹ der Wollverarbeitung.

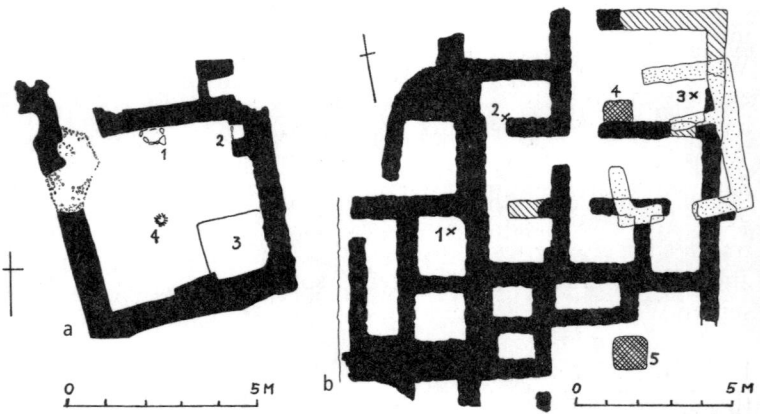

20 a) Mittelneolithisches Haus in Knossos: 1–2) Behälter, 3) Lagerplattform, 4) Herdstelle in Gestalt einer Feuermulde; neben dem Eingang Reste eines Bodenbelags aus Kieseln (nach Hood 1971).
b) Spätneolithisches Haus in Knossos: 1) Fundplatz einer Kupferaxt, 2–3) Fundorte ägyptischer Steinschalen, 4–5) Herdstellen (nach Hood 1971).

Die frühesten Spuren in der Steinzeit

In spätneolithischer Zeit war bereits die ganze Insel besiedelt. Zwei freigelegte Häuser in Knossos vermitteln die Vorstellung einer Siedlung aus dieser Epoche. Die Architektur fügte zellenartig rechteckige und quadratische Räume verschiedener Größe ohne Plankonzept aneinander, so wie es die Notwendigkeit erforderte. Für diese zusammengewachsenen und weiter wachsenden Raumgebilde und Wohneinheiten wurde aus der vergleichenden Philologie die Bezeichnung »agglutinierend« entlehnt.[3]

Die beiden unter dem Zentralhof des Palastes von Knossos ausgegrabenen spätneolithischen Häuser A und B (Abb. 20b) zeigten je eine rechteckige Feuerstelle, die ihren festen Platz in der Raummitte, vielleicht auch in der Hofmitte, oder an einer Wandzunge hatte. Die Fixierung des Herdes auf einen bestimmten Platz im Haus wurde im bronzezeitlichen Kreta unüblich, doch verschwand der Brauch auch nach 2000 v. Chr. nicht gänzlich. Pierre Demargne wies in zwei mittelbronzezeitlichen kleinen Häusern in Mallia feste Herdstellen nach.[4] Im allgemeinen bevorzugten die Bewohner jedoch in den Palästen und wohlhabenden Häusern leichte, bewegliche Feuerschalen, um darüber ihre Speisen zu bereiten.

Gegenüber dem reichen Grundriß der Häuser in Knossos mit ihren verschiedenen Zugängen von der Straße, mit Kammern, Wohn- und Werkräumen, vielleicht auch Stall und Laden,[5] zeigte sich das kleine Haus von Magasa, das bei einem Felsüberhang, einem Abri, errichtet wurde (Abb. 21 a), als gutgefügter Wohnsitz wohl eines Schafhirten. Unter dem Felsüberhang aber hatte einst ein Steinmetz gelebt, da dort zahlreiche Steingeräte gefunden wurden (Abb. 21 b). Durch die Tür im Nordosten betrat der Hirte einen Vorraum, in dem abgelegt wurde und wohl auch handwerkliche Tätigkeiten erledigt wurden, und danach seinen Wohn- und Schlafraum.

Höhlen und Felsüberhänge der bergreichen, stark bewaldeten Insel boten Hirten und Jägern willkommene Zuflucht. Neolithische Keramikscherben wurden in den Höhlen und Grotten Ostkretas bei Zakros, Sphoungaras, Skalais und Hagia Photia gefunden, in Zentralkreta bei Mallia, in der Eileithyia-Höhle bei Amnissos und in der Karnavi-Höhle des Juchtas, des ›Hausberges‹ von Knossos, im Süden in Grotten bei Phaistos, Hagia Triada

Das Leben im alten Kreta

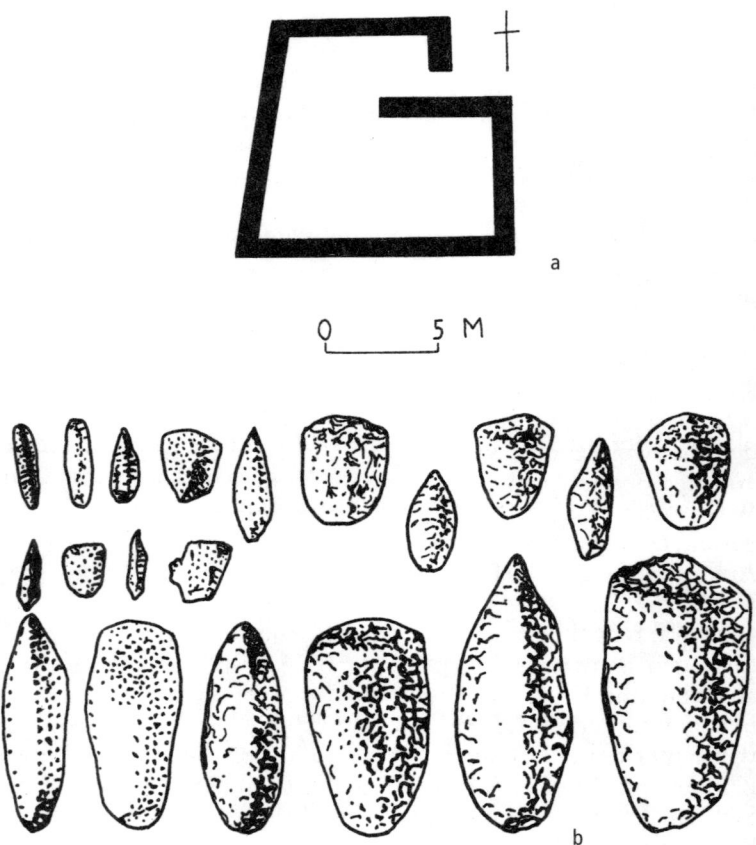

21 a) Spätneolithisches Hirtenhaus von Magasa (nach Hutchinson 1962);
b) Spätneolithische Steingeräte, gefunden unter dem Felsüberhang vor dem Hirtenhaus von Magasa (nach Hutchinson 1962).

und Gortyn, im Westen in der Gerani-Höhle bei Rethymnon und in den Akroteri-Höhlen bei Chania. Die Trapeza-Höhle der Lassithi-Hochebene diente seit dem Neolithikum als Begräbnisstätte, ebenso wohl die Höhle von Miamou in Südkreta nahe der Bucht von Lebena. Die spätneolithische Feinkeramik ist

Die frühesten Spuren in der Steinzeit

nußbraun, dunkel- und weinrot unter dem Politurglanz der Oberfläche.

Die Menschen lebten von Ackerbau und Viehzucht. Zwar blieben die angebauten Getreidesorten bis heute unbekannt, doch wurde Getreide gemahlen, wie die sattelförmigen Mühlsteine beim Hirtenhaus von Magasa bewiesen haben. Reibsteine fand man an verschiedenen Orten. In Griechenland wurden schon seit dem Beginn des Neolithikums Gerste, Weizen und Hirse angebaut und gegessen. Tiefe Suchgräben in Phaistos förderten aus neolithischen Schichten Knochenfunde zutage. Nachgewiesen wurden die Gattung der gehörnten Schafe und das Kurzhorn-Rind, der sogenannte *bos creticus*.[6] Neolithische Knochenfunde aus Knossos ließen sich der Ziege, dem *Bos creticus*, dem *bos primigenius*, einem Langhorn-Rind, dem Schaf und dem Schwein zuordnen. Weitere archäologische Funde zeugten von der Bereicherung des Speisezettels durch Meerestiere und Wildfrüchte. Große Fische, vielleicht Thunfische, wurden gegessen, daneben Muscheln, Herzmuscheln und Napfschnecken. Auch erntete man Oliven und Mandeln.

Für die Jagd auf Wildziegen, Wildschweine und vielleicht auch Wildvögel nahmen Jäger ihre Bogen und Pfeile mit blattförmigen Knochenspitzen mit (Abb. 22 a). Werkzeuge wurden aus Stein und Knochen hergestellt: Aus geschliffenen Geröllsteinen entstanden Äxte, Hacken und Meißel. Scharfe Abschläge von Feuersteinen, Quarzen, Bergkristall und Obsidian ergaben Klingen für Messer, Rasiermesser oder, in Holz befestigt, für Sicheln. Auch die ›Hausindustrie‹ entwickelte sich weiter. Weberschiffchen, Webegewichte und Spinnwirtel bezeugen, daß die Wolle der Schafe nicht nur gesponnen, sondern auch zu Stoffen und Decken gewebt wurde (Abb. 22 e–h). Auf Fremdkontakte wies hin, daß – wie in Mesopotamien – Streitkolben geschaffen wurden, die zugleich Würdezeichen waren. Durch einen passenden Stein aus dem Flußgeröll wurde mit Hilfe eines ›Meißels‹ durch geduldiges Hämmern von beiden Seiten in der Mitte ein Loch in genügender Größe getrieben und schließlich die Steinkugel auf einem passenden Holzschaft befestigt (Abb. 22 d).

Das Leben im alten Kreta

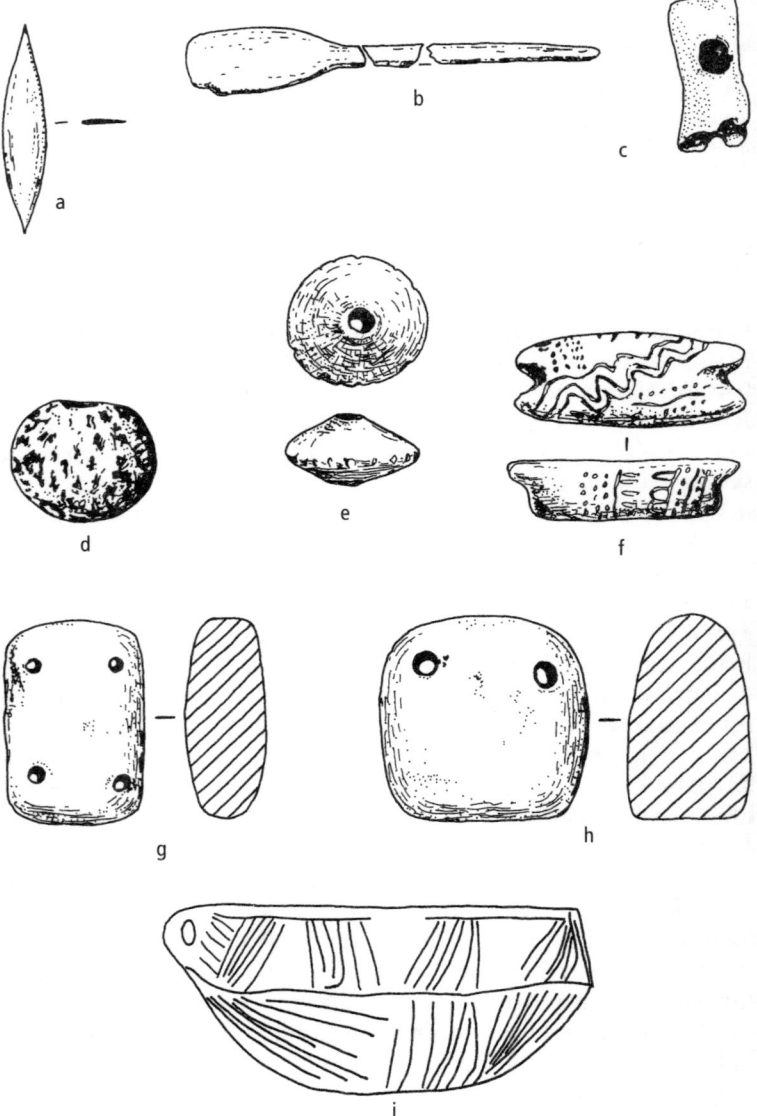

Die frühesten Spuren in der Steinzeit

22 Neolithische Funde aus Knossos (nach Hood 1971):
a) Pfeilspitze aus Knochen,
b) Löffel aus Bein,
c) Flötenfragment aus Bein,
d) Szepter- und Keulenkopf aus Stein,
e) tönernes Spinnwirtel,
f) tönernes Weberschiffchen,
g–h) Webgewichte aus Ton,
i) Tongefäß mit eingeritzten Strichgruppen.

Aus Ton oder Stein entstanden Götterfiguren – nackte, stehende männliche Gestalten und fettleibige, hockende oder stehende weibliche Idole, wie sie im neolithischen Europa und im Nahen Osten als frühe Zeugen für die Verehrung einer Fruchtbarkeits- und Muttergottheit auftraten (vgl. Abb. 1). Neben Knossos, Katsambás und Mallia im Norden Kretas und Phaistos im Südwesten war am Ende der neolithischen Zeit die ganze Insel der Besiedlung erschlossen.

Während Kreta noch um 2700 v. Chr. im Lebensstil der Steinzeit verharrte, hatten die Menschen in der Nachbarschaft der Erzvorkommen auf der anatolischen Hochebene und im Zagros-Gebirge bereits im 5. Jahrtausend v. Chr. gelernt, Erz abzubauen und zu verhütten. In Südmesopotamien wurden schon im 4. Jahrtausend v. Chr. Kupfer, Blei, Silber, Zinn und Gold geschmolzen und verarbeitet. Händler und Handwerker brachten die neuen Erfahrungen und Produkte in die Levante und ans Mittelmeer, wobei sie die arabische Halbinsel auf den zahlreichen Jäger- und Hirtenpfaden durchquerten. Dadurch geriet die Levante, aber auch das prädynastische Ägypten unter den Einfluß der sich am Ende des 4. Jahrtausends v. Chr. herausgebildeten Hochkultur Mesopotamiens. Aus dieser Zeit stammten ägyptische Erzgruben auf dem Sinai und eine Kupferindustrie im Süden des späteren Palästina, die zur Blüte der Beersheva-Ghassul-Kultur führte. Hier wurden dünnwandige Schalen und schematische Idole aus hartem Stein geschliffen, stehende weibliche und männliche Idolfiguren mit einst farbig eingelegten Augen aus Elfenbein geschnitzt (Abb. 23) und an Feuerstellen, in Schmelzöfen und -tiegeln Kupfer und Malachit aus Transjor-

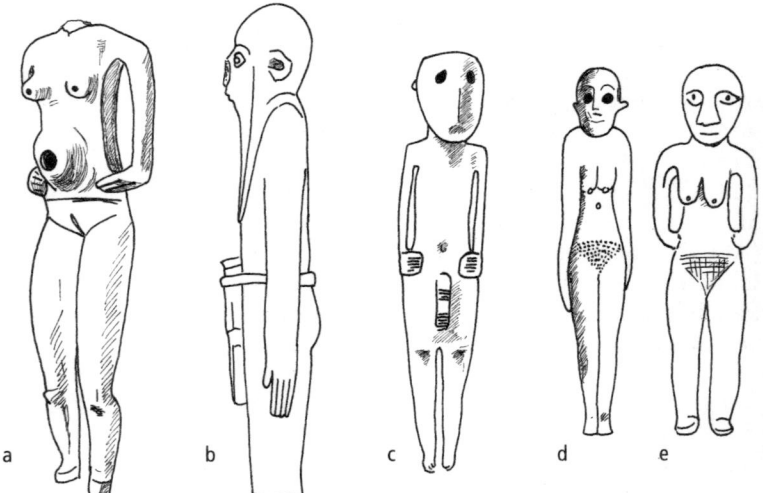

23 Figürliche Plastik des 4. Jt. v. Chr. aus Israel und Ägypten:
a) »Venus von Beersheva«, Elfenbein, um 3500 v. Chr.;
b) Basaltfigur mit Gliedtasche der Negade-II-Kultur, um 3400 v. Chr.;
c) Elfenbeinfigur aus Beersheva, um 3500 v. Chr;
d) weibliche Plastik der Negade-I-Kultur, um 4000 v. Chr.;
e) weibliche Plastik der Badari-Kultur, um 4000 v. Chr.

danien geschmolzen und auf dem Amboß bearbeitet. Dörfer teilten sich offenbar diese Industrien (Metallverarbeitung in Abu Matar, Elfenbeinschnitzerei in Safadi).

Die Beersheva-Ghassul-Kultur erlosch um 3000 v. Chr. mit dem Eindringen der Ägypter. Einen der Einfälle führte Narmer an, einer der ersten Reichsgründer und Vereiniger von Ober- und Unterägypten.[7] Die Kulturträger wurden gefangengenommen oder flohen. Ihre Kenntnisse verbreiteten sich in Ägypten, im Libanon und weiter nach Norden. So suchten Archäologen den Herkunftsort der Einwanderer, die Zypern im Neolithikum II besiedelten, in Südpalästina, wurden die um 3000 v. Chr. datierten Felsschacht-Wohnungen von Kalavassos mit ähnlichen Häusern in Beersheva verbunden.[8] Die folgende Kupferzeit zeichnete sich neben der Verarbeitung von Kupfer zugleich durch ein verbessertes Steinschneide- und Steinschleifhandwerk aus.

Die frühesten Spuren in der Steinzeit

Nach 2800 v. Chr. erfaßt der Einfluß aus Anatolien und dem syrisch-palästinischen Raum auch die Kykladeninseln und löst ihre frühbronzezeitliche Kulturblüte aus. Auf Syrien und Palästina werden die stehenden männlichen und weiblichen Idolfiguren vom Plastiras-Typ mit ihren runden Augenlöchern, die farbige Einlagen aufnehmen sollten, die Winkelharfen der Harfenspieler-Idole[9] und überhaupt die einzigartigen, qualitätvollen Steinfiguren und Steingefäße der Kykladen zurückzuführen sein (Abb. 24). Spätestens ab 2500 v. Chr. waren die Kykladen, deren schlanke, langgestreckte, vielrudrige Schiffe[10] nur in Ägypten Parallelen haben, eingebunden in das Netz der Kultureinflüsse von Mesopotamien und Ägypten.

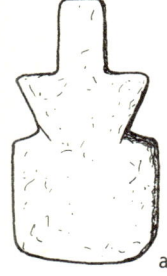
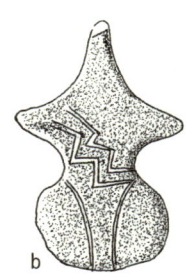
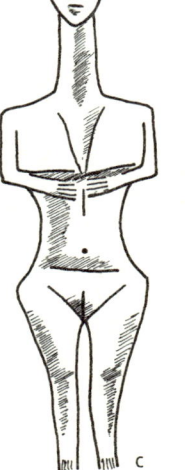
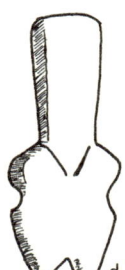

24 Idole aus Palästina, von den Kykladen und aus Kreta:
a) abstrakt-schematisches Steinidol der Beersheva-Kultur, um 3400 v. Chr.;
b) neolithisches, abstrakt-schematisches Tonidol aus Kreta, um 3000 v. Chr.;
c) Plastiras-Idol aus Marmor von Delos, um 2800 v. Chr.;
d) abstrakt-schematisches, neolithisches Idol von den Kykladen, um 3200 v. Chr.

Die Kultur der frühen Bronzezeit

Von der Nachbarschaft zu Mesopotamien und Ägypten profitierte das frühbronzezeitliche Kreta. Außerdem sollen entweder noch in der Steinzeit oder um die Mitte des 3. Jahrtausends v. Chr. kleinasiatische Volksteile auf den Kykladen, auf Kreta und in Griechenland eingewandert sein und neben dem Kupfer auch ihre Sprache mit den Endungen -*nthos,* -*ssos* und -*tos* (z. B. Korinthos, Knossos, Phaistos, Lykabettos, Labyrinthos) mitgebracht haben.[11] Schon Evans hatte seinerzeit in Übereinstimmung mit der linguistischen Forschung darauf hingewiesen, daß sich Ortsnamen mit diesen Endungen etymologisch nicht von der griechischen Sprache ableiten lassen. Dennoch konnte die Sprache dieser kleinasiatischen Einwanderer, welche die frühe Bronzezeit nach Griechenland und Kreta brachten, nicht griechisch sein. Beziehungen zu einer indoeuropäischen Sprache waren jedoch nicht ausgeschlossen, zum Beispiel zum Luwischen, das im südwestlichen Kleinasien gesprochen wurde und ein besitzanzeigendes Suffix -*ss* kannte.

J. D. S. Pendlebury vermutete, daß durch die kriegerischen Unruhen während der Phase der Vereinigung von Ober- und Unterägypten Flüchtlinge aus dem ägyptischen Norden über das Meer gekommen waren und in der fruchtbaren Mesara-Ebene eine neue Heimat fanden. Mit ihnen begann demnach die Bronzezeit in Südkreta.[12] Tatsächlich wurden auf Kreta prädynastische Porphyrschalen gefunden. Weitere ägyptische Steingefäße und Fayencen aus der Zeit von etwa 2800 bis 2600 v. Chr. (I.–IV. Dynastie) kamen aus dem spätneolithischen Knossos, aus Mochlos und Isopata, so daß der Kontakt mit dem prä- und frühdynastischen Ägypten für den Beginn der frühen Bronzezeit auf Kreta erwiesen ist. Auch wurden einfache, schematisierte Steinidole mit zugespitztem Fußende, Grabfunde aus der Mesara, auf prädynastische Vorbilder (Abb. 25) zurückgeführt und ebenso vielleicht die Form des Dreieckdolchs und des Rundgrabs mit rechteckiger Vorkammer.[13]

Die Kultur der frühen Bronzezeit

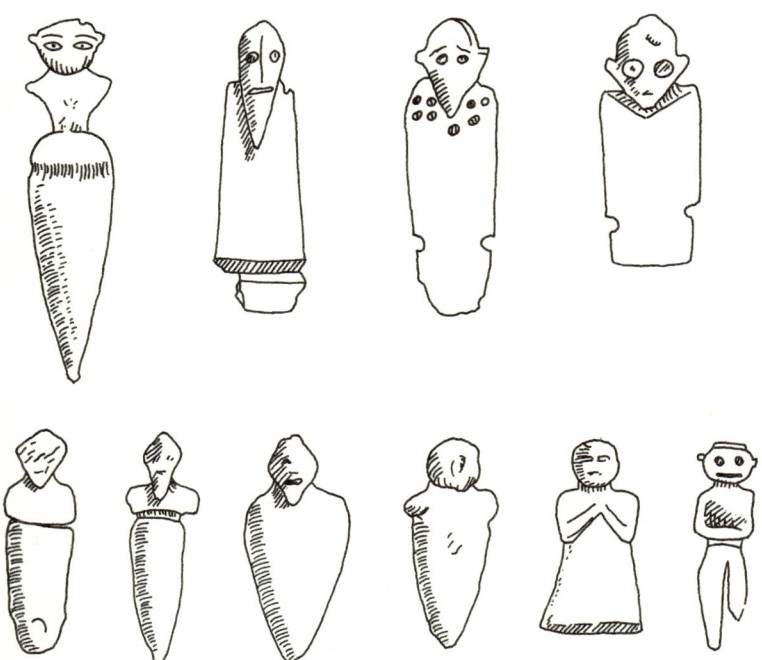

25 Schematisierte Steinidole mit zugespitztem Fußende aus Ägypten und Kreta (nach Evans 1921): oben Idole der prädynastischen Negade-Kultur, unten Idole aus dem Rundgrab von Hagia Triada in Südkreta.

Erste Importe von den Kykladen setzten um 2500 v. Chr. ein. Kugelige Tongefäße mit konischem Flaschenhals und Ritzdekor müssen von Naxos oder Paros nach Kreta gebracht worden sein. Ihr Fundort war das Höhlengrab von Pyrgos, nicht weit von Iraklion. Gleichzeitig begannen die Bewohner auf Kreta, kykladische Gefäße, zylindrische, kugelige und konische Pyxiden (Dosen) oder Fußbecher, nachzuahmen[14] (Abb. 26). Während der frühen Bronzezeit griff der zunächst in Nordkreta (Pyrgos, Gournia) vermerkte kykladische Einfluß auf die ganze Insel (Palaikastro im Osten, Platyvola-Höhle im Westen, Lebena und Koumasa im Süden) über (Abb. 27). Eines der wichtigsten Handelsgüter war der Obsidian von Melos, ein vulkanisches, schwarzes Glas, das zu Klingen für Schneidewerkzeuge, vor allem zu scharfen Messerklingen verarbeitet wurde. In einem ehemals überwölbten Rundgrab (Tholos B) von Platanos in der Mesara traten zwei Messerklingen eines fast glashellen Obsidians zutage, wie er auf der vulkanischen Insel Gyali zwischen Nisyros und Kos, aber auch in Äthiopien vorkommt.[15]

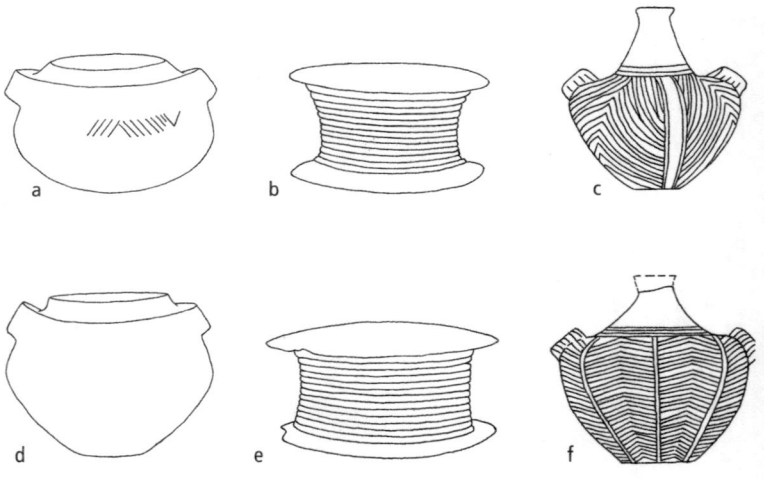

26 Frühbronzezeitliche Gefäße (Pyxiden) verwandter Form auf Kreta (a–c) und den Kykladen (d–f): a, c) von Pyrgos in Nordkreta,
b) von Hagios Onouphrios in Südkreta,
d) von Louros auf Naxos,
e) von Syros,
f) von Kampos auf Paros.

Die Kykladen lieferten auch Blei und Silber (Siphnos) nach Kreta. Elfenbein kam von der Levante, vielleicht über Ägypten, und wurde auf Kreta von einheimischen und kykladischen Kunsthandwerkern geschnitzt. Auf den Kykladen war Elfenbein unbekannt. J. A. Sakellarakis lokalisierte in Nordkreta in der Nähe von Archanes ein Herstellungs- und Ausbreitungszentrum der verschiedenen kykladischen und kykladisierenden Idole und Funde

Die Kultur der frühen Bronzezeit

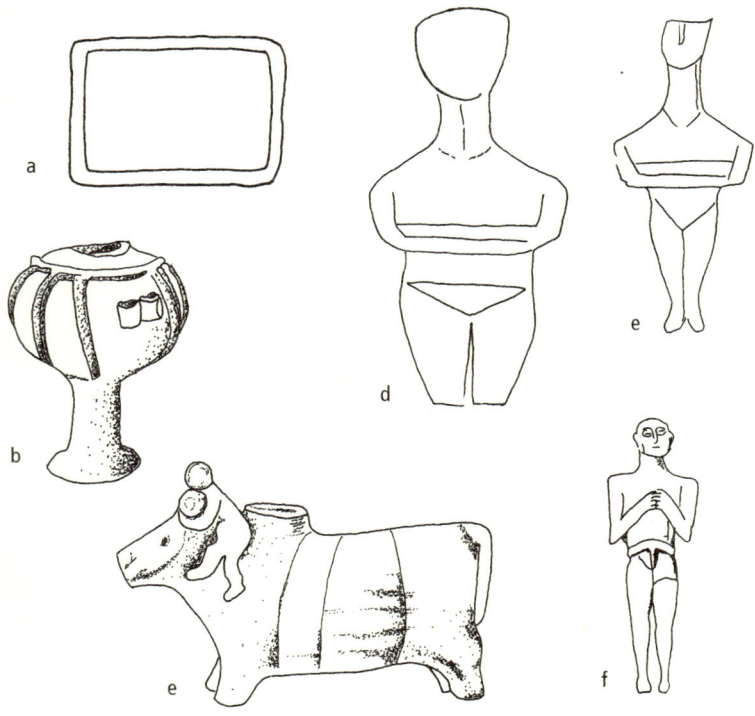

27 Kykladisch beeinflußte kretische Ton- und Steingefäße sowie Idole aus Stein (nach Xanthoudides 1971):
a) Kalksteinpalette aus Koumasa,
b) Aufhängegefäß aus Koumasa,
c) Stierrhyton mit Akrobat aus Koumasa,
d) Idol aus weißem Inselmarmor aus Koumasa,
e) Kalksteinidol aus Platanos,
f) Steatitfigur aus Porti.

(Abb. 28). Hier erfolgte gegen Ende der frühen Bronzezeit eine »dauerhafte Ansiedlung kykladischer Bevölkerungsteile« auf Kreta.[16]

Das Leben im alten Kreta

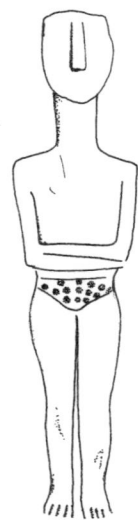

28 Elfenbeinidol kykladischen Stils aus dem Tholosgrab C von Archanes in Zentralkreta (nach Sakellarakis 1976).

Anthropologische Untersuchungen der Skelettreste aus frühbronzezeitlichen Gräbern auf den Kykladen ergaben, daß auf Syros vornehmlich Menschen der mediterranen Rasse lebten, für die Langschädel (doliozephal), geringe Körpergröße, feine Glieder, schwarze Haare und dunkle Augen charakteristisch waren. Dagegen bevölkerten Vertreter der taurischen Rasse mit breitem Schädel (brachyzephal), kräftigen Gliedern und hoher Gestalt Paros, Oliaros (Antiparos) und Siphnos. Für die Menschen auf Naxos waren mittlere Schädelproportionen (mesozephal) und Körpermaße charakteristisch. In Griechenland und auf den benachbarten Inseln ist seit der Steinzeit der taurische Typ beheimatet.

Auf Kreta lebten im Neolithikum und in der frühen Bronzezeit Menschen des mediterranen Typs. Auch mittlere Körpermaße kommen vor. Der taurische Typ war dagegen nur vereinzelt zu finden, nahm jedoch in der mittleren Bronzezeit auf Kreta prozentual langsam zu und war im Spätminoisch III, im Kreta des Königs Minos, im Durchschnitt dominant. Er wies auf das neue Volkselement der Achäer hin.[17]

Nach der Mitte des 3. Jahrtausends v. Chr. entwickelte Kreta selbst überseeische Beziehungen zu Ägypten und dem Orient. Schiffsmodelle zeigten allerdings Fahrzeuge, die eher für die Küsten- und Flußschiffahrt als für Übersee geeignet waren (Abb. 29 c).[18]

Obwohl die Toten auch weiterhin in Höhlen bestattet werden konnten (Höhlen bei Kyparisi, bei Zakro und Palaikastro), entstanden jetzt Grabbauten zur Bestattung einer Dorfsippe oder einer Familiengemeinschaft (Abb. 30). An der Südküste (Lebana und Krasi), in der Mesara (Platanos, Kumasa, Porti, Hagia Triada), in Nordkreta (Phourni bei Archanes) und an der Nordostküste nahe Mirsini wurden die Toten in Rundbauten von 5–10 m Durchmesser mit falschem Gewölbe gebettet. Dagegen fanden

Die Kultur der frühen Bronzezeit

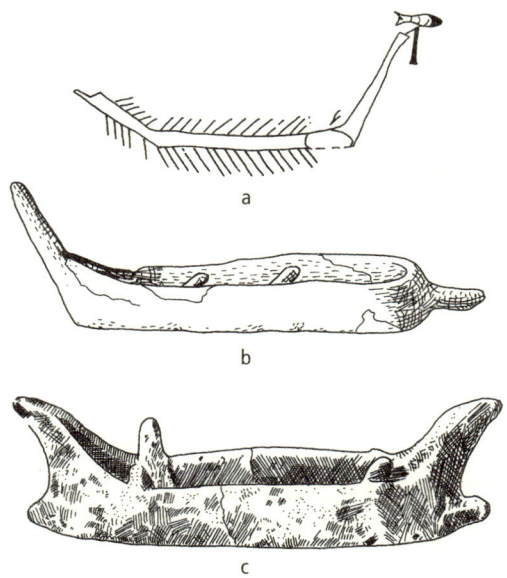

29 Frühbronzezeitliche Schiffe (nach Hutchinson 1962):
a) Ritzzeichnung eines vielrudrigen Langboots von einem Kykladengefäß, um 2500 v. Chr.;
b) Tonmodell eines Langboots aus Palaikastro, um 2300 v. Chr.;
c) Tonmodell eines Bootes aus Mochlos, um 2600 v. Chr.

die Ausgräber in Mochlos, Palaikastro und Zakros Grabanlagen aus aneinandergereihten rechteckigen Ossuarien. Die runden Grabbauten (vgl. Abb. 104) ließen nach S. Hood steinzeitliche Wohnhütten wieder aufleben, wie sie im Nahen Osten und in Khirokitia auf Zypern zu finden sind. Hood wies darauf hin, daß die Form des Rundbaus auch als Sakralbau weiterlebte, wie frühe Beispiele aus Ägypten zeigten. Des weiteren verband er die Rundbauten des frühbronzezeitlichen Kretas und die rot bis braun auf hellem Tongrund bemalte sogenannte Hagios Onouphrios-Ware (Abb. 31b) mit einem Einwandererschub von Flüchtlingen, die durch die Eroberungszüge Narmers und die Unruhen in Südpalästina heimatlos geworden seien.[19]

Das Leben im alten Kreta

30 Ansicht des restaurierten Rundgrabs von Apesokari (nach Hood 1971).

31 Frühbronzezeitliche kretische Kannen (nach Castleden 1990):
a) gefleckt gebranntes Gefäß der Vasiliki-Ware,
b) dunkel auf hell bemaltes Gefäß der Hagios-Onouphrios-Ware.

Die kretischen Siedlungen der frühen Bronzezeit waren noch protourban und hatten vielfach dörflichen Charakter. Sie lagen bevorzugt auf Hügelkuppen, wie Phaistos, oder an Hängen, wie Knossos am Osthang des Kephala. Die rechteckigen Häuser waren fest und agglutinierend gebaut. Da viele frühe Siedlungen sich in der mittleren und späten Bronzezeit zu Städten auswuchsen und neue Bauaktivitäten die älteren Bauten veränderten, überdeckten oder tilgten, ließen sich meist nur karge Reste der frühbronzezeitlichen Ansiedlungen ermitteln, so in Ostkreta, in Priniatiko Pyrgos, in Vasiliki und Palaikastro. Sowohl der schlechte Erhaltungszustand als auch die agglutinierende Bauweise machten es schwer, einzelne Häuser aus dem Verband auszusondern, um eine Vorstellung von ihrer durchschnittlichen Größe zu gewinnen.

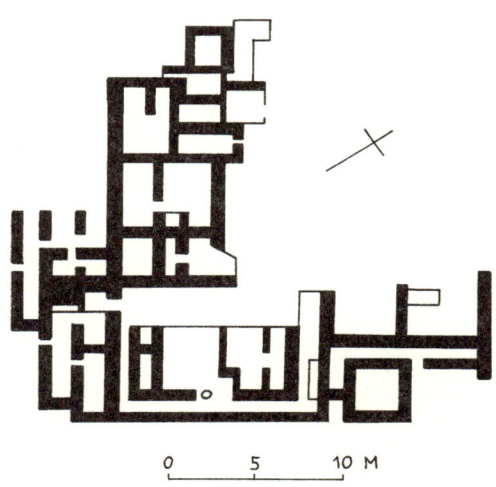

32 Vasiliki, Herrenhaus auf dem Hügel, fragmentarischer Grundriß, um 2400 v. Chr. (nach Hutchinson 1962).

Das Haus auf der Hügelkuppe in Vasiliki (Abb. 32), das »House of the Hill«, wurde von der Fachwelt allgemein als ein herrschaftliches Haus bezeichnet. Hutchinson nannte es »einen Prototyp in Miniatur der prunkvollen späteren Paläste von Mallia, Phaistos und Knossos« und wies auch darauf hin, daß es mit seinen Ecken nach den vier Himmelsrichtungen orientiert war – ein Konzept, das in Mesopotamien und im mittleren Osten üblich war, nicht dagegen in Ägypten und in der Ägäis. Möglich, daß dieses Gebäude von Menschen errichtet wurde, die auch die sogenannte Vasiliki-Keramik mit ihren anatolischen Formen (Abb. 33) eingeführt hatten.[20] Eine Gegenposition vertrat Keith Branigan,[21] der hier erstmals eine später typische altkretische Bautradition verwirklicht sah. Leider blieb das »House of the Hill« nur im unteren Teil seines Südwest- und seines Südost-Flügels erhalten. Beide öffneten sich wie die Schneiden einer Schere gegen einen Raum, in dem der Ausgräber R. B. Seager[22] Spuren eines Pflasters fand. Dieses legte die Vorstellung von einem Zentralhof nahe, dessen heute offene Seiten einst von den beiden nicht mehr erhaltenen Gebäudeflügeln eingefaßt waren.

33 Frühbronzezeitliche Schnabelkanne aus Mochlos, sogenannte Vasiliki-Ware, um 2300–2200 v. Chr. (nach Dawid 1990).

Einfachere Häuser vom Typ des Hirtenhauses von Magasa wurden jetzt für die Toten errichtet. In Palaikastro und Mochlos legten Archäologen eine Anzahl von Beinhäusern, sogenannten Ossuarien, frei, deren kleinste Ausführungen nur aus Eingang, Vorraum und Hauptraum bestanden. Bei den größeren und späteren Bauten vereinigten sich mehrere Grabräume zu einem Komplex[23] (Abb. 34).

Gegen Ende des 3. Jahrtausends zerstörten Brände die frühbronzezeitlichen Siedlungen in Ostkreta und Myrtos im Süden. Die Bevölkerungszahl verminderte sich. Ein deutlicher Kultureinbruch, dessen letztendliche Ursache noch ungeklärt ist, wurde möglicherweise dadurch ausgelöst, daß zuwandernde oder durchziehende Fremde Kriegshandlungen und Zerstörungen ins Land brachten.

In der frühen Bronzezeit hatte sich nach 2500 v. Chr. die erste Blüte der altkretischen Kultur entwickelt. Die Menschen lebten in einem Wohlstand, der Kunst und Handwerk beflügelte. Der altkretische Pflug, mit dem sie das Feld vor der Kornaussaat bearbeiteten, könnte wie das von Hesiod beschriebene primitive Werkzeug ausgesehen haben, das aus dem gegabelten Stück eines Baumes bestand.[24] Mit diesem Pflug, der wegen seiner Alter-

Die Kultur der frühen Bronzezeit

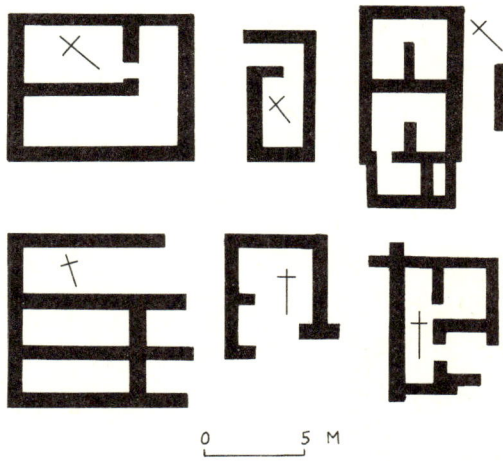

34 Frühbronzezeitliche Grabbauten; Beinhäuser von Palaikastro aus der Zeit um 2500–2200 v. Chr. Die Nordorientierung ist angegeben (nach Hutchinson 1962).

tümlichkeit sakralen Charakter erhalten hatte, markierten die Römer die Grenzen einer neuen Kolonie. In Syrien soll dieser Pflugtyp noch bis ins 18. Jahrhundert im Gebrauch gewesen sein.

Wie schon im Neolithikum wurde auch in der frühen Bronzezeit auf Kreta das Getreide mit sattelförmigen Handmühlen gemahlen. Gerste, in Myrtos bezeugt, wurde wohl auf Tontellern zu Fladen gebacken. Dazu sammelten die Menschen wilden Sellerie, Spargel, Lattich, zahlreiche Würzkräuter, wie Minze und Thymian, sowie Nüsse und Sesam. Wildziegen, die Agrimi, wurden domestiziert und wilde Rinder eingefangen und gezähmt. Die Schafherden wuchsen und bildeten den Hauptreichtum der Viehzüchter. Knochenfunde, wie die aus dem frühbronzezeitlichen Grab von Krasi im nördlichen Zentralkreta, lassen erkennen, daß das Schaf von den domestizierten Tieren zahlenmäßig an erster Stelle stand, gefolgt vom Schwein und den Rindern der Kurzhorn- und der Langhorngattung. Das Zeugnis der im Boden erhaltenen Nahrungsreste, wie karbonisierte Samen und Knochen, wird in zunehmendem Maß von der Bildwelt der Siegelkunst und der Tonplastik ergänzt. So ist zu erfahren, daß drei

Gattungen von Hirschwild – unter ihnen Damhirsche – sowie Wildschweine und -ziegen gejagt wurden (Abb. 35). Der Begleiter des Menschen war seit der ausgehenden Steinzeit der Hund.

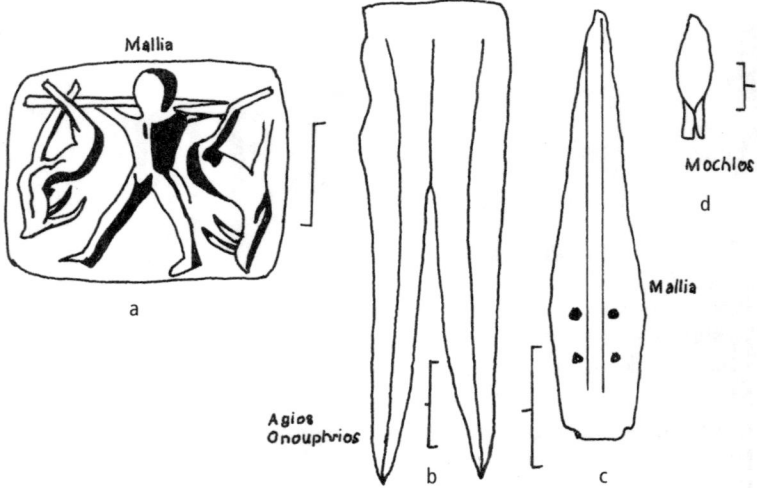

35 Jagd und Jagdgerät (nach Branigan 1970):
a) Siegel aus Mallia mit der Darstellung eines Wildziegenjägers,
b) Harpunenspitze aus Hagios Onouphrios,
c) Speerspitze aus Mallia,
d) Pfeilspitze aus Mochlos.

Die Fischer brachten in ihren Kähnen Thunfisch, Makrelen, Meeräschen, Sepia, Oktopus (Tintenfisch), Seeigel, Muscheln, Krabben und Langusten nach Hause. Zweizackige, kupferne Harpunenspitzen, kupferne Lanzenspitzen aus Mallia, Chamaizi, Porti und Mochlos und ein aus Platanos stammendes Gerät zum Netzeflicken zeigen, wie sich der Fischfang vollzog: Kleine Meerestiere und Fische wurden in Schleppnetzen gefangen, größere und große Fische wurden gespießt und harpuniert (Abb. 36).

Auf welchen Schiffen die steinzeitlichen und frühbronzezeitlichen Einwanderer Kreta erreichten, ist noch unbeantwortet.

Die Kultur der frühen Bronzezeit

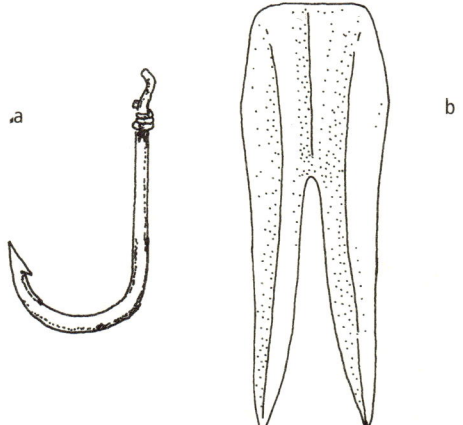

36 a) Fischhaken aus Gournia,
b) Fischspeer aus Hagios Onouphrios (nach Hood 1971).

Möglicherweise kamen sie in Kanus, die aus einem Zypressenstamm herausgehauen wurden, wie es das Tonmodell von Mochlos wiedergibt (vgl. Abb. 29 c). Zwar eigneten sich diese Boote besser für die Küstenfischerei als für eine Fahrt zu neuen Gestaden. Dennoch ruderten wahrscheinlich die Träger der frühbronzezeitlichen Kultur auf Kanus mit hohem Bug und Steven und mit vier oder mehr Ruderpflöcken über die Inselroute Rhodos, Karpathos und Kasos nach Kreta.[25] Während der frühen Bronzezeit wurde dort bald ein neuer Schiffstyp entwickelt: Ein gestreckter Schiffskörper mit Ruderbänken, hohem Bug und Hecksporn orientierte sich am Vorbild der seetüchtigen Kykladenschiffe, wie ein Tonmodell aus Palaikastro zeigte (Abb. 29 b).

Die Menschen der Vorpalastzeit trugen im allgemeinen schlichte Kleidung. Der Mann, der in seinen Aktionen frei sein wollte, hatte, wie der prädynastische Ägypter und mancher Kykladenbewohner, den Gürtel mit der Gliedtasche umgebunden und ging sonst nackt. Die Frauen zogen in der Taille zusammengefaßte Kleider mit langen, mittelweit ausgestelltem Rock an (Abb. 37). Ein anthropomorphes Gefäß aus Mallia stellt dagegen eine reich gewandete Dame oder Göttin dar. Sie trug von der Schulter herab ein offenes Kleid und darüber eine ärmellose Weste. Der Saum des Kleides, das Kleid selbst sowie die Weste

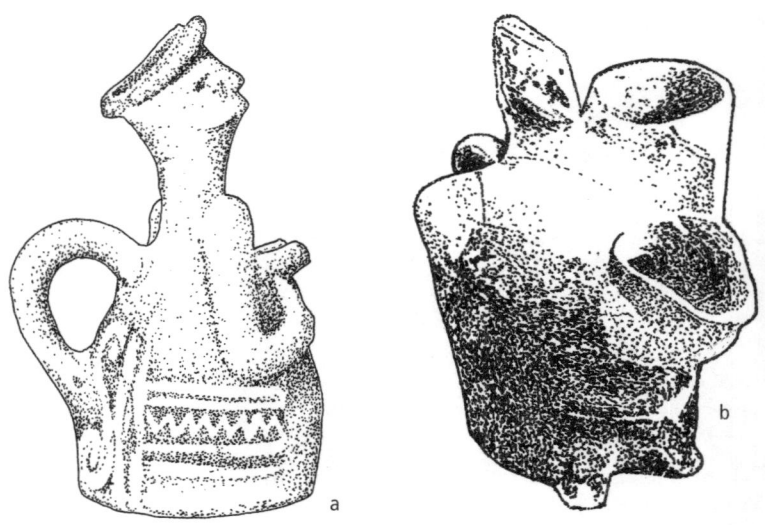

37 Figürliche Rinngefäße, 2200–2100 v. Chr., vielleicht Fruchtbarkeitsgöttin oder -gott:
a) aus dem reichen Grab XIII der Nekropole von Mochlos, Höhe: 18 cm (nach Seager 1912);
b) aus dem »Gebiet der Felsen« des Friedhofs Phourni von Archanes (nach Sakellarakis 1991).

prunkten durch Zierborten mit geometrischen Mustern. Den Hals schmückten Ketten und das Haupt ein Turbantuch. So mag sich eine reiche Kaufmannsfrau gekleidet haben oder die Gattin des Sippenältesten, die altkretische »Domina« (Abb. 38).

Die Kultur der frühen Bronzezeit

38 Figürliches Gefäß aus der Nekropole von Mallia, Höhe: 17 cm, um 2200 v. Chr. (nach Zervos 1956).

Zeugen der frühbronzezeitlichen Kultur

Die Siedlung Myrtos I

Auf einem Höhenrücken, der das hügelige Hinterland mit der Südküste Kretas verbindet, liegen, 3,5 km vom heutigen Myrtos entfernt, umrankt von grüner Macchia, wilder Minze und Thymian, die Reste einer kleinen frühminoischen Siedlung, die einst die Kuppe des 66 m hohen Fournou Korifi-Hügels überzog. Der Blick nach Süden und Westen geht hinaus aufs Meer und über eine kleine Küstenebene, die ein Fluß durchläuft. Nach Osten setzt eine Felskante der Siedlung eine natürliche Grenze. Hier senkt sich der Hang ins Troulli-Tal hinab, in dem heute goldgelbe Trauben und rote Tomaten reifen. Das hier aus Brunnen geschöpfte Grundwasser war die nächstgelegene Wasserquelle für die einstige Hügelsiedlung, wohin es in Krügen, Amphoren oder in zusammengenähten Fellranzen oder -schläuchen getragen worden sein mag. Am 16. August 1963 wurden die Reste des kleinen Höhenorts von Sinclair Hood, Gerald Cadogan und Peter Warren entdeckt und im Sommer 1967 und 1968 von Peter Warren zu zwei Dritteln ausgegraben.[26] Dabei legte er eine durchgehende Bebauung mit zwei Bauhorizonten frei. Von der älteren, der ersten Besiedlung haben sich kleine Steinhäuser im Areal des späteren Siedlungszentrums erhalten. Warren datierte sie in die Zeit um 2600–2400 v. Chr. In der zweiten Bauperiode dehnte sich die Siedlung aus; sie bedeckte 1 250 m², als sie gegen 2200 v. Chr. einem Brand zum Opfer fiel. Trotz starker Zerstörungen im Norden, Westen und Südosten lassen die Reste noch das ursprüngliche Siedlungsbild erkennen (Abb. 39).

In zellenartiger Bauweise drängte sich Raum an Raum, eine nur von Treppen, Passagen und Höfen gegliederte, durchgehende Bebauung bildend. Nach Norden, Westen und Süden formierten die Häuser einst eine geschlossene wehrhafte Fassade mit Vor- und Rücksprüngen. Die Ostseite war durch die erwähnte Felskante natürlich gesichert. Kleine, bastionsartige Bauten beschützten die Eingänge im Nordwesten und Südosten, die mit Holztüren verschlossen werden konnten. Ein gepflasterter Weg verlief am Südrand der Siedlung. Im Innern des Bergnests vermittelten die einstöckigen kubischen, aneinandergedrängten, verwinkelten Häuserblocks den Eindruck einer einzigen Heimstatt. Eine westöstlich verlaufende Gasse und korridorartige Wege erschlossen die einzelnen Wohn- und Arbeitsbereiche. Türen und hangaufwärts führende Treppen führten in annähernd orthogonale, verschieden große Räume, von denen manche wohl auch nur über Leitern aus dem Obergeschoß erreicht werden konnten. Die Häuser hatten eine Sockelzone aus Bruchsteinen – im Hügelrücken stand kalkreicher Sandstein an –, die mit Erd- oder Tonmörtel verbunden waren. Darüber befand sich aufgehendes Mauerwerk aus luftgetrockneten Lehmziegeln mit Fensteraussparungen. Von den wohl aus Holzbalken, Schilfrohrauflagen und Lehmpflaster gebildeten Flachdächern blieben keine Reste erhalten. Die Wände waren mit einem Bewurf aus gelöschtem Kalk verkleidet, der rot oder braun gefärbt sein konnte. Der Boden be-

Die Kultur der frühen Bronzezeit

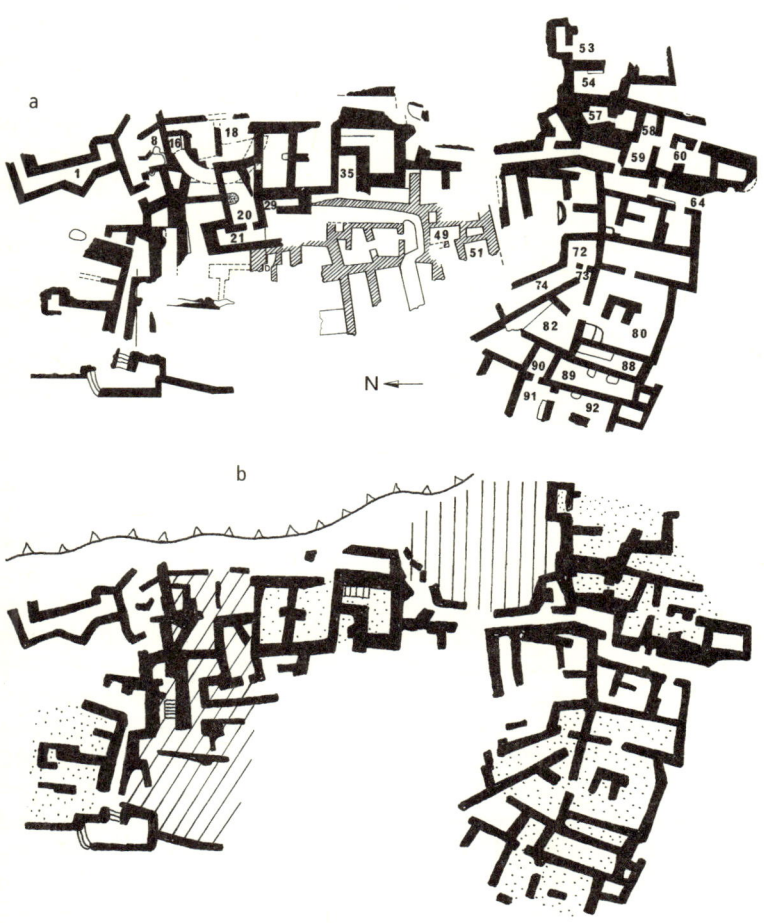

39 Orientierungsplan der frühbronzezeitlichen Bergsiedlung Myrtos:
a) ältere Siedlungsphase schraffiert, jüngere Siedlungsphase schwarz (nach Warren 1972);
b) Wohneinheiten von ca. 5 Familien (nach Castleden 1993).

stand aus gestampfter Erde (Abb. 40). Der Kalkbewurf stammte wohl aus lokalen Kalkvorkommen.[27] Zur Kalkgewinnung wurde der Kalkstein in mehrere Fuß tiefen, runden Gruben in alternierender Schichtung mit Holz in einem einige Tage dauernden Brandprozeß zu Kalkpuder zerkleinert und dieses dann eingesumpft, um gelöschten Kalk zu erhalten.

40 Rekonstruktion eines Hauses von Myrtos. Das Dach bestand möglicherweise aus: A) Balken, B) Riedpolster, C) luftgetrockneten Lehmschichten (nach Warren 1972).

Die Menschen im frühminoischen Myrtos gehörten einer großen Familie, einem Clan oder einem Stamm an. Warren schätzte sie auf hundert Köpfe, andere Forscher wie Todd Whitelaw und nach ihm Rodney Castleden dachten an fünf bis sechs Familien mit insgesamt 25 bis 30 Mitgliedern.[28] Sie lebten in einer Art Dorfgemeinschaft während einer Zeit, die der Entwicklung städtischen Lebens in den Ebenen direkt vorausging. Die Funde – Tonabdrücke von Gerste und Weizen, Reste von Trauben und Olivenholz, ein Olivenkern und Knochenteile[29] – zeigten, daß Getreide angebaut, Olivenbäume gepflanzt, Wein kultiviert und Schafe, Ziegen sowie Rinder auf den benachbarten Hängen geweidet und aufgezogen wurden.

Schon in der Gründungsphase des später über neunzig Räume umfassenden Bergnests hatte der Ort Heimindustriezweige besessen. Wolle wurde im Handverfahren gesponnen (Abb. 41 a). Dazu steckte man die gewaschene und vielleicht gefärbte, flockige Wolle auf einen hölzernen Stab, den Spinnrocken, zog einen Teil der Wolle aus, drehte ihn zu einem Faden und befe-

Die Kultur der frühen Bronzezeit

stigte diesen an einem weiteren Holzstab, der Spindel, an dem unten ein Schwunggewicht, der Spinnwirtel, angebracht war. Jetzt erhielt die an der ausgezogenen Wolle hängende Spindel eine Drehbewegung, wodurch die vom Rocken weiterhin mit den Händen gezogene Wolle zu einem Faden gedreht wurde. Sobald der Faden die gewünschte Festigkeit erlangt hatte, wurde er auf die Spindel aufgewickelt. Erhalten hat sich ein tönerner Spinnwirtel zylindrischer Form mit einer Bohrung in der Dicke des Spindelstabs (Abb. 42 b). Die rote Bemalung in Streifen mit mittlerer Punktreihe machte aus ihm einen Schmuckgegenstand. In der Folgezeit erhielten Spinnwirtel konische und schließlich doppelkonische Formen. Als weitere Zeugen des häuslichen Spinnens traten zu ihnen flache, mit kleinen runden Mulden versehene Spindelhalter (Abb. 41 b).

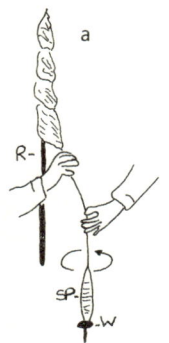
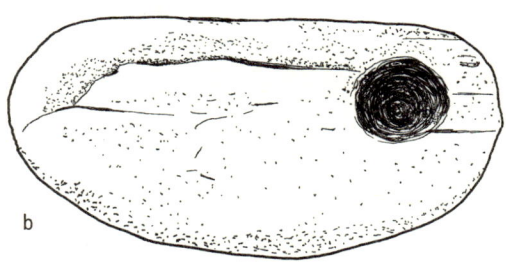

41 a) Spinnen mit der Hand; R: Spinnrocken, mit Wolle bestückt, Sp: Spindelstab mit aufgedrehtem Wollfaden, W: Spinnwirtel; b) Stein mit Spindelstandmulde, Myrtos (nach Warren 1972)

Die gesponnene Wolle wurde auf hölzernen Webstühlen zu Wollstoffen, Borten, Decken, Wandbespannungen, Vorhängen und Teppichen weiterverarbeitet. Erhalten blieben von diesen Geräten nur tönerne Webegewichte, mit denen die Kettfäden nebeneinander straff nach unten gezogen wurden – vielleicht in Dreiergruppen, wie aus Perforierungen der linsenförmigen Gewichtsscheiben geschlossen werden kann. In der Folgephase hatten die Webegewichte nur mehr ein oder zwei Löcher als Aufhängevorrichtung (Abb. 42 c–d).

145

Das Leben im alten Kreta

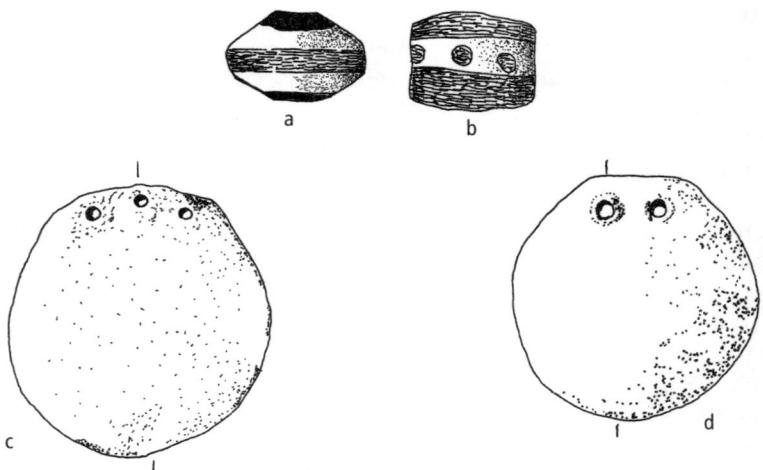

42 Spinnwirtel und Webgewichte aus der ersten und zweiten Siedlung von Myrtos (nach Warren 1972):
a) Spinnwirtel aus Myrtos II,
b) Spinnwirtel aus Myrtos I,
c) Webgewicht aus Myrtos I,
d) Webgewicht aus Myrtos II.

Paul Faure hat den antiken Webstuhl beschrieben: »Der Webstuhl gehört dem senkrechten Typ an. Zwischen zwei in der Erde oder im Fußboden verankerten Ständern werden die gut geölten Kettfäden nebeneinander mittels Gewichten, die aus Tonscheiben mit einem oder mehreren Löchern bestehen, auf einen Kettenbaum gespannt. Eine querlaufende Holzleiste sondert die Fäden mit gerader von denen mit ungerader Zahl. Diese letzteren sind mit einer Schnur an einer anderen Leiste, dem Schaft, befestigt, die es ermöglicht, sie alle auf einmal hochzuheben. Der Einschußfaden wird mit einem Stäbchen (dem späteren Schiffchen) in den Zwischenraum des Fadennetzes eingeführt, mit dem Kamm festgezogen und, wenn der Schaft an seinen Platz zurückgekehrt ist, in umgekehrter Richtung hindurchgeschossen. Die gewebten Bahnen sind nicht breiter als 50 cm.«[30]

Spinnwirtel und Webegewichte in rechteckiger und annähernd quadratischer Form mit zwei oder vier Perforierungen sowie ein

Die Kultur der frühen Bronzezeit

Weberschiffchen wurden bereits im neolithischen Knossos gefunden (vgl. Abb. 22).[31]

Ein anderer Raum der Gründungsphase (vgl. Abb. 39, Nr. 49) von 1,08 x 2,08 m Größe barg die älteste bisher bekannte Töpferwerkstatt in der Ägäis. Hier fanden die Archäologen acht auf der Oberseite flache, auf der Unterseite leicht gewölbte Tonscheiben (Abb. 43 a), Beispiele der frühen Töpferscheibe, die mit der konvexen Seite auf den Estrich gesetzt und mit einer Hand vom Töpfer langsam gedreht wurde. Im Nachbarraum (vgl. Abb. 39, Nr. 51) bewahrte ein 65,6 cm hohes Vorratsgefäß, ein Pithos, einen Belag blaßgelber Tonerde und machte so deutlich, daß der Töpfer einst in den drei Pithoi dieses Raumes Tonerde feucht und elastisch hielt, indem er sie wohl, wie das auch heute noch geschieht, mit einem Gewebe zudeckte. Der blaßgelbe Ton gleicht dem noch heute auf Kreta verwendeten. In der Folgephase dienten alte Töpferscheiben häufig in zweiter Verwendung als Pithosuntersätze. Die Töpferscheibe wurde weiterentwickelt, indem sie auf der Unterseite eine Vertiefung für den Drehzapfen erhielt. Ein erhaltenes Beispiel zeigt, daß sich hier, in der Lebenszeit dieses kleinen Ortes, von 2500 bis 2200 v. Chr., der für die Töpfertechnik wichtige Schritt von der »Backtellerscheibe«, die ohne Drehzapfen nur mit der gewölbten Seite auf dem Boden ruhte und langsam gedreht wurde, zum »Protowheel« vollzog, mit dessen unterem Drehzapfen der erste Schritt zu der an einer zentralen Drehachse rotierenden schnellen Töpferscheibe getan war (Abb. 43 b).

Die für Myrtos typische Keramik trug eine orange-braune Bemalung auf braun-gelbem Überzug, wobei Streifen- und Gittermuster vorkamen, die Streifenmuster aber überwogen. Ein beliebtes Kannenmuster waren horizontale Streifen, die den Kannenhals umliefen und langgestreckte, längsgestreifte Blattdreiecke, die als Blattkranz von der Kannenschulter über den Gefäßkörper hinunterhingen. Seltener waren weiße Muster auf dunkler Gefäßoberfläche. Dagegen trat die fleckig-gebrannte »geflammte« oder »Vasiliki-Ware« häufig auf.

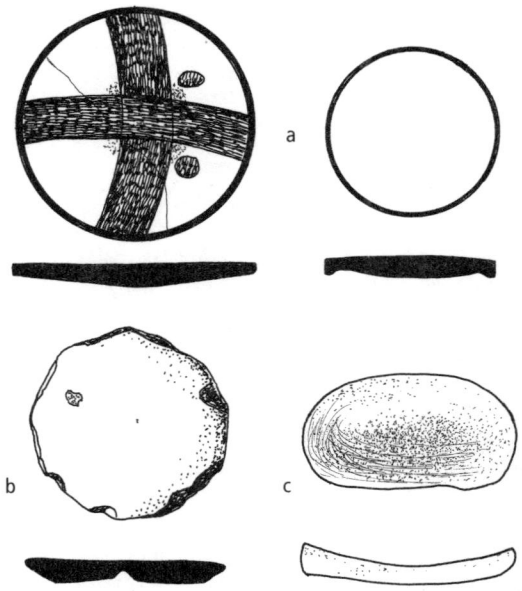

43 Töpferscheiben (a, b) und Handmühle (c) aus Myrtos (nach Warren 1972):
a) ältester bekannter Typ der Töpferscheibe, »Backtellerscheibe«,
b) nächstjüngerer Typ der Töpferscheibe, »Protowheel«.

Die Siedlung Myrtos II

Die jüngere Siedlung Myrtos II gliederte sich nach Whitelaw und Castleden in acht Haushalte von acht Familien auf; nach Meinung des Ausgräbers Warren zeichneten sich in ihr wichtige Lebens-, Tätigkeits- und Vorratsbereiche eines Gemeinwesens ab. Wer vom Südwesteingang die Hügelsiedlung betrat, sah sich zunächst in einem Wohnviertel mit Kaufläden und kam, wenn er sich nach Osten wandte, zu einem Areal für Nahrungsherstellung und -lagerung. Neben zwei Ölmagazinen (vgl. Abb. 39, Nr. 16 u. 18) lag ein Wirtschaftshof (Nr. 8) mit Feuerstelle und tönernem Ausgußtrog über einer Bodenmulde, von der ein Abflußkanal fortführte (Abb. 44a). Hier mag folgendermaßen ge-

Die Kultur der frühen Bronzezeit

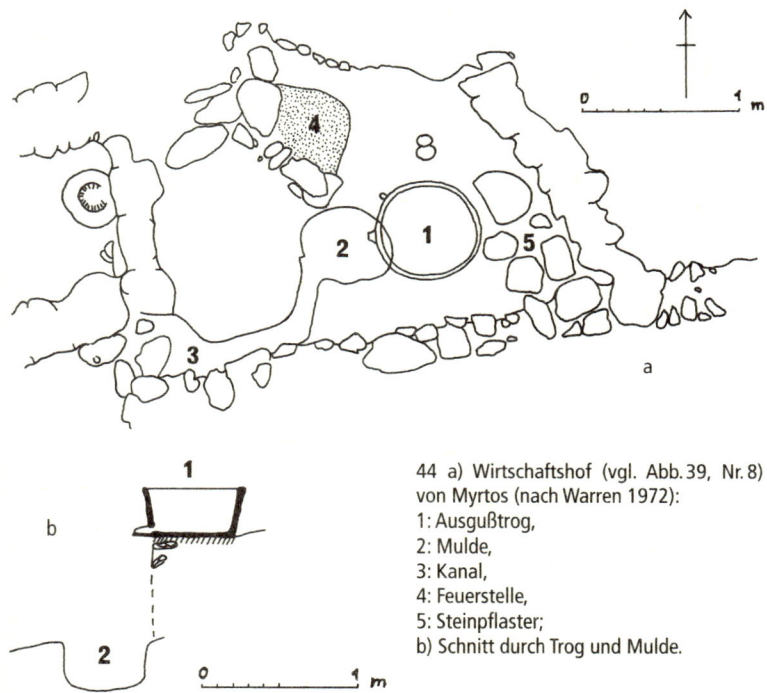

44 a) Wirtschaftshof (vgl. Abb. 39, Nr. 8) von Myrtos (nach Warren 1972):
1: Ausgußtrog,
2: Mulde,
3: Kanal,
4: Feuerstelle,
5: Steinpflaster;
b) Schnitt durch Trog und Mulde.

arbeitet worden sein: Über der Feuerstelle wurde Wasser in einem Gefäß erhitzt, um die für die Ölgewinnung bestimmten Oliven darin anzuwärmen. Olivenbäume wuchsen in großer Menge auf Myrtos. Die erhitzten Oliven kamen in eine Wanne, die vielleicht einst auf dem Steinpflaster östlich der Mulde stand. Hier wurden die ölhaltigen Früchte gepreßt, die gewonnene Flüssigkeit – sie bestand zu einem höheren Anteil aus Wasser und zu einem geringeren aus Öl – wurde in die Lekanis, den Ausgußtrog oberhalb der Mulde, gegossen. Da Öl auf der Wasseroberfläche schwimmt, konnte das Wasser durch den tiefsitzenden Ausguß der Lekanis in ein Gefäß in der Mulde rinnen. Lief das im Gefäß aufgefangene Wasser über, so leitete es der Kanal ab (Abb. 44b).

Nicht weit davon entfernt wurde in Raum Nr. 20 mit Handmühlen und am Herd Nahrung zubereitet, um sie in den benachbarten Kammern (vgl. Abb. 39, Nr. 21 u. 29) aufzubewahren. Vor dem kleinen Raum Nr. 29 fanden die Ausgräber einen Tonbatzen mit Siegelabdruck. Frischer Ton, der, an der Sonne trocknend, schrumpfte und einen guten Kitt abgab, wurde zum Versiegeln von Holztüren verwendet, wie im späteren Palast von Phaistos und im syrischen Palast von Mari beobachtet wurde. Dieses wirksame Verfahren war offenbar schon im frühminoischen Myrtos bekannt und wurde beim kleinen Vorratsraum Nr. 29 angewandt. Das in den Tonbatzen gedrückte Siegel wies auf den Besitzer oder den Verwalter hin. Wenige Schritte nach Süden lag die zentrale Küche (vgl. Abb. 39, Nr. 35), in der ein weißlicher Tonbelag den Boden überzog. Backschüsseln und dreibeinige Kochtöpfe bildeten das Inventar. Hier mag das tägliche Brot gebacken worden sein.

Weiter südlich kam man ins Wohnviertel (Räume Nr. 58, 59, 60, 72, 73 u. 74), wo die geschorene Wolle in einem großen Tontrog gewaschen, mit Stein- und Tongeräten geklopft, geglättet, sodann gesponnen und schließlich gewebt wurde. Diese Tätigkeiten scheinen von geselligem Reden und manchem Umtrunk begleitet gewesen zu sein. So war Raum Nr. 60 mit einer Ruhebank, einem Pithos, der vielleicht gesponnene Wolle aufnahm oder aber Wein barg, und Trinkgefäßen – Becher, ein Kantharos, Schalen und Kannen – ausgestattet. Wirtel weisen darauf hin, daß hier gesponnen wurde, während in Raum Nr. 58 offenbar ein Webstuhl stand.

Im benachbarten Raum (Nr. 57) wurde für das leibliche Wohl gesorgt. Hier fanden sich Kochtöpfe, verschiedenes Küchengerät, zwei Bimssteine, ein abgearbeiteter Kalkstein, Obsidianklingen und zahlreiche kleine Tierknochen. Im Osten grenzten an die Küche Magazinräume (Nr. 53 u. 54). In Raum Nr. 53 standen große Pithoi mit einer Öffnung dicht über dem Boden, die einst durch einen Tonstopfen verschließbar war. Sie mochten Wein, Oliven in Kalkwasser oder ähnliches enthalten haben. Raum Nr. 54, ausgestattet mit einer Bank, könnte als Getreidespeicher gedient haben. Seine noch *in situ* gefundenen Vorratsgefäße zeigten innen Brandspuren, enthielten einst also Brennbares, wohl Getreide.

Westlich des Südeingangs (Nr. 64) begann ein Trakt, zu dem

Die Kultur der frühen Bronzezeit

ein großes Flüssigkeitsdepot (Nr. 80–82) und ein Heiligtum (Nr. 89 u. 92) mit seinen Begleiträumen (Nr. 88, 90 u. 91) gehörten. Das Heiligtum umfaßte zwei Verehrungsstätten (Nr. 89 u. 91). Raum Nr. 89 mit den Maßen 1,62 x 6,00 m war wohl einer männlichen Gottheit geweiht und enthielt zwei zentrale, von der Ostwand vorspringende Bänke und zwischen ihnen eine Feuerstelle, einen Herd, auf dem Gewürzkräuter oder Opferkuchen verbrannt werden konnten, auf dem sich eine Weinlibation verdampfen oder ein Kultmahl richten ließ. Daneben lagen eine Handlampe, Backplatten und das Fragment eines Ringes. Auf der südlichen Bank wurden große Schädelfragmente eines erwachsenen, aber noch jungen Mannes gefunden.

Möglicherweise deutet dieser Fund auf eine uralte Kultpraxis hin: Im 7. Jahrtausend v. Chr. waren in Catal Hüyük und Hacilar (Kleinasien) und ebenso in Jericho (Palästina) Schädel in Wohnhäusern auf leicht erhöhtem Posten niedergelegt und offenbar in einer Art Ahnenkult verehrt, die Toten hingegen unter den Böden der Häuser bestattet worden. Das frühbronzezeitliche Kreta konservierte und tradierte Elemente eines Brauchtums, das im Nahen Osten vor langer Zeit kulturprägend war.[32] Dabei wurden sie zugleich von der eigenen Kultur weiterentwickelt. So scheint es nicht ausgeschlossen, daß hier in der religiösen Tradition eines uralten Ahnenkults ein Gott verehrt wurde, von dem die Kreter das eigene Geschlecht herleiteten oder unter dessen Schutz das eigene Geschlecht, der eigene Stamm oder Clan stand. Als irdischer Vertreter jenes Gottes wurde vielleicht der Führer des Clans, der Stammesälteste bzw. das Familienoberhaupt angesehen. Zum Kult der Gottheit gehörten die Verehrung eines Schädels, ein Kultmahl und eventuell das Menschenopfer.[33]

An den Kultraum für den »Herosgott« schloß sich Wand an Wand die Hauskapelle (vgl. Abb. 39, Nr. 92) einer weiblichen Gottheit an. An der Ostwand bildete eine basisartige, runde Setzung aus zwei flachen Steinen einen »Altar«. Südlich daneben lag die 21 cm hohe, glockenförmige, getöpferte Gestalt eines weiblichen Idols, das in seinen vor der Brust gewinkelten Armen eine Kanne hält (Abb. 45) und den Namen »Goddess of Myrtos« bekam. Sein ehemaliger Standort war offensichtlich einst der »Altar«. Warren sah in dem Idol die Göttin des Wassers und zugleich

45 Figürliches Gefäß mit Ausguß in Form einer Wasserkanne, »Göttin von Myrtos«, Höhe: 21 cm, um 2500–2300 v. Chr. (nach Warren 1972).

des häuslichen Handwerks.[34] Die Kanne in ihrer Hand darf sicher als Wasserkrug aufgefaßt werden; nach den zum Ende des 3. Jahrtausends bereits weitverbreiteten Vorstellungen der sumerischen Religion enthielt sie – in der Hand der Göttin – das Wasser des Lebens. Die Göttin wurde so zu einer Gottheit jeglicher Fruchtbarkeit.

In der Hauskapelle der »Göttin« (vgl. Abb. 39, Nr. 92), vor deren Südwand eine Reihe von vier Basissteinen lag, wurden siebzehn Gefäße gefunden: drei Amphoren, vier Schalen, ein Kochtopf, eine Tasse auf mittelhohem Fuß, zwei Kannen, zwei Pithoi, eine Kanne mit langem Ausguß (eine »Teekanne«) und drei Töpfe. Denkbar ist, daß in diesen Gefäßen der Erntesegen zur Göttin getragen wurde, damit sie ihn erneut gewährleiste oder noch vermehre. Von den das Hausheiligtum umgebenden Räumen (Nr. 88, 90 u. 91) war Raum Nr. 88 mit einer Bank ausgestattet; daneben lagen Backplatten und Kochtöpfe. Er mag der mittelbaren Teilnahme am Kultmahl oder als Vorratsraum des Heiligtums gedient haben. In Raum Nr. 90 wurde offenbar ein für den Kultritus notwendiger Gewürzwein bereitet. Auf einer beim Eingang gelegenen Handmühle könnten mit dem ebenfalls dort gefundenen Stößel Gewürze zerrieben worden sein, um sie dem Wein in der großen Lekanis an der Ostwand zuzusetzen. Auf dem Boden einer Trinkschale konnten Weinreste festgestellt werden. 66 feine Gefäße, vor allem Trinkgefäße und Kannen, aber auch zwei Amphoren und Dosen (Pyxiden), die vielleicht Gewürze enthielten, sowie ein Kochtopf zum Erwärmen des Gewürzweins waren in Raum Nr. 91 wohl einst auf einem Holzregal deponiert.

Die kleine Siedlung auf dem Fournou Korifi-Hügel ist das bisher am besten erforschte ländliche Gemeinwesen im frühbronzezeitlichen Kreta. Durch Agrarwirtschaft und Viehhaltung unabhängig und lebensfähig, schuf es sich in seinen Webarbeiten und Keramiken Güter, die im Handel für weißgetupften Obsidian von der Insel Yiali, für Steingefäße aus Mochlos oder für einen langen kretischen Dreiecksdolch aus Bronze eingetauscht werden konnten.

Die Rundgräber der Mesara

Ein Bauer aus dem südkretischen Dorf Koumasa in der Mesara kam 1904 zum Archäologischen Museum in Iraklion, die beiden Hände voller kleiner, sehr alter Fundstücke: zwei Elfenbeinsiegel und ein Steatitsiegel, einige Stein- und Bergkristallperlen sowie Reste eines Bronzedolchs mit einem Griffknauf aus Chalzedon. Es handelte sich um seltene und frühe Funde aus dem 3. Jahrtausend v. Chr. Der griechische Archäologe Stephan Xanthoudides wurde beauftragt, den Hinweisen des Finders wissenschaftlich nachzugehen. Xanthoudides sollte die Welt mit einer Gruppe der bedeutendsten Baudenkmäler bekanntmachen, welche die erwachende altkretische Kultur hervorgebracht hatte: Von 1904 bis 1918 grub er fünfzehn ehemals überwölbte Rundgräber in der Mesara aus (Abb. 46),[35] die in der Zeit von etwa 2700 bis 2000 v. Chr. erbaut worden waren. Sie gehören, zusammen mit dem von Stylianos Alexiou erforschten südkretischen Grabkomplex von Lebena (Lenda, Abb. 47),[36] den kleinen Rundgräbern des zentralkretischen Krasi[37] und den Gräbern von Siva, Salame und Koutsokera in der Mesara, zu den ältesten Grä-

Das Leben im alten Kreta

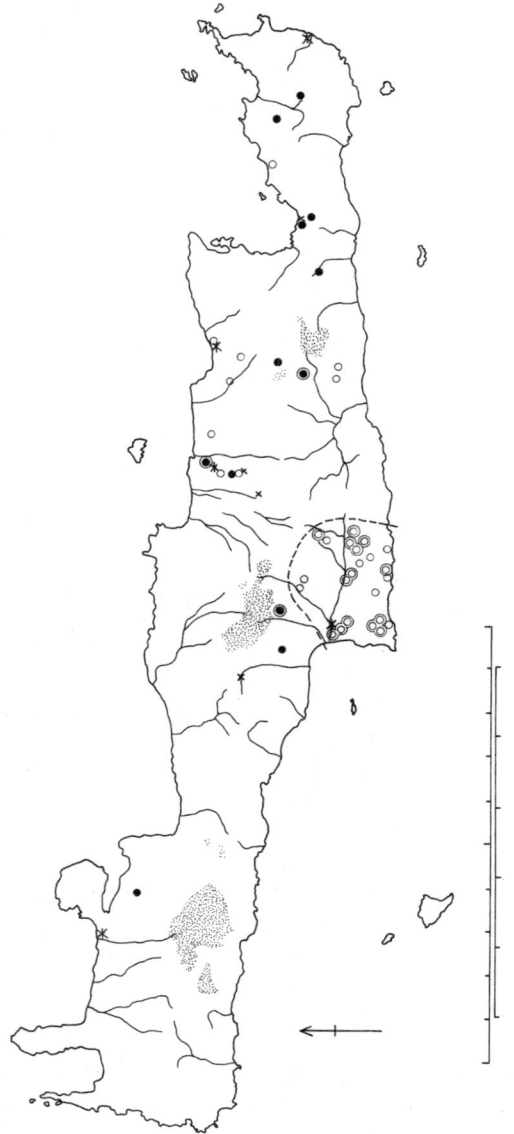

46 Paläste und Rundgräber auf Kreta (nach Hood 1971).
- ✶ großer Palast
- ✗ kleiner Palast
- ○ einzelnes Rundgrab der frühen Bronzezeit
- ◎ mehrere Rundgräber der frühen Bronzezeit
- ● jüngeres Einzelrundgrab
- ⦿ Gruppe von jüngeren Rundgräbern

Die Kultur der frühen Bronzezeit

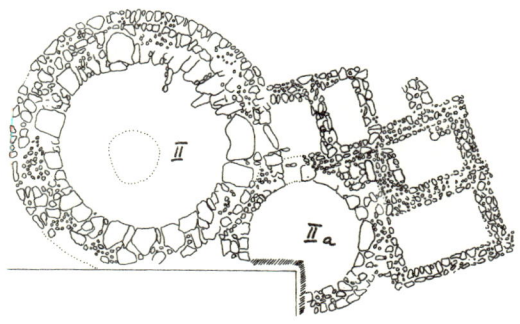

47 Rundgrab II und IIa von Lebena (Lenda) in Südkreta, um 2500–2000 v. Chr. (nach Pini 1968).

bern Kretas.[38] Spätere Rundgräber wurden außer in der Mesara auch in Ost-, Mittel- und vereinzelt in Westkreta angetroffen.

Nach den Ausgrabungen der Rundgräber von Lebena (Lenda), von Kamilari und Myrsini, bei denen große Steinmassen über der Bestattungsschicht im Mauerrund lagen, wird heute allgemein wieder die Auffassung des ersten Ausgräbers Xanthoudides bestätigt, daß die Rundgräber mit einem falschen Gewölbe überkuppelt waren. Das »falsche Gewölbe« dieser »backofenförmigen Anlagen« wurde durch Vorkragung erzielt, »d. h., man setzt die Steine jeder folgenden Lage so, daß sie über die untere Lage hervorragen, bis sich endlich die überkragenden Lagen oben treffen und die Kuppel schließen.«[39] Marinatos hatte erwogen, ob nicht die größten der Rundgräber – in Platanos beträgt der innere Durchmesser des größten Grabes 13 m – einen Mauerring hatten, der leicht nach innen zog und schließlich eine flache Holzdecke trug. Auch an eine durch Holz verstärkte Lehmziegelüberwölbung, die dem steinernen Mauerring in einer bestimmten Höhe aufgesetzt war, wurde gedacht.[40] Der Mauerring, meist aus Bruchsteinen im Lehmverband errichtet, konnte eine Wandstärke von 0,70 m bis 2,50 m haben. Tatsächlich sind die größten Grabringe von Platanos aus verhältnismäßig kleinen Steinen gebildet, so daß die Frage nach ihrer Überdachung letztlich noch offen ist.

Das Leben im alten Kreta

Das Fundament der Mauern bildete der gewachsene Fels, und zwar sowohl auf ebenem Niveau als auch am Hügelabhang, der dann zuerst entsprechend abgearbeitet worden war. Das Kuppelgrab, griechisch *tholos*, konnte an den Maueraußenseiten konsolenartig vorspringende, übereinander in versetzten Reihen angeordnete Steine tragen. Ihr Zweck ist ungewiß. Nach Pini stützten sie einst einen leichten Schutzmantel des Grabes, bestehend aus Holz, Ried und Lehm. Xanthoudides vermutete, daß sie beim Bau des Grabes als Standplatten für die Arbeiter dienten. Den Eingang, die meist 1 x 1 m messende Türöffnung, rahmten zwei monolithe Türpfosten und ein aus drei schweren Blöcken bestehender Türsturz. Später, in der Zeit der älteren und jüngeren Paläste, wurden die Türgewände aufgemauert und zu einem Teil der Rundmauer gemacht, so zum Beispiel beim mittelbronzezeitlichen Kuppelgrab von Knossos. Gewaltige monolithe Steinplatten verschlossen beim Tholosgrab von Kamilari die Tür. Dem Eingang wurden oft rechteckige Räume vorgebaut, die in sich abgeschlossen waren und deren Belegung offenbar von oben erfolgte (Abb. 48).

Kuppelgräber dienten jahrhundertelang als Sippengruft. Zur protourbanen, noch dörflichen Siedlung, in der die Menschen

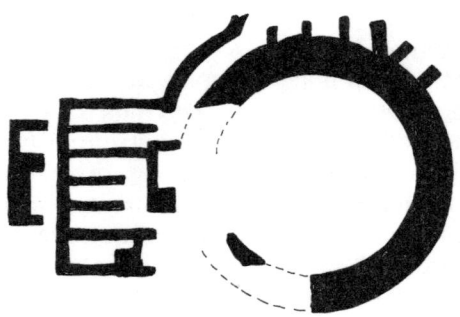

48 Rundgrab mit Vorkammern, »Tholos A« von Platanos in der Mesara, Bestattungen von etwa 2600 bis 1700 v. Chr. (nach Hutchinson 1962).

einer Sippe, eines Clans, lebten, gehörte eine nicht fern der Siedlung gelegene Tholos. Bei den ersten Bestattungen in einem

Die Kultur der frühen Bronzezeit

neuerrichteten Rundgrab wurden die Toten direkt auf den gesäuberten Felsboden gelegt, der vielleicht mit Matten ausgekleidet war, von denen allerdings nichts mehr erhalten ist. Er konnte aber auch mit gestampftem Erdestrich bedeckt sein (Koutsokera), mit Kiessand aus dem Fluß (Platanos, Tholos B) oder mit einer Schicht roten Tones (Platanos, Tholos A). Im fast ganz zerstörten Grab von Kamilari waren in eine dünne Schicht Erdestrich polygonale Steinplatten gesetzt.

War in der untersten Bestattungslage kein Platz mehr für weitere Verstorbene, so wurden die Gebeine im Grab mit weißem Sand oder einer weißen Tonerde bedeckt; so entstand eine zweite Etage für die nächsten Bestattungen (Lebena II a). Ein anderes häufig angewendetes Verfahren bestand darin, die Gebeine der auf den Felsboden gebetteten Toten mit ihren Grabbeigaben zu entfernen und in den rechteckigen, dem Eingang vorgebauten Kammern niederzulegen. Danach wurden Reinigungsfeuer im Rundgrab entzündet, in denen zurückgelassene Knochen und Grabbeigaben weitgehend verbrannten, anschließend wurde der Boden mit weißem Sand oder Ton überdeckt. Auf diese Schicht kamen die zurückbehaltenen Schädel der früheren Toten und die Körper der folgenden Bestattungen (Platanos, Tholos A).

Die Toten waren – soweit sich das bei den Ausgrabungen noch identifizieren ließ – sowohl in Hockerlage, d. h. in Seitenlage mit angezogenen Knien als auch in gestreckter Rückenlage bestattet worden. Wie weit hier frühere und spätere Bestattungsbräuche vorlagen, oder ob ethische Unterschiede dahinter standen, blieb noch ungeklärt. Die jahrhundertelang, bis in die ältere Palastzeit hinein benutzten Gräber stellen die Archäologen hinsichtlich der Datierung der Beigaben und des Grabritus vor viele offene Fragen. Von den Tausenden von Bestattungen in den 50 Rundgräbern der Mesara blieb kein einziges vollständiges Skelett erhalten, und nur wenig mehr als ein Dutzend Schädel konnten studiert werden. Diese gehörten der »mediterranen« sowie der »mesozephalischen« Rasse und ihren Vermischungen an; der »taurische, brachyzephale Typ« dagegen war ganz selten.

Auf ein Bestattungsritual und religiöse Vorstellungen, die sich mit einem Leben jenseits des Todes verbanden, beziehen sich folgende Beobachtungen: Der Eingang der Tholosgräber zeigt nach Osten. Aufgrund der Ost-West-Lage eines Großteils der Bronzedolche im Rundgrab von Hagia Triada schloß Branigan,[41] daß drei Viertel der Toten, mit dem Kopf nach Osten und den Beinen nach Westen weisend, bestattet wurden. Diese Ausrichtung läßt an eine Verbindung mit der Sonne denken, die im Westen untergehend zu sterben scheint und im Osten neugeboren wieder aufsteigt. Die Körper wurden bestattet – nicht verbrannt – und erhielten Beigaben des persönlichen Besitzes wie Waffen, Geräte, Gefäße und Siegel. Die Schädel der Toten verblieben in der Tholos und wurden nicht in die Vorkammern, die Ossuarien, geräumt. Das mag darauf hinweisen, daß im Kopf der Sitz des Lebens gesehen wurde.

Unter den Grabbeigaben könnten manche Siegel den Toten als Amulette gedient und verschlüsselte Glaubensvorstellungen geborgen haben, zum Beispiel das Petschaft in Form eines Fußes, das Siegel mit eingeschnittener Sonne, die Skarabäen aus Tholosgrab I (Abb. 49) und aus der unteren Schicht der Tholos II von Lebena. Der ägyptische Skarabäus aus Tholosgrab I zeigt auf seiner Bodenfläche die ägyptische Hieroglyphe *nepher* (»Schönheit«) und ihr zur Seite im gerahmten Feld, einmal aufsteigend, einmal niedersteigend, das *anch*-Zeichen, die Hieroglyphe »Le-

49 Skarabäus aus Bein, Länge: 2 cm, aus Tholos I von Lebena, mit der Hieroglyphe »nepher« zwischen zwei C-Spiralen und der Hieroglyphe »anch«, aufsteigend und absteigend in Rechteckfeldern auf der Siegelfäche, um 2150–2030 v. Chr. (nach Platon 1969).

Die Kultur der frühen Bronzezeit

ben«. Im Tholosgrab II von Lebena trägt der Skarabäus auf seiner Bodenfläche zwischen Spiralranken den Papyrusstengel, die Hieroglyphe w3ḏ (»grün«). Alles deutet darauf hin, daß an eine Art Weiterleben nach dem Tod geglaubt wurde (Abb. 50).[42]

Zur Frage, wie die Bauidee des Kuppelgrabs nach Kreta kam, wurden mehrere Theorien entwickelt: Evans leitete den Bautyp von libyschen Tholoi ab. Matz und Marinatos dachten an die Kykladen, wo in Chalandriani auf Syros kleine Kuppelgräber mit

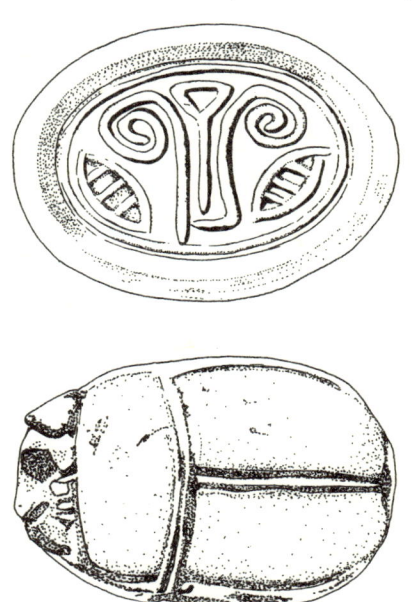

50 Skarabäus aus Bein, Länge: 1,1 cm, aus Tholos II von Lebena, mit dem Papyrusstengel zwischen Spiralen auf der Siegelfläche, um 2100–2000 v. Chr. (nach Platon 1969).

falschem Gewölbe und zum Eingang führendem Korridor für Einzelbestattungen errichtet wurden. Nach Hood brachten Einwanderer den Brauch der Sippenbestattung aus Regionen mit, in denen Rundhütten als traditioneller Wohnraum dienten, wie im ägyptischen Nildelta und in Palästina. Jetzt bauten sie den Toten »Häuser«, die an ihre früheren Wohnstätten erinnerten. Branigan vertrat die Meinung, daß die frühbronzezeitlichen Menschen mit den Tholosgräbern Grotten architektonisch nachzubilden versuchten, nachdem die natürlichen Höhlen in der Nachbarschaft nicht mehr genügend Raum für Bestattungen boten.

Handwerk – Tradition und neue Wege

Im zweiten Viertel des 3. Jahrtausends v. Chr. waren die kretischen Handwerker nicht allein auf die Erfahrungen aus der Steinzeit angewiesen; sie bildeten vielmehr einen Teil der ägäischen Völkerfamilie mit ihren Kulturzentren in der Argolis, auf den Inseln und in der Troas sowie ihren Kontakten mit Kleinasien, Syrien, Babylonien und Ägypten. Zu den günstigen Häfen der Mirabello-Bucht im Norden und der Mesara-Küste bei Komo im Süden kamen Schiffe von Süden (Ägypten), von Osten (Syrien und der Levante) und von Norden (über die Kykladen), deren Besatzungen, Händler und Handwerker an Land gingen, um Geschäfte abzuschließen oder Aufträge entgegenzunehmen. Handelsgut wurde ausgebreitet: Steatitpetschaften und metallene Schnabelkannen aus Anatolien, Zylindersiegel und Goldschmuck aus Mesopotamien, Elfenbein aus Syrien und der Levante, Ton- und Steingefäße von den Kykladen. Daneben tauchte Heiliges und Glückverheißendes auf: Doppelhorn und Doppelaxt aus Anatolien, Idole von den Kykladen, Glücksskarabäen aus Ägypten. Aber die schönen Dinge waren unbezahlbar teuer. Für die eigenen Wollgewebe, Lederhäute und landwirtschaftlichen Erzeugnisse erhielten die Kreter von den Kykladen Obsidian, kugelige Keramikflaschen mit engem Hals und schönem Ritzdekor, zylindrische Tondosen mit Ritzdekor und kieselförmige Idole, aus Ägypten Fußamulette, kantig profilierte Streitkolbenköpfe aus hartem Stein, Datteln und Getreide, aus Syrien Elfenbein. Doch der Funke war übergesprungen, die Lust geweckt, es den Nachbarn in Kunstfertigkeit gleichzutun.

Noch der Steinzeit verhaftet waren die schwarzen, geschmauchten Gefäße, die zusammen mit Kykladenimporten – tönerne Pyxiden (Dosen) und ritzverzierte, bauchige Flaschen – im Höhlengrab von Pyrgos entdeckt wurden. Sie tragen noch

Die Kultur der frühen Bronzezeit

eingeglättete Politurmuster wie die neolithischen Gefäße, doch sind die Motive kunstvoller: Strich- und Zickzackgruppen, Gitter und Halbkreise. Auch die Gefäßformen, Pokale auf hohem, nach unten in elegantem Schwung breiter werdendem Fuß, zeigten höhere töpferische Fertigkeit (Abb. 51 a).

Zwischen 2600 und 2500 v. Chr. machten kretische Handwerker die kerameutischen Erfahrungen, die zur Keramik des »Hagios Onouphrios«-Stils führten. Diese mit roten bis braunen Mustern auf hellem Grund verzierte Keramik – ihr namengebender Fundort liegt in der Mesara – setzte das Töpfern auf der rotierenden Scheibe und das Brennen im Töpferofen voraus. Die Funde aus Myrtos zeigten, daß die Töpfer jetzt an der langsam auf dem Boden gedrehten Tonplatte arbeiteten. Das getöpferte Gefäß wurde in ledertrockenem Zustand mit Mustern in dünnem, eisenhaltigem Tonschlicker bemalt, der sich im Ofen bei sauerstoffreichem, hellflammendem Brand hellrot, bei sauerstoffarmem, schmauchendem Brand braun-schwarz färbte (Abb. 51 b). Eine beliebte Gefäßform dieser Gattung war die Schnabelkanne. Die frühen Typen hatten einen leicht gerundeten Boden und vertikale Linienmuster, die auf dem Gefäßkörper auseinander- und zusammenlaufen. Die späteren Typen mit flachem Boden und meist dunkelbraunen Gittermustern zeigten zwei spiegelbildlich in der Achse von Ausguß und Henkel aufeinandertreffende Ansichtsseiten.

Die Experimentierfreude der sich nun technisch auf dem gleichen Stand wie die Nachbarn auf den Kykladen, in Griechenland, Kleinasien und Ägypten befindlichen Töpfer spiegelten die vor allem in Vasiliki und Myrtos gefundenen Gefäße des sogenannten Vasiliki-Stils wider. Elegante Formen – Krüge mit geschwungenem Ausgußhals, Fußbecher und sog. Teekannen – wurden getöpfert und rot und schwarz gesprenkelt, gefleckt oder geflammt, zur »*mottled-ware*« gebrannt (vgl. Abb. 33). Reynold Higgins erklärte für die flammend roten Flecken der schwarzen Ware, die dadurch an Kupfergefäße erinnert, folgendes Brennverfahren: An die noch ofenheiße, schwarz gebrannte Ware wurden brennende Zweige gehalten. Der eisenhaltige Glanzton der Gefäßoberfläche reagierte an diesen Stellen auf den sauerstoffreichen Brand und färbte sich rot.[43]

Das Leben im alten Kreta

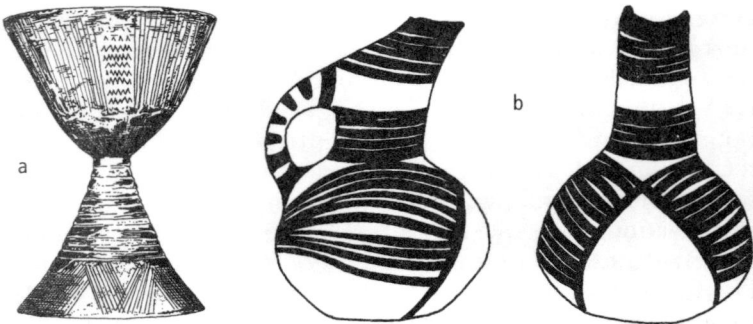

51 a) Kelch aus dem Höhlengrab von Pyrgos, Nordkreta; dunkle Tonware mit eingeglätteten Politurmustern, um 2700 v. Chr.,
b) Schnabelkanne mit braunem Streifenmuster auf hellem Grund aus Koumasa, um 2600–2300 v. Chr. (nach Castleden 1991).

Am Ende der frühen Bronzezeit griffen die altkretischen Töpfer eine ausbaufähige Technik auf, die vom Balkan, von Thessalien, von der Peloponnes und von Samos her bekannt ist:[44] Auf die polierte schwarze Gefäßoberfläche wurden nach dem Brand effektvoll gelblich-weiße Dekors (Ostkreta) oder, eine poly-

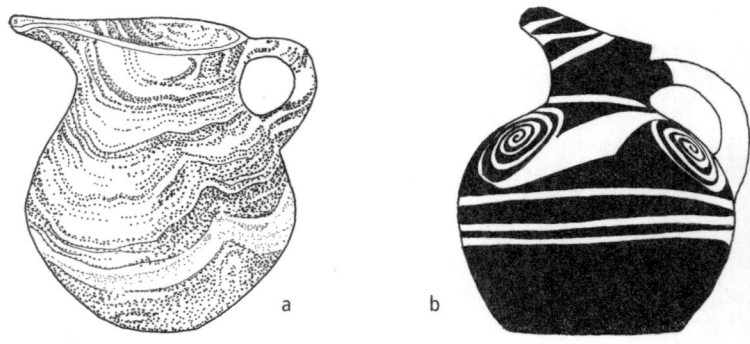

52 Frühbronzezeitliche Schnabelkannen aus Kammergräbern von Mochlos (nach Schachermeyr 1964):
a) Alabastergefäß aus Kammergrab VI, Höhe: 12 cm;
b) Tongefäß aus Kammergrab V, weiß auf schwarz mit frühem Spiraldekor bemalt, Höhe: 19,5 cm.

Die Kultur der frühen Bronzezeit

chrome Wirkung anstrebend, weiße und kirschrote Muster gesetzt (Phaistos). Die Ornamente waren linear; Spiralen traten als neues Zierelement hinzu (Abb. 52). Zu den Mustern in weißer Kreide- und roter Ockererde konnte bereichernd noch die Barbotine-Technik (der Schlickbewurf mit dem gleichen Farbmaterial) angewendet werden, die ein zartes oder kräftigeres Relief auf die Gefäßoberfläche brachte (Abb. 53). Neben dieser Luxusware wurde auch die Haushaltskeramik mit neuen Formen ausgestattet, zum Beispiel Ausgußtrog, Siebgefäß, Vorratsgefäß, Dreifußkochtopf und Henkeltasse oder Schöpfkelle (Abb. 54). Prismatische Perlensiegel der Zeit um 2000 v. Chr. zeigten, auf den Siegelflächen eingeschnitten, Töpfer bei der Arbeit und Gefäße im Brennofen.[45] Da werden Henkel angesetzt, Gefäße zum Trocknen vor dem Brand gewendet und im Ofen gebrannt (Abb. 55).

Ein weiteres Handwerk, das im bronzezeitlichen Kreta zu individueller Meisterschaft erblühen sollte, war die Steinschneidekunst. Erste Steingefäße waren im Neolithikum von Ägypten nach Kreta gekommen. In der frühen Bronzezeit aber scheinen die Kreter von den Meisterwerken der Keros-Syros-Kultur auf den Kykladen fasziniert gewesen zu sein. Die kykladischen Erzeugnisse waren damals allgemein beliebte Handelsware und in

53 Ausgußgefäß in Barbotine-Technik aus Phaistos, um 2000 v. Chr. (nach Levi 1976).

Das Leben im alten Kreta

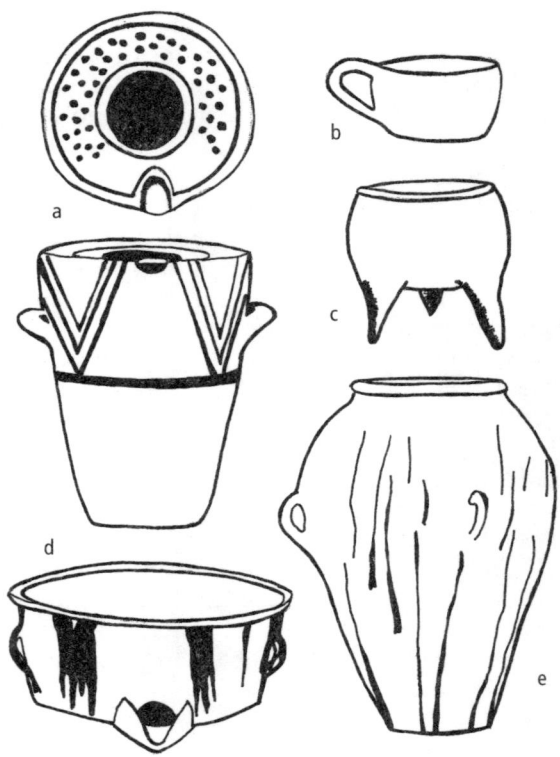

54 Haushaltsware der Zeit um 2000 v. Chr. (nach Branigan 1970):
a) Siebgefäß,
b) Tasse,
c) dreibeiniger Kochtopf,
d) Ausgußtrog (Lekanis),
e) Vorratsgefäß.

weitem Umlauf. Kreta importierte die formschönen, zylindrischen Pyxiden (Hagios Onouphrios), Marmorschalen (Knossos, Archanes und Trapeza) und Idole (Koumasa). Da weißer Marmor auch auf Kreta vorkam, können kretische Marmoridole nur schwer von kykladischen unterschieden werden. Es handelte sich zumeist um weibliche Gestalten mit vor dem Leib verschränk-

Die Kultur der frühen Bronzezeit

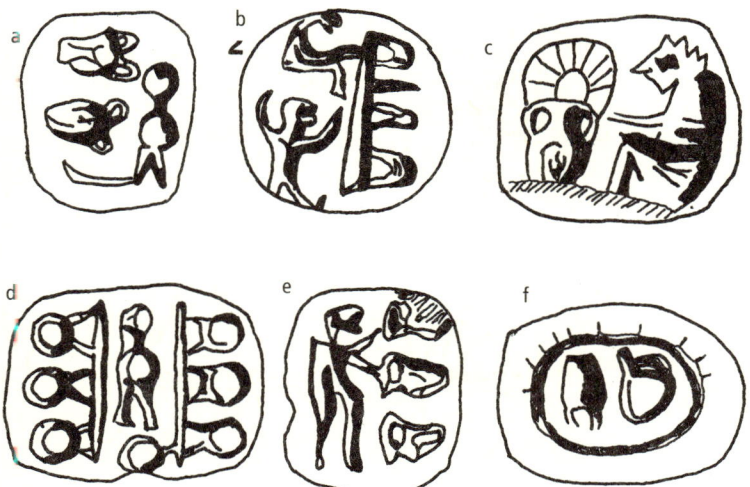

55 Siegelbilder mit eingeschnittenen Töpferszenen (nach Branigan 1970):
a) Töpfer mit Wanne, in der Tonerde geschlämmt wird;
b) Töpfer an der Drehscheibe;
c) Töpfer vor dem Brennofen sitzend, setzt Henkel an das noch feuchte Gefäß;
d) Töpfer zwischen Drehscheiben;
e) Töpfer mit Ware;
f) Töpfe im Brennofen.

ten Armen. Sie gehören der sogenannten Koumasa-Gruppe an – benannt nach dem Fundort von fünf der achtzehn bekannten Exemplare – und gelten als kretische Nachahmungen des auf den Kykladen nach 2600 v. Chr. ausgeprägten »kanonischen« Typs. Sie werden spät, nach 2300 v. Chr., datiert. Sakellarakis schloß die Möglichkeit nicht aus, daß sie von Bewohnern der Kykladen auf Kreta angefertigt wurden.[46] Kretische Idole aus Elfenbein, Knochen und Steatit zeigten kykladischen Einfluß. Kretische Keramik orientierte sich an kykladischen Steingefäßen (Mehrfachgefäße, sogenannte Kernoi, Hüttenpyxiden, Becher mit Standfuß, Schalen mit Ausguß, Tiergefäße), und kretische Steingefäße (zum Beispiel flache, rechteckige Schalen) ahmten kykladische nach.

Die kretische Steinschneidekunst setzte nach 2500 v. Chr. ein

Das Leben im alten Kreta

und bearbeitete weiche Steine, Speckstein (Steatit) und Serpentin. Dabei gelangen ihnen Meisterwerke wie die Gefäßdeckel von Mochlos mit einem liegenden Hund als Handhabe (Abb. 56 a), solche aus der Bestattungsgrotte bei Zakros oder die mit Spiralen verzierte Pyxis von Maronia. Besonders schöne Beispiele kretischer Steingefäße stammen aus frühen Kammer- und Kistengräbern der Insel Mochlos.[47] Bei den Steinkistengräbern von Mochlos und Sphoungaras aus der Zeit von 2500 bis 2300 v. Chr. wurde auch kykladischer Einfluß angenommen.[48] Das Steinkistengrab war in dieser Zeit eine typische Bestattungsform auf den Kykladen. Die Steingefäße aus Mochlos (sphärische

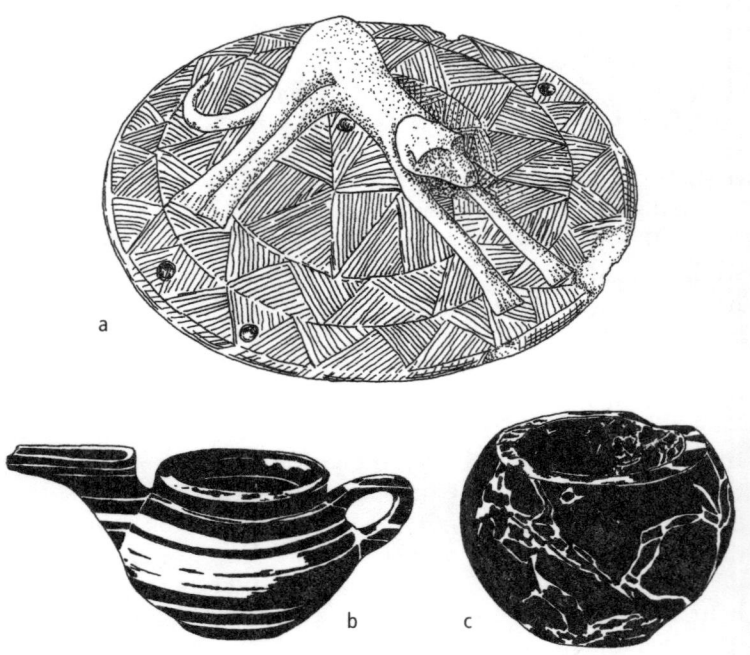

56 Steingefäße aus Kammergräbern I (a, c) und VI (b) von Mochlos (nach Seager 1912):
a) Deckel aus grünem Steatit mit Griff in Gestalt eines liegenden Hundes und eingeritzten Folgen schraffierter Dreiecke, Durchmesser: 11 cm, um 2500–2300 v. Chr.;
b) »Teekanne« aus grauem und weißem Marmor, Höhe: 6 cm, um 2500–2300 v. Chr.;
c) Schale aus grauem, orange geädertem Stein, Höhe: 6,4 cm, um 2500–1600 v. Chr.

Die Kultur der frühen Bronzezeit

Schalen mit Standfuß, Kannen, Schlüsseln, Töpfe, Kelche, Ausgußschalen und Miniaturgefäße) wurden aus kretischen Steinen – Speckstein, Tropfstein, Alabaster, Schiefer, Kalkstein und Serpentin – gefertigt (Abb. 56). In einzelnen Stücken ahmten die kretischen Steinschneider ägyptische Vorbilder nach, im allgemeinen aber gingen sie eigene Wege, indem sie mit einem feinen Gefühl für Harmonie die Gefäßform der natürlichen Äderung des Steines anpaßten. Die Farbigkeit der Steine variierte von Schwarzgrün über Anthrazitgrau, Graugrün, Englischrot, Orange, Gelb bis zu Creme und Weiß. Die kunstvollen Gefäße waren wohl ursprünglich nicht als Grabbeigaben gedacht und wurden in Siedlungen gemeinsam mit der Vasiliki-Ware und einer feinen grauen, ritzverzierten Keramik gefunden, die Gegenstücke auf den Kykladen hatte. Die einfacheren Steingefäße aus den Rundgräbern der Mesara, wie die Block-Kernoi in Form von Salz-und-Pfeffer-Näpfen (Abb. 57 a) und einige »Vogelnesternäpfe« (Abb. 57 b, c), waren dagegen für den Grabkult erforderlich.[49]

Die Technik der Steinbearbeitung untersuchte Peter Warren[50] und stellte fest, daß die frühen Gefäße mit Steinhammer und stumpfem Steinmeißel herausgehauen und ihre Innenaushöhlung herausgeprellt worden war. Als Schleif- und Schmirgelpul-

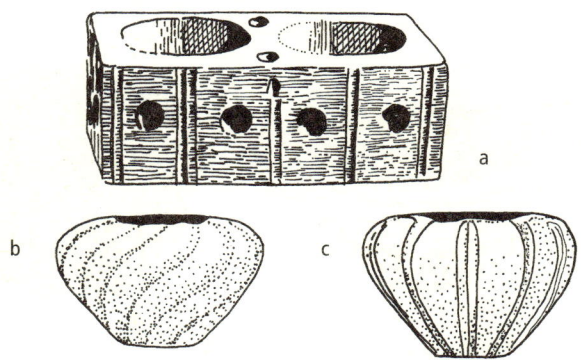

57 Häufige Gefäßformen aus den Rundgräbern der Mesara (nach Hood 1971):
a) steinerner Blockkernos
b, c) sog. Vogelnestnäpfe, 2500–1700 v. Chr.

167

Das Leben im alten Kreta

ver diente Sand, vielleicht bereits der harte Korundsand aus Naxos. Weiche Steine wie der Steatit mochten auch mit Obsidianklingen geschnitten worden sein. Der Rohrbohrer kam dagegen erst um 2000 v. Chr. auf und bestand aus einem verholzten, unten gespaltenen Schilfrohr. In schnelle Drehbewegung gebracht und von nassem Korundsand umgeben, schliff er eine zylindrische Höhlung in den Stein. Diese konnte vergrößert und verbreitert werden, indem mehr oder größere Korundsteinchen oder Kieselstückchen genommen wurden. Der in der Mitte stehengebliebene Steinpflock, über dem sich das Schilfrohr nach unten gearbeitet hatte, wurde anschließend abgeschlagen und das Gefäß in seine endgültige Gestalt geschliffen und poliert, was viel Geduld und lange Zeit in Anspruch nahm.

Das reiche Repertoire an Schmuck aus den Mochlosgräbern zeigte Verbindungen zu den Kykladen (Golddiademe, Abb. 58) und zu den Königsgräbern des sumerischen Ur (Goldblätterschmuck vom Ende des 3. Jahrtausends v. Chr.). Gold wurde aus Ägypten, von der Halbinsel Sinai und aus Kleinasien eingeführt,

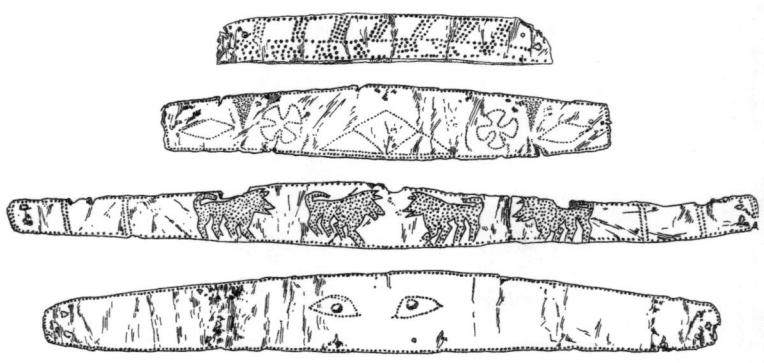

58 Golddiademe aus dem Fürstengrab (Kammergrab II) von Mochlos, um 2500–2100 v. Chr. (nach Seager 1912).

zu flachem Blech getrieben und zugeschnitten (Abb. 59). Aus Ägypten importierte Perlen aus Glasfluß und Fayence wurden mit kretischen Steinen, Bergkristall, Amethyst und Karneol zu

Die Kultur der frühen Bronzezeit

Halsketten gereiht. Neben den Halsketten trugen die Frauen goldene Armbänder und goldene Ziernadeln. Eine weitere Schmuckgattung stellten durchbohrte Siegelsteine dar, die als

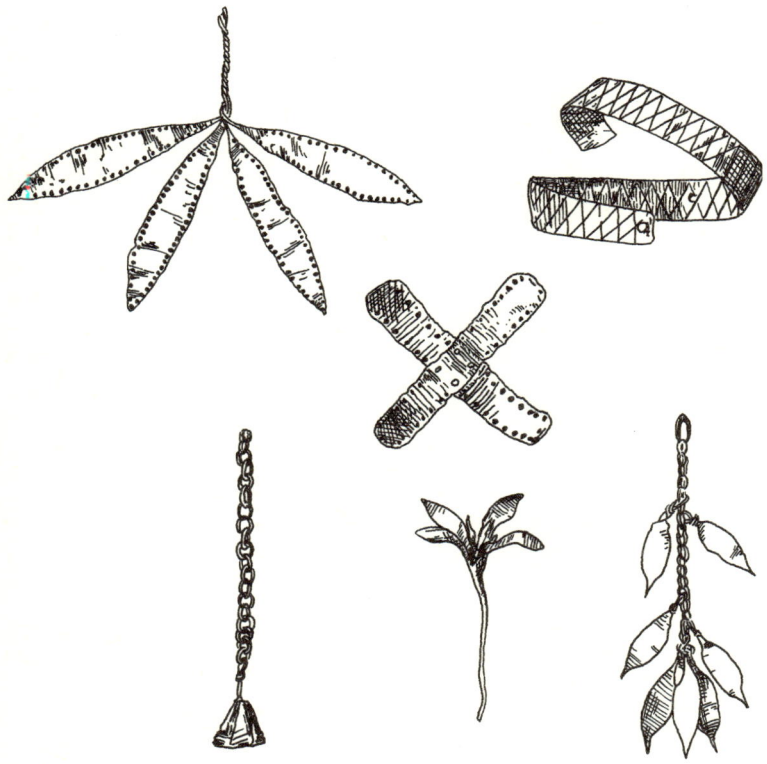

59 Goldzierat aus dem Kammergrab II von Mochlos, um 2500–2100 v. Chr. (nach Seager 1912).

Perlen an Halsketten getragen werden konnten. In Mesopotamien waren das die Zylindersiegel, in Syrien und der Levante die Petschaftssiegel, in Ägypten die Skarabäensiegel. Alle diese Typen wurden nach Kreta gebracht und regten die heimische Produktion von Perlensiegeln an, die Steinschneider aus weichen

Steinen und aus Elfenbein fertigten. Erst gegen 2000 v. Chr. kam der anatolische Typ des Siegelrings auf.

Schon früh in der Bronzezeit begannen Kupferschmiede in der Mesara zu arbeiten, da südlich dieser Ebene Kupfervorkommen waren.[51] Archäologische Zeugnisse einer frühen Metallverarbeitung sind Kupferbröckchen, Schlackenstückchen und Gußtiegel, wie sie in Kephala auf Keos gefunden wurden. Das gewonnene Metall erhielt in offener Form, im sogenannten Herdguß, das gewünschte Aussehen und wurde durch Ausschmieden vollendet. Die frühesten Erzeugnisse mögen Kupfernadeln und -draht gewesen sein. Später spezialisierten sich kretische Toreuten auf Toilettenartikel wie Pinzetten, Rasiermesser, Schaber und Ohrlöffelchen. Letztere besaßen ein spitzes und ein löffelförmiges Ende. Das eine half beim Lockern des Ohrschmalzes, das andere beim Entfernen. Zwei Jahrtausende später benutzten die Römer entsprechende Geräte. Unter den Waffen war die älteste Form die dreieckige, flache, blattförmige Dolchschneide mit zwei Nietlöchern in den äußeren Ecken des leicht konkaven breiten Endes, das einst im Heft befestigt war. Drei Beispiele fanden die Archäologen in der Tholos A von Koumasa. Als die Kreter die Technik gelernt hatten, Kupfer zu legieren und dadurch härter zu machen – zunächst mit Arsen, dann mit Zinn –, stellten sie wie auf den Kykladen schlanke Dolche mit Mittelrippe und schließlich das Langschwert her. Gegen 2000 v. Chr. wurde auch der syrische Zungendolch importiert und kopiert. Da Kreta verhältnismäßig spät in die Welt der Metallurgie eintrat, konnte es die wichtigsten Techniken übernehmen; dennoch beobachtete Branigan, daß in Hagia Triada und Platanos offenbar fortschrittlichere Toreuten am Werk waren, während die in Koumasa den bewährten Standard hielten.

Die Zeit der älteren Paläste

Wie kam die Palastkultur nach Kreta?

Die erste, frühbronzezeitliche Kulturblüte auf Kreta ließ sich als Folge einer zunehmenden Einbindung der Insel in die prosperierende ägäische Welt der Kykladeninseln und Griechenlands mit ihrer ethnischen und sprachlichen Verwandtschaft mit Anatolien und ihren Kontakten zum Nahen Osten und Ägypten erklären.

Die Wurzeln der zweiten, mittelbronzezeitlichen Kulturblüte auf Kreta dagegen, die die Kraft hatte, sich zu einer Hochkultur zu entfalten – mit Großleistungen der Architektur, der Kunst und der sozialen Organisation sowie der Einführung einer Hieroglyphenschrift –, liegen im dunkeln. Ihre Ursachen sind weitgehend unerforscht. Niemand kann mit Sicherheit sagen, wie es zur Bildung von Schriftzeichen, zur städtischen Revolution und zum Bau der großen Paläste kam. Für diese Zeit »bleiben wir fast ausschließlich auf die Archäologie angewiesen: Es ist ziemlich leicht, auf Grund der Funde eine Kultur zu beschreiben, erheblich schwerer jedoch, sie geschichtlich einzuordnen.«[52]

In Griechenland führten gegen Ende des 3. Jahrtausends v. Chr. indoeuropäische Einwanderer zum Abbruch frühbronzezeitlicher, ägäischer Traditionen und bereiteten das Feld, auf dem im 17. Jahrhundert v. Chr. die mykenische Kultur erblühen sollte. Auch Anatolien erlebte eine indoeuropäische Einwanderung und in der Folge um 2000 v. Chr. einen Kulturumschwung. Nachdem unter Sargon I. (um 2350–2300 v. Chr.) Teile Anatoliens vom sumerisch-akkadischen Einfluß erfaßt worden waren und in der Folgezeit assyrische Handelsniederlassungen mit ihrem Organisationszentrum Kanesch (heute Kültepe bei Kayseri) die kulturellen Kontakte zum Zweistromland gefördert hatten, bildete sich im 18. Jahrhundert v. Chr. die Welt der Hethiter heraus. In ihr verschmolz das indoeuropäische Erbe mit bodenständigen Traditionen und der Kultur des Zweistromlands. Seine isolierte Lage schien Kreta vor einem durch neue Einwanderer ausgelösten Kulturbruch zu schützen. Trotzdem ist davon auszugehen,

> »daß eine tiefgreifende politische und soziale Umgestaltung stattgefunden hat, doch läßt sie sich nur mit Hilfe von Analogien deuten: Unter den Großen erhebt sich ein Dynast, monarchische Zentralgewalt tritt an die Stelle feudaler Zersplitterung. Stadtstaaten verdrängen Dörfer und Marktflecken. Es ist ein Stadium, das Ägypten längst überwunden hat, dort blickt die unitarische Monarchie auf einen nahezu tausendjährigen Bestand zurück. In Asien hält sich die Einrichtung der Stadtstaaten länger. (...) Man kann sich unschwer vorstellen, daß Kreta seine neue politische Verfassung aus dem semitischen Asien bezogen hat: etwa aus Byblos, Tell Atschana [Alalach] oder Mari, wo Stadtkönige von ihren Palästen aus ebenso über einen Gau geherrscht haben. Vielleicht war es Mallia, wo bereits gegen Ende der dritten frühminoischen Periode der erste derartige Palast entstand, eben weil Ostkreta schon frühzeitig Beziehungen zu Zypern und Kleinasien anknüpfte.«[53]

Es ist auch möglich, daß Kreta durch Einwanderer aus dem Nahen Osten kulturell bereichert wurde. »Wenn die Kriegswirren und Menschenvertreibungen, welche viele Länder an den östlichen Küsten des Mittelmeeres während des 3. Jahrtausends v. Chr. beeinträchtigten, Flüchtlinge über die See trieben, so war die große und fruchtbare Insel, deren Klima und Weideland nicht unähnlich dem ihrer Heimat war, ein einladendes Ziel für sie. Denn Kreta und die Levante liegen beide in der am meisten bevorzugten Klimazone des Mittelmeeres.«[54] Dennoch sah Hood im Bau der ersten Paläste auf Kreta eher den Reflex des anwachsenden Wohlstands und der Macht einheimischer Herrscher als einer Eroberung Kretas von auswärts. Auch Castleden verstand die ersten Großbauten Kretas, die er nicht für Paläste, sondern für Tempel hielt, als Resultat einer langfristigen inneren Entwicklung hin zu Wohlstand und zentraler Organisation von Religion und Wirtschaft.[55]

Den verschiedenen Forschungsstandpunkten ist gemeinsam, daß im frühen 2. Jahrtausend v. Chr. die kulturellen Kräfte von innen, nicht von außen kamen. Für das 3. Jahrtausend v. Chr.

Die Zeit der älteren Paläste

wurde eine kulturelle Anleihe aus dem Nahen Osten für möglich erachtet. Daß die »gezielte, durch Feindeshand verursachte Zerstörung« blühender ostkretischer Ortschaften wie Vasiliki und Myrtos um 2300 v. Chr. auf »fremde Invasoren« hinweise, erschien Peter Haider problematisch. »Macht und Besitzgier der eigenen nördlichen Nachbarn auf der Insel waren dafür wohl Ursache genug. Am Ende der Frühbronzezeit übernimmt dann auch Zentralkreta auf allen Gebieten die führende Rolle (...) Eine ständig wachsende und expandierende Wirtschaft ließ an der Wende vom 3. zum 2. Jahrtausend die Bevölkerungszahl in den sozial stark stratifizierten Siedlungen rapid ansteigen und den materiellen Reichtum wie die politische Macht der dortigen Herrscher bei straffer Verwaltung weiter zunehmen.«[56]

Die neuesten Studien zur ägäischen Chronologie von P. Warren und V. Hankey[57] sowie die Auswertung der italienischen Grabungsergebnisse von 1964 bis 1980 in Tell Mardich, dem protosyrischen Ebla (Abb. 60),[58] stützen heute aber das Argument, daß Kreta am Ende der frühbronzezeitlichen Ära von auswärts entscheidende, für das Entstehen der kretischen Hochkultur ausschlaggebende Impulse erhielt.

Kulturelle Einflüsse aus dem Zweistromland

Schon Pendelbury hatte festgestellt, daß die frühesten protopalatialen Reste von Knossos und Mallia in die gleiche Zeit fielen wie die entwickelte Stilstufe Frühminoisch III in der Mesara und in Ostkreta. Die Dauer dieser Stilstufe datierten Warren und Hankey anhand von ägyptischen Skarabäensiegeln, die in kretischen Gräbern von Lebena und Archanes gefunden wurden, von 2300/2150 bis 2160/2025 v. Chr. Die ältesten protopalatialen Reste der Stilstufe Mittelminoisch I A wurden um 2160–2025 v. Chr. eingeordnet. Die Zerstörungen der frühbronzezeitlichen Siedlungen von Vasiliki und Myrtos fanden am Ende der Stilstufe Frühminoisch II statt, die um 2300–2150 v. Chr. datiert wurde.

In der gleichen Zeit, nämlich zwischen 2250 und 2225 v. Chr., zerstörte und unterwarf der akkadische Gottkönig Naram-Sin die einst mächtige, von sumerischer Kultur geprägte, nordwest-

Das Leben im alten Kreta

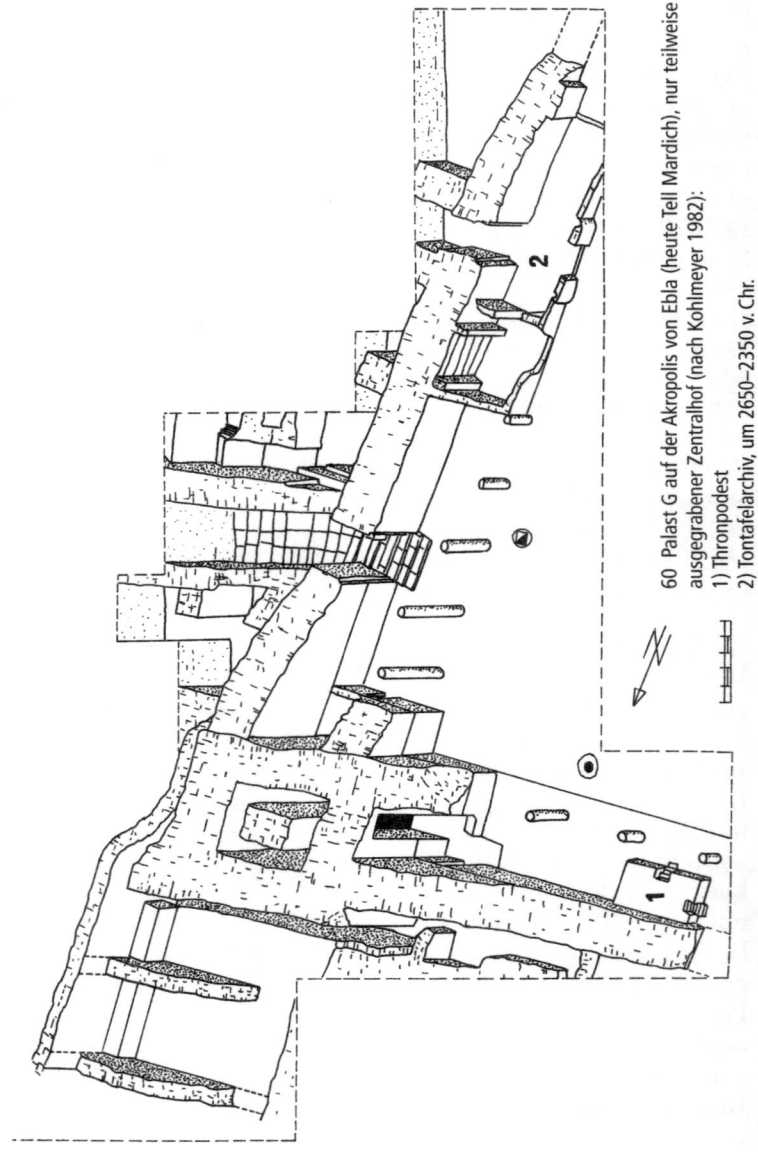

60 Palast G auf der Akropolis von Ebla (heute Tell Mardich), nur teilweise ausgegrabener Zentralhof (nach Kohlmeyer 1982):
1) Thronpodest
2) Tontafelarchiv, um 2650–2350 v. Chr.

Die Zeit der älteren Paläste

semitische, protokanaanäische und protophönizische Königsstadt Ebla. Sie lag jenseits des Orontes-Tals, südlich von Aleppo und östlich zwischen Alalach und Ugarit. Während der Blütezeit von Ebla um die Mitte des 3. Jahrtausends v. Chr. eroberte der eblaitische General Enna-Dagan die stolze Königsstadt Mari am Euphrat, die den Handel auf dem Fluß kontrollierte und deren Herrscher in der sumerischen Königsliste aufgeführt wurden. Nun stand der gesamte West-Ost-Handel unter der Kontrolle von Ebla, dessen Könige auch einen einträglichen Güteraustausch mit Anatolien, Palästina und Ägypten pflegten.

Bewohner von Ebla, das zeitweilig eine Mittlerrolle zwischen Nordpalästina, Anatolien und Mesopotamien einnahm, lernten Mathematik und Sumerisch und schrieben in einem vom Sumerischen abgeleiteten Schriftsystem in eblaitischer Sprache. Sie sehen Philologen entweder in der Nähe des Nordwestsemitischen (Kanaanäisch, Phönizisch) oder des Ostsemitischen (Akkadisch). Der Epigraphiker der italienischen Grabungsmission, der die Texte studierte, nannte die Sprache ein Präkanaanäisch. Die im Archiv des nur teilweise ausgegrabenen Königspalastes G freigelegten Tontafeltexte sind lexikalischen, juristischen, historischen und literarischen Inhalts, vor allem aber Zeugnisse einer Buchführung für den internationalen Handel mit Textilien, Wolle und Wollprodukten sowie Metall. Der Königspalast hatte einen Audienzhof mit rahmenden Säulenstellungen, schmale Korridore und einen viereckigen Turm – alles Bauelemente, die wir bei den ältesten Palästen Kretas wiederfinden (vgl. Abb. 60). Der Turm faßte vier Treppenläufe, deren einstige Pracht Steinintarsien und verkohlte Holzschnitzereien erahnen lassen. Ein Thronpodest aus Lehmziegeln in der nördlichen Säulenhalle blickte auf den großen Hof. In der östlichen Säulenhalle grenzten dünne Mauern zwei Kammern ab. Sie enthielten das königliche Tontafelarchiv und machten – zusammen mit dem Thronpodest – deutlich, daß auch hier, wie später bei den kretischen Palästen, der zentrale Hof Brennpunkt des Palastlebens war. An der Spitze des Stadtstaats stand der König *(en* oder *malikum)*, ihm zur Seite traten die Königin *(maliktum)* und die Ältesten. Der Kronprinz hatte Aufgaben als Botschafter, Gouverneur abhängiger Orte oder als Leiter innerer staatlicher Angelegenheiten.

Die Furcht vor den neuen Machthabern von Akkad und ihren Eroberungszügen mag gerade unter den wohlhabenden Familien von Mari und Ebla Fluchtgedanken geweckt haben, um Reichtum und Leben zu retten. Aus eigener Erfahrung war ihnen bewußt, wie erbarmungslos die Raubzüge, wie hoch die Tributforderungen der Mächtigen sein konnten: Der eblaitische General Enna-Dagan, der einst die Stadt Mari eroberte, hatte vom besiegten König Iblul-Il und den Stadtältesten einen Tribut, bestehend aus 2193 Minen Silber sowie 134 Minen und 26 Schekel Gold (rund 1052 kg Silber sowie 64,5 kg Gold), gefordert.[59] Es ist also gut vorstellbar, daß wehrhafte junge Männer, reiche Händler und Handwerker sowie hochgestellte Personen aus Tempeln und dem Königshaus nach Westen flohen, zuerst von Mari nach Ebla und, als auch Ebla bedrängt wurde, nach Übersee. Kreta war bekannt; es erschien als Kapte-ra bereits im 24. Jahrhundert v. Chr. in einem Text Sargons I. von Akkad. Die Seefahrt, die in der nördlichen Ägäis auf kurze Perioden von Mitte April bis Mitte Juni und vom frühen September bis Mitte Oktober beschränkt war, wenn weder der Notos, der rauhe Nordwind des Winters, noch der Melteme, der heftige Nordwestwind des Sommers, wehte, hatte in der freundlichen Levanteregion über den ganzen Sommer Saison, vom frühen April bis zum November.[60] Da zudem jede Wanderung auf dem Landweg ein gefahrvolles Unternehmen war, wenn man wertvolles Hab und Gut mit sich führte, und eine Schiffahrt nach Kreta keine zwei Wochen dauerte, scheint es unvermeidlich, daß Flüchtlinge aus dem protosyrischen Raum am Ende der kretischen frühen Bronzezeit, im 23. Jahrhundert v. Chr., ihren Weg nach Kreta fanden. Der Kontakt war geknüpft und bestand fort. Nachdem Ebla in neuer Unabhängigkeit ab 2150 v. Chr. wieder aufblühte, wurden um 2000 v. Chr. dort wie auf Kreta neue Großbauten errichtet: in Ebla das südwestliche Stadttor und die Paläste E und Q, auf Kreta die Paläste von Knossos und Mallia und der Grabbau Chrysolakkos mit Orthostaten in der Sockelzone ihrer Fassaden.[61]

Auch auf das in der Forschung lange bestehende Rätsel, woher das architektonische Konzept der altkretischen Paläste mit ihrem wirtschaftlichen und kulturellen Brennpunkt, dem Zen-

Die Zeit der älteren Paläste

tralhof, stammt, läßt sich eine Antwort mit Hinweis auf die vorsyrische Bautradition geben: Hier lagen die Wurzeln in der Verbindung vom Herdhaustempeltyp der Osttigris-Region und dem babylonischen Hofhaus.[62]

Im frühdynastischen Mari der Mitte des 3. Jahrtausends v. Chr. begegnete unter den mehrräumigen Lehmziegelhäusern häufig der Hofhaustyp. Ihn übernahmen auch die Tempel, wie beispielsweise der Tempel der Ischtarat und der Ninni-zaza (Abb. 61). Diesen Tempel verband mit den altkretischen Palästen nicht nur der zentrale Haupthof, dessen Bedeutung in Mari das reiche Relief der Fassaden mit ihren Vor- und Rücksprüngen deutlich

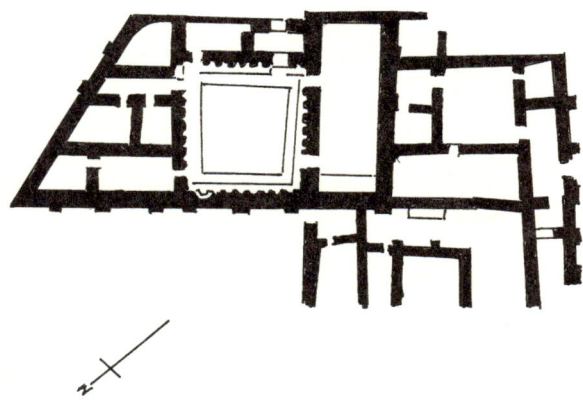

61 Tempel der Göttinnen Ischtarat und Ninni-zaza in Mari, 1. Hälfte des 3. Jt. v. Chr. (nach Kohlmeyer 1982).

machte, sondern auch eine oben konisch geformte Basaltsäule von 1,5 m Höhe, die als bildloses Göttermal das Zentrum des Hofes einnahm. Der Grundriß des Palastes von Mallia hat von seinem ältesten, wohl gegen 2000 v. Chr. errichteten Bau die durch Vor- und Rücksprünge profilierte Südwand des Zentralhofs bewahrt (Abb. 62). Anikonische Götterbilder in Gestalt von Säulen, Pfeilern und Standarten gehörten zu den Wesensmerkmalen der altkretischen Religionen. Auch im Palast von Mallia war die Mitte

Das Leben im alten Kreta

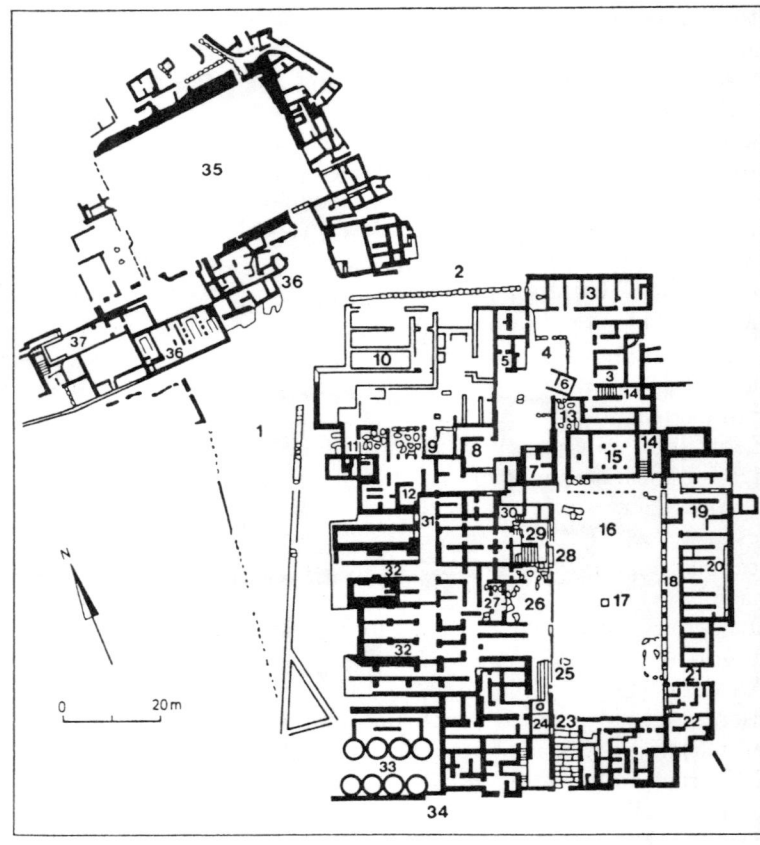

62 Mallia, Palast und Agora (nach Bichler/Haider 1988):

1) Westhof,
2) Nordhof mit Eingang zum Palast,
3) Nordmagazine,
4) nördlicher Innenhof,
5) Werkstätten,
6) mykenischer Einbau, kleines Heiligtum,
7) turmähnlicher Bau,
8) Propylon,
9) Herrschaftssaal,
10) Garten,
11) Treppe zum Obergeschoß,
12) Linear-A-Textarchiv,
13) Zugang vom Nordhof zum Zentralhof,
14) Treppenhäuser zum Obergeschoß vom Wirtschaftstrakt,
15) Pfeilerhalle und Vorraum,
16) Zentralhof,
17) Altargrube,
18) offene Halle,
19) Küche,
20) Ostmagazine,
21) Südosteingang,
22) Werkstättentrakt,
23) Südeingang zum Zentralhof,
24) Vorraum der Terrasse mit Vielmuldenstein,
25) Schautreppe,
26) Hauptheiligtum,
27) Pfeilerkrypta,
28) großes Treppenhaus,
29) »Thronsaal«,
30) »Schatzkammer«
31) Westkorridor,
32) Westmagazine,
33) »Getreidesilos«,
34) Südwesthaus,
35) Agora mit Wohnhäusern und Pfeilerhalle,
36) Magazine,
37) hypostyle Krypta, »Versammlungsraum«.

Die Zeit der älteren Paläste

des Zentralhofs mit einer Opfergrube zwischen vier Ziegelpfeilern ein sakraler Ort.

Ausgrabungen im großen Palast von Mari, der im späten 3. und frühen 2. Jahrtausend v. Chr. errichtet wurde, haben von einem Vorgängerpalast der frühdynastischen Zeit eine selbständige Einheit erfaßt. Sie wurde als »Palasttempel« bezeichnet. Ihren Mittelpunkt bildete wiederum ein großer Hof mit asphaltiertem Gehweg, mit Einrichtungen für Trankopfer und einem Altar. Der Weg war sehr wahrscheinlich mit kultischen und festlichen Handlungen verbunden; König und Priester mögen ihn überschritten haben, oder eine Prozession. Auch die altkretischen Paläste kannten Platzanlagen mit hervorgehobenen Gehwegen, deren Beschreiten mit rituellen Handlungen in Zusammenhang stand. Die Fassaden des frühdynastischen »Palasttempels« um den Zentralhof waren mit Vor- und Rücksprüngen gegliedert. Ähnliches trifft man auf Kreta an.

Analogien sind auch in der mythologischen Überlieferung festzustellen: Der Sage nach wurde Europa auf dem Rücken des stiergestaltigen Wettergotts Zeus aus dem phönizischen Raum nach Kreta entführt. Die Keilschrifttexte des Palastes G von Ebla aus dem 3. Jahrtausend v. Chr. nannten den kanaanäischen Wettergott Baʿal und sein syrisch-mesopotamisches Äquivalent Adad, die stiergestaltig auftraten. Adads Vater war der westsemitische Getreidegott Dagan, zu dessen ältestem Kultgebiet Ebla und Mari gehörten. Dagan wurde in der zweiten Hälfte des 2. Jahrtausends v. Chr. mit dem hurritischen Gerstengott Kumurwe/Kumarbi gleichgesetzt, dessen mediterranes Äquivalent der vorhellenische Gerstengott Kronos[63] war. Dem griechischen Wettergott Zeus, dem Sohn des Kronos, entsprach im späten 3. Jahrtausend v. Chr. der syrisch-mesopotamische Wettergott Adad, der Sohn des Getreidegotts Dagan. Adad/Hadad bildete mit Ischtar in Nordmesopotamien ein Paar. Im kanaanäischen Ugarit wurde Adad/Haddu auch Baʿal genannt. Baʿal und Anat waren ein Paar, als Geschwister, aber auch als Liebespartner. Anat war die einheimische Bezeichnung für Ischtar. Im nordsyrischen Bereich verschmolz Anat mit der Liebesgöttin Aschtart oder Astarte. Im klassischen Altertum gab es in Sidon einen Tempel der Europa-Astarte.[64] Astarte wurde als Göttin der Liebe und des

Venussterns – mit der Taube als Symboltier – oft mit Aphrodite gleichgesetzt. Europa trat aber auch als Beiname der Hera (Hesyschios s. v. Europia) und der Demeter (Pausanias IX 39,3–5) auf. Es war eine Eigentümlichkeit der »großen Göttin«, deren kulturbringendes Wesen in der vorsumerischen und sumerischen Religion des Nahen Ostens im 4. und 3. Jahrtausend v. Chr. entwickelt wurde, daß sie durch Jahrtausende hindurch unter verschiedenen Namen Verehrung fand. Demeter, die Korngöttin, war Tochter des Gerstengotts Kronos, auch Ischtar kann Tochter des vorsyrischen Getreidegotts Dagan genannt werden.[65]

Ausgrabungen des Jahres 1981 im Nordwestflügel des Palastes von Mallia haben ein Gründungsdeposit der ältesten Anlage zutage gebracht. Unmittelbar am Fundament einer aus Bruchsteinen gebildeten Nord-Süd-Mauer wurde eine Kiste aus Kalksteinplatten freigelegt, in der ein globulares Kännchen der Zeit um 2200 v. Chr. geborgen worden war. Im Innern des Kännchens fanden die Archäologen verkohlte Holzreste sowie verschiedene Samen und Körner[66] – Opfergaben an eine prähistorische Europa/Ischtar?

Zwei der kulturbringenden Götter des sumerischen Pantheons, Inanna und Ischkur, wurden wohl unter ihren semitischen Namen Ischtar und Adad, aber ohne ihren vorgeprägten Charakter wesentlich zu ändern, nach Kreta gebracht. Ischtar, später Anat, ist die Göttin des Krieges und der Liebe, Göttin des Morgen- und des Abendsterns, jungfräuliche Himmelsgöttin, Muttergöttin und Geburtshelferin, Herrin der Tiere, Berg- und Heilgottheit. Ischtar, in der alle göttlichen Gewalten vereinigt schienen, gehörte seit der akkadischen Ära zu den populärsten Göttinnen. Ihr Symbol war der achtzackige Stern, zu dem oft das Sonnen- und Mondsymbol trat. Adad, Gott der Wettererscheinungen und auch des Krieges, wurde in der sumerischen Götterlehre eng mit Enlil, dem Gott des Luftraums, verbunden. Er galt als Richter, Schicksalsbestimmer und Orakelgott. Sein heiliges Tier war der Stier, seine Waffen waren Blitz und Axt.

Die gesteigerte Bedeutung, die den Bergen, ihren Höhen und Grotten als Verehrungsstätten von Göttern im Kreta der mittleren Bronzezeit zukam, weist auf die Übernahme eines religiö-

Die Zeit der älteren Paläste

sen Erbes aus der sumerischen Tradition hin. In der sakralen Bildkunst Mesopotamiens konnten Götter in einem umrißhaft gezeichneten Berg thronen. Auch eine Göttertracht wurde importiert. Das längsplissierte sogenannte Falbelkleid mit mehreren Volants konnte als Falbelrock von der Göttin getragen werden – wie schon in Mari,[67] so auch auf Kreta (Abb. 63). Ganz allgemein aber galt für das Kreta der alten Paläste, daß es im Spannungsfeld der Hochkulturen Ägyptens und Mesopotamiens lag. Bis zur Mitte des 15. Jahrhunderts v. Chr. scheinen die Auswirkungen indoeuropäischer Einflüsse auf Kreta gering gewesen zu sein. Dafür blühte der Handel mit dem Vorderen Orient und Ägypten.

63 Kretische Übernahme und Abwandlung einer mesopotamischen Kulttracht:
a) geschmückte Göttin mit freier Brust und »Falbelrock«, Fayence aus Knossos, Höhe: 6 cm, 1700–1600 v. Chr. (nach Hood 1971);
b) Göttin mit erhobenen Händen (Ischtar?) im Falbelgewand vor ihrem Schützling (Gott oder König), babylonisches Rollsiegel aus dem Rundgrab von Platanos, 19.–18. Jh. v. Chr. (nach Platon 1969);
c) »göttliches Mädchen« (Anat?) im Falbelkleid von kretischem Elfenbeinsiegel, angeblich aus Knossos, 19.–18. Jh. v. Chr. (nach Hood 1971).

Im 3. Jahrtausend v. Chr. hatten das Zweistromland und Ägypten zu einem verwandten Weltbild gefunden: Die Erde, überwölbt vom Luftraum und der kosmischen Region der Himmelskörper, überlagerte das Urwasser und hatte unter sich die Unterwelt. Nach ägyptischer Vorstellung legte sich der Urstrom Nun als Ozean um die Erde und erstreckte sich zudem über

Himmel und Unterwelt. Ober- und Unterwelt durchreiste der Sonnengott. In Mesopotamien war der Gott des Urwassers Enki/Ea – in Ägypten Osiris. Enki/Ea besaß die *me*, die göttlichen Gesetze der Fruchtbarkeit und des ewigen Kreislaufs der Zeiten. Osiris war Gott der Fruchtbarkeit und des ewigen Kreislaufs der Zeiten; er hatte einen Sohn, Horus, den falkengestaltigen Himmels- und Lichtgott. Seine Augen waren die Himmelskörper Sonne und Mond. Enki/Ea hatte eine Wahltochter Inanna/Ischtar, die in der Nachbarregion Ägyptens, in Syrien, vogelgestaltig sein konnte und eine Himmelsgöttin war. Sie leuchtete wie Mond und Sonne am Himmel. Horus konnte mit dem Sonnengott Re zu einer Gottheit verschmelzen. Inanna/Ischtar teilte mit dem Sonnengott Schamasch die gleichen Attribute, Sonne und Mond, desgleichen die Göttergaben an den König: Ring und Stab. Osiris, einst irdischer König, beging die heilige Hochzeit mit seiner Gattin, der Göttin Isis, als Verstorbener, jedoch nicht als Toter. Durch beider Sohn Horus, der dem Vater eines seiner Augen, das Mondauge, eingab, wurde Osiris wiederbelebt und künftig auch Orion oder Mond genannt. Dumuzi/Tammuz, einst irdischer König vom Uruk, feierte zu Lebzeiten die heilige Hochzeit mit der Göttin Inanna/Ischtar. Er starb, wurde aber durch seine Schwester Geschtinanna zum Vegetationsgott wiederbelebt. Auch er hatte einen kosmischen Aspekt. So heißt es in Hymnen, allmonatlich erschaffe ihn der Himmelsgott An wie den Mond aufs neue.

In Ägypten war der Pharao irdischer Stellvertreter des Horus. Da aber der Horus, als Horus im Horizont – *Harachte* – zugleich eine Erscheinungsform des neugeborenen Sonnengotts Re-Harachte war, erhoffte sich der Pharao auch die Erneuerung seines Lebens mit jeder abermaligen Geburt des Lichtgotts. In Mesopotamien existierte gegen 2000 v. Chr. die Vorstellung, daß der König irdischer Stellvertreter des Vegetationsgotts Dumuzi/Tammuz war. Von der heiligen Hochzeit mit Inanna/Ischtar, aber auch vom obersten Himmelsgott An durfte er die Erneuerung seines Lebens erhoffen. Wie verwandt die Denkstrukturen des Zweistrom- und des Nillands waren, ist auch daraus zu ersehen, daß fast mit den gleichen Worten, mit denen der Hymnus die Wiederbelebung Dumuzis – sein Kultname ist

Die Zeit der älteren Paläste

Ama'uschumgalana – pries, »allmonatlich am Neulichttag erschafft ihn (...) An wie den Mond«[68], in den Pyramidentexten des Alten Reiches die Verheißung für den verklärten Pharao ausgesprochen wurde. Dort hieß es: »geboren wirst du werden an deinen Monatsfesten wie der Mond«.[69]

Die räumliche Nähe Kretas zu den Hochkulturen der großen Stromländer läßt auf ein verwandtes, vorminoisches Weltbild schließen, das vielleicht zu einem nicht geringen Teil aus Syrien, dem Schmelztiegel der Kulturen Mesopotamiens und des Nillandes, vermittelt wurde.

Kreta in der mittleren Bronzezeit

Nachdem gegen 2200 v. Chr. Siedlungen zerstört worden waren und die Bevölkerungszahl im Osten der Insel nach dem Zeugnis der Begräbnisstätten beträchtlich zurückgegangen war, begann gegen 2000 v. Chr. ein neuer Kulturaufschwung. Dabei verlagerten sich die treibenden Kräfte von Ost- nach Zentralkreta, wo eine große Zahl neuer Siedlungen und Bauten entstand, so in Mallia, Gournia, Tylissos, auf dem Gypsiades-Hügel, in Knossos, Monastiraki und Phaistos. Auch in den Häfen Kretas, in Kato Zakro und Palaikastro, setzte eine neue Bautätigkeit ein und ließ die Siedlungen aufblühen, bis sie mit ihren rechtwinklig sich schneidenden, doch durch Schwünge bewegten Straßensystemen und reich gegliederten Hauskomplexen städtischen Charakter annahmen. Das gleiche gilt für die Insel- und Halbinselstädte Mochlos und Pseira. In Zentralkreta gewann Amnissos als Hafen von Knossos an Bedeutung. Straßen wurden angelegt; Routen führten von Knossos im Norden nach Komo im Süden und von der Mesara zur Küste. Auch der Schritt über die Landesgrenzen hinaus wurde gewagt. Auf Melos entwickelte sich die altkretische Kolonie Phylakopi.

Die Bevölkerung Kretas in der mittleren Bonzezeit gehörte im wesentlichen der mediterranen Rasse an, hatte aber verschiedene ethnische Wurzeln, die sich um 2000 v. Chr. noch aneinander anglichen. Das machte die Zeit unruhig, bevor sich gegen 1900 v. Chr. eine homogene, geordnete Sozialstruktur herausgebildet hatte.

Sakrale Zentren und religiöses Brauchtum

Das religiöse Brauchtum hatte in der frühen Bronzezeit auf Kreta einen privaten Charakter und stand vielleicht wie in der Levante in Beziehung zur Ahnenverehrung.[70] Im Hausheiligtum und am Sippengrab wurden Opfer dargebracht. Amulette, wie sie die Toten als Grabbeigaben erhielten, wurden wohl auch von den Lebenden getragen. Darüber hinaus scheinen in der Mesara religiöse Vorstellungen gehegt worden zu sein, die sich am Sonnenkreislauf orientierten. Welche Glaubensinhalte mit den von den Kykladen kommenden weiblichen Marmoridolen verbunden wurden, ist rätselhaft. Möglicherweise sah man in ihnen persönliche Schutzgottheiten, die für die Lebenden, noch mehr aber für die Toten hilfreich waren. Diese mit dem persönlichen, mit dem Familien- und Sippenglauben verbundene Religiosität erhielt um 2200–2100 v. Chr. ein neues Gesicht.

Gipfelheiligtümer

Auf Bergen und Hügeln in der Nähe eines Dorfes, einer Siedlung oder einer Stadt wurden Gipfelheiligtümer angelegt. P. Faure schienen sie aus einem Bedürfnis bäuerlichen Brauchtums heraus entstanden zu sein. Diesen Gedanken griff R. Castledens Annahme auf, durch den Bau der Paläste, durch das Anwachsen der Siedlungen zu Städten und durch die Zunahme der Bevölkerungszahl sei Druck auf die Bauern und Hirten ausgeübt worden, die Produktion von Nahrung und Bekleidung zu erhöhen. Die Landleute fürchteten demnach, aus eigener Kraft die Forderungen nicht erfüllen zu können, suchten göttlichen Beistand und legten in ihrer Region der Weiden, Weingärten, Oliven- und Eichenhaine Heiligtümer an. Branigan vertrat das gewichtige Argument, daß die Gipfelheiligtümer deutlich in Beziehung zu den Wohnstätten zu Füßen ihres Hügels oder Berges stünden, zu Palast, Stadt oder Dorf, von wo ein Fußmarsch von weniger als einer Stunde die Menschen zum Heiligtum brachte. Vom Zentralhof des Palastes von Knossos habe man, gegen Süden gewendet, Blickkontakt mit dem Gipfelheiligtum des Juchtas, des Hausberges von Knossos. Das alles spreche dafür, daß die Reli-

Die Zeit der älteren Paläste

gion, die solche Anlagen forderte, erstmals für Kreta einen öffentlichen, gemeinschaftlichen Charakter trug. Zudem zeigten sich die Heiligtümer bei aller Variationsfreude des Architektonischen in Lage, Plan und Ritual einheitlich.[71]

Die meisten Gipfelheiligtümer bestanden in ihrer ältesten Form aus einem Temenos, d. h. einem heiligen Bezirk, der von einer Steinsetzung oder Mauer umfriedet war. Solche Einfriedungen sind auf dem Juchtas bei Knossos, auf dem Petsophas bei Palaikastro und beim Gipfelheiligtum von Traostalos nördlich von Kato Zakro noch zu erkennen. Die späte Einfriedung des heiligen Bezirks auf dem Juchtas aus dem 14. Jahrhundert v. Chr. wurde 1837 von Paschley als eine im kyklopischen Stil errichtete Rundmauer beschrieben, zwischen deren mächtige Gesteinsbrocken kleine Steine eingefügt waren.

Üblicherweise hatten die Temenosplätze runde oder ovale Gestalt und erreichten bis zu 30 m Durchmesser. Die Bauten in den Einfriedungen variierten häufig von einem Heiligtum zum anderen. Bei Zakros gab es eine kleine, hufeisenförmige Anlage, bei Mallia und Traostalos ein zweiräumiges Tempelchen. Evans sah in diesen schlichten Architekturen Wohnhäuser der auf dem Berg verehrten Gottheit. Auf dem Gipfel des Philiorimos-Berges bei Gonies westlich von Knossos bestand das Heiligtum aus drei Räumen. In einem davon stand einst ein Altar, neben dem Tierknochen gefunden wurden. In allen Räumen waren Votivgaben niedergelegt worden. Auf der zugehörigen langgestreckten Terrasse gab es einen weiteren Altar. Als die ältesten Gipfelheiligtümer gelten heute die Temenosanlage auf dem fast 25,5 m hohen Petsophas bei Zakro, der Kultplatz auf dem steilen Berg Pyrgos bei Tylissos, wo Alexiou eine große Feuerstelle und in ihren Aschelagen weibliche und männliche Votive der Zeit um 2000 v. Chr. fand, und die bogenförmige Anlage über den Ruinen des alten Hausheiligtums von Myrtos auf dem Phournou-Koriphi. Sie wurden um 2200–2000 v. Chr. datiert. Gerade das letzte Beispiel legt die Annahme nahe, daß fremde Einwanderer auf der Suche nach Land, welche die frühbronzezeitliche Siedlung Myrtos in Asche legten, auf deren Ruinen ein Heiligtum der eigenen, siegreichen Götter errichteten.

37 Gipfelheiligtümer sind heute bekannt.[72] Sie finden sich in

allen Teilen Kretas. Die bekanntesten in Ostkreta sind Piskokephalo, Petsophas, Traostalos und Zakros, im nördlichen Zentralkreta Prophetis Elias bei Mallia, die beiden Heiligtümer auf dem Karphi-Berg in der Lassithi-Hochebene, die beiden von A. Evans und von E. und J. Sakellarakis freigelegten Heiligtümer auf dem Juchtas sowie dasjenige auf dem Gipfel des Philiorimos bei Gonies und Pyrgos bei Tylissos. Im Süden Kretas befinden sich Kultplätze bei Ailias, bei Kophinas und Koumasa, im Westen bei Rousospiti.

Einsam, dem Himmel nahegerückt, den Winden ausgesetzt, still, nur von den Lauten der Natur, vom Ruf der Vögel oder der Wildziegen erfüllt, müssen diese nach Thymian und Minze duftenden Gipfel der mäßig hohen Hügel den Menschen als Orte erschienen sein, an denen die Götter nahe waren. Hirten – so läßt sich leicht vorstellen –, die über die hochgelegenen Weiden zogen, suchten die heiligen Stätten auf, um das Wohlwollen des Wettergotts zu erwerben, der Leben und Gedeihen von Mensch und Tier garantierte oder gefährdete. Eine große Zahl von Tonvotiven stellte Herdenvieh, Stiere, Ochsen, Schafe und Widder dar, die den göttlichen Mächten zu Schutz und Gedeihen anempfohlen wurden. Die Gestik der weiblichen und männlichen Votive scheint Ehrfurcht, Bitte und Anbetung auszudrücken. Sie wurden daher als Adorantenvotive gedeutet, die anstelle des menschlichen Bittstellers die ständige Präsenz seines Flehens im Angesicht der Götter gewährleisten sollten. Ebenso konnten die Tierfiguren Stellvertreter für ein lebendes, der Gottheit dargebrachtes Herdentier sein. Votive besonderer Art waren Käferplastiken aus Ton, die auf dem Piskokephalo, dem Juchtas, dem Petsophas und dem Prophetis Elias bei Mallia gefunden wurden. Bodgan Rutkowski ermittelte, daß die Modelle den Käfer *Copris hispanus* etwas größer als in Natur wiedergeben. Er gehört zur Art der Skarabäen und ist immer in der Nähe von Schafen zu finden, deren Kotkügelchen er eingräbt, da er sie als Brutstätte für die Eier seiner Käfergefährtin braucht. Der *Copris hispanus* hatte in Kreta offenbar nicht die Bedeutung des *Skarabäus sacer* in Ägypten, der als Chepre die Gestalt der neugeborenen Sonne war. Er muß aber als Glücksbringer gegolten haben, da seine Nachbildungen in den Tempeln geweiht und auch in Pri-

Die Zeit der älteren Paläste

vathäusern aufgestellt wurden. Möglicherweise wurde er sogar als Theophanie (Gotteserscheinung) der Schutzgöttin über Himmel und Erde angesehen.[73]

Den einfachen Sakralanlagen gegen und bald nach 2000 v. Chr. folgten ab dem 18. Jahrhundert v. Chr. monumentale Tempel- und Terrassenbauten. Zu ihnen gehörte das Gipfelheiligtum auf dem Juchtas (Abb. 64).

»Das Heiligtum, das man von Süden kommend erreicht, zieht sich terrassenförmig, von Osten nach Westen ansteigend, hoch. Die einzelnen Baukörper auf den Terrassen sind genau in Nord-Süd-Richtung orientiert. Deutlich nimmt man die bis über 2 m hoch anstehenden Fundamentmauern des am tiefsten liegenden und größten

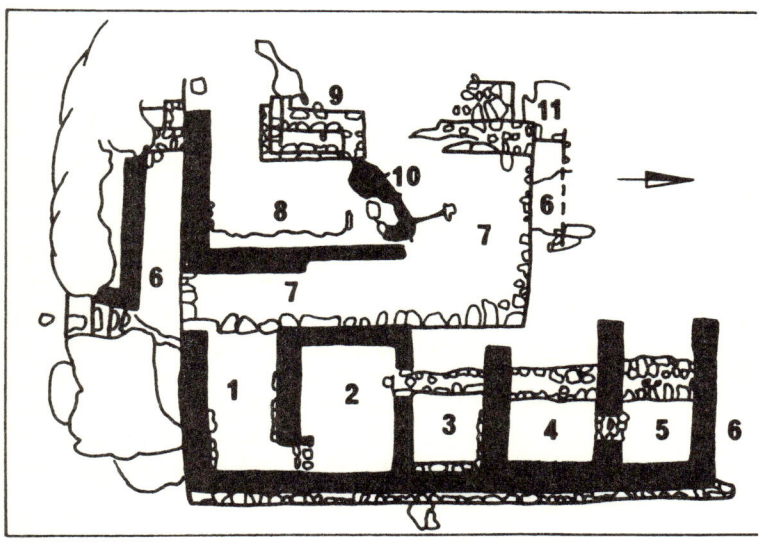

64 Plan des Gipfelheiligtums auf dem Juchtas, 18. Jh. v. Chr. (nach Bichler/Haider 1988):
1–5) Kapellen (Schreine),
6) Aufwege,
7) höhere Terrasse,
8) höchste Terrasse,
9) Stufenaltar,
10) Felsspalt, 10 m tief, Votivdeponie,
11) Votivdepot.

Das Leben im alten Kreta

östlichen Baukörpers wahr. Er besitzt fünf Räume (1–5), in denen Hunderte von Weihgaben deponiert waren. Südlich und nördlich des Baukörpers, dessen obere Fassade eine Säulenhalle getragen haben dürfte und dessen Dach mit Kulthörnern geschmückt war, zieht jeweils ein rampenartig angelegter Aufweg (6) zur zweiten und dritten Terrasse empor. Die relativ schmale zweite Terrasse (7) bildet eine Art Versammlungsplatz und Prozessionskorridor. Auf der dritten und obersten (8) liegt der anstehende Felsen frei. Auf ihm sind ansehnliche Reste des großen steinernen Stufenaltares (9) und nordöstlich von diesem der über 10 m tiefe Felsspalt (10) zu sehen, in dem die Minoer wohl den Eingang in die Wohnung der Berggöttin sahen; denn deshalb hatten sie die Votivgaben, darunter Statuen von weiblichen und männlichen Adoranten und Tieren, Bronzestatuetten und beschriftete Opfertische, in den gähnenden Felsspalt geworfen. Nördlich des Stufenaltares fand sich ein Depot (11), in dem Opferreste, darunter auch bronzene Doppeläxte, ans Licht kamen.«[74]

Die Verbreitung der Gipfelheiligtümer über ganz Kreta im späten 3. und frühen 2. Jahrtausend v. Chr. macht deutlich, daß sich ein einheitliches religiöses Brauchtum etablierte. Man spürt einen neuen organisatorischen Geist, der ausgreifend war und die Insel missionarisch eroberte. Auf die Frage, welche Gottheiten in den Gipfelheiligtümern verehrt wurden, haben sich viele Antworten gefunden. Nach Haider war das Heiligtum auf dem Juchtas einer Berggöttin und einem jugendlichen Gott geweiht. Von der Möglichkeit abgesehen, daß die verschiedenen »Hausberge« mit ihrem Gipfelheiligtum Sitze verschiedener Götter waren – d. h. jeweils der Gottheit, die in Beziehung zur Wohnstatt in der Ebene stand –, nahm Hutchinson an, daß die göttliche Jägerin und Jungfrau Britomartis auf den Bergen verehrt wurde. Platon schlug die Erdmutter vor.

Darüber hinaus fehlen heute noch Erklärungen für drei Gemeinsamkeiten, auf die Branigan schon 1970 hinwies: Die Heiligtümer entstanden zu einem bestimmten Zeitpunkt ohne eigentliche Vorgänger, es wurde die Lage auf einer Hügelhöhe gewählt, bestimmte Votive wurden entweder in Felsspalten versenkt oder in Aschelagen heiliger Feuer ›bestattet‹. Zu letzteren gehörten in Petsophas menschliche Köpfe und Gliedmaßen mit gebohrtem Loch zum Aufhängen oder Befestigen an einem

Die Zeit der älteren Paläste

Körper aus vergänglichem Material, Holz oder Stroh. Allgemein waren es Tierfiguren aus Ton und Männer mit Lendenschurz sowie Frauen mit Glockenröcken und modischen Frisuren und Hüten. Dazu kamen Gefäße, Kernoi (Mehrfachgefäße zur Aufnahme von Samenspenden), Tonzylinder mit schlangenartigen Henkelschlaufen, ein Spendegefäß in Form eines Stierkopfs und Becher, die später mit den Symbolen von Sonne und Mond verziert sein konnten. Auch kleine Kugeln aus Steatit und Kristall wurden geopfert.

Eine akzeptable Erklärung für die beiden ersten Phänomene, das unvermittelte Auftreten von Gipfelheiligtümern und ihre Lage auf Bergeshöhen, bietet die These, daß kulturbringende Auswanderer aus dem vorsyrischen Raum, aus Mari und Ebla, über Ugarit nach Kreta kamen und im Zeichen eines mächtigen und segensreichen Götterpaars Einfluß auf die Menschen der Vorpalastzeit gewannen. Um aber die neuen Gottheiten von den alten, in den Hausschreinen verehrten Fruchtbarkeitsgöttern abzusetzen und zugleich ihren kosmischen Aspekt zu betonen, wurden, wie im Orient, die Bergeshöhen zum Sitz der Liebes-, Kriegs- und Himmelsgöttin und des stiergestaltigen Wetter- und Fruchtbarkeitsgotts. Natürlich machten die neuen Götter auch einen Anpassungsprozeß durch, was heute ihre Identifizierung erschwert. Doch spricht das Mond-Sonne-Symbol, das aus Bergkristall oder aus Stein geschnitten wurde oder als Verzierung eines Kultbechers diente (Abb. 65), für eine Ischtarverehrung. Zudem wird man – wie bei den Weihgaben in den Tempeln des klassischen Altertums – auch unter den figürlichen Votiven der altkretischen Gipfelheiligtümer zwischen Anbeter- und Götterstatuetten zu unterscheiden haben. So ist in einer um 2100 v. Chr. gefertigten Terrakottafigur aus Petsophas mit kecker Spitzhaube, Glockenrock, unbedeckten Brüsten und einem Jäckchen, das über dem Nacken zu einer Kragenspitze ansteigt, eine Göttin zu sehen, welche die Arme im Epiphanie- oder Segensgestus erhebt. Ein etwas späteres Siegelprisma (Abb. 91a) des 18. Jahrhunderts v. Chr. aus Knossos zeigt die Göttin in gleicher Tracht, nur daß sie statt der Spitzkappe der orientalischen Götter nun, der kretischen Mode folgend, eine Ringkappe trägt. Im gleichen Gestus hebt sie die Arme über einen Zweiarmwirbel

Das Leben im alten Kreta

65 Heilige Symbole der kretischen Ischtar/ Anat, 17.–16. Jh. v. Chr. (nach Zesvos 1956) a) Mond- und Sonnenscheibe aus Stein, aus Tylissos; b) konischer Becher mit Mond und Sonne, aus Zakros

mit zentraler Sonnenscheibe. Es handelt sich um die Himmelsgöttin Ischtar/Anat, welche die Erneuerung der Schöpfung, der Sonne, der Pflanzen- und der Tierwelt – symbolisiert auf dem Siegelbild durch Pflanzensproß und den Kopf eines Stierkalbes – garantiert. Die neue Religion Kretas mit Ischtar/ Anat und dem Wettergott Adad/Ba^{c}al manifestierte sich in den Gipfelheiligtümern. Der kriegerische Wettergott trug Lendenschurz und Dolch (Abb. 67 b). Die Himmelsgöttin Ischtar/Anat aber trat in vielen weiblichen Votiven oft extravagant frisiert und geputzt auf.

Die Dicke der Aschelagen in den Heiligtümern von Petsophas und auf dem Juchtas sprechen dafür, daß sich die Menschen aus den Ansiedlungen in der Ebene ein- oder zweimal im Jahr zum Gipfelheiligtum begaben. Nach späteren griechischen Festen zu urteilen, setzte der Priester die mitgebrachten Opfergaben auf einen Altar, wurden Opferfeuer angebrannt, Schafe geopfert und ein gemeinsames Festmahl gehalten. Danach tanzten und sangen die Menschen zu Ehren der Gottheit. Auch rief man die Gottheit an und blies dazu in eine Tritonmuschel. Pilger warfen Opfer in die Scheiterhaufen. Nach dem Fest wurden vom Priester Asche und Opfergaben in spezielle Behälter oder in Felsspalten gegeben.[75] Der Anlaß der festlichen Zusammenkunft läßt sich nicht sicher bestimmen. Die altkretischen Schriftzeugnisse dieser Zeit können wir noch nicht lesen, die offenbar in den piktographischen Zeichen angelegten religiösen In-

Die Zeit der älteren Paläste

halte nicht verstehen. Allgemeiner wissenschaftlicher Meinung nach handelte es sich bei den Festen auf den Bergeshöhen um Götterepiphanie, um Göttergeburt.

Von Tod und göttlicher Wiederkehr handelte der Vegetationsmythos des Ba‘al, der mit anderen Mythen des Gottes in Ugarit erzählt und im 14. Jahrhundert v. Chr. niedergeschrieben worden war.[76] Der Kultlegende des Ba‘al nach wurde dieser, nachdem er den Dämon der chaotischen Urgewalt, den Meerdrachen Jam besiegt hatte, zum König ernannt. Ba‘al ließ sich einen prächtigen Palast erbauen, residierte in ihm und hielt Gelage ab, bei denen er aus seinem grandiosen Becher trank. Er lauschte Sängern und Sängerinnen, trat als Feldherr und großer Jäger auf. Mit seiner kriegerischen und zugleich hingebungsvollen Schwester Anat verband er sich als Stier mit dem jungen Rind. (Die Frucht dieser Götterpaarung war ein göttliches Stierkalb, das als Symbol des jungen Ba‘al des nächsten Jahres angesehen wurde.) Während seiner gerechten Regentschaft lud Ba‘al einmal auch den Gott der Unterwelt, Mot, zum Gastmahl ein und forderte ihn auf, sein Untertan zu werden. (Im sumerischen Mythos drang die Göttin Inanna mit den göttlichen Gesetzen, den *me*, in die Unterwelt ein – mit dem gleichen Bestreben, die Unterwelt unter ihre Gesetze zu bringen. Der Versuch schlug fehl. Die Unterwelt ließ Inanna nicht mehr frei, bis Dumuzi statt ihrer der Unterwelt übergeben wurde. Seiner Schwester Geschtinanna gelang es, die Wiederkehr Dumuzis zu bewirken.) Ba‘al scheiterte bei diesem Unternehmen. Mot kündigte ihm seinen Tod an, Ba‘al mußte in die Unterwelt. Mot nahm den Thron des Ba‘al ein (vgl. Abb. 67a).

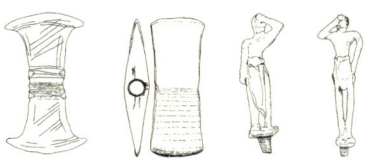

66 Bronzevotive aus der Psychro-Höhe, 1700–1500 v. Chr. (nach Ruttowski 1986)

Das Leben im alten Kreta

»Mot ist der Gott des Schirokko, der die Quellen versiegen, die grüne Flur gilben, aber auch die Ähren reifen läßt. Er ist der Gott des Absterbens, freilich auch der des Hinreifens zu Ernte und vollem Ertrag. Im Jahreslauf ist Mots Herrschaft ebenso notwendig wie die von Ba^{c}al. Darum, wenn Mots Stunde gekommen ist, muß Ba^{c}al von seinem Thron steigen und von der Erdoberfläche verschwinden. (...) Ba^{c}als Schwester-Geliebte aber, die ›Jungfrau Anat‹, betreibt energisch und hingebend die Suche nach ihrem Bruder und dessen Rückkehr aus dem Totenreich. Schließlich stellt sie Mot zur Rede und macht ihm eigenhändig den Garaus, indem sie ihm selbst das Schicksal des reifen Kornes bereitet: Wie eine Furie stürzt sie sich auf ihn, ›packt ihn, mit dem Flegel drischt sie ihn, mit der Schaufel worfelt sie ihn, in der Handmühle mahlt sie ihn‹. Die Kultlegende beginnt von neuem. Nachdem der junge Gott den Meer-Drachen getötet hat, steigt er zu den nördlichen Bergen hinauf, wo er von der Gemeinschaft der Götter wieder als König eingesetzt wird. Nun kann Ba^{c}al sein Regiment wieder antreten. Er tut es in feierlicher Thronbesteigung, unter dem Jubel der huldigenden Götter, die den Ruf erheben: ›Unser König ist Alijan Ba^{c}al, unser Richter, und keiner über ihn erhaben!‹«[77]

Ein Fest des Sieges göttlicher Kräfte, personifiziert in Ischtar/Anat oder einer verwandten weiblichen Gottheit, über Krankheit und Tod – ein Fest zugleich der Wiederkehr des Gedeihens, der Gesundheit, göttlicher Ordnung, der Inthronisierung des neuen Jahres, des Ba^{c}al oder eines ihm wesensnahen Gottes – konnte im Herbst zu Beginn der Regenzeit in den Gipfelheiligtümern gefeiert worden sein. Vielleicht galten die für den Zenit der vorminoischen Kultur Kretas charakteristischen dreigeteilten Heiligtümer der Berghöhen, Villen und Paläste einer Göttertrias wie Ba^{c}al, Anat und Mot (Abb. 67c).

P. Faure, der den *genius loci* während seiner Erkundung altkretischer Kultorte erlebte und manches Nachleben antiker Bräuche in den festlichen Begehungen der heutigen Kreter studieren konnte, schrieb über die heiligen Berge und ihre Feste:

»Jeden dieser Berge nannte man Dikte, Heiliger Berg. Das waren nicht die höchsten Berge, sondern die bequemsten, welche die schwachen Pilger, die Frauen, die Kinder und die Kranken am leichtesten ersteigen konnten; es waren auch die am besten sichtbaren, die sehr zentral und am schönsten gelegenen Berge. Hier lassen uns Ausgrabungen, dort Sondierungen und überall das Fortbestehen der bäuer-

Die Zeit der älteren Paläste

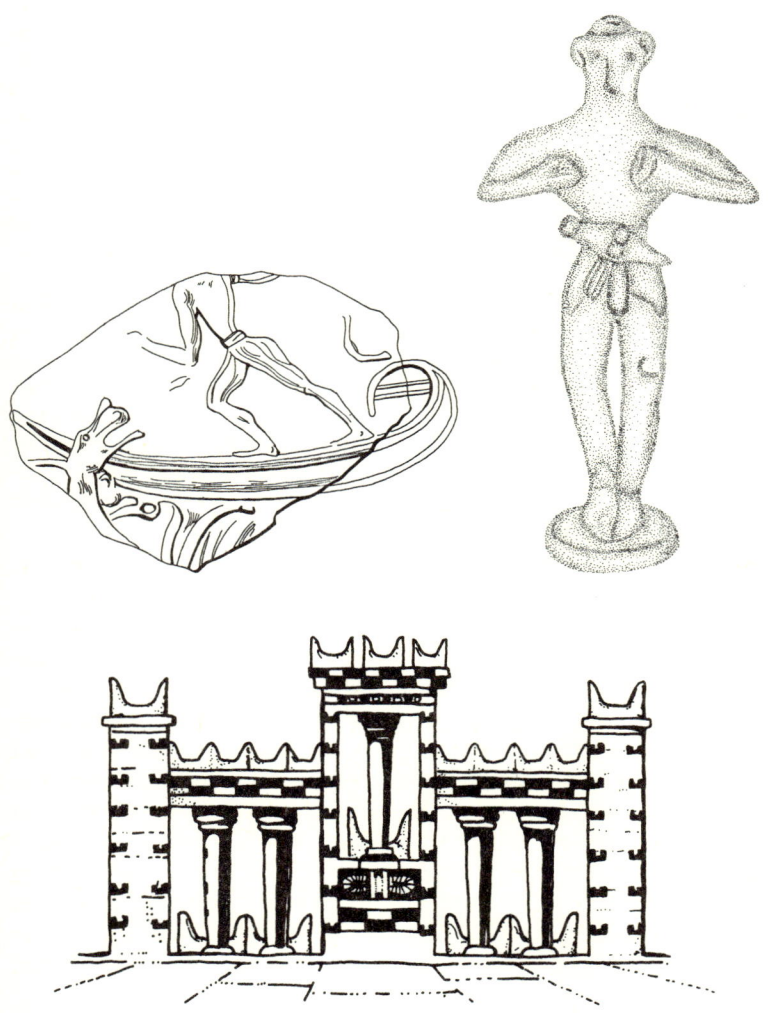

67 Bildbeispiele zum Jahresgott und dreigeteiltem Heiligtum, 19. – 17. Jh. v. Chr. (nach Evans 1921, Rutkowski 1991, Castleden 1990)
a) Der Meerdrachentöter, Siegelabdruck aus dem Tempelschatz von Knossos
b) Tonvotiv des Jahresgottes aus dem Gipfelheiligtum von Petsophas 1978
c) Hauptheiligtum (Tempel) des Palastes von Knossos, Fresko

lichen Bräuche und Bedürfnisse einen großen Teil der Riten und ihrer Bestimmung erkennen. Es war mir vergönnt, im Sommer an mehreren dieser volkstümlichen Pilgerfahrten teilzunehmen. Zu Fuß oder auf dem Rücken eines mit bunten Tüchern aufgeschirrten Esels gelangt man, oft von sehr weit her, bei Einbruch der Dunkelheit ans Ziel. Das Abendessen wird im Freien eingenommen. In Decken gewickelt, schläft man ein. Im Morgengrauen zündet man lodernde Feuer an, während man gespannt den Sonnenaufgang erwartet; man nimmt zwischen den brennenden Kerzen heute an einem Opfer teil, welches das Meßopfer geworden ist. Für die Antike erklärt sich der Brauch der Feuer, Lampen und Opfer aus dem Wunsch, die Flamme der Sonne wiederzubeleben in den kritischen Augenblicken ihrer größten Nähe zum Horizont, wenn man glaubte, die Sonne werde stehenbleiben und sterben, oder in den Augenblicken ihrer Begegnung mit anderen Erscheinungen des Sternenhimmels oder der Geographie, wenn man glaubte, sie werde aus den Hörnern des Mondes geboren, sich vermählen, von einer Himmelswohnung zur andern ziehen. Mehrere Heiligtümer, die gleichzeitig ihren Kult mit lodernden Feuern zelebrierten, standen miteinander in Verbindung, genau wie in unserer Zeit die Feiern des Eliasfestes in der Morgendämmerung des 20. Juli, des Verklärungsfestes am 6. August und des Festes des Heiligen Kreuzes am 14. September auf den Bergen ein ganzes Netz von Lichtern erglühen lassen.

Indem man Darstellungen mißgestalteter oder kranker Gliedmaßen an die Wände des Heiligtums heftete oder in die Felsspalten schob, glaubte man auch, daß die Pilger und ihre Herden gleichzeitig mit der Erneuerung der Gottheit geheilt oder gestärkt würden. In manchen Fällen wurden die Figuren in das Feuer der gemeinsamen Auferstehung geworfen. Gewöhnlich wurden sie zerbrochen und die Scherben in der Asche verscharrt oder auf den Grund der Felsspalten geworfen, damit sie unauffindbar, nicht wieder zu gebrauchen und unveräußerlich würden. Das Spenden von Muscheln, Fischen, kleinen tönernen Booten und vor allem von runden Kieseln, die vom Strand mitgebracht wurden, macht das Gelübde von Seeleuten an eine kosmische Gottheit, ihre eigene Schutzgöttin, sichtbar. Die Reicheren brachten große Tonstatuetten dar, die Adoranten darstellten, bronzene Statuetten in Form von Menschen oder Tieren, mit Flüssigkeiten gefüllte Krüge, Schmuckstücke, dünne Goldplättchen, Kugeln aus Bleikristall und gehörnte Skarabäen, das Symbol der Wiedergeburt und der Auferstehung. Früher wie heute teilten die Pilger den mitgebrachten Proviant, sie tranken und beschlossen das Fest mit Tänzen und Liedern. Man rüstet immer zur

Die Zeit der älteren Paläste

Rückkehr ins Dorf, wenn die Sonne nicht zu sehr brennt, manchmal am Morgen des zweiten Tages nach dem Aufbruch; es ist ein fröhlicher und buntgemischter Zug. Von solchen Pilgerfahrten erwartet man sich Heilungen, Wunder, eine Stärkung der Lebenskraft und des Glaubens und Wasserreichtum. Man fühlt sich wiedergeboren. Nach dem antiken Mythos war der höchste Gott der Eteokreter auf dem Gipfel des Berges Dikte geboren. Je nach dem Gebiet nannte man ihn Talos, Velchanos, Asterios, Atymnos, Skylios oder Hyakinthos. Anderswo war es eine Göttin, deren ergreifende Geschichte gefeiert wurde, Britomartis, die süße Jungfrau, oder Diktynna, die Herrin des Heiligen Berges.«[78]

Heilige Grotten

Die Insel Kreta, die größtenteils aus Kalkstein besteht, ist reich an Grotten; 2000 wurden insgesamt gezählt. Von diesen dürfen 35 als heilig gelten, aber nur bei 16 Grotten wurden Kultplätze festgestellt. Die meisten heiligen Grotten liegen nahe den Berggipfeln in Zentralkreta. Offenbar galten nur jene Grotten als heilig, deren Besuch einen unerklärlichen Schauer auslöste, sei es durch besondere Lichtverhältnisse, sei es durch die phantastischen Gebilde von Stalagmiten und Stalaktiten im Grotteninnern oder durch das unerwartete Vorhandensein von kühlen Seen in Felsenbecken. Zu den ältesten vorpalastzeitlichen heiligen Grotten gehört die Trapeza-Grotte in der Lassithi-Hochebene. Sie diente in der Steinzeit als »Haus« für die Toten, und dieser alte Brauch, den Toten eine letzte Ruhestätte in Berggrotten zu geben, erlosch nie ganz. Grotten haftete immer jene geheimnisvolle Atmosphäre des Unterweltlichen an. Zu ihr paßten die Verehrung von heroisierten Ahnen, Trauerriten über den von Mot in die Unterwelt verbannten Vegetations- und Wettergott Ba'al, aber auch die von Hoffnung getragene Bitte an die mächtige kriegerische Anat, über alle Widersacher und Hindernisse zu siegen, und die glückliche Wiedergeburt des Vegetationsgotts zu ermöglichen (vgl. Abb. 91a). Da Anat/Ischtar nicht nur Kriegsgöttin, sondern auch Muttergöttin und Geburtshelferin war, wird man sie in den Gipfelheiligtümern als siegreiche Göttin gepriesen, in den Grottenheiligtümern aber um Tilgung der Schrecken des Todes und um Gewährung glücklicher Geburten angefleht haben.

Das Leben im alten Kreta

Zu den bedeutendsten Höhlen Kretas gehört die Diktäische- oder Pschyro-Höhle oberhalb des Dorfes Psychro am Abhang des Dikte über der Lassithi-Ebene. Hesiod (Theogonie) scheint die Diktäische Höhle mit der Geburt des Zeus verbunden zu haben; Funde der altkretischen Zeit aber zeigten, daß der Kult einer weiblichen Gottheit und eines Stiergotts im 18. Jahrhundert v. Chr. von der Trapeza-Höhle, wo er erlosch, in die Diktäische Höhle übertragen und dort bis ins 6. Jahrhundert v. Chr. gepflegt wurde.[79] 1883 hatten Bauern die Höhle entdeckt. 1884/85 führten J. Hazzidakis und F. Halbherr die ersten Ausgrabungen durch, 1906 leistete D. G. Hogarth die abschließende Erforschung. Die Grotte gliedert sich in eine obere und untere Höhle. In der oberen Höhle war ursprünglich ein heiliges Areal gepflastert und mit einer massiven Temenos-Mauer umgeben worden. Seine Ausstattung bestand in einem aufgemauerten Altar nahe dem westlichen Ende der Grotte, in großen aufgestellten Doppeläxten, in Trankopfertischen und Lampen auf Ständern.

Die Ausgrabungen in der unteren Höhle, die reich an seltsamen Formationen von Stalagmiten und Stalaktiten war, vollzogen sich nach Hogarth in einer unwirklichen Szenerie. Am Rand eines unterirdischen Sees, hineingesteckt in eine fundreiche, 2 m mächtige Schlammschicht, flackerten unzählige Lichter. Ihr Schein spiegelte sich im Wasser wider und warf ein unruhiges, warmes Licht über die aus dem Dorf engagierten Männer und Frauen, die zwischen den Tropfsteinen kletterten oder einzeln hoch über dem See die Pfeiler erklommen auf der Suche nach verborgenen Votiven. Es konnten über 500 Votive aus Bronze, Gold, Blei, Halbedelsteinen, Elfenbein, Knochen und Terrakotten sichergestellt werden. Vor einem Stierkopf hatten die Gläubigen der Altpalastzeit Weihgaben wie Dolche, Schwerter, Doppeläxte und Werkzeuge in die Felsspalten gesteckt. Männliche und weibliche Bronzestatuetten,[80] die männlichen angetan mit einem Lendenschurz, die weiblichen mit Glockenrock, zeigten den gleichen Gestus: Die rechte Hand ist zum Haupt erhoben. In diesem seltsamen und noch ungedeuteten Gestus wird allgemein ein »Strammstehen«, ein »Salutieren« vor der Gottheit gesehen, das der Adorant als Ehrfurchtshaltung einnahm. Wir werden zeigen, daß dies die Ehrfurchtshaltung des

Die Zeit der älteren Paläste

jungen Wettergotts vor der Großen Göttin war, eine typische Gestik, die sich vielleicht im 18. Jahrhundert v. Chr. herausbildete.

Die Linear A-Inschrift eines steinernen Opfertisches ist heute noch unverständlich; besser lesen läßt sich der Bildinhalt eines Votivtäfelchens aus Bronze, das sich heute im Ashmolean Museum von Oxford befindet. Die eingeritzten Bilder der Votivtafel ordnen sich in eine obere und in eine untere Zone. Die obere Zone wird durch Sonne, fliegende Vögel und Mond als oberirdische Region angegeben, die untere erhält durch den aufwärts schwimmenden Fisch den Aspekt einer unterirdischen Wasserregion. In beiden Regionen spielt sich eine Handlung ab, die durch das dreimalige Zitat des heiligen Doppelhorns und durch die viermalige Wiederholung des Pflanzensymbols auf einen Götter- und Vegetationsmythos hinweist.

Im Zentrum der unteren Region steht ein sterbender Baum, der die Äste hängen läßt. Auf diesen wankt ein Mann zu. Sein Leben entschwindet mit dem Blut, das aus einer Wunde am linken Handgelenk tritt. Unter der Zickzacklinie des austretenden Blutes erkannte Evans das Zeichen eines Delphinkopfs. Aelian (*de natura animal.* X 46) überlieferte, daß der Oxyrhynchus-Fisch aus den Wunden des Osiris entstanden sei. Der sterbende Vegetationsgott Ägyptens, Osiris, nahm die Gestalt eines Fisches an. Der auf der Bahre liegende Osiris wurde auch als Abu-Fisch dargestellt. Entsprechende Vorstellungen scheinen auch auf der Weihetafel aus der Psychro-Grotte den Bildinhalt bestimmt zu haben: Der Vegetationsgott stirbt, nimmt die Gestalt eines Fisches an und schwimmt gen Osten, in die Himmelsrichtung des Sonnenaufgangs. Hier im Osten steht das heilige Doppelhorn mit der Lebenspflanze, die kraftvoll ihre Zweige nach oben richtet. Hier erwartet ihn die Göttin in ihrer Vogelgestalt, um seine Wiedergeburt zu gewährleisten. Über dem Fisch und vor ihr ist ein Zeichen eingeritzt, das an die ungeschickt gezeichnete Umrißlinie eines Eies oder an das piktographische Zeichen für Mensch oder Embryo in der sumerischen Schrift um 3000 v. Chr. erinnert. In beiden Fällen handelt es sich um ein Geburtszeichen. Über der Vogelgöttin in der oberen Bildzone strahlt die Sonne im Aufgehen, und verdunkelt der Mond im

Das Leben im alten Kreta

Westen. Zwischen beiden Himmelskörpern steht monumental ein prächtiges Doppelhorn, doppelt so groß wie die Doppelhörner über dem Vegetationsgott und unter der Vogelgöttin, weil es die Lebenskräfte beider Götter vereint. Diese stürmen in der Vogelepiphanie zum Himmel empor.

Die Psychro-Tafel zeigte nicht nur entscheidende Momente der Kultlegende eines Vegetationsgotts, nämlich sein Sterben, sein Eintreten in die Unterwelt und seine durch die Große Göttin garantierte Wiedergeburt, sondern sie veranschaulichte auch die Hoffnungen der Menschen, die sich durch ihren Glauben mit der Großen Göttin und dem Vegetationsgott verbunden haben.

Zehn Meilen westlich der Psychro-Höhle, südöstlich von Knossos am Hügel des Prophetis Elias, liegt die Arkalochori-Höhle. Sie wurde 1912 teilweise von J. Hazzidakis ausgegraben. Vor einem Steinsturz glaubte er das hintere Ende der Höhle erreicht zu haben und brach die Ausgrabung vorzeitig ab. Kinder aus dem Ort Arkalochori (»Dachsdorf«) fanden 1934 einige Bronzen und eine goldene Miniaturdoppelaxt neben einem Dachsloch am Eingang der Höhle. Darauf wurde die Höhle von den Dorfbewohnern inspiziert und hinter dem Steinsturz ein Depot von Gold- und Bronzevotiven gefunden. Spyridon Marinatos, der 1934/35 die Erforschung der Höhle zu Ende führte, fand einen Schatz von hundert bronzenen, sechs silbernen und zwanzig goldenen Doppeläxten. Manche trugen kunstvolle Gravuren und einige kretische Schriftzeichen. Zu den Kultäxten kam eine Anzahl sehr großer Bronzeschwerter. Die Höhle wurde von 2000 bis 1450 v. Chr. als Kultplatz aufgesucht und erwies sich als reichstes der erforschten Höhlenheiligtümer Kretas. Marinatos vermutete, daß hier ein Kriegsgott und in der Kamares-Grotte bei Phaistos sowie in der Eileithyia-Grotte bei Amnissos eine Geburtsgöttin verehrt wurde.

Die heilige Höhle bei Knossos, die Skotino-Höhle, besteht aus vier Räumen, die eine Kette von insgesamt 160 m Länge bilden. Ein schmaler Eingang führt zum ersten domartigen Saal von 94 m Länge, 36 m Breite und 50 m Höhe. In seinem Zentrum steigt eine Stalagmiten-Formation auf, die an eine urtümliche Skulptur erinnert. Der zweite, 24 m lange Raum liegt tie-

Die Zeit der älteren Paläste

fer, auch die Decke senkt sich. Das Licht erfaßt ihn nur gedämpft. Hier scheint bei einem Altar aus natürlichem Felsgestein der Brennpunkt des kultischen Lebens gewesen zu sein. Man fand Opferreste und Votivgaben. Der dritte Raum ist schmal, abermals niedriger und noch dunkler; von ihm zweigen Gänge ab, von denen einer zum vierten, runden Raum führt. Am 26. Juli wird heute das Fest der heiligen Paraskevi bei der Skotino-Höhle gefeiert.

Die berühmteste der kretischen Höhlen ist die Idäische Grotte. Sie liegt 1540 m hoch am Osthang des Ida-Gebirges, 170 m über dem Rand der Nidha-Hochebene. 1885 identifizierte sie Ernst Fabrizius als die schon in der Antike berühmte Geburtsgrotte des Zeus, zu der bereits im 6. Jahrhundert v. Chr. der griechische Philosoph Pythagoras reiste.[81] Sie ist die höchste aller Grotten Kretas und liegt im Zentrum der Insel. 1884 entdeckte sie ein Schafhirt, der seine Funde im Heimatdorf zeigte, worauf die Dorfbewohner die Grotte plünderten. Der Archäologe und Ephoros Hazzidakis eilte, die wissenschaftliche Erforschung der Höhle einzuleiten, und begann 1885 mit der ersten Ausgrabung, die viele Bronzen, vornehmlich des 8. Jahrhunderts v. Chr., zutage brachte.

Im Jahr 1956 führte Sp. Marinatos eine Nachgrabung durch und konnte nachweisen, daß die Grotte schon im 14. Jahrhundert v. Chr. ein Kultplatz war. Seit 1982 liegt die endgültige Erforschung dieses bedeutenden Kultplatzes in der Hand von Jannis Sakellarakis. Vor dem Höhleneingang war in antiker Zeit ein Altarbezirk angelegt, auf dem Brandopfer dargebracht und Votive aufgestellt wurden. Dieser Vorplatz erbrachte in ziemlicher Tiefe ein Depot archaischer Bronzen, zu dem Schilde, Tympana, Dreifüße, Kessel und Tassen gehörten. Der Höhleneingang in der senkrecht aufragenden Felswand ist 27 m breit und 9 m hoch. Der Hauptraum der Höhle besitzt ein Flächenmaß von 36 x 34 m und zwei seitliche Räume sowie eine von P. Faure entdeckte rückwärtige Kammer, die sich 8 m über dem Boden des Hauptraums in der Rückwand öffnet. In einem großen Altarbezirk des Hauptraums wurden Tieropfer dargebracht. Weihgaben aus vielen Jahrhunderten bezeugten die Kontinuität des Kultes bis in die römische Zeit.[82]

Das Leben im alten Kreta

Am südlichen Abhang des Ida-Gebirges, nicht weit vom heutigen Dorf Kamares, liegt in 1 525 m Höhe die Kamares-Grotte. Der große Bogen der Grottenöffnung ist an klaren Tagen vom Palast von Phaistos aus zu sehen. Wieder war es ein Hirte, der 1894 Hazzidakis auf Keramikfunde aus der Grotte aufmerksam machte. A. Taramelli und nach ihm J. L. Myres und L. Mariani untersuchten 1895/96 die Grotte und stießen dabei auf kunstvolle, polychrom hell auf dunkel bemalte Gefäße, die »Kamares-Vasen«. Ihre Datierung erbrachte in der Folge das bedeutsame Forschungsergebnis, daß der Beginn der Kulthandlungen in der Kamares-Grotte und der Bau des ersten Palastes von Phaistos gleichzeitig erfolgten. Aus den Werkstätten dieses Palastes stammten die erlesen schönen Gefäße der Grotte. Das Erdbeben, das gegen 1700 v. Chr. den ersten Palast von Phaistos zerstörte, scheint auch die Grotte unbegehbar gemacht zu haben.

Die zweite noch im klassischen Altertum bekannte und zeitweilig als Kultplatz verehrte Grotte ist die Eileithyia-Grotte, ca. 1,5 km südlich von Amnissos, dem antiken Hafen von Knossos. Schon auf einer altkretischen Tontafel mit Linear-B-Schrift erschien der Name der Göttin *E-re-u-ti-ja*. Hesiod kannte Eileithyia als Tochter der Hera und des Zeus. Bei Homer sind es mehrere Töchter der Hera, die Eileithyiai, die Geburtshilfe leisten (Homer, *Ilias* XI 270–271). In der *Odyssee* wurde auch die Grotte erwähnt (XIX 188–189). Die 62 m lange und 12 m breite Höhle wurde 1896 von Hazzidakis entdeckt und von ihm zusammen mit F. Halbherr erkundet. 1929–1930 führte Sp. Marinatos die entscheidenden Ausgrabungen durch.

In der Mitte der Höhle ragen zwei Stalagmiten auf, die mit einem »kultischen Becken« ummauert waren. Marinatos sah in den Stalagmiten Kultpfeiler, die an Mutter und Kind erinnerten. Im hinteren Teil der Höhle öffnet sich ein Spalt zu einem unterirdischen Raum, in dem ebenfalls Votivkeramik gefunden wurde. Die Grotte diente in neolithischer Zeit als Wohnplatz; die Ausgräber fanden nahe den Stalagmiten steinzeitliche Keramik und Äxte. Als Kultplatz hat sie offenbar ab dem 14. Jahrhundert v. Chr. Verehrung gefunden, die dann bis ins 8. Jahrhundert v. Chr. andauerte, im 3. Jahrhundert v. Chr. neu belebt wurde und erst im 5. Jahrhundert n. Chr. endgültig erlosch. Als Votive weihte man wie in der Kamares-Grotte Gefäße, weshalb beide Grotten als Verehrungsstätten derselben Göttin der glücklichen Geburt angesehen werden.

Unblutige und blutige Opfer – der spektakuläre Fund von Anemospilia

An der Nordwestflanke des Juchtas entdeckte 1979 das Ausgräberehepaar Efi und Jannis Sakellarakis Baureste, die ihre Aufmerksamkeit erregten. Der Ort trug den poetischen Namen Anemospilia, nach den Windhöhlen des benachbarten Hügels. Der schweifende Blick geht weit auf den Dikte im Osten und den Ida im Westen, auf Knossos und das Meer. Zwei antike Straßen laufen hier zusammen.

Die Ausgrabungen, deren Beginn ein kretischer Bauer mit den Worten begrüßte: »Hier singen die Vögel anders und schöner als sonst irgendwo auf Kreta«,[83] brachten ein einzigartiges Ergebnis. Der erste bisher erforschte freistehende Tempel der Altpalastzeit war, während sich Kulthandlungen in ihm vollzogen, durch das jähe und gewaltige Erdbeben im frühen 17. Jahrhundert v. Chr. eingestürzt, das auch die alten Paläste zerstörte, und hatte Menschen und Opfergut unter sich begraben. Tiefe Scheu hielt die Menschen seitdem von diesem Ort fern. Während überall im Land Häuser und Paläste wiederaufgebaut und bewohnt wurden, blieben die eingestürzten Mauern des Tempels von Anemospilia liegen, die Toten verschüttet, so, als wagte man nicht, das Opfer, das sich die erzürnte Gottheit mit hartem Griff selbst genommen, in irgendeiner Weise anzutasten.

Der nach Norden orientierte, jedoch noch nicht vollständig ausgegrabene Tempel hat eine annähernd quadratische Gestalt, die drei rechteckige Räume im Süden und einen ihnen vorgelagerten West-Ost-Korridor im Norden umschließt. Den heiligen Bezirk umgab in einigem Abstand zum Tempel eine Temenosmauer. Die Wandstärke des Tempels zeigt, daß man bei seinem Bau auf Stabilität bedacht war. Eine Stuckschicht, geschmückt mit weißen oder roten Bändern, überzog einst die Innenwände. Der West-Ost-Korridor bildete zugleich den Vorraum für alle drei heiligen Zellen. Der bedeutendste der Tempelräume war der mittlere, dessen Kalksteinschwelle durch ihre hohe Lage gegen-

Das Leben im alten Kreta

über den Schwellen der West- und der Ostkammer ausgezeichnet war. Türzapfenlöcher im Stein der Schwelle verraten, daß der Zentralraum durch eine Zweiflügeltür geschlossen werden konnte. Vor dieser Tür waren einst wohl über einem brunnenartigen Steinrund Wasserspenden oder rituelle Handwaschungen vorgenommen worden (Abb. 68).

150 Gefäße standen zum Zeitpunkt der Erdbebenkatastrophe im Vorraum. Bei den Töpfen und Vorratsgefäßen, von denen einige eingeritzte Schriftzeichen trugen, lagen auch Reiben. Hier wurden also Speisen für die Zeremonien vorbereitet.

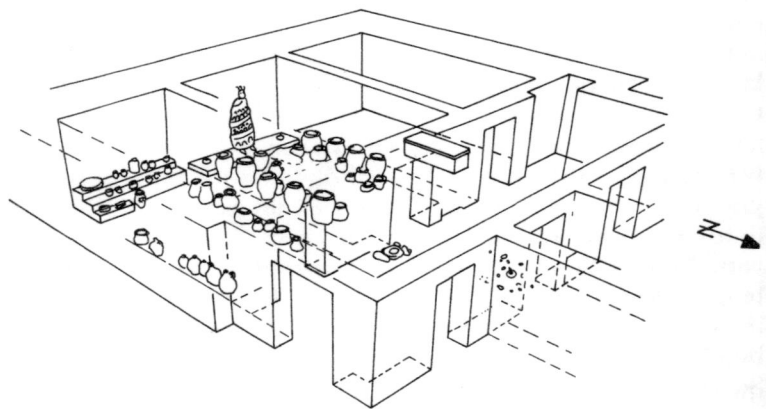

68 Rekonstruktion des dreigeteilten Heiligtums von Anemospilia, Blutopferaltar im Westraum, Kultstatue im Zentralraum, Stufenaltar für unblutige Opfer im Ostraum; Anordnung gemäß der Fundsituation, um 1700 v. Chr. (nach Rutkowski 1986).

»Wie von den zeitgleichen Kulturen in Ägypten und dem Orient her bekannt ist, wurden die Opfergaben den Göttern nicht immer in reiner Form dargeboten, sondern oft miteinander vermischt. Dies zeigt auch die Fülle der Reiben und Mahlsteine, die im Vorraum gefunden wurden, für die Athenaios einige eigentümliche kretische Rezepte erwähnt. Einige dieser Speisen wurden gebraten, andere roh dargereicht, einige mit Knochen, andere ohne, wie Euainetos in seinem ›Opsartytikon‹ für eine Speise namens ›Myma‹ anführt, die aus kleinen knochenlosen Fleischstücken bestand. Aus diesem Grund ist

Die Zeit der älteren Paläste

es von Bedeutung, daß bei der Ausgrabung des Vorraums, selbst dort, wo Töpfe standen, keine Knochen gefunden wurden. Einzige Ausnahme ist eine Stelle im Westteil, wo man Knochen mit Tontellern fand.«[84]

Im mittleren Raum lief entlang der rückwärtigen Südwand eine aus dem Fels gehauene, 25 cm hohe, blockartige Bank, die einst mit gelber Tonerde verputzt war. In der Südwestecke, wo der natürliche Fels 40 cm über dem Boden des Raumes anstieg, war er unbehauen als »heiliger Felsstein« belassen worden. Auf der Kultbank hatten zwei rituelle Gefäße ihren Platz gehabt: ein Rinngefäß (Rhyton) für Flüssigkeitsspenden wie Wein oder Wasser und ein Eimer besonderer Form. Beide Gefäße standen einst neben zwei Tonfüßen, die mit ihren oberen Zapfen in einem hölzernen Götterbild befestigt waren. Dieses Kultbild verbrannte, als beim Erdbeben herabstürzende Steine brennende Öllampen zerschlugen und ihre Flammen Nahrung fanden, sich zum lodernden, zerstörenden Brand auszudehnen. Der Raum war angefüllt mit den verschiedensten Gefäßen. In einer Kanne wurden verkohlte Früchte gefunden.

Im benachbarten Ostraum lief an der rückwärtigen Südwand ein Stufenaltar entlang, im Ostteil bestehend aus drei, im Westteil aus zwei Stufen. Hier fanden die Archäologen alles Kultgerät noch an seinem Platz. Eine große Tonschüssel, geflochtenen Körben nachgebildet, mit eingeritzten Schriftzeichen der Linear-A-Schrift am Rand, nahm die Mitte ein. Solche »Körbe« waren, wie man durch Bildzeugnisse etwas späterer Zeit weiß, zur Aufnahme von Früchten bestimmt. Hinzu kamen Amphoren und viele Kannenformen, die Flüssigkeiten – Öl und Wein – enthalten konnten, Becher, tiefe Schalen und an gefüllte Lederschläuche erinnernde, kugelige, kleine Gefäße mit Ausguß, sogenannte Askoi. Ihre wechselnden Blumen- und Pflanzenmuster ließen die Ausgräber daran denken, daß in diesen Askoi vielleicht Pflanzenextrakte oder -tränke geopfert wurden. Unter diesen unblutigen Opfergaben stand auch ein quadratischer, tragbarer Opfertisch aus dunklem Steatitgestein mit einer Mulde in der Mitte. Ein weiteres Naturelement waren Meereskiesel, die herbeigebracht worden waren, um die Welt des Wassers zu vertreten.

Der Westraum zeigt architektonische Besonderheiten: Seine

Das Leben im alten Kreta

Eingangstür im Norden ist aus der Mittelachse etwas nach Osten versetzt. Vor ihr erweitert sich der Vorraum in einer Nische nach Westen, wodurch ein eigenes Kultareal geschaffen wurde. Vor der Eingangsschwelle in den Westraum war eine Rinne in den Fels gegraben, die in die Westnische des Vorraums führte und dort in einer Grube endete. Die im Vorraum gefundenen Tontablette und Rinder- sowie Ziegenknochen zeigen, daß dies der Teil des Tempels war, in dem blutige Opfer vorgenommen wurden. Das Blut der Tiere floß durch die Felsrinne in die Grube der Westnische. Im Westraum fand man die große gemauerte Plattform eines niedrigen Altars. Das Steinpodest war mit Lehm überzogen, seine Oberseite wohl einst mit Holz abgedeckt. Zu den sensationellen Funden in diesem Raum berichteten die Ausgräber:

»Im Westraum selbst gab es nur wenige Funde. Es wurden aber Informationen gewonnen, die dazu führten, daß der Fund des Tempels in Anemospilia zu den bedeutendsten, und darum auch bekanntesten Funden zählt, die je auf Kreta gemacht wurden. Denn unter den Steinen, die beim Zusammenstürzen der Wände herabgefallen waren, fand man drei weitere menschliche Skelette, die in keinerlei Zusammenhang mit anderen, bisher auf minoischen Friedhöfen gefundenen Skeletten stehen. Wie sofort gezeigt werden wird, waren die Todesumstände dieser Personen so ungewöhnlich, daß sie verschiedene Spezialisten beschäftigten, und zwar nicht nur Anthropologen, sondern auch Gerichtsmediziner.

In der Südwestecke des Raumes fand man das Skelett einer Person in Bauchlage mit der rechten Hand am Kopf und gespreizten Beinen. Es handelt sich um eine ca. 28jährige Frau, die 1,54 m groß und, wie die anthropologische Untersuchung zeigte, Trägerin der mittelmeerischen Anämie (Mangel an roten Blutkörperchen) war. Einige Meter nördlich wurde ein zweites Skelett in einer noch ungewöhnlicheren Stellung gefunden; die Person war auf den Rücken gefallen, mit ausgestrecktem rechten Bein und angewinkeltem linken. Ihre beiden Arme waren zum Brustbein hin angewinkelt. Nach den Anthropologen handelt es sich um einen Mann im Alter von ungefähr 38 Jahren, der 1,78 m groß war. Er war äußerst zart gebaut, überaus gesund und in biologisch guter Konstitution. Von den Gerichtsmedizinern wird seine Stellung die ›Boxerposition‹ genannt, und sie ist charakteristisch für Personen, denen eine Last auf den Kopf fällt; sie setzen einen Fuß nach hinten und reißen die Arme

Die Zeit der älteren Paläste

nach oben, um den Kopf zu schützen. (...) Also war die Todesursache dieser beiden Personen (...) der Fall der Steine und Hölzer des Daches und die Feuersbrunst, bei der sich an einigen Stellen Temperaturen von 300–500 Grad entwickelten, da bei einigen Zähnen der Zahnschmelz gesprungen war.

Bei dem Skelett des großen Mannes waren glücklicherweise einige Belege seiner Identität erhalten. An der linken Hand trug er einen mit Eisen ummantelten Silberring, der vermutlich ein Siegelring ist. Es handelt sich um einen äußerst wertvollen Gegenstand, denn natürlich war Eisen im 17. Jahrhundert v. Chr. das wertvollste Metall, und deshalb ist auch das Silber damit ummantelt. Und es ist vielleicht interessant festzuhalten, daß solche Gegenstände in späterer Zeit nur in Königsgräbern anzutreffen sind. Ebenso bedeutend war ein Siegel aus Achat, das bei der Handwurzel des Mannes gefunden wurde. Das Siegel ist mit der Darstellung eines Bootes verziert, dessen Bug in einem nach rückwärts gewendeten Vogelkopf ausläuft. (...) Diese beiden persönlichen Gegenstände sind Insignien, die zeigen, daß ihr Besitzer nur eine herausragende Persönlichkeit gewesen sein kann, wie dies auch die anthropologische Untersuchung bestätigte.

Neben den oben erwähnten wurde noch ein vierter Toter im Westraum des Tempels von Anemospilia gefunden, der aus vielen Gründen der interessanteste ist.

Die Konstruktion, auf der sich der Tote befand, ist ein sehr niedriges, tischartiges Podest aus Steinen und Lehm, das sich auf dem mit Estrich überzogenen Boden erhebt. Diese feste Konstruktion befindet sich nicht im Zentrum des Raumes, sondern im Nordwesten, hinter dem Pfeiler. Von der Form her vergleichbar sind die niedrigen gemauerten Altäre, wie z. B. der im Westhof des Palastes in Knossos.

Das Skelett wurde genau auf dem Altar gefunden, in diagonaler Schräglage, nach rechts geneigt und mit dem Gesicht nach Osten. Sein Kopf befand sich in der südöstlichen Ecke des Podests, und seine Beine waren gebeugt. Auf seinem Bauch lag schräg die riesige Waffe. (...)

Die 40 cm lange Bronzewaffe gehört einem sehr seltenen Typus an; sie hat einen kurzen Griff und zwei Löcher in der Mitte. Früher wurden die wenigen bekannten Waffen dieses Typs Messer genannt; neuere Untersuchungen schließen aber nicht aus, daß dieser Typus zu den Lanzen gehört. Genau in der Mitte ist beidseitig in Matrizenguß- und Ziselierarbeit der Kopf eines Fabelwesens angebracht. (...) Es scheint, daß die Beine des Toten gefesselt waren; aus diesem Grunde berührt eine Ferse einen Oberschenkel. Aber noch wichti-

ger ist, daß, wie die unterschiedliche Färbung der linken Skeletthälfte im Gegensatz zur rechten zeigt, der Tote, ein Mann im Alter von ca. 18 Jahren und 1,65 m groß, sein Blut verloren haben muß, während er noch am Leben war. Es handelt sich also um ein Menschenopfer. (...)
Den Gerichtsmedizinern zufolge war die Todesursache eine Wunde, die dem Toten mit der Waffe an der linken Seite des Halses, an der hervorstehenden Halsschlagader zugefügt worden war, von wo auch das meiste Blut fließt, wie die Minoer von den Stieropfern her wußten. Die Person, die das Opfer ausführte, kann der Priester gewesen sein, und er war rechtshändig. Er stand hinter dem Opfer und führte zwei aufeinanderfolgende Bewegungen aus: die eine Bewegung war der Stoß und die zweite das Ablegen der Waffe von rechts nach links. Unzweifelhaft begann das Erdbeben nach dem Vollzug der Opferhandlung und vor der Entfernung des Opfers vom Altar. Das Blut, das in den Eimern aufgefangen worden war, war bereits dem Kultbild dargebracht worden, wie die Eimer im mittleren Raum, besonders aber das Gefäß für Blut mit der Darstellung des gewöhnlich geopferten Tieres, des Stieres, zeigen.«[85]

Ein solcher Kulteimer wurde in der Tür des mittleren Raumes mit den Resten eines weiteren menschlichen Skeletts gefunden (Abb. 69). Die Ausgräber wiesen darauf hin, daß Menschenopfer bisher noch nicht im minoischen Kreta festgestellt wurden, hingegen im zeitgenössischen semitischen Palästina und in Ägypten. Dieses »höchste aller Opfer« sei offenbar für das allgemeine Wohl und nur im Geheimen abgehalten worden.

Da die Kultstatue fast völlig verbrannte, bleibt ungewiß, ob diese unblutigen und blutigen Opfer einem Gott oder einer Göttin dargebracht wurden. Weil aber im Ostraum unblutige Gaben versammelt wurden, während man vor und in dem Westraum blutige Opfer vollzog und dann das Beste von beiden im Zentralraum dem Götterbild zutrug, drängt sich wieder der Gedanke an das doppelgesichtige Wesen der Großen Göttin Syriens und Mesopotamiens auf. Sie war der Morgen- und der Abendstern, strahlendes Himmelslicht des Ostens und Westens; Sonne und Mond waren ihre Symbole, sie fungierte als Göttin der Liebe und des Gedeihens, aber auch des Tötens und des Krieges.

Die Zeit der älteren Paläste

In einem Text aus Ugarit heißt es:

»Unter ihr lagen Köpfe in Schwaden,
neben ihr Glieder wie ein Heuschreckenschwarm (…)
bald reichten ihr die Köpfe bis an den Rücken,
ragten ihr die Glieder bis an den Schoß.
Sie tauchte ihre Knie ins Blut der Tapferen.«[86]

Die Blutopfer von Anemospilia wurden im Westbereich des Tempels dargebracht. Der Westen ist der Ort der untergehenden Sonne und war die Region des Todes nach ägyptischer und wohl auch altkretischer Religion. Die große Erdbebenkatastrophe um 1700 v. Chr. muß sich mit erschreckenden, todbringenden Vorzeichen angekündigt haben. Die Große Göttin schien erzürnt und blutdurstig. Sie hatte den Menschen ihr dunkles, nach Westen blickendes Gesicht zugewandt. Da wagte man das Äußerste. Mit reichen Gaben des Flursegens umwarb man die freundlichen Neigungen der Göttin und suchte zugleich mit dem Opfer eines edlen Menschen, mit der Darbringung seines Blutes ihren Groll zu besänftigen und ihren Blutdurst zu stillen.

69 Kulteimer, Behälter für Opferblut, aus dem Ost-West-Korridor des dreigeteilten Heiligtums von Anemospilia, Kamares-Ware, 18. Jh. v. Chr. (nach Rutkowski 1986).

Land, Palast und Stadt

Wie zu Beginn des 2. Jahrtausends v. Chr. die ländlichen Siedlungen aussahen, in welchen Regionen große Dörfer und kleine Weiler standen, ob die Höhensiedlung bevorzugt wurde oder das Flachlanddorf: all das zu klären bleibt künftigen Forschungen vorbehalten. Viele Siedlungen werden lange Zeit in der von

Myrtos her bekannten frühbronzezeitlichen Form bestanden haben: zellenartig aneinandergefügte Räume und Wohneinheiten, nur von schmalen Gassen, Treppenläufen und Höfen gegliedert. Daneben gab es in Feld und Flur, an Flüssen oder am Fuß eines Hügels, alleinstehende sogenannte Feldkapellen in Gestalt kubischer Gebäude. Faure wies darauf hin, daß Diodorus Siculus (V 72 f.) nach Befragung kretischer Historiker zu berichten wußte, daß am Ufer des Flusses Theren (heute Giofiro) bei einer Feldkapelle die Hochzeit des höchsten Gottes mit der Göttin gefeiert wurde. Auch am Fuß der Akropolis von Gortyn, vorgriechisch Larissa, beging man die Götterhochzeit des Zeus und der Europa mit Opfern und Darbietungen.[87]

Eine Höhensiedlung, nur 2,5 km westlich des frühbronzezeitlichen Myrtos auf dem Pyrgos-Hügel gelegen, zeigt ein besonderes Gesicht. Sie wurde 1970–1975 von G. Cadogan erforscht. Leider wurde die Höhle des Hügels im späten 17. oder frühen 16. Jahrhundert v. Chr. mit einem Herrenhaus überbaut, dennoch ist die mittelbronzezeitliche Gesamtanlage klar. Die kleine Ortschaft, die am Ende des 3. Jahrtausends v. Chr. über den Resten einer durch Brand zerstörten frühbronzezeitlichen Siedlung entstand, nahm die Kuppe des Pyrgos-Hügels ein. Von ihr ist heute nur noch ein gepflasterter Platz und eine Zisterne von 23 m^3 Fassungsvermögen erhalten. Eine Befestigungsmauer umgab die Siedlung mit mindestens einer vorspringenden, quadratischen Bastion. Viereckige Türme und wehrhafte Mauern waren, abgesehen von Pyrgos, bisher auf Kreta unbekannt, auf den Kykladen dagegen schon in der frühen Bronzezeit anzutreffen, wie in Kastri bei Chalandriani auf Syros.[88] Außerhalb der Befestigungsmauer lag eine weitere Zisterne mit 70 m^3 Fassungsvermögen und ein Grabbau mit Hof. Das Dach der Grabkammer stützte ein Zentralpfeiler. Hier fand man Ossuarien mit den Gebeinen von 65 Männern. Die Grabanlage wurde auch nach Aufgabe der mittelbronzezeitlichen Siedlung bis ins 15. Jahrhundert v. Chr. weiter benutzt.

Der Grund für die Bewehrung der Siedlung mit Bastion und Wehrmauer mag darin gelegen haben, daß die Zeiten unsicher und kriegerisch waren oder daß die Siedler von auswärts kamen und sich als Fremde auf der Insel zunächst unsicher fühl-

Die Zeit der älteren Paläste

ten. Die Lage der Siedlung war wirtschaftlich gut gewählt durch die Nähe zur Gebirgsstraße nach Ano Viánnos und zur Küstenstraße im Süden entlang des Libyschen Meeres. Daß wenig isolierte Gehöfte gefunden wurden, erklärte R. W. Hutchinson damit,[89] daß es die geselligen Griechen vorziehen, in einer vielköpfigen Dorfgemeinschaft unter Freunden und Verwandten, nahe bei Kirche und Cafés zu leben, auch wenn sie täglich Meilen gehen müssen, um die Felder zu bestellen oder Weinreben zu pflegen – die prähistorischen Kreter mochten ebenso gewesen sein.

Nicht seinesgleichen hat auch das sogenannte Rundhaus von Chamezi (Abb. 70). In Ostkreta, westlich von Sitia, ca. 1,5 km westlich des Dorfes Chamezi, liegen auf dem ca. 400 m hohen, kegelförmigen Hügel Souvlato Mouri die Reste eines gegen 2100 v. Chr. erbauten Rundhauses. Es wurde 1903 von St. Xanthoudides freigelegt und 1971 von C. Davaras neu untersucht. Mackenzie zog wohl zu Recht den Schluß, daß die ovalen

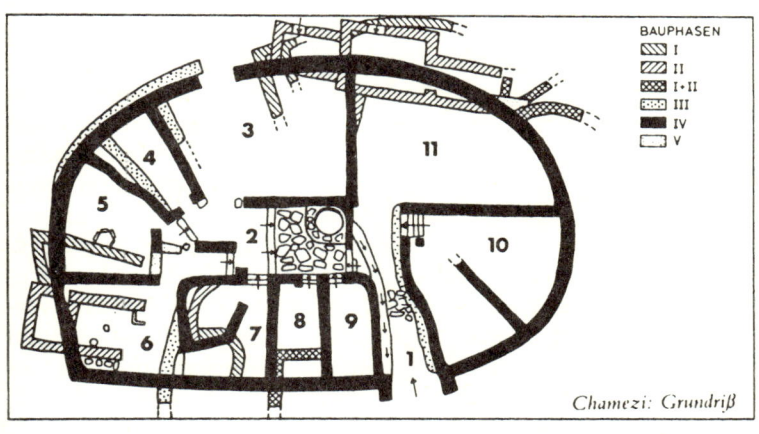

70 Grundriß des Ovalhauses von Chamezi mit zentralem Hof und rundem Opferbothros, um 2100 v. Chr. (nach Bichler/Haider 1988):
1) Südeingang,
2) Lichtschacht,
3) Nordeingangshalle,
4) Treppenhaus,
5–9) Privaträume,
10) Kellerraum,
11) Hausheiligtum.

Außenwände des Gebäudes durch das Gelände der Hügelkuppe diktiert worden seien. Es handle sich um ein gewöhnliches Haus, da alle Innenwände rechtwinklig gesetzt seien.[90] Die Grundrißgestaltung entsprach mit dem offenen, zentralen Hof der Konzeption der Alten Paläste, d. h. in unserer Sicht dem babylonischen Hofhaussystem.[91] Nikolaus Platon interpretierte das Rundhaus als eine Art Gipfelheiligtum, da man in ihm Zeugnisse kultischer Verehrung antreffe in Gestalt eines Altars, eines Asche-Straums und dreier großer Idole, zu denen der Kopf eines vierten komme. Beim »Brunnen« im Hof handle es sich um eine heilige Opfergrube, um einen Bothros. Der Haupteingang ins Gebäude lag auf der Südseite, war gepflastert, gangartig und westseitig mit einem Kanal versehen, der zum Bothros des Hofes führte – wohl um das Wasser von Libationsspenden abzuleiten, die in die Opfergrube gegossen wurden. Am inneren Ende des Korridors öffnete sich das Hausheiligtum (Abb. 70, Nr. 11), während direkt davor vier Stufen in eine Art Vorratskeller (Nr. 10) hinabführten.

Im Hausheiligtum fanden sich der erwähnte Altar, acht Statuetten in Menschen- und Tiergestalt und ein tragbarer Herd. Die Räume im Süden, Westen und Nordwesten des Mittelhofs dienten wohl dem privaten Gebrauch. Ein eigener Eingang im Nordwesten führte zum größten dieser Räume (Nr. 3), seine Wände waren mit Schiefer- und Kalksteinplatten verkleidet. Ein Treppenhaus erschloß einstmals das heute verlorene Obergeschoß. Wohnte hier der Priester eines Gipfelheiligtums, der in der Jahreszeitenfolge die notwendigen Rituale durchzuführen hatte, oder war dies der Sitz eines mächtigen Grundherrn,[92] der seiner Schutzgöttin den Kultdienst versah, bis er die gewählte Einsamkeit aufgab, um sich in den Dienst einer aufblühenden Stadt zu stellen? Es wird ein Geheimnis bleiben.

Der Palast von Knossos

In Knossos, auf dem Kephala-Hügel, wurde gegen Ende des 3. Jahrtausends v. Chr. ein 16 m tiefer, überwölbter Raum, das »Hypogäum von Knossos«, in den Fels des Südhangs geschnitten. Eine Wendeltreppe führte hinab. Auch ein großes Gebäude, äl-

Die Zeit der älteren Paläste

ter als der erste Palast von Knossos, stand auf dem Hügel, an dessen Hängen und zu dessen Füßen sich die volkreiche Stadt ausgedehnt haben mag. Grabungen erbrachten unter dem späteren Westhof des Palastes Reste von Stadthäusern mit je fünf bis acht Räumen und Kellern, zu denen Treppen hinabführten. Die Böden der Häuser waren mit rotem Bewurf, die Wände mit rotem und weißem Verputz geschmückt.

Im »Hypogäum« tritt ein Bau auf, dem nichts Vergleichbares voranging. Daß sich die Häuser ohne Planungszwang in individueller Gestalt, einem sozialen und geselligen Denken folgend, um ein zentrales Gebäude scharten, in dem ein Statthalter residierte, von dem Lenkung und Leitung ausgingen, ist nicht neu. Dieser Siedlungstyp war schon im frühbronzezeitlichen, protourbanen Vasiliki mit dem Herrenhaus auf dem Hügel (House of the Hill) vorgezeichnet. Aber welche Bedeutung hatte das »Hypogäum«? Hutchinson[93] sah darin einen unterirdischen Getreidespeicher, da es keinen Bewurf gab und der Fels zu porös für eine Zisterne ist. Sollte hier eine Führungspersönlichkeit soviel Einfluß gewonnen haben, daß es ihr gelang, Kornabgaben einzuziehen, die später für das Allgemeinwohl der Stadt verwendet wurden, oder entstand die Anlage im Auftrag eines reichen fremdländischen Fürsten, um als verborgener Speicherraum eine königliche Fracht aufzunehmen, die in hölzernen Schiffen über das Meer gekommen war?

Um 2100 v. Chr. wurde die Spitze des Kephala-Hügels eingeebnet, ohne auf eventuelle frühbronzezeitliche Bauten Rücksicht zu nehmen. So kam der Zentralhof des auf dem entstandenen Plateau konzipierten Palastes auf neolithische Schichten zu liegen. Ähnliches wurde auch von den Ausgräbern in Phaistos beobachtet. Der Baubefund der ältesten Strukturen ergab für den ersten Palast von Knossos einen rechteckigen Grundriß. Um einen auf der Nord-Süd-Achse gelegenen, nach Norden gerichteten, rechteckigen, gepflasterten Zentralhof gruppierten sich mehr oder weniger unabhängige Gebäudeblöcke, die Evans *insulae* nannte. Für die Archäologen überraschend waren verschiedentlich auftretende gerundete Ecken. Pendlebury betonte, daß abgerundete Ecken nicht die natürliche Bauweise für eine Stein- und Ziegelarchitektur waren, und führte Vergleichsbeispiele des 20.–18. Jahrhunderts v. Chr. aus dem Zweistromland, aus Tell Asmar und Hafăgi an. Dort waren Straßenecken abgerundet worden, damit beladene Maultiere besser um die Ecken biegen konnten.[94] Entsprechend mögen die abgerundeten Ecken in Knossos auch der leichteren Passage mit Packgütern gedient haben. Zwei weitere Höfe waren angelegt worden: einer im Norden und einer im Westen. Den Westhof umfaßte eine Mauer bis auf einen westlichen Zugang, der über eine Rampe erfolgte. Leicht erhöhte »Prozessionswege« überquerten den Hof. In der Südwestecke führte ein gestufter Aufgang von der Senke zum Palast. Zwei weitere Zugänge sowie eine Pfeilerkrypta (vgl. Abb. 18, Nr. 67) gab es im Südosten. Der Haupteingang, breit und durch einen Wachturm abgesichert, lag im Norden. Der Wachturm war aus massiven Kalksteinblöcken erbaut. Seine Fundamente senkten sich tief in die neolithischen Schichten und umschlossen im Innern kleine, fensterlose Kerker. Sir Arthur Evans pflegte mit leichtem Amüsement zu erzählen, eine deutsche Touristengruppe sei zur Besichtigung der Grabung gekommen, als gerade einer seiner Arbeiter in einem der Kerker beschäftigt war. Nach der Führung hätten die Deutschen überrascht in das tiefe Verlies hinabgeschaut und gefragt, warum denn der Mann dort unten sei. Darauf habe er, Evans, geantwortet, es habe einigen Ärger gegeben, deshalb sei der Mann für ein paar Tage im Kerker. Daraufhin sei die Gruppe still ihres Weges gegangen, sehr beeindruckt von der britischen Disziplin.[95]

Den Westtrakt des Palastes gliederte ein Nord-Süd-Korridor in zwei Hälften, in westliche Magazin- und östliche Zeremonialräume. In der Zeit von etwa 1850 bis 1750 v. Chr. wurden die unabhängigen Raumtrakte um den Zentralhof miteinander verbunden, ein Großteil der Südterrassierung durchgeführt, der Westhof ausgedehnt und dabei Stadthäuser der früheren Phase abgebrochen, um das Areal zu planieren. Drei kreisrunde, tiefe Gruben waren vielleicht Kornspeicher; ihre Bestimmung ist aber letztlich noch ungeklärt. Die auf den Westhof blickende Fassade des Palastes erhielt Gipssteinorthostaten in der Sockelzone, die Westmagazine wurden ausgebaut, die Westfassade des Zentralhofs setzte man etwas zurück. Zu den Zeremonialräumen des

Die Zeit der älteren Paläste

Westtrakts gehörten wohl schon die beiden südlich gelegenen Pfeiler-Schreine und im Norden die spätere Thronraumanlage. Hier hatte die Raumfolge im wesentlichen bereits ihre endgültige Gestalt (Abb. 71 a), bestehend aus Vorraum (1), Hauptraum (2) mit tiefer liegendem »Lustralbecken« (3), in dem kultische Handlungen vorgenommen wurden, westlichen Sakralraum (4) und Räumen für den Kultdienst (5–8). Nach Wolf-Dietrich Niemeier gehörte die Konzeption des Alabasterthrons mit flankierenden Kultbänken und Greifenfresko darüber erst der Folgephase, d. h. der Zeit der jüngeren Paläste, an, als der Kult der Berggöttin von den Gipfelheiligtümern in die Schreine der Städte und Paläste überführt wurde. Im sogenannten Thronraum von Knossos wurde sodann die Epiphanie der Göttin gefeiert – mit Kultmahl, Einkleidung und Inthronisierung der Göttin, die durch ihre Priesterin vertreten wurde. Der Raum habe nur kultischen, nicht weltlichen Zwecken gedient. Auf dem Alabasterthron, dessen Rückenlehne dem heiligen Baitylos nachgebildet ist, wie ihn als Bekrönung des Gipfelheiligtums ein Kultgefäß aus dem Palast von Zakros zeige (Abb. 72), habe kein König, sondern eine Göttin bzw. die sie vertretende Priesterin gegessen. Erst im mykenischen, griechischsprachigen Kreta sei der Alabasterthron von Knossos zum Königsthron geworden.[96]

Dieser faszinierenden Vorstellung widerspricht jedoch das Zeugnis der antiken Überlieferung, die auf Kreta nur männliche Regenten kannte. Die ersten und ältesten von ihnen waren Garanten der Fruchtbarkeit: Kronos, der vorhellenische Gerstengott, Ammon, der ägyptische Vegetationsgott und Zeus Asterion, der Himmels- und Wettergott.[97] Demnach muß der älteste Thron in den Palästen von Knossos, Phaistos und Mallia der Sitz eines Fruchtbarkeits- und Vegetationsgotts, eines »Baʿal«, gewesen sein. Die durch den Alabasterthron von Knossos mit seiner gewellten Kontur der Rückenlehne ausgedrückte Beziehung des Palastkults zum Kult der Gipfelheiligtümer war jedenfalls alt. Der Thron stellte den Bergthron dar, seine Rückenlehne einen stilisierten Berg. Wie Ugarit seinen Götterberg, den Zaphon[98], hatte, auf dem Baʿal inthronisiert in seinem Palast residierte,[99] so gehörten zu Knossos der Juchtas, zu Mallia der Prophetis Elias und der Karphi-Berg, zu Phaistos der Ida und zum Umfeld von Phai-

Das Leben im alten Kreta

71 Thronraumanlage im Palast von Knossos des 19./18. Jh. v. Chr.:
a) rekonstruierter Grundriß (nach Niemeier 1987);
1) Vorratsraum,
2) Thronraum,
3) Sakralbecken (Lustralbecken),
4) inneres Heiligtum,
5–8) Räume für den Kultdienst;
b) Rekonstruktion der Nordwand des Thronraums mit Thron und Greifenfresko.

Die Zeit der älteren Paläste

72 Abgerollte Wiedergabe eines Flachreliefs mit Bergheiligtum von Kultvase (Rhyton) aus grünem Schiefer, Palast von Zakros in Ostkreta, um 1600 v. Chr. (nach Rutkowski 1986).

stos der Kophinas und das Gipfelheiligtum bei Koumasa. Der König-Gott Baʿal trat in Syrien und im Nildelta als Stadt- und Dynastiegott auf, sein irdischer Stellvertreter war der König.[100]

Die Einsetzung des kretischen König-Gottes in sein Amt gibt der berühmte Siegelabdruck aus dem Zentralheiligtum des jüngeren Palastes von Knossos wieder (Abb. 105 b). Die Göttin auf einem von Löwen flankierten Berg stehend, das Gipfelheiligtum hinter sich, reicht dem jungen Vegetations-, Wetter- und Jahresgott (Baʿal), der zum Götterberg hinaufgestiegen ist, das Insignum seines Königtums, den Stab des Regenten, das Szepter.[101]

Der Palast von Phaistos

Im 20. Jahrhundert v. Chr. wurde im Zentrum einer Stadt auf der Stirn einer Anhöhe der Palast von Phaistos angelegt. Das auf drei Seiten steil abfallende Gelände schloß einen rechteckigen Grundriß, wie er in Knossos und Mallia für den Palast gewählt worden war, aus. Doch auch hier gehörten zum Plan ein Zentralhof, umgeben von Repräsentations-, Kult-, Vorrats- und Wohnräumen, ein Nordeingang und ein Westhof. Allerdings beschnitt die Plateaukante im Süden und Südosten den Gebäudekranz um den Zentralhof. Dieser war mit Porosplatten ausgelegt und an den Langseiten von Säulenhallen flankiert. Auf seiner Mittelachse stehend, erblickte man im Norden das Ida-Gebirge und die Kamares-Grotte. Vom Westtrakt öffnete sich einst auch hier zum Mittelhof ein zentrales Heiligtum. Zwischen Raum Nr. 22 des jüngeren Palastes und dem Hof wurden auf tieferem Niveau ein rotstuckierter Boden und ein rechteckiger Terrakotta-Opfertisch gefunden. Im Gebäudekranz nördlich des Zentralhofs war auf höherem Niveau ein kleiner, teilweise gepflasterter Nordhof angelegt worden. Von ihm bot sich eine schöne Aussicht auf die Asterousia-Berge. Eine schmale Nord-Süd-Treppe führte auf einen kleinen Kulthof mit zentraler, rechteckiger Herd-Altargrube. Die italienischen Ausgräber fanden in der Mitte dieses eingetieften Altars eine halbrunde Ausnehmung. Asche, Kohle, verbrannte Tierknochen, Obsidian, Steinvasen, Steinbälle, Gefäße, Lampen, Kieselsteine und Spuren roten Farbpigments bezeugten den noch rätselhaften Opferritus eines chthonischen Kultes, der, verwandt dem Ritus auf den Gipfelheiligtümern, wohl ebenso der Beschwörung einer Götterepiphanie galt. Altar und Kulthof gehörten zur letzten Bauphase eines Heiligtums, das im Norden an den Westhof grenzte.

Dieses nördliche Westhof-Heiligtum (Abb. 73) bestand in einer ersten Bauphase nur aus zwei Räumen (VIII, IX) und war vom Palastinnern zu betreten. Die Erweiterungen einer zweiten Bauphase öffneten es zum Westhof. Das Heiligtum umfaßte jetzt drei Vorbereitungsräume (V, VI, IX), zwei Vorratsräume (VII, X) und das Kultbankheiligtum (VIII).[102] Wände, Bänke und Böden waren mit Gips und Stuck geschönt und mit heiligem Gerät ausgestattet. Getreideopfer wurden in den Räumen Nr. V und VII gemahlen, Trankopfer in dem mit einem durch Steinplatten abgedeckten Kanal versehenen Raum Nr. VI bereitet. Im Heiligtum (VIII) wurden auf Kultbänke an der West-, Nord- und Ostwand Opfergaben niedergelegt. In der Mitte des Raumes stand ein befestigter, tönerner, rechteckiger Opfertisch mit zentraler

Die Zeit der älteren Paläste

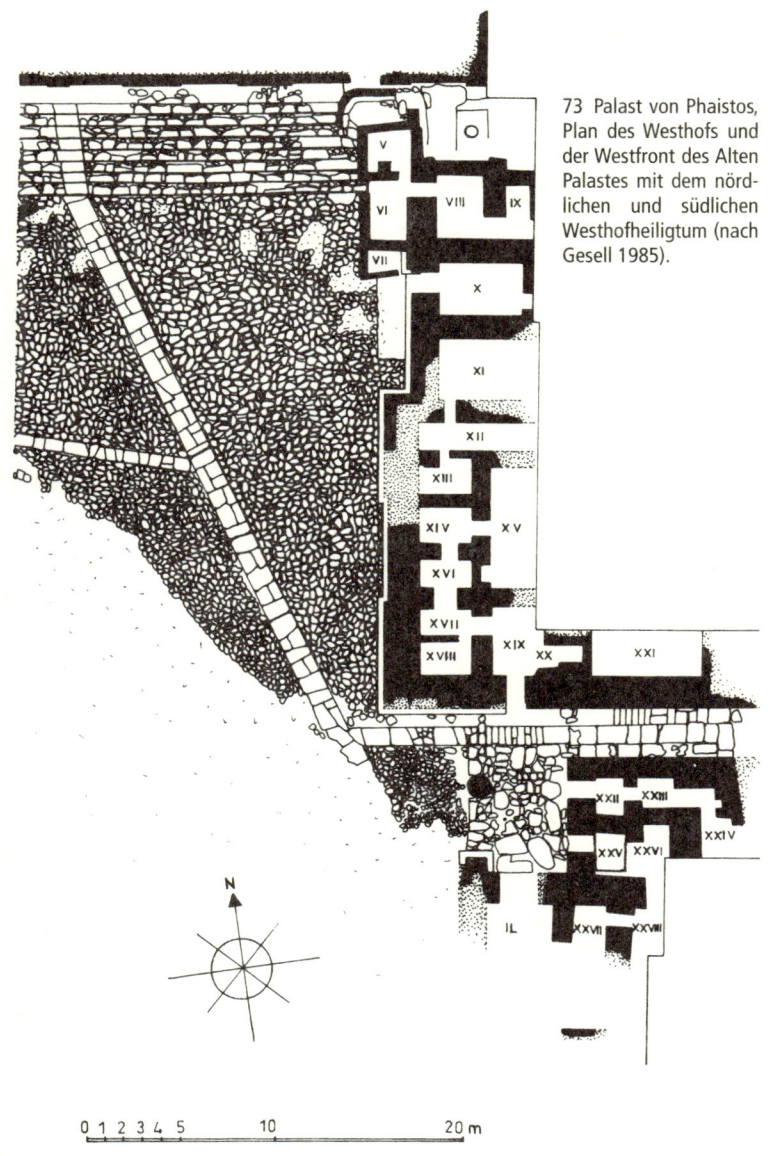

73 Palast von Phaistos, Plan des Westhofs und der Westfront des Alten Palastes mit dem nördlichen und südlichen Westhofheiligtum (nach Gesell 1985).

Opfermulde und Brandspuren von Opferhandlungen. Eingeritzte Rinder und S-Spiralen schmückten die Tischplatte. Zwei steinerne Libationstische, an denen Flüssigkeitsspenden vorgenommen wurden, waren in einem Fall mit eingeritzten, mit roter Farbe ausgefüllten Rosetten, im anderen Fall mit zwei eingeritzten Ringeltauben geschmückt. Des weiteren wurde eine Tritonmuschel gefunden.

Sieht man die Ritzzeichnungen der Opfertische als Repräsentanten der Pflanzen-, Tier- und Vogelwelt und die Tritonmuschel als Vertreterin der Meereswelt an, so ließe sich vermuten, daß der hier verehrten Gottheit die Lebewesen der Erde, der Luft, des Meeres und die pflanzliche Natur zu Schutz und Wiederkehr anheimgestellt wurden. Die archäologischen Funde erlauben aber noch weitere Deutungen. So wäre es möglich, daß hier Vegetationsgottheiten, deren pflanzliche und theriomorphe (tiergestaltige) Erscheinungsform die Ritzbilder wiedergaben, mit der Muscheltrompete[103] im Kultakt eines Neujahrsfests herbeigerufen wurden.

Dem Mythos von Ba'als Tod und Wiederbelebung könnte ein Ritual folgender Art entsprechen: Damit der Wetter-, Vegetations- und Jahresgott Ba'al wiederkehren und seine segensreiche Herrschaft beginnen konnte, mußte der Todesgott Mot, der Regent der sterbenden Vegetation, vernichtet werden. Ba'als Schwester und Geliebte, die große Göttin Anat, schlitzte Mot mit dem Schwert auf und zermahlte ihn zwischen Steinen. Dann goß sie mit ihrem Pokal eine Weinspende aus. Im Raum Nr. VIII wurde ein bronzenes Dolchblatt gefunden. Mahlsteine erbrachten die Räume Nr. V und IX, und die kultische Weinspende könnte in Raum Nr. VI und VIII vollzogen worden sein. Schließlich mag der Schall der Muscheltrompete in Raum Nr. VIII den neuen Jahresgott herbeigerufen haben und zu Beginn der Feier dem noch abwesenden Ba'al im Kulthof an der Herdgrube geopfert worden sein.[104]

Den gepflasterten Westhof von Phaistos durchzog ein leicht erhöhter Prozessionsweg. Dieser bildete ein Dreieck, dessen nach Norden gerichtete Spitze über flache Stufen einer Schautreppe auf eine Stützwand zulief und kurz vor ihr endete. Die Wand, wie die Hoffassaden des Tempels der Ischtarat und der Ninni-

Die Zeit der älteren Paläste

zaza (vgl. Abb. 61) in Mari in gleichmäßige Vor- und Rücksprünge gegliedert, bildete eine wirkungsvolle Fassade hinter der Schautreppe. Der Spitze des Prozessionsdreiecks gegenüber mag bei festlichem Anlaß ein tragbarer Thron oder Altar gestanden haben. Die Schautreppe, auf der man zwar nicht sitzen, aber doch stehen konnte, wird ein »Theatron« für das Westhofareal gewesen sein, auf dem beim Neujahrsfest, beim Fest der Inthronisierung des Jahresgotts und der Heiligen Hochzeit mit der Großen Göttin Prozessionen, kultische Kämpfe und Tänze vollzogen sowie akrobatische Symbolfiguren dargestellt wurden.

Die verlängerte Ostseite des Prozessionsdreiecks berührte den Haupteingang des Palastes in der Mitte der Westfassade, von wo ein West-Ost-Korridor zum Zentralhof weiterleitete. Nördlich des Haupteingangs lagen Magazinräume, südlich schlossen eine Halle mit Mittelsäule auf bunter Steinbasis und das südliche Westhof-Heiligtum (Abb. 74, IL–LVIII) an.

Das südliche Heiligtum im Westhof war wie das nördliche ein Kultbankheiligtum. Zu ihm gehörten drei Raumfolgen (Abb. 74, Räume IL, XXVII–XXVIII; Räume LIII, LI, LIV–LV, LVII; Räume LVIII a–e), die sämtlich vom Westhof her durch den Korridor Nr. L oder durch den Vorhof mit den Raumabteilungen Nr. LVIII und LVI zu betreten waren. Nach Gesell bestand das Heiligtum aus einem Wächterraum (LVII), dem Vorhof (LVI), einem Vorraum (LIII), den Vorbereitungsräumen (XXVII bis XXVIII), LI, LIV), den Vorratsräumen (LVIII a–e), einem Herdraum (LXII) und den zwei Vorrats- und Kultmahlräumen (IL, LV).[105] Die Räume waren mit Kultbänken, Opfertischen und heiligem Gerät ausgestattet, wobei jede Raumfolge ihren eigenen Charakter hatte. Die dritte Raumfolge unterschied sich von den beiden anderen durch die dort vorhandenen Miniaturgefäße. Im Kultmahlraum (IL) der ersten Raumfolge wurden drei Ringgefäße (Rhyta) in Stiergestalt und ein Agrimi-Horn (von einer Bergziege) gefunden. Die Stierrhyta waren unter einer hohen Kultbank an der Nordwand des Raumes zusammen mit einem Gefäß deponiert, das eine Doppelaxt schmückte. Opfer von Hornvieh in Verbindung mit Ringgefäßen in Form von Stieren oder Stierköpfen wurden auch in einem Heiligtum der Stadt Palaikastro praktiziert, das in Nachfolge eines bronzezeitlichen

Das Leben im alten Kreta

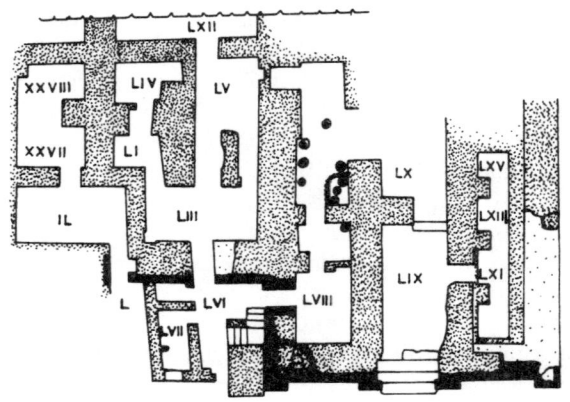

74 Palast von Phaistos, Plan des südlichen Westhofheiligtums (nach Gesell 1985).

Kultes später vom griechischen Tempel des Diktäischen Zeus überlagert wurde.[106] Es liegt daher nahe, daß in der ersten Raumfolge des südlichen Westhof-Heiligtums von Phaistos ein männlicher Berggott verehrt wurde.

Aus der zweiten Raumfolge stammten dagegen zwei Gefäße – eine Schale und eine sogenannte Fruchtschale –, deren Bildschmuck eine von göttlichen Gefährtinnen umtanzte Göttin zum Thema hat. Auf der ersten Schale taucht eine Göttin auf, deren Füße noch nicht zu sehen sind und deren Gewand die Form einer Pyramide hat. Aufgrund der von Bogen gesäumten Kontur ihres Kleides wurde die Figur als Schlangengöttin gedeutet;[107] doch die Pyramidenform des Gewands läßt die Göttin eher als Berggöttin erscheinen. Die Zeit des jungen Jahres wird durch ein Blütenbüschel angedeutet, die Epiphanie der Göttin mit dem lebhaften Tanz zweier sie umkreisender mit Falbelröcken bekleideter »Nymphen« gefeiert.

In der Mitte der Fruchtschale (Abb. 75) steht die Göttin in voller Größe, ihre Tänzerinnen überragend und Lilienblüten in den erhobenen Händen tragend. Auf dem Schalenrand nahen Dreiervereine ehrfurchtsvoll tief sich neigender Berggötter, das Haupt bedeckt mit der charakteristischen Zipfelmütze.[108] Auf dem Schalenfuß reiht sich eine Schar von »Nymphen«, zur Prozession oder zum Reigentanz die Hände auf die Hüften stüt-

Die Zeit der älteren Paläste

zend. Die Schale mit der auftauchenden Göttin hatte ihren Platz in einem Depot unter der Treppe zu Raum Nr. LV (vgl. Abb. 74, Nr. LV). Die Fragmente der Fruchtschale wurden in dem benachbarten Raum Nr. LIV gefunden. Zwischen den Räumen Nr. LV und LIV gab es ursprünglich einen Durchgang. Die Funde legen nahe, daß in der zweiten Raumfolge des südlichen Westhof-Heiligtums eine Jahres-, Berg- und Fruchtbarkeitsgöttin verehrt wurde. Die beiden bedeutendsten Räume der ersten und zweiten Raumfolge, die Kultmahlräume (IL und LV), bargen dazu sprechende Funde. Berg- und Jahresgott sowie Berg- und Jahresgöttin waren die Eigentümer des südlichen Heiligtums im Westhof von Phaistos, in dessen Kultmahlräumen wohl auch symbolisch die festlichen Bankette der Heiligen Hochzeit stattgefunden haben.

75 Phaistos, Fruchtschale aus dem südlichen Westhofheiligtum des Palastes, 19.–18. Jh. v. Chr. (nach Levi 1976).

Mit den südlichen Wohnvierteln der Stadt verband den Westhof des Palastes eine gepflasterte, einst von Häusern flankierte Straße, von der eine Abzweigung über einen kleinen gepflasterten Platz zum Südwesteingang des Palastes mit bescheidener Treppenanlage führte. Die von Süden kommende gepflasterte Straße diente offenbar der städtischen Getreideversorgung, was runde Getreidespeicher auf dem Westhof am Ende der Südstraße nahelegen.

Der Palast von Mallia

Östlich von Knossos an einer Hafenbucht, an der die Straße aus der Lassithi-Ebene endet und die Küstenstraße von Ost- nach

Das Leben im alten Kreta

Westkreta vorüberführte, erhob sich seit dem Ende des 3. Jahrtausends v. Chr. der Palast von Mallia inmitten einer anwachsenden Stadt. Seewärts bestanden auf zwei der Küste vorgelagerten Inseln (Christos und St. Barbara) Nekropolen und war auf dem felsigen Grund der Küste eine königliche Grabanlage errichtet worden, die der Volksmund heute »Chrysolakkos«, das Goldloch, nennt, was auf Goldfunde hinweist, die Bauern und wohl auch Raubgräber machten.

Der antike Name der Stadt Mallia ist unbekannt. Die Sage spricht von einer Stadt Milatos, der Mutterstadt von Milet in Kleinasien. Es ist nicht unwahrscheinlich, daß Mallia mit Milatos identisch war.

Obwohl der Palast von Mallia (vgl. Abb. 62), kleinere Ausmaße hatte als die Anlagen von Knossos und Phaistos, sind doch in seiner Planung die gleichen Grundzüge zu erkennen. Im Erdbeben um das Jahr 1700 v. Chr. erlitt der Palast von Mallia nicht so schwere Schäden wie der von Knossos, und die Reparaturen und Umbauten der ersten Hälfte des 17. Jahrhunderts v. Chr. brachten nur geringe Veränderungen. So bewahrte auch der zweite, heute in seinen Resten erhaltene Palast viele Züge seines Vorgängerbaus (Abb. 76).

Wieder bildete der einstmals gepflasterte Mittelhof das Herz des ersten Palastes, in seiner Nord-Süd-Achse und Größe (48 x 22 m) den Zentralhöfen von Knossos und Phaistos entsprechend. Der Haupteingang im Norden (vgl. Abb. 62, Nr. 2) führte in Mallia über einen gepflasterten Nordhof (4) durch den von einem Festungsturm (7) bewachten Korridor (13) zum Zentralhof. Dieser war auf seiner Nord- und Ostseite von Kolonnaden umstanden. Die nördliche Kolonnade zählte beim ersten Palast zwölf Säulen, bei der zweiten Anlage zehn. Im Osten wechselte rhythmisch sechsmal die Säule mit dem Pfeiler. Die so gebildete offene Halle (18) war 34 m lang und gegen den Zentralhof durch Schranken verschlossen, auf deren einstige Existenz heute drei Löcher im Boden eines jeden Interkolumniums hinweisen. Vermutlich stellten die Schranken eine Balustrade dar, die den Zuschauern des kultischen Stierspringens Sicherheit bieten sollte, das zumindest im Zentralhof von Phaistos nachweisbar ist.[109] Daß auch der Zentralhof in Mallia Schauplatz bedeu-

Die Zeit der älteren Paläste

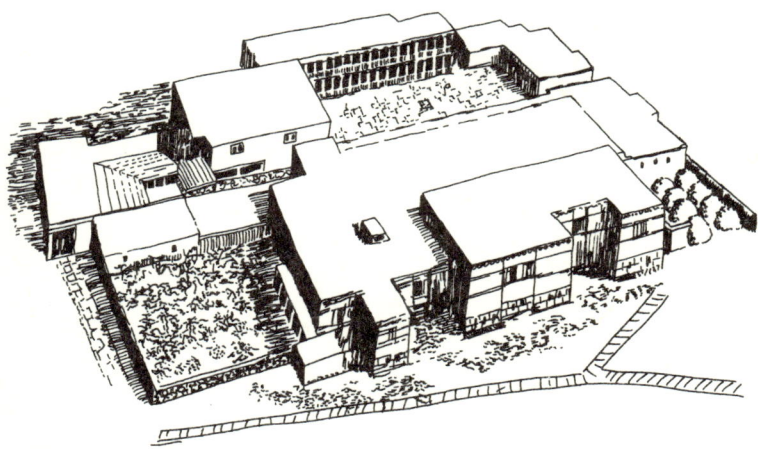

76 Palast von Mallia, Rekonstruktion (nach Graham 1972)

tender Kulthandlungen war, scheinen eine abermals eher zum Stehen als zum Sitzen geeignete Schautreppe (25) in der Südwestecke des Hofes und die Kultfassade im Süden mit ihren regelmäßigen Vor- und Rücksprüngen anzuzeigen. Ein Südeingang (23) und ein Südosteingang (21) ermöglichten den Zutritt zum Zentralhof. An den Südeingang schloß westlich ein kleines, zweiräumiges, von außen zugängliches Heiligtum an. Vom Südeingang kommend, in Richtung auf die Schautreppe des Westtrakts blickend, war links neben ihr, in den Plattenbelag eingelassen, ein runder Vielmuldenstein, der sogenannte Kernos von Mallia, zu sehen. Dieser glatte, polierte Kalkstein von ca. 90 cm Durchmesser besaß eine große zentrale Mulde und einen Muldenkranz von 34 halbkugeligen Vertiefungen, von denen eine ausgußartig vergrößert war. Der Stein wurde als Opfertisch für Samen und Früchte gedeutet (Chapouthier) oder als Spieltisch für Wächter und Gäste des Palastes angesehen (van Effenterre). Die Mitte des Zentralhofs nahm eine Herdgrube mit vier Mittelstützen ein, die einst wohl einen Brandopferaltar trugen. Axial auf diesen Altar ausgerichtet, lag im Westtrakt das Hauptheiligtum des Palastes mit einer von zwei Säulen getragenen Vorhalle (26), einer hinteren Pfeilerkrypta (27) und einem rückwärtigen

Kultbankschrein (27) mit Opfergrube. Hier kamen verbrannte Tierknochen zutage. Sonst wurden keine Weihgaben gefunden. Aber die beiden Pfeiler der Krypta, die in einer Flucht mit dem Altar-Bothros des Zentralhofs lagen, waren mit eingeritzten Göttersymbolen geschmückt. Der Nordpfeiler trug zweimal das Zeichen des Dreizacks, der Südpfeiler dreimal das Doppelaxt- und einmal das Sternzeichen.[110]

Im klassischen Altertum gehörte der Dreizack als Symbol und Attribut zum Erderschütterer Poseidon, zum Gott des Süß- und Salzwassers, zum Bruder vom Himmels- und Wettergott Zeus, mit dem er die theriomorphe (tiergestaltige) Erscheinungsform des Stieres gemeinsam hatte. Dies war jedoch nicht die einzige Übereinstimmung. Die Strukturgleichheit beider Götter war auffallend groß.[111] Darüber hinaus hat Schachermeyr beide Symbole, den Dreizack Poseidons und das Blitzbündel des griechischen Zeus, aus dem orientalischen Symbol für Blitzbündel abgeleitet.[112]

In der mykenisch-minoischen Welt der Linear B-Texte trugen Poseidon und Zeus den Titel Wanax (= Herr, Herrscher, Schützer), der auch einen chthonischen Aspekt hatte und zum »Herrn der Unterwelt« paßte. Des weiteren erhielt »Posidaon« mit dem Beinamen »Enesidaone« Opfer in der Höhle der Eileithyia von Amnissos (Knossos, Linear B-Tafel Ma 719) und trat damit als Kultgefährte an die Seite der mykenisch-minoischen Göttin *E-re-u-ti-ja*, der klassisch-griechischen Geburtsgöttin Eileithyia.[113]

Nach all dem wird man den Nordpfeiler der Krypta im Westtraktheiligtum des Palastes von Mallia mit einer männlichen Gottheit verbinden dürfen. Es ist der gleiche Gott, der in Raum Nr. IL des südlichen Westhof-Heiligtums in Phaistos an der hohen Kultbank der Nordwand Verehrung fand und Stierrhyta sowie das Horn eines Agrimi empfing: Ba'al, der im Norden verehrt wurde, dessen Götterberg Zaphon sich im Norden der Stadt Ugarit erhob. Doch nicht als anikonisches Bild des Königs Ba'al auf seinem Götterberg diente der nördliche Pfeiler der dunklen Krypta im Palastheiligtum von Mallia, sondern als Bild des unterirdischen Ba'al, der dem Ruf und Befehl des Todesgottes Mot gehorcht hatte:

Die Zeit der älteren Paläste

»Du aber nimm deine Wolken, deine Winde
Dein Gespann, deine Regengüsse (...)
Bringe Schwarten (mit Schmer) auf den Händen,
Fett auf den beiden Handflächen
und steige hinunter in das Haus der Unreinheit der Erde.
Du sollst zu jenen gerechnet werden, die in die Erde hinuntersteigen,
Und mögest Totenklagen erfahren, gleich als ob du gestorben wärest.«[114]

Wir erfahren, daß Baʿal Regen und Wolken und Hände voll Fett unter die Erde brachte und diese so mit Fruchtbarkeit füllte, während er auf Erden mit Totenklagen, als ob er gestorben wäre, betrauert wurde. Statt seiner trat Mot, der »Schreckliche«, die oberirdische Herrschaft an. Trockenheit herrschte, zwar reifte das Korn, doch die Natur starb.

Krypten und Grotten waren im bronzezeitlichen Kreta gleicherweise mit Jenseitsvorstellungen verbunden. Das zeigt, wie wir noch sehen werden, einerseits die Verbindung von Krypten mit Gräbern während der Zeit der zweiten Paläste (Tempelgrab und Grab der Doppelaxt von Knossos).[115] Grotten andererseits, etwa die Höhlen von Miamou, Ellinospilio, Trapeza und andere, hatten seit der Stein- und frühen Bronzezeit als Begräbnisstätten gedient.[116] Dabei verband man die Grotten wegen ihrer Dunkelheit und Erdtiefe mit Unterweltsvorstellungen, die dann auch auf die Krypten projiziert wurden. Die Unterwelt stellten sich die Kreter aber offenbar nicht als »Haus der Unreinheit der Erde« vor, sondern als Meerestiefe. Das zeigten Votive mit Fischdarstellungen, wie die Bronzetafel aus der Psychro-Grotte und ein Siegelabdruck der Altpalastzeit vom frühen Pfeilerfundament des Palastes in Knossos, auf dem ein menschlicher Fuß neben Doppelaxt und Fisch erscheint.[117] Vielleicht wurde in den Pfeilerkrypten ein Kult zum Schutz gegen Erdbeben gepflegt,[118] und tatsächlich mögen die Menschen hier dem unterirdischen Baʿal Besänftigungsopfer dargebracht haben, dessen Stimme sie wie einen unterirdischen Donner oder wie das Brüllen eines Stieres in der Tiefe zu vernehmen glaubten, wenn die Erde dröhnend bebte.

Dem Nordpfeiler der Krypta (vgl. Abb. 62, Nr. 27) im Palast von Mallia zugeordnet, stand der Südpfeiler, den dreimal das Doppelaxtzeichen, einmal ein Stern schmückte.

Eine späte Inschrift auf einer Doppelaxt aus der Arkalochori-Höhle wurde als *da-ma-te* (Demeter) gelesen.[119] Für die Altpalastzeit glaubt Jan Best den Namen der Göttin mit dem Silbenlaut *a-sa-sa-re* ermitteln zu können. Die prähistorische A/Jassara sei als Schlangen- und Taubengöttin die Stammutter der historischen Asherat, Atirat oder Ischtar.[120] Die im Mythos von Ugarit mit dem unterirdischen Ba'al verbundene Göttin war Anat, die altbabylonische Ischtar. Hier wie in der Oberwelt trat sie als Geliebte des Wettergottes auf. Als junge Färse, vom Stiergott besprungen, gebar sie ihm ein Stierkalb.[121] Sie war aber auch die vom Tod, vom Gott Mot, unbezwungene kriegerische Göttin, die Ba'als kultische Wiedergeburt und Wiederkehr garantierte. Sie besiegte alle Widerstände, tötete Mot und machte so den Weg frei für die Rückkehr Ba'als in die Oberwelt.[122]

In der Bildwelt des archaischen und klassischen Altertums war es die Doppelaxt, mit welcher der Schmiedegott Hephaistos die Schädeldecke des Zeus spaltete, um die Geburt der Athena aus dem Haupt des Olympiers zu ermöglichen. Im bronzezeitlichen Kreta mögen sich verwandte Vorstellungen an die Doppelaxt geknüpft haben. Sie wird in der Hand der Göttin die Waffe gewesen sein, die alle Widerstände beseitigte, dämonische Mächte bezwang, vielleicht Felsen spaltete.

Solche Vorstellungen bestätigend, tritt die antike Überlieferung hinzu, die kretische Grotten mit Geburtsgöttin und Göttergeburt assoziierte. So galt die Diktäische Grotte (Psychro-Höhle) als Geburtsort des Zeus, auf Linear B-Täfelchen in Knossos »dikataja diwe« genannt,[123] und die Grotte bei Amnissos war die Verehrungsstätte der Geburtsgöttin Eileithyia und zugleich auch Kultplatz des Posidaon Enesidaone, des unterirdischen Zeus.

In der Pfeilerkrypta (vgl. Abb. 62, Nr. 27) des Palastes von Mallia wurden ohne Zweifel im Nordpfeiler der unterirdische Wettergott (Ba'al, Hadad, Poseidon) und im Südpfeiler die ihm zur Seite stehende Kriegs- (Doppelaxt), Himmels- (Sternzei-

Die Zeit der älteren Paläste

chen), Liebes- und Geburtsgöttin (Anat, Ischtar, Eileithyia) verehrt. Im Haupttheiligtum des Westtrakts mit seiner räumlichen und visuellen Verbindung zum Altar des Zentralhofs fanden sicher die Rituale für den unterirdischen Jahresgott und die Große Göttin, die Trauer- und Geburtsrituale, statt. Zu ihnen gehörte die West-Ost-Achse des Zentralhofs mit ihrer Beziehung zu Sonnenauf- und -untergang. Auf der Nord-Süd-Achse des Zentralhofs dagegen, vor der Schautreppe (25) und Kultfassade sowie im nördlichen Thronsaal (29) und Bankettsaal (15) könnten die Rituale und Feiern der Thronbesteigung des Jahresgotts und seine Heilige Hochzeit mit der Großen Göttin vollzogen worden sein.

An das zentrale Westtraktheiligtum schließt im Norden eine Treppe an (28), die zum »Piano Nobile« des ehemals ersten Stockwerks hinaufführte. Neben dieser Treppe geleiten vier Stufen in einen Raum (29), in dessen Fußboden eine Steinplatte die Basis eines Altars gewesen sein könnte. Die Position dieses Raumes entspricht der des Thronsaals im Palast von Knossos, weshalb man annehmen möchte, daß auch hier einst ein beweglicher Thron stand. In einer rückwärtigen, leicht tiefer gelegenen Schatzkammer (30) wurden der Knauf eines Chloritzepters in Gestalt eines jagenden Leoparden, ein 45 cm langer Bronzedolch und ein 95 cm langes Bronzeschwert mit einem Knauf aus Bergkristall und einst vergoldetem Griff gefunden. Nach Hutchinson war der jagende Leopard Teil einer Zeremonialstreitaxt, deren Typ im 2. Jahrtausend über Europa verbreitet war, am häufigsten aber in Südrußland auftrat. Das Beispiel aus Mallia war demnach eine kretische Variante dieses Typs. Schöne Beispiele, zwei aus Lapislazuli und einem jadegrünen Stein, gehörten zum Schatz L von Troja und ein kostbares Stück in Silber und Gold zum königlichen Schatz im kleinasiatischen Alaca.[124]

Im Zentrum des alten Palastes von Mallia wurden auch Schriftzeugnisse gefunden, deren piktographische Figuren sich bereits teilweise in Linear A-Zeichen verwandelten. Ein langer Nord-Süd-Korridor (vgl. Abb. 62, Nr. 31) vermittelte zu Westkorridoren (32) und Magazinräumen, die hinter dem Westhof zugewandten Fassade des Palastes lagen. Der nördlichste Teil des

Westtrakts wurde während der Baumaßnahmen des zweiten Palastes zur königlichen Suite ausgebaut (9), die man vom »Cour du Donjon«, dem Hof unterhalb des Wachturms, über eine Vorhalle (8) betrat. Diese bestand aus einem Saal mit mehreren Türen in einer Flucht, dem sogenannten Polythyron-Saal, der von Vorhallen und Lichthöfen im Norden und Osten umgeben war und nach Norden den Blick auf einen Garten freigab (vgl. Abb. 76). Westlich an den Herrschaftssaal schloß ein Bad, ein nach oben führender Treppenlauf (vgl. Abb. 62, Nr. 11) und südlich ein Tontafelarchiv (12) mit Linear A-Texten an. Unter der königlichen Wohnsuite lagen die Reste eines Pfeilersaals, zu dem man einst vom Westhof (1) durch eine offene Vorhalle mit zwei Frontsäulen eintrat. Hier wurden zwei Bronzeschwerter des 18. Jahrhunderts v. Chr. geborgen. Der einst mit Goldblech beschlagene Griff des einen Schwertes zeigt in Relieftechnik einen jugendlichen Akrobaten in kretischem Lendenschurz, der mit seinem Körper eine symbolische Ringfigur bildet (Abb. 77). Hinter der nördlichen Säulenhalle, die während der Bauphase des zweiten Palastes von zwölf auf zehn Säulen verkürzt wurde, lag ein repräsentativer hypostyler Sechspfeiler-Saal mit Vorhalle im Westen, deren Decke einst ein zentraler Pfeiler stützte (vgl. Abb. 62, Nr. 15). Der Architekt Graham wies darauf hin, daß über diesen beiden Räumen ein Bankettsaal im ersten Stock gelegen haben muß, dessen weiträumiger Boden durch die Pfeiler der ebenerdigen Räume gestützt wurde, wodurch die Raumweite mit Hilfe eben dieser Pfeilerstützen überspannt werden konnte. Ebenerdig hinter dem Pfeilersaal werden Dienst- und Wirtschaftsräume angenommen. Zu dem wohl mit Säulen ausgestatteten Bankettsaal stieg man über die östliche Treppe (14) hinauf. Ein weiteres nördliches Treppenhaus (14) führte ins Obergeschoß. Vom Bankettsaal, dessen Trinkgeschirr in der ebenerdigen Vorhalle gefunden wurde, bot sich wohl ein freier Blick über die ganze Länge des Zentralhofs auf die Kultfassade im Süden, die Schautreppen im Südwesten, den zentralen Brandopferaltar und die Pfeiler-Säulen-Kolonnade vor dem Ostflügel. Die Magazine des Ostflügels (20) bestanden, soweit sie noch dem alten Palast zuzurechnen sind, aus sieben auf einen gemeinsamen Korridor im Osten sich öffnenden Kammern. Rillen im Estrich des Fußbo-

Die Zeit der älteren Paläste

dens laufen auf viereckige Vertiefungen im Boden zu, in denen sich überlaufendes Öl oder Wein sammeln konnte.

Die aus Quaderwerk errichtete, mit Vor- und Rücksprüngen gegliederte Hauptfassade des Palastes ist wie in Knossos und Phaistos dem großen gepflasterten Westhof zugewandt. Diesen überzieht parallel zum Palast ein leicht erhöhter Prozessionsweg, der in einem Dreieck endet, das acht zylindrischen, oben bienenkorbartig sich verengenden Behältern (vgl. Abb. 76) zugewandt ist.

77 Reliefiertes Goldblech vom Griff eines Bronzeschwerts aus dem Palast von Mallia, 18. Jh. v. Chr. (nach Castleden 1993).

Diese wurden als Getreidesilos, Zisternen oder Rundbauten mit kultischer Funktion gedeutet. In fünf von ihnen sind Mittelpfeiler erhalten, außerdem wurden an den Innenwänden Reste wasserdichten Stucks festgestellt. Denkbar ist, daß von den Mittelstützen einst eine Dachkonstruktion getragen wurde, »die das Regenwasser direkt in die Zisternen weitergeleitet hat, aus denen man es bei Bedarf herausschöpfte«.[125] Dagegen spricht, daß die zylindrischen Baukörper mit 4,5 m Durchmesser nicht eingetieft, sondern als gewölbte Türme auf den Boden gesetzt worden waren und damit an gleichzeitige ägyptische Kornspeicher erinnern.[126]

Beim Bau des Palastes von Mallia wurden zwei Sorten eines lokalen Steines verwendet. Für das gute Quadermauerwerk wählten die Baumeister einen in der Nähe der Küste anstehenden Sandstein, der leicht zu behauen war, für die Innenwände, die mit Putz beworfen und geglättet wurden, Lehmziegel oder einen harten, ungefügen Kalkstein, den sogenannten Eisenstein. Alle großen Paläste waren das monumentale Zentrum einer Wohnstadt. Nicht zu Unrecht hat man angenommen, daß für die Einrichtung von Palastbauten mit großen Speicheranlagen das Anwachsen der Bevölkerung und das Bedürfnis nach zentralisierter Versorgung, die vor Hungersnöten sicherte, ursächlich war.

Offenbar kamen drei Ereignisse zusammen: eine Einwanderung kulturell hochstehender Menschengruppen aus dem vorsyrischen Raum, die Belebung religiöser Vorstellungen durch zwei eingeführte, bedeutende Gottheiten – Baʿal/Hadad und Anat/Ischtar – sowie die praktische Umsetzung göttlicher Fürsorge durch eine Hierarchie von Verantwortungsträgern, ausgerüstet mit den nötigen Erlassen und Gesetzen zur Durchführung ihrer Aufgaben. Das sichtbare Zeichen aber für die Garantie göttlicher Fürsorge waren die Paläste.

Die Stadtanlage von Mallia

Für eine Vorstellung von einer Stadtanlage der Altpalastzeit bietet Mallia die beste Ausgrabungsbasis. Hier schloß eng an den Palast im Nordwesten ein Platz von 30x40m Flächenmaß an (vgl. Abb. 62). Er wurde 1960 von H. van Effenterre freigelegt und als »Agora« angesprochen, als Zentrum für Handel und Stadtpolitik. Der Stuckboden des Platzes wurde im 19. Jahrhundert v. Chr. angelegt. Im Norden und Osten begrenzten Wohnhäuser die Agora. Auf ihrer Südseite lagen Magazine mit Rillen und Sammelbecken im Boden. Im Westen wurden Reste einer Pfeilerhalle, eine Töpferei und eine Werkstatt für Obsidianarbeiten freigelegt. Der interessanteste Bau aber war eine Krypta (vgl. Abb. 62, Nr. 37) an der dem Palast zugewandten Südwestecke der Agora. Der tief eingesenkte, langgestreckte, mit Wandbänken ausgestattete Raum, der über eine Treppe im Westen zu betreten war, wurde im 20. Jahrhundert v. Chr. erbaut. Der Ausgräber sah in dieser Anlage einen Versammlungsort und äußerte die Vermutung, daß in der Periode der alten Paläste auf Kreta eine Art Demokratie geherrscht habe. Der Gedanke ist bestechend, doch wir wissen fast nichts über die frühen Staatsformen auf Kreta. Jedenfalls hat wohl auch das altkretische Königtum eine Entwicklung durchgemacht, und in der Anfangsphase um 2000–1900 v. Chr. können die Gewichte zwischen den geistig hochstehenden Persönlichkeiten in Stadt und Palast annähernd gleich verteilt gewesen sein. Die Existenz eines Versammlungsorts und

Die Zeit der älteren Paläste

die Nähe des Stadtplatzes zum Palast scheinen die Theorie van Effenterres ebenso zu stützen wie die Tatsache, daß die Agora, die ursprünglich wohl auch ein Platz der Rechtsprechung war, in der Zeit der neuen Paläste nach 1700 v. Chr. nicht mehr benutzt wurde.

Ein Tor im Norden der Agora eröffnete den Weg zu weiteren Stadtvierteln, von denen die mit »Mü« und »Theta« bezeichneten die Architektur der Altpalastzeit bewahrt haben. Neben Wohnkomplexen, bestehend aus dichtgedrängten, kleinen und größeren, orthogonalen Räumen, gegliedert durch Höfe und Treppen, gibt es größere, freistehende oder eingebundene Wohneinheiten, die sich an der Palastarchitektur orientierten. Hier befanden sich neben den Wohnräumen Empfangshallen, Korridore und Magazinräume. So stand im Süden des Palastes das ansehnliche, um 1900 v. Chr. erbaute Südwesthaus (vgl. Abb. 62, Nr. 34), wohl der Sitz eines reichen Kaufmanns, der in der Nordwestecke seines Hauses große Speicherräume eingerichtet hatte.

Im Stadtquartier Mü, das im 18. Jahrhundert v. Chr. im Westen von Palast und Agora (westlich des heutigen Museums) angelegt worden war, traten erste Beispiele von Architekturformen auf, die für die neuen Paläste der zweiten Palastzeit typisch waren. Dazu gehörten Lichthöfe und das sogenannte Lustralbecken, ein etwas eingetiefter Raum oder Raumteil, den Evans so nannte, weil ihm schien, daß dort kultische Reinigungen vollzogen wurden. Da die Archäologen jedoch in Verbindung mit Lustralbecken nie Wasserleitungen fanden, vermutete Spyridon Marinatos, daß dieser Raumtyp als Imitation einer Kultgrotte erdacht worden sei und nannte ihn »Adyton« (Allerheiligstes). Nanna Marinatos sah in den Lustralbecken geheiligte Räume, zu denen »die Priester hinabstiegen, um bei geschlossenen Türen unbeobachtet von der Öffentlichkeit geheime Opferrituale oder andere mystische Handlungen durchzuführen«.[127]

Den bemerkenswertesten Teil eines größeren Gebäudes des Stadtviertels Mü (Abb. 78) betritt man vom Gebäudeinnern durch eine Eingangshalle mit gepflastertem Boden und Zwei-Säulen-Lichthof (1). Von hier aus kann man nach Süden über eine Treppe ins obere Stockwerk oder mit Rechtswendung in einen Vorraum (9) gelangen. Durchschreitet man die Eingangs-

Das Leben im alten Kreta

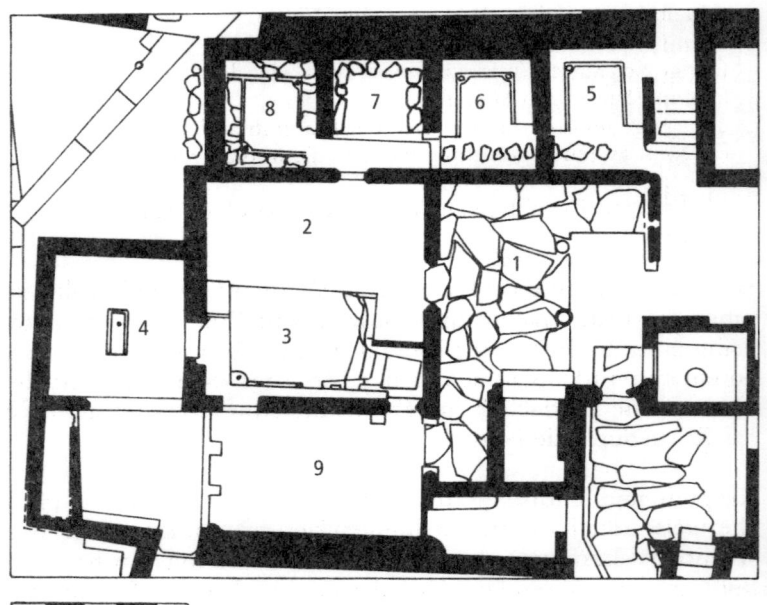

78 Gebäude des Stadtviertels »Mü« von Mallia, Orientierungsplan (nach Niemeier 1987).

halle nach Westen, so wird der Hauptraum (2) erreicht, der nach Norden Zutritt zu einer Reihe von Magazinräumen gewährt (5–8). Zwei von ihnen sind mit Abflußrinnen für Flüssigkeiten ausgestattet. Im Südteil des Hauptraums, doch von diesem aus unzugänglich, liegt ein Lustralbecken (3), von Raum Nr. 9 über eine L-förmige Stufenfolge zu erreichen. In einer späteren Bauphase wurde im Westen zur Straße hin an den Hauptraum ein Raum mit stuckiertem Opferaltar oder Herd angebaut (4). Er konnte über einen Vorraum erreicht werden. Zwei Fenster öffnen den Raum des Lustralbeckens zum südlichen Vorraum und zum Altar-/Herdraum (4). Im Lustralbecken wurde vor der Südwand ein Stucktisch mit Opfermulde gefunden. Im Vorraum (9) stand ein Terrakotta-Opfertisch beim Treppenzugang zum Lustralbecken neben einer Stuckbasis.

Die Zeit der älteren Paläste

Nach Meinung von Jean-Claude Poursat[128] war das Quartier Mü ähnlich organisiert wie der Palast, und zwar für Verwaltungsaufgaben, die mit dem Sektor der Götterverehrung verbunden waren. Sein geistiges Haupt muß daher ein Priester gewesen sein. Hier wie im Palast wurden frühe Schriftzeugnisse der kretischen Hieroglyphen sowie der etwas jüngeren Proto-Linearschrift gefunden. Offenbar wurden in Mallia entscheidende Schritte zur Entwicklung der palastzeitlichen Hochkultur Kretas getan, und so mag sich hier, gefordert von einer ausgreifenden Administration, die Technik der Schriftlichkeit entwickelt haben. Daß das Quartier Mü der Verwaltung kultischer Belange diente, bezeugten Siegel- und Schrifttafelfunde sowie die Produkte seiner Werkstätten: ein unvollendeter »Kernos«-Stein, Tonmodelle von Muscheln und von Hörnern der wilden Bergziegen, der Agrimi.

Zum Verbreitungsgebiet der Erzeugnisse aus Mallia gehörten die Region am Golf von Mirabello und die Lassithi-Hochebene, wo die ländlichen Gemeinden angesiedelt waren, die mit ihren landwirtschaftlichen Produkten Stadt und Palast von Mallia versorgten. Neben den Heiligtümern im Palast und im privaten Bereich der Wohnhäuser gab es auch öffentliche Tempel in Mallia (Abb. 79). Ungefähr 100 m westlich des Palastes war im 18. Jahrhundert v. Chr. ein Kultbankheiligtum (Abb. 79a) mit gepflastertem Zugang errichtet worden, bestehend aus einem östlichen Sakralraum (b), einem mittleren Vorraum (a) und einem westlichen Kultraum (c). Auf der steinernen Kultbank in der Südostecke des Sakralraums fanden die Ausgräber Keramik und Dreifußtische. Eingelassen in den gestampften Lehmboden, nahm ein rechteckiger Opfertisch aus Ton die Mitte des Raumes ein. Die Tischplatte mit exzentrischer Opfermulde zeigte Brandspuren. Auf ihr lag ein umgestülpter Dreifußtisch mit dem Relief einer Doppelaxt auf der Bodenseite. Im Sakralraum, nahe der Tür, war ein Gefäß mit absichtlich weggebrochenem Boden bis zu den Henkeln in die Erde versenkt worden. Mit unten offenen Gefäßen, »Brunnen-Gefäße« oder »Bothroi« genannt, wurde ein symbolischer Zugang zum Erdinnern, zur Unterwelt geschaffen. Durch solche Gefäße ließ man im klassischen Altertum den Erd- und Fruchtbarkeitsgottheiten wie Demeter und Persephone

Das Leben im alten Kreta

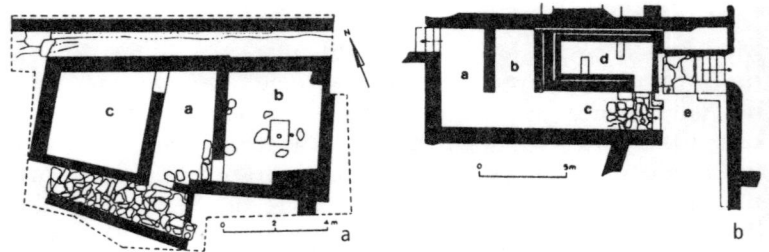

79 Öffentliche Stadttempel von Mallia: a) Kultbankheiligtum, b) Tempel der Kulthörner (nach Bichler/Haider 1988).

Opfergaben zukommen, aus ihnen konnten aber auch die Seelen der Toten aus der Unterwelt aufsteigen.[129] Gesell hat darauf aufmerksam gemacht, daß einiges aus der Kultausstattung dieses Heiligtums ebenso zur Ausstattung von Gräbern gehörte, so Opfertische mit dem Relief einer Doppelaxt, konische Becher mit ungleichem Boden, die nach dem Trunk oder der Spende nur umgestülpt auf den Boden gestellt werden konnten, und Tritonmuscheln.[130] Im Westraum, der als Magazinraum gilt, wurden neben großen Vorratsgefäßen und Amphoren auch Kultobjekte gefunden, darunter das Tonmodell einer Tritonmuschel, ein Gefäßfragment mit plastischem Doppelhorn am Rand und ein Tiervotiv. Die Ausstattung des Heiligtums und ihre Beziehung zum Grabkult legen den Gedanken nahe, daß wir hier das städtische Heiligtum des kretischen Baʿal vor uns haben, in dem Rituale zur Feier des toten, des unterirdischen und des wiederkehrenden Vegetations- und Jahresgottes vollzogen wurden.

Südwestlich des »Bothros«-Heiligtums, das im Erdbeben um 1700 v. Chr. zerstört wurde, liegt der Tempel der Kulthörner (Abb. 79 b). Zum Hauptteil des Gebäudes, bestehend aus drei Räumen auf etwas niedrigerem Niveau, stieg man über eine West- und eine Osttreppe hinab. Im Osten lag ein Vorraum (e) mit Stuckbank an der Nord- und Ostwand. Von hier aus konnte man an einer mit stuckierten Hörnern bekrönten Brüstung vorbei über einen gepflasterten Korridor (c) die zwei westlichen Vorräume (a, b) und das »Allerheiligste« (d) betreten. Dieser Sakralraum aus besonders festem Mauerwerk war mit einer umlaufenden gemauerten Kultbank ausgestattet und erhielt durch zwei niedrige Wandzungen eine Dreiteilung. Freskenfragmente im Vorraum (b) scheinen rote Bukranien auf blauem Grund wiederzugeben. Der in diesem Tempel geübte Kultbrauch läßt sich einstweilen nicht deuten, zeigt aber keinerlei Bezug zum Grabkult. – Die Lage eines Palastes inmitten einer ausgedehnten Stadt und in der Nähe des Meeres entsprach in Ortswahl und Stadtbild den meisten damaligen Zentren des östlichen Mittelmeers. Auch Ugarit war so angelegt worden.

Grabbauten und Totenkult

In der Pflege für die Toten unterschied sich die Altpalastzeit von der frühen Bronzezeit vor allem darin, daß neben den Sippengemeinschaftsbestattungen in mehrräumigen Totenhäusern (vgl. Abb. 34), auch Kammergräber oder Ossuarien genannt, und in Rundgräbern (vgl. Abb. 30), auch als Kuppelgräber und Tholoi bezeichnet, jetzt immer häufiger das Einzelgrab auftrat. Dieses konnte, den Bestattungen in den Räumen eines Kammer- oder Kuppelgrabs beigefügt, im Umfeld eines Kuppelgrabs in den Boden eingetieft worden sein oder in Höhlen sowie im Erdgrab eines Friedhofs seinen Platz haben. Bei den Behältern für die Einzelbestattungen sind drei Arten zu unterscheiden. Als Keramiken des täglichen Gebrauchs wurden sie erst mit der Zeit speziell für den Totenkult hergestellt. Der aufwendigste Behälter war die Larnax, eine Tonwanne auf vier Füßen mit einem flach gewölbten Deckel (Abb. 80). Neben sie trat die Tonkiste ohne Füße, aber mit ebenfalls leicht gewölbtem Deckel. Das schlichteste und am häufigsten verwendete Behältnis war der Pithos, ein Vorratsgefäß von 0,35 m bis 0,95 m Höhe.

In den westlich und östlich von Gournia nahe der Küste angelegten Nekropolen Sphoungaras und Pachyammos bargen die Ausgräber E. Hall und R. Seager 150 Pithoi und eine Larnax bzw. 213 Pithoi und sechs Larnakes. Gefäßbestattungen sind auch von Mochlos, Chania und auf der Insel Christos vor der Küste von Mallia bezeugt. Die Gräberfelder der Nekropolen waren den Bedürfnissen entsprechend gewachsen. Die einzelnen

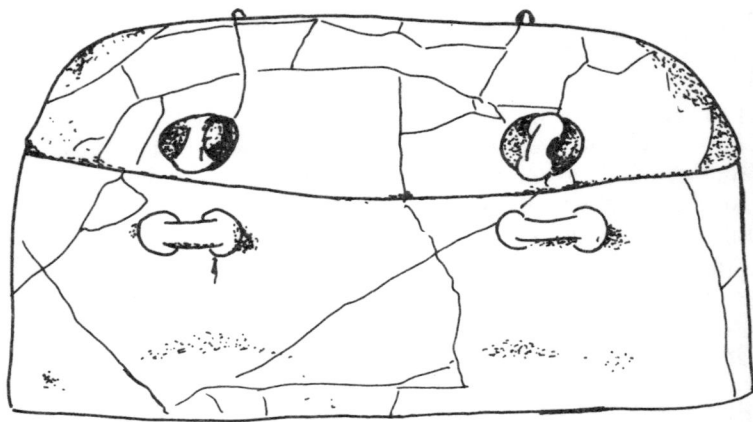

80 Tönerner Sarkophag aus Grabbau 6 des Friedhofs von Phourni, um 2100 v. Chr. (nach Sakellarakis 1991).

Gräber trugen keine Markierungen in Gestalt von Grabmalen, Steinhaufen etc. So scheint auch die westlich des Chrysolakkos-Grabbaus lokalisierte Nekropole von Mallia, obwohl nach Norden durch eine Mauer begrenzt, nicht planmäßig angelegt worden zu sein.

Die Larnax- und Pithosbestattung setzte im ausgehenden 3. Jahrtausend v. Chr. auf Kreta ein. Der Leichnam wurde in die Larnax oder den Pithos in extremer Kontraktion gebettet. In Pachyammos und Sphoungaras waren die Körper der Toten in sitzende Stellung mit angezogenen Knien gebracht worden, wobei das Kinn fast die Knie berührte. Dann hatte man einen Pithos über den Leichnam gestülpt. Standen die Bestattungsgefäße mit der Öffnung nach oben, so wurden sie durch einen Deckel oder flachen Stein verschlossen. Die typische Grabbeigabe war der Tonbecher. Die Sitte der Pithosbestattung beggenete in Vorderasien bereits am Ende des 4. Jahrtausends v. Chr. Von dort scheint sie im 3. Jahrtausend in die Ägäis vorgedrungen zu sein. Auf Kreta ist sie seit dem ausgehenden 3. Jahrtausend vor allem im Norden und Osten verbreitet.[131]

Die Zeit der älteren Paläste

Branigan sah einen ursächlichen Zusammenhang zwischen dem Auftreten von Einzelbestattungen und dem Aufblühen großer Städte, in denen das alte Leben im Sippenverband, im Clan, erlosch.[132] Von Gemeinwesen mit engen inneren Bindungen, wie Sippen- und Clangemeinschaften oder landsmannschaftlichen Gruppen etc., wurden nach wie vor die repräsentativen Bauten der Rundgräber, auch Kuppelgräber oder griechisch Tholoi genannt, belegt und neuerrichtet.

Am äußersten Anfang der Altpalastzeit entstand das Kuppelgrab C der Nekropole Phourni (Fourni) von Archanes, vom Ausgräber J. Sakellarakis in die Zeit um 2250–2210 v. Chr. datiert.[133] Die Funde legten die Annahme nahe, daß es von Einwanderern, kunstsinnigen Handwerkern von den Kykladen, belegt wurde (vgl. Abb. 28). Auf einer Bettung aus Kalksteinen, zwischen die an dem für die Bestattung vorgesehenen Platz reiche Grabbeigaben gestellt wurden, hatten zehn Tonkisten, eine Tonwanne und ein Pithos mit zwei Grablegungen ihren Platz. Acht Sarkophage bargen je einen einzigen Toten, ein Sarkophag enthielt zwei und zwei Sarkophage drei Bestattungen. Die Grabbeigaben gehörten offenbar zum Besitz der Toten, so verschiedene Siegel, drei Bronzedolche und Schmuck. Zwei Elfenbeinanhänger in Form eines Fisches und eines Vogels können als Amulette gedient haben. Daß beide Tiere als theriomorphe Erscheinungen von Göttern mit Jenseitsvorstellungen verbunden waren, zeigte die Bronzetafel aus der Psychro-Grotte. Der Vogel könnte eine Erscheinungsform der Taubengöttin sein, der Fisch eine Epiphanie des »unterirdischen Baʿal« oder »Poseidon«.

Als Opfer an den Gott der Unterwelt, die, wie wir sahen, von den bronzezeitlichen Menschen Kretas als Meereswelt gedacht wurde, mögen auch achtzig Muscheln in ein Zwillingsgefäß gelegt worden sein. Die fünfzehn weiblichen Kykladenidole aus Marmor, Elfenbein, Schiefer und Feuerstein waren dagegen den Toten wohl als göttliche Helfer mitgegeben worden. Erika Simon sah in den Kykladenidolen des 3. Jahrtausends v. Chr. frühe Vorläufer der Chariten, der Kinder des Dionysos und der Aphrodite (Servius zu Aeneis I 724). »Denn nicht Zeus, sondern Dionysos wurde in vorgriechischer Zeit auf den ägäischen Inseln verehrt. Er war dort mit der Vegetation verbunden, und das Gleiche gilt für die Chariten. Schon König Minos soll ihnen auf Paros geopfert haben.«[134]

Tonsärge und Topfgräber erbrachte auch die obere Bestattungsschicht aus der Zeit von 2100 bis 2000 v. Chr. des Tholosgrabs E der Nekropole von Archanes.[135] 36 Grablegungen wurden in den 29 Sarkophagen und zwei kleinen Pithoi festgestellt, weitere zwanzig Tote waren zwischen den Sarkophagen auf den Boden des Rundgrabs gebettet worden. Zu den Grabbeigaben des persönlichen Besitzes gehörten vor allem Halsketten und Siegel aus Fayence, Steatit, Meteorit, Bergkristall und Elfenbein. Tierknochen und zwölf Muscheln können als Ausstattung des Verstorbenen mit Nahrung interpretiert oder als Reste eines Opfers an Totengötter angesehen werden. Zu diesen Beigaben kam ein rätselhafter Fund, der sich in der Nekropole Phourni von Archanes wiederholte: eine sogenannte Schafsglocke (auch als gehörnte Maske oder Glockenidol bezeichnet; Abb. 81 a). Diese kleinen, glockenförmigen tönernen Objekte mit zwei Hornspitzen, oft zwei bis vier Perforierungen an der Frontseite und einem Bügelhenkel, an dem sie getragen werden konnten, traten am Ende des 3. Jahrtausends v. Chr. auf und wurden in Häusern, Palästen, Gräbern und Höhlen gefunden. Ein Depot war das Felsloch bei Poros, einem Vorort von Iraklion, wo vier Maskenidole, eines aus Fayence mit aufgemaltem Gesicht (Abb. 81 b), sowie Keramik der Altpalastzeit, Tierknochen, Rinderhörner und Asche gefunden wurden. In einem weiteren Depot ganz in der Nähe kamen 19 Maskenidole, ein steinernes Doppelhorn und eine spätbronzezeitliche Speerspitze zutage.[136] Ein Rundgrab, die Tholos A von Vourou in der Mesara, barg abermals ein gehörntes Maskenidol. Nördlich und südlich des Kuppelgrabs war diesem je ein Kultplatz zugeordnet. Im Norden fand man unter einer Wandverstärkung als Zeugen eines Rituals eine Kanne, einen kleinen Pithos, Tassen und 18 in einer Reihe aufgestellte, gehörnte Maskenidole. Auf dem südlichen Kultplatz konnten Kannen, Pithoi und umgestülpte Tassen registriert werden.[137]

Die »gehörnten Maskenidole« wurden von Evans als »Votivglocken« bezeichnet, Picard sah in ihnen »weibliche Idole«, Platon und ihm folgend Gesell nannten sie »gehörnte Masken«. Sie

Die Zeit der älteren Paläste

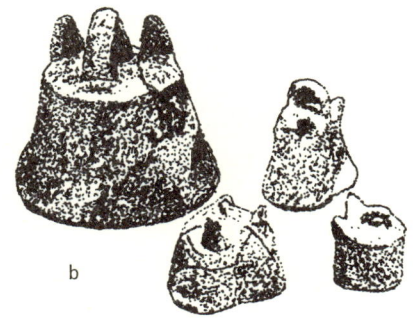

81 Gehörnte, glockenförmige Idole, um 2100–2000 v. Chr.:
a) mit Gesichtsmaske aus Poros (nach Gesell 1985),
b) vom Friedhof in Phourni (nach Sakellarakis 1991).

traten auch verdoppelt als Zwillings-»Glocken« auf und konnten einen kleinen menschlichen Kopf oder einen kleinen Stier zwischen sich haben.[138] Auch wir sehen in ihnen Maskenidole einer gehörnten Gottheit, und zwar eines männlichen Gottes. Der Maskengott des klassischen Altertums war Dionysos. Diodorus Siculus (III 73,2) überlieferte, daß Dionysos Hörner trug wie sein Vater Ammon, der auf Kreta herrschte (s. S. 41). Diese rätselhaften Maskenidole, die am Anfang der Altpalastzeit in Kreta auftraten, aber offenbar bald danach wieder verschwanden, scheinen Zeugnisse religiöser Vorstellungen zu sein, die alsbald von den Symbolen einer verwandten, dabei aber stärkeren Glaubensströmung verdrängt wurden.

Eines der besten Beispiele für die Verbindung von Götter- und Totenkult in der beginnenden Altpalastzeit stellt das Kuppelgrab I von Apesokari in der Mesara dar. Es ist in der Zeit von 2100 bis 1900 v. Chr. erbaut worden, wie die Tholoi von Kamilari (südlich von Hagia Triada) und Knossos. Gegenüber den frühbronzezeitlichen Rundgräbern zeigte das Kuppelgrab I von Apesokari auch architektonische Neuerungen. So waren die Türgewände mit dem Rundbau aufgemauert, eine Technik, die bei den spätbronzezeitlichen Kuppelgräbern Kretas üblich wurde. Die Tür des Rundgrabs verschloß einst eine große, behauene Steinplatte, wie sie *in situ* beim Tholosgrab von Kamilari und

Knossos gefunden wurde. Den interessanteren Teil des Grabes aber stellt der dem Eingang vorgebaute, jedoch im Mauerverband mit dem überwölbten Rundgrab stehende Raumkomplex dar (Abb. 82). Dieser bestand aus einem Eingang im Osten, von dem man eine schmale Vorhalle betrat, um hinter ihr in eine quadratische Pfeilerkrypta zu gelangen. Diese öffnete sich zu einem rückwärtigen Raum, der zum Eingang in das Rundgrab weiterleitete. Im Süden schloß korridorartig ein schmaler Raum an die Pfeilerkrypta an. Hier, vermutete Gesell, mögen Treppen angelegt gewesen sein, die einst zu einem Säulensaal oder einer Terrasse über der Krypta führten.

82 Grundriß des Rundgrabs von Apesokari mit Angabe der Bestattungen (X) (nach Hood 1971).

In den Kammern C und D der rückwärtigen Halle sowie im Korridor E wurden Grablegungen festgestellt. Die Pfeilerkrypta (G) erbrachte Stein- und Tongefäße, einen Pithos, Tassen und Schalen. Vor der Nordwand der Vorhalle (J) lag ein hexagonaler Steinplattenaltar (0,65 x 0,35 m) und vor ihm ein Konkretstein. Sein unbearbeiteter Umriß gibt in großen Zügen eine menschliche Gestalt wieder. Nur der Nabel war ausgearbeitet.[139] Argoì Líthoi, unbearbeitete Steine, galten noch in der klassischen Antike als anikonische Male von Göttern, zu denen Hermes, Dionysos und Eros gehörten.[140]

Die Zeit der älteren Paläste

Welche Gottheit am Sechskantaltar der Eingangshalle zum Kuppelgrab I von Apesokari verehrt worden war, darauf geben vielleicht die sechs Ecken und Kanten der Altarplatte einen Hinweis. Die 6, Grundzahl des Sexagesimalsystems, war die heilige Zahl des westsemitischen Wettergotts Hadad/Ba‛al.[141] Doch zum Kuppelgrab I von Apesokari gehörte noch ein weiterer Altar. Er stand nördlich des äußeren Eingangs auf einer kleinen gepflasterten Fläche, die einst wohl zu einem größeren gepflasterten Areal gehörte, und war als rechteckiger Aufbau aus kleineren und größeren Steinen gebildet. Neben ihm fand man zahlreiche Gefäße der Altpalastzeit (MM I/II).

Leider war das Grab ausgeraubt, und so sind uns viele wertvolle Zeugen zu Bestattungsbrauch und Grabkult verlorengegangen, doch gehörten zur Grablegung jedenfalls mehrere Kultakte. Am Altar vor dem Grabbau werden vor einer größeren Anzahl von Menschen, der Dorf- oder Sippengemeinschaft, Gebete und Opfer vollzogen worden sein. Vielleicht fand auf dem gepflasterten Vorplatz auch ein Totenmahl statt. Nur von wenigen, vielleicht von den Dorfältesten, die zugleich die religiösen Autoritäten waren, wurde der zweite Kultakt durchgeführt. Er bestand in einem Trunk und einer Spende vor der Gottheit am Sechskantaltar. Hier, beim Eingang des Grabbaus, wurden eine »Teekanne« und fünf Becher gefunden.[142] Schließlich waren im Pfeilerraum Gaben in den Ton- und Steinschalen und im Vorratsgefäß niedergelegt worden. Welcher Ritus zum Totenkult, welcher zum Götterkult gehörte, ist heute noch nicht geklärt. Toten- und Götterkult scheinen eng miteinander verbunden gewesen zu sein, denn alle »sprechenden« Kultobjekte, die man in Gräbern fand, wie gehörntes Maskenidol, Doppelaxt, die sogenannte Schlangenröhre, Stierrhython, Agrimi-Hörner, Paletten zum Anreiben roter Farbe, mit der das Kultgerät bemalt wurde, Lampen, Becher, Kannen und anderes mehr sind ebenso aus Gipfel-, Palast- und Hausheiligtümern bekannt.

Ein gepflasterter Platz oder eine Einfriedung wurde auch bei anderen Kuppelgräbern festgestellt, so in Koumasa, Platanos und Kamilari. In Platanos fand man drei Doppeläxte außerhalb des Grabes. In Kamilari waren die rechteckigen Vorkammern des Kuppelgrabs von einem halbrunden Platz umgeben, der durch

Steine markiert war. In einer Ecke dieses gepflasterten Areals waren flache Steinplatten zu einem Altar übereinandergelegt worden. Auf diesen hatte man konische Becher umgestülpt auf den Rand gestellt. Solche Becher sind aus verschiedenen Heiligtümern bekannt und konnten Pflanzenreste enthalten.[143]

Im Vorraum des Rundgrabs von Kamilari wurde das berühmte Tonmodell gefunden, das meist als Darstellung einer Szene aus dem Totenkult verstanden wird. In einer auf drei Seiten offenen Halle sitzen vier Gottheiten oder heroisierte Tote vor der Hallenrückwand, deren oberer Teil von drei Fenstern durchbrochen ist. Diese trug wohl zusammen mit zwei vorderen Säulen ein flaches Dach. Vor jeder göttlichen Gestalt steht ein kleiner, säulenartiger Altar mit konkav geschwungenen Seiten. Auf die beiden inneren Altäre der Reihe haben zwei männliche Adoranten ein Opferbrot gelegt. Sie heben die Arme den verehrten Ahnen oder Göttern entgegen. Ihre kleinen Körper machten die Überlegenheit der großen Götter oder Heroen ihnen gegenüber deutlich.

Alles spricht dafür, daß vor den Rundgräbern Rituale durchgeführt wurden, zu denen auch der kultische Reigentanz gehörte. Eine Miniaturszene aus Kamilari zeigt vier Männer, zwischen denen Kulthörner stehen, im Reigentanz verbunden. Manche Gegenstände, die beim Ritual unter freiem Himmel gebraucht worden waren, scheinen danach den Toten ins Grab mitgegeben worden zu sein. Fehlte es im Grab an Platz, so kamen die Gaben in die Vorkammern, von denen aber offenbar einzelne auch als Kulträume dienten. Diese, dem meist nach Osten gerichteten Eingang des Rundgrabs vorgelagerten, rechteckigen Kammern waren als Ossuarien für ältere Bestattungsreste benutzt worden und dienten später, nach Überfüllung des Kuppelgrabs, auch der Grablegung. Es ist noch ungeklärt, ob einige der Vorkammern bereits in der frühen Bronzezeit Kultzwecken dienten oder ob hier nur die Gefäße niedergelegt wurden, die beim Bestattungsritual vor dem Grab gedient hatten. So fand man in den Außenkammern des Rundgrabs II/II A von Lebena Hunderte kleiner Tassen des Vasiliki-Stils.[144] Seit dem Beginn der Altpalastzeit aber wurden einzelne der Vorkammern in den Totenkult miteinbezogen, so in Kamilari, Apesokari und in Raum L des

Die Zeit der älteren Paläste

Tholosgrabs A von Hagia Triada. Auch die Rundgräber in anderen Teilen Kretas zeigen, daß eine gewisse Einheitlichkeit der Grabsitten herrschte.

Das berühmteste Kammergrab der Altpalastzeit war das »Goldloch«, der Grabpalast »Chrysolakkos« nordwestlich des Palastes von Mallia. Der große, rechteckige Grabbau hatte die beachtlichen Ausmaße von 38,5 x 29,8 m. Er war teilweise in eine ausgehauene Felsgrube eingebaut und bestand zunächst in der Zeit von etwa 2150 bis 2000 v. Chr. aus zahlreichen kleinen, rechteckigen Räumen. Die Wände dieser in sich abgeschlossenen Zellen waren nicht dick und aus Bruchsteinen aufgemauert. Im Osten, vor der Front des Grabbaus, lag eine Reihe von miteinander verbundenen Kulträumen. In einem der Kulträume war der Boden sorgfältig gepflastert, in zwei anderen Räumen konnten niedrige Kultbänke an den Wänden festgestellt werden. Von einer dieser »Kultbankkapellen« führte offenbar ein Durchgang zum Innern des Grabbaus. Opfertische für Kulthandlungen fand man in den östlich vorgelagerten Kulträumen und im Grabbau selbst. Einige von ihnen bestanden aus einer Scheibe aus Terrakotta mit mittlerer Mulde und Brandspuren und waren in die Böden der Räume eingelassen. Nach Chapouthier hatte in der mittleren Mulde eine tönerne Öllampe ihren Platz gehabt. Entsprechende Opferplatten sind auch aus Häusern der Altpalastzeit in Mallia und aus Knossos bekannt. In einem der Räume des Grabpalastes wurde ein Kernos, ein Vielmuldenstein, geborgen.

Während einer zweiten Bauphase um 2000 v. Chr. oder bald danach erhielten die Grabkammern eine Umfassungsmauer, von der sie sogar teilweise überbaut wurden. Stärkere Mauern erscheinen jetzt auch im Innern. Das Gelände um den Grabbau wurde aufgeschüttet, eine umlaufende Pflasterung angelegt und über den ehemaligen Kulträumen im Osten eine Kolonnade auf Pfeilerbasen errichtet. Die Kulthandlungen im Grabbau scheinen sich jetzt auf den Altar hinter der östlichen Umfassungsmauer konzentriert zu haben. Dieser bestand aus einem stuckierten Basisblock mit mehrfach rechtwinklig abgestuften Kanten und einem zentralen, zylindrischen Hohlraum, der mit Erde und Kieseln angefüllt war.

Das Leben im alten Kreta

Eingänge in den Grabbau konnten nicht festgestellt werden, so daß von einer Belegung der Kammern von oben her auszugehen ist.[145] Die einstige Zahl der Zellen wird von Branigan auf rund achtzig geschätzt. Sie waren teilweise stuckiert, teilweise mit Kieseln gepflastert. Leider war der Grabbau, in dem offenbar sowohl Gemeinschafts- als auch Einzelbestattungen vorgenommen worden waren, vollständig ausgeraubt. Die Ausgräber konnten nur noch viele Lampen mit Mitteldorn und kleine, konische, handgemachte Näpfe bergen. Außerhalb des Grabbaus scheint nördlich der Umfassungsmauer ein Kultplatz gelegen zu haben. Hier wurden ein Kernos und zwei künstliche Rinnen gefunden, in denen zerbrochene, aber qualitätvolle Keramik des 18. Jahrhunderts v. Chr. (MM II) lag. Veit Stürmer erinnert an einen über 1000 Jahre jüngeren Kultbrauch in der Nekropole Athens, im Kerameikos, wo in einer langen Rinne Gefäße hoher Qualität zerschmissen wurden, um sie für die Lebenden unbrauchbar zu machen.[146]

Von dem einstigen Reichtum dieser königlichen Nekropole zeugt noch ein Goldanhänger aus der Zeit von 1700 v. Chr. In kunstvoller Granulierung, Treib- und Filigranarbeit hat hier ein kretischer Goldschmied zwei heraldisch angeordnete Bienen geschaffen, die eine runde Honigwabe und ein Wachskügelchen halten. Von dem mit liebevoller Naturnähe und feinem Sinn für das Ornamentale gebildeten Bienenpaar hängen drei Goldscheiben herab (Abb. 83).

Eine Vorstellung von der Ausstattung vornehmer Toter mit Grabbeigaben können die von J. und E. Sakellarakis ausgegrabenen Kammergräber der Phourni-Nekropole vermitteln.[147] Typische Beigaben waren Siegel aus Halbedelsteinen, Steatit und Elfenbein,[148] Skarabäen aus Fayence, Muscheln, Ketten mit Perlen aus Halbedelsteinen (Karneol und Bergkristall), Tongefäße kleineren Formats (Kannen, Tassen, Becher, Schalen und Dosen), Werkzeuge (Meißel, Obsidianklingen) und Kultgegenstände. Zu diesen zählen Kernoi, gehörnte Maskenidole und konische Becher, die ihren Platz bei oder sogar auf dem Haupt des Toten hatten, Steingefäße in Form eines Nestes und Kannen sowie Amulette. Im Grabbau 6 wurde ein zylindrisches Siegel gefunden, dessen Enden durch runde Elfenbeinplättchen, die mit Nägeln

Die Zeit der älteren Paläste

befestigt waren, verschlossen wurden. Es mag eine »magische« Substanz enthalten haben und als Amulett getragen worden sein. Auf Totenrituale weisen Muscheln, Tierknochen und -zähne hin, sowie Stuckteilchen. Eines von ihnen wurde in einem Schädel aus Grabbau 6 gefunden, was die Ausgräber an das Bestreichen der Schädel mit Kalk im Orient erinnerte.

Grabbau 6, der noch vor 2000 v. Chr. (MM I A) errichtet wurde, erbrachte zahlreiche Schriftbeispiele auf Hieroglyphen-Siegeln und auf einigen

83 Goldener Anhänger; zwei Bienen, eine Honigwabe haltend, aus der königlichen Nekropole von Mallia, um 1700 v. Chr. (nach Castleden 1993).

Sarkophagen. Die Ausgräber deuteten das als Hinweis auf eine aktive Handelstätigkeit der hier Bestatteten und ihrer Angehörigen, die eine entwickelte Schriftlichkeit notwendig machte und für die auch der ägyptische Skarabäus aus Fayence und die verschwenderische Verwendung von Elfenbein sprechen. Ob die Schriftzeichen kultische Texte formten, läßt sich noch nicht beantworten. Der Grabbau war auf dem felsigen, höchstgelegenen Platz des Friedhofs errichtet worden. Ein Plattenweg und eine Treppe führten zu ihm empor. Nördlich dieses Weges fanden Kulthandlungen statt. Hier sah man rund zwanzig Gefäße aufgestellt, die zum Teil ineinandergesetzt waren. Südlich des Plattenwegs war ein langer, schmaler »Korridor« angelegt worden, in den vom höher gelegenen Plattenweg und von der Treppe her in einem bei jeder Bestattung sich wiederholenden Ritual Gefäße hineingeworfen wurden. Auf einem großen Haufen und in Gruppen fand man hier annähernd 300 Gefäße. Sie hatten polychrome und plastische Verzierungen, gehörten zu allen Arten von Trinkgefäßen und Kannen, zu Dreifuß- und Mehrfachgefäßen; doch fehlte die gewöhnliche Gebrauchskeramik. Der Kultbrauch des Zerschlagens von Gefäßen, den wir beim Chrysolakkos-Grabbau kennenlernten, findet sich hier wieder, wobei in Phourni noch der Beifund eines Tierschädels, vielleicht von einem Stier, gemacht wurde.

Grabbrauchtum und Jenseitserwartung

Zusammenfassend läßt sich zu den Grabbräuchen der Altpalastzeit und zu den Hoffnungen, welche die Menschen am Grab ihrer Verstorbenen hegten, folgendes sagen: Neben der traditionellen Bestattung in Familien- und Sippengrüften findet man jetzt vermehrt die Einzelbestattung in Gefäßen und Sarkophagen (Tonkisten oder Larnakes). Ärmere Bevölkerungsteile begnügten sich mit dem Topfgrab oder der schlichten Erdgrube in den außerhalb der Städte gelegenen Friedhöfen. Wohlhabendere Glieder der Bevölkerung, ethnische Gruppen oder Familiengemeinschaften erbauten, wie schon in der Vorpalastzeit, Kuppelgräber und Totenhäuser, in denen die Toten einzeln oder zu mehreren in einem Gefäß, in einem Sarkophag oder einfach auf den Boden gebettet ihr Grab fanden. Die Toten wurden so ausgestattet, als wollte man sie für ein Leben jenseits des Todes mit dem Nötigen versehen. Sie erhielten in Kannen, Bechern und Schalen Nahrung; sie wurden geschmückt, mit Gegenständen ihres persönlichen Besitzes versehen und zum Schutz vor unwägbaren Gefahren mit Amuletten und Gegenständen von religiöser Bedeutung ausgestattet. Zu diesen gehörten unter anderem vierfüßige Opfertische, die mit dem Relief einer Doppelaxt geschmückt sein konnten, konische, handgeformte Becher mit unebenem Boden, die nur in der Hand gehalten und auf den Kopf gestellt werden konnten, Tritonmuscheln, Idole, Reibeschalen, auf denen die rote Farbe zerrieben wurde, mit der man Heiliges überzog, und Siegel mit Symbolen oder Hieroglyphen. Da diese Gegenstände mit religiöser Bedeutung ihre Entsprechungen in den Funden der Haus- und Palastheiligtümer haben, zeigen sie, daß in der Altpalastzeit der Totenkult mit dem Götterkult verbunden war. Zwar wird man sich nicht vorstellen dürfen, daß auf Kreta allerorts die gleichen Glaubensvorstellungen herrschten, doch tritt eine gewisse Tendenz zur Einheitlichkeit des Grabbrauchs hervor.

Aus den archäologischen Befunden ist bisher auf die Frage,

Die Zeit der älteren Paläste

welche Hoffnungen die Menschen der Altpalastzeit beseelten, noch keine Antwort gegeben worden. »Ob in dieser Zeit bereits die Vorstellungen von einem entfernten Totenbereich bestand, wohin die Seelen der Verstorbenen vom Grabe aus gelangten, wissen wir nicht.«[149] Dennoch muß man bei dieser Feststellung nicht stehenbleiben. Tierknochen, die in einigen Gräbern gefunden wurden – so in den Höhlen von Skaphidia, Trapeza und Miamou, in den Tholosgräbern von Hagia Triada, Krassi und Lenda (Lebena) sowie in Kammergräbern der Nekropole von Archanes –, zeugen von Totenmählern. Derselbe Brauch wurde auch in Gräbern von Ugarit beobachtet: Dort sprach eine Inschrift von der Seele des Panammuwa, die mit Hadad (Baʿal) ißt und trinkt.[150] Ähnliche Vorstellungen, durch Rituale des Totenkults die Seele des Verstorbenen dem unterirdischen Fruchtbarkeitsgott anzuempfehlen, können auch auf Kreta lebendig gewesen sein.

Zu diesen Zeugen eines Grabbrauchs, der auf einen Glauben an ein Leben jenseits der Schwelle des Todes hinweist, treten Siegelfunde mit rätselhaften, aber nichtsdestoweniger sprechenden Siegelbildern hinzu. Zwei ihrer Bildtypen lassen sich enträtseln, da sie im kretischen Kunstsinn abgewandelte magische Symbole ägyptischer Skarabäen sind: Das erste Symbol ist der Papyrusstengel mit meist entfalteter Papyrusdolde. Ägyptische Skarabäen geben ihn in hieroglyphischer (vgl. Abb. 50) und in ornamentaler Form wieder. Er hat als ägyptische Hieroglyphe den Lautwert *w3ḏ, wadsch* (= grün). Schon Evans erkannte seine Bedeutung für die altkretische Religion und führte ihn in seiner hieroglyphischen Form als »*waz*«-Symbol in die Forschung ein.[151] Zum Skarabäus (Abb. 84a) äußerte die Ägyptologin R. Germer: »Das Ornament des Siegels der XII. Dynastie ist als Papyrusstengel zu deuten. Es hat in diesem Zusammenhang eine magische Bedeutung, was sich auch vor allem in den kleinen Fayenceamuletten des Papyrusstengels, den *w3ḏ*-Amuletten, zeigt. Sie stehen für jugendliche Kraft, Frische, Regeneration etc.«[152] Die Papyruspflanze ist also Schrift- und Sinnbild für »grünen«, »gedeihen«, »jugendliche Kraft« und »Regeneration«. Darauf müssen die Hoffnungen gewisser Menschen Altkretas gezielt haben, deshalb legten sie ihren Verstorbenen das Siegel mit eingeschnittenem Papyrussymbol ins Grab (vgl. Abb. 50). Kehren wir noch einmal zu den magischen Zeichen des ägyptischen Siegels der XII. Dynastie zurück. Den gegenständigen Papyrusstengel flankiert die Hieroglyphe *ankh* (= Leben). Der Symbolkontext lautet als Segensspruch für den Träger: Gedeihen hier, Gedeihen dort, Leben, Leben.

Das gleiche Thema erscheint in einem zweiten Bildtyp auf ägyptischen Siegeln (Abb. 84b). Durch eine mittlere Horizontale erhält hier die Siegelfläche eine obere und eine untere Hälfte. In beiden Hälften tritt das gleiche Tier auf. Der Eindruck einer Ober- und Unterwelt wird erweckt. Doch stehen die Tierfiguren nicht einfach eins unter dem anderen, sondern drehsymmetrisch zueinander, als folge das eine Tier dem anderen in einer Drehung um 180°, was auf eine zyklische Wiederkehr und ebenso auf ein zyklisches Verschwinden zu deuten scheint. Dieser Bildtypus, der sich aufs beste mit dem Naturzyklus, mit dem Hinabsteigen Ba‘als in die Unterwelt und seiner Wiederkehr verbinden läßt, wurde von den Menschen der Altpalastzeit Kretas begeistert aufgenommen. In enger Anlehnung (Abb. 84c) und freier, echt kretischer Variation findet man in drehsymmetrischer Zweiphasenkomposition Skorpione, die sich durch Ober- und Unterwelt folgen (Abb. 84d), Blüten, die nach oben und unten blühen (Abb. 84e), Menschen und Tiere, die aufsteigen und untergehen (Abb. 84f–g). Es fehlte nur noch ein kleiner Schritt zur Abstraktion, um das Symbol zu finden, das für Aufgang und Untergang aller Erscheinungsformen der Natur und des mit ihr verbundenen göttlichen und irdischen Lebens stand. Dieser Schritt führte zum Zweiarmwirbel, der als heiliges Zeichen der Altpalastzeit entstand.

Auf einem Siegel des Tholosgrabs B in Platanos war ihm noch ein Wildziegenbock als Deutezeichen beigegeben worden (Abb. 85a). Auf dem Libationsaltar aus Steatit im nördlichen Westhofheiligtum von Phaistos (Abb. 85b) erscheint er verselbständigt, viermal, mit heiliger roter Farbe gefüllt. In seinem Bannkreis wurde in die Tiefe gespendet und um Erneuerung des Lebens gebetet. Über die Gottheit, der die Gebete galten, werden wir nicht im unklaren gelassen. Ein dreiseitiges Siegelprisma aus grünem Jaspis[153] (Abb. 85c) gibt die Antwort. Es ist die schon von

Die Zeit der älteren Paläste

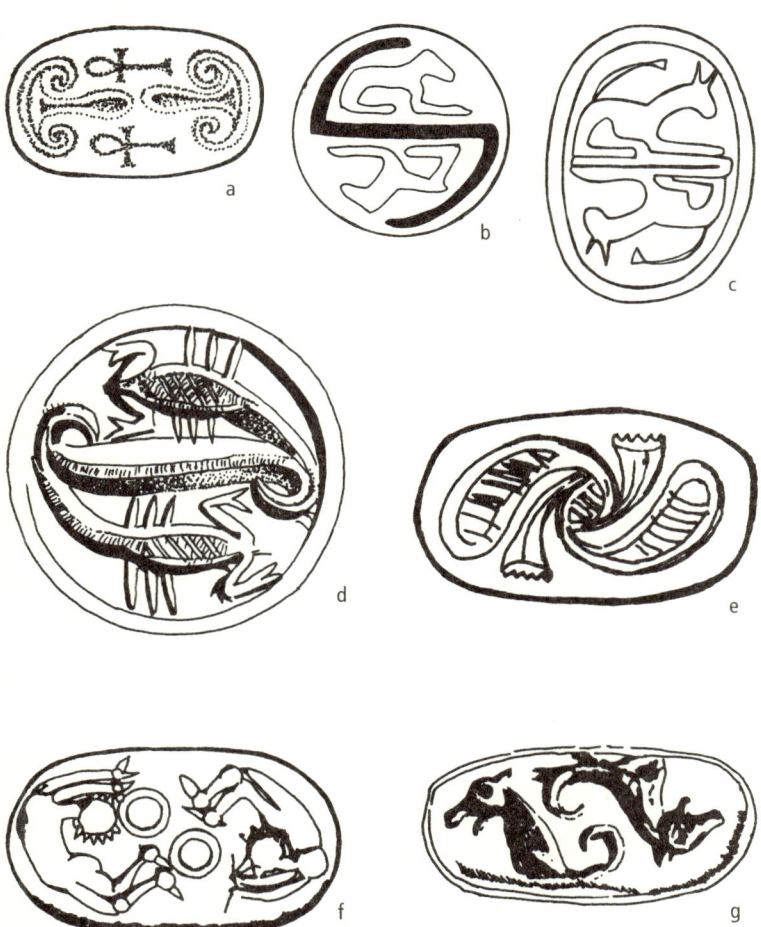

84 Ägyptische Vorbilder für kretische Symbole und Kompositionen (nach Evans 1895, 1909, Sakellarakis 1991, Platon 1969, Yule 1980)
a) ägyptischer Skarabäus der 12. Dyn.
b) ägyptisches Knopfsiegel der 6.–11. Dyn.
c) kretischer Fayence-Skarabäus aus Grabbau 7 von Phourni, 2100–2000 v. Chr.
d) kretisches Siegel aus dem Tholosgrab A von Platanos, um 2100 v. Chr.
e–g) kretische Siegel dekoriert im Schema des Zweiarmwirbels

Das Leben im alten Kreta

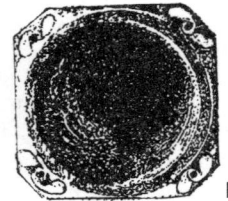

85 Das Symbol des Zweiarmwirbels auf Siegeln und Altar:
a) Siegel aus Tholosgrab B von Platanos, 19.–18. Jh. v. Chr. (nach Platon 1969),
b) Libationsaltar aus Phaistos, 19.–18. Jh. v. Chr. (nach Zervos 1956),
c) kretisches Siegel in Oxford, 18. Jh. v. Chr. (nach Yule 1980).

den Votivstatuetten der Gipfelheiligtümer und des Ovalhauses von Chamezi her bekannte Göttin mit den zum Segensgestus erhobenen Armen, die mächtige kretische Schwester der altbabylonischen Ischtar und der »fürbittenden Göttinnen« (vgl. Abb. 63 b). Sie hält ihre Hände über den Zweiarmwirbel. Daß sich ihr Wesen aber nicht nur an der orientalischen Ischtar orientierte, lehren abermals die Grabbeigaben. Sucht man hier nach Hinweisen dafür, daß die Hoffnungen der Menschen einer weiblichen Gottheit galten, so findet man z. B. auf dem Siegelbild eines Skarabäus aus dem Tholosgrab von Agios Onouphrios die Hieroglyphen für die ägyptische Schlangengöttin Uto. Sie war die Göttin des Nildeltas und Unterägyptens und hieß »die Grüne«, w3ḏ.t, wadschet (nach Evans: wazet). Ihre Hieroglyphe war der Papyrusstengel. Der bevorzugte Platz der Schlangengöttin war der geflochtene Korb, die Hieroglyphe nb, neb. Das Siegelbild zeigt den Papyrusstengel, senkrecht im flachen Korb stehend, also Wadschet, die Schlangengöttin, an dem von ihr bevorzugten Platz. Schon Evans sah in der schlangengestaltigen Delta-Göttin von Buto ein Double der kretischen Göttin.[154] Von ihr übernahm diese als Symbol für ihre Gedeihen und Fruchtbarkeit fördernde Macht den Papyrusstengel. In echt kretischer Formulierung finden wir die Göttin in den Symbolen eines Siegelabdrucks aus dem sogenannten Hieroglyphen-Depot im Westtrakt von Knossos wieder. Hier ist die Papyrusdolde mit der Doppelaxt verbunden.[155] H.-G. Buchholz hat nachgewie-

sen, daß die Doppelaxt kein Opfergerät darstellte, aber in der ältesten sumerischen Schrift das Zeichen für »Kampf« war.[156]
Kampf und Gedeihen waren Bereiche, in denen Ischtar und die Ba'alschwester Anat wirkten. Beiden Domänen gehörten auch die göttlichen Kräfte an, die sich in der kretischen Anat vereinten und die Wiederkehr allen Lebens garantierten. Mit einiger Sicherheit wird man also annehmen dürfen, daß den Menschen aus den am Grab vollzogenen Zeremonien Hoffnungen erwuchsen: Mit dem Totenkult verband sich die Vorstellung einer Existenz jenseits der Schwelle des Todes; in der Verbindung von Götter- und Totenkult suchte man die Garantie für die Wiederkehr des Lebens.

Die Hieroglyphenschrift auf Kreta

Siegel, Tonleisten und Tonetiketten

Nach Evans entwickelte sich die piktographische Schrift, angeregt durch Bildzeichen, die von ägyptisch-libyschen Siegeln um 2200 v. Chr. entlehnt worden waren. In dieser Zeit begannen die kretischen Steinschneider bereits harte Steine zu bearbeiten, doch blieb der beliebteste Stein für die sich mehrenden dreiseitigen Perlensiegel oder Prismen der weiche, lokale Steatit. Zu den ältesten Beispielen zählte Evans zwei Siegel aus schwarzem und gelbem Steatit, Knopfsiegel aus dem frühen Kuppelgrab von Hagia Triada und weitere, zum Teil noch aus weichem Elfenbein geschnittene Siegel der Übergangsphase von der frühen zur mittleren Bronzezeit.[157] Jede Siegelfläche wird nur von einem Bildthema beherrscht, sei es der Zweiarmwirbel, ein Tier oder der zum Markt schreitende Töpfer mit seinem Hund (Abb. 86a). Die Themen scheinen dem täglichen Leben (Abb. 86b–c) und dem religiösen Bereich entnommen. So glaubt man den Hirten hinter dem Gatter seines Viehpferchs zu sehen, den Palastwächter oder Soldaten, den Töpfer und Händler oder den Stierkopf des Wettergottes mit dem ägyptischen Bildzeichen für unzählige Regierungsjahre über sich. So mögen die Siegelbilder Auskunft über den Besitzer geben, über den Mann, der sich das Prisma an-

Das Leben im alten Kreta

86 Kretische Siegelbilder der Altpalastzeit (nach Evans 1909).

fertigen ließ und dem weltlichen oder geistlichen Stand angehörte.

Nur wenig später, nach Evans um 2160–2000 v. Chr., begann man auf Kreta ein eigenes Schriftsystem auszubilden. Evans nannte die erste Entwicklungsstufe einer piktographischen Schrift die »Hieroglyphenschrift A«, die zweite Stufe des späten 19. und 18. Jahrhunderts v. Chr. die »Hieroglyphenschrift B« (Abb. 87).[158] Er identifizierte in beiden Entwicklungsstufen 135 piktographische Zeichen. In Phase A zählte er 91 Zeichen, von denen 42 nicht in das Schriftbild der Phase B übernommen wurden, in dem dafür 45 neue Zeichen erschienen. Für elf kretische Hieroglyphen wies Evans das ägyptische Vorbild nach, so für das Lebenskreuz Ankh, die Libationskanne, den Palast, den Baum und das Ka-Zeichen für Lebenskraft. Sundwall stellte für 44 kretische Hieroglyphen und für neun Zeichen der späteren Linear-A-Schrift ägyptische Parallelen fest.[159]

Man fand die Hieroglyphenschrift Kretas in sorgfältiger Ausführung auf Siegelsteinen, Steinvasen, einer Doppelaxt und

Die Zeit der älteren Paläste

einem Grenzstein in Mallia. Flüchtiger und eher in linearer Form wurden die Hieroglyphen in den noch feuchten Ton von Tontäfelchen, -leisten und -etiketten geschrieben. Da man aber diese Schriftzeugnisse nicht anschließend im Brand härtete, zerfielen sie mit der Zeit. Nur was durch Schadensfeuer zufällig zu Keramik gebrannt wurde, ist uns erhalten geblieben. Sicher gab es einst auch auf vergängliches Material, wie Leder, Palmblätter oder Papyrus, geschriebene

87 Kretisches Perlensiegel mit Hieroglyphenschrift B (nach Evans 1909).

Texte, die uns verlorengegangen sind. Das piktographische Schriftsystem, das vielleicht in Mallia entwickelt wurde, fand bald allerorts auf Kreta Verwendung, doch lassen sich lokale Varianten beobachten. In der Hieroglyphenschrift A ist der Bildcharakter der Hieroglyphen noch weitgehend manifest.

Wenige symbolhafte Piktogramme werden miteinander komponiert. Zu ihnen können jedoch bereits kleine erklärende Beizeichen und Zahlzeichen treten. Die Thematik scheint weitgehend dem sakralen Bereich anzugehören oder sich auf Personen mit sakralen Aufgaben zu beziehen. Auf der Bildfläche (a) eines dreiseitigen Prismas aus der Sammlung Giamalakis[160] (Abb. 88) ist ein sterbender Bock dargestellt, aus dessen Rückenverletzung in einer Schlangenlinie Blut austritt. Das Tier ist zusammengebrochen, die Zunge hängt ihm aus dem Maul. Seine Lebenspflanze bildet jedoch einen Zweiarmwirbel. Sie neigt sich über dem Tier welkend zur Erde – sproßt aber unter ihm wieder kräftig empor. Die Bildfläche (b) zeigt neben zwei rätselhaften Bildzeichen ein neugeborenes Kind. Die geheimnisvollen Beizeichen sind ein nach oben gerichteter Pfeil und ein Idol[161] mit dem Symbolgehalt göttlicher Gegenwart. Die Bildseite (c) trägt eine Sphinx, deren Bildgedanke aus Ägypten entlehnt war. Sie stellte eine Schutzmacht dar, die etwaige Feinde bekämpfte. Die

Das Leben im alten Kreta

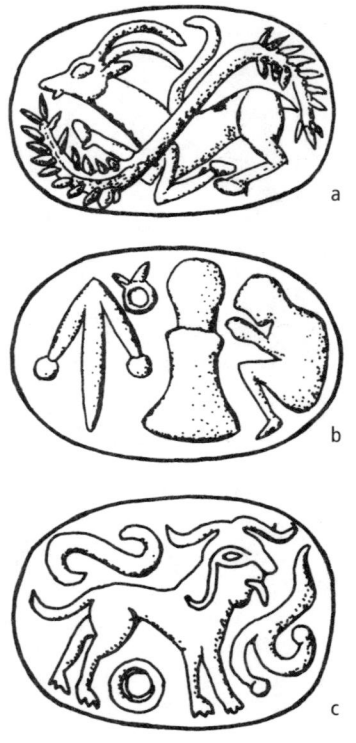

88 Dreiseitiges Prisma der Sammlung Giamalakis, 18. Jh. v. Chr. (nach Yule 1980).

drei Siegelseiten und ihre Bilder stehen also unter dem Oberthema: Sterben und Geburt unter göttlichem Schutz und Beistand.

Auf einem dreiseitigen Prisma des 17. Jahrhunderts v. Chr. aus Rhytion in Südkreta (Abb. 89 a–c) erkennt man auf Seite (a) einen sterbenden Hund unter welkender Lebenspflanze, auf der Seite (b) einen stolzen Hirsch mit reich ausgebildetem Geweih und schließlich auf Seite (c) einen Vogel. In der ägyptischen Kunst wurden die Lebens- beziehungsweise Umlaufphasen des Sonnengottes durch menschliche Altersstufen und durch Tiere versinnbildlicht.[162] Der Gedanke liegt nahe, daß die Bilder des Prismas aus Rhytion in gleicher Weise Phasen eines göttlichen Lebenszyklus ansprechen: Lebenshöhe (stolzer Hirsch), Lebensende (sterbender Hund), Neubelebung (Vogel). Auf einem vierseitigen Siegelprisma der Altpalastzeit aus Kreta, heute im Ashmolean-Museum in Oxford[163] (Abb. 90 a–d), sind zwei Bildseiten mit Ideogrammen bedeckt, zwei mit Hieroglyphen, deren Lautwert unbekannt und deren Bildzeugnis rätselhaft ist; es wird uns im folgenden noch beschäftigen.[164] Auf Seite (a) sind vier Wildkatzenköpfe übereinander dargestellt. Die Wildkatze (Pantherweibchen, Löwin) und die Schlange sind Attributtiere und theriomorphe (tiergestaltige) Erscheinungsformen der Palastgöttin von Knossos, wie Funde aus dem zentralen Palastheiligtum zeigen.[165] Die vierfa-

Die Zeit der älteren Paläste

che Wiederholung des Katzenkopfs läßt das Göttersymbol machtvoll erscheinen. Auf Seite (b) stirbt ein Wildziegenbock unter seiner welkenden Lebenspflanze.[166] Die Zunge hängt dem Tier schwer aus dem Maul. Den Bildzeichen des Sterbens, verendender Bock und gebeugte Pflanze, steht ein gegensätzliches Bildzeichen des Lebens, ein kraftvoller Vogel, gegenüber. Auf Seite (c) bilden die beiden Zeichengruppen ebenfalls ein Kontrastpaar: aufwärts gerichtetes »Idol« mit beigezeichnetem Auge und abwärts gerichtetes »Idol« mit beigezeichnetem abwärts gerichteten Pfeil. Untergang und Aufgang scheinen das Thema dieser Siegelfläche zu sein. Die letzte Seite (d) zeigt zwischen achtsaitiger Lyra und Lilienblüte den Kopf eines Stierkalbs. Diese Darstellung darf wohl als Fest des jungen Lebens verstanden werden, vielleicht als Fest des jungen, im neuen Jahreszyklus wieder seine Regentschaft antretenden stiergestaltigen Wettergottes. Garantin für das Werden nach dem Vergehen ist die hier vierfach zitierte wildkatzengestaltige Göttin.

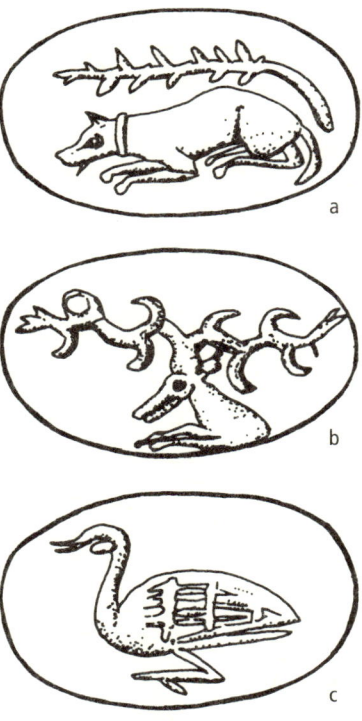

89 Dreiseitiges Siegelprisma aus Rhytion, Südkreta, 17. Jh. v. Chr. (nach Yule 1980).

Der Panther-Katzenkopf der Göttin von Knossos ist auch auf den Seiten (b) und (c) des schon wiederholt angesprochenen runden dreiseitigen Siegelprismas in Oxford[167] (Abb. 91 a–c) zu sehen, dessen Hauptseite (a) die Göttin anthropomorph (menschengestaltig) in ihrem kosmischen Wirken wiedergibt. Auf Seite (b) erscheint sie theriomorph (Katzenkopf) und anikonisch (idolartiges Gerät), verbunden mit einem Zweiarmwirbel, be-

255

Das Leben im alten Kreta

90 Vierseitiges Siegelprisma in Oxford, kretisch, 18. Jh. v. Chr. (nach Boardman 1970).

stehend aus gegensätzlich gerichteten Pfeilzeichen. Letztere zeigen wieder an, daß die Kräfte der Göttin in zwei Richtungen wirken. Auf Seite (c) tritt zur theriomorphen und anikonischen Gestalt der Göttin sieghaft das Strahlenauge hinzu. Das Auge als Bildsymbol und Amulett war aus der ägyptischen Welt bekannt. Es ist das Udjat-Auge, das Horus- und Sonnenauge, aus dem die Schöpfung hervorgeht. So hieß es in einem ägyptischen Gebetstext an den Sonnengott: »Gedenke, daß aus dem Auge die Schöpfung hervorgeht, laß dein Auge sich befriedigen an dem, was dein Auge für dich getan hat.«[168] Thema aller drei Siegelseiten ist also die Schöpfungskraft, das Wirken der Göttin im Jahreszyklus. Das Siegel stammt aus der Umgebung von Iraklion und mag sehr wohl im 18. Jahrhundert v. Chr. das Amtssiegel einer hohen Priesterpersönlichkeit im Palast von Knossos gewesen sein.

Die Zeit der älteren Paläste

In der Hieroglyphen-B-Schrift scheint die Entwicklung zur Lautschrift, bei der das Piktogramm als Silbenphonogramm gelesen wurde, fortgeschritten zu sein. Insbesondere Buchungstexte mit Zahlzeichen erwecken diesen Eindruck, während sich religiöse Texte offenbar nach wie vor mehr der Ideogramme bedienten. So spielten auch jetzt noch die Bildsymbole eine bedeutende Rolle. Nach Grumach erhielten diejenigen Bildzeichen oder Bildzeichengruppen, die vom Leser ideographisch und nicht phonetisch verstanden werden sollten, ein beigeschriebenes Kreuz.[169] Noch kann die kretische Hieroglyphenschrift nicht im Lautklang gelesen werden, und die Frage, welche Sprache sich hinter ihr verbirgt, ist nach wie vor offen. An Versuchen zur Enträtselung der Bildzeichen fehlte es aber nicht. So ermittelte Evans die Zahlzeichen für Einer, Zehner, Hunderter, Tausender und Bruchzahlen,[170] die mit den entsprechenden Zahlzeichen der späteren Linear A-Schrift weitgehend übereinstimmen (Einer: Vertikalstrich; Zehner: Punkt oder kurzer Horizontalstrich; Hunderter: Kreis; Tausender: Kreis mit vier »Steuerradgriffen«).

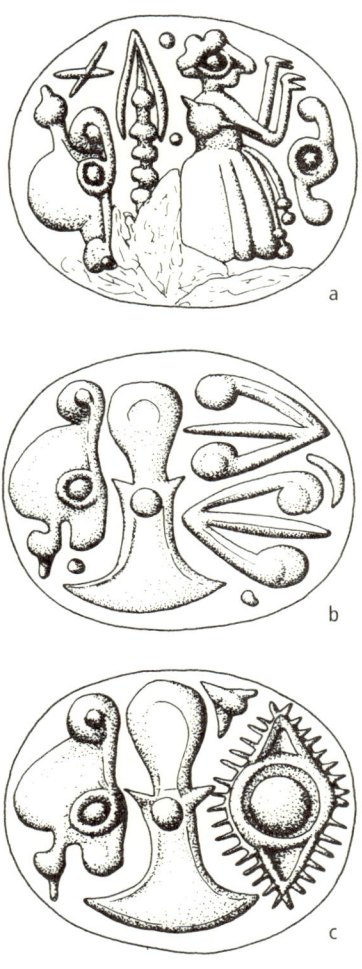

91 Dreiseitiges, kretisches Siegelprisma in Oxford, 18. Jh. v. Chr. (nach Boardman 1970).

Ein Buchungstext auf einer Tonleiste aus Phaistos (Abb. 92)

Das Leben im alten Kreta

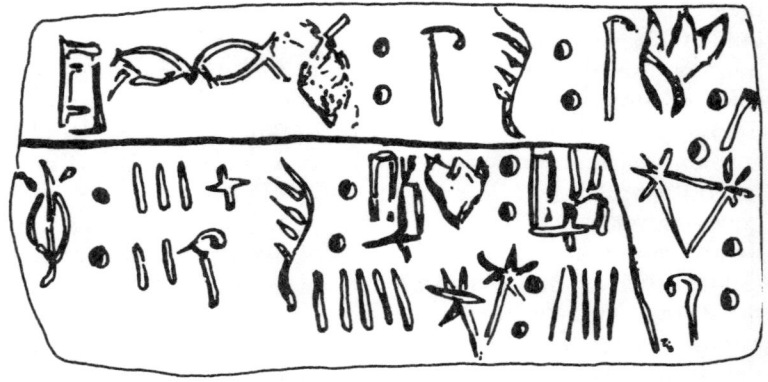

92 Tonleiste mit hieroglyphischem Buchungstext aus dem Palast von Phaistos, 18. Jh. v. Chr. (nach Schachermeyr 1964).

gibt, mit Zahlzeichen verbunden, Ideogramme wieder, in denen Evans die Safranblüte, den blühenden Getreidehalm, einen Feigenbaumzweig und einen Palmbaumsproß erkannte.[171] Zum Verständnis einiger Ideogramme und ihrer Kombinationen mit einem weiteren Bildzeichen schlug Evans eine Lesart vor, mit deren Hilfe er eine Zusammenstellung offizieller Titel der Altpalastzeit unternahm.[172] Evans und Grumach hatten häufig auftretende Gruppen von Bildzeichen gesammelt und festgestellt, daß die meisten von ihnen auf Siegeln vorkommen, wodurch sich der mögliche Kreis der Deutungen einschränke. »Er beschränkt sich auf die oft ausgesprochenen Vermutungen, es handle sich um Namen oder Titel oder beides, d. h. erbliche Titel, die allmählich zu Eigennamen geworden sind (Minos), oder Namen, die titelartigen Charakter gewonnen haben. Eine andere Möglichkeit wäre die, daß diese immer wiederkehrenden Gruppen magische Formeln, Segenssprüche o. dgl. enthielten.« Doch da »Trowel – Auge« und »Trowel – Pfeil« nicht nur »auf Siegeln, sondern auch auf Barren vorkommen, und zwar in Verbindung mit Zahlen«, beweise dies, daß es »sich um Personen handelt, die bestimmte Mengen eines Objektes geben oder empfangen«.[173] Unseres Erachtens ist in diesem Zusammenhang zu fragen, ob

Die Zeit der älteren Paläste

die Bildzeichengruppen »Trowel – Auge« und »Trowel – Pfeil« einen Götternamen ausdrücken, eine Gottheit bezeichnen können, die Gaben empfängt. Stephanos Xanthoudides, der ein Beispiel eines solchen »Trowel«-Geräts in Miniaturgröße aus dem Tholosgrab A geborgen hatte, verglich es mit einem Fundstück aus dem Friedhof von Mochlos und vermutete, daß dieses metallene Miniaturgerät wie die kleinen Doppeläxte als Amulett getragen wurde.[174] In Ägypten wurden Namen mit heiligen Symbolen geschrieben. So bestand der Thronname Sesostris' I. (1943–1899 v. Chr.), Cheper-ka-re (= Entstehen, Werden – ist die Wesenskraft – des Sonnengottes), aus dem Skarabäus (Sinnbild des neugeborenen Sonnengottes), der Ka-Hieroglyphe (= Lebenskraft, Wesenskraft) und der Sonnenscheibe (Symbol des Sonnengottes Re).[175]

Evans, der die Bildzeichen Katze und Schlange der Hauptseite eines dreiseitigen Karneolprismas aus Zentralkreta (Abb. 93 a–c) mit den heiligen Tieren der Göttin des zentralen Palastheiligtums von Knossos in Zusammenhang brachte, sah in dem Siegel das Eigentum eines in Knossos regierenden Prinzen des 18. Jahrhunderts v. Chr.[176] Ernst Grumach faßte das Siegel als Eigentum eines Priesterfürsten bzw. einer Priesterfürstin auf und stützte seine Ansicht mit folgender Argumentation: Das Thronzeichen in der Mitte der Seite (b) sei von einem Ornament umschlossen, dessen Form und Stellung an die beiden Halbbogen erinnere, die auch den Thron von Knossos rahmen (vgl. Abb. 71 b). Diese hatte Bossert mit dem hethitischen Götterde-

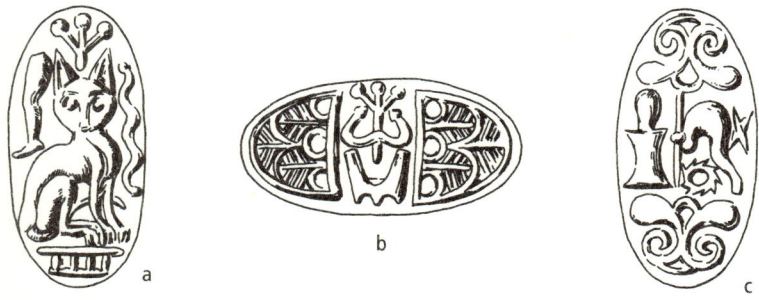

93 Dreiseitiges Karneolprisma, nahe Knossos gefunden, 18. Jh. v. Chr. (nach Evans 1909).

Das Leben im alten Kreta

terminativ (Meriggi Nr. 185) verglichen. Der Siegeleigentümer habe also ebenso wie derjenige, der auf dem Thron von Knossos saß, sakrale Verehrung genossen.[177] Grumach dachte an einen »Priesterfürsten«, ohne darauf einzugehen, was darunter in der Bronzezeit zu verstehen ist. Wir denken an einen »gottgleichen« König, der, eingebunden in die Vorstellungen des göttlichen Königtums auf Erden, wie sie im sumerisch-semitischen Kulturkreis des Nahen Ostens entwickelt worden waren, sich als Gottessohn und irdischer Repräsentant des kretischen Vegetations-, Wetter- und Jahresgotts verstand.

Drei Bildzeichen eines Tonbatzens aus dem Palast von Knossos (Abb. 129b), bestehend aus den Ideogrammen Doppelaxt, Palast und Stier, deutet Grumach an derselben Stelle als Amtstitel: »der Doppelaxt-Beamte des Palastes des Stiers«. Die verschiedenen Zeichengruppen dieses größten von allen gesiegelten Tonbatzen, die in Knossos gefunden wurden, können aber auch noch in anderer Weise ausgedeutet werden. Die in den weichen Ton eingeschriebenen Zeichengruppen haben drei Themen: ein kultisches Ritual (vielleicht eine Prozession mit Musikinstrument und Silphiumpflanze?; Abb. 94a), das Fest der Götter im Palast (Doppelaxt und Stier; Abb. 94b) sowie das Fest der Götter auf dem Berg zur Fruchtbarkeit der Flur (Berge, Zweig, Pflug; Abb. 94c). Zu diesen Hieroglyphen tritt der mehrfache Siegelabdruck eines kunstvollen Metallsiegels. Er zeigt im Kranz stilisierter Panther- oder Katzenköpfe zwei Musikinstrumente, darunter eine achtsaitige Lyra. Alle piktographischen Zeichen würden sich in einen größeren Zusammenhang ordnen, wenn man den Tonbatzen als einen Rechenschaftsbeleg für die vollzogene Durchführung eines Festes zu Ehren der Göttin von Knossos (Katze, Doppelaxt) und ihres männlichen Partners (Stier) verstünde. Das Fest wurde im Palast, auf der Flur und im Gipfelheiligtum durchgeführt und von Musik begleitet.

Der Tonbatzen stammte aus dem sogenannten Hieroglyphendepot des Westtrakts. Zum gleichen Depot gehörte ein Tonbatzen mit einem runden und einem rechteckigen Siegelabdruck (Abb. 95). Während die piktographischen Zeichen des rechteckigen Siegels zur »gate (Tor)-Bein-Silphium«-Gruppe zählen, die nach Grumach den Titel einer führenden Persönlichkeit der

Die Zeit der älteren Paläste

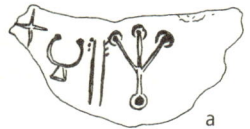  

a b c

94 Tonbatzen mit kretischen Hieroglyphen aus dem Palast von Knossos, 18. Jh. v. Chr. (nach Evans 1909).

Hierarchie von Knossos wiedergab, zeigt der runde Siegelabdruck ein Porträt, nach Evans das älteste auf europäischem Boden, seiner Meinung nach das Bildnis eines Priester-Königs von Knossos. Den Sohn des Dynasten gebe ein weiterer Siegelabdruck desselben Hieroglyphendepots wieder.[178]

»Die gesellschaftlichen Bedingungen der frühen Schriftverwendung im sumerischen Kulturkreis ähneln in mancher Hinsicht denen im antiken Kreta«, schrieb Harald Haarmann,[179] »nur sind sie in Mesopotamien aufgrund der Fülle überlieferter Texte besser bekannt. In Sumer wie auf Kreta war das Leben eingebunden in eine religiös bestimmte Weltordnung. In beiden Kulturen dient die Schrift magischen sowie rituell-religiösen Zwecken. Dies betrifft auf Kreta die Verwendung der Hieroglyphen-Schrift. (...) In Sumer spiegelt sich die magisch-religiöse Funktion in der Beschriftung der Siegel, während die zahlreichen Weihinschriften an Tempel und öffentlichen Bauten sakralen Inhalt haben. Daneben gab es den Gebrauch der Schrift für praktische Zwecke der Verwaltung.

95 Tonbatzen mit Siegelabdrücken aus dem Palast von Knossos, 18. Jh. v. Chr. (nach Evans 1909).

Das Leben im alten Kreta

(...) Aus Mesopotamien ist bekannt, daß die Ausbildung von Schreibern und die Kontrolle der Buchführung zu den verantwortungsvollen Aufgaben der Priester gehört. Obwohl die archäologische Forschung in Kreta noch keine Informationen über den sozialen Status der Palastschreiber vermitteln kann, darf man annehmen, daß die Verhältnisse (...) denen in Sumer (...) ähneln. Denn die kretischen Paläste waren nicht nur Zentren der weltlichen Herrschaft, sondern gleichzeitig Tempelbezirk und Mittelpunkt ritueller Zeremonien.«

Der Diskos von Phaistos

In den nordöstlichen Gemächern des Palastes von Phaistos ist 1903 ein einzigartiges, höchst kostbares Schriftdokument gefunden worden. Der Diskos von Phaistos (Abb. 96). Beifunde waren eine Tontafel mit Linear A-Schriftzügen und Keramik des 17. Jahrhunderts v. Chr. Der Diskos ist eine runde Scheibe aus gebranntem Ton von 16,5 cm Durchmesser. Auf ihren beiden Seiten rollt sich ein Spiralband ein, in das hieroglyphische Schriftzeichen unbekannter Art eingestempelt sind. Vertikale Trennstriche gliedern die 241 Zeichen in 61 Zeichengruppen. Die unterschiedlich großen Zeichengruppen geben vermutlich einzelne Worte oder Sätze wieder. Verschiedene Hieroglyphengruppen wiederholen sich. Dadurch wurde der Gedanke nahegelegt, daß es sich um einen religiösen Hymnus mit refrainartigen Wiederholungen handelt.

Obwohl die einzelnen Bildzeichen zumeist leicht bestimmbar sind – es zeigen sich Männer-, Frauen- und Kindergestalten, Vögel, ein Fisch, Tierköpfe, Tierhuf und Tierfell, ein Insekt, Pflanzen, Blumen und Zweige, Waffen und Geräte, Schiff, Wasser und Haus –, ist dennoch bis heute der Inhalt des vielumrätselten Denkmals unbekannt. Der Diskos wurde offenbar auf Kreta gefertigt, denn der Ton gilt als lokal. Die Stempel aber, mit denen die Bildzeichen auf die Tonscheibe gedruckt wurden, hat man nicht gefunden. Die trockene Sachlichkeit der Bildzeichen ist unkretisch. Mit den Hieroglyphen des Diskos von Phaistos und ihrer Komposition werden ähnliche Schriftzeichen auf einer Doppelaxt aus der Höhle von Arkalochori und die Inschrift in Spiralbandordnung auf einem goldenen Ring von Mavro Spelio verglichen.

Die Zeit der älteren Paläste

Evans sah als Herkunftsland der Schriftzeichen auf dem Diskos das südwestliche Kleinasien an, da er in einem Bildzeichen ein Holzhaus auf Pfosten sah, wie es in viel späterer Zeit die lykischen Felsgräber imitierten. Das Zeichen eines Kopfes mit Haar- oder Federkamm wurde mit der Haartracht der Philister und Zakkarer verbunden, die als Gruppen der sogenannten Seevölker um 1220 und 1190 v. Chr. Ägypten angriffen. Hutchinson erinnerte daran, daß im klassischen Altertum die Karer im südwestlichen Kleinasien aufgrund ihrer Haartracht von den Persern »Karka« (Hähne) genannt wurden, woher sich vermutlich das Wort karisch ableite. Kretschmer verband auch eines der Zeichen des Diskos mit dem karischen Rundschild.[180]

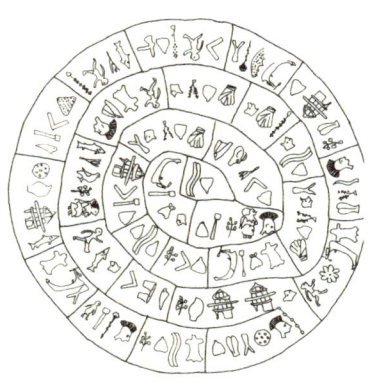

96 »Diskos von Phaistos«, 17. Jh. v. Chr. (nach Evans 1909).

Der norwegische Semitist K. Aartun deutete die Inschrift des Diskos von Phaistos als dichterische Schilderung eines Fruchtbarkeitsrituals in semitischer Sprache. Man habe auf Kreta während der Zeit der Hieroglyphen und der Linear A-Schrift semitisch gesprochen und geschrieben.[181] Als Denkmal Kretas, das einen Ritualtext kretischer Herkunft vortrug, behandelte Haarmann den Diskos von Phaistos. Er unternahm eine semiotische Rekonstruktion des Textes auf der Grundlage des Bildinhalts der Hieroglyphen. Danach handelte es sich um ein Ritual im Zusammenhang mit dem zentralen Ahnenkult. Es gehe um eine Begräbniszeremonie mit Trank- und Brandopfer, deren kultische Bedeutung in der Anrufung der Ahnen liege. Es sei die Rede von »zahlreichen Weihgaben, die von den Gläubigen herbeigetragen werden, von Opfertieren, wie Vögeln oder Schafen, von Getreide oder wohlriechenden Kräutern, von Öl und Wein für die Weihgefäße«. Die Hieroglyphe des Kopfes mit der Hahnenkammfrisur stand, so Haarmann, für den Verstorbenen, den

Ahnen, und war eine für die kretische Kunst typische Darstellung des Verstorbenen.[182]

Handwerk und Handel

Mit dem Aufblühen der Städte, Paläste und Tempel auf Kreta erlebte nicht nur das Bauwesen einen entscheidenden Aufschwung: Arbeitsteilung, Spezialisierung, der verbesserte Zugriff zu Rohmaterialien und vor allem eine Flut von Aufträgen förderten den Fortschritt im Schiffsbau, in der Zimmermanns- und Steinschneidekunst, in der Töpferei, der Weber- und Färberei, in der Technik der Freskomalerei, in der Fayenceherstellung und im Metallhandwerk. Während auf dem Land noch die alten Techniken der frühen Bronzezeit weiterlebten und die helltongrundige Keramik mit schlichten dunklen Mustern bemalt wurde, etablierten sich in den aufblühenden Stadtvierteln, in den Palästen und deren Umkreis experimentierfreudige, innovative Ateliers und Werkplätze, in denen Erzeugnisse der Metall-, Ton- und Steinschneidekunst von solcher Schönheit entstanden, daß sie die Konkurrenz der Ägäis, des Nahen Ostens und Ägyptens nicht mehr zu scheuen brauchten und bald begehrte Handelsgüter wurden.

In Mallia wurden in großem Ausmaß Metallarbeiten hergestellt. Für ihre hohe Qualität legen die im Palast gefundenen Prunkschwerter Zeugnis ab. O. Pelon[183] vermutet, daß die Werkplätze der Metallurgen nahe der Chrysolakkos-Nekropole lagen, da dort Schlacken und Ziegel mit Brandspuren gefunden wurden. Im Palast vermutete man eine Steinschneidewerkstatt westlich des Südeingangs, eine Töpferei anstelle der späteren Nordtreppe des Westtrakts (vgl. Abb. 62, Nr. 28) und einen Werkstattbereich, der im Nordteil des Westtrakts unter der Herrschaftssuite des zweiten Palastes (9) lag. Hier fand Chapouthier Rohmaterialien (Seifenstein, Rosso antico, Obsidian) und Hohlformen mit Brandspuren. In der Stadt Mallia lokalisierten die Ausgräber Töpfereien (Stadtviertel Mü und K), Steinschneide- und Obsidianwerkstätten (Stadtviertel K). Eine kleine Töpferscheibe aus Ton des entwickelten, schnellen Drehscheibentyps

Die Zeit der älteren Paläste

wurde geborgen (Abb. 97). Die Drehscheibe von 22 cm Durchmesser und die 19 cm lange, zylindrische Tülle waren aus einem Tonkuchen geformt und konnten auf eine zentrale Drehachse gesteckt werden, um die sie sich drehten, wenn der Scheibendreher oder Töpfer die Scheibe mit den Händen anwarf. In die Oberfläche der Töpferscheibe waren wohl zum besseren Haften des zu formenden Tones konzentrisch und wirbelartig angeordnete, flache Rillen eingeritzt.[184] Die Tonwaren von Mallia wurden bis nach Pyrgos nahe der Südküste Kretas gehandelt.

Städtische Töpfereien arbeiteten auch in Vasiliki und Palaikastro. Zunächst entstanden die verschiedenen lokalen Stile der hell auf dunkel verzierten Gefäße, aber als im 19. und 18. Jahrhundert v. Chr. die zentralkretischen Töpfereien von Phaistos und Knossos ihre Erzeugnisse zu überlegener Qualität gesteigert hatten, begann man diese nachzuahmen. Hier hatten es die Töpfer verstanden, auf der »schnellen« Töpferscheibe bauchige Tassen und steilwandige Becher mit zerbrechlich dünnen Wänden, die sogenannte Eierschalenware, zu erstellen. Hier vermochten die Vasenmaler mit unübertroffenem ornamentalen Sinn die akzentuierten, Metallgeschirr nachahmenden oder mit ihm wetteifernden Gefäßformen zu schmücken. Auf schwarzen Grund setzten sie in der Technik der sogenannten Kamares-Ware weiße

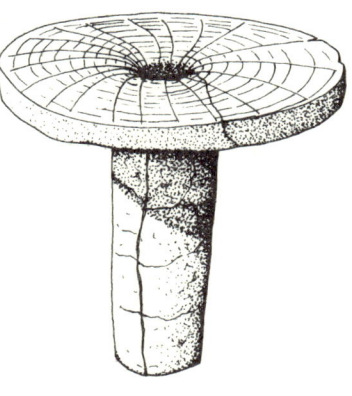

97 Töpferscheibe der Altpalastzeit aus Mallia, Platte und Tülle für die Drehachse aus einem Stück (nach Hampe-Winter 1986).

und kirschrote bis orangefarbene Kompositionen aus straffen Spiralen, schwingenden Linien, rollenden Wellen, kreisenden Wirbeln, atmenden Bögen, schweren Tropfen, sprießenden Ranken, Blättern und Blüten sowie ordnenden Borten mit geometrischen Mustern (Abb. 98). Das schönste Geschirr jener Zeit entstand und wurde zum Teil noch zusätzlich ausgestattet mit einem zarten Tonschlickerrelief (Barbotin-Technik) oder mit applizierten Blüten (Abb. 99).

Die Werkstätten dieser höfischen Kunst in gebranntem Ton wurden in den Palästen gesucht. Evans lokalisierte die »königlichen Töpfereien« im Nordostteil des Palastes,[185] und Branigan dachte an eine Töpferwerkstatt in Räumen des südlichen Westhofheiligtums von Phaistos.[186] Es wurden jedoch keine Töpferöfen gefunden, und man sollte sie, so J. Mac Gillivray, auch gar nicht in den Palästen suchen. Sie standen dort, wo die Töpfer guten Ton, gutes Brennmaterial und Wasser greifbar hatten. Alle drei Bedingungen erfüllt ein Ort bei Silamos, 3 km südlich von Knossos, in Richtung Archanes. Dahin kamen auch noch in unserem Jahrhundert die Töpfer von Thrapsano, einem Dorf 32 km südöstlich von Iraklion, um zeitweilige Töpferwerkstätten aufzubauen. 600 m von Silamos entfernt wurden ein zusammengefallener Töpferofen und der Teil einer Töpferscheibe entdeckt. Unter einer reichlichen Menge von Gefäßscherben aus dem Beginn der neuen Paläste fand man auch Fragmente von Keramik der Altpalastzeit. Mac Gillivray vermutete, daß die Gegend um Silamos ein bedeutendes Töpferzentrum während der Palastzeit war.[187] Ein Töpferzentrum für die Kamares-Ware von Phaistos vermutete Doro Levi nahe Patsikies oder in den Ausläufern des Ida-Gebirges nahe Kamares, wo die Bedingungen für die Töpferei gleich gut wie in Silamos sind.

Die Kamares-Ware, für deren Brand Temperaturen von 950 bis 1100°C über mehrere Stunden aufrechterhalten werden mußten, war der bedeutendste Exportartikel Kretas zur Zeit der alten Paläste. Die exportierende Region war Zentralkreta mit Knossos und Phaistos, doch gelangte auch Kamares-Ware der »Mallia-Stadt-Gruppe« nach Ägypten (Lischt und Lahun) und wurde dort imitiert.[188] Fundorte der gehandelten zentralkretischen, polychromen Keramik und ihrer hauchdünnen Eierscha-

Die Zeit der älteren Paläste

lenware kennt man auf der Peloponnes (Lerna, Schicht V), auf den Inseln Karpathos, Kalymnos, Melos, Nisyros, Samos, Rhodos und Zypern (Grab von Lapithos), an der anatolischen Westküste (Milet, Jasos, Knidos), in der Levante (Ugarit, Byblos), entlang der syrischen, kanaanäischen, palästinischen Küste und schließlich in Ägypten (Grab 416 in Abydos, in Harage, Lahun/Lischt).[189] Eifrig wurde mancherorts mit mehr oder weniger gutem Erfolg die kunstvolle kretische Kamares-Ware nachgeahmt, so vor allem in Griechenland in Lerna, im lakonischen Agios Stephanos und in Pefkakia bei Volos, aber auch in Ägypten während der XII. und XIII. Dynastie.

98 Amphora der Kamares-Gattung aus dem Palast von Phaistos, 18. Jh. v. Chr. (nach Alexiou 1976).

Handel und Kulturaustausch

Für die bronzezeitliche Küstenschiffahrt und Seeschiffahrt war der Sommer die geeignete Zeit, wenn die Strömungen und Winde günstig waren. Dann kreuzten die schlanken Schiffe mit ihren Steinankern, mit Menschen und Waren an Bord die Gewässer des östlichen Mittelmeers (Abb. 100). Auf dem Weg in die Levante scheinen die kretischen Schiffe

99 Krater (Mischgefäß für Wein und Wasser) der Kamares-Gattung aus dem Palast von Knossos, 18. Jh. v. Chr. (nach Dawid 1984).

Das Leben im alten Kreta

100 Schiff von einem Wandgemälde einer altkretisch geprägten Siedlung auf Thera, 17. Jh. v. Chr. (nach Buchholz 1982).

die gefahrvolle Route entlang der anatolischen Südküste gemieden zu haben und mit Kurs auf offene See nach Zypern gesegelt zu sein, um dort die erste Station zu machen.

Die Unterwasserarchäologie konnte mit Hilfe versunkener Steinanker die den Küsten folgenden Handelswege ermitteln und nachzeichnen. Zu den Begründern dieser Forschung zählt die Engländerin Honor Forst. Sie widmete sich neben Hafenuntersuchungen an den türkischen und syrischen Küsten auch der Bestimmung der bronzezeitlichen Anker, deren Steinmaterial und Ankermarken auf ihre Herkunft hinweisen und die den Unterwasserarchäologen die gleichen Dienste leisten können wie die Keramikscherben den Feldarchäologen. Über ein besonderes Forschungsergebnis von Honor Forst und über Steinankerfunde in Ugarit schrieb Hans-Günther Buchholz: »Sie hat auch die zuvor für rohe Steinidole gehaltenen Steinanker vor dem Baʿal-Tempel des bedeutendsten Handelszentrums an der nordsyrischen Küste, Ugarit, richtig als dem Gotte von solchen Kapitänen dargebrachte Teile der Schiffsausrüstung erkannt, die ihrem göttlichen Herrn für die Errettung aus Seenot ein Opfer versprochen hatten. In dem sogenannten Ägäischen Quartier von Ugarit gibt es sogar ein Privatgrab (Grab XXXVI), dessen Türlaibung aus zwei gewaltigen Steinankern besteht, auf denen der lange, zusätzlich auf Mauern aufliegende Sturz ruht. Es kann mit Recht als Kapitänsgrab angesprochen werden; unter ihm kam bei früheren Ausgrabungen von Cl. Schaeffer ein

Die Zeit der älteren Paläste

Mitbringsel aus dem fernen Westen, ein schönes Gefäßfragment der kretischen Kamaresgattung, zutage.«[190]

Nach Evans' Ansicht bestand während der Altpalastzeit Kretas ein intimer Kontakt mit dem Ägypten der XII. und XIII. Dynastie (um 1963–1700 v. Chr.), der insbesondere von kretischer Seite gepflegt worden sei. So seien Hafenarbeiten im Nildelta, auf der Pharos-Insel, vor der später durch Alexandria berühmt gewordenen Hafenbucht, von kretischen Baumeistern ausgeführt worden, damit die ankommenden kretischen Schiffe einen sicheren Landeplatz fänden. Kretische Kolonialgruppen hätten auf ägyptischem Boden gelebt und gearbeitet, wie die kretischen Werkmeister, die nach Ägypten gekommen waren, um am Bau der Pyramide des Pharaos Sesostris II. (1869–1862 v. Chr.) architektonische und ingenieurtechnische Aufgaben durchzuführen.[191] Sie lebten in Harage und Lahun, wo 1890 W. M. F. Petrie in ihren Häusern Scherben schöner Kamares-Ware bergen konnte.[192] Jüngste Ausgrabungen von M. Bietak und J. Dorner im Ostdelta, 500 m südwestlich von Ezbet Rushbi el-Saghira am pelusischen Nilarm, haben eine Siedlung zutage gebracht, die großenteils von asiatischen Zuwanderern bewohnt wurde.[193] Diese waren offenbar um 1800 v. Chr. von der ägyptischen Krone aus Syrien und Palästina als Handwerker, Schiffszimmerleute und vor allem als Soldaten für das Kriegshandwerk angeheuert worden. Das administrative Zentrum der Siedlung bildete ein Palast. Hier residierte während der XIII. Dynastie ein Asiate, der »Vorsteher der Fremdländischen Sobek-em-hat«. Bietak vermutete, daß es sich um einen ägyptischen Beamten handelte, der mit der Aufgabe betraut war, »Handelsexpeditionen und militärische Unternehmungen in der Levante durchzuführen«. Innerhalb seines Palastgartens wurden Fragmente feinster kretischer Kamares-Ware aufgelesen.

Im Rahmen der engen Beziehungen zwischen Kreta und Ägypten wird auch im 20. Jahrhundert v. Chr. die Diorit-Statuette, das Sitzbild eines Goldgießers namens User (der Starke), nach Knossos gekommen sein (Abb. 101). User selbst mag wegen seiner Kenntnisse in der Technik des Goldschmelzens die Reise nach Knossos unternommen haben. Die auf dem blockartigen Sitz der Statuette angebrachten Inschriften übersetzte E.

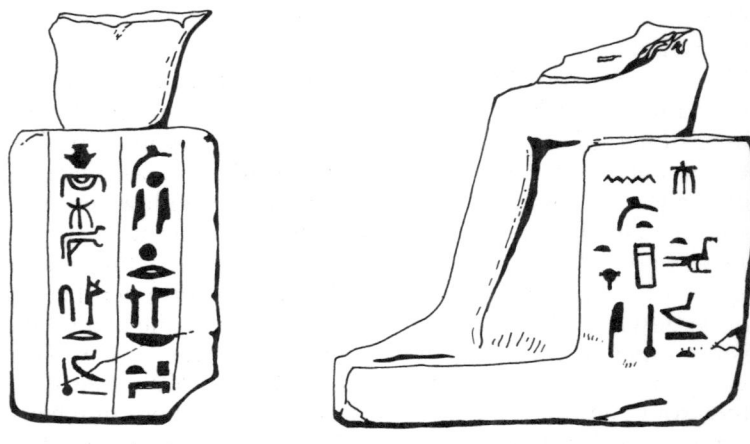

101 Ägyptische Diorit-Statuette des Goldgießers »User«, aus dem Palast von Knossos, 20. Jh. v. Chr. (nach Edel 1990 und Mellersch 1967).

Edel: »Der Geehrte, der Goldgießer, Kind des Aphroditopolitanischen Gaues, User, der Selige« (rechte Seite); »Der beim Großen Gott, dem Herrn des Himmels Geehrte, der Goldgießer, Kind des Aphroditopolitanischen Gaues, User, der Selige« (Rückseite); »Den die Geehrte, die Tochter der Hathor, die Selige, geboren hat« (linke Seite).[194] Eine Vertrautheit mit der Kultur des Nillands, wie sie nur aus persönlichen Erlebnissen resultieren kann, spiegelte sich allerorts in den archäologischen Zeugnissen der Altpalastzeit und der Folgeepoche wieder. Das zeigte sich in der Anverwandlung der ägyptischen Nilpferdgöttin Ta-urt, der unterägyptischen Schlangengöttin Wadzet oder Wazet und ihres Papyrusemblems, in der Übernahme des Sistrums als Rasselinstrument, in der Nachahmung ägyptischer Skarabäen und Deckenmuster, in der Übernahme von hieroglyphischen Schriftzeichen und anderem mehr.

Ta-urt war eine Schutzgottheit, die mit dem Schwert über dem jungen Leben wachte. Sie stellte ein beliebtes Siegelbild auf Skarabäen der XII. Dynastie dar. Ein Siegelabdruck eines solchen Skarabäus ist auch aus Lahun bekannt. Auf Kreta wurde in weißem Steatit ein Ta-urt-Skarabäus nachgeschnitten und dem

Die Zeit der älteren Paläste

Verstorbenen in Tholosgrab B von Platanos beigegeben – ein sicheres Zeichen dafür, daß man an ein Leben nach dem Tod glaubte, das des Schutzes der Göttin bedurfte. Ta-urt hebt die Hand in der Attitüde der segnenden kretischen Göttin, die andere Hand liegt im typischen Schema auf dem Knauf ihrer messerähnlichen Waffe. Sie stellte den Urtypus der späteren kretischen Dämonen der neuen Paläste dar, die in Weiterentwicklung Köpfe und Klauen von Löwen haben.

Auch die Fayencetechnik, die seit der Altpalastzeit auf Kreta bekannt war, wurde von Ägypten übernommen. Die Töpfer mischten Sand und Ton mit als Bindemittel dienenden harzartigen Substanzen und verwendeten zur Farbgebung Metalloxide von Mangan für Schwarz, Kupfer für Grün und Eisen für Rot, jeweils mit Alkali vermengt. Die getöpferten oder aus Hohlformen herausgenommenen Werkstücke wurden mit einem farbigen Überzug oder mit Bemalung versehen und im Töpferofen glasierend gebrannt.[195] Die bekannten Beispiele kretischer Fayence stammen aus dem Palast von Knossos, wie Fayenceperlen, -muscheln, fliegende Fische, die »Schlangenpriesterin« und »Schlangengöttin«, die säugende Kuh und Wildziege sowie das Stadtmosaik (vgl. Abb. 15), so als sei die Fayenceindustrie auf Knossos beschränkt gewesen (Abb. 144).

Der Kontakt mit der Levante bestand nicht nur im Handel mit den Kamares-Gefäßen. Im Palast des Königs Jarimlim von Alalach arbeiteten kretische Meister der Freskotechnik und setzten im Stil der Kamares-Dekorationen helle, bewegte Pflanzenmotive auf dunklen Grund.[196] Vom Zinnhandel, von dem auch kretische Bronzegießer profitierten, berichtete eine Schrifttafel (A 1270) aus dem syrischen Palast von Mari: Demnach kam das Zinn aus dem Iran und wurde von Mari aus an die Städte Aleppo, Hazor und Ugarit weitergeleitet, wofür Mari-Händler sorgten. Es wurde in diesem Zusammenhang auch erwähnt, daß Zinn für einen Mann aus Kaptara (Kreta) und einen Dolmetscher, wohnhaft in Ugarit, der mit Zinn für seine Dienste bezahlt wurde, bestimmt war. Die gleiche Mari-Tafel sprach von 500 kg Zinn im Palastinventar, einer Menge, die für 7 000–10 000 kg Bronze ausreiche, von einer kaptaritischen Waffe (wohl Dolch oder Schwert), die mit Metalleinlagen verziert war, und von einer Sendung von Kap-

Das Leben im alten Kreta

102 Rekonstruktion einer palastzeitlichen Fayencewerkstatt (nach Forster 1987).

tara-Gütern, die Zimri-Lim, der König von Mari, an Hammurabi von Babylon (1792–1750 v. Chr.) sandte.[197]

Durch die Mari-Tafel erfahren wir, daß die Geschäfte in Form eines Tauschhandels abgewickelt wurden. Für die Rohmaterialien wie Elfenbein, Kupfer, Zinn, Gold und Silber wurden Metallarbeiten, Toilettenartikel – die Mari-Texte erwähnten eine kretische Pinzette –, Tafelgeschirr, wohl auch Wein und Öl in Amphoren sowie Holz angeboten. Zwischen den Palästen vollzog sich ein Tauschhandel gehobener Art. Da kamen kostbare Parfums in schönen Steingefäßen von Ägypten nach Kreta, und kunstvolle Waffen mit Einlegearbeit gingen von Kreta nach Mari. In welcher Atmosphäre miteinander wetteifernder, blühender Königreiche sich der kretische Überseehandel zur Zeit der alten Paläste vollzog, schilderte Schachermeyr:

»Wir müssen uns dabei vor Augen halten, daß mit den Älteren Palästen von Kreta (2000–1700) in Ägypten die großartige Ära des Mittleren Reiches (1991 bis etwa 1730) zusammenfiel, in Babylonien aber die erste Dynastie von Babel (ab 1960), welche unter Hammurapi (1792–1750) kulminierte. In Syrien war um 1900 v. Chr. der ägyptische Einfluß tonangebend, in der ersten Hälfte des 18. Jahrhunderts erblühte hier aber das Reich Jamchad, dessen Herrscher zuerst in Haleb, dann in dem der Küste näheren Alalach residierten. Unmittelbar am Meere waren die Hafenstädte Ugarit und Byblos von höchster Bedeutung. (...) Den Verkehr zwischen Syrien und Babylon vermittelten entlang dem Euphrat die Fürsten von Karkemisch und Mari. (...) Wie eng in diesen Zeiten der Kontakt unter den Fürsten war und wie gerne man die Errungenschaften der verschiedenen Palastkulturen austauschte, zeigt uns ein Schreiben des Herrschers von Ugarit an Jarimlim, König von Jamchad (und Alalach), in dem er ihn bittet, ihm einen Besuch des Königspalastes von Mari zu vermitteln, da er so viel von dessen Herrlichkeit gehört habe.«[198]

Der syrische Einfluß auf die Metallindustrie Kretas war schon für die ausgehende frühe Bronzezeit festgestellt worden. Branigan vermutete, daß ein direkter Kontakt zwischen syrischen und kretischen Metallurgen bestand. Nachdem man auf Kreta gelernt hatte, einen langen Dolch mit verstärkter Mittelrippe und Haftzapfen zur Vernietung mit einem Griff zu schmieden, wurden die kretischen Dolche kunstvoller und vergleichbar den Waffen in Byblos und Ugarit. Zwei mittelbronzezeitliche Zungendolche mit gerundeter Basis, wie sie in Byblos hergestellt wurden, fanden als Weihgaben ihren Weg in das Tholosgrab A von Platanos und in die Trapeza-Höhle.[199]

150 Silbertassen edelster Form – eine auch aus Gold – scheinen kretische Erzeugnisse zu sein. Sie waren als kostbarer Inhalt von Kupferkisten in die Fundamente des Montu-Tempels von Tod unter dem Pharao Amenemhet II. (1901–1867 v. Chr.) gesenkt worden. In den Kisten befanden sich außerdem mesopotamische Zylindersiegel aus Lapislazuli und unbearbeitete Stücke von Lapis. Silber war im damaligen Ägypten wertvoller als Gold. Von den Silbertassen des Montu-Tempels vermutete Sinclair Hood, daß sie vom Fürsten der reichen Hafenstadt Byblos aus Kreta importiert und als Tribut Amenemhet II. übergeben wurden.[200]

Götter, Königtum und Priesterschaft

Obwohl die griechische Überlieferung Könige wie Ammon, Kronos, Asterios, Rhadamanthys, Sarpedon, Minos, Deukalion und Idomeneus kannte, die in sagenhafter Vorzeit auf Kreta herrschten, obwohl in den Annalen des Pharao Thutmosis III. (1479–1426 v. Chr.) ein Herrscher von Kreta erwähnt ist,[201] werden dennoch in der jüngeren Forschung Zweifel am kretischen Königtum laut.

G. Kopcke erschienen die kretischen Paläste gesichtslos. Es fehlte alles, was zur Identifizierung von Herrschern führen könne. Weder gäbe es Porträts noch hervorragende Symbole.[202] Auch A. Zois, der die Paläste zentrale kommunale Verwaltungsbauten nannte, zweifelte daran, daß sie Königssitze waren,[203] und für N. Marinatos scheint die Priesterschaft die regierende Klasse im bronzezeitlichen Kreta des 2. Jahrtausends v. Chr. gewesen zu sein.[204]

Könige und Priester in den alten Kulturen des Orients

Nun zeigt aber die Geschichte des späten 3. und 2. Jahrtausends v. Chr., daß im östlichen Mittelmeerraum, in den schriftführenden Kulturen Anatoliens, Mesopotamiens, Syriens und Ägyptens, die Paläste Regierungssitze von Königen und Fürsten waren. Aus den Keilschrift- und Hieroglyphentexten erfahren wir, daß die Götter mittels der Könige ihre göttlichen Ordnungen auf Erden einrichteten. Das gleiche bezeugte die griechische Überlieferung von Kreta, wenn es heißt, daß König Minos alle neun Jahre ins Gebirge stieg, sich in vertrautem Umgang mit seinem Vater Zeus besprach und von dort den Menschen die Gesetze brachte.[205] Nach Herodot (II 171) waren es die Töchter des Königs Danaos, die das Fest der Korngöttin Demeter aus Ägypten nach Griechenland einführten und die pelasgischen Frauen lehrten. Im homerischen Demeterhymnus wendete sich die Göttin in Eleusis an die Könige, an die »Wahrer des Rechtes«, »und zeigte erst dem Triptolemos, Diokles dann, dem Meister der Pferde, / Keleos auch, dem Führer der Männer, der Kraft des Eumolpos, / allen den Opferdienst und beschrieb die erhabenen

Die Zeit der älteren Paläste

Weihen«.[206] Von König Eumolpos, dem Sohn des Meergottes Poseidon, leitete sich das vornehmste Priestergeschlecht von Eleusis, die Eumolpiden, ab.

Die aus der antiken griechischen Überlieferung zitierten Quellen weisen auf ein Grundmuster hin, das sich auch in den Rangordnungen der vielfältigen Nachbarkulturen des bronzezeitlichen Kreta erkennen läßt. Der Heros, der König, das Staatsoberhaupt hatte die von den Göttern für die Menschen bestimmten gedeihlichen Ordnungen in Kult und Staatsverfassung einzurichten und gegebenenfalls gegen Feinde zu verteidigen. Ihm stand seine Familie, seine Beamtenschaft zur Seite, um die göttlichen Ordnungen zu pflegen, auszubauen und ihre Durchführung zu gewährleisten. Ihr Tun war von administrativen und sakralen Aufgaben bestimmt. Sie bildeten eine dynastische bzw. beamtenähnliche Priesterschaft. Abgesehen von diesen »Nobiles«, gab es eine eigene Klasse von Priestern, zu der die Magier, die Charismatiker, die Exorzisten und die Seher gehörten. Im Griechenheer, das nach Troja zog, um Rache für den Raub der Königin von Sparta, der schönen Helena, zu nehmen, war es der Seher Kalchas, der, als eine Windstille das Heer der Griechen im Hafen von Aulis zurückhielt, den göttlichen Willen kundtat und erklärte, daß die Tochter des Königs Agamemnon, Iphigenie, der erzürnten Göttin Artemis geopfert werden sollte.[207]

Im bronzezeitlichen Mesopotamien waren die »baru«, die Seher, dazu geweiht, den Willen der Götter im Wasser, in den Eingeweiden von Opfertieren, im Vogelflug, in Himmelserscheinungen, in Träumen und Visionen zu erkennen und den Menschen mitzuteilen. Letzteres geschah direkt oder in Form von Orakeln. Die Traumdeuter, die »sabru«, bildeten eine eigene Gruppe unter diesen Priestern, ebenso die Exorzisten. Die »sabru« erkundeten den Willen der Götter in der Traumvision, die ihnen im Tempelschlaf, der Inkubation, zuteil geworden war. Zu ihnen kamen die Menschen, die nach dem Spruch des Inkubationsorakels verlangten. Der Exorzist wurde zum Kranken gerufen, um den bösen Dämon zu vertreiben, der vom Patienten Besitz ergriffen hatte. Den Akt der Krankheitsvertreibung, den »kappuru«, eröffnete ein priesterliches Machtwort, das im Namen des Gottes Ea, des Herrn der Weisheit und des heiligen

Wassers, sowie im Namen des Stadtgotts, etwa des Gottes Marduk von Babylon, gesprochen wurde. Sodann galt es, den bösen Dämon bei Nennung seines Namens zu vertreiben. Das machte die Rezitation einer langen Namensliste von Schadensgeistern notwendig, damit der Krankheitsverursacher in jedem Fall miteingeschlossen war. Während der Besprechung hielt der Exorzist den Zweig der heiligen Tamariske, der machtvollen Waffe des Göttervaters Anu (An = Himmel) in der Hand. Auch konnte ein Kitz oder Ferkel zu dem Zweck geopfert werden, daß der Dämon in den Körper des Opfertiers getrieben und mit diesem vernichtet wurde. Von Wasser besprengt, beräuchert und mit Blumen umgeben, durfte der Kranke dann seine Hoffnungen auf die Genesung richten. Ein sumerischer Ritualtext verrät, daß die Exorzisten in Babylon im Namen des Stadtgottes Marduk Heilungen durchführten. Nach diesem Ritualtext befahl der Gott des Wassers und der Weisheit Ea dem Stadtgott Marduk, »einen Sündenbock in Form einer gehörnten wilden Ziege (wohl eines Ziegenbocks) zum König zu bringen, der durch einen Fluch gebannt war«. Indem der Kopf des Bockes gegen das Haupt des Königs gehalten wurde, ging dessen »vergiftetes Tabu« auf das Tier über, und der König war vom Übel befreit.[208] Auch auf Brotlaibe aus reinem Teig konnten Krankheiten, böse Geister und Sünden übertragen werden. Die Brote wurden danach vernichtet, indem man sie in die Wüste trug.

Ganz ähnlich verfuhren die Exorzisten in Ägypten. Nachdem der Name des Krankheitsdämons aufgedeckt worden war, wurde der Ungeist im Namen eines Gottes, der Isis oder des Sonnengottes Re, zumeist aber des falkengestaltigen Himmelsgottes Horus, vertrieben. Dabei stützte sich der Exorzist auf die Macht des göttlichen Namens oder auf göttliche magische Einrichtungen, oder er verkleidete sich selbst als Gott und imitierte dessen Handlungen. James zitierte einen solchen Austreibungstext: »Fließe aus, du Gift, komm heraus aus dem Boden. Horus beschwört dich, er sondert dich ab, er zersetzt dich, und du erhebst dich nicht, sondern fällst nieder. Du bist schwach und nicht stark, ein Feigling und kämpfst nicht, blind und siegst nicht. Du hebst nicht dein Gesicht. Du bist zurückgewendet und findest nicht deinen Weg. Du trauerst und freust dich nicht. Du

Die Zeit der älteren Paläste

kriechst weg und erscheinst nicht. So spricht Horus, mächtig der Magie!«[209] Der Beschwörungsformel folgte ein Opfer, bestehend aus Brot, Bier und Weihrauch, vor dem aus Isyholz geschnitzten Bildwerk des Horusfalken.

Ein wirksames Mittel, böse Mächte zu bändigen, lag auch in der Kenntnis geheimer Namen und mystischer Zahlen. Des weiteren halfen magische Bilder und Amulette. Da in der kosmischen Ordnung des »Stirb und Werde« laufend der Kampf zwischen Gut und Böse stattfand, hatte man auch im Jahreslauf die dem Sieg des Guten günstigen Tage oder Zeiten zu beachten. Man sah im Priester-Arzt, im »sunu«, eine Persönlichkeit, die angefüllt war mit magisch-religiöser Kraft und Weisheit. Doch gab es kein spezifisches Exorzistenamt.[210] Neben diesen mit heiligen Kräften ausgestatteten, aber nicht im Amt stehenden Priestern gab es die amtlichen Tempelpriester, die zum Vollzug der Jahresfeste und der vorgeschriebenen Opfer vor den Statuen der Götter und den Ka-Statuen der Könige (Statuen der göttlichen Wesenskraft des Königs) verpflichtet waren.

Auch auf Kreta wird es Magier, Charismatiker (Religionslehrer) und Exorzisten, die dank besonderer Kräfte aus dem Volk hervortraten, gegeben haben. Das beweisen die magischen Siegel und Amulette, die bei den Toten und in den Häusern der Lebenden gefunden wurden, sowie die Zeugnisse verschiedenster Rituale. Auf die Frage aber, ob bereits in der Altpalastzeit eine offizielle Priesterschaft mit ausschließlich sakralen Aufgaben die Geschäfte des Kultjahrs wahrnahm, zu bestimmten Zeiten Opfer und Riten in den Tempeln der Paläste, der Städte, der Bergeshöhen und in den Grotten vollzog sowie den Belangen des Bestattungswesens und Grabkults vorstand, läßt sich heute noch keine bündige Antwort geben. Wahrscheinlicher ist, daß Menschen von edler Geburt und Ansehen neben

103 Akrobaten, kretisches Siegel aus dem Tempeldepot von Knossos, 17. Jh. v. Chr. (nach Yule 1980).

Das Leben im alten Kreta

ihren weltlichen Verrichtungen auch sakrale Aufgaben und Ämter hatten. Erst in der entwickelten Palastkultur ab dem 18. Jahrhundert v. Chr. mögen Spezialisierungen zum Amt der weiblichen und männlichen Kulttänzer und Kultakrobaten geführt haben (Abb. 103).

Die Entwicklung des Königtums im alten Orient

Die Frage, ob es während der Altpalastzeit auf Kreta Könige gab, kann nur mit einem entschiedenen Ja beantwortet werden, wenn man die archäologischen Befunde einer ab 2000 v. Chr. mehr und mehr tonangebenden Palastkultur beachtet und in den gleichzeitigen Nachbarkulturen Kretas Umschau hält.

Wie aber war das altkretische Königtum beschaffen?

In der frühdynastischen Zeit Ägyptens, während der I. und II. Dynastie (um 2925–2657 v. Chr.), glaubte man, daß der Pharao seinen Thron vom göttlichen Bruderpaar »Horus« und »Seth« erhalten habe. Horus wurde als falkengestaltiger Himmelsgott verstanden, dessen beide Augen Sonne und Mond waren. Seth, der »rote« Gott, wurde mit dem Wüten des Gewitters und mit der Vorstellung von Gewalt verbunden. Die Pharaonen der älteren Zeit vereinigten als Inkarnation von Horus und Seth Allwissen, Weisheit, Segens- und Schutzkraft in sich. Von Anfang an und durch alle Zeiten galt der Pharao als Gottheit. Im Alten Reich stellte er die Verkörperung des Horus dar und war zugleich Sohn des Sonnengotts Re beziehungsweise auch die Inkarnation des Sonnen- und Schöpfergotts Re. Als Abbild der kosmischen Ordnung bestand nach dem Glauben Altägyptens das Königtum seit Anbeginn der Welt. Dieselben Worte wie des Sonnengottes Re oder der Sonnenepiphanien beschrieben die Handlungen des Pharao: Allmorgendlich wiederholt sich die Kosmogonie, wenn eine die Barke des Sonnengottes angreifende und damit die Weltordnung bedrohende, riesige Schlangengottheit Apophis von Seth, der im Bug der Barke des Sonnengottes steht, niedergestochen wird. Das politische Wirken des Pharao, das die Welt nicht ins Chaos zurücksinken läßt und jeden an die Grenzen anstürmenden Feind vernichtet, wurde dem Triumph des Sonnengottes über Apophis gleichgesetzt.

Die Zeit der älteren Paläste

Seit der XII. Dynastie (1963–1787 v. Chr.) trat Amun-Re als »König der Götter« und als »Herr der Throne beider Länder«, d. h. Ober- und Unterägyptens, auf. Durch diese Titel war er als Königsgott, als Vater des Pharao, ausgezeichnet. Im Neuen Reich (ab 1539 v. Chr.) wurde er als Reichsgott, als Schutzherr und Beauftragter der Dynastie verehrt. Er vereinigte in sich die Wesenheit eines Wind-, eines stiergestaltigen Fruchtbarkeits- und schlangengestaltigen Urgottes. Er war Sonnengott, Schöpfergott und Orakelgott, Herr des Himmels, der Erde, des Wassers, der Gebirge und der Unterwelt. Die Griechen nannten ihn Ammon und setzten ihn dem Zeus gleich. Im Neuen Reich bildete die Priesterschaft einen neuen, einflußreichen Stand in der altägyptischen Gesellschaft. In Theben residierte der Hohepriester des Amun-Re, dessen Gattin als Hauptkebsweib des Gottes galt, während die Königin die »Gemahlin des Gottes« war. Selbst ein Gott – als Sohn des Sonnengotts Amun-Re –, hielt der Pharao alle Macht eines zentralistisch geordneten Reiches, das seit den Reichseinigern um 3000 v. Chr. aus Ober- und Unterägypten bestand, in Händen.[211]

Verwandt, zu ähnlich einfachen Strukturen strebend und doch vielfältig, durch andersartige politische und religiöse Voraussetzungen, geprägt, stellen sich das altmesopotamische Königtum und die nach seinem Muster gebildeten Herrschaftsformen Anatoliens und der Levante dar. In Mesopotamien, im Land der Sumerer mit seinen Hauptstädten Uruk und Nippur, wurden am Ende des 4. Jahrtausends v. Chr. Normen staatlicher Ordnung, religiöser Vorstellungen und früher Schriftlichkeit entwickelt, die durch viele Jahrhunderte und weite Räume maßgebenden Einfluß ausübten und große Teile des Nahen Ostens zu einer kulturellen Einheit verschmelzen ließen. Sie prägten die Kultur der semitischen Akkader und Babylonier, der Assyrer, der Hurriter am oberen Tigris und Euphrat, der Hethiter Zentralanatoliens und Nordsyriens und der kanaanäischen sowie syrischen Stadtstaaten im Westen.

Die von den Sumerern im südlichen Zweistromland um 3000 v. Chr. aus einer frühen Hieroglyphenschrift entwickelte Keilschrift wurde um 2350 v. Chr. von den semitischen Akkadern für ihre Sprache übernommen; dabei fanden viele Lehnworte aus dem Sumerischen Eingang in das Akkadische. Obwohl das Sumerische als lebende Sprache zu Beginn des 2. Jahrtausends v. Chr. vom Akkadischen verdrängt wurde, blieb es weiträumig noch jahrhundertelang die offizielle Kultsprache. Im 2. Jahrtausend v. Chr. übernahmen die semitischen Babylonier den Götterhimmel (Pantheon), die religiöse Organisation, Liturgie und die Gesänge von den Sumerern. Sumerische Wörterlisten stellten Lehrbücher dar, nach denen sich die Schreiber und Schriftgelehrten in Babylonien, in Elam, in Assyrien, bei den Hethitern in Anatolien und Nordsyrien und in den Kleinkönigtümern der Levante ausbildeten. Als die erste Dynastie von Babylon durch den Hethiterkönig Mursili I. (1595 v. Chr.) zerstört wurde, folgte ihr in Babylon die Regierung der semitischen Kassiten, deren offizielle Sprache das Akkadische war. Auch die Korrespondenz der ägyptischen Könige von El Amarna (um 1400 v. Chr.) mit den Hethitern, den Mitani, den Assyrern, mit den Regenten von Babylon sowie den Prinzen von Syrien und Palästina war in Akkadisch abgefaßt. So ebnete die allen bekannte Sprache der Verbreitung babylonischen und letztlich sumerischen Kulturguts den Weg.

Das Amt des Königs gehörte nach sumerischem Glauben zu den Ordnungen des Himmels und war von der Hauptgöttin von Uruk, von Inin bzw. Inanna, als Geschenk vom Himmel herab zu den Menschen getragen worden (Epos v. Etana). Nach einem Mythos der Stadt Nippur, deren Hauptgott der Luftgott Enlil war, blieb nach der uranfänglichen Trennung von Erde und Himmel der Stadttempel der einzige Ort, an dem die Verbindung von Erde und Himmel weiter bestand. Er war das große Haus des irdischen Stadtoberhaupts, des Begründers der Stadt im Auftrag seines Gottes, des »Ensi« (En = Herr), und seiner unsterblichen Gemahlin, der Stadtgöttin. Von hier gingen Gesetz, Ordnung, Wohlstand, Sicherheit und Gedeihen für die Bewohner der Stadt und des umliegenden Landes aus.

Schriftliche Zeugnisse zur »sumerischen Tempelstadt« wurden erst am Ende der frühdynastischen Zeit (2700–2600 v. Chr.) faßbar. Jetzt hieß der Sitz des Ensi sumerisch *hai-kal*, jünger *e-gal*, was wörtlich mit »das große Haus« zu übersetzen sei. Archäologisch wurden die ältesten Bauten ihrer Grundrisse wegen sicher als Palast, nicht als Tempel identifiziert. Das akkadische Wort für »Palast« war *ekallum*; von den Semiten Syriens rezipiert, bedeute es bald Palast, bald Tempel.[212] Das Stadtoberhaupt konnte je nach Größe des ihm untergeordneten Territoriums Ensi, En oder Lugal genannt werden. In den bald nach 3000 v. Chr. entstandenen Stadtstaaten Sumers waren der Ensi und die Stadtgöttin oberste Instanz und Empfänger der Leistungen aus Stadt, Handel und Bewirtschaftung. Diese von den eingewanderten Sumerern mitgebrachte theokratisch-monarchische Ordnung, die Gottesherrschaft und Königtum miteinander verband, hatte Bestand, auch wenn ab dem 27. Jahrhundert v. Chr. Königspalast und Tempel getrennt voneinander errichtet werden konnten.

Durch den Zusammenschluß von mehreren Städten zu einem größeren Staatsgebilde entstand das Großkönigtum. Der König trug die Würde eines Groß-Ensi mit dem Titel Lugal: Großmensch. Als der Sumerer Lugalzaggesi (2490 v. Chr.), der Ensi von Umma, mit Kriegsgewalt ganz Mesopotamien sowie das Land bis zur syrischen Küste unterworfen und seine Residenz in der alten Hauptstadt Uruk eingerichtet hatte, ließ er sich als Reinigungspriester des Himmelsgottes An in den Klerus der Stadt Uruk einreihen. Seine Titel nennen ihn als König von Uruk, als König des Landes, als Priester des An, als Erhabener und als Sohn der Göttin Nisaba, als Groß-Ensi des Gottes Enlil, als Oberminister des Mondgottes Sin, als Statthalter des Sonnengotts Utu, als Versorger der Göttin Inanna, als Erhabener, der mit der heiligen Macht der Muttergöttin Ninchursanga genährt wurde.[213] Der Großkönig war also darauf bedacht, sich als Herrscher darzustellen, von dessen monarchisch-theokratischem Wirken als König, Statthalter sowie Sohn eines Gottes und einer Göttin die Menschen Segen erwarten durften und von dessen priesterlichem Wirken – als Reinigungspriester des An und als Versorger der Göttin Inanna – die Götter Wohltaten empfingen. Älteste Zeugnisse der Gotteskindschaft eines Herrschers trifft man bei Mesalim von Kisch (um 2600 v. Chr.) und bei Eanatum von Lagasch (um 2470 v. Chr.) an.

Lugalzaggesi wurde vom Semiten Sargon (2340–2284 v. Chr.), dem Begründer der Dynastie von Akkade, gestürzt, sein Reich dem noch gewaltigeren akkadischen Großreich einverleibt. Dieses umfaßte Mesopotamien, im Westen Syrien und Palästina, im Nordwesten das südöstliche Kleinasien und Armenien, im Osten Teile des Iran. Mit dem Anwachsen der Großreiche erfuhr auch das monarchische und theokratische Prinzip des Königtums eine Steigerung. So kann man von der neuen semitischen Dynastie als von den »Akkadkaisern« sprechen, die sich als kosmische Macht und als Gottmenschen verstanden. Die Stellung des Herrschers hatte in seiner Vergöttlichung den höchsten Rang erreicht. Sargons Enkel Naramsin (2260–2223 v. Chr.) ließ sich, vielleicht in Anlehnung an die Pharaonen des Alten Reiches in Ägypten, als göttlicher Weltenherrscher proklamieren. Er nannte sich »Gemahl der Ischtar Annunitum«, »Gott von Akkade«, und ließ vor seinen Namen das Gottesdeterminativ schreiben. Neu unter den Herrscherwürden erscheint der Titel »der Held«. Nach dem Untergang der Dynastie von Akkade konnten sich die Ensi des Staates Lagasch mit der Hauptstadt Girsu als die sumerischen Nachfolger der semitischen Großkönige von Akkade betrachten. Sie regierten in der Zeit um 2150 v. Chr., als die Gutäer, Invasoren aus dem Zagros-Gebirge, das Zweistromland eroberten.

Gudea von Lagasch (um 2144–2124 v. Chr.) trug den altangestammten bescheidenen Titel Ensi, nannte sich aber in einer Inschrift auch »Gott von Lagasch«. Er förderte den traditionellen friedlichen Handel, schickte Gesandte und Kaufleute aus und mehrte den Reichtum seines Staates, ohne den teuren Verwaltungsapparat eines Sargon, ohne Garnisonen und Truppen bezahlen zu müssen. Wissenschaft und Künste blühten. Tempel wurden errichtet. Erste literarische Texte sind aus dieser Zeit bekannt. Obwohl Gudea von Lagasch mit frommem Sinn dem Ensitum der alten Art, das nicht als Vasall eines Großkönigs, sondern als Statthalter Gottes wirkte, neues Leben einhauchte, war auch er ein absolutistischer Dynast.

Das Sumerertum erlebte unter ihm und den nachfolgenden Dynastien von Isin, Larsa und Ur während des 21. und 20. Jahrhunderts v. Chr. noch einmal eine Renaissance. Urnammu (2111–2094 v. Chr.), der Feldherr Utuhengals, des letzten Ensi der Dynastie von Lagasch, verdrängte nach der endgültigen Vertreibung der Gutäer seinen König und begründete die III. Dynastie von Ur. Das System von Ur III war absolutistisch: Der

Monarch wirkte als Verwaltungsoberhaupt und als oberster Richter. Er hatte das Vorrecht des Tempelbaus für die Götter. In Anlehnung an die Königsidee von Naramsin kam unter Schulgi (2093–2046 v. Chr.) der Brauch der Vergöttlichung des Königs wieder zur Geltung. In zentralistischer Reichsverwaltung wurden die Stadtstaatenterritorien, die zugleich Verwaltungseinheiten bildeten, als Besitz des jeweiligen Gottes vom Großkönig bestätigt. Die Kleinkönige, die Ensi der einzelnen Stadtstaaten, behielten das Amt der lokalen Rechtsprechung, waren aber der Ernennung durch den Großkönig unterworfen. In Heiligtümern, die vom Ensi errichtet werden konnten, wurde der vergöttlichte Großkönig verehrt.

In konsequenter Entwicklung war aus dem irdischen Ensi des frühen 3. Jahrtausends v. Chr., dem Stadtoberhaupt und Gemahl der Stadtgöttin, ab der Mitte des 3. Jahrtausends v. Chr. der Gottessohn und gegen Ende des 3. Jahrtausends v. Chr. der Heros, der Held und Schutzgott des Landes, geworden.

Als Schutzgötter traten der vergöttlichte König Naramsin und alle Könige, die bis in die Hammurabi-Zeit (1792–1750 v. Chr.) ihren Namen mit dem Gottesdeterminativ schreiben ließen, in einen Kreis göttlicher Beschützer ein, die, auch in theophoren Königsnamen genannt, als Schutzgötter der Residenz und des Königs verehrt wurden. Dagan, ein Korn- und Wettergott, erscheint in Namensbildungen wie Iddindagan (3. König der 1. Dynastie von Isin, 1974–1954 v. Chr.) oder Ischmedagan (4. König der 1. Dynastie von Isin, 1953–1935 v. Chr.). Dem Gott Hadad oder Adad (der Donnerer) begegnet man in der Namensbildung des Königs Schamschiadad von Assur (1815–1782 v. Chr.) und seines Sohnes Jasmahadad, des Vizekönigs von Mari (1813–1781 v. Chr.), oder bei Nuradad, dem 8. König der Dynastie von Larsa (1865–1850 v. Chr.). Der theophore Name des 4. Königs der Dynastie von Akkade, Naramsin, verkündete, daß der König ein Liebling des Mondgottes Sin sei; Sinkaschid (»Sin, er ist da«) nannte sich ein König von Babylon (1865/60–1833 v. Chr.); Sinumballit (»Sin erhält am Leben«) hieß der Vater Hammurabis und 5. König der 1. Dynastie von Babylon (1812–1793 v. Chr.). Der Nachfolger Hammurabis schließlich nannte sich Samsuiluna (»die Sonne ist unser Gott«).[214] Sargon von Akkade

(2469–2414 v. Chr.) rühmte sich, daß ihm Gott Dagan von Tuttul das »obere Land« mit Mari und Ebla in die Hand gegeben habe.[215] Verträge zwischen Ebla und anderen Kleinkönigtümern, die Pflichten und Rechte im Verkehr miteinander regelten, schloß man in Berufung auf den Sonnengott Schamasch und auf den Wettergott Hadad ab. Hadad und Schamasch waren in der Akkadzeit Hauptgötter von Ebla.[216] Jarim-Lim (ca. 1430 v. Chr.), König von Halab (Aleppo), schrieb in einem Brief, daß der Wettergott der Gott seiner Residenzstadt, der Mondgott aber sein persönlicher Gott sei. In gleicher Weise unterschied offenbar auch Hammurabi zwischen dem Schutzgott der Stadt Babylon, Marduk, und seinem »persönlichen« Schutz- und Königsgott Schamasch, von dem er Sumer und Akkad zur Herrschaft übernommen habe.[217]

Sonnengott (sum. Utu, semit. Schamasch), Mondgott (sum. Nanna, semit. Sin) und die Vielzahl der Wettergottheiten, zu denen Ischkur, Ninurta, Hadad/Adad, Wer und Teschup zählten, teilten miteinander bedeutsame Wirkungsbereiche für das kosmische und irdische Königtum. Dazu gehörten die Förderung der Fruchtbarkeit sowie die Sorge für die Weltordnung, die sich auf die Oberwelt und Unterwelt erstreckte. So hieß es vom Sonnengott: »ohne Schamasch gibt es keine Nahrung für das Getier der ganzen Welt«, »auf sein Machtwort hin gedeiht die Menschheit«, »er bringt Ertrag allen unfruchtbaren Fluren«. Vom Mondgott glaubte man, daß er »der Austeiler reicher Ernte« sei, daß er »dem, der keinen Sohn hat, einen Sohn« erschafft. Vom Wettergott galt, daß er »dem Lande Fruchtbarkeit schenkt«, daß er, der »Deichgraf des Weltalls«, zur Überwachung der Weltordnung eingesetzt worden sei. Der Mondgott war »die Fackel des Himmels, die sogar die Unterwelt erhellt«. Im Sonnengott sah man den Richter, der über das Universum regiert, dessen Auge alles durchdringt, den Lenker der Menschheit, der den König in sein Amt einsetzt, der »über die toten Götter der Unterwelt wacht«, der »in der Unterwelt, wo des Totengeistes Trinkplatz ist, auf die Röhre, durch die die Opfer für die Toten dargebracht werden«, achtet.[218]

Im irdischen Königtum nahm der Monarch die göttlichen Aufgabenbereiche wahr, indem er Sorge trug für die Bewässerung und den Ertrag der Felder und für Ordnung und Gesetz für die Lebenden und die Toten. Darüber hinaus wurde die göttliche Zuwendung zu den Menschen vom König gefördert durch die Pflege des Götter- und Totenkults.

Mit dem König teilten Sonnen-, Mond- und Wettergott die Funktion des »Hirten«. So hieß es: Schamasch ist »der Hirte der Schwarzköpfigen«; Sin »hütet die Schwarzköpfigen wie Schafe«, und dem Wettergott Adad sind »die Zahlreichen [d. h. die Menschen] anvertraut«.[219] Wie der König, zu dessen Herrscherwürden seit Naramsin (2260–2223 v. Chr.) der Titel »Held« hinzugefügt wurde, priesen Hymnen den Mondgott als kämpferische Gottheit, den Sonnengott als Helden und Stier und den Wettergott als Gottheit des Kampfes.[220]

Eine weitere, mit dem altmesopotamischen Königtum aufs engste verbundene Gottheit war, wie wir schon sahen, die sumerische Inin/Inanna, die semitische Ischtar. Sie hatte das Königsamt vom Himmel herab zu den Menschen getragen und konzentrierte alle göttlichen Kräfte in sich. Sie »dringt in die Enden von Himmel und Erde gleichermaßen ein, wie Schamasch«. Sie war »Göttin von Himmel und Erde, Hirtin der zahlreichen Menschen«. Als Zwillingsschwester des Sonnengotts Schamasch, mit dem sie auch die Attribute Sonne und Mond gemeinsam hat,[221] schaffte sie, wie er, »Recht (...) für die ganze Welt«. Sie war Göttin des Kampfes, »Herrin der Schlacht«, sie trug »das blanke Schwert und die scharfe Axt«, sie »regnet Feuer auf Arabien hernieder«, sie war die »triumphierende Vernichtung des Feindes«, die »Schlacht ist für sie ein Fest«. Sie erstrahlte aber auch als Liebesgöttin, »sie ist mit Zauber und Liebreiz angetan, ausgestattet mit Charme und sex appeal, verschönt mit Kosmetika«. Sie sagte von sich: »Ich sende meinen Menschen Leben, ich bringe meine Menschen zur Welt.« Als echte Vegetationsgöttin – Inin stand einem Baumkult nahe und wurde mit der heiligen Zeder verbunden – mußte sie sterben und wiederauferstehen. Drei Tage hing sie tot am Pfahl in der Unterwelt, dann wurde sie mit Lebenswasser besprengt, erhielt Lebensspeise und durfte auf die Oberwelt zurückkehren[222] im Austausch für den »Heros«, »Hirten« und Gatten der Inanna/Ischtar, den mythischen König von Uruk-Kullaba (Kullaba: Ortsteil von Uruk), Dumuzi/Tammuz (sum./semit.). Dumuzi, sein Kultname ist Ama'uschumgalanna, mußte als Numen der Vegetation, als sterbender und auferstehender Gott, im Wechsel mit seiner Schwester Geschtinanna halbjährlich in der Unterwelt weilen.[223] Er gehörte zum Typus der Götter, die im Sterben und Wiederauferstehen dem Naturzyklus folgten. Zu diesen zählten der sumerische Sturm- und Donnergott Ischkur, von dessen Verschwinden in die Unterwelt und Wiederkehr ein Mythos erzählte,[224] der kanaanäische Sturm- und Donnergott Baʿal/Hadad, der im Mythos in die Unterwelt hinab mußte, dessen Rückkehr aber seine Schwester-Geliebte, die Göttin Anat, ermöglichte,[225] der phönizisch-griechische Adonis,[226] der ägyptische Osiris, der neueren Forschungen zufolge seinem Ursprung nach in Syrien beheimatet sein soll und dessen Gattin Isis man mit Ischtar identifizierte,[227] der griechische Dionysos, der sein Grab im Apollon-Tempel von Delphi hatte[228] und dessen Heilige Hochzeit in Athen alljährlich am Blütenfest, den Anthesterien, mit der Gattin des obersten attischen Beamten, des Archon Basileus, gefeiert wurde,[229] sowie der kretische Zeus, dessen Geburtsstätte und Grab auf Kreta gezeigt wurde.[230]

Dumuzi war als mythischer König sumerischen Ursprungs. Zu ihm gehörte als Geliebte die sumerische Liebesgöttin Inin/Inanna. Offenbar unter semitischem Einfluß erhielt er seinen göttlichen Aspekt, wurde zu Ama'uschumgal, zum Vegetationsgott, der den gleichartigen semitischen Wettergöttern nahesteht. Diese teilten mit ihm die Titel »Hirte« und »Heros« und ihre Beziehung zur Liebesgöttin, die durch semitischen Einfluß ein ambivalentes Wesen erhalten hat und zur Liebes- und Kriegsgöttin wurde. Sie hieß jetzt Inanna oder semitisch Ischtar, kanaanäisch in Ugarit und Alalach Anat bzw. Ascherat oder im nordsyrischen Bereich Astarte, ein Name, der etymologisch identisch ist mit Ischtar. Die nicht semitischen Hurriter, die in Nordmesopotamien, in Südostanatolien und Nordwestsyrien siedelten, übernahmen das semitische Götterpaar Wettergott und Liebes-/Kriegsgöttin und nannten es Teschup und Sausga oder Teschup und Hepat, die Wesenszüge Ischtars und einer anatolischen, steinzeitlichen Leopardengöttin in sich vereinte. Im Pantheon der Hethiter stiegen Teschup und Hepat zu Schutzgöttern des

Landes auf. In Ägypten bildeten der Sonnengott Re und die Himmelsgöttin Hathor ein verwandtes Paar. Dort erzählte ein Mythos, daß Re beschloß, die Menschen zu vernichten, nachdem er erkannt hatte, daß sie sich gegen ihn verschworen hatten. Hathor übernahm das Gemetzel. Daß die kanaanäische Anat, die auch in Ägypten verehrt wurde, mit Hathor verschmelzen konnte, zeigt die Elfenbeinplatte eines königlichen Prunkbetts aus Ugarit, auf der die Göttin Anat/Ascherat Hathorlocken trägt und mit der Sonnenscheibe zwischen zwei Hörnern bekrönt abgebildet ist.[231]

Der Kult der Liebes- und Kriegsgöttin Ischtar war in Mesopotamien, Kleinasien und Syrien populärer als der irgendeiner anderen Gottheit. Mit ihr stieg im 2. Jahrtausend v. Chr. der Sturm- und Wettergott zu hoher Bedeutung auf. Sein Kult verbreitete sich über Mesopotamien, Syrien und Palästina und griff auf die ägäischen Inseln über. Die beiden bevorzugten Partner der Liebes- und Kriegsgöttin waren im 2. Jahrtausend v. Chr. der in sumerischer Tradition stehende Dumuzi/Tammuz und der in semitischer Tradition stehende Wettergott. Dies gilt für die große Kulturgemeinschaft, die religiöse Koiné des Nahen Ostens. In Ägypten war der Sonnengott Re Partner der Himmels-, Liebes- und Kriegsgöttin Hathor. Als irdischer Partner trat der König an die Seite der Liebes- und Kriegsgöttin, die mit ihm durch das Ritual der Heiligen Hochzeit vereinigt worden war. Diese Grundidee sumerischer Religion, die im Bund zwischen Gottheit und Mensch bestand, hatte bereits im altsumerischen Ensitum, in der Verbindung von Stadtfürst und Stadtgöttin, ihren Ausdruck gefunden.

Die Könige der III. Dynastie von Ur (2111–2003 v. Chr.) belebten neuerlich den alten Brauch der Heiligen Hochzeit. »In einem großen kultischen Mysterium wird der König von Inanna, der Fruchtbarkeits- und Liebesgöttin – oder einer anderen weiblichen Gottheit ihrer Art, etwa der Baba in Lagasch oder der Ningal in Ur – umfangen; er ist Bräutigam und Buhle der hohen Herrin und tritt damit also in die Rolle des Dumuzi-Tammuz, des mythischen Geliebten der Inanna, des Hirten und Herrn von Uruk-Kullaba, ein.«[232] Spätestens ab 2100 v. Chr. konnte sich der König als Verkörperung des Dumuzi verstehen, des Vegetationsgottes und Sohnes des Wassergottes Enki (Ea), weshalb auch während der III. Dynastie von Ur (2111–2003 v. Chr.) und der Dynastie von Isin (2017–1817 v. Chr.) die Namen der Könige hinter dem Namen des Dumuzi aufgeführt werden konnten.[233]

Dem Fest der Heiligen Hochzeit war sechs Monate voraus, am 18. des Monats Tammuz, die Beweinung des Vegetationsgottes vorangegangen, die seinem Abstieg in die Unterwelt, galt. Das Neujahrsfest im Spätherbst feierte die Wiederkehr des Dumuzi und seine Heilige Hochzeit mit der Göttin Inanna/Ischtar, wodurch die charismatischen Kräfte des Königs erneuert, im Analogiezauber die Kräfte der Natur gehoben und alle Lebensprozesse gefördert wurden.

Der älteste literarische Beleg für die Gleichsetzung des Königs mit Dumuzi stammt aus der Zeit Iddindagans von Isin (1974–1954 v. Chr.). Den berühmten sumerischen Hymnus auf Inanna und Iddindagan von Isin, der den König als Gatten der Göttin und als Verkörperung des Vegetationsgottes Dumuzi, dessen Kultname Ama'uschumgalanna ist, verherrlicht, geben wir in der Übersetzung von A. Falkenstein wieder:

»Die große Himmelsherrin, Inanna, will ich grüßen (...) / Wenn sie wie Mond und Sonne an den Himmel tritt / kennen sie alle Länder (...) / Sie tritt an den Himmel, ist die gute Wildkuh des Himmels / Sie kämpft auf Erden, ist die Herrin aller Länder / (...) Meine Herrin entscheidet das Recht des Landes, wie es sich gebührt – / die Schwarzköpfigen treten vor sie – / Die heilige Pauke, die heilige Trommel schlagen sie ihr, / treten vor die heilige Inanna / Die heilige Leier, die heilige Pauke schlagen sie ihr, treten vor die heilige Inanna / (...) Ihre Rechte bekleiden sie nach Männerart / treten vor die heilige Inanna / Ihre Linke bedecken sie mit einem Kleid nach Frauenart / Auf zur Schlacht – singen sie ihr als Kampflied – / treten vor die heilige Inanna / (...) Die Gottgeweihte tritt allein an den leuchtenden Himmel / (...) Daß sie das Schicksal der Länder entscheide / daß sie am guten ersten Tag aufleuchte / am Schwarzmontag die göttliche Ordnung vollende / bereitet man am Neujahrstag, dem Tag der Kultfeiern / meiner Herrin das Lager / reinigt es mit Zweigen (...) von Zedern / (...) legt ihr als Geschenk ein Kleid zurecht / – badet man meine Herrin für den heiligen Schoß / badet sie für den Schoß des Königs / badet sie für den Schoß Iddin-

Die Zeit der älteren Paläste

dagans – / Der König geht stolz erhobenen Hauptes zum Schoß Inannas / Ama'uschumgalanna liegt bei ihr – kost ihren heiligen Leib – /
Nachdem die heilige Inanna sich im heiligen Schoß des Lagers gesättigt / spricht sie an der Stätte des Lagers zu ihm: / des Königs Iddindagans (...) bin ich / Ihren geliebten Gemahl umarmt sie / umarmt die heilige Inanna / erstrahlt auf dem Thron, dem großen Hochsitz, wie der Tag. / Der König nimmt ihr zur Seite leuchtend wie die Sonne Platz auf dem Thron / in Überfluß in Überfluß, in Wonne und Freude tritt er vor sie / rüstet ihr ein Festmahl (...) / Der König tut sich gütlich an Speise und Trank. / Der Palast ist ein Fest, der König voll Freude / das Volk verbringt den Tag im Überfluß. Ama'uschumgalanna steht da in höchster Freude (...) /«[234]

Fast der ganze mittlere Orient, eingeschlossen Syrien und Palästina, wurde vom Tammuz-Kult erfaßt, der weit über das 2. Jahrtausend v. Chr. hinaus in historischer Zeit fortlebte.

Dumuzis Äquivalent aus dem Kreis der Wetter- und Vegetationsgötter war der kanaanäische Ba'al/Hadad, der zum Dynastiegott aufsteigen konnte. Die in semitischer Tradition stehenden Riten seines Auferstehungs- und Neujahrsfestes waren denen des babylonischen Neujahrsfestes verwandt.[235] Auch diesem Fest waren Trauerfeiern vorausgegangen, bei denen man den Tod des Ba'al beklagte. Dieser mußte ins Innere der Erde hinab, wie der Mythos erzählte, woraufhin der Ölbaum, der Ertrag der Felder und die Frucht der Bäume verdorrte.[236] Mit dem Einsetzen der Regenzeit im Spätherbst aber kehrte Ba'al zurück. Zu den von Jubel begleiteten Kulthandlungen des Auferstehungs- und Neujahrsfestes gehörten die Inthronisierung des Ba'al und damit die Wiederkehr der Fruchtbarkeit sowie, diesem Akt vorausgehend, die Überwindung des als Ungeheuer, als siebenköpfige Schlange vorgestellten Meergottes Jam als dem Prinzip des Chaos, der verheerenden Überschwemmungen. Ba'als siegreicher Kampf mit dem Meerungeheuer bewies das Heldentum des Gottes, der dadurch zum unwidersprochenen Herrscher des Götterhimmels und der Menschen wurde. Manches weist darauf hin, daß auch hier der König im Kult die Rolle des Gottes Ba'al hatte und im Alltag sein irdischer Substitut war.[237]

Beim hethitischen Neujahrsfest, dem Purulli-Fest, wurde der

Das Leben im alten Kreta

Kampf zwischen dem Wettergott Teschup und dem Drachen Illujanka rituell zitiert. Wesensgleich den Göttern Teschup und Baᶜal wurde der ägyptische Gott Seth erachtet. Im Verein mit dem Sonnengott war er der Retter der Weltordnung, die allabendlich und allmorgendlich von der riesigen Unterweltschlange, dem Gott Apophis, bedroht wurde. Am Bug der Barke des Sonnengottes stehend, erstach Seth den Schlangengott.[238]

In hellenistischer Zeit wurde Baᶜal/Hadad, der an der Spitze des syrisch-phönizischen Pantheons stand, dem griechischen Wettergott Zeus gleichgesetzt.[239] Im phönizischen Tyros, dessen Hauptgott der Baᶜal von Tyros war, feierte man das Auferstehungsfest des Melqart, ein Beiname offenbar des Baᶜal, den Herodot (II 44) dem Herakles gleichsetzte.[240] Eine griechische Münze der kretischen Stadt Phaistos zeigt Herakles, die siebenköpfige Schlange tötend (Abb. 104).

Die nahe Stellung des hethitischen Königs zum Wettergott, der mit dem Ideogramm des mesopotamischen Adad geschrieben wurde, veranschaulicht »das normale königliche Fest«, das um 1400 v. Chr. in Hattuša, der Hauptstadt des Hethiterreichs, im Tempel des Wettergottes vollzogen wurde.[241] Nach einer Waschung und Anlegen des Festornats betrat der König den Tempel des Wettergottes. Kultische Reinigungszeremonien mit Handwaschung folgten. Der König näherte sich dem Gottesthron, huldigte dem Gott, vollzog vor dem Thron Fleisch- und Trankopfer und huldigte dem Gott abermals. Dann nahm er auf dessen Thron als gottgleicher König Platz. Die Insignien seines göttlichen Königtums wurden hereingebracht und aufgestellt. Die folgenden Zeremonien zweier Kultmähler – am ersten nahmen die Würdenträger und Priester des Landes teil, am

104 Griechische Silbermünze (Stater) aus Phaistos, um 322–300 v. Chr. (nach Franke/Hirmer 1972).

Die Zeit der älteren Paläste

zweiten die Götter – leitete und teilte der König als Wettergott.

In allen Königtümern des großen sumerisch-semitisch geprägten Kulturraums empfing der Herrscher Amt und Amtsszepter von der Gottheit seiner Residenz und als Großkönig zudem von den Göttern der Städte, die zu seinem Reich gehörten. In seiner Titulatur verkündete Gudea von Lagasch (ca. 2144–2124 v. Chr.), daß er im Tempel seiner Residenzstadt Girsu an der heiligen »Tür des Bisons« (Tiergestalt des Gottes Ninurta mit dem Beinamen Ningirsu = Herr von Girsu) »Heldentum und hehres Szepter« erhalten habe.[242] Von Schulgi (2093–2046 v. Chr.), dem zweiten König der III. Dynastie von Ur, hieß es, »daß er vom Gott Enlil im Tempel seiner Stadt Uruk das Szepter der Autorität empfing«.[243] Im altsyrischen Mari, wo Dumuzi als Ama'uschumgalanna verehrt wurde, stellten Wandgemälde im Palast des Königs Zimri-Lim (1782–1759 v. Chr.) den stiergestaltigen Wettergott auf seinem Berg und die Göttin Ischtar dar, wie sie dem König das Szepter, das Insigne der göttlichen Machtausstattung, zureicht (Abb. 105 a).[244] Verwandte Vorstellungen eines gottnahen Königtums findet man auch noch bei den Israeliten:[245] Der Gott erwählte den König zum Bundesgenossen. Jehova erwählte David. Jeder neue König trat in die gleiche Allianz mit Salbung und göttlicher Adoption ein und wiederholte diese Zeremonie während der Neujahrsfeier.

Fassen wir die wichtigsten Fakten zur Herrschergestalt des Nahen Ostens zusammen: Der Herrschertitel variierte lokal und war außerdem Entwicklungen unterworfen. Zu den ältesten Titeln des unabhängigen Oberhauptes in einem Stadtstaat gehörten Ensi und En (Herr). Seit der Akkade-Zeit, seit dem Großkönigtum Sargons (2340–2284 v. Chr.), wurden Mitglieder der Familie des Königs und hohe Beamte mit beiden Titeln betraut. Den En-Titel, weiblich *entu*, erhielten die Töchter Sargons und Naramsins Enheduana und Emmenana als Hohepriesterinnen des Stadtgottes Nanna in Ur und der Sohn des Königs Urnammu (2111–2094 v. Chr.) als Hohepriester der Inanna in Uruk. Das Amt des Hohepriesters entlastete den Großkönig, der Herrscher über viele Stadtstaaten war. En-Priester und Entu-Priesterin

Das Leben im alten Kreta

105 Der König erhält das Insigne seines Königtums von der Göttin.
a) Wandgemälde aus dem Palast des Zim-ri Lim (1782–1759 v. Chr.) in Mari, Übergabe der Amtsinsignien durch die Göttin Ischtar an den König (nach Kohlmeyer 1982).
b) Siegelabdruck aus dem Tempelschatz des Palastes von Knossos, die kretische Göttin verleiht dem kretischen König das Szepter der Regentschaft am Ort des Gipfelheiligtums (nach Alexion 1976).

Die Zeit der älteren Paläste

konnten im Kultakt der Heiligen Hochzeit mit der Stadtgöttin bzw. dem Stadtgott am Neujahrsfest Wohlergehen und Fruchtbarkeit des jeweiligen Stadtstaats gewährleisten. Zur Zeit Hammurabis erfuhr der Titel »Ensi« eine Abwertung als Bezeichnung einer Art von Landpächter. Der Titel »Lugal« (Großer Mann), den die sumerische Königsliste für die von ihr aufgeführten bedeutenden Herrscher seit Mebaragesi (ca. 2700 v. Chr.) bis zum Ende der Dynastie von Isin (1794 v. Chr.) gebrauchte, wurde im 2. Jahrtausend v. Chr. auch für Regenten kleiner Territorien üblich, wie aus der Korrespondenz der Mari-Archive hervorgeht.

Zentrale Aufgaben des Königs waren der Mauerbau, die Bewässerung und der Tempelbau, bei dessen Grundsteinlegung er selbst mitwirkte, ferner Rechtsprechung, Schutz der Bevölkerung, Staatsorganisation und -haushaltung bei Förderung des Handels.

Die Stellung des Tempels zum Palast variierte lokal. Im Süden des Zweistromlands, im alten Land Sumer, war im Staatswesen Lagasch ein beträchtlicher Teil des bewirtschafteten Landes in der Hand des Tempels. Für dieses Staatswesen wurde der Begriff »Sumerischer Tempelstaat« geprägt. Die Beanspruchung von Tempelland durch den Herrscher war verpönt, wie die sogenannten Reformtexte des Urukagina von Lagasch um 2360 v. Chr. lehren. Ab der Ur-III-Dynastie (2111–2003 v. Chr.) konnten der König oder der Ensi Tempelpfründe verleihen. Der Belehnte gehörte dem Priesterstand an und stellte den Pächter des Tempellands dar. Der Tempelbesitz diente, wie die Archive von Uruk im 19. Jahrhundert v. Chr. verraten, dem Herrscher als »Notsparkasse«, die er durch Stiftungen füllte, die er aber auch, falls notwendig, zur Stützung des Staatshaushalts heranzog, wie Darlehensverträge zeigen.

Im semitisch geprägten Norden des Zweistromlands, wo die Privatisierung von Landbesitz gefördert wurde, existierten ab der I. Dynastie von Babylon (1894–1881 v. Chr.) Kauf- und Schenkungsurkunden, die Tempelpfründe betrafen. So bildete sich im 2. Jahrtausend v. Chr. allmählich im Tempel und seiner Priesterschaft eine Instanz mit gewisser Selbständigkeit heraus.

Die Insignien des Königs waren Königsbinde, (Filz-)Kappe, Tiara oder Diadem, Szepter (als Symbol der Gerechtigkeit und des guten Hirten) und das Baʿal-Emblem, der Stab. Mit den Göttern teilte er Tier- und Pflanzensymbole, welche die im König wirkenden göttlichen Kräfte versinnbildlichten. So standen für den an Lebenskräften reichen königlichen Hirten, der tränkt, nährt und das Leben erhält, die Palme, die Zeder (Embleme Dumuzis), die Lebenspflanze und das Lebenswasser (Embleme Inannas). Den König, der das Leben durch Gerechtigkeit schützt, symbolisierte der Anzuvogel (Emblem des Ningirsu). Den König als den Garanten der Fruchtbarkeit und als den Schirmherrn seines Landes veranschaulichten die Sinnbilder Stier (Emblem der Wetter- und Himmelsgötter Dagan, Adad/Hadad/Baʿal, Enlil, An/El, Sin, Schamasch und Inanna/Ischtar, als Bisonstier Ningirsu) und Löwe (Emblem der Göttinnen Hepat und Inanna/Ischtar).

Im prä- und frühdynastischen Ägypten hatte sich eine entsprechende Königssymbolik entwickelt. Kampf- und Wächtervogel war der Falke, Tiergestalt des Himmelgotts Horus und Emblem des Pharao. Der Löwe, Tiergestalt der Sechmet, der Himmels-, Sturm- und Kriegsgöttin von Memphis, wurde ein bevorzugtes Symbol für die Macht des Pharao. Im Alten und Mittleren Reich trug der Löwe als Sphinx die königlichen Züge. Als Stier stampfte der Pharao in der prädynastischen Kunst seine Feinde nieder. Im Alten Reich trug er den kultischen Stierschwanz umgebunden, und ab dem Mittleren Reich zeigte noch das Epitheton »der siegreiche Pharao« das Hieroglyphenbild eines angreifenden Stieres, dem ein menschlicher Arm mit Szepter beigeschrieben war. »Stier seiner Mutter« wurde der Fruchtbarkeitsgott Amun genannt. Nach altägyptischer Vorstellung war »Ka« die göttliche Lebenskraft, die auch der Tod nicht brechen konnte. »Ka« aber ist phonetisch lautgleich mit dem hieroglyphischen Zeichen für »Stier«.[246]

Das Königtum auf Kreta

Die antike Überlieferung (Diod. Sic. III 68–74; V 66) berichtete von zwei Göttern, die als Könige auf Kreta herrschten, Ammon und Kronos. Beide gehörten dem Typus des »Herrschergottes« an, in dessen Händen das himmlische und das irdische Königtum lag. So hieß es von Kronos, daß er »König im Himmel« war (Hesiod, *Erga* 109–119) und mit seiner Gattin Rhea als König der Titanen auf Kreta (Diod. Sic. V 66,1–6) in der Region um Knossos residierte. Ammon ist die gräzisierte Namensform des ägyptischen Gottes Amun, der seit dem Mittleren Reich zum obersten Himmelsgott aufgestiegen war und ab der XVIII. Dynastie »König der Götter« sowie »Herr der Throne beider Länder« (Oberägypten und Unterägypten) genannt wurde.[247] Die Vorstellung eines himmlischen Königtums, das auf die Erde kam, und eines »Herrschergottes«, der im Himmel über die Götter und auf Erden über Länder regierte, war im sumerisch-semitischen Kulturraum des Nahen Ostens ebenso wie in Ägypten beheimatet und stets mit einem existenten Königtum verbunden, das als einzige gemäße Regierungsform angesehen wurde. Aus der antiken Überlieferung erfahren wir weiter, daß beide »Herrschergötter« einen Sohn hatten, Ammon den Dionysos und Kronos den Zeus. Beide Söhne stellten ihrerseits einen bestimmten Gottestypus dar, den Jahresgott, der mit der Vegetation erschien und starb und sich im Kultakt der Heiligen Hochzeit mit einer »Großen Göttin« verband. Die Heilige Hochzeit von Zeus und Hera im Gebiet von Knossos überlieferte Diodorus Siculus (V 72,4). Dieser Typus des Jahresgottes wurde im sumerisch-semitischen Kulturraum ausgebildet und eng mit dem Königtum verqbunden. Seine Repräsentanten waren Dumuzi/Tammuz und Baʿal/Hadad. Mit letzterem stimmten Dionysos und Zeus darin überein, daß ihre Tiergestalt der Stier war, daß sie mit dem Vater die Züge eines »Herrschergottes« gemeinsam hatten und den Vater in seiner Herrschaft ablösen sollten. Der Vater des Baʿal/Hadad war der westsemitisch-amoritische »Dagan«, der kanaanäische »EL«. Dieser teilte mit Ammon und Kronos die Züge eines Herrschergotts. Auch er wurde »König des Landes« und »Herr der Götter« genannt.[248]

Zu den Wesenszügen des Herrschergottes gehörte auch sein Anteil am Gedeihen der Vegetation, so beim Getreide- und Regengott Dagan, beim Gerstengott Kronos, der auch ein Wettergott war, und bei Ammon, der in Theben als stiergestaltiger Fruchtbarkeitsgott angerufen werden konnte.[249] Die gleichen Merkmale eines Königs der Götter hatten im sumerisch-semitischen Pantheon unter anderem Enlil, Ningirsu, Sin und Schamasch, deren kulturbringendes, für die Menschen gedeihliches Wirken ebenso gepriesen wurde wie dasjenige des Ammon,[250] Dionysos (Diod. Sic. III 73,27), Kronos (Hesiod, *Erga* 109–119) und Zeus (Diod. Sic. V 72,5).

Die offenkundige Kongruenz des kretischen und des sumerisch-semitischen »Herrschergottes« zeigt, daß die Überlieferung eine wichtige historische Tatsache bewahren konnte: Das vorminoische Kreta war in die religiösen Vorstellungen des Nahen Ostens, der großen sumerisch-semitischen Kulturgemeinschaft, eingebunden. Im Zentrum dieser Vorstellungen stand das »irdische Königtum«, das auch als einzige Regierungsform für Altkreta überliefert ist. Es kam mit den Göttern am Ende des 3. Jahrtausends v. Chr. aus dem syrischen Raum über Ugarit nach Kreta und brachte die dortige Form des Kleinkönigtums, des Stadtstaats, mit sich. Im Mythos fand dieses Geschehen seinen Ausdruck in der Reise der phönizischen Prinzessin Europa auf dem Rücken des stiergestaltigen Zeus nach Kreta (Apollodor III 1,1). Europa war ein Beiname der syrischen Astarte, der westsemitischen Ischtar. Ischtar bildete in Nordmesopotamien ein Paar mit dem Stier, dem Wettergott Adad. In Ugarit wurde sie als Ischtar, aber auch als Anat verehrt. Ihr männlicher Partner war der Wettergott Hadad, der hier als Baʿal/Hadad das Wesen eines Jahresgottes hatte. Seine Tiergestalt war der Stier.

Der Mythos (Apollodor III 1,2; Diod. Sic. IV 60,2) verband Europa, die wir als Göttin Ischtar/Anat/Astarte erkannt haben, als Gemahlin auch mit einem irdischen König namens Asterios. Die Ehe des irdischen Herrschers mit der Göttin gehörte, wie wir sahen, zum Grundmuster der sumerischen Religion. Die göttliche Königsgemahlin, Inanna, wurde erstmals um 2500 v. Chr. in der Titulatur des Königs Eannatum der I. Dynastie von Ur genannt. Im Namen Asterios steckte das griechische Wort für Stern *(astér)*. Man hat den Namen aus einem hypothetischen lokalen Zeus-Asterios-Kult hergeleitet.[251] Dem Zeichen des Sterns kam jedoch in der sumerischen Schrift, die auch während des 2. Jahrtausends v. Chr. die Schrift des Kultes blieb, die Bedeutung von »Himmel« und »Gott« zu.[252] Mit dem Namen Asterios wird die göttliche Natur des Königs verkündet worden

Die Zeit der älteren Paläste

sein, der sich durch Erwählung oder Geburt als Sohn des Herrschergottes verstand und sich weit über die Menschen erhob. So trug auch der Minotauros von Knossos, den Theseus tötete, den Namen Asterios (Pausanias II 31,2). Er war der Stier-Mann, der Sohn des Stiers, d. h. des stiergestaltigen Herrscher-Gottes, und dadurch selbst halb menschlicher, halb göttlicher Natur, wie die Könige des sumerisch-semitischen Kulturkreises. Spätes, fremdes, griechisches Denken ließ ihn zum Monster werden. Doch bewahrten griechische Münzprägungen von Knossos noch seine Gestalt als Herr des Labyrinths (Abb. 106).

Asterios als Königstitel, vielleicht »Thronname«, gehörte dem Vorstellungskreis einer älteren Zeit, der Altpalastzeit, an. König Minos hatte in Androgeos und Deukalion die ihm gemäßen Söhne. Doch noch eine weitere Königsgestalt läßt sich mit der vorminoischen Zeit verbinden: Rhadamanthys lebte nach Strabon (X 4,8) vor König Minos auf Kreta. Seine Regentschaft war hochgerühmt wegen ihrer Gerechtigkeit und entsprach dem Königtum der »Herrschergötter« des sumerisch-semitischen Pantheons. Rhadamanthys galt als »gottgleich« (Homer, *Ilias* XIV 321). Er wurde nach seiner Erdenzeit vergöttlicht (Homer, *Odyssee* IV 561; Pausanias VIII 53,5) und zum Mitregenten des Kronos (Pindar, *Olymp. Ode* II 77 ff.).

Eine in Ugarit gefundene Tafel führte die Liste von Königsnamen auf, die alle das Wort »il«, »Gott«, vorgestellt hatten. Man vermutet deswegen, daß die ugaritischen Könige nach ihrem Tod als Götter angesehen wurden.[253] Rhadamanthys wurde als Sohn des Stieres Zeus, Asterios der Jüngere als Sohn des Poseidon-Stieres überliefert (Apollodor III 1,4; Diod. Sic. IV 77). Zeus und Poseidon waren wesensnah,[254] mit beiden wurde der ugaritische Baʿal/Hadad des Berges Saphon (Zaphon oder Zephon) identifiziert.[255]

Aus allem geht hervor, daß Kreta sein Königtum aus dem Vorstellungskreis des Nahen Ostens entlehnte und im regierenden Herrscherpaar, dem Stadtkönig und der Stadtkönigin, dem Basileus und seiner irdischen Gemahlin, die Repräsentanten des regierenden Götterpaares sah. In entscheidenden Augenblicken konnte der Gott an die Stelle des Königs treten, wie dies im

Das Leben im alten Kreta

106 Minotaurus und Labyrinth, griechische Silbermünze (Stater) aus Knossos, um 425–360 v. Chr. (nach Franke/Hirmer 1972).

Hymnus des Iddindagan von Isin geschildert wurde, wo Dumuzi/Ama'uschumgalana im heiligen Beilager mit der Göttin die Stelle des Königs einnahm. Von den Kindern des kretischen »Ensi« hatte der Thronfolger den göttlichen Vater und war ein »Tauros«, ein Stier, als Garant für die Fruchtbarkeit seines Landes, und ein »Aster«, ein Stern, als Garant für die Gerechtigkeit des Himmels auf Erden.

Dem Zeugnis der Überlieferung treten die archäologischen Funde zur Seite: Mond und Sonne, die der sumerische Hymnus auf Iddindagan von Isis als Bilder für die Himmelsgöttin Inanna/Ischtar gebraucht, erschienen als Göttersymbole auf altkretischen Kultgefäßen und isoliert. Weitere Symbole der Inanna/Ischtar, die Rosette, der Stern und das Sternenpaar (Morgen- und Abendstern), findet man auf Spendealtären (vgl. Abb. 85 b) sowie auf Kultpfeilern und Siegelbildern.[256] Zum ältesten sumerischen Inanna-Symbol gehört die Scheibe, ein Totem des altsumerischen Inanna-Clans.[257] Bei den Votiven in den kretischen Bergheiligtümern der Altpalastzeit fanden sich ebenfalls rätselhafte Scheiben. Auch die Emblemtiere der Göttin – Taube, Kuh und Löwe, die sie als Liebes- und Kriegsgöttin kennzeichnen – trifft man als Tiergefäße, auf Kultgeräten und Siegelbildern an (Abb. 105 b).[258] Auch der im Iddindagan-Hymnus besungene Ritus der Heiligen Hochzeit – nach dem die Rechte der Göttin nach Männerart bekleidet, die

Die Zeit der älteren Paläste

Linke mit einem Kleid nach Frauenart versehen wird – ist auf altkretischen Siegelbildern dargestellt (Abb. 107 a). Wie Inanna/Ischtar dem König Zimri-Lim (1782–1755 v. Chr.) auf einem von der sumerischen Bildwelt der Ur-III-Dynastie geprägten Wandgemälde seines Palastes in Mari die Zeichen seiner Herrschaft, Königsstab und Ring (wohl Ewigkeitsring), zureicht (vgl. Abb. 105 a), so empfängt auch der altkretische König am Neujahrstag, im jährlich sich wiederholenden Kultakt der Inthronisierung, wie der Jahresgott das Insigne des Königtums, den Götter- und Hirtenstab, aus der Hand der Göttin (vgl. Abb. 105 b). Noch mit einem weiteren Königsinsigne der sumerisch-semitischen Welt scheint der altkretische König versehen worden zu sein, mit der (Filz-)Kappe. Dabei hat offenbar auch die Breitrandkappe des Gudea von Lagasch oder des Hammurabi von Babylon als Vorbild königlicher Kopfbedeckung ihren

107 Kretische Siegelbilder des 17., 19. und 14. Jh. v. Chr. (nach Evans 1921, 1895 und Zervos 1956); a) Heilige Hochzeit, die Göttin mit Kultrobe und Doppelaxt, Knossos; b-c) Kultsäule bzw. Göttin zwischen Abendstern und Morgenstern

Weg nach Kreta gefunden (Abb. 108). Inanna/Ischtar mit ihrem altsumerischen Aspekt einer Baumgöttin[259] und ihr göttlicher Partner Baʿal/Hadad konnten als Säulen (Basaltsäule im Ischtar-Tempel von Mari), Baʿal auch als Pfeiler verehrt werden.[260] Daß man auf Kreta während der Palastzeit einen Baum-, Säulen- und Pfeilerkult pflegte, hatte bereits Arthur Evans nachgewiesen.[261] Der hölzerne Pflock war ein anikonisches Bild der Inanna/Ischtar. Von ihrem Gatten Dumuzi erzählt der Mythos, daß ihm ein Traumbild seinen Tod kündete. Es zeigte ihm einen hölzernen Pflock, an dem eine Tasse befestigt war. Diese fiel herab und zerbrach. – Das Zerschmettern von Gefäßen war, wie wir sahen, ein auf Kreta während der Altpalastzeit im Grabkult geübter Brauch.

Aus dem Verwaltungspalast von Auaris im Nildelta wurde ein Zylindersiegel der XIII. Dynastie geborgen (Abb. 109). Es zeigt den nordsyrischen Baʿal Zaphon, umgeben von tiergestaltigen Numina (göttlichen Wesenskräften). Der Gott schwingt eine Fensteraxt und hat offenbar mit einer Streitkeule den Bock vor ihm gefällt.[262] In Ugarit fand man in der Wohnung eines Priesters die Scherbe eines großen, reliefierten Tongefäßes. Das erhaltene Relief zeigt Baʿal sowie zwei Steinböcke und einen Hirsch.[263] Die Texte aus Ugarit wählen als Bildvergleiche für den kämpfenden Baʿal Wildrind, Pferd und Schlange und nennen den Sturmvogel Baʿals. In einem Epenstück besteigt Baʿal Anat, »wie ein Widder bespringt«, »wie ein Stier begattet«.[264] Es liegt nahe, in diesen den Gott umgebenden Tieren Symbole für Wesenskräfte des Gottes, aber auch seine tiergestaltigen Erscheinungsformen zu sehen. Dagegen spricht nicht, daß der Gott auf dem Zylindersiegel den Bock, gleichsam als nähme er sich sein Opfertier, niederschlägt. Daß Tiere, deren Gestalt der Gott annehmen kann, zugleich die von ihm bevorzugten Opfertiere sind, entspricht antikem Denken.[265] Eine Untersuchung ergab, daß alle um Baʿal Zaphon vereinigten Tiere – Löwe, Stier, Schlange, Bock, Vogel und Hirsch – ebenso theriomorphe Epiphanien des Dionysos sind und zu den zentralen Bildelementen der Sakralkunst Altkretas gehören.[266] Auf einem Siegelbild, das nahe dem Thronraum von Knossos gefunden wurde, trägt der Gott selbst oder in Stellvertretung des Gottes der König im kultischen Ornat die syrische Fensteraxt geschultert (Abb. 110). Ein beigezeichneter Delphin macht deutlich, daß die Fensteraxt hier zum unterirdischen Wettergott, dem Gott der Quellen, des Meeres, aber auch des Donners eines Erdebebens, zum Ba'al/Poseidon, nicht zum oberirdischen Wetter-, Regen- und Donnergott, dem Ba'al/Zeus, gehört. Der griechische Gott Poseidon hatte als Vor-bild den Ba'al Zaphon, dessen Blitzdreizack er auch schwingt.[267] Das Zeichen des Dreizacks trifft man am Nordeingang des Palastes von Knossos und am Nordpfeiler der Pfeilerkrypta im Palast von Mallia an.

Von den Typen des syrischen Wettergottes des 2. Jahrtausends v. Chr. findet man auf den ägäischen Inseln und auf Kreta zwei vertreten: den stehenden, eine Waffe – wohl Keule – schwingenden und die syrische Spitztiara tragenden Wettergott,[268] dessen ältestes Beispiel ins 16. Jahrhundert v. Chr. datiert wird, und den auf dem Stierwagen stehenden Wettergott in einem großartigen subminoischen Beispiel aus Kreta (Abb. 110 b, 111).

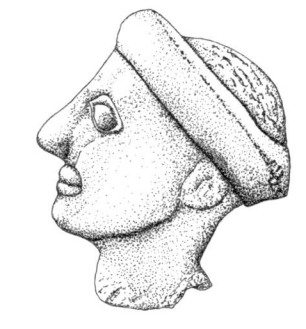

a

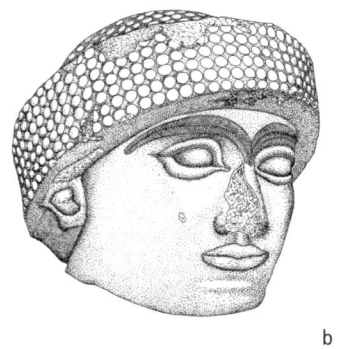

b

108 Königsköpfe mit Breitrandkappe
a) Terrakottakopf, Traostalos, 18. Jh. v. Chr. (nach Rutkowski 1986); b) Dioritkopf, Judea von Lagasch, 2290–2255 v. Chr. (nach Cassin/Bottéro, Vercoutter 1965)

Den Wettergott und die »Große Göttin« des sumerisch-semitischen Pantheons machte die *coincidentia oppositorum* ihres Wesens – das segensreiche Wirken und der vernichtende Kriegszorn, Fruchtbarkeit und Wehrhaftigkeit – zu idealen

Das Leben im alten Kreta

109 Baʿal Zaphon, die Fensteraxt schwingend, Abrollung von einem ägyptischen Zylindersiegel aus dem kanaanäischen Tell el-Dabʿa, dem späteren Auaris, 18. Jh. v. Chr. (nach Porada 1984).

110 a) Siegel aus Knossos mit Baʿal/Poseidon, die syrische Fensteraxt geschultert, 17.–16. Jh. v. Chr. (nach Schachermeyr 1964);
b) Bronzefigur aus der Patso-Höhle im Typ des syrischen Wettergottes, 14. Jh. v. Chr. (nach Rutkowski 1986).

Die Zeit der älteren Paläste

Königsgöttern, Stadt-, Orts- und Landesgöttern. Dies führte dazu, daß viele lokale Gottheiten ihnen angeglichen wurden, wodurch sich die Skala der Symbole, die alle auf die gleichen göttlichen Wesenskräfte zielten, zunehmend erweiterte. So traten zu Ischkur, Adad, Hadad und Teschup die verschiedenen Ortsgottheiten, wie der Gott von Halab, der Ba ͨal-Sidon, der Ba ͨal-Tyros, der Ba ͨal-Gebal (Gubla/Byblos), der Ba ͨal-Libanon, der ägyptische Seth und andere.[269] Der sumerisch-semitischen Inanna/Ischtar entsprachen bei den Hethitern und im hattisch-hurritischen Raum Hepat und Sausga, in Ugarit Anat, in Syrien Astarte und in Ägypten die kuhgestaltige Hathor von Dendra, die Katzengöttin Bastet von Bubastis, die löwengestaltige Sechmet in Memphis und wohl auch, als Landesgöttin Unterägyptens, die schlangengestaltige Wadschet von Buto.

Da das bronzezeitliche Kreta von allen genannten Regionen Einflüsse empfangen hat, wird es die Aufgabe künftiger Forschungen sein, das Bild des Wetter- und Jahresgottes und seiner Gefährtin in allen Erscheinungsformen und Wandlungsmöglichkeiten zu ermitteln – ein Bemühen, das schon Evans eingeleitet hat. Klar ist aber: Der Stier, die ureigene Tiergestalt des Wettergottes, beherrschte das Leben des palastzeitlichen Kreta. Tempelwände, Palastfassaden, Kultgefäße und Altäre waren mit nachgebildeten Stierhörnern geschmückt. Hieroglyphische Zeichen vereinten Stierkopf und Palast. Stiere wurden als Ringgefäße getöpfert, in heilige Zeremonien eingebunden und den Verstorbenen als Hoffnungszeichen ins Grab gelegt. Um im Ausdruck höchster Lebenslust und Heldenhaftigkeit den Heros-Gott zu erfreuen, der die Söhne der Ascherat (ugaritische Muttergottheit) und das Ungeheuer, den Meergott Jam, besiegte, maß man die eigene Geschicklichkeit mit der Elementargewalt des Stieres: In tollkühner Akrobatik die todbringenden Stierhörner erfassend, wurde mit unbewehrtem Körper das Stierhorn umrundet, der Stier übersprungen (Abb. 10).

Für die Existenz eines mit dem Wettergott aufs engste verbundenen kretischen Königtums legen die antike Überlieferung und die großen Palastbauten in den Stadtzentren unmißverständliches Zeugnis ab. Auf Kreta herrschten spätestens seit dem Beginn des 2. Jahrtausends v. Chr. Könige in Stadtstaaten. Sie

Das Leben im alten Kreta

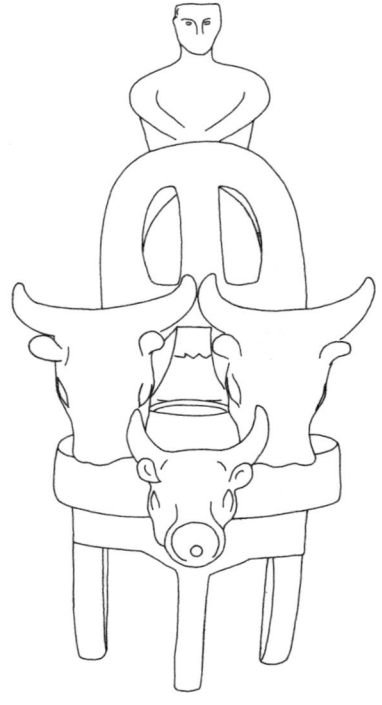

waren in der Struktur ihres Königtums, wie die Sage berichtet, mit den Königen Phöniziens, d. h. des syrischen Raumes, verwandt, deren Königtum im Schmelztiegel der Kulturen Mesopotamiens und des Nillands entstanden war (Abb. 134 a).[270]

111 Kretischer Wettergott auf dem Stierwagen, kultisches Ringgefäß (Rhyton) aus dem Kultbankheiligtum von Karphi, 12. Jh. v. Chr. (nach Zervos 1956).

Die Zeit der neuen Paläste

Zeugen einer neuen Blütezeit

Das schwere Erdbeben, das um 1730 oder um 1700 v. Chr. die Insel erschütterte und Mauern, Säulen und Dächer der Paläste, Tempel und Häuser einstürzen ließ, traf nicht den Lebensnerv der zur Entfaltung drängenden altkretischen Kultur. Mit einem gesteigerten Gefühl für Repräsentation wurden die Paläste in den Stadtzentren von Knossos und Phaistos wiederaufgebaut und der weniger in Mitleidenschaft gezogene Palast von Mallia wiederhergestellt. Neue Städte blühten auf, wie Gournia nahe der Mirabello-Bucht und Kato Zakro an der Ostküste. Im 16. Jahrhundert v. Chr. standen hier Paläste ebenso wie im zentralkretischen Archanes. Im westkretischen Kydonia (Chania) erschwert die moderne Stadtbebauung archäologische Forschungen. Doch weisen die griechisch-schwedischen Ausgrabungen, die unter Leitung von Y. Tzedakis und E. Hallager 1969–1984 in Chania/Kastelli durchgeführt wurden, auf der Platia Ajia Ekaterini, Kastelli, den durch moderne Baumaschinen zerdrückten Grundriß eines noblen Wohnhauses des 17. Jahrhunderts v. Chr. nach. Er trug in seiner zweiten Bauphase (SM I A) Züge palatialer Architektur, wie Vieltürensaal, Säulen, Lichthof und Treppenflucht zum Obergeschoß.[271] Diese Elemente der Palastarchitektur waren schon in der Altpalastzeit von den »Patrizierhäusern« in der Nähe eines Palastes übernommen worden. In den 240 Jahren des Blühens und Bestehens der »Neuen« oder »Zweiten« Paläste, etwa von 1700 bis 1460 v. Chr., verbreitete sich dieser Wohnstil der gehobenen Klasse in Villen, Gutshöfen und Stadtpalais über die ganze Insel. Daher legt das »Stadtpalais« von Chania/Kastelli (Haus I) mit seinen Nachbarhäusern (Häuser II und III) zwar das Zeugnis für eine wohlhabende westkretische Stadt während der Zeit der neuen Paläste ab, läßt aber die Frage nach dem Vorhandensein einer Stadtresidenz unbeantwortet. Hier müssen künftige Ausgrabungen weiterhelfen.

Der Palast von Phaistos

Da der alte Palast von Phaistos nicht nur eingestürzt, sondern auch ausgebrannt war, ließ der König die Ruinen einebnen und mit einer Ausgleichsschicht aus Lehm und Keramikbruch bedecken, eine weitsichtige Tat, die sowohl dem neuen Palastbau als auch der modernen Forschung zugute kam.

Der neue Palast, dessen Zentralhof nur um weniges von der alten Nord-Süd-Ausrichtung abweicht, folgt der Grundkonzeption des alten Palastes. Entscheidende Änderungen betrafen jedoch den Westhof. Er wurde erweitert durch Zurücksetzen der Fassade des alten Palastes um 7 m nach Osten und aufgeschüttet, so daß von der alten Schautreppe im Norden nur noch die vier obersten Stufen sichtbar blieben. Diese wurden zu einem architektonischen Ensemble verbunden mit der schmalen nördlichen Treppenflucht des alten Palastes, die einst zu einem kleinen Kulthof führte, und einer neu angelegten, majestätischen Freitreppe im Osten. Dieses Dreitreppen-Ensemble bildete für den königlichen Hof und eventuelle Gäste das ideale »Theatron«, die Tribüne zur Betrachtung der im Westhof stattfindenden Festakte. Die großzügige Freitreppe im Norden der Westfront führte auf eine Toranlage, ein monumentales Propylon, zu (Abb. 112). Dieses bestand aus zwei breiten, aber wenig tiefen Hallen. Eintretende konnten rechts oder links an einer Säule vorbei in die erste Halle gelangen, und, diese durchschreitend, das rechte oder linke Tor wählen, um die zweite Halle zu erreichen. Durch deren rückwärtige Säulenfront, die aus drei Säulen bestand, betrat man einen Lichthof und sah sich einer Mauer gegenüber. Nur in der südöstlichen Ecke führte eine enge Passage zu Treppenläufen, die in den Nordtrakt des Palastes, zum Zentralhof und in den südlich an das Propylon anschließenden Teil des Westtrakts weiterleiteten. Darin ist ein bei den Westeingängen der Paläste von Knossos und Mallia wieder anzutreffendes Sicherheitssystem zu erkennen, das großzügig angelegte Eingänge nicht mit einem direkten Zugang zum Palast verband und

Die Zeit der neuen Paläste

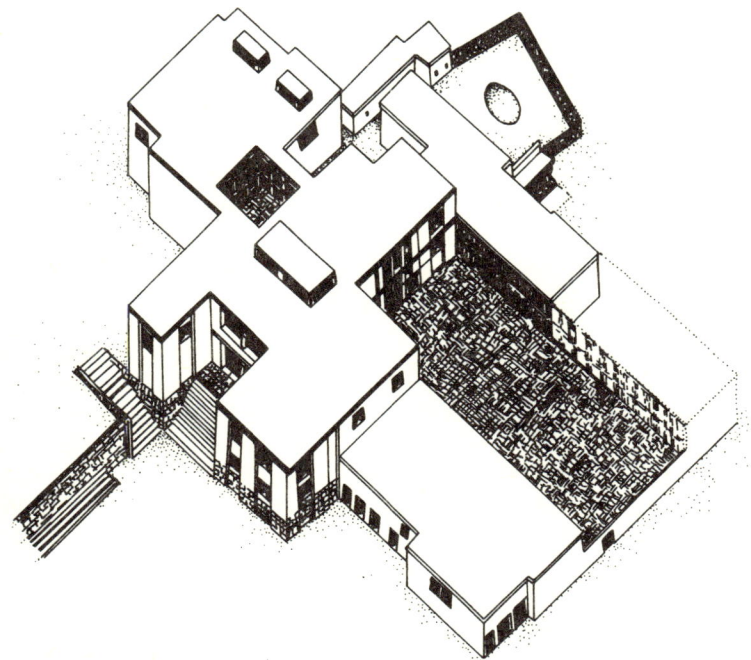

112 Rekonstruktion des Palastes von Phaistos, »Theaterareal« des Westhofs mit großem Propylon (nach Graham 1987).

direkte Eingangspassagen schmal hielt.[272] Neben dem Sicherheitsaspekt mag es der königliche Bauherr aber auch auf einen psychologischen Effekt abgesehen haben. Der Eintritt in ein monumentales Propylon sollte den Gast ehren und erheben, das Geleit durch schmale, verwinkelte Passagen ihn den Schauer des Geheimnisvollen empfinden lassen und zugleich seine Erwartung auf das Kommende steigern.

Im Süden schloß an Freitreppe und Propylon ein großer Magazintrakt an, zu dem eine sich auf den Zentralhof öffnende Vorhalle gehörte. Ein zweiter Eingang zum Palast in der Mitte der Westfassade führte zu einem West-Ost-Korridor, der den Westhof mit dem Zentralhof verband. Er diente wohl vornehmlich zur Aufnahme und Weiterleitung von Waren, die für die nördlich angrenzenden Magazine bestimmt waren. Im Süden flankierten den West-Ost-Korridor Sakralräume, in denen die Gottheit verehrt wurde, der die Güter der Magazinräume zugeeignet und deren Schutz und Aufsicht sie zugleich anvertraut waren.

Auf der Höhe des ehemaligen südlichen Westhofheiligtums des Alten Palastes, doch nach Norden versetzt, öffneten sich zwei Kultbankheiligtümer zum Westhof.[273] Jedes Heiligtum bestand aus einem Vorraum, dem eigentlichen Sakralraum und einem rückwärtigen Depotraum für Kultgeschirr. Beide Heiligtümer waren der Öffentlichkeit zugänglich. Der nördliche Sakralraum trug eine eingeritzte Doppelaxt auf der Westfassade und einen eingeritzten Stern auf der Türschwelle. An Kultausstattung fand man einen Opfertisch aus Stein für Trankspenden, einen steinernen Schöpflöffel, einen Mörser mit Stößel, eine Steinlampe und Keramik. Der südliche Sakralraum enthielt eine weibliche Götterstatuette, welche, die Hände unter die Brüste gelegt, zum Rock eine die Brüste frei lassende Jacke trägt. Das Braun von Rock und Jacke hebt sich dekorativ gegen das Weiß der Arme und des Körpers ab. Die Göttin im Aspekt der Liebes- und Fruchtbarkeitsgöttin ist mit Kette und Band geschmückt. Auch hier gab es einen steinernen Tisch für Flüssigkeitsopfer und Keramik. Beide Heiligtümer waren wohl der gleichen Göttin geweiht. Sie wurde als Kriegs-, Schutz- und kosmische Göttin (Doppelaxt, Stern) im nördlichen Heiligtum, als Liebes- und Fruchtbarkeitsgöttin (erotische Kultstatue) im südlichen Heiligtum verehrt.

Ein nur für den königlichen Hof bestimmtes Heiligtum öffnete sich gegen den Zentralhof und lag, nur durch einen Korridor getrennt, auf gleicher Höhe mit den beiden öffentlichen Westhofheiligtümern.[274] Es bestand aus einem rechteckigen Raum von 3,6 x 3,1 m Bodenfläche. Entlang der Nord-, Ost- und Westwand befanden sich Bänke. Die Südseite öffnete sich zu einem kleinen Gelaß. Ein niedriger Opfertisch, dessen ovale Kalksteinplatte eine ovale und eine runde Opfermulde zeigte, nahm die Mitte des Hauptraums ein. Die Westwand trug drei eingeritzte Doppelaxtzeichen.

Weiter südlich lagen Wohnräume von Hofbeamten und zwei

Die Zeit der neuen Paläste

Reinigungsbecken. Vom hoch und luftig gelegenen Mittelhof mit seinen Hallen an der Ost- und Westseite ist die Südostecke abgestürzt, und ein Teil des einstigen Osttrakts teilte wohl das gleiche Schicksal. Erhalten blieb vom Osttrakt im Norden eine Raumgruppe, bestehend aus einem von Säulen umstandenen Hof, einem Polythyron-Saal, dessen Ost- und Südwand von je drei Türen durchbrochen war, einem Lichthof und einem »Lustral«-Becken (Kultbecken) mit Vorraum. Zwei Miniaturdoppelhörner aus Stein wurden in der Nordwestecke des Kultbeckens gefunden.[275] In der Osthalle des Zentralhofs stand an der Wand des Viertürensaals eine Bank und neben ihr ein Becken.

Als Nordabschluß des Mittelhofs erhob sich die repräsentative Südfassade des Nordtrakts mit den Königssälen. Vor ihr, in der Nordwestecke des Mittelhofs, stand ein großer Stufenaltar, der zeigte, daß die Fassade sakralen Handlungen einen Hintergrund geben sollte. Sie selbst war rhythmisch gegliedert durch regelmäßige Vor- und Rücksprünge. Ihre Mitte öffnete ein Zweiflügeltor, dessen Pfosten vorgesetzte Halbsäulen profilierten. In zwei rechteckigen Nischen rechts und links des Tores mögen einst Göttersymbole (Doppeläxte) oder königliche Standarten aufgestellt gewesen sein. Hinter dem Tor führten links Treppenläufe zu einem Peristyl, und in der Verlängerung der Mittelachse des Zentralhofs zog ein gepflasterter, mit einem Abflußkanal versehener Korridor zu einem Hof und, nach Osten versetzt, weiter an einem abgesetzten Baukomplex vorbei, offenbar dem Palastarchiv, wo man den »Diskos von Phaistos« fand. Jenseits des zum Nordtrakt gehörenden Hofes lagen die königlichen Wohn- und Empfangsräume mit ihren vieltürigen Wänden, ihren licht- und luftdurchfluteten Räumen, ihren Treppenläufen, Lichthöfen und Terrassen. Man vergesse nicht, schreibt Spyridon Marinatos, »daß Phaistos bereits auf dem 35. Grad nördlicher Breite liegt, südlicher als Algier und Tunis, und daß die Hitze unerträglich sein könnte, brächte nicht der Nordwestwind, der im Hochsommer fast regelmäßig jeden Nachmittag einsetzt, die ersehnte Kühlung und Feuchtigkeit für Mensch und Tier, jener erfrischende Wind, der Zephyros Homers, den die Alten als den Beglückenden begrüßten. So ist es zu verstehen, daß das vornehmste Wohnquartier des Palastes von Phaistos gerade die

Nordwestecke des Baues einnimmt, eben die Stelle, die als erste die erfrischende Brise des Nordwestwindes auffängt. (...) Es ist kein Zufall, daß gerade Rhadamanthys, der König von Phaistos, im Bereiche der Glückseligen herrscht, wo das Meer den Hauch des Zephyros sendet, um die Menschen zu erquicken *(Odyssee IV 565 ff.)*.«[276] Öffneten die schöngegürteten Jünglinge und Mädchen des Palastes im Sommer dem erfrischenden Nordwest die Türen und Fenster, so konnten sie im Frühjahr, nach Osten blickend, die Mesara-Ebene in ihrer ganzen Ausdehnung überschauen und sich an deren sanftem Grün und prunkendem Blütenzauber erfreuen. Im Norden und Osten umfloß den Palasthügel Kretas größter Strom Elektra, den man heute den »Greisen Fluß« (Geropotamos) nennt. Er zieht nach Westen durch die Ebene unterhalb von Hagia Triada, um schließlich ins Libysche Meer zu münden. Der Palasthügel von Phaistos gehört zu einer Hügelgruppe, welche die Mesara-Ebene gegen Westen abschließt.

Die Villa von Hagia Triada

Auf einer Terrasse der gleichen Hügelgruppe wurde im 17. Jahrhundert v. Chr. auch die königliche Villa von Hagia Triada angelegt (Abb. 113). Sie blickte nach Nordwesten aufs Meer und das Ida-Massiv und schmiegte sich auf der untersten Geländestufe an den Hang des westlichsten der drei die Mesara im Westen begrenzenden Hügel. Ihre Terrasse lag oberhalb des Flusses Geropotamos und oberhalb einer minoischen Siedlung des 14. Jahrhunderts v. Chr., deren Anfänge aber in ältere Zeit zurückreichen, wie die beiden frühbronzezeitlichen Tholosgräber der nahegelegenen Nekropole bezeugen. In einem schlichten Schachtgrab dieser Nekropole wurde der wegen seiner Fresken berühmte Sarkophag von Hagia Triada (um 1400 v. Chr.) gefunden. Die königliche Villa erhielt ihren heutigen Namen nach der zweischiffigen Kapelle Hagia Triada am linken Ufer des Geropotamos. Wo sich die beste Aussicht bietet, im Nordwesten, lagen die fürstlichen Wohnräume (17–23) mit offenen Sälen, Terrassen und Freskenschmuck. Um den großen Südhof ordneten sich im Südwesten Räume, die als Speicher und Wohnun-

Die Zeit der neuen Paläste

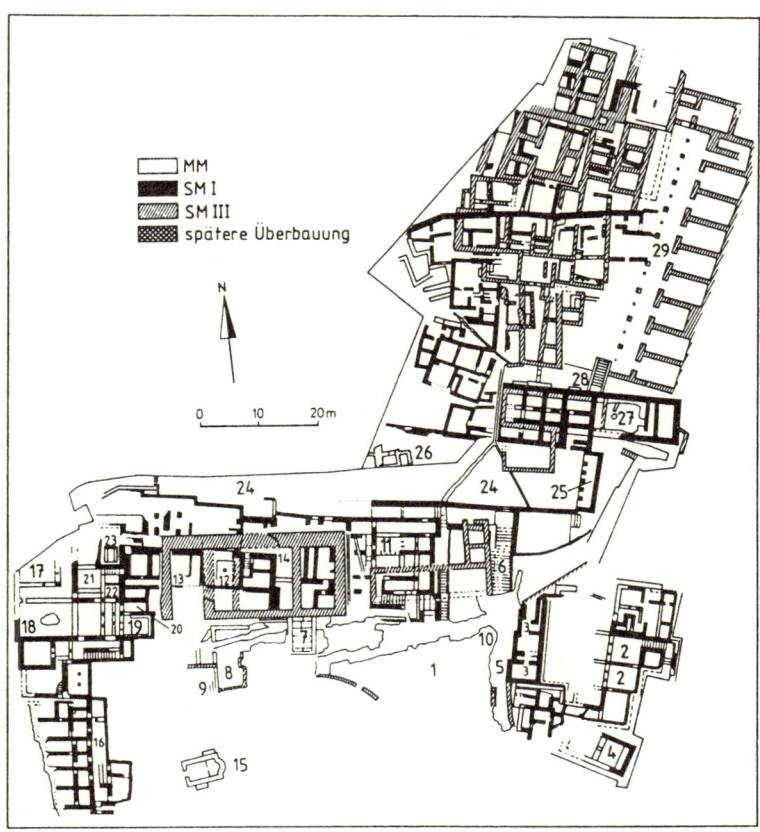

113 Königliche Villa von Hagia Triada (nach Bichler/Haider 1988):

1) Südhof,
2) Wohnkomplex für »Bedienstete«,
3) Magazine,
4) Kultbau der Spätbronzezeit,
5) Beginn des gepflasterten Weges nach Phaistos,
6) Treppe,
7) spätere Überbauungen (schraffiert), Megaron des 14. Jh. v. Chr.,
8) Kolonnade, 14. Jh. v. Chr.,
9) Kultplatz, 14. Jh. v. Chr.,
10) Altar, 14. Jh. v. Chr.,
11) Herrschaftsraum des Wohntrakts,
12) Vorratsraum,
13) Schatzkammer,
14) Magazintrakt,
15) christliche Kirche Agios Georgios,
16) »Dienertrakt« mit Korridor,
17) Lichthof,
18) herrschaftliche Halle mit Vorräumen,
19) Raum mit Alabasterplatten, an drei Seiten Gipsbank,
20) »Schlafraum«,
21) »Archiv und herrschaftlicher Arbeitsraum«,
22) Raum der Fresken,
23) kleiner Pfeilerhof,
24) Weg zum Meer,
25) Portikus,
26) Baureste des 20.–17. Jh. v. Chr.,
27) »Bastion«,
28) Freitreppe,
29) Wohnsiedlung aus verschiedenen Zeitstufen, im Osten »Markthalle« des 14. Jh. v. Chr.

gen für die Dienerschaft bestimmt gewesen sein mögen, im Norden Magazine mit Vorratsgefäßen und Kupferbarren (12–14) sowie abermals eine Herrschaftssuite (11) und im Osten, jenseits der altkretischen Straße nach Phaistos, wieder schlichtere Wohnräume und Lager (2–3).

Die Villa wird als Sommerresidenz der königlichen Familie von Phaistos angesehen, und zwar weil beide Orte in direkter Verbindung durch eine steingepflasterte Straße standen. Für den Kunstsinn und Lebensstil des Monarchen spricht vor allem sein Arbeitsraum (21). Er ist ein mit Alabastersteinen ausgekleidetes Polythyron: Seine Wände ließen durch nebeneinandergesetzte Türöffnungen Licht und Luft herein. Behälter aus Alabaster mochten einst der Verwahrungsort für hier gefundene Tontafeln mit Linear A-Schriftzügen, für Siegel und Siegelabdrücke gewesen sein. In Hagia Triada wurde die bisher größte Anzahl von Linear A-Täfelchen gefunden. Obwohl die Linear A-Schrift noch nicht lesbar ist, verrieten die sicher bestimmbaren Ideogramme der Texte doch einiges: Es werden Menschen und Haustiere (Schafe, Rinder, Schweine) sowie an landwirtschaftlichen Gütern Oliven, Wein, Gerste und ein anderes Getreide erwähnt. Das Wort »Gerste« erscheint am häufigsten, bezeichnet also wohl eines der Hauptagrargüter der Mesara-Ebene. Die meisten Linear A-Täfelchen konnten bisher in Hagia Triada (147 Stück), in Chania (88 Stück) und im Palast von Kato Zakro (31 Stück) geborgen werden.[277] Ein kleiner, nach Osten angrenzender Raum mag der Besinnung oder trautem Zwiegespräch gedient haben. Von der hohen künstlerischen Qualität seines einstigen Freskenschmucks zeugt ein erhaltenes Fragment. Dieses gibt in zarter Orange- und Brauntonigkeit den Ausschnitt einer lieblichen südkretischen Landschaft wieder. Auf warmem Felsgrund wachsen blühende Stauden, leicht bewegt vom düftereichen Windhauch. Teil dieses Paradieses ist ein sich sonnender Fasan. Alles atmet Ruhe und Gelöstheit. Da betritt auf leisen Sohlen, gedeckt durch die Stauden, eine Wildkatze die Szene, entdeckt den Fasan und verharrt in jäher Anspannung. Das beschriebene Freskofragment, das heute mit den schönsten Beispielen altkretischer Freskenmalerei im Museum von Iraklion zu sehen ist, wurde mit weiteren zugehörigen Fragmenten

Die Zeit der neuen Paläste

zu einem langgestreckten Wandgemälde rekonstruiert.[278] Dieses zeigt links eine Kulturlandschaft wie einen Garten. Hier blühen auf ebenem Grund Büschel von Krokus und einzelne Lilienstauden. Ein Mädchen kniet zwischen ihnen, wohl um die Blumen zu pflücken. Ganz anders sieht die rechte Seite des Gemäldes aus, zu der die Szene mit der jagenden Wildkatze gehört. Hier ist alles felsige, wilde Natur. Sie ist nichtsdestoweniger lieblich mit den windbewegten Armen der Blattrispen- und Blütenbüschel und den leichtfüßig über den felsigen Grund springenden Wildziegen. Beide Regionen verbindend, sitzt in der Bildmitte eine weibliche Gestalt, wohl die Göttin. Sie trägt einen reich verzierten, gestuften Rock und weist mit ausgebreiteten Armen auf ihr Wirken im Tal und Bergland, im Garten und in der wilden Natur hin.

Auf dem Südhof (Abb. 113, Nr. 1) bargen die Ausgräber auffallend viele Opfergaben, weibliche und männliche Votivstatuetten, Tiere aus Ton und das Modell eines Schiffes. Im südwestlichen Teil des Hofes, bei der Treppe zum Kirchlein Hagios Georgios Galatas, das durch seine Existenz das Nachleben der heiligen Stätte und damit zugleich ihre einstige Heiligkeit bezeugt,[279] fand man die Bruchstücke eines trichterförmigen Ringgefäßes (Rhyton) mit den Darstellungen von Stiersprung und athletischen Wettkämpfen (Abb. 114).[280] Neben den Linear A-Täfelchen, dem Bildschatz der Siegelabdrücke und den 19 Bronzebarren aus der »Schatzkammer« (vgl. Abb. 113, Nr. 13) stellen die Steingefäße aus Steatit mit ihren Reliefs – so der sogenannte Prinzenbecher, die sogenannte Schnittervase (Abb. 115, 127, d–e) und das oben genannte Trichterrhyton – wichtige Zeugen altkretischen Lebens dar.

114 Ausschnitt der Reliefdarstellungen auf einem Steatitrhyton aus Hagia Triada mit Szenen von Ring- und Boxkampf, 17.–16. Jh. v. Chr. (nach Schachermeyr 1964).

Das Leben im alten Kreta

115 »Schnittervase«, Abrollung der Reliefdarstellungen eines Steatitgefäßes aus Hagia Triada, nur obere Hälfte erhalten, 17.–16. Jh. v. Chr. (nach Nilsson 1955).

Der Palast von Knossos

In Knossos setzte nach dem Erdbeben von 1730/1700 v. Chr. eine rege, genial geleitete Bautätigkeit ein. Damals entstanden die großartigsten Werke der Architektur, die im staunenden Betrachter den Wunsch erregten, den Namen ihres Schöpfers zu erfahren. Die späte griechische Sage ist diesem Wunsch nachgekommen und hat sie mit dem Namen Daidalos verbunden. Nicht weniger großsinnend muß auch der Bauherr, müssen die Könige von Knossos gewesen sein, in deren Hand die Macht lag, ihren Palast zum gewaltigsten der kretischen Königssitze ausbauen zu lassen. Nannte man sie Asterios oder Rhadamanthys? Ihre Namen liegen im Dunkel der Geschichte. Den Ruhm aber ihrer friedensmächtigen Regentschaft erbte König Minos, der Achäer.

Noch schmückte die Südseite des Palastes von Knossos der monumentale, aus der Senke des Vlychia-Flusses aufsteigende, von Säulenhallen überdachte Stufenweg zum Südwesteingang. Das stolze Bauwerk (Abb. 116) war freskengeschmückt und trug, in einzelnen Quadern eingeschnitten, das Zeichen der Doppelaxt.[281] Erst in einem späteren, wohl mit der Thera-Katastrophe verbundenen Erdbeben gegen 1640/20 v. Chr. sollten die Säulenhallen einstürzen und der Zugang aufgegeben werden.

Nach Norden, dem Meer entgegen, hatte der Palast bisher mit seiner strengen Front und dem mit einem Wachturm bewehrten

Die Zeit der neuen Paläste

116 Stufenportikus zum Südwesteingang des Palastes von Knossos, Skizze nach Rekonstruktion von Theodore Fyfe, 20. Jh. v. Chr. (nach Evans 1928).

Nordeingang eher einen wehrhaften Aspekt geboten. Das änderte die neue Bautätigkeit grundlegend (Abb. 117). Der eingefriedete und gepflasterte Nordhof wurde durch zwei nach Nordwesten blickende Schautreppen, eine im Osten (20 Stufen)

Das Leben im alten Kreta

117 Palast von Knossos, Orientierungsplan (nach Bichler/Haider 1988)

1) Westhof,
2) westliche Grube,
3) mittlere Grube,
4) Biegung der alten Westmauer,
5) südlicher Gehweg,
6) Altäre auf dem Westhof,
7) Westeingang in den jüngeren Palast,
8) Kammer der Wache,
9) Eingangstrakt,
10) »Prozessionskorridor«,
11) Südflügel,
12) Südkorridore,
13) Südpropylon,
14) Treppenanlage ins Obergeschoß,
15) pelasgisches Megaron,
16) Durchgangsraum,
17) Südeingang,
18) Wächterhaus,
19) Zentralhof,
20) schmale Pfeilerhalle,
21) Raum der Säulenbasen,
22) östliche Pfeilerkrypta,
23) Raum der steinernen Tröge,
24) dreiteiliges Heiligtum,
25) Raum mit großen Vorratsgefäßen,
26) Raum der steinernen »Schatzkisten«, Tempeldepot,
27) großes Treppenhaus mit Mittelsäulen,
28) Halle, in drei »Schiffe« geteilt,
29) Nordsüdkorridor,
30–32) Repräsentationssäle,
33) großer Korridor,
34) Einzelspeicher,
35) Obergeschoß über dem Thronsaal,
36) kleine Treppe,
37) abgerundete Ecke,
38) Thronraumsystem,
39) Treppenhaus mit Lichthof und Kolonnadenhalle,
40) Ostwestkorridor,
41) »Königliches Megaron«,
42) »Megaron der Königin«,
43) Wasserklosett,
44) Lichtschacht,
45) Schrein der Doppeläxte,
46) Werkstattkomplex,
47) Speicherraum,
48) Nebenraum (Keramikspeicher),
49) Hof mit Wasserinstallation,
50) Magazin mit Pithoi,
51) »Ostbastion«,
52) langer, korridorartiger Raum,
53) Zentralinsula des Ostflügels,
54) Nordeingang,
55) Raumkomplex mit aufgefundenen Fresken,
56) dreischiffige Pfeilerhalle, nördliche Eingangshalle,
57) Nordbad,
58) »Theaterareal«,
59) »Nordwestliches Schatzhaus«,
60) Stützmauer der Eingangsrampe,
61) getreppter Säulengang,
63) Südhausruine,
64) »House of the Chancel Screen«,
65) Südhaus,
67) Pfeilerkrypta,
69) Nordosthaus.

Die Zeit der neuen Paläste

und eine im Süden (6 Stufen), in deren Berührungswinkel sich ein rechteckiges Podest erhob, zum Theaterareal umgestaltet. Von der Nord-Süd-Straße, die, durch die Senke zwischen Ida- und Dikte-Gebirge von der Mesara kommend, zur Nordküste führte und umgekehrt von Norden her den Süden Kretas erschloß, trennte sich im Süden der Treppenaufstieg (61) zum Südwesteingang des Palastes, im Norden ein direkter Zugang zum Theaterplatz (58), die sogenannte Königsstraße. Kurz vor dem Platz löste sich von ihr eine Abzweigung. Diese umlief im Süden das Theaterareal und führte über eine Pfeilerhalle (56) zum Nordeingang (54). Vom Südarm der »Königlichen Straße« zweigte der »Prozessionsweg« ab, der in dieser Zeit, an einem neuerrichteten sogenannten »Nordwestlichen Schatzhaus« (59) und zwei Altären (6) vorbei, an der Westfassade des Palastes entlang über den Westhof lief.

Die Pfeilerhalle (56), vor deren mit Doppelaxt-Zeichen versehenen acht Pfeilern im Norden zwei Säulen stehen (anikonische Bilder zweier Gottheiten?), galt Evans als Wächterhaus. Gallas dachte eher daran, daß hier vom Hafen kommende Gesandte ihre Gaben begutachten ließen. Er wies darauf hin, daß dieser Pfeilersaal vielleicht mit einer weiter nördlich gelegenen Pfeilerkrypta eine Einheit bildete.[282] Der Eintritt in den dreischiffigen Pfeilersaal geschah durch eine befestigte Toranlage, vor der der Südarm der gepflasterten »Königlichen Straße« endete.

Der alte Nordeingang war in seiner ganzen abwärts führenden Flucht durch eine Zeile beidseitiger Bastionen um ca. 2 m verengt worden. Die Blöcke der Bastionen zierten heilige Zeichen, am häufigsten der Dreizack. Die Bastionen trugen Kolonnaden, deren östliche Flucht zum oberen Stockwerk der Empfangshalle (56) führte. Die Rückwände dieser Säulenhallen wurden in späterer Zeit, im 15. Jahrhundert v. Chr., mit bemalten Stuckreliefs dekoriert. Dem von Säulenhallen beschatteten Treppenaufstieg im Süden des Palastes entsprach nun im Norden die prunkvolle Nordrampe zum Zentralhof, die mit Säulenhallen bekrönte Bastionen flankierten. Zum Ensemble von Empfangshalle (56) und Nordeingang (54) gehörte auch das gleichzeitig erbaute Nordbad (57), nach Evans die »initiatory area« (das Einweihungsareal). Es konnte vom Palastinnern, aber auch vom Südarm der »Königlichen Straße« über einen Vorraum und eine Türanlage von Nordwesten erreicht werden und bestand aus Hof und Reinigungsbecken, zu dem man über eine Treppe hinabstieg. Hier mochten die hohen Gäste durch Reinigung und Fußwaschung erquickt, gesalbt und – wie es damals guter königlicher Brauch war – vom Gastgeber durch ein kostbares Gewand erfreut worden sein. Die Ausgrabungen förderten im Hof des Nordbads den Deckel eines ägyptischen Salbgefäßes zutage, das die Kartusche, den gerahmten Namenszug, des Hyksoskönigs Chajan trug, eines Asiaten, der von 1612 bis 1592 v. Chr. in Ägypten regierte und zu den Fremdherrschern gehörte, welche die späteren Griechen »Hyksos« nannten und die während der XV. Dynastie Ägypten von Memphis und später von Auaris aus beherrschten.

Zu den großen Werken dieser Zeit im Palast von Knossos gehörte auch die Neugestaltung des Osttrakts. Eingesenkt in den Osthang des Hügels, wurden hier vier Stockwerke von Räumen angelegt. Zwei davon lagen hangabwärts unter dem Niveau des Zentralhofs, zwei erhoben sich darüber. Alle vier Stockwerke verband das Große Treppenhaus (39), dessen innere, säulentragende Brüstung sich einem zentralen Lichtschacht zuwandte. Im Osten erweiterte sich das Treppenhaus zu einer Kolonnadenhalle, deren Rückwand im ersten Untergeschoß später das Fresko der Doppelschilde schmückte. Im zweiten Untergeschoß führte es zum zentralen Ost-West-Korridor (Abb. 40), der die nördlichen Magazin- und Werkstatträume vom südlichen Wohntrakt der königlichen Familie trennte. Von diesem Korridor betrat der vom König bestellte Beamte den Westteil der königlichen Suite, der Licht durch einen westlichen Hof erhielt. In den Quadern der Westwand dieses Lichthofs waren Doppelaxtzeichen eingeschnitten, weshalb die gesamte königliche Suite seit Evans die »Halle der Doppeläxte« (41) genannt wird. Sie bestand aus einem westlichen »Audienzsaal«, an dessen Nordwand die im Vernichtungsbrand um 1375 v. Chr. kalzinierten Alabastersteine und -platten das Fragment eines pfeilergestützten Baldachins und Eindrücke eines einst unter ihm stehenden hölzernen Throns bewahrt hatten, und einem östlichen Repräsentationssaal. Letzteren verbanden Polythyron-Wände (Vieltüren-

Die Zeit der neuen Paläste

wände) mit dem Audienzsaal und der Säulenhalle einer übereck laufenden, nach Osten und nach Süden schauenden Terrasse. Der bei geöffneten Türen lichtdurchflutete Repräsentationssaal zeigt eine stufenartige Erhöhung an der Nordwand. Man nimmt an, daß hier abermals ein hölzerner Thron stand.

Eine kurze, abgewinkelte Passage nach Süden führt zum Polythyron-Saal der Königin mit Lichthöfen an der Ost- und Südseite. Eine stufenartige Erhöhung an der Nordwestecke mag der Platz eines Lagers gewesen sein. Ein kleiner Nebenraum im Osten mit funktionsgerechten Zu- und Abwasserleitungen diente als Toilette, ein weiterer Nebenraum als Bad. Hier fand man eine bemalte Tonwanne aus etwas späterer Zeit. Die homerische Dichtung hat uns die vorgriechische Bezeichnung für Badewanne, *asaminthos*, bewahrt. Bereits im 18. Jahrhundert v. Chr. gehörten Badewannen in enger räumlicher Verbindung mit dem Klosett zur Ausstattung des Palastes von Mari.[283] In Knossos wurde das gesamte Abwasser- und Zuwasser-Kanalsystem des Osttraktes in dieser Zeit angelegt und zeigt, auf welcher ingenieurtechnischen und zivilisatorischen Höhe die kretische Kultur des 17. Jahrhunderts v. Chr. stand.

Im Westtrakt des Palastes erhielt der lange Nord-Süd-Korridor, der die großen Magazinräume im Westen erschloß, im Norden und Süden eine Tür, wodurch sein Mittelteil abgesperrt werden konnte. Hier fanden die Ausgräber 98 kistenförmige Behälter in den Boden eingesenkt. Manche waren ausgemauert und mit Blei verkleidet, andere bestanden aus vier Gipssteinplatten, die mit einer Bodenplatte aus Kalkstein verzahnt waren. Ein Steindeckel, der entfernt werden konnte, verschloß sie. Obwohl diese »Schatztruhen« schon in früheren Zeiten entdeckt und geplündert worden waren, fanden die Archäologen Fragmente von Bergkristall, Fayence, Goldplättchen und Hinweise auf Holzschatullen mit Bronzescharnieren. Hier waren offenbar kostbare, im Palast erzeugte oder als Geschenk in den Palast gekommene Kunstgegenstände niedergelegt und gesammelt worden. Andere, tiefer eingesenkte Behälter waren mit einem harten Verputz ausgekleidet. Sie mochten als Flüssigkeits- oder Kornbehälter gedient haben und erhöhten die Speicherkapazität der Magazinräume. Dies war nötig, weil die beiden westlichen,

Das Leben im alten Kreta

kreisrunden Korngruben des Westhofs aufgegeben und vom Pflaster des erweiterten Hofes überdeckt wurden. Die östlichste der kreisrunden Speichergruben wurde gereinigt und blieb erhalten. Graham schätzte das Fassungsvermögen der im Magazintrakt des Palastes eingelassenen Behälter auf ca. 24 000 l, das der einst vorhandenen über 400 Pithoi (Vorratsgefäße) auf ca. 60 000 l.[284] Solche Pithoi konnten eine Höhe von über 2 m haben und waren stolze Werke der altkretischen Töpferkunst. In Magazin 33 des Palastes von Phaistos fand man ein 42 cm hohes Trittbänkchen aus gebranntem Ton, mit dem sich die Pithoivorräte besser erreichen ließen. Diese bestanden nicht nur aus Flüssigkeiten wie Öl und Wein, sondern auch aus Getreide und Hülsenfrüchten. Die Ausgräber des Palastes von Mallia konnten Reste von Weizen und Linsen in den Pithoi feststellen. Die Herstellung der Pithoi lebte auf Kreta bis in unsere Tage fort. Arbeitsvorgang, Mittel und Gefäßformen blieben durch Jahrtausende die gleichen.[285] Auch im Gebrauch scheint sich nichts geändert zu haben. Seit dem Altertum wurde der Pithos als Vielzweckbehälter für Wasser, Öl, Wein, Honig, Mehl, Getreide, Erbsen, Bohnen, Linsen und Oliven, für Wäsche und Kleider benützt.[286] Daß man mit dem Nord-Süd-Korridor (vgl. Abb. 17/17, Nr. 33) vor den Magazinen keinen Kellereingang, sondern einen würdigen, bedeutsamen Ort betrat, zeigten seine mit Gipssteinplatten verkleideten Wände. Der in der Nähe von Hagia Triada und Knossos gebrochene Gipsstein (Kalziumsulfat), der kretische Alabaster, kann schön geädert sein. Seine Aggregate der Gipskristalle glänzten in den frisch zugeschnittenen und polierten Steinplatten festlich und erfüllten die Räume der zentralkretischen Paläste mit spiegelnder Pracht. Man fertigte aus Gipsstein Türpfosten, Pfeiler, Wandverkleidungen, Bodenplatten, Steinbänke und Treppenstufen an. Hier, im Magazintrakt, den Kunstfertigkeit, Handel, gute Beziehungen zu Königshöfen jenseits des Meeres und vor allem landwirtschaftlicher Überfluß füllen mußten, galt die Alabasterpracht der Göttin, unter deren Obhut der Reichtum von Palast und Stadt standen. Ein gestufter konischer Sockel ihrer bronzenen Doppelaxtstandarte wurde im Korridor gefunden. Zudem bestand vom mittleren Magazintrakt (34) über den Nord-Süd-Korridor (33) eine direkte Verbindung zu den rückwärtigen Räumen, den beiden Pfeilerkrypten (22) und dem Tempeldepot (26) des Hauptheiligtums am Zentralhof (24). Wie in diesen Sakralräumen waren auch auf den Wänden der Magazinräume und des Korridors heilige Zeichen eingeschnitten. Da findet man den Stern, das griechische Kreuz mit den vier gleichen Armen und am häufigsten die Doppelaxt.[287] Alle drei Zeichen waren heilige Symbole der kretischen Königs- und Stadtgöttin, die Stern- und Waffensymbol von der sumerisch-semitischen Inanna/Ischtar übernommen hatte. Das Kreuz mag sie als Himmelsgöttin symbolisieren, deren Wirken alle vier Himmelsrichtungen erfaßt. »König der vier Weltgegenden« nannten sich auch die Könige der III. Dynastie von Ur. Auch im Plankonzept der altkretischen Paläste sind die vier Himmelsrichtungen verankert. Dieses Bauprinzip stammte aus Mesopotamien und dem Mittleren Osten, dort ist es heimisch, in Ägypten und in der Ägäis dagegen fremd.[288]

In seiner Anlage ist der Magazintrakt der ersten Phase des neuen Palastes ein beredtes Zeugnis dafür, wie nahe das altkretische Königtum dem sumerischen Ensitum stand, das, mit der Stadtgöttin verbunden, einen alle Bewohner des Stadtstaats absichernden Staatshaushalt garantierte.

Ein großes griechisches Kreuz aus Marmor gehörte auch zu den Ausstattungsstücken des Hauptheiligtums, dessen zum Zentralhof gerichtete Front im repräsentativsten Teil die Gestalt eines dreiteiligen Säulenheiligtums hatte, wie sie das »Grandstand«-Fresko aus Knossos wiedergibt (vgl. Abb. 67 c). Evans wies zum Vergleich auf eine Gußform aus Sitia hin.[289] Dort steht im Rund einer Scheibe das griechische Kreuz über der Mondsichel. Da das Kreuzzeichen hier die Stelle der Sonnenscheibe des »Ischtar«-Symbols der Altpalastzeit einnimmt, gehört es sicher ebenso zur kretischen Himmelsgöttin.

Das Tempeldepot von Knossos

Das Tempeldepot, aus dem das Marmorkreuz stammt, bestand aus zwei großen, in den Boden eingesenkten Steinkisten. Die westliche war aufgemauert, die östliche aus verzahnten Stein-

Das Leben im alten Kreta

platten gebildet. Beide waren einst wohl mit Steindeckeln ver-
schlossen und bewahrten einstige Ausstattungsstücke des Heiligtums. Dabei fiel schon Evans auf, daß nicht nur die Behälter, sondern auch ihre Inhalte auffallend unterschiedlich waren. Aus dem Ostbehälter stammen die berühmtesten Fayencefunde des Palastes: die 34,2 cm hohe Schlangengöttin (Abb. 118) und zwei etwas kleinere Figürchen, von denen das eine ergänzt werden konnte (Abb. 119). Vom anderen fehlt jede Vorstellung. Evans deutete die kleineren Figürchen als Priesterinnen der Göttin. Wer aber je in einem griechischen Heiligtum gegraben hat, weiß, wie zahlreich einer Gottheit ihr tönernes Votivbild geweiht wurde. Entsprechend scheint hier beide Male die Göttin selbst dargestellt, zumal dem Kopfputz der kleineren Statuette die passende Leopardenkatze aufgesetzt werden konnte. Die Katze war seit der Altpalastzeit die Tiergestalt der Palastgöttin von Knossos.

Aus dem östlichen Tempeldepot kamen weitere Darstellungen aus Fayence von Muscheln, fliegenden Fischen, Blumen, Früchten, einer Wildziege und einer Kuh, die ihr

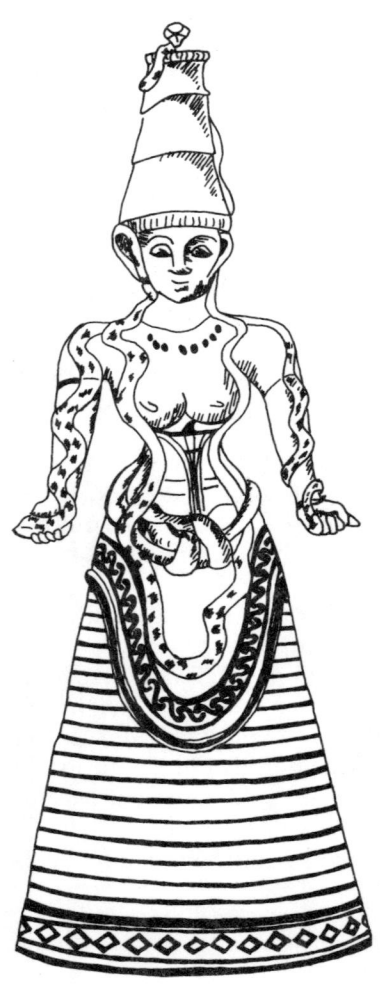

118 Fayencefigur, »Große Schlangengöttin«, aus dem Tempeldepot des Palastes von Knossos, 17. Jh. v. Chr. (nach Marinatos 1993).

Die Zeit der neuen Paläste

Junges säugen, sowie mit Safranblüten bemalte Votivroben. Alles weist auf die Bereiche hin, in denen die Göttin Fruchtbarkeit und Leben spendet, so in der Meereswelt, in den Rudeln und Herden der wilden und domestizierten Tiere, bei Pflanzen, Blüten und Früchten. Die Schlangen in den Händen der Göttin sind noch rätselhaft. Evans glaubte, sie verkörperten den chthonischen, den unterirdischen Aspekt der Göttin. Eher scheinen aber Panther und Schlange Tiermetamorphosen der Göttin zu sein, die sie von Ischtar (Löwin) oder Hepat (Panther) und Wadschet (Schlange) übernommen hat. Zugleich weisen die Tiere auf die in der Göttin schlummernde Wildheit hin, die erwachen und aus der Liebesgöttin

119 Fayencefigur, »Kleine Schlangengöttin«, aus dem Tempeldepot des Palastes von Knossos, 17. Jh. v. Chr. (nach Dawid 1984).

eine triumphale Kriegsgöttin machen kann. Die Ambivalenz ihres Wesens ist vom Fayencekünstler meisterhaft wiedergegeben. Obwohl die aufs anmutigste gekleidete Göttin ihre schöne Brust frei darbietet, bannt ihr starrer Blick, sind ihre Hände zu Fäusten um zuckende Schlangenleiber geballt. So erscheint die Göttin nicht nur in Blüten, Früchten und ihr Junges säugenden Muttertieren, sondern auch im Doppelschild des östlichen Tempeldepots. Ein viel späteres Fresko des 13. Jahrhunderts v. Chr. aus Mykene wird sie als Doppelschildgöttin darstellen.

Das westliche Tempeldepot erbrachte als bedeutendste Funde eine mit Silber hinterlegte Bergkristallscheibe und zwei zerschlagene Köpfe von Steinhämmern. Evans dachte an Räuber, die sich mit den Steinhämmern Zugang zu den »Schatztruhen« verschafften und ihre zerbrochenen Werkzeuge im ausgeraubten

Das Leben im alten Kreta

westlichen Tempeldepot liegen ließen.[290] Heute weiß man, daß beide Hammerköpfe Teile von Zeremonialhämmern sind und zusammen mit der Kristallscheibe sowie Gold- und Bronzefiguren ihren rechtmäßigen Platz im westlichen Tempeldepot hatten.[291] Durch eine kräftige mittlere Durchbohrung führte einst der Holzschaft. Ein Siegelabdruck aus Mallia zeigt, wie der Zeremonialhammer getragen wurde (Abb. 120), ein Würdezeichen in der Hand des Priesters,[292] ähnlich einer syrischen Fensteraxt. Nun ist der Priester, seit Evans den Priesterkönig von Knossos kreierte, der minoischen Forschung liebstes Kind. Auffällig ist, daß nicht nur die geschulterte Fensteraxt syrisch ist, sondern auch der Ornat, der wie eine kretische Nachschöpfung des syrischen Wulstsaummantels erscheint. Auf den Bildern syrischer Skarabäen und Rollsiegel tragen ihn seit dem 18. Jahrhundert v. Chr. göttliche und menschliche Herrscher.[293] Steatitskarabäen um 1650 v. Chr. zeigen den kanaanäischen Stadtkönig isoliert in dieser eigenartigen »Wickeltracht« (Abb. 121). Götter und Fürsten tragen im syrischen Raum diesen Ornat. Die Fensteraxt ist ein Insigne des kanaanäischen Wettergottes Hadad, Streitkeule und Steinhammer gehören ebenfalls in die Hand des syrischen Wettergottes.[294]

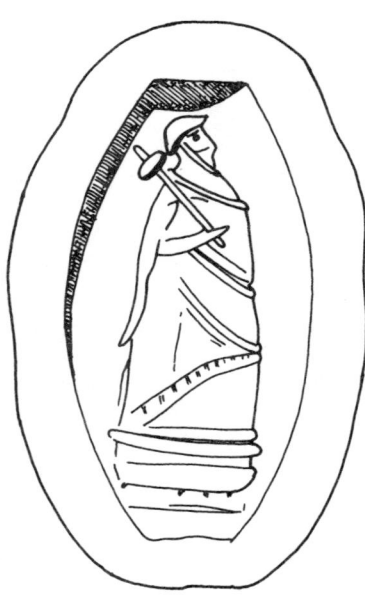

120 Siegelabdruck aus Mallia, Herrschergestalt mit Zeremonialhammer, 17. Jh. v. Chr. (nach Manti-Platnos 1981).

Barg das östliche Tempeldepot Ausstattungsstücke des Heiligtums, die der Stadt- und Palastgöttin Ischtar-Anat-Europa zugehörten, so waren im westlichen Tempeldepot Ausstattungsstücke, Ornat, Insignien und anderes niedergelegt worden, die

Die Zeit der neuen Paläste

121 a–b Skarabäen, syrische Stadtkönige im Wulstsaummantel, 17. Jh. v. Chr. (nach Keel/Uehlinger 1992); c) Der Gott als Regent, Siegelbild, Knossos, Tempeldepot, 17. Jh. v. Chr. (nach Otto 1987)

dem Stadt- und Palastgott Ba^{c}al/Hadad-Poseidon-Zeus und seinem irdischen Substitut, dem König, angehörten. Daß mit dem Steinhammer vom König der erste Schlag auf den Grundstein eines den Göttern geweihten Bauwerkes durchgeführt wurde, ist dabei nicht ausgeschlossen, war doch im Mythos der Ba^{c}al/Hadad von Ugarit auch der Bauherr seines Palastes.

Die Verehrung des Stadtgottes neben der Stadtgöttin im Hauptheiligtum des Palastes von Knossos reflektieren auch die Siegelbilder des Tempeldepots (Abb. 67a, 121c). Sie zeigen den Kampf des kretischen Ba^{c}al/Seth mit dem Meerdrachen (Jam/Apophis) sowie den Gott als machtvollen Regent, dem der Löwe wie ein Hund zur Seite schreitet. Auch Szenen des kultischen Stiersprungs werden wiedergegeben.

Die Südstraße erhielt einen neuen Streckenabschnitt. Sie wurde, bevor sie die alte Brücke über den Vlychia-Fluß querte, auf einen die Vlychia-Schlucht überspannenden, massiven Viadukt geleitet (Abb. 122). Unterhalb dieser eindrucksvollen, heute noch sichtbaren Brückenstraße bot ein kleiner Bau den Reisenden Rast. Evans nannte ihn die »Karawanserei«. Der Eingangsraum war im oberen Wandabschluß mit dem Fresko einer von Rebhühnern und Wiedehopf belebten Flußlandschaft geschmückt. Im Westen schloß ein Raum mit eingesenktem Brunnenbecken an. Dieses erhielt im Süden Zufluß von Quellwasser, das im Norden wieder abfloß. Hier konnten sich Reisende erquicken und im Schatten ruhen.[295]

122 Palast von Knossos mit Viadukt und Stufenportikus im Süden, 17. Jh. v. Chr. (nach Evans 1928).

Nach einem abermaligen Erdbeben in der zweiten Hälfte des 17. Jahrhunderts v. Chr. wurde der Stufenportikus im Süden des Palastes mit dem Südeingang aufgegeben. Statt dessen errichtete man in der Südwestecke des Palastes das Südhaus (Abb. 117, Nr. 63). Weitere Baumaßnahmen dieser Zeit schmälerten den Zentralhof durch Vorziehen der Westfassade und versahen ihn mit einer neuen Pflasterung. Die Tempeldepots des Hauptheiligtums wurden aufgegeben und mit einem neuen Bodenniveau überdeckt. Das gleiche geschah mit den »Schatztruhen« im Magazintrakt. In der Südostecke des Westhofs entstand der Westeingang (7) mit zentraler Säule und freskengeschmückter Vorhalle, von der aus ein Korridor (10) zu den Südgängen (12) weiterleitete, die einst vom Südeingang aus durchschritten wurden. Das Südpropylon (13) gehörte in seiner Zweihallenform erst dem späteren 15. Jahrhundert v. Chr. an. Die große Treppenanlage (14) ins Obergeschoß ist eine Rekonstruktion von Evans. Vom Obergeschoß des Westtrakts – Evans nannte es den »Piano Nobile« – läßt sich heute nur schwer eine Vorstellung gewinnen. Die Böden wurden von Evans rekonstruiert, um die Räume des Erdgeschosses zu schützen. Aus der Fassadenführung, den Mauerstärken und Pfeilern im Erdgeschoß kann

Die Zeit der neuen Paläste

man auf weite Hallen des oberen Stockwerks schließen. Fragmente zeigen, daß sie mit Fresken ausgemalt waren. Sie dienten der Repräsentation und wohl auch Zeremonialakten. Evans unterschied eine Halle mit Mittelsäule und ein Heiligtum mit drei Säulen und drei Pfeilern. Beide Räume blickten auf den Zentralhof. Dem Westhof zugewandt, nahm Evans eine quadratische Zweisäulenhalle und im Norden einen Sechspfeilersaal an. Graham rekonstruierte drei annähernd quadratische Säle mit je zwei Säulen als Mittelstützen. Sie öffneten sich mit Fenstern zum Zentralhof, wo unter dem Fenster des südlichen und des nördlichen Saales ein Altar stand.[296]

Weitere Zeugen der Kultur der neuen Paläste

Will man sich eine allgemeine Vorstellung vom Aussehen der Paläste machen, so können die Fayenceplättchen des im Palast von Knossos gefundenen Stadtmosaiks hilfreich sein (vgl. Abb. 15), da die Stadthäuser der wohlhabenden Bewohner schon früh palatiale Züge angenommen hatten. Demnach bestanden die Außenfassaden der Paläste aus Quaderwerk, Fachwerk und Portalen. Ab dem ersten Stockwerk gab es Fenster mit Fensterkreuzen. Das Dach war flach, hatte aber einen Mittelbau mit Fenstern, um den herum man die Dachterrasse begehen konnte.

Wer lebte in den Palästen? Zunächst der König mit seiner Familie und der persönlichen Dienerschaft. Sodann wohl wehrhafte Würdenträger und eine nach Rängen geordnete Beamtenschaft, die mit Verwaltungsaufgaben im Palast-, Stadt- und Tempeldienst, mit der Förderung der Landwirtschaft, der Organisation des Nah- und Fernhandels – soweit er nicht in privater Hand lag – sowie mit der Aufrechterhaltung von Gesetz und Ordnung nach der Rechtsprechung des Königs betraut waren. Neben den Beamten werden zu den Palastbewohnern auch schriftgelehrte Priester, Heilkundige und Personen mit seherischen Fähigkeiten gehört haben, dazu Architekten und, periodisch oder auch dauerhaft hier residierend, Kunsthandwerker, Sänger, Musikanten und das gesamte Palastpersonal einschließlich der Tempeldiener. Wer im Palast zu Wohlstand und Ansehen gekommen war, baute sich ein eigenes Palais in der nahen und weiteren Umgebung. So entstand die »Königliche Villa« (Abb. 117, Nr. 68) im Norden des Palastes mit zwei in den Hang des Kairatostales gebauten Geschossen, mit großem Treppenhaus, Wohntrakt mit Bad und Klosett, Lichthof, Pfeilerkrypta und im Mitteltrakt des Erdgeschosses einem Repräsentationsraum mit erhöhtem Podium hinter einer Balustrade für den Amtssitz des Hausherrn, dem vielleicht ein Teil der Rechtsprechung überantwortet war. Der »Kleine Palast« (73) am einstigen Ende der »Königsstraße« ist ein Hanghaus von großen Ausmaßen und im Osten mit prächtigen Sälen ausgestattet, die sich zu Säulenhallen öffnen. Zum repräsentativen Osttrakt und zum Wohnbereich im Westen gehörten je eine Pfeilerkrypta. In der westlichen Krypta wurden ein Stierkopfrhyton und Doppelaxtständer gefunden, weshalb man bei diesem Gebäude an den Wohnsitz eines bedeutenden Priesters, vielleicht eines Mitglieds der königlichen Familie, denkt. Mit dem »Kleinen Palast« war ein großer Anbau (74) verbunden, um dessen Viersäulenhalle sich kleinere Räume gruppierten. Hier mögen Gäste untergebracht gewesen sein.

Der höfische Lebensstil in den alten Palästen mit seinem Stiersprungzeremoniell, mit den im Ornament schwelgenden Wand- und Bodendekorationen und dem eierschalendünnen, schwarz-bunten Tafelgeschirr vom Kamares-Typ erfuhr in der Zeit der neuen Paläste noch eine Steigerung. Prinzen und Höflinge trugen jetzt die Haare wallend, die Taillen eng geschnürt, die Körper athletisch trainiert (vgl. Abb. 10). Die Hofdamen prunkten mit der Fülle farben- und musterfroher Röcke, schmaler, schön gegürteter Taillen, enger Mieder und Jäckchen. Würdenträger, an ihrer Spitze der König, konnten schwere Roben tragen, die, übersät mit Silber-, Gold- und Bergkristallapplikationen, in der Sonne gleißten. Fresken zauberten Paradieslandschaften an die Wände, vor denen elegante Gefäße mit Pflanzen- und Meeresweltdekor (Abb. 123 a–c) das Auge gefangennahmen und tragbare, leicht bewegliche Herde und Sitze Gemütlichkeit schufen. Das ganze Labyrinth der Lichthöfe, Treppen, Korridore, Innenräume, Türensäle und Terrassen wurde belebt durch das Wechselspiel des Lichts im Wandel der Tagesstunden und Jahreszeiten. Abends und in feierlichen Au-

Die Zeit der neuen Paläste

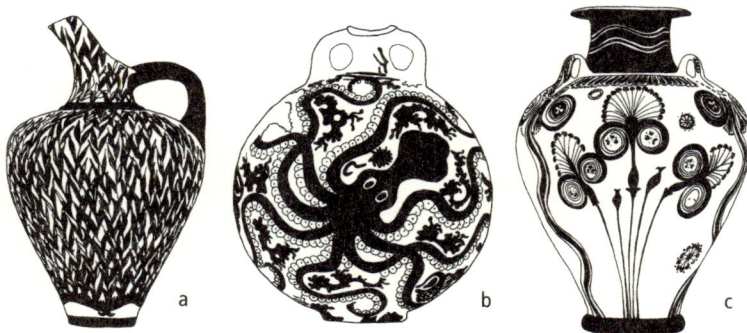

123 Gefäße im Floral- und Meeresstil (nach Dawid 1984):
a) Schnabelkanne aus dem Palast von Phaistos, mit Gräsern geschmückt, um 1600 v. Chr.;
b) bauchige Flasche, sogenannte Bügelkanne, mit Tintenfischdekor aus der Stadt Palaikastro, 16. Jh. v. Chr.;
c) Amphore, mit Papyrusstengeln geschmückt, aus dem Palast von Knossos, 1500–1450 v. Chr.

genblicken entzündete man Ölflammen in Ton- und Steinlampen und vollzog heilige Handlungen in Pfeilerkrypten und Kapellen.

An der Mündung des Kairatos beim heutigen Katsambas und, sieben Kilometer östlich, an der Mündung des Karteros, des antiken Amnissos, besaß Knossos zwei Hafenanlagen. Noch Homer *(Odyssee* XIX 188) kannte die Bucht von Amnissos bei der Grotte der Eileithyia, und Strabon (X 4,8) nannte Amnissos die Hafenstadt des Minos. Ausgrabungen haben beim heutigen Ort Amnissos am Meer eine einst zweistöckige Villa der Zeit um 1600 v. Chr. freigelegt. Die Räume waren im Floralstil geschmückt. Ein Freskorest zeigt drei hochgewachsene Lilienstengel mit weißen Blüten auf weinrotem Grund, ein Thema, das auch auf einem Palastgefäß aus Knossos erscheint.

Fünfzehn Kilometer südlich von Knossos, 380 m über dem Meeresspiegel, in einem fruchtbaren Becken mit Blick auf den Juchtas im Osten, wo heute an verflochtenen Reben, in schattigen Lauben die Rosaki-Traube reift, liegt der Winzerort Ano Archanes. Evans vermutete hier bereits eine Sommerresidenz der Priesterkönige von Knossos. Seit 1964 wurden im modernen Archanes Ausgrabungen von J. Sakellarakis durchgeführt, wobei

Das Leben im alten Kreta

im Bezirk Tourkoghitonia und nahe der Kirche Hagios Nikolaos Teile eines Palastbaus und eines zugehörigen Theaterareals freigelegt wurden.[297] Einen Meter mächtige Außenmauern und 60 bis 70 cm dicke Innenmauern konnten ein hochaufragendes, aus mehreren Stockwerken bestehendes Gebäude tragen. Hier gab es alle Elemente der Palastarchitektur: Säulenvestibül, Vieltürensaal, Portiken, Sakralräume, Treppen, Korridore, Wohnräume, Höfe. Wie beim Palast von Knossos und Phaistos waren farblich variierende und festlich glänzende Steinsorten am Bau verwendet worden, so Kalkstein, weißes Sedimentgestein, roter und blauer Schiefer, weißer, roter, schwarzer und aschgrauer Marmor mit weißen Adern sowie der glänzende Gipsstein. Im Obergeschoß konnten Frauengemächer nachgewiesen werden; Webegewichte von einstigen Webstühlen und zehn Spindeln aus Halbedelsteinen wurden geborgen. Ebenerdig befand sich in der Südfassade ein Haupteingang mit Zweisäulenvestibül; er war über eine Hofanlage zu betreten, die durch eine große Plattform unterbrochen wurde. Im Westen des Eingangs, vom Hof aus erreichbar, lag ein Kultbankheiligtum. Entlang der West-, Nord- und Ostwand liefen gemauerte, mit Gipssteinplatten verkleidete Bänke. Vor der Mitte der Nordwand erhob sich ein niedriges, 60 cm breites Kalkmörtelpodest. Im Boden daneben dienten Mulde und Rinne für Flüssigkeitsspenden. Die Mitte des Raumes schmückte ein Rechteck aus hellblauen Marmorplatten. Unter den in die Kalksteine des Palastbaus eingeschnittenen heiligen Zeichen dominierten Doppelaxt und Dreizack. Sakellarakis nahm an, daß der Palast in seinem Grundkonzept bereits altpalastzeitlich ist und im 19. Jahrhundert v. Chr. erbaut wurde.

Der vom Ausgräber als Theaterbezirk angesprochene gepflasterte Platz lag in der Nähe der modernen Kirche des Hagios Nikolaos. Ihn durchzogen vier leicht erhöhte Gehwege. Sie bildeten ein Dreieck, ähnlich der Westhöfe in Knossos, Phaistos und Mallia. Der östliche Gehweg war von doppelter Breite, auf dem westlichen erhob sich ein Stufenaltar, zu dem wohl ein auf dem Platz gefundenes Doppelhorn aus Stuckmörtel gehörte, in das ein heiliger Zweig eingeritzt war. Dem Altar zugewandt, lag auf dem Platz ein Podest, bestehend aus einer großen Steinplatte, auf der henkellose, konische Becher gefunden wurden.

Die Zeit der neuen Paläste

Nicht weit von Archanes, bei der heutigen Gemeinde Vathypetro, hatte ein altkretischer wohlhabender Landwirt in schöner Gegend, wo die Ausläufer des Juchtas in sanfte Hügel übergehen und sich gegen Süden zur großen, den Asteroussia-Bergen vorgelagerten Ebene absenken, im 16. Jahrhundert v. Chr. sein herrschaftliches Gutshaus erbaut. Heute trägt der Hügel dichte Rebstöcke. Das mag auch schon damals der Fall gewesen sein, denn in den Wirtschaftsräumen des Gutshofs konnte eine gut erhaltene Traubenpresse freigelegt werden (Abb. 124). Auch eine Olivenpresse kam zutage. So wird in den schön verzierten Pithoi der pfeilergestützten Magazinräume wohl Wein und Olivenöl aufbewahrt worden sein.

124 Traubenpresse des Gutshofs von Vathypetro, 17.–15. Jh. v. Chr. (nach Sakellarakis 1991).

Drei an den Ausläufern des Ida beim heutigen Dorf Tylissos gelegene altkretische Herrenhäuser entstanden um 1600 v. Chr. Auch hier lagen die Magazinräume ebenerdig. Ihre Pfeiler stützten das Obergeschoß, wo Wohnräume mit Terrassen und Veranden, wie sie dem südlichen Leben entsprechen, angenommen werden. Drei große Bronzekessel in Haus A, neben Bronzebar-

Das Leben im alten Kreta

ren gefunden, befinden sich heute im Archäologischen Museum von Iraklion. Der schwerste Kessel wiegt 52 kg. Die Gefäße scheinen als große Kessel gedient zu haben, in denen Mahlzeiten für viele Menschen, vielleicht Bau- oder Landarbeiter, gekocht wurden, vielleicht aber auch für eine militärische Einheit, welche die Ida-Pässe bewachte.[298]

Zwölf Kilometer östlich von Iraklion liegt an der Küste im Ort Nirou Chani ein reiches Herrenhaus des 16. Jahrhunderts v. Chr. Es gilt als Wohnsitz eines Hohenpriesters (Abb. 125) und wurde mit großer Sorgfalt errichtet. Den Hauptraum (4) schmückte der glänzend weiße Gipsstein, der Wände und Boden bedeckte. Im Erdgeschoß lagen die Amtsräume, und zum Amt des Hausherrn gehörten zweifellos sakrale Handlungen. Sie waren verbunden mit der Entgegennahme landwirtschaftlicher Abgaben, die den großen Magazintrakt füllten. Die Feierlichkeiten vollzogen sich vor einem Stufenaltar an der Südseite des mit Schieferplatten gepflasterten Hofes, wo die Ausgräber Reste eines steinernen Doppelhorns fanden. Durch ein Zweisäulenvestibül (2) traten dann die Träger der Kornkörbe und Ölkrüge in den Hauptraum ein, indem sie eine Vieltürenwand passierten. Die Abgaben wurden verbucht und die Träger durch eine Tür der rückwärtigen Nordwand zu den nördlich gelegenen Magazinräumen (14, 16) weitergeleitet. Nach dieser Amtshandlung brachte der Hausherr heiliges Gerät, das für den vorangegangenen Kultakt auf den Hof hinausgetragen worden war – Opfertische und Doppeläxte – in den Raum der »Hauskapelle« (8) im Südteil zurück. Dann stieg er zu dem Wohnraum im Obergeschoß über Treppenläufe hinauf oder kehrte durch die Südtür in den Hauptraum (4) zurück und suchte, einen freskengeschmückten Korridor (5) durchschreitend, die rückwärtigen Räume des Erdgeschosses auf. Der Hauptraum (4) war augenscheinlich die Schaltstelle für alle ebenerdigen Aktionen.

In Zentralkreta entstanden viele solcher Herrenhäuser, und es ist noch eine offene Frage, wie weit man in ihnen Sammelstellen sehen muß, die dazu bestimmt waren, den Reichtum der Paläste von Knossos und Phaistos zu vermehren.

Die Hafenstadt von Phaistos war das drei Kilometer nördlich des heutigen Matala an der Südküste auf einem von Süden nach

Die Zeit der neuen Paläste

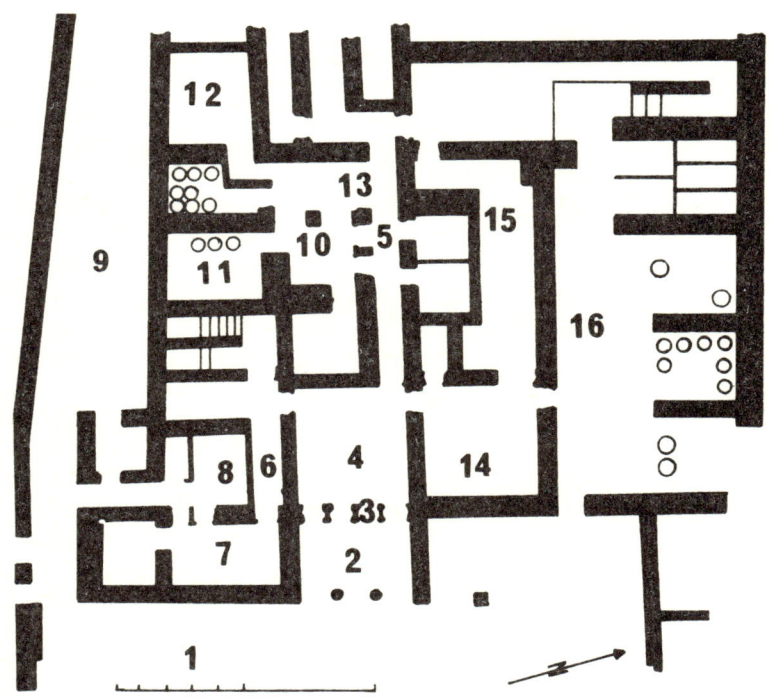

125 Villa von Nirou Chani, 17. Jh. v. Chr.:
1) Osthof, von Kultfassade und Stufenaltar im Süden begrenzt,
2) Zweisäulenvestibül,
3) Vieltürenwand,
4) Vieltürensaal (Polythyron),
5) nördlicher Westostkorridor,
6) südlicher Westostkorridor,
7) Vorräume zum Hausheiligtum,
8) Hausheiligtum,
9) Südhof,
10) Empfangsraum mit Eckbank,
11) Depot,
12) Magazinräume,
13) Lichthof,
14–16) Wirtschaftstrakt mit Magazinen für Öl und Wein.

Norden ansteigenden Felsrücken gelegene Kommos. Sein Erscheinungsbild mit der Vielzahl kleinräumiger, am Hang angelegter Wohnhäuser gleicht dem des Hafenstädtchens auf der vor der Nordküste liegenden Insel Psira. Am besten konnte die Organisation einer solchen am Hügelhang angelegten Küstensiedlung in dem am Golf von Mirabello gelegenen Gournia studiert

Das Leben im alten Kreta

werden. Die bronzezeitliche Siedlung, deren altkretischer Name unbekannt ist, liegt im Bezirk Kavousi und wurde nach dem vier Meilen östlich gelegenen Dorf Gournia genannt. Vom Meer kommend, sieht man sie in einigen hundert Metern Abstand auf der ersten Höhe liegen. Ihre Straßen laufen radial vom Palast auf der Hügelkuppe abwärts und werden von zwei die Höhe umlaufenden Ringstraßen eingefaßt. Obwohl ältere Siedlungsspuren bis 3000 v. Chr. zurückreichen, entstand hier erst um 1650 v. Chr. eine Stadt. Sie wurde von einem Gouverneur, einem königlichen Prinzen, in dem Palast auf der Hügelhöhe regiert, dessen Größe nur ein Zehntel des Palastes von Knossos betrug. In Gournia blühte das Handwerk. Keine Befestigung zeugt von Furcht vor feindlichen Angriffen. Fischer und Frauen, Bauern, Steinarbeiter, Zimmerleute und Töpfer zogen zu Fuß oder mit ihren Lasttieren auf den steingepflasterten Straßen zwischen den siebzig kleinen, dicht gedrängt stehenden Häusern dahin. Deren Fundamente bestanden aus Bruchsteinen und Flußkieseln, das aufgehende Mauerwerk aus Lehmziegeln und Fachwerk. Die Wände waren verputzt, die Dächer flach. Als Boden diente gestampfter Lehmestrich oder eine Steinpflasterung.

Als die Amerikanerin Harriet Ann Boyd, später unterstützt von Edith Hall und Robert Seager, in den Jahren 1901 bis 1904 Gournia ausgrub, fand sie reiche Zeugnisse einer vielseitigen handwerklichen Tätigkeit, so die Werkstatt eines Tischlers und Zimmermanns mit seinem Werkzeug aus Bronze – feine Sägen, Doppeläxte und Bohrer sowie Meißel –, eine Töpferwerkstatt mit Töpferscheiben, schließlich Zeugnisse für Webarbeiten und Steingefäßbearbeitung. Auch ein vierseitiger Gußstein für Meißel, Messer und Nägel wurde zutage gefördert. Die kleine Handwerkerstadt lebte vom Fischfang, vom Anbau der notwendigen Nahrung und vom Handel mit ihren handwerklichen Produkten, der offenbar vom Stadtpalast aus geleitet wurde.

In einer an Oliven und Reben reichen Gegend hatte 1852 ein Kapitän namens Spratt Baureste an der Küste nicht weit vom Dorf Kato Zakro festgestellt und sich notiert. Drei Jahrzehnte später besuchte der Südtiroler Ausgräber von Phaistos, Frederico Halbherr, den Platz und kaufte den Bauern einige Keramikbeispiele für das Museum in Iraklion ab. So erfuhr auch Evans von

Die Zeit der neuen Paläste

diesen Zeugen einer alten Epoche. Er nahm sie 1894 in Augenschein und veranlaßte D. C. Hogarth, den damaligen Direktor der Britischen »Schule«, d. h. des britischen Forschungsinstituts in Athen, hier eine Ausgrabung durchzuführen, da der Ort einen natürlichen Hafen besaß, welcher der Seeroute von der Ägäis zur Kyrenaika zunächst gelegen sei.[299]

1901 begann Hogarth mit der Ausgrabung und legte eine Hafenstadt frei, deren Baureste bis ins 21. Jahrhundert v. Chr. zurückreichten, die ihre Blütezeit aber im 17. bis 15. Jahrhundert v. Chr. hatte. In einem Gebäude (Haus A), das auf dem höchsten Punkt eines Felsvorsprungs aus kyklopischem Mauerwerk errichtet worden war, fand Hogarth ein Archiv von Siegelabdrücken. Die von 150 verschiedenen Siegeln stammenden 500 Abdrücke schmückten Tonbatzen, die einst in noch feuchtem Zustand über Verschnürungen von in Leder eingeschlagenen Paketen, Kästen oder Papyrusrollen gedrückt und dann gesiegelt worden waren. Wahrscheinlich wurden auch beschriebene Lederrollen auf diese Weise verschlossen. Noch die ionischen Griechen hatten für Bücher die Bezeichnung Häute (Herodot V 58,3), weil sie in Ermangelung von Papyrus auf Schaf- und Ziegenhäuten schrieben. Das griechische Wort für Leder oder Haut *(diphthera)* findet man auch auf Linear B-Tafeln *(di-pte-ra)*.[300]

Der katastrophale Brand um 1450 v. Chr., der Haus A in eine Ruine verwandelte, härtete die Tonbatzen und bewahrte ihre Siegelbilder, die Bergheiligtümer wiedergeben, religiöse Zeremonien, Götter und Göttinnen, Greifen und Sphingen, geflügelte Kobolde, phantastische Monster sowie löwen-, vogel- und ziegenköpfige Dämonen. Man spürt, daß diese Hafenstadt einer Fülle von Eindrücken, die der wechselseitige Verkehr mit Anatolien, der Levante und Ägypten mit sich brachte, ausgesetzt war. Wahrscheinlich gingen im Naturhafen von Zakros vornehmlich aus Ägypten und dem Orient kommende Handelsschiffe vor Anker, um sich für die Weiterfahrt mit dem notwendigen Frischwasser zu versorgen. Die »Ostküste Kretas war nach wochenlanger entbehrungsreicher Seefahrt das erste Land, das von den Schiffen angesteuert wurde. Man nahm in Zakros Wasser und Proviant im Tausch gegen irgendwelche exotischen Güter

Das Leben im alten Kreta

an Bord, denn bis nach Amnissos, dem Haupthafen von Knossos, waren es der Küste entlang noch gut zwei Tagesreisen.«[301]

Ein Schatzfund im Besitz des Arztes St. Giamalakis, der 1962 den Sammlungen des Archäologischen Museums in Iraklion zugefügt werden konnte, hatte 1960 das Interesse des Museumsdirektors N. Platon geweckt. Der Schatz bestand aus einer goldenen Schale, einem Diadem und einem goldenen Stierkopf und sollte aus Zakros stammen. Platon vermutete die Existenz eines Königshauses in Zakros, unternahm 1960 bis 1961 Probegrabungen und stieß tatsächlich auf den gesuchten Palast. Im Jahr 1962 begann er mit der systematischen Ausgrabung. Die folgenden Grabungsjahre führten zur Freilegung großer Teile der Wohnstadt und des Palastes (Abb. 126), der spätestens im 16. Jahrhundert v. Chr. über den Resten eines Vorgängerbaus der Altpalastzeit errichtet worden war.

Der neue Palast von Zakros war kleiner als die Paläste von Knossos und Phaistos und hatte individuelle Züge. Das Grundmuster der um einen Zentralhof gruppierten Raumkomplexe war jedoch dasselbe. Der ein bis zwei Stockwerke hohe Palast besaß zwei Eingänge, einen im Südwesten, von dem man durch einen Korridor auf den Zentralhof geleitet wurde, und einen anderen im Nordwesten. Repräsentationsräume lagen ebenerdig im Osten (26, 27) und Westen (12, 19), Küchen und Wirtschaftsräume im Norden (29, 30), Lagerräume und Werkstätten im Westen (15–18) und im Süden (21). Ein Depot für die Palastbuchhaltung stellte ein Archivraum (15) im Westtrakt dar, in dem Linear A-Tontafeln gefunden wurden, die der Brand des Palastes um 1450 v. Chr. gehärtet hatte. Sie waren einst in hölzernen Truhen gelagert. Ihre Größe variierte von 5 cm bis 8 cm Breite und 7,5 cm bis 14 cm Höhe. Sie waren in noch weichem, nur leicht luftgetrocknetem Zustand einseitig oder beidseitig beschrieben worden. Ein besonderes Glück für den Ausgräber stellte die Freilegung der benachbarten, ungeplünderten Schatzkammer (18) dar. Acht eingebaute Terrakottakisten, aber auch den Raum selbst fand man angefüllt mit wertvollen Gefäßen, Geräten und Rohmaterialien. Feine Keramik im Floral- und Meeresstil, große Vasen und Amphoren, kretische und ägyptische Steingefäße sowie steinerne Keulenköpfe, drei große Hauer von

Die Zeit der neuen Paläste

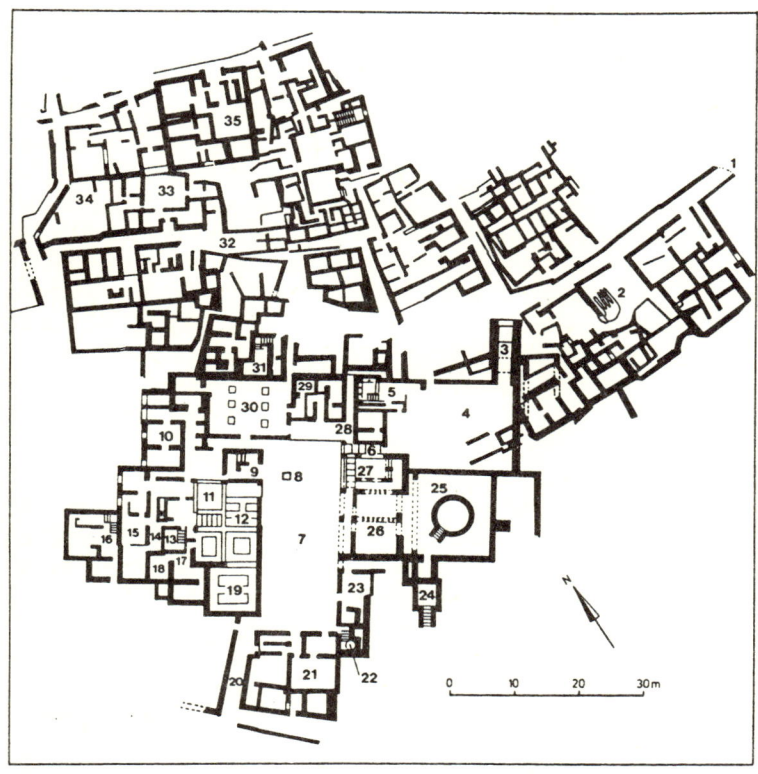

126 Palast von Zakros (nach Bichler/Haider 1988):

1) Zufahrtstraße vom Hafen,
2) Schmelzofen für Bronzearbeiten (ca. 1800–1600 v. Chr.),
3) Nordosteingang,
4) Osthof,
5) Badeanlage,
6) Korridor,
7) Zentralhof,
8) Altar,
9) Treppenhaus,
10) Magazine,
11) Lichthof,
12) »Zeremonialhalle«,
13) Bad (Kultbassin?),
14) Schrein (Kapelle),
15) »Archivraum«,
16) Werkstatt, Lagerraum, Toilette, Treppenhaus,
17) Werkstatt,
18) »Schatzkammer«,
19) »Bankettsaal«,
20) Südeingang,
21) Magazine und Werkstätten,
22) Brunnen,
23) kanalisierter Raum,
24) Quellhaus,
25) Hof mit Kultbassin,
26) vieltüriger Herrschaftssaal mit Lichthof,
27) vieltüriger Herrschaftssaal mit »Thronsaal«,
28) Säulenhalle,
29) Wirtschaftstrakt mit »Palastküche«,
30) Speisesaal,
31) Wohnräume,
32) Quergasse des Stadtareals,
33) Privathaus mit Hausheiligtum oder Tempel,
34) Innenhof mit Opfergruben.

Das Leben im alten Kreta

afrikanischen Elefanten und Elfenbeinschnitzereien, ägyptische Fayencen, bronzene Doppeläxte und Bronzbarren konnten geborgen werden. Eine doppelte Meisterleistung forderte die Bergung und anschließende Restaurierung eines kostbaren Bergkristallrhytons (ein kultisches Ringgefäß) aus mehr als 300 Fragmenten (Abb. 127 a). Beim Henkel verwendete der kunstsinnige Meister Kristallperlen, durch die ein einst vergoldeter Bronzedraht lief. Die Schulter des Gefäßes schmückte er mit einem beweglichen Kranz aus perlenartigen Kristallgliedern, zwischen die schmale Scheiben vergoldeten Elfenbeins gereiht waren. Zweifellos verlieh dieses einzigartige, kristallene, mit heiligem Wasser gefüllte Gefäß den rituellen Handlungen am Altar im Zentralhof (Abb. 126, Nr. 8) oder im Kultbankheiligtum (14) eine besondere Weihe. Eine formschöne, elegante Amphora aus Marmor mit hohen Vertikalhenkeln diente im benachbarten Lustralbecken (13) der kultischen Reinigung (Abb. 127 b). Platon brachte die Schatzkammer (Abb. 126, Nr. 18) in engste Verbindung mit dem Kultbankheiligtum (14), da sie 23 Libationsrhyta (Ringgefäße für Flüssigkeitsspenden) und Ritualkannen, sogenannte Kommunionskelche (Abb. 127 c), sowie zwei Rhyta aus Fayence in Form eines Stier- oder wohl eher Kuhkopfs und eines in der Gestalt eines Löwenkopfs barg.[302] Zur Zeremonialtracht des Königs und seiner Gemahlin mögen das Keulenkopfzepter in Form eines Zeremonialhammers und ein bronzenes, vielleicht einst vergoldetes Diadem, das eine Reliefreihe von Doppeläxten schmückte, gehört haben. Im Lichthof, durch den man die sogenannte Zeremonialhalle (Abb. 126, Nr. 12) des Westtrakts betrat, waren zwei weitere kostbare Steingefäße gefunden worden: ein Stierkopfrhyton und ein mit dem Relief eines Gipfelheiligtums verziertes Ringgefäß (Abb. 72).

Vom Alltagsleben, in das religiöse Handlungen eingebunden waren, berichten die Funde aus einem Brunnenraum an der Südostecke des Zentralhofs (22). Von hier wurde das notwendige Wasser für die Küche, den Speisetisch und die heiligen Handlungen geholt, indem man vom Zentralhofniveau acht Stufen zum Brunnen hinabstieg. Oliven, einst hier gewaschen oder auch als Weihgabe hingestellt, wurden karbonisiert in einer Tasse gefunden, ebenso Traubenkerne und kleine Zweige. Mit Bims-

Die Zeit der neuen Paläste

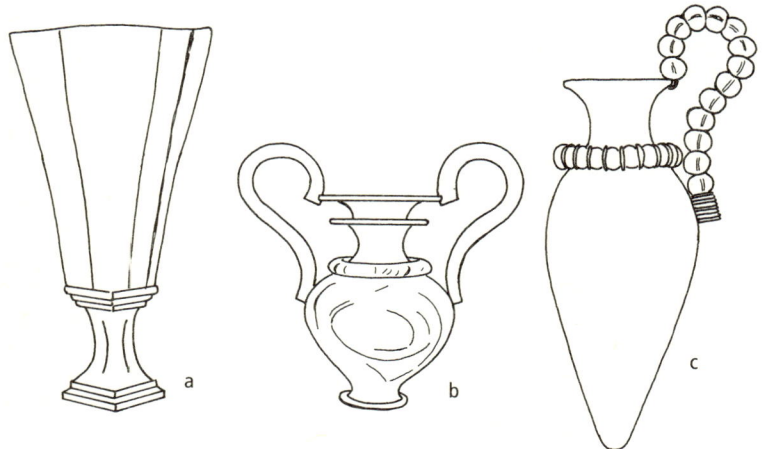

127 Steingefäße der Zeit der neuen Paläste:
a) sogenannter Kommunionskelch aus Marmor, Zakros
b) Amphora aus Marmor, Zakros
c) Rhyton aus Bergkristall, Zakros, 17.–15. Jh. v. Chr. (nach Platon 1971)

stein mochte man einst die Hände gereinigt haben, um sodann einen dreifüßigen Opfertisch aufzustellen und ein Tiervotiv aus Ton hinzuzufügen. Von den Leistungen der Palastküche (30), über der im Obergeschoß ein Bankettsaal angenommen wird, erzählen ein gewaltiger bronzener Kochtopf und zahlreiche Tierknochen sowie fünfzig große Vorratsbehälter und kleinere Öl- und Weingefäße in den angrenzenden Speisekammern.

Die Einbindung eines steingepflasterten, runden, 5 m weiten Beckens (25) in das Palastkonzept unterscheidet diese östlichste Anlage von den anderen kretischen Palästen. Das Becken diente nicht als Zisterne für Regenwasser, sondern war überdacht und wurde von einer unterirdischen Quelle bis zu einem bestimmten Niveau mit Wasser gefüllt. Die Basen der vormals das Dach tragenden Säulen haben sich erhalten. Hier wie in allen kretischen Palästen bestanden die Säulen aus Holz und waren in niedrige Sockel aus Poros oder Kalkstein eingelassen. Die hohen Säulenbasen der Altpalastzeit aus buntem Stein kamen nach dem Erdbeben um 1700 v. Chr. außer Gebrauch.

Das Leben im alten Kreta

Ein buntes Leben wird in dieser Hafenstadt der Ostküste Kretas geherrscht haben. Fischerboote fuhren täglich ein und aus und brachten ihre silberne Fracht auf den Markt. Seltener warf ein Schiff aus Ugarit, Byblos oder aus Ägypten im Hafen Anker. Dann wurden die Handelswaren zur Schau gestellt und manches an Siegeln, Fayencen und Waffen, vor allem aber Rohmaterialien wie Elfenbein, Silber, Gold und Bronzebarren in den Palast getragen. Auch kretische Schiffe kehrten, mit Waren beladen, zurück, nachdem sie mit Purpurgewändern, Ton- und Steingefäßen, Intarsienarbeiten, Silbergeschirr und Künstlern, die sich auf die Freskomalerei verstanden, zu ihren Hauptabsatzmärkten in Griechenland, auf den ägäischen Inseln, in Kleinasien, Syrien und Ägypten ausgefahren waren.

d)

e)

127 d–e) Sogenannter Prinzenbecher aus Steatit, Hagia Triada, 17.–16. Jh. v. Chr. (nach Säflund 1987)
d) Prozession mit Tierhäuten als Opfergaben;
e) Reliefdarstellung der Vorderseite: Vor dem Gott mit Regentenstab steht der König mit Schwert und Zeremonialwedel als Anführer der Prozession

Kreta im politischen Umfeld

Kreta, ein Land, dessen im 2. Jahrtausend v. Chr. hohe Kultur die Spaten der Archäologen ans Tageslicht brachten, dessen kunstvolle Keramik, Stein- und Edelmetallgefäße im ganzen ägäischen Raum, in Griechenland, dem Nahen Osten und in Ägypten verbreitet waren, ein solches Land konnte in den Keilschrift- und Hieroglyphentexten der benachbarten Hochkulturen nicht ohne Erwähnung geblieben sein. Wie wurde Kreta im 2. Jahrtausend v. Chr. genannt?

Frühe Bezeichnungen Kretas

In den uns erhaltenen akkadischen Keilschrifttexten tritt schon im 24. Jahrhundert v. Chr. in Sargon von Akkades geographischer Aufzählung der Erzvorkommen jenseits der Küste des Mittelmeers der Name eines Landes oder einer Insel »Kapte-ra« auf.[303] Da Zypern im östlichen Mittelmeer der bedeutendste Kupferlieferant war, ist es denkbar, daß mit »Kapte-ra« Zypern gemeint war.[304] Dagegen spricht jedoch ein spätes Zeugnis des 14. Jahrhunderts v. Chr., die Korrespondenz von Amarna, der Residenzstadt Echnatons (Amenophis IV.; 1353–1336 v. Chr.), das »Alasia« mit Zypern verbindet und berichtet, daß der König von Alasia 500 bronzene Talente im Tausch für Silber, Kleider, Betten und Kriegswagen bot. Weiter heißt es dort, daß in Erwiderung auf ihre Gaben die Regenten des Landes »Keftiu« und der »Inseln inmitten des Meeres« vom Pharao Gold, Elfenbein, Kleider, Steingefäße mit Parfüms und Wagen erhielten.[305] Der Name des Bronzelieferanten Zypern war demnach »Alasia«. Daneben existierte das Land »Keftiu«. Im 15. Jahrhundert v. Chr. wurden in Gräbern hoher ägyptischer Würdenträger der XVIII. Dynastie in Theben-West Gesandtschaften dargestellt und mit Herkunftsangaben versehen (vgl. Abb. 2), die dem Pharao kostbare Gaben brachten. Im bronzezeitlichen Ägypten war der Fernhandel ein Staatsmonopol und lag ausschließlich in der Hand des Pharao. Er entsandte und empfing Gesandtschaften und führte, gestützt auf seine hohen Beamten und Wesire, Handelsunternehmungen durch.[306] Bei den Herkunftsangaben der Gesandtschaftsdarstellungen in den Gräbern von Theben erscheint der Terminus »Keftiu/Kaftu« und die Angabe »von den Inseln des großen Grünen«. Die Frage, ob mit der Bezeichnung Keftiu (das Wort kann Keftiu oder auch Kaftu gelesen werden) Syrien, Südwestkleinasien, Griechenland oder Kreta gemeint war, wurde durch stilkritische Analyse der dargestellten Gesandten und ihrer Gaben gelöst. In den Vertretern des Fremdlands »Keftiu/Kaftu« und »der Inseln des großen Grünen« sind kretische bzw. ägäische Gesandte zu sehen, die dem Pharao Erzeugnisse im Stil des kretischen Kunsthandwerks darbrachten.[307]

Die älteste dieser Gesandtschaftsdarstellungen stammt aus dem Grab des Senmut (um 1492 v. Chr.). Die fraglichen Herkunftsangaben sind hier allerdings nicht erhalten geblieben. Bei den Gesandtschaften im Grab des Useramon (um 1476 v. Chr.) spricht die Beischrift von den »Inseln des großen Grünen«. Bei den entsprechenden Gesandtschaften im Grab des Wesirs Rechmere (um 1470 v. Chr.) nennen die Herkunftsbezeichnungen das Fremdland »Keftiu/Kaftu« und »die Inseln des großen Grünen«, im jüngsten Grab, dem des Mencheperreseneb, »Keftiu/Kaftu«.[308] Die in den Gräbern von Theben-West von den Regierungsjahren der Hatschepsut (1479–1458 v. Chr.) bis Amenophis III. (1390–1353 v. Chr.) dargestellten Kaftu-Gesandten stimmten in Menschentyp, Kleidung, Haartracht und im Typ ihrer Geschenke aus Ton und Metall mit den altkretischen Menschen und Kunstprodukten überein, weshalb das »Fremdland Kaftu« mit Kreta zu identifizieren ist. Dieses Ergebnis bestätigten glänzend die Ortsnamenlisten Amenophis' III.,[309] die der Pharao an den Statuensockeln im großen Innenhof seines Totentempels in Theben-West anbringen ließ.

Die Ortsnamenliste des fünften Sockels im Nordteil des Innenhofs, die sogenannte Liste EN, ist von besonderer Bedeutung. Sie stellt ein Itinerar dar, von dessen angegebenen Ortsnamen sich Amnissos, Kydonia auf Kreta, Messene auf der

Kreta im politischen Umfeld

Peloponnes, die Insel Kythera, Knossos, Amnissos und Lyktos identifizieren lassen, wodurch eine Reiseroute festgelegt wurde, die von Nordkreta nach Griechenland und über Kythera nach Nordkreta zurückführte. Über der Namensliste waren auf der Sockelvorderseite, rechts neben der die Mitte einnehmenden Darstellung eines Paares gefesselter Gefangener, zwei geographische Ortsbegriffe geschrieben: »Kaftu« und »Tanaja«. Beide Ortsbegriffe stehen wie eine Überschrift über der Reiseroute, die zwei Länder, Kreta und die Peloponnes mit der vorgelagerten Insel Kythera, einbezieht. Haider wies darauf hin, daß »Tanaja« an die homerischen »Danaoi« erinnert, den Namen eines verschollenen peloponnesisch-griechischen Volksstammes. Homer verwendete »Danaoi« für alle vor Troja kämpfenden Griechen. Haider vermutete, daß »Danaoi« die Bezeichnung eines Volkes war, das im Land »Danaja«, d. h. auf der Peloponnes, lebte. Den geographischen Terminus »Danaja« habe die ägyptische Fremdwörterorthographie als »Tanaja« wiedergegeben.[310] Demnach war auf der Liste EN eine Reiseroute vom Land Kaftu nach dem Land Tanaja und wieder zurück niedergeschrieben. Kaftu oder Kaftiu war also der Name des bronzezeitlichen Kreta, der im Hebräischen als »Kaphtor« erscheint (Jeremias 47,4).

Kreta trug seinen Namen Kapte-ra/Kaptara/Keftiu/Kaftu sicher seit dem 24. Jahrhundert v. Chr., wahrscheinlich aber schon früher. In ägyptischen Schriftzeugnissen findet man zahlreiche Erwähnungen, die sich auf die Insel beziehen. Die heute bekannten Textstellen wurden von E. und J. Sakellarakis und P. Haider gesammelt.[311] So wird auf der Stele von Sesostris I. (1943–1899 v. Chr.) der Horus Kefti erwähnt. Die hölzerne Schultafel Nr. 5647 im British Museum, London, aus dem 16. Jahrhundert v. Chr. trägt die Aufschrift: »Anfertigen von Namen des Kaftu-Fremdlands«. Die Annalen zum 34. Regierungsjahr von Thutmosis III. (1479–1426 v. Chr.) berichten vom Asienfeldzug, daß die Beute aus den syrischen Häfen auf Byblos-Schiffen und Kaftu-Schiffen nach Ägypten gebracht wurde. Die offiziellen Berichte aus dem 42. Regierungsjahr desselben Pharao nennen eine Silberkanne in Keftiu-Technik. Ein Steingefäßfragment aus dem Grab Thutmosis' IV. (1400–1390 v. Chr.)

trug den Vermerk, daß es eine »Kefti« genannte Materie enthielt. Der »Londoner medizinische Papyrus«, der allgemein in die Regierungszeit Amenophis' III. (1390–1353 v. Chr.) datiert wird, aber wahrscheinlich noch der ausgehenden Hyksos-Zeit, d. h. dem 16. Jahrhundert v. Chr., angehört,[312] enthält zwei Beschwörungen in der Sprache der Kaftu. Hier ist ein »rasaja« mit der ägyptischen Apposition »der große Gott« und ein »amaja« mit dem ägyptischen Determinativ »Gott« versehen. Diese interessante Stelle scheint einen Hinweis darauf zu geben, daß es im altkretischen Götterhimmel eine Hierarchie gab, die zwischen dem »großen Gott« und dem »Gott« unterschied. Nicht ausgeschlossen ist allerdings, daß mit »Gott« der König, mit dem »großen Gott« der Himmels-, Schutz- und Königsgott gemeint war.

Eine »minoische Thalassokratie«?

Ägypten gilt als landorientert, Kreta als seeorientiert. Die Beziehungen Kretas zu Ägypten, die sich während des Mittleren und des Neuen Reiches intensivierten und ihren Höhepunkt in der Regierungszeit Thutmosis' III. fanden, sollten demnach von Kreta aus in der Zeit der »Minoischen Thalassokratie« (von 2160–1080 v. Chr.) gepflegt worden sein. Da zudem eine ägyptische Flotte im östlichen Mittelmeer fehlte, wird die kretische Flotte beherrschend präsent gewesen sein.[313]

Daß zumindest noch im 15. Jahrhundert v. Chr. die ägäischen Inseln, unter ihnen die Kykladen mit Thera, aber auch Kythera und Keos unter starkem kretischen Einfluß standen, geht auch aus den Herkunftsangaben in den Gräbern von Theben-West hervor, die dieselbe Gruppe von gabenbringenden Gesandten als Leute von »Kaftu« und von »den Inseln des großen Grünen« bzw. »von den Inseln inmitten des Meeres« bezeichneten. Kreta und diese Inseln wurden also als geographische Gruppe verstanden, die zu einer politischen oder nur kulturellen Einheit zusammengefaßt werden konnte. Darf man also von einer Seeherrschaft (Thalassokratie) der kretischen Könige im 16. und 15. Jahrhundert v. Chr. sprechen, was dem kretischen Kultureinfluß einen militärischen Aspekt verleihen würde, oder sollte man besser die Vorstellung von der »Pax Minoica« aufrechterhalten?[314]

G. Cadogan sah keine militärische Kontrolle der Ägäis mittels der kretischen Flotte im 16. und frühen 15. Jahrhundert v. Chr. an.[315] Dagegen machte S. Hood darauf aufmerksam, daß offenbar spätestens im 15. Jahrhundert v. Chr. Knossos die selbständigen Stadtstaaten Kretas unter seiner Herrschaft vereinigte und wohl die Macht hatte, seine Herrschaft auch über die ägäischen Inseln auszudehnen. Dennoch erweckten die Paläste in Phaistos, Mallia und Zakros sowie die Landhausvillen den Eindruck eines locker organisierten Systems von unabhängigen Fürsten, wie sie in den Großreichen des Nahen Ostens anzutreffen waren. Die Voraussetzungen zur Ausdehnung ihrer Macht auf die Nachbarregionen hätten für die kretischen Herrscher bestanden. Die kretische Kultur zeige in der Spätphase der neuen Paläste starke Entwicklungskräfte. Dies im Verein mit der anwachsenden Bevölkerung möge die Gründung von überseeischen Siedlungen gefördert haben. Dieser Prozeß habe aber eine lange Vorgeschichte des kretischen Einflusses auf den Inseln.[316]

Zieht man die griechische und kretische Überlieferung zu Rate, so wurden eine kriegerische, gegen die Seeräuber gerichtete kretische Herrschaft über die Inseln und der Begriff »Thalassokratie« erst mit König Minos verbunden (Thukydides I 8). Ob ein Regierungsbeginn des »Minos« und seiner Dynastie in Knossos ins spätere 15. oder erst ins 14. Jahrhundert v. Chr. zu setzen ist, bedarf noch klärender Forschungen. Im 17., 16. und frühen 15. Jahrhundert v. Chr. blühte aber noch die Kultur des vorminoischen Kreta, der Zeit des Asterios und Rhadamanthys. Von Rhadamanthys weiß die kretische Überlieferung (Diod. Sic. V 79,1–2), daß eine große Zahl von Inseln in seinem Besitz war ebenso wie ein Teil der Küste Kleinasiens, daß aber jedermann sich gern und aus freiem Willen in seine Hand begeben habe wegen des Ruhmes seiner Gerechtigkeit.

Will man das friedvolle Zusammenwachsen Kretas und vieler der ägäischen Inseln zu einer engen Kulturkoine (Kulturgemeinschaft) im 17. bis frühen 15. Jahrhundert v. Chr. charakterisieren, so spricht man besser nicht von einer »minoischen Thalassokratie« auch nicht von einer »Pax Minoica«, sondern vom »Rhadamanthyschen Frieden«, von der »Pax des Asterios oder Horus Kefti«. Welcher Art war die kretische Einflußnahme auf die ägäischen Inseln? Waren Kolonien von kretischen Einwanderern gegründet worden (settlement colony), wurden die einheimischen Inselbewohner in ihren Siedlungen von kretischen Fürsten und Beamten regiert (governed colony), oder bestand in den jeweiligen Inselsiedlungen ein kulturtragendes Element aus kretischen Einwanderern (community colonies)? Letzteres scheint Branigan das wahrscheinlichste zu sein.[317]

Kretische Kolonien

Als echte kretische Kolonie (settlement colony) wird Kastri auf Kythera angesehen, wo Kreter in der frühen Bronzezeit ihre Siedlung auf einem Vorgebirge anlegten. Hier erhob sich in klassischer Zeit die Stadt Skandeia. Von 1963 bis 1966 führte die Britische Schule von Athen Ausgrabungen in Kastri durch, die ergaben, daß hier seit 2300 v. Chr. bis ca. 1450 v. Chr. eine durch den Handel und eigene Keramikmanufakturen blühende kretische Kolonie mit zugehöriger Nekropole bestand. Die Nekropole lag im Hinterland der Hafenstadt. Ihre Kammergräber von rein altkretischem Charakter sind bisher außerhalb Kretas einzigartig.[318] Allerdings sollen, wie Geländebegehungen ergaben, kretische Siedlungen gleichen Typs auch auf Kasos, Karpathos und Saria existiert haben.[319]

Die berühmteste Inselstadt südlich des heutigen Akrotiri auf Santorin, dem antiken Thera, war zwar stark kretisch geprägt, gilt aber nicht als kretische Kolonie. Damals schlief der Vulkan und erhob sich als hoher Berg auf der annähernd runden Insel. War sie das sagenhafte Atlantis, von dem Platon erzählt, daß es während eines Tages und einer Nacht versank (Platon, *Tim.* 25 d)?[320] Dem Untergang waren zwei Erdbeben in rund fünfzig Jahren Abstand vorausgegangen. Die Siedler hatten die ersten Schäden beseitigen, ihre Häuser noch aufwendiger wiederherstellen können. Nach dem zweiten Beben blieb ihnen keine Zeit

Kreta im politischen Umfeld

mehr, den Schutt gänzlich von den Straßen fortzuräumen. Drohende Erdstöße warnten, und die Bewohner räumten die Stadt, um aufs Meer zu flüchten. Ein bedachter Hausherr, der auf Wiederkehr hoffte, stapelte im Obergeschoß von Haus D 1 seine mit Getreide gefüllten Vorratsgefäße zwischen die Türpfosten, einem verhältnismäßig einsturzsicheren Platz. Alle Wertgegenstände, auch das Vieh, wurden mitgenommen. Zwei Kübel mit frisch angerichtetem Bewurf für den Wandverputz des Westhauses blieben im Raum 4 stehen und zeugten von überstürzter Flucht. Die erste Vulkaneruption überschüttete die ganze Insel mit einer 3 cm dicken Schicht aus körnigem Bimsgrus. Ein folgender leichter Regen verkrustete ihre Oberfläche. Die Bewohner kehrten nicht zurück. Eine weitere Eruption bedeckte alles mit einer Bimssteinschicht von 50 bis 100 cm Stärke, diese wurde stellenweise von schweren Basaltstein-Einschlägen durchbrochen. Dann kam das Ende in einer raschen Folge von Erschütterungen und Eruptionen. Rosa Bimssteinklumpen bildeten eine mehrere Meter hohe Schicht, Aschewolken folgten und mit ihnen der gigantische Hauptausbruch, dessen Ascheauswurf die Insel stellenweise 30 m hoch bedeckte. Als der Kamin des Vulkans barst und der mächtige Hohlraum, der sich unter ihm gebildet hatte, einbrach, verschlang das Meer die Insel, von der nur noch die Randstücke Santorin, Therasia und Aspronisi übrigblieben.

Im südwestlichen Teil des Inselfragments Santorin liegt auf einem Vorgebirge (griechisch Akrotérion) das heutige Dorf Akrotiri. Nicht weit davon in Richtung Süden hatten die Bimsstein- und Ascheschichten des Vulkanausbruchs die bronzezeitliche Hafenstadt bedeckt und wie ein ägäisches Pompeji oder Herculaneum für den Spaten des Ausgräbers bewahrt. Spyridon Marinatos sollten bei der Freilegung dieser Stadt ab Sommer 1967 aufsehenerregende Entdeckungen beschieden sein. Unter dem verkrusteten, körnigen Bimsgrus des ersten Vulkanauswurfs konnten beachtliche Reste einer einst wohlhabenden Stadt freigelegt werden. Mehrstöckige Häuser, aus schönen quadratischen Blöcken gefügt, wurden einst von gepflasterten Straßen und Plätzen her betreten. Freistehende Gebäude hoben sich repräsentativ im Stadtbild ab. Ein Töpferladen lag am Mühlenplatz. In

Das Leben im alten Kreta

128 Akrotiri, 18.–17. Jh. v. Chr., Orientierungsplan (nach Doumas 1992 und Marinatos 1987).

den Häusern stützten zentrale Holzsäulen die Böden des oberen Stockwerks, zu dem steinerne Treppen führten. Die Abwässer von Bad und Toilette wurden durch Tonrohre zu einem Kanalsystem unter dem Straßenpflaster geleitet. In den Kellerräumen der nicht nach einheitlichem Plan, sondern nach persönlichem Wunsch und Bedürfnis gewachsenen Häuser waren die zur Versorgung eines jeden Haushalts notwendigen Vorräte in Tongefäßen geborgen. Die Ausgräber konnten Reste von Mandeln, Gerste, Hülsenfrüchten, Oliven und sogar von Mehl, Öl, Wein und gesalzenem Fisch feststellen. Zu jedem Haus gehörte eine Getreidemühle. Die den Speisezettel mit Milch, Käse und Fleisch bereichernden Haustiere, Ziege und Schaf, wurden auf der Weide, in Hürden und vielleicht in Ställen am Stadtrand gehalten. Ebenerdig befanden sich über den Kellern weitere Lagerräume, Wirtschaftsräume, Kulträume und vor allem Werkstätten und Läden. Hier waren wohl die Männer – damals wie heute im engen Kontakt mit dem Leben auf der Straße – als Handwerker und Händler tätig. In den oberen Räumen saßen fleißige Frauen am Webstuhl. Diese Zimmer waren wohnlich ausgestattet mit einer Fülle von eleganten Gefäßen, die am Ort nach kretischem Vorbild hergestellt waren und als Dekor springende Delphine, munter sich emporschwingende Schwalben und windbewegte Pflanzen, Gräser und Blumen trugen. Durch Ausgießen von Hohlräumen in der Bimssteinschicht konnte auch die Form eines Holzstuhls und einer hölzernen Bettstatt ermittelt werden. Diese bestand aus vier nach unten sich verjüngenden Fußpflöcken an einem Holzrahmen, in den wohl einst ein Fell gespannt war. Durch alle Stockwerke fluteten Licht und Luft, wenn Portale, Fenster und Polythyra geöffnet waren.

Die Bewohner des bronzezeitlichen Akrotiri wurden als Ägäer angesprochen. Ein Teil von ihnen mag auch aus Kreta gekommen sein. Das enge, die Theräer mit Kreta verknüpfende Band war aber die theokratische Staatsordnung mit ihren das tägliche Leben strukturierenden Kultpraktiken. Entsprechend sah Nanno Marinatos die Gesellschaft von Akrotiri rund um ein System von Kulträumen (Schreinen) unterschiedlicher Rangordnung organisiert.[321] Die Reste der Wandmalereien, die einst diese Kulträume schmückten, sind von zeitloser Schönheit und aparter Eigenart. Sie gehören zu den kostbarsten Kunstschöpfungen der antiken Welt und haben die Weltöffentlichkeit in den 1960er Jahren nicht weniger erregt als die Werke altkretischer Kunst aus dem Palast von Knossos, die Evans am Anfang unseres Jahrhunderts ans Tageslicht brachte.

Die theräischen Künstler schufen, inspiriert von Kreta, jedoch in großer schöpferischer Freiheit, Bilderfindungen, deren Originalität überrascht, deren Kalligraphie und zart delikate oder kraftvoll dekorative Farbpalette entzückt. In einer Atmosphäre huldreichen göttlichen Wirkens tummeln sich schnäbelnde Schwalben über erblühten Lilien und felsigem Grund, schreiten rivalisierende Antilopenböcke im Imponiergehabe Seite an Seite (Abb. 129), heben Knaben die Fäuste zum Boxkampf, tragen ein Fischer seinen Fang und schöngekleidete Frauen ein festliches Gewand herbei (Abb. 130), teilen geschmückte Schiffe die Wogen, sammeln Mädchen Krokusblüten und breitet das Papyrusdickicht seine schweren Dolden aus (Abb. 130). Die meisten dieser im frühen 17. Jahrhundert v. Chr. entstandenen Wandmalereien sind ihrem Stil nach Beispiele des »altkretischen Naturalismus«, so die Landschaften im »Lilienzimmer« im Herrenhaus Xeste 3 und im Westhaus, aber auch die Tierbilder der Antilopen in Block B und der Affen in Xeste 3. Ihnen entsprechen zeitlich und stilistisch auf Kreta das schon beschriebene Fresko aus Hagia Triada mit der Wildkatze, das Wandbild eines krokuspflückenden Affen aus dem Palast von Knossos, das Evans irrtümlich als blumenpflückenden Knaben ergänzt hatte, und im »Haus der Fresken« in Knossos der »Affenfries mit dem blauen Vogel«. Hier sah man blaue Vögel und mindestens sechs bläuliche Affen, die offenbar darauf aus waren, die Nester der Vögel aufzuspüren, um die Eier zu rauben. Die Landschaft zeigte felsige Hügel und einen verzweigten Flußlauf, dessen üppig wachsende Papyrusstauden an eine Nillandschaft denken lassen. Der Eindruck von einer nordafrikanischen Landschaft wird noch verstärkt durch Freiflächen in sandigem Gelb, die offenbar wüstenartige Zwischenzonen andeuten wollen und einen Kontrast darstellen zur fruchtbaren Flußregion, in welcher Efeu grünt und Wildrosen, Krokusse, Wicken, Schwertlinien und Lilien blühen. Das Naturidyll mit seiner poesievollen Mischung von kre-

Kreta im politischen Umfeld

129 Antilopen vom Fresko des Häuserblocks B, 17. Jh. v. Chr. (nach Marinatos 1987).

tischer und nordafrikanischer Fauna und Flora setzte eine detaillierte Naturbeobachtung des Malers voraus.[322] Das gleiche gilt für den Fries der blauen Affen im Herrenhaus Xeste 3 und für die »Nillandschaft« im Westhaus des bronzezeitlichen Akrotiri auf Thera.

Daß kretische und ägäische Künstler Nordafrika vom Augenschein kannten, haben jüngste Ausgrabungen von M. Bietak im östlichen Nildelta erwiesen. In Tell el-Dabᶜa legte das Wiener Ägyptologische Institut eine Stadtanlage von 2,5 km² Ausdehnung frei. Ihre Bewohner waren Träger der syrisch-palästinischen Kultur der mittleren Bronzezeit. Man hatte das antike Auaris, die ureigenste Residenzstadt der Hyksos, jener Fremdherrscher gefunden, die vom späten 18. Jahrhundert v. Chr. bis ins 16. Jahrhundert v. Chr. hinein Ägypten regierten. Hier wurde am Ostufer des pelusischen Nilarms im Grabungsabschnitt H/J bei ᶜEzbet Helmi über dem Kastenmauerwerk einer Schlamm-

Das Leben im alten Kreta

130 Kultraum im sogenannten Frauenhaus von Akrotiri, 17. Jh. v. Chr. (nach Marinatos 1984).

ziegelplattform das Fundament eines kastellartigen Baus mit Palastcharakter freigelegt. Diese Anlage, die von Bietak um 1550 v. Chr. datiert wird, umgaben einst Gärten, auf deren Areal die Ausgräber aus dem Palastschutt Verputzfragmente mit kretischen Wandmalereien bergen konnten. Sie zeigten bekannte Bildthemen wie Akrobaten, Würdenträger, Palme, Efeu, Greif und den kultischen Stiersprung[323] (Abb. 131). Viele dieser Freskenfragmente sind stilnah mit denen von Thera. Das Stiersprungfresko wirkt etwas steifer, etwas ungelenker in der Attitüde des Voltigeurs als die theräischen Mädchen- und Knabengestalten. Das Labyrinthmuster, das die Pflasterung des Areals, auf dem der Stiersprung stattfindet, wiedergeben mag, ist weniger differenziert als das entsprechende Labyrinthmuster aus dem Palast von Knossos, das Evans »mittelminoisch III« (1. Hälfte des 17. Jh. v. Chr.) da-

Kreta im politischen Umfeld

131 Stiersprungfresko aus dem Palast der Hyksoszeit in Auaris, 17.–16. Jh. v. Chr. (nach Bietak 1994).

tierte.[324] Die Maltechnik war jedoch die gleiche wie in Kreta. Die Künstler wandten keine reine »al fresco«-Technik an, bei der mit nasser Farbe auf feuchtem Stuck gemalt wurde, sondern bearbeiteten schrittweise die Wand, die entweder einen schmalen Fries als oberen Abschluß, ein gerahmtes Friesbild oder eine breite Flächenbemalung erhalten sollte. Auf zwei grobe Verputzschichten aus Kalkputz und Quarzsand kam eine feine, dünne Kalkschicht, deren Oberfläche mit einem Stein geglättet wurde. Nun galt es, die Vorzeichnung einzubringen, wobei man Leitlinien mit einer gedrehten Schnur in den weichen, noch nassen Kalkputz eindrückte. Danach erfolgte eine abermalige leichte Politur. Jetzt legte der Künstler die Hintergrundfarben an, in der Altpalastzeit meist ein pompejanisches Rot, später lichte Farben, und malte naß auf naß. Dabei verwendete er haltbare Mineral- und Metalloxidfarben, zur Palette gehörten Rot, Gelb, Weiß, Schwarz, Blau und Grün. Auch die schön geschwungene Linienzeichnung wurde häufig noch auf den feuchten Stuck gesetzt.

Die Farben drangen ein und erhärteten mit dem Stuck beim Trocknen. Danach konnten größere oder kleinere Farbpartien, ganze Figuren oder nur ergänzende Details, in »secco« mit trockener, dicker Farbe auf den trockenen Grund gemalt werden. Auf die bei der Freskotechnik notwendige schnelle Arbeit läßt sich vielleicht der altkretische »Impressionismus« zurückführen. Es scheint, daß kretische Künstler die Freskomalerei und ihre Mischtechnik in der Ägäis, der Levante und Nordafrika während der ersten Hälfte des 2. Jahrtausends v. Chr. verbreiteten, wobei sie lebhafte Natureindrücke aus Ägypten in die Heimat mitbrachten.

Aber ägyptische Einflüsse müssen auch noch auf anderen Wegen in die Ägäis gelangt sein. In der theräischen Bild- und Geisteswelt stellen sie eine nicht zu übersehende Komponente dar. Das Fresko der boxenden Knaben aus Haus B findet sein Gegenstück in wettkämpfenden Kindern auf ägyptischen Wandgemälden.[325] Auch der geschorene oder teilweise geschorene Kopf als Zeichen für Jugendlichkeit geht auf nordafrikanische Vorbilder zurück,[326] die Sumpflandschaft mit Schilf und Enten, wie sie im Obergeschoß des Herrenhauses Xeste 3 dargestellt ist, gehörte zum ägyptischen Bildrepertoire. Das gleiche gilt von den Meerkatzen des Affenfreskos aus Haus B. Ein weiterer Affenfries aus Xeste 3, nur bruchstückhaft erhalten, zeigt die Tiere durchwegs mit menschlichen Tätigkeiten beschäftigt. Es fällt auf, daß einige Schwerter tragen, andere die Leier spielen. Man fühlt sich an die Mischwesen des klassischen Altertums, an die Satyrn, die Begleiter des Gottes Dionysos, erinnert. »Die spezielle Rolle von Affen als Diener und Begleiter der Gottheit dürfte aus Ägypten entlehnt sein, wo Paviane regelmäßig als Sonnenanbeter erscheinen.« In diesem Zusammenhang ist ein Freskofragment aus Akrotiri interessant, auf dem ein Affe als Adorant vor einer Säule mit Papyrusdoldenkapitell an einem Doppelhornaltar die Arme im Betgestus erhebt.[327] Nach Marinatos waren auf Thera nur Hausheiligtümer und Kulträume mit Fresken geschmückt. Ihre Bilder hatten die Aufgabe, die religiöse Funktion des jeweiligen Kultraums widerzuspiegeln oder Grundinhalte religiöser Vorstellungen darzustellen. Der Sinn des Lilienfreskos sei, den Frühling anzukündigen und mit ihm die Erneuerung der Natur. Die Sumpflandschaft mit Papyrus, Schild, Palmen und Enten sei ein Symbol für üppige Fruchtbarkeit. Rituelle Handlungen spiegle der Boxkampf der Kinder und die Einkleidung der Priesterin im Frauenhaus wider. Rituale vielleicht mystischer Natur, die der Vorbereitung junger Mädchen auf ihre Frauenrolle gedient haben mögen, scheinen die Fresken im Erdgeschoß des Herrenhauses, Xeste 3, anzuzeigen.

Hier waren über dem eingesenkten, durch Treppenstufen erreichbaren Raumteil (Lustralbecken) eines Vieltürensaals an der Ostwand ein Doppelhornaltar mit Blutspuren, an der Westwand männliche Gabenbringer und an der Nordwand in gewissem Abstand drei Frauengestalten gemalt. Zwei von ihnen, erwachsene Frauen, wandten sich dem Altar zu, die dritte, durch die Haarrasur als Mädchen gekennzeichnete Gestalt, schritt vom Altar fort und blickte nur über die Schulter auf ihn zurück. Sie ist zudem bis zu den Füßen von einem großen, durchsichtigen Schleiertuch bedeckt. Die Frau ihr gegenüber, am Westende der Wand, schreitet, festlich gekleidet in Stoffe mit Blüten und Blattmustern, auf die Wandmitte zu. Sie trägt eine Halskette in der Hand. Alles an ihr ist in schwingender Bewegung. Ganz anders steht es um die Frauengestalt in der Bildmitte. Sie hat eine Felshöhe überschritten, doch beim Niedersteigen auf dem abfallenden Hang sind ihr die Kräfte geschwunden. Ermattet hat sie sich niedergesetzt. Schwer hängen die Bänder und Quasten ihrer reichen Kleidung herab. Blüte und Zweig im kunstvoll geschlungenen Kopfputz welken. Aus einer Wunde im Fuß tropft ihr Blut auf die Erde. Man fühlt sich erinnert an Achills Todeswunde in der Ferse, die ihm ein Pfeil des Paris schlug, und an die tödliche Verletzung des stählernen kretischen Riesen Talos, den die Argonauten mit einem Zaubertrank der Medea betäubten und dann töteten, indem sie ihm am Fuß einen der Nägel, mit denen Hephaistos die Teile des Metallmanns zusammengeheftet hatte, herauszogen und seinen Lebenssaft auslaufen ließen.

N. Marinatos sah in den drei Mädchen der Nordwand eine Gabenbringerin, in der Mitte eine Initiantin, welche die Vegetationsgöttin personifizierte und ihr Schicksal im Ritual erleide, und in der Verschleierten ein junges, noch nicht eingeweihtes Mädchen. Für die Art der Einweihung gelte: »Das Absterben und die Wiedergeburt der Natur stellen ein Phänomen dar, dem in der Initiation die Aufgabe des bisherigen und die Aufnahme eines neuen Lebens mit neuen Funktionen entsprechen. Der Eintritt in das Stadium der Weiblichkeit muß mit dem durch Blumen und Pflanzen symbolisierten Wiederaufleben der Natur zusammenfallen.«[328] Die drei Gestalten der Nordwand könnten aber auch eine dreifache Personifikation der Natur sein. Sie erscheint fröhlich. Mit Blüten und Blättern geschmückt, wird sie auf blütenbestandenem Felsgrund zu voller Entfaltung emporsteigen. Auf der Höhe geht es ein wenig hinab zur letzten Vollendung und Süße. Dann führt der Weg bergab. Das Gelände ist kahl, das Welken beginnt. Die Kräfte schwinden. Aus der Fußwunde fließt das Blut. Die Erde trinkt den Lebensquell wieder in sich ein. Das Blutopfer am Altar wird erbracht. Das Sterben der Natur ist besiegelt. Aber unter dem Schleier, das heißt unsichtbar, ist sie in verjüngter Gestalt schon wieder da und macht sich auf den Weg, um ihren Lauf neu zu beginnen. Die den Kreislauf der Natur garantierende Göttin thront über diesem Geschehen auf der Nordwand des Obergeschosses, umgeben von Greif und Affe. Letzterer erhebt vor ihr die Arme im Betgestus.

Außer den Fresken im Herrenhaus Xeste 3, die Marinatos ganz allgemein als Vegetationsfeier, mit Frühling und Wiedergeburt der Natur deutet, sieht sie ein Frühjahrsfest auf den schmalen Miniaturfriesen, die den oberen Abschnitt der Wände in Raum 5 des Westhauses schmückten, dargestellt. Darunter, in der Zone der Fenster, schreiten zwei große gemalte Gabenbringer, vielleicht Fischer, mit Fischbündeln auf einen realen Opfertisch zu, der in der Nordwestecke des Raumes *in situ* gefunden wurde. Der Nordfries darüber ist nach Ansicht von Marinatos von Ost nach West zu lesen. Er habe einen realen militärischen Seesieg von Ägäern über fremde Aggressoren zum Thema. Die Handlung schließe im Westen, oberhalb des Altars, mit einer Dankesfeier. Als Folge der kriegerischen Auseinandersetzung sieht man drei Tote und einen Enterhaken im Meer vor der Küste treiben, während, stolz aufgerichtet und mit langem Stabzepter, ein Jüngling mit ägäischem Schurz im landenden, schlanken Schiff steht. Andere Schiffe, die ihn umgeben haben und vielleicht den Feinden gehörten, sind kaum mehr erhalten. Das Geschehen wird ohne Anzeichen von Erregung vom Dach eines Bauwerks beobachtet, zugleich ziehen Krieger mit Eberzahnhelmen, trapezförmigen Schilden und langen Lanzen zur Begrüßung des Ankömmlings aus. Auf dem anschließenden Fries der Ostwand jagen zwei Raubtiere, Greif und Wildkatze, in tropischer Flußlandschaft ihre Beute.

Bei dem Fries der Südwand, der laut Marinatos ebenfalls von Ost nach West zu lesen ist, bildet wie auf dem Nordfries eine religiöse Feier den westlichen Abschluß. Sie wird als Frühlingsfest in der Stadt Akrotiri abgehalten, die das Ziel einer mit Frühlingssymbolen geschmückten Flotte ist. Im Hinterland des Ausgangshafens der Schiffsprozession jagt ein Löwe Hirsche. Das Motiv jagender Löwen erscheint auch als Schiffsdekor. Die Behandlung zweier gegensätzlicher Themenkreise im Bildprogramm von Raum 5 – militärische Aktion, animalische Grausamkeit und Frühlingsfest mit Blumen- und Schmetterlingssymbolen – erklärte Marinatos überzeugend mit dem Hauptthema der Fresken, der Frühlingsfeier: »Im mythischen Denken muß auch die Natur in ihrem Kampf gegen feindliche Kräfte den Sieg davontragen, damit sie im Frühjahr zu neuem Leben erwachen kann.« Dies feiere letztendlich auch noch das christliche Osterfest im Triumph Christi über den Tod.[329]

Führt man diese Argumentation weiter und berücksichtigt dabei auch, daß die Miniaturfresken des Westhauses vornehmlich Männer als Akteure des Frühlingsfestes zeigen, so kommt man zu dem Schluß, daß hier nicht ein realer militärischer Seesieg von Ägäern, sondern die sieghafte Wiederkehr des Jahresgottes – der Jüngling mit Stabzepter – gefeiert wird. Seinen Sieg über Feinde, die mit einem Enterhaken im Meer treiben, gibt der Nordfries wieder. Man fühlt sich an den Sieg des Dionysos über die Seeräuber und seine jährliche Ankunft zum Blütenfest in Athen erinnert. So scheint auch der Südfries die Ankunft des Jahresgottes in Akrotiri mit einer festlichen Schiffsprozession zu feiern.

Ein zweites bedeutendes Jahresfest spiegeln die Fresken des Frauenhauses wider, das ebenso freistehend wie das Westhaus gebaut war. Im Nordteil des Frauenhauses befand sich ein zweige-

Das Leben im alten Kreta

teilter Raum mit Fresken, die im Ostteil offenbar die Einkleidung der Göttin zum Festakt der Heiligen Hochzeit, im Westteil Dreiergruppen blühender Papyrusstauden darstellten. Östlich an die Einkleidungsfresken schloß ein Speisesaal an, in dem Kochtöpfe und konische Becher gefunden wurden. Hier fand wohl das rituelle Festessen anläßlich der Heiligen Hochzeit der Großen Göttin mit dem Jahresgott statt. Der heilige Ort der Hochzeit wird der Papyrusstaudenraum gewesen sein. Hier in den Sümpfen verband sich die Göttin mit dem Gott, wie Isis mit Osiris in der ägyptischen Mythologie. In diesen Raum konnte von Westen her durch ein Fenster heiliges Gerät gereicht werden, so Gefäße in Form von Tritonschnecken und Rhyta (Rinngefäße). Hier war auch ein Kultdepot in den Boden eingesenkt, in dem neben henkellosen Bechern ein Bottich voll Samen gefunden wurde.

Mit jeder Kultfeier waren Kultmahlzeiten verbunden. Man fand daher in allen Hausheiligtümern und Kulträumen auf Thera Kochtöpfe, konische Becher, Schalen, Kannen, Reste von Speisen und Handmühlen. In Ägypten unterzog sich der Pharao selbst der hohen Tätigkeit des kultischen Mahlens von Getreide. So wurde auch unter den Grabbeigaben Tutanchamons eine Handmühle gefunden.[330] Obwohl in vielem noch rätselhaft, gehören die Fresken von Thera doch zu den sprechendsten Zeugen jener altkretischen Hochkultur, in die viele der ägäischen Inseln und mit ihnen Thera eingebunden waren.

Einen religionsgeschichtlich interessanten Befund erbrachten auch die amerikanischen Ausgrabungen, die unter der Leitung von J. L. Caskey von 1960 bis 1971 auf der Insel Keos durchgeführt wurden. Sie legten auf einer Halbinsel, die in die einzige bedeutende Hafenbucht an der Nordwestflanke der Insel hineinragt und nach einer auf ihr erbauten christlichen Kirche Ajia Irini heißt, eine bronzezeitliche Stadt frei, die in ihrer Blütezeit wenn auch nicht Kolonie, so doch Teil der altkretischen Kulturwelt war.

Vom Landesinnern durch Befestigungsmauern der Zeit um 2000 und 1600 v. Chr. abgeschirmt, wuchs auf der Halbinsel eine dicht bebaute Stadt mit Toranlage im Nordwesten, mit schiefwinkligem Platz, von dem nach zwei Seiten Gassen in das Innere der Stadt weiterleiteten, mit einem repräsentativ großen Gebäude A, wohl dem Sitz des Stadtoberhaupts, und einem langgestreckten Tempelbau B auf (Abb. 132). Die Stadt, deren Bewohnerzahl man auf 600 bis 700 schätzte, lebte von Landwirtschaft und Fischfang, vom Handwerk der Töpferei, Weberei und vor allem von der Metallverarbeitung und vom Handel. Handelspartner waren die Peloponnes und Kreta. Von den hei-

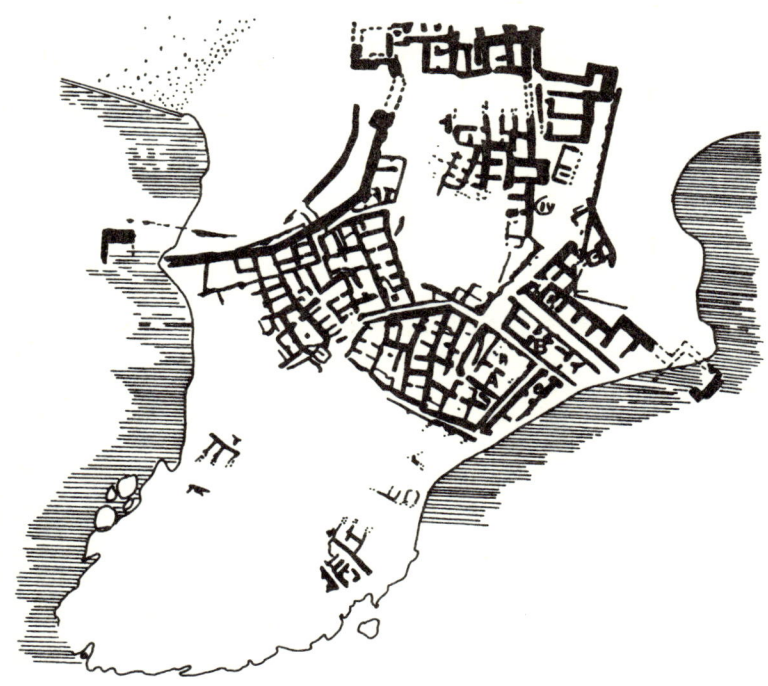

132 Stadtanlage von Ajia Irini mit Herrenhaus A und Tempel B auf Keos, 16.–15. Jh. v. Chr. (nach Rutkowski 1986).

mischen und importierten Gefäßen wurden bei der Ausgrabung mehr als 8000 Schalen – oft gestapelt vorgefunden – gezählt.

Gegen 1400 v. Chr. verließen die Bewohner ihre Stadt, wohl durch Erdstöße gewarnt. Alles Wertvolle wurde mitgenommen. Wenig später brach eine vernichtende Erdbebenkatastrophe über die Siedlung herein, in der Befestigungsmauern und Häuser einstürzten. Ein Mensch teilte das Schicksal der Stadt: sein Skelett wurde unter den Trümmern gefunden. Die nach der Halbinsel ebenfalls Ajia Irini genannte Stadt lebte nach dem Beben nicht mehr zu alter Blüte auf. Doch gab es eine partielle Neubesiedlung. Auch nahm man im Tempel die alten Kulttraditionen wieder auf. Als Hafenstadt aber blieb Ajia Irini in der jetzt mykenischen Ägäis unbedeutend. Die wiederbelebten alten Kulttraditionen im Tempel sorgten jedoch für einzigartige Befunde bei den archäologischen Forschungen.

Der Tempel wurde im frühen 2. Jahrtausend v. Chr. erbaut und bestand als Kultstätte zumindest bis ins 4. Jahrhundert v. Chr. hinein. Im südwestlichen Raum XI hatte das Erdbeben um 1450 v. Chr. zahlreiche weibliche Votivfiguren aus Ton, von 0,60 bis 1,00 m Größe, verschüttet, die nach dem Vorbild der Schlangengöttin von Knossos mit fußlangem Rock und knappem, die Brüste frei lassenden Mieder bekleidet und in der Taille eng umgürtet waren. Die Brüste sind voll entwickelt, was in der kretischen Kunst des 15. Jahrhunderts v. Chr. als Zeichen göttlichen Liebeszaubers galt. Mit seinen angewinkelten Armen scheint das Tonidol die Göttin in ekstatischem Wirbeltanz wiederzugeben. So zeigt sie um 1500 v. Chr. ein goldener Siegelring aus dem Kammergrab 91 von Mykene (Abb. 141). Sie tanzt hier ihren Wirbeltanz in einem altkretischen Baumheiligtum, dessen heiliger Baum vom jungen Vegetationsgott mit heftig erregter Gebärde ausgerissen wird. Ein weiterer Kultakt ist auf der linken Seite des Siegelbilds zu sehen. Hier trauert die Göttin und beklagt den Tod des Vegetationsgottes und der Vegetation.» »Wir sind noch weit davon entfernt, den bronzezeitlichen Vegetationskult zu verstehen, doch wissen wir aus später überlieferten Kulten von diesem Typus – man denke an die Adonis- und Attisfeiern –, daß heftige Äußerungen von Trauer und Freude aufeinander folgten. Das schluchzend beklagte Fehlen des Baumes [am Kultbau zur Linken] mag den Tod des jungen Vegetationsgottes symbolisieren.«[331]

Nach dem Zeugnis des Goldrings aus Mykene gehörte zur tanzenden Göttin ein männlicher Gott. Im nördlichen Raum VII im zentralen Teil des Tempels fanden die Ausgräber den Oberkörper einer männlichen Bronzefigur. Sie zeigt den ungelenk wiedergebenden Gestus der Verehrung, mit dem der jugendliche Gott vor der Göttin auf dem Siegelbild des Tempeldepots von Knossos erscheint (Abb. 105 b). Neben der Tonplastik eines Delphins – er war das Attributtier des unterirdischen Vegetationsgotts – fand man im Tempel mehrere Schiffsmodelle. Ein Schiff nutzte auch die Göttin auf dem sogenannten Minosring (Abb. 133), wenn sie zu ihren Heiligtümern auf den Inseln fuhr, um in göttlicher Raserei das Fest der Ernte, das Fest des kultischen Todes ihres Geliebten, zu begehen. Dieser wird in die Unterwelt, in die unterirdische Wasser- und Meeresregion hinabsteigen, um dort weiter als die Fruchtbarkeit fördernder Vegetationsgott zu wirken. Auf dem Bild eines Goldrings aus Mochlos[332] führt das Schiff die Göttin und den heiligen Baum dem Festakt entgegen. In Ekstase wird der heilige Baum aus seinem Schrein gerissen, wodurch das Sterben des Vegetationsgotts ver-

133 a) Siegelbild des »Ringes des Minos«, die Göttin auf der Fahrt zu ihren Heiligtümern auf den Inseln, 16. Jh. v. Chr. (nach Evans 1935).

sinnbildlicht wird. Am Himmel über dem Schiff schweben Ewigkeitssymbole: Zwiebelknollen, aus denen neues Grün sprießt, eine Schmetterlingspuppe und ein Zeichen, das an den ägyptischen Djet-Pfeiler, ein Symbol der Fortdauer, erinnert.

Das Schiff konnte aber auch in Ritualen eine Rolle spielen, welche die Wiederkehr des jungen Gottes und seine Heldentaten zum Thema hatten, wie die Tötung des Gottes Jam durch Baʿal/Hadad oder der Sieg über Feinde auf gegnerischen Schiffen. Dies hatte der Nordfries von Raum 5 des Westhauses von Akrotiri dargestellt. Der junge Gott stand hier, das lange Stabzepter in großer, königlicher Geste an ausgestrecktem Arm vor sich aufsetzend, sieghaft im landenden Schiff.[333] Modellboote in Heiligtümern oder an sakralen Orten, wie im Südhof von Hagia Triada, weisen offenbar auf Rituale hin, die zu Jahresfesten gehörten und dadurch zugleich mit der Kultlegende des Jahresgottes verbunden waren. Auch im Tempel von Ajia Irini wurden bis zum Erdbeben um 1450 v. Chr. die große Göttin und der Jahresgott verehrt.

Nach dem Erdbeben war der Tempel zu großen Teilen von Schutt befreit und offenbar sorgfältig wieder hergestellt worden. Im Osttrakt V, wo von den Ausgräbern eine 0,75 m starke Ascheschicht festgestellt wurde, fanden seit dem Anfang des 14. Jahrhunderts v. Chr. Brandopfer statt. Das Fortleben alter Kulttraditionen bezeugt der Fund von Teilen einer weiblichen Statuette, die eine schwere Girlande um den Nacken trägt und formal den Figuren des 15. Jahrhunderts v. Chr. gleicht. Sie wurde im Nordraum VII des Mitteltrakts zusammen mit mykenischer Keramik der Zeit um 1300 v. Chr. gefunden. Im 12. Jahrhundert v. Chr. erhielt der Osttrakt einen großen, rechteckigen, zentralen Steinaltar als Brandopferstätte. Am Ende des Jahrhunderts wurde der Ostteil des Tempels bis auf einen kleinen, in die Nordwestecke eingebauten Schrein als Kultplatz aufgegeben. Offenbar ging man wieder dazu über, im Westtrakt, im Raum XI, die heiligste Verehrungsstätte zu sehen. Hier fanden die Ausgräber, umgeben von Keramik des 8. Jahrhunderts v. Chr., den Kopf eines Tonidols des 15. Jahrhunderts v. Chr., sorgfältig auf eine Tonringbasis gestellt, als tauche das göttliche Haupt aus einem Rundaltar oder Brunnen auf. Das Gesicht war beschädigt

Kreta im politischen Umfeld

und verwittert, so daß es alle geschlechtsspezifischen Merkmale eingebüßt hatte. Die Beigabe eines Kantharos, des zweihenkligen dionysischen Kultbechers, ließ die Ausgräber vermuten, daß um 700 v. Chr. im aufgestellten Tonhaupt der Gott Dionysos gesehen und verehrt wurde. Das älteste epigraphische Zeugnis für die Verehrung des Dionysos in Raum XI des Tempels von Ajia Irini erbrachte eine Schale der Zeit um 500 v. Chr. Sie war von einem Anthippos von Ioulis dem Dionysos geweiht worden. Weitere eingeritzte Weihungen auf Votivkeramik legten bis ins 4. Jahrhundert v. Chr. ein bekräftigendes Zeugnis dafür ab, daß spätestens ab der ausgehenden Archaik, der Zeit um 500, wahrscheinlich aber bereits seit der Eisenzeit, der Tempel als dem Dionysos geweiht galt.[334]

Die zahlreichen, auch in Schichten des 15. Jahrhunderts v. Chr. im Tempel angetroffenen Trinkgefäße ermutigten die Ausgräber zur Frage nach dem bronzezeitlichen Tempelinhaber. Wurde hier trotz der Dominanz der weiblichen Votivfiguren im 15. Jahrhundert v. Chr. bereits Dionysos verehrt? B. C. Dietrich zählte Dionysos zu den Göttern des griechischen Pantheons, die auf den ägäischen Jahresgott zurückzuführen sind, der neben der großen ägäischen Muttergottheit im Kult der Erneuerung der Natur eine entscheidende Rolle spielte.[335] Auf zwei Fragmenten der Linear-B-Tafeln aus Pylos lasen M. Ventris und J. Chadwick den Namen Dionysos im Nominativ (Tafel PY Xa 1419) und im Genitiv (Tafel PY Xa 102).[336] Eine weitere Linear-B-Tafel mit dem Namen Dionysos kam in Westkreta zutage. Nicht weniger beachtenswert waren archäologische Befunde unter dem Zerstörungsschutt von 1450 v. Chr. in der Stadt Knossos.[337] Im Suchgraben G traf P. Warren auf die Baustruktur eines Ost- und eines Westraums. Beide Räume gehörten offenbar zusammen und dienten einst kultischen Zwecken. Der Ostraum war angefüllt mit 24 Kultgefäßen, zu denen auch ein Kantharos gehörte. In einem Vorratsgefäß waren Tassen und Miniaturvasen geborgen worden, die als kultische Spendegefäße gedient hatten, wie das in jedem Boden angebrachte Loch erwies. Eine Miniaturamphora war mit vier Doppelschilden bemalt. Im Westraum fand Warren neben 28 vollständigen Gefäßen, meist Kannen und Tassen, 218 menschliche Knochen mit Schabspuren, was als sicheres Zeichen für Anthropophagie (Menschenfresserei) angesehen wird. Die Skelettreste stammten von Kindern im Alter von zehn bis fünfzehn Jahren. Da keine Brandspuren beobachtet wurden, kam der Ausgräber zu dem Schluß, daß hier ein Zeugnis für den kultischen Rohverzehr (Omophagie) von Menschenfleisch vorliege. Warren verband diesen Ritus mit dem Kult des Dionysos Zagreus, der als Fruchtbarkeitsgott mit dem auf Kreta geborenen und sterbenden Zeus Kretagenes gleichzusetzen sei. Dieser ist durch mehrere antike Autoren, unter ihnen Kallimachos *(Fragm.* 171), überliefert, sein Kult war dionysisch.[338] Wir sahen schon, daß die Griechen den Hauptgott des nördlich von Ugarit gelegenen Berges Zaphon, den Baʿal/Hadad, als Zeus verehrten. Das gleiche gilt offenbar für Kreta. Auch hier setzten sie den kretischen Baʿal ihrem Hauptgott Zeus gleich. Der »kretische Baʿal« wird nicht nur einen Namen gehabt haben, wurden doch die Götter der Frühzeit unter vielen Namen angerufen.[339] »Asterios« und »Zagreus«[340] (»der große Jäger«) werden unter ihnen gewesen sein. Beide Namen erbte der griechische Wein- und Theatergott Dionysos.[341] Seine Kultgestalt bewahrte auch die theriomorphen Erscheinungsformen des kretischen Baʿal, zu denen vor allem der Bock, der Löwe, der Hirsch, der Vogel, die Schlange und der Stier gehörten.[342] Diese Tiere, mit Ausnahme des Hirsches, versammelt das Zylindersiegel von Tell el-Dabʿa (Abb. 110) als Numina des syrischen Wettergottes Baʿal Zaphon um den Gott, der in seiner Aktion als »Aigobolos«, als »Ziegenwerfer«, als Ziegentöter erscheint. Als »Aigobolos« wurde im klassischen Altertum Dionysos verehrt (Pausanias IX 8,2). Dionysos vermag sich in Wind zu verwandeln (Plutarch, *de E. ap. Delph.* 9), und es steht in seiner Macht, den Schiffen die widrigen Winde fernzuhalten,[343] wodurch er die Züge eines Wettergottes offenbart und abermals seine Wesensverwandtschaft zum nordsyrisch-kanaanäischen Baʿal/Hadad verrät. Es bleibt noch zu fragen, ab wann Dionysos das Erbe des kretischen Baʿal und seines Äquivalents, des kanaanäischen Hadad, antrat. Auf Linear A-Tafeln aus Hagia Triada, Chania, Archanes und Tylissos entzifferte C. Gordon den Namen »A-DU«, den er mit dem Namen Addu oder Haddu des syrischen Wettergottes identifizierte, als Anfangswort

Kreta im politischen Umfeld

eines Linear A-Textes.[344] Auf Linear B-Tafeln lasen Ventris und Chadwick den Namen Dionysos.[345] Danach hat es den Anschein, als hätten die Achäer einem auf den ägäischen Inseln und auf Kreta angetroffenen Gott – möglicherweise A-DU – den Namen Dionysos gegeben. Tatsächlich verraten Kultbrauch und Kultgestalt des griechischen Dionysos weit mehr über das Wesen des kretischen Jahresgottes als die Kultformen des griechischen Zeus. Wir kommen darauf zurück.

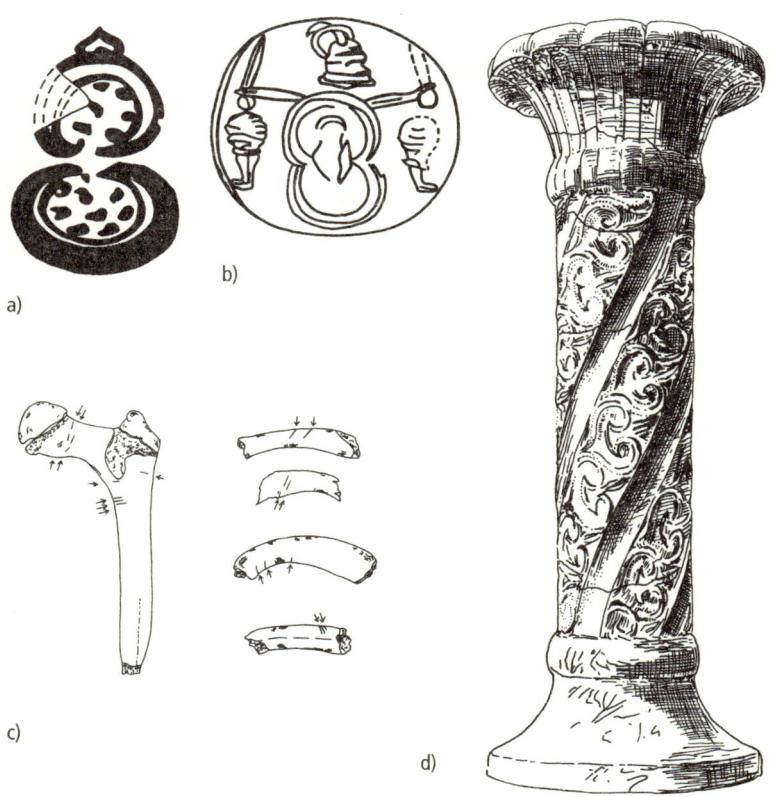

Abb. 133 b) Doppelschild von Efeu bekrönt, Motiv von Kultgefäß, Herrenhaus A, Ajia Irini, 15. Jh. v. Chr.; c) Doppelschildgott, kretisches Amethystsiegel (nach Ruthowski 1981); d) Menschenknochen mit Schabespuren, Knossos, 15. Jh. v. Chr. (nach Warren 1981); e) Kultsäule aus rotem Alabaster, Süd-Ost-Haus von Knossos, 17. Jh. v. Chr. (nach Evans 1928)

Religion und Brauchtum

Die altkretische Religion gilt als komplexes, noch weitgehend unbestimmbares Phänomen. Fest zu stehen scheint jedoch, daß sie sich aus religiösen Vorstellungen des Neolithikums heraus entwickelte und mindestens teilweise in die Religion des klassischen Altertums einmündete. Wie alle geschichtlichen Phänomene war sie während der vielen Jahrhunderte ihrer Existenz dem Wandel unterworfen: Auch Götter haben ihre Geschichte. Über diese Feststellungen hinaus sind in der Forschung vor allem zwei Standpunkte eingenommen worden, wobei man sich mangels schriftlicher Zeugnisse an den Bilddenkmälern der zweiten Palastzeit orientierte: Das Siegelbild aus Knossos mit der Berggöttin (Abb. 105 b) ließ Evans an die kleinasiatische Bergmutter (Mater oreia) Kybele, eine ebenfalls von Löwen umgebene Göttin, denken. Evans nahm daher nach kleinasiatischem Vorbild für Kreta eine allumfassende große Göttin, Herrin über die Lebenden und Toten, und einen männlichen Gott an, der eine Nebenrolle an ihrer Seite spielte. Die Gegenposition vertrat Nilsson, der zwischen Kybele und der kretischen Berggöttin viele Jahrhunderte liegen sah und der von mehreren Gottheiten in einer natürlich gewachsenen Religion ausging. Auf Kreta habe man zu unterscheiden zwischen einer »Hauskultgöttin«, einer »Herrin der Tiere«, einer »Göttin des Baumkults«, einer »Meergöttin«, einer »Liebes- und Taubengöttin« sowie einer »Schildgöttin«.[346] Castleden fügte dieser Anzahl noch eine »Geburtsgöttin« und eine »Göttin der Gestirne« hinzu, während sich Georg Karo vorsichtig äußerte: »Es ist noch völlig unklar, wie weit hier verschiedene Gottheiten oder nur wechselnde Ausdrucksformen einer großen Naturgöttin gemeint sind.«[347] Ihm pflichtete Stylianos Alexiou bei:

> »Mannigfaltig sind die Gestalten, in denen die vorgriechische weibliche Göttin erscheint, und es bestehen Zweifel, ob diese Gestalten verschiedene Göttinnen oder unterschiedliche Erscheinungsformen

einer Göttin darstellen. Aber wahrscheinlich wurde diese Unterscheidung von den Gläubigen der vorgriechischen Zeit nicht scharf vollzogen, so daß man vergeblich eine logische Ordnung in einem Bereich des Seelischen fordern würde, in dem Gefühl und Intuition maßgebend waren.«[348]

Aus diesem Zwiespalt führt uns die Beobachtung heraus, daß alle Merkmale, die aus einer Göttin mehrere Göttinnen zu machen scheinen, als Kennzeichen der numinosen Kräfte auftreten, die sich in der sumerisch-semitischen Inanna/Ischtar/Astarte/Anat konzentrieren. Von dieser universalen Gottheit, die beispielsweise in Mari unter vier verschiedenen Namen und wohl auch unter vier Erscheinungsformen verehrt werden konnte,[349] erhielt die kretische Göttin die Löwen (als Herrin der Tiere), die Bergeshöhe (als Berggöttin), Stern-, Sonnen- und Mondsymbol (als Göttin der Gestirne), Baum und Rosette (als Vegetationsgöttin), den heiligen Knoten (als Göttin des heiligen Bundes mit den Menschen), die »*agulchu*«-Binde (als Herrin des Liebesreizes), die Tauben (als Liebesgöttin), die Gestalt der Himmelskuh (als Gebärerin und Mutter der Menschen), das blanke Schwert, Speer und scharfe Axt (als Göttin des Kampfes).[350]

Nicht zu Unrecht fühlte sich Evans an die kleinasiatische Berggöttin Kybele erinnert. Kybele stand wie die kretische Göttin, jedoch viel später als diese, in der Erbfolge der universalen sumerisch-semitischen Inanna/Ischtar. Mit Kybele im Kult vereint war in Griechenland Dionysos (Euripides, *Bakchen*, Vers 78–82), in Phrygien und in Rom Attis.

Der Vegetationszyklus als Grundlage

Der Vegetationszyklus gilt heute allgemein als Grundlage der altkretischen Religion. Alexiou erklärte dieses Phänomen, das einen gemeinsamen Bestandteil früher orientalischer Kulte bildete, mit folgenden Überlegungen:

> »Die Technik hat den modernen Menschen der Natur entfremdet, und der Kreislauf der Jahreszeiten berührt den Städter kaum. Fast niemand bemerkt oder beachtet Saat und Ernte. Für den Menschen

der Frühzeit lagen die Dinge grundsätzlich anders. Die Abfolge der Jahreszeiten und das geheimnisvolle Phänomen des Wachsens und Vergehens der Pflanzen bewegten ihn zutiefst; denn damit war seine Existenz unmittelbar verknüpft. Mit Bangen verfolgte er das jährliche Sterben der Natur, ängstlich fragend, ob die Bäume je wieder Früchte tragen würden, ob im kommenden Frühling die in die Erde gelegte Saat aufgehen würde. Die unverhoffte Wiederkehr erfüllte ihn mit unsäglicher Freude.Vereinfachend können wir sagen, daß der Wechsel dieser Empfindungen zur Personifikation derVegetation als göttliches Kind oder jugendlicher Gott führte, der jedes Jahr stirbt und wieder aufersteht. Die schöpferische Kraft der Natur nahm andererseits die Züge einer Großen Mutter an, die (...) auch als die Gemahlin des jungen Gottes erscheint. Die heilige Hochzeit, dieVereinigung der Göttin mit dem Gott, der gewöhnlich kurz nach seiner Hochzeit stirbt, symbolisiert die Befruchtung der Erde. Entsprechende Paare gibt es unter verschiedenen Namen in den orientalischen Religionen. In Kleinasien wurde Kybele und Attis verehrt; in Syrien Anat und Baal; in Ägypten Isis und Osiris; in Babylonien Istar und Tammuz; in Sumer Dumuzi und Inanna.«[351]

Man ist heute geneigt, in der »Großen Göttin« und dem »Jugendlichen Gott« nur Personifikationen von Naturkräften zu sehen, nicht aber zugleich auch die Repräsentanten des himmlischen Königtums und Lenker des irdischen Königtums. Diese gängige Sicht stützt sich auf Zeugnisse der Überlieferung: Sie sprechen von Zeus Kretagenes, berichten, daß Zeus von Rhea auf Kreta, in einer Höhle des Dikte-Berges, zur Welt gebracht wurde. Waffentragende Kureten umgaben ihn, und Nymphen zogen ihn auf und nährten ihn mit der Milch der ZiegeAmalthea und dem Honig der Bienen (Hesiod, *Theogonie* 477 ff.; Apollodor I 5–7). In historischer Zeit gehörte zum Kult des diktäischen Zeus der Waffentanz der Kureten und ein Hymnus, der fragmentarisch in einer um 280 v. Chr. datierten Inschrift aus Palaikastro erhalten ist *(Inscr. Cret.* III, 12 ff.). In diesem Hymnus wurde der Sohn des Kronos als der strahlende, der »Größte der Jünglinge« willkommen geheißen und seine jährliche Wiederkehr zum schön gefügten Altar auf dem Dikte-Berg mit Saitenklang, Flötenspiel und Gesang gefeiert.[352] Vor- und frühgriechische Namen dieses Vegetations- und Jahresgottes, wie Hyakinthos und Velchanos, erkannte man in lokalen kretischen

Religion und Brauchtum

Monatsnamen. Bakinthos ist von Lato überliefert, Velchanios von Knossos und Gortyn und Belchanioi von Lyttos.[353] Münzen aus Phaistos des 4. Jahrhunderts v. Chr. zeigen den jugendlichen Velchanos als Baum- und Vegetationsgott, in der Krone eines Baumes sitzend.[354]

»Zum Wesen des jugendlichen Vegetationsgottes gehörte es, daß er alljährlich im Sommer seinen Tod fand. Daher wurden verschiedentlich in Griechenland auch Gräber gezeigt, so des Hyakinthos, des Dionysos und vor allem natürlich auch das des kretischen Zeus. Dessen letzte Ruhestätte glaubte man später auf dem Iuchtas zu finden. Weit mehr noch als auf die Gräber selbst kam es aber auf die Totenklage an. Ja, wir können annehmen, daß diese das durchaus primäre Anliegen gewesen sei und daß man, erst hierdurch veranlaßt, auch nach dem Grabe fragte. Die Totenklage selbst galt natürlich dem Hinsterben der Vegetation und wurde so jedes Jahr aufs neue erhoben.«[355]

Anhand der angeführten Zeugnisse der historischen, griechischen Zeit kam Martin Nilsson zu dem Schluß: »Der kretische Zeus unterscheidet sich stark von dem gemeingriechischen. Er wird geboren, von seiner Mutter verlassen, von Tieren genährt, er erscheint als Jüngling und vermählt sich mit einer Baumgöttin, stirbt und wird begraben. (...) Dieser Zyklus gibt das Leben der Vegetation treu wieder und ist daher leicht verständlich (...)«[356] Nilssos Darstellung, der ein märchenhafter Zug hellenistischen Naturerlebens anhaftet, gibt allerdings nur ein Teilgebiet vom Wesen des altkretischen Jahresgottes wieder. Eine weitverbreitete zweite Vorstellung gesellt sich hinzu: Danach lenkten Männer und Frauen einer vornehmen Priesterschaft die Geschicke Altkretas, vollzogen die Rituale des Jahres und der Monate und richteten als Höhepunkt der den Naturzyklus nachvollziehenden kultischen Handlungen die Heilige Hochzeit des Gottes mit der Göttin aus. Auch diese Sicht erfaßt nur einen Teilaspekt der bronzezeitlichen Gesellschaft Kretas, die selbst, wie auch ihre religiösen Anschauungen, vielgestaltiger war und viele Rätsel aufgibt.

Auf die Frage, warum der altkretische Jahresgott in historischer griechischer Zeit nur als Vegetationsgott, nicht auch als Wetter-, Himmels-, Schutz- und Königsgott fortlebte, bietet sich folgende Erklärung an: Als die Ahnherren der Griechen, die Achäer, um 1400 v. Chr. auf Kreta Fuß faßten, übertrugen sie die Machtsphäre des universalen Götterpaars auf ihre eigenen Götter. Oder sie personifizierten die verschiedenen Eigenschaften der großen kretischen Göttin sowie des Wetter- und Jahresgottes und erweiterten so ihren Götterhimmel. Dies mag ihnen um so leichter geworden sein, als offenbar bereits auf Kreta die verschiedenen Wirkungsbereiche des großen Götterpaars unter eigenen Namen angerufen werden konnten. Der Prozeß der Ausbildung des griechischen Pantheons mag auch schon früher begonnen und noch später fortgedauert haben, gefördert durch den steten Kontakt mit der Kultur- und Geisteswelt Kretas. Auf diese Weise entstanden Göttergestalten wie Hera, Artemis, Athena, Zeus, Poseidon und Dionysos, deren Namen auf den Linear B-Tafeln gelesen wurden, aber auch andere wie Apollon, von dem der homerische Hymnus sagt, daß er von Kreta nach Delphi kam.[357]

Doch kehren wir zurück in die vorgriechische Zeit Kretas, und vergegenwärtigen wir uns noch einmal die wichtigsten Entwicklungsschritte altkretischer religiöser Vorstellungen vor der Zeit der dritten Paläste.

Die Entwicklung der religiösen Vorstellungen

In der Steinzeit wurden auf Kreta, wie die Idolplastik bezeugt, eine Fruchtbarkeitsgöttin und ein jugendlicher Gott verehrt. In der frühen Bronzezeit sah man nicht mehr nur im üppigen weiblichen Körper die Quelle der Fruchtbarkeit, sondern auch im Wasser. Getöpferte weibliche Idole lassen aus ihren Brüsten das »Lebenswasser« austreten oder halten die heilige Wasserkanne im Arm. Die Vorstellung vom Lebenswasser wurde aus dem sumerisch-semitischen Kulturkreis importiert, wo Bildwerke Könige und Gottheiten zeigen, die ein von heiligem Wasser überströmendes Gefäß in Händen halten. Mit dem Lebenswasser, das auf Kreta mit der heiligen Kanne verbunden blieb, wurde die Vorstellung von der Lebenspflanze und von der in Stier und Stierhorn symbolisierten Lebenskraft vom Nahen

Religion und Brauchtum

Osten übernommen. In der Bildwelt der sumerisch-semitischen Kultur trugen machtvolle weibliche und männliche Gottheiten gestaffelte Stierhörner an ihren Götterkronen. Die Tiaren geringerer Gottheiten oder auch der akkadischen Gottkönige waren nur mit einem Hörnerpaar ausgestattet; das Hörnerpaar war also nicht das Symbol eines Stiergottes (z. B. des Sonnen-, Mond- oder Wettergottes), sondern galt als Zeichen für anwesende Götter- bzw. Lebenskraft. Die Potenz dieser Kraft wurde durch die Anzahl der Hörnerpaare angegeben. In Ägypten waren ähnliche Vorstellungen lebendig. Dort hatte die unsterbliche, in Göttern und Lebewesen wirkende Lebenskraft den Namen »Ka«, phonetisch lautgleich mit dem Zeichen für Stier. Der Stier oder auch nur der Stierkopf konnten in der Hieroglyphenschrift für »Ka« stehen. Darum auch umgaben modellierte Stierköpfe mit eingesetzten echten Stierhörnern das Grab des Horus Djed in Sakkara.[358]

Auch im frühbronzezeitlichen Grabbrauch Kretas zeugen Stierrhyton und Doppelhorn davon, daß man die Toten mit göttlichen Lebenskräften ausstatten wollte. Interessant sind in diesem Zusammenhang kultische Spendegefäße in Stiergestalt (Stierrhyta) mit »Akrobaten«, die den Stierkopf umturnen. Auch diese frühesten Beispiele des kretischen Stierspiels stammen aus Gräbern. Wie die Flüssigkeitsspende aus dem Stiergefäß göttliche Lebenskraft vermitteln konnte, so vermochte die Berührung mit dem Stier offenbar das gleiche zu bewirken. Die Übertragung göttlicher Lebenskraft scheint die religiöse Idee gewesen zu sein, die dem Akt des Stiersprungs zugrunde lag. Wenn das Doppelhorn auf Kreta ein Zeichen für unzerstörbare Lebenskraft war, so ist es erklärlich, daß es Altäre, das Heiligtum einer Göttin oder eines Gottes und den Palast des Königs auszeichnen konnte. Diese Vorstellung findet man bereits in der frühen Bronzezeit auf Kreta. Von Ägypten wurde zudem eine mit dem Sonnenzyklus verbundene Religiosität nach Kreta getragen. Darauf deuten die mit ihrem Eingang nach Osten, der Himmelsrichtung des Sonnenaufgangs, ausgerichteten Rundgräber der Mesara hin.

Damit war das Feld bereitet für das Übergreifen der sumerisch-semitischen Religion auf Kreta zu Beginn der mittleren

Bronzezeit. Sie brachte die große Göttin Inanna/Ischtar/Anat mit ihren drei zentralen Aspekten der Himmelsgöttin, der Fruchtbarkeitsgöttin und der Kriegsgöttin sowie den Wettergott Hadad in seiner ugaritischen Ausprägung des Baʿal Zaphon nach Kreta. Die alten Vorstellungen von einer Fruchtbarkeitsgöttin konzentrierten sich mühelos auf die neue universale Göttin. Ebenso selbstverständlich verbanden sich die Symbole göttlicher Lebenskraft, Doppelhorn und Stier, mit Inanna/Ischtar, »der guten Wildkuh des Himmels«, und mit dem stiergestaltigen Wettergott. Die an den Sonnenzyklus geknüpften religiösen Vorstellungen fanden Entsprechungen im Auferstehen und Untergehen des Jahresgottes Baʿal Zaphon und konnten in verwandte Hoffnungen und Verheißungen einmünden. Wettergott und große Göttin eroberten als Berggötter zunächst die Berghöhen, wo ihre Heiligtümer entstanden, dann die Paläste, in denen Göttersitze, Bergthrone aus Holz, aufgestellt wurden. Orte der Geburt des Jahresgottes und seines Todes waren die heiligen Grotten und Höhlen sowie in den Palästen die Pfeilerkrypten. An theriomorphen Erscheinungsformen und Symbolen brachte die große Göttin aus dem sumerisch-semitischen Kulturkreis die Tauben, die Schlangen, die Löwen, die Wildkuh, die Wildziege, den heiligen Baum, die Säule, Mond, Sonne und Stern, die Rosette, Schwert und Axt mit. Die tiergestaltigen Erscheinungsformen des Wettergottes Hadad waren der Sturmvogel, der Stier, der Steinbock, der Löwe, der Hirsch und die Schlange. Sie alle gehören zu den heiligen Tieren der altkretischen Religion. Seine nach Kreta mitgebrachten Symbole Speer, Dreizack (Blitz), Streitkeule, Pfahl, Pfeiler und Säule findet man in den Bauelementen der Paläste, in Kultgeräten und auf Siegelbildern.[359]

Als Zeichen ihres »himmlischen Königtums« trugen Gott und Göttin den Regentenstab, das Zepter. Er kennzeichnete sie zugleich als Königsgötter, die wie der König den Stab des göttlichen Hirtentums in Händen halten können. Mit dem langen Stab als Zeichen seiner Herrscherwürde schritt der Jahresgott neben dem Löwen einher und trat der jugendliche König als Festordner auf (Abb. 121 c, 143 b). Insignien der Königsmacht, die der Göttin und dem König eignen, waren später zudem das Schwert und die Geißel oder der Zeremonialwedel. Auf dem

Religion und Brauchtum

134 a) Gott oder König mit Machtinsignien, Stabszepter und Zeremonialwedel, Zylindersiegel, Phourni, um 2000 v. Chr. (nach Yule 1980); b) Göttin mit Machtinsignien, Schwert und Zeremonialwedel, Siegel, Knossos, 17. Jh. v. Chr. (nach Alexion 1979)

»Prinzenbecher« aus Hagia Triada tritt vor den jungen, reich geschmückten Gott, der mit vorgestrecktem Arm im Herrschergestus den langen Würdenstab aufsetzt, in bescheidener Haltung, doch beide Königsinsignien Schwert und Geißel/Zeremonialwedel in Händen haltend, der jugendliche König. Er trägt, wohl als Zeichen seiner Ehrerbietung, das Haar kurz geschnitten und liefert als Anführer einer Reihe von Jünglingen dem Gott die Häute von im Kultbrauch geopferten Tieren ab.[360] Schwert und Stabzepter als Königsinsignien kennt auch die sumerisch-semitische Kultur.

Die Gestik von Göttin und Gott

Heute noch weitgehend unerforscht ist die Gestik von Göttin und Gott. Da die figürlichen Votive allgemein als »Selbstbildnisse« der Gläubigen und nicht als Götterbildnisse aufgefaßt wurden, sah man in der Gestik verschiedene Gebets- und Ehrfurchtshaltungen. Davon abgesehen, daß im Kultritual sicher Götterhaltungen und -gesten nachvollzogen wurden, läßt sich für die vier in der Votivplastik und Siegelkunst immer wieder auftretenden Körperhaltungen ein Göttergestus nachweisen. Für den jugendlichen Gott typisch ist die »versammelte« Haltung. Er steht aufrecht, das Haupt erhoben und die zu Fäusten geschlossenen Hände bei abgespreizten Ellenbogen vor die Brust gelegt. Die Pose wirkt sieghaft, machtvoll und gleicht einer bravourösen Selbstdarstellung. Es ist die »Heroshaltung« des kretischen Ba‘al, der, nachdem er alle seine Feinde besiegt hat, als Thronanwärter, als Anwärter auf die Königsmacht des Himmels auftritt. Ein Siegelbild aus Kydonia (Chania) sichert die Deutung auf den jungen Gott. Hier steht er in der beschriebenen Haltung auf einem heiligen Doppelhorn. Ein Ta-urt-Dämon trägt als Opferdiener die Kanne mit dem Lebenswasser herbei. Der Gott hält Zwiesprache mit seiner theriomorphen Erscheinungsform (geflügelter Wildziegenbock mit Löwenpranken und Löwenschweif) als Zweijahreszeiten-Gottheit (Abb. 135 a).[361]

Der Zweite Gestus, der ebenfalls schon in der Altpalastzeit ausgebildet wurde, kann vom Gott wie von der Göttin (Abb. 105

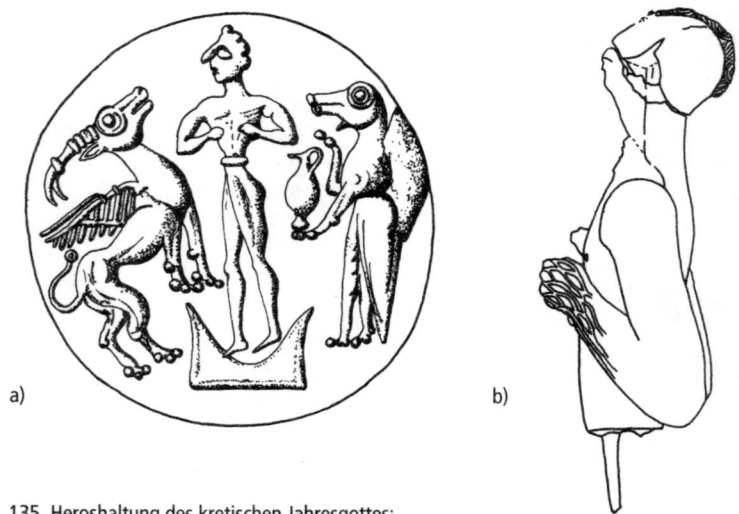

135 Heroshaltung des kretischen Jahresgottes;
a) Siegelbild aus Kydonia (Chania) 14. Jh. v. Chr. (nach Alexion 1976); b) Oberkörper der Gold-Elfenbein-Steinstatue aus Palaikastro, 15. Jh. v. Chr. (nach Macgillivray 1991)

Religion und Brauchtum

b) vorgetragen werden. Die rechte Hand ist zur Faust geschlossen und wird zum rechten Auge oder mindestens vor das Gesicht emporgehoben. Die Haltung wurde als Hab-Acht-Stellung, als Ehrfurchtshaltung und als Abschirmung der Augen vor göttlichem Glanz gedeutet. An allen Deutungen scheint etwas Richtiges. Die Pose drückt das Überwältigtsein durch die Epiphanie des göttlichen Partners aus, die jedenfalls, wie später in historischer griechischer Zeit, mit strahlendem Glanz verbunden war. Daß Götter Göttern huldigen, ist ein auch dem klassischen Altertum vertrauter Gedanke, der sich jedoch noch ausgeprägter in der sumerisch-semitischen Religion des alten Orients findet, wo Götter sich den Abend- und den Morgengruß entbieten oder ein Gott, der frevelnd die Achtungsbezeugung einer höheren Gottheit gegenüber unterläßt, sich Strafe zuzieht.[362]

Den dritten Gestus, das Erheben beider Arme in einer Art von Segensgestus, hat die kretische Göttin von ihrer orientalischen Schwester, der sogenannten fürbittenden Göttin, übernommen. Die orientalische Göttin mit erhobenen Armen erscheint als Bildtyp in der Zeit Gudeas von Lagasch (2144–2124 v. Chr.) und steht auf Rollsiegeln des 19. und 18. Jahrhunderts v. Chr. häufig hinter ihrem Schutzbefohlenen. Spätere Inschriften benennen sie mit dem Namen »LAMA«, dem Sumerogramm für Schutzgott. Daß sie zunächst eine machtvolle Göttin war, zeigt ihre Götterkrone mit mehreren Hörnerpaaren.[363] In dieser frühen Zeit muß der Bildtypus nach Kreta gekommen und mit der großen Göttin verbunden worden sein. Mit erhobenen Armen trat in Kreta die aktive, die wirkende Göttin auf. So hielt sie die Hände über den Sonnenkreislauf und stellte den Zyklus des Jahres sicher, so teilte sie göttliche Lebenskräfte zu, so sollte sie noch im 6. Jahrhundert v. Chr., als Göttin Eileithyia, die Geburt der Athena aus dem Haupt des Zeus gewährleisten.[364] Dieser Gestus der »Wirkenden« und »Schützenden Göttin«, die, beide Arme in Schulterhöhe erhebend, die Hände einander zuwendet oder gewährend öffnet, verlor bis zum Ende der bronzezeitlichen Kultur Kretas nicht seine Bedeutung. Ihn trägt die Göttin vor, die als Schlangengöttin und Schützerin eines Gutshofs in Kania in der Mesara während der Zeit der dritten Paläste verehrt wurde. Sie behält ihn auch noch um 1100 v. Chr. im

Heiligtum der kleinen Rückzugssiedlung Karphi im entlegenen Bergland des Dikte-Gebirges bei (vgl. Abb. 63 und 91).[365]

Die vierte Pose, das Vorstrecken des rechten Armes, dessen zur Faust geschlossene Hand das Zepter, den Stab der Regentschaft, umfaßt, wurde »herrscherlicher Gestus« genannt.[366] Diesen Gestus nahmen beide Götter ein, wenn sie als Könige der kosmischen Ordnung auftraten, als deren Abbild das irdische Königtum erachtet wurde. Das irdische Königspaar der jeweiligen Stadtstaaten stellte das sichtbare Abbild des Götterpaars dar. Die Austauschbarkeit von Urbild und Abbild gehörte zum Vorstellungskreis früher Kulte. So konnte auch beim Opfer statt eines lebendigen Stieres dessen tönernes Abbild dargebracht werden. Der Substitut war wesensgleich mit dem, den er vertrat, und das Urbild konnte jederzeit in seinem Abbild oder Substitut real werden. Die Austauschbarkeit von göttlichem und irdischem Königspaar hat auch in den Sagen um Kreta ihren Niederschlag gefunden. Europa war Gattin des kretischen Königs Asterios sowie des Stiergottes Zeus. Den Namen Europa trugen die kretische Königin ebenso wie die Göttin: Hera nach den Begriffen des griechischen Grammatikers Hesych (Hesych s. v. »Europa«), Demeter nach Pausanias (Paus. IX 39,3–5). Entsprechend teilte der kretische König Asterios seinen Namen mit dem Stiergott (Dionysos)[367] ebenso wie mit dem Sohn, der aus der Verbindung der kretischen Königin (Pasiphae) mit dem Stiergott (Poseidon) hervorging (vgl. Abb. 105 b, 127 e und 137).

Die Heilige Hochzeit

In der Vermählung Europas mit Zeus und König Asterios sowie von Pasiphae mit dem Stier und König Minos klingt die kultische Verbindung der göttlichen Ebene mit der irdischen im Ritual der Heiligen Hochzeit an, deren Reflex sich auch in den Sagen findet, die von König Minos erzählen, der die Vereinigung mit der Göttin Britomartis suchte, und von Dionysos, der die kretische Prinzessin Ariadne sich zur Gemahlin erkor.

In der Religion des vorminoischen Kreta hatten die Könige ihren ganz bestimmten Platz. Sie waren göttlicher Abstammung

Religion und Brauchtum

und gottgleich und nahmen nach dem Tod ihre göttliche Natur an. So überlieferte es Diodorus Siculus (III 73,7–8) für den kretischen Herrscher Ammon und seinen Sohn Dionysos und Homer *(Odyssee* IV 564–565) für Rhadamanthys. Solche Vorstellungen waren nicht singulär und nur auf Kreta beschränkt. Auch bei den Hethitern und Kanaanäern glaubte man, daß die Könige nach ihrem Tode Götter wurden.[368]

Das Ritual der Heiligen Hochzeit war aus der sumerisch-semitischen Religion übernommen worden. Es wurde jährlich zelebriert und diente dazu, die innere Machtausstattung des Königs bzw. des Königshauses mit göttlichen Kräften anzureichern. Mit der Frage nach dem Zeitpunkt der Heiligen Hochzeit ist die Frage nach der Kultlegende des bronzezeitlichen Jahresgottes verbunden. Die Mythologie der Bronzezeit kennt drei sterbende und wiederkehrende Götter: den sumerisch-semitisch-syrischen Dumuzi-Tammuz-Adonis, den in Ägypten verehrten Osiris und Hadad oder Alijan Baʿal von Ugarit. Die Kultlegende von Osiris wurde erst spät durch griechische Quellen (Plutarch, *Isis et Osiris)* überliefert und scheidet hier aus. Dumuzi, der Hirte und König eines Stadtbezirkes von Uruk, war der Gatte und Geliebte der Göttin Inanna. Er beging die Heilige Hochzeit mit ihr, wie die Hymnendichtung verkündet, am Neujahrstag, dem Tag der Kultfeiern. Von der Göttin selbst wurde er an ihrer Statt in die Unterwelt verbannt. Doch durfte er, während seine Schwester Geschtinana ihn in der Unterwelt vertrat, halbjährlich wieder zur Oberwelt aufsteigen. Von Dumuzi erbten der semitische Tammuz und der syrische Adonis den halbjährlichen Aufstieg und Abstieg. Sumers Mythologie »spiegelt sich in vielen überraschenden Grund- und Einzelzügen in der der Griechen wider, was angesichts der Tatsache, daß die Götter- und Heroengeschichten des Zweistromlandes Allgemeingut des ganzen Alten Orients einschließlich Ägyptens wurden, nicht verwundern kann«[369]

Aus dem Vorstellungskreis um den Vegetationsgott Dumuzi hat in die altkretische Bildwelt das Thema der Heiligen Hochzeit[370] und das der Palme als Lebensbaum und Symbol für den Jahresgott selbst[371] Eingang gefunden.

377

Der Hadadmythos in Ugarit und auf Kreta

Noch mehr aber nimmt die altkretische Bildwelt Bezug auf Vorstellungen, in deren Kreis der Wettergott Hadad von Ugarit steht. Seine Kultlegende läßt sich aus den ins 14. Jahrhundert v. Chr. datierten mythologischen Texten von Ugarit ermitteln. Der Zyklus beginnt mit den Heldentaten des Ba‘al. Der Auferstandene singt schöne Lieder, die seine Umgebung mit Gesang erwidert.[372] Verwandte Vorstellungen waren auch auf Kreta lebendig. Wenn es im Mythos von Ugarit heißt, daß Alijan Ba‘al auf dem Berg Zaphon residierte und ebenso in der Stadt mit den 66 Häusern, so entsprach dem auf Kreta die Beziehung von Bergheiligtum und Stadt, die schließlich in der als Berggipfel gestalteten Thronlehne im Thronsaal des Palastes von Knossos ihren sichtbaren Ausdruck fand. Der Stiergott Alijan Ba‘al baute sich einen Palast. Auf Kreta schmückten Stierhörner die Paläste und erschien der Stierkopf neben dem Palastzeichen in der Hieroglyphenschrift. Alijan Ba‘al verübte Heldentaten und besiegte seine Gegner. Auf Kreta trat man zum kultischen Wettkampf und zum gefährlichen Stiersprung[373] an. Alijan Ba‘al besiegte den schlangengestaltigen Meergott Jam. Ein Siegelbild aus dem Palast von Knossos zeigt die Tötung eines Meerdrachens. Alijan Ba‘al kämpfte mit der Keule. Die Keule, der Streitkolben, gehörte zum Herrschaftssymbol und war Kultrequisit auf Kreta.

Das Bild vom kämpfenden Alijan Ba‘al, vor dessen rechter Hand die Zeder niedersinkt, zeigt, daß die Vorstellung vom Lebensbaum in Ugarit ebenso beheimatet war wie in Mesopotamien und auf Kreta. Zahlreiche Siegelbilder zeigen hier den gebeugten Lebensbaum, die welkende Lebenspflanze über einem sterbenden oder geopferten Tier bzw. in einem Heiligtum des zum Sterben bestimmten Jahresgottes. Der Baum, der oft in der Bildwelt Kretas von einem kleinen Schrein umschlossen ist, stand im Brennpunkt kultischer Handlungen. Hier war die göttliche Gegenwart nahe, konnten Götter in Erscheinung treten. Als Symbol zugleich der jahreszeitlichen Fruchtbarkeit bedeutete er auch Wohlstand und Wohlergehen.[374] Nach der Überlieferung des Theophrast gab es in Gortyn eine immergrüne Platane, unter der das Beilager des Zeus und der Europa stattgefunden haben soll.³⁷⁵ Auch die kanaanäischen Götter von Ugarit wurden unter heiligen Bäumen verehrt.³⁷⁶ Evans erkannte für Kreta, daß Baum, Pfeiler und Säule als dieselbe religiöse Idee erscheinen und miteinander austauschbar sind.³⁷⁷ Säule und Pfahl waren dingliche Erscheinungsformen des ugaritischen Baʿal.³⁷⁸

Alijan Baʿal starb in Stiergestalt. Er wurde von den Fressern zerbissen, oder er stieg in den Schlund des großen Verschlingers und Zerreißers hinab, dessen Stadt »Schlundheim« hieß. Das war der Unterweltgott Mot, der, wie der babylonische Unterweltgott Nergal, Züge eines Löwen hatte. Der vom Löwen angefallene Stier bildete in Kreta einen ikonographischen Typus. Siegelbilder aus Kreta und vom mykenischen Festland stellen ihn in allen Variationen dar.³⁷⁹ Als Anat den leblosen Körper Alijan Baʿals fand, begann sie sein Fleisch zu verschlingen, sein Blut zu trinken. Das ist kultische Omophagie (Verzehr von rohem Menschenfleisch) im Sagengewand. Sie wiederholte sich im Mythos des kretischen Dionysos Zagreus. Nachdem die Titanen Zagreus zerrissen hatten, rettete Zeus sein Herz und verschlang es, damit Dionysos wiedergeboren werden konnte. Kultische Omophagie wurde auch auf Kreta beobachtet.³⁸⁰

In einem anderen Text aus Ugarit fand Anat den Leichnam

136 Sarkophag von Hagia Triada, um 1400 v. Chr. (nach Nilsson 1955).

Baᶜals, legte ihn sich auf die Schultern, trug ihn auf die Höhe seines Berges Zaphon und bestattete ihn in der Gruft des Gottes. Sodann schlachtete sie dem Gott als Totenopfer wilde und zahme Rinder, Schafe, Hirsche und Böcke.[381] Stier und Böcke gehörten auch zum Totenopfer in Kreta. Dies zeigt die Malerei auf dem Sarkophag von Hagia Triada (Abb. 136). Außerdem galten auch auf Kreta die Grüfte auf den Bergeshöhen, die Grotten, als Bestattungsplätze des Jahresgottes. So überlieferte Porphyrios von Tyros im 17. Kapitel zum Leben des griechischen Philosophen Pythagoras, daß dieser, als er nach Kreta gekommen war, sich religiösen Riten unterzog. Mit schwarzer Wolle bedeckt, stieg er in die Idäische Grotte hinab, blieb dort dreimal neun Tage und brachte dem Zeus ein Grabopfer dar.[382] Zu den wichtigsten Kultgeräten zählten auf Kreta die Becher. Sie waren bei jedem Ritual dabei und gehörten in einzelnen kostbaren Exemplaren zu den Meisterwerken der altkretischen Steinschneidekunst. Den Kultbecher hielten der Vatergott El von Ugarit und ebenso Alijan Baᶜal in der Hand.[383] So sprach in den Texten von Ugarit die Göttermutter Ascherat zum Göttervater El: »Unser König sei der erhabene Baᶜal, unser Richter. Niemand sei über ihm. Wir beide seinen Becher wollen herbeitragen, wir beide wollen herbeitragen seinen Pokal.«[384] So darf man gewiß auf dem Abdruck eines meisterhaft geschnittenen Siegels aus Chania den Wettergott Addu oder Haddu/Hadad, wie er in einer für ihn typischen Geste die Lanze mit der Spitze nach unten aufsetzt, oder einen ihm entsprechenden kretischen Gott dargestellt sehen (Abb. 137).[385]

Wann der Jahresgott Alijan Baᶜal seine Herrschaft antrat, geht aus den Texten von Ugarit hervor. Es war die Zeit kurz vor den Regenfällen, denn Regen, Blitz und Donner waren die Gaben seiner königlichen Hand. Seine Regentschaft ging zu Ende, wenn der Ertrag der Erde, die Frucht der Bäume zur Reife gekommen war und die Zeit der Dürre begann. Dann stieg er für Monate in die Erde, in die Unterwelt hinab. Die Heilige Hochzeit feierte er zweimal: einmal oberirdisch mit seiner Schwester Anat, einmal unterirdisch, als Stier mit der Färse. Aus der Heiligen Hochzeit ging jeweils ein junges Rind hervor, Symbol wohl für die sichtbare und die nicht sichtbare Fruchtbarkeit.

Religion und Brauchtum

Auf Kreta kennt man hauptsächlich zwei Jahreszeiten, die trockene und heiße Schönwetterzeit (Mai bis Oktober) und die feuchte, kühle, regenreiche Witterung (November bis April).[386] Die Übergangszeiten sind kurz und im Tiefland nicht sehr spürbar. Hier beginnt bereits im Mai alles zu verdorren. Die beiden Jahreszeiten umfassen also je sechs Monate. Den natürlichen Bedingungen angepaßt wäre demnach eine im religiösen Denken verankerte Vorstellung vom Zweijahreszeiten-Zyklus. Ein heiliges Symbol der Altpalastzeit, das hierfür spricht, ist der Zweiarmwirbel.

137 Siegelabdruck aus einer Schutthalde des 15. Jh. v. Chr., Chania, Hafenstadt mit Palastfassade und Stier/Wettergott (nach Hallager 1985).

In Babylonien begann das Jahr, das aus zwölf Mondmonaten bestand, mit dem Monat Nisan (Mitte März bis Mitte April). Das Neujahrsfest feierte man zweimal im Jahr, im ersten und im sechsten Monat, im Frühjahr und im Herbst.[387] Hier lag der Jahresanfang also ungefähr in der Zeit des Frühlingsäquinoktiums. Doch hat man auch für Babylonien auf einen Jahresanfang in der Zeit des Herbstäquinoktiums geschlossen, da der 7. Monat den Namen »Taschritú« (= Beginn) trug. Offenbar wurden die Tag- und Nachtgleichen im Frühjahr und im Herbst als Zeitgrenzen angesehen. So konnte in den Lokalkalendern der verschiedenen Orte der Jahresanfang auch in den Herbst gesetzt werden, wie in Ugarit offenbar auch in Ebla und in Assyrien zur Zeit des Schamschi-Adad I. (1815–1782 v. Chr.)[388] Das Neujahrsfest in Mesopotamien, sumerisch »zagmu« (= Schwelle, Grenze des Jahres) genannt, fiel nicht immer mit dem Jahresbeginn zusammen, stellte also weniger »Neujahr« als den »kultischen Höhepunkt« des Jahres dar und war das Hauptfest.[389] In der Reichsstadt Ur war das

Hauptfest des Kultjahrs das Akiti-Fest, das zu Beginn des ersten und des siebten Monats gefeiert wurde. Das gleiche ist auch für Ugarit bezeugt.[390] Zum dortigen Neujahrsfest und dem mit ihm verbundenen Akiti-Fest heißt es: »Das wichtigste Fest des Jahres war das Neujahrsfest, denn an ihm und durch es wurde die kosmische Ordnung für das beginnende Jahr sozusagen neu geschaffen, das Geschick für alles Sein wurde neu bestimmt. Im Zeremoniell des Neujahrsfestes, das uns aus verhältnismäßig später Zeit erst in den Details geschildert wird, vermengen sich zweifellos uralte kultische Begehungen mit jüngeren kultischen Gepflogenheiten. Sicher alt ist die Prozession zur akitu-Kapelle. Das ursprünglich eigenständige akitu-Fest scheint in engem Zusammenhang mit dem landwirtschaftlichen Geschehen gestanden zu haben.«[391]

Das alles zeigt, daß im sumerisch-semitischen Kulturraum mit den Vorstellungen vom Neubeginn im Jahresablauf zwei Festtypen verbunden waren. Das »zagmu«-Fest bezeichnete den Höhepunkt des Jahres im Kult einer Gottheit. Das alte »akiti«- bzw. »akitu«-Fest aber, das an verschiedenen Orten, so auch in Ugarit und Ebla, während des 3. Jahrtausends v. Chr. bis in die altbabylonische Zeit und darüber hinaus[352] zweimal im Jahr, im Herbst und im Frühjahr, gefeiert wurde, orientierte sich an agrarischen, d. h. letztlich an klimatischen Gegebenheiten. Kreta, das am Ende des 3. Jahrtausends v. Chr. Kulturspenden aus Ebla und Ugarit empfing, hatte Teil an den im Nahen Osten lebendigen Vorstellungen vom zweigeteilten Jahreszyklus, dessen Schwellen im Herbst und im Frühjahr lagen. Sie fanden auf Kreta um so leichter Eingang, als sie den Witterungsverhältnissen der Insel entsprachen.

Die göttlichen Regenten des zweigeteilten Jahres waren nach den mythologischen Texten von Ugarit abwechselnd während der Regenzeit der Stiergott Alijan Baʿal und während der Dürrezeit der löwenartige Gott Mot. Der gleiche Tausch bestand in Babylonien zwischen dem Fruchtbarkeit und Leben spendenden Sonnengott, dem Stiergott Schamasch, und dem »zupackenden« Unterweltgott, dem Gott der tötenden Fieberhitze und der Pest, dem Löwengott Nergal. Beide Götter verbrachten abwechselnd einen Teil des Jahres in der Oberwelt, den anderen

Religion und Brauchtum

in der Unterwelt. So ging Nergal am 18. April in die Erde und kam nach rund sechs Monaten am 28. September wieder aus der Erde hervor.[393]

Mit dem nordmesopotamischen Unterweltgott Nergal wurde in Ebla der Gott Rasap (Reschef) gleichgesetzt.[394] Reschef, einst ein altanatolischer Jagdgott, trug auch in Ugarit Wesenszüge des Nergal und galt als Seuchengott und als »Reschef des Pfeils«.[395] In ugaritischen Opfertexten ist er häufiger als Baʿal mit Anat verbunden.[396] Die für Reschef gebräuchliche Gräzisierung ist Apollon. Homer zeichnete ihn in der *Ilias* als grollenden, Verderben und Unheil bringenden Gott *(Ilias* XIV 63; XXII 15), der dunkler Nacht gleich zu den vor Troja ankernden Schiffen der Achäer herabstieg und ins Lager der schlafenden Griechen den Pestpfeil vom silbernen Bogen sandte *(Ilias* I 37 ff.). In seinem berühmtesten Heiligtum, in Delphi, teilte in mesopotamischer Tauschvorstellung der Löwen-Gott Apollon[397] das Kultjahr mit dem Stier-Gott Dionysos.[398] Zu seinen den delphischen Kult begründenden Priestern hatte Apoll nach dem homerischen Hymnus Kreter aus Knossos gemacht.[399] Die »entscheidende Umformung, die Anpassung des babylonischen Kultes an die ägäische Religion (...) geschah in Kreta«.[400]

Die Götter und ihre Symbole

Wechselten sich auch auf Kreta zwei Jahresgötter ab? Ein ägyptisches Dokument wohl noch aus der ausgehenden Hyksoszeit, der »Londoner medizinische Papyrus«, enthält in der Sprache der »Kaftu« zwei Beschwörungen. Ägyptische Appositionen machen deutlich, daß im zweiten Spruch zwei kretische Götter genannt werden. Hinter »raz saija« steht »der Große Gott« als Determinativ, hinter »ameaja, amia« steht »Gott«.[401] Denkbar ist, daß hier ein größerer Gott beschworen wurde, den Gott, der die Krankheit gesandt hat, zu besiegen. Die Krankheit und der Krankheit sendende Gott teilten im sumerisch-semitischen Kulturkreis die gleiche Bildlichkeit. So heißt es zum Beispiel: Die »buschanu-Krankheit (Lepra) ist wie ein Hund«, oder »der Zugriff der buschanu-Krankheit ist heftig wie ein Löwe.«[402] Die krank machenden Götter senden Fieberhitze den Menschen und sengende, ausdörrende Hitze den Feldern, sie hatten das Wesen von Raubtieren, deren Zugriff den Tod brachte. Das spiegeln auch die Passagen der Ugarittexte wider, die den Tod Ba^{c}als und der Natur schildern. Da heißt es von den »Fressern«: »Ihre Kraft war mächtig (...) / ihre Kraft war überwältigend / die Augen Ba^{c}als stachen sie aus / sie packten seinen Nacken / (...) sie schnaubten ihn an und er brannte (...) / dem Verderben fiel anheim die Erde / der Ertrag der Felder verdorrte.«[403] An anderer Stelle rühmte sich Mot: »Mein Rachen hatte Gier nach Menschensöhnen / mein Rachen nach den Lebewesen der Erde (...) / da trat ich heran an Alijan Ba^{c}al / ich habe ihn in meinen Mund gegeben wie ein Lamm / wie ein Zicklein ist er in meinem Mund verschwunden.« Die Folge: »Die Leuchte Els, die Sonne, sengt gar gewaltig / kümmerlich ist der Himmelsstrich in der Macht (Hand) Mots (...)«[404]

Wie eine Illustration hierzu gibt ein in grünem Jaspis geschnittenes kretisches Siegelbild aus der Zeit der zweiten Paläste einen dämonischen Löwen wieder, der im Maul einen Wildziegenbock und den Kopf eines weiteren gehörnten Tieres emporhält. Das Thema des Löwen, der einen Stier reißt, findet sich ab dem späten 16. und 15. Jahrhundert v. Chr. relativ häufig als Siegelbild auf Kreta und in der von Kreta beeinflußten Siegelkunst des mykenischen Festlands, wo es, vielleicht als Sinnbild des Todes, dem ein Wiederaufleben folgt, den Toten ins Grab beigegeben wurde (Abb. 138). Die Altpalastzeit kannte den Bildtypus bereits,[405] was nicht verwundern kann, da er in strenger heraldischer Form schon im frühdynastischen Zweistromland ausgebildet war.

Zum Bildprogramm der kunstvollen Leierkästen des Königsfriedhofs von Ur gehören plastische Stierköpfe und ein Rinderkopf mit lapislazuliblauem Bart. Ein Intarsienbild zeigt den von einem Löwen im Nacken gepackten Stier. Auf einem anderen Bild hält der Stiergott, halb Mensch, halb Stier, zwei überwundene Großwildkatzen an den Hinterpranken hoch.[406] Die Deutung scheint klar zu sein. Die Leiern dienten einst der hymnischen Verehrung des Stiergottes, der mit der Fruchtbarkeit und dem Wasser des Lebens verbunden war, der zwar stirbt doch

Religion und Brauchtum

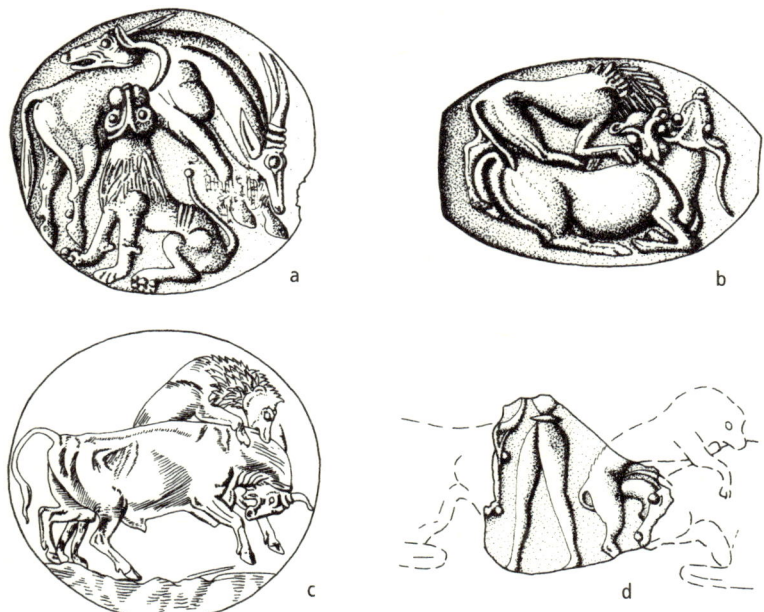

138 Dionysos Omestes tötet Dionysos Bougenes, Siegelbilder des 16.–14. Jh. v. Chr.:
a) grüner Jaspis aus Kreta, alles verschlingender, dämonischer Löwe (nach Evans 1935);
b) Karneol aus Zentralkreta, Löwe reißt Stier (nach Evans 1935);
c) Achat aus Kuppelgrab v. Vaphio, Peloponnes, Löwe reißt Stier (nach Evans 1930);
d) Siegelabdruck aus dem kleinen Palast von Knossos, jahreszeitlich bedingte Gestalten und Aktionen des Jahresgottes (nach Evans 1935).

triumphiert. Mußte im Zyklus des Jahres auch der Stiergott dem mit Hitze und Tod verbundenen Löwengott unterliegen, so würde er doch letztendlich über diesen und seine Trabanten triumphieren. Solche Verheißung, die mit Tod und Wiedergeburt der Natur verbunden war, hatte auch im Grab ihre Bedeutung.

Mit der Vorstellung von der im Jahreslauf wechselnden Herrschaft des Löwen- und des Stiergottes wurden auch die mit ihr in Mesopotamien verbundenen Bildformulierungen von Kreta und Mykene übernommen. Auch hier erliegt der Stier dem Löwen und steht der siegreiche Gott zwischen zwei Löwen, die sein »Zugriff« hilflos gemacht hat. Er hält sie an ihren Hinterpranken, an der Gurgel oder ihren Mähnenschöpfen hoch.[407] Eine echt altkretische Formulierung zeigt als Zweiarmwirbel den vom Löwenmann verfolgten Stiermann (Abb. 139 b), wodurch das göttliche Wesen beider Tiere veranschaulicht wird.

139 Siegelbilder mit heiligen Symbolen und Epiphanien des kretischen Jahresgottes; a) Zylindersiegel, Knossos, um 1700 v. Chr.; b) Siegel in Oxford, 14. Jh. v. Chr.; c) Onyxsiegel aus Argos, 17. Jh. v. Chr. (nach Evans 1921, 1928,1935)

Möglicherweise wurden im Kreta der Altpalastzeit zwei Jahresgötter, ein unheilvoller und ein segensreicher, verehrt. Das Bergheiligtum in Anemospilia, in dessen Ostraum Gaben von Feld und Flur und im Westraum ein Mensch geopfert wurden, während im Mittelraum das Kultbild der Hauptgottheit stand, läßt an eine Verehrung der großen kretischen Göttin (Zentralraum) mit dem Fruchtbarkeitsgott (Ostraum) und mit dem Todesgott (Westraum) denken, wie dies die Opfertexte von Ugarit nahelegen, in denen Anat einmal mit Ba‘al, ein andermal mit Reschef verbunden ist.

Freilich mag auch schon in der Altpalastzeit, wie in der Zeit der neuen Paläste, nur ein einziger Jahresgott den Platz an der Seite der großen kretischen Göttin innegehabt haben, dessen doppelte Natur in Gestalt des Löwen und des Stieres wiedergegeben wurde. Solche Doppelnatur göttlichen Wesens zeigte der Gott Poseidon, der in Delphi offenbar Vorbesitzer der Orakelstätte vor Apollon war. Seine unheilvolle Seite trat deutlich hervor. Er war der grollende Gott der Odyssee, sandte Naturkatastrophen wie Seestürme, Seebeben, Erdbeben und Vulkanausbrüche. Er war der Gatte der grauenvollen Medusa, Vater von Unholden und – im geheimnisvollen Kult Arkadiens – Gatte der dunklen Demeter, der Demeter Melaina, aus deren Haupt Schlangen wuchsen (Pausanias VIII 42).[408] Aber er war auch Begründer von Königsgeschlechtern, Vater des Neleus von Pylos und des Theseus von Athen sowie Gott des süßen und salzigen Wassers.

Als die griechischen Einwanderer ihren obersten Gott Zeus in die Ägäis brachten, verband er sich mit dem Gott der Urbevölkerung. Diesem seine dunkle Seite lassend, zog er dessen helle Wesenszüge an sich und wurde so der oberste Himmelsgott und Dynastiebegründer schlechthin. Dadurch kam es neuerlich zur Bildung von Göttertriaden, bestehend aus dem »dunklen« Gott, der großen Göttin und dem »hellen« Gott. So trug ein dreiköpfiger Hermenstein in Tegea die Namensinschrift: Zeus, Poseidon, Demeter,[409] und auf Lesbos wurde die Trias Zeus, Hera, Dionysos verehrt.[410] Wie Poseidon vermochte auch Dionysos Häuser einstürzen zu lassen und einen Palast in Trümmer zu legen. Auch wurde er als »feuerschnaubender Löwe« angerufen.[411] Die griechischen Göttinnen Hera und Rhea lassen sich auf die in der Ägäis verehrte große Göttin zurückführen. Zeus sei auf diese Göttin der pelasgischen Urbevölkerung gestoßen und »konnte ihre Macht nur so in seine Kontrolle bringen, indem er sich mit ihr verband. Als Rhea wurde sie seine Mutter, als Hera aber seine Gemahlin«.[412] Auch Demeter erschien als Gattin des Zeus, dem sie den Dionysos gebar (Diod. Sic. III 64,1). Ein Kreis griechischer Götter trat das Wesenserbe vorgriechischer Gottheiten an, die, vermittelt durch Kreta, auf den ägäischen Inseln heimisch geworden waren. Denn als Stier konnten Poseidon, Zeus und Dionysos erscheinen. Den Löwen hatten Dionysos, Apollon, Rhea, Hera, und Kybele als Trabanten bei sich. Die Doppelaxt gehörte zu Dionysos, Zeus, Poseidon, Rhea[413] und Hephaistos.

Auf Kreta war die Doppelaxt als heiliges Symbol und Kultgerät während der Zeit der neuen Paläste von höchster Bedeutung. Aus einem Instrument des täglichen Gebrauchs hatte sie sich zur Votiv- und Kultaxt mit großem, oft ornamental verzierten Blatt und halbkreisförmigen Schneiden entwickelt. Der Axt-

Das Leben im alten Kreta

stiel konnte im Zentrum eines heiligen Doppelhorns oder auf einer gestuften Steinbasis angebracht sein. Vasen- und Siegelbilder zeigen sie vom heiligen Knoten umschlungen und mit Rosette, Lilie oder Stierkopf komponiert. Als niedergelegte Votivgabe fand man sie in Gipfelheiligtümern und in den Kultgrotten von Arkalochori und Psychro. Als heiliges Zeichen schmückte sie die Wände und Pfeiler des Palastes von Knossos.

> »Die starke Verbreitung dieses Symbols in den Palästen erklärt wahrscheinlich, weshalb der Palast von Knossos Labyrinth genannt wurde: Labrys bedeutete in einer anatolischen Sprache und wahrscheinlich auch in der minoischen Doppelaxt. Das Wort Labyrinth bezeichnet also den Palast der Doppeläxte. Dieselbe Wurzel begegnet in Labranda in Karien, wo Zeus Labrandeus oder Stratios verehrt wurde, und es ist kein Zufall, daß sein Symbol die Doppelaxt war. Noch früher finden wir in Kleinasien den churritischen und hethitischen Gewittergott Teschup, der auf einem Stier stehend mit Doppelaxt und Donnerkeil abgebildet wird. Man nahm an, daß auch in Kreta die Doppelaxt das Symbol eines ähnlichen Himmelsgottes war. Diese Deutung steht aber im Widerspruch zu der Tatsache, daß in der kreto-mykenischen Kunst die Doppelaxt eine weibliche Gottheit begleitet. (...) Es muß darüber hinaus darauf hingewiesen werden, daß auch die weibliche kleinasiatische Gottheit nicht ohne Beziehung zur Doppelaxt ist: Der Name Kybele wird nicht nur mit den kybela, d. h. den Höhlen, sondern auch mit dem Wort kybelis verglichen, das Doppelaxt bedeutet.«[414]

Im Gegensatz dazu soll die Doppelaxt, die nach Plutarch *(Quaest. Graec.* 45, 301 F–302 A) die Lyder »Labrys« nannten und die in der Hand des hethitischen Wettergottes Teschup sowie des karischen Zeus Labrandeus zu sehen sei, aber auch die »dingliche Erscheinungsform« des »blitzenden und donnernden« altkretischen Gewittergottes sein, zumal noch heute auf griechisch der Blitz »astropeliki«, d. h. Sternenaxt, heiße.[415] Beide Deutungen haben ihre Berechtigung. Die späten Zeugnisse der griechisch historischen Zeit verbanden sowohl weibliche Gottheiten (Kybele, Rhea) als auch männliche Götter (Poseidon, Zeus, Dionysos), die, wie wiederholt gezeigt, im Erbe eines großen kretisch-ägäischen Götterpaars standen, mit der Doppelaxt. Das offenbart auch die altkretische Bildwelt. Hier begleitet die Doppelaxt nicht nur die große kretische Göttin, sondern auch den Stiergott. Ein abgeflachtes Zylindersiegel um 1700 aus Knossos zeigt den Stierkopf frontal als *pars pro toto* der gesamten Stiergestalt. Auf dem Haupt zwischen den geschwungenen Hörnern steht aufrecht die Doppelaxt (Abb. 139 c).[416]

Um 180 Grad gedreht, mit dem Axtkopf gegen das Stierhaupt gerichtet, erscheint die heilige Waffe auf einem Onyxsiegel des 17. Jahrhunderts v. Chr., das nahe dem argivischen Heraion auf der Peloponnes gefunden wurde.[417] Die einmal aufwärts, einmal abwärts gerichtete Doppelaxt über dem Stier vollzieht die gleiche Bewegung, wie sie im Zweiarmwirbel der Altpalastzeit angelegt war. Es ist das Auf und Ab, das für die Natur im Jahresablauf und mit ihr für den stiergestaltigen Jahresgott charakteristisch ist. Die Doppelaxt gehörte nach dem Zeugnis der Siegelbilder der Zeit der neuen Paläste sowohl zur großen kretischen Göttin als auch zu ihrem Partner, dem Wetter- und Jahresgott. Das Bündnis beider Götter zum Schutz und Gedeihen der Natur und der menschlichen Gemeinschaft symbolisiert die Vereinigung beider Doppeläxte, die Vierfachaxt. Die Heilige Hochzeit ist der kultische Höhepunkt dieses Bündnisses. Sie wird in der Zeit der neuen Paläste durch das heilige Gewand symbolisiert, das die Göttin im Kultakt erhält. Diese Hochzeitsrobe erscheint nicht nur auf dem Onyxsiegel aus Argos zweimal. Auf einem Goldring aus Mykene sind zwei Roben an das Kapitell einer Säule geknüpft, die zwei angeleinte Löwen flankieren. Das Bild eines Siegels aus einem Grab beim Heraion von Argos gibt die Säule, auf einem Altar stehend, wieder. Statt der Löwen flankieren sie zwei angeleinte Greifen.[418] Wie das Löwenpaar, so gehörte seit der Zeit der neuen Paläste auch das Greifenpaar zur Begleitung der großen kretischen Göttin. Das zeigt ein Siegel aus der Psychro-Grotte (die sogenannte Diktäische Höhle). Auf seinem Bildrund steht die Göttin, mit drei Hörnerpaaren bekrönt, von Greifen flankiert,[419] im Epiphaniegestus.[420]

Die von Löwen oder Greifen flankierte Säule stellt also das anikonische Bild der Göttin dar, wie schon die von Sternen flankierte Säule der Altpalastzeit. An ihrem Kapitell waren auf dem Goldring aus Mykene zwei Hochzeitsroben befestigt. Diese flankierten auch den Stierkopf auf dem Onyxsiegel aus Argos. Das spricht dafür, daß zwei Heilige Hochzeiten im palastzeitlichen Kreta gefeiert wurden. Die eine gehörte zur Regenperiode des Winterhalbjahrs, die andere zur Schönwetterperiode des Sommers. Für die Hochzeit im Sommer steht das Bild eines Goldrings aus dem Schatz von Mykene (Abb. 140). Hier sitzt die Göttin unter den blühenden Zweigen eines Baumes. Sie hat die Hochzeitsrobe an und wird mit Blüten als Braut geschmückt. Am Himmel schwebt die Vierfachaxt als Zeichen der heiligen Verbindung von Gott und Göttin. Der Gott erscheint herbeifliegend als Herosgott mit Regentenstab und Doppelschild. Sechs Löwenköpfe geben die sechs Monate der Sonnenperiode an. Sechs ist zudem die heilige Zahl von Ba^{c}al/Hadad. Er bzw. sein kretischer Erbe ist der Gott, der mit Sommer- und Winterhalbjahr verbunden ist. Das zeigen zwei altkretische Siegelbilder, von denen eins heute in Boston zu den Sammlungen des Museums of Fine Arts gehört. Das andere stammt aus Kydonia (Abb. 135 a). Beide Siegel geben die Verschmelzung von Huftier und Prankentier wieder. Auf dem Bostoner Siegel sind es Löwe und Stier, auf der Gemme aus Kydonia geflügelter Ziegenbock und Löwe. Löwe, Ziegenbock und Stier waren heilige Tiere des Ba^{c}al/Hadad, des Ba^{c}al vom Berge Zaphon oder Saphon und in seiner Nachfolge auch die des Dionysos. Dieser wurde im klassischen Altertum als Eríphos (Böckchen), als Axios Tauros (würdiger Stier, Plutarch, Quaest. Graec. XXXVI), als Omestes (Rohverschlinger) und als feuerschnaubender Löwe (Euripides, *Bakchen* V 1019–1020) verehrt.[421] Die Bildzeugnisse altkretischer Glyptik aus der Zeit der neuen Paläste aus Kreta selbst und vom mykenischen Festland sprechen also für einen Jahresgott in wechselnder Gestalt.

140 Goldring von der Akropolis von Mykene, Schmückung der Göttin zur Heiligen Hochzeit, (nach Alexiou 1976).

Eine Erinnerung daran, daß die Heilige Hochzeit, die die An-

Religion und Brauchtum

reicherung göttlicher Kräfte bewirken sollte, einmal unterirdisch, in der Region der heiligen Grotten, und einmal oberirdisch, in Flur und Palast, vollzogen wurde, scheint sich in der Überlieferung bewahrt zu haben: Zeus zeugte als Gatte der unterirdischen Göttin Persephone (Diod. Sic. V 75,4; Nomos, *Dionysiaka* VI 120–165), der oberirdischen Himmelsgöttin Demeter (Diod. Sic. III 64,1) und als Gatte der thebanischen Königstochter Semele (Diod. Sic. III 64,3) den Stiergott Dionysos.

In der Neupalastzeit, während der Kulturhochblüte, wirkten viele geistige Strömungen. Sie leiteten einerseits Verschmelzungsprozesse ein und führten andererseits zur Aufgliederung komplexer geistiger Phänomene. Stand der Jahresgott der Altpalastzeit dem ugaritischen Hadad, dem griechischen Poseidon und Zeus nahe, die charakteristische Wesenszüge mit ihm teilten, so bildete sich während der Neupalastzeit ein Jahresgott heraus, dessen Kultgestalt derjenigen des griechischen Dionysos und des vorgriechischen Zagreus entsprach. In ihr vereinigten sich Eigenschaften des ugaritischen Hadad, des anatolisch-nordsyrischen Reschef und des ägyptischen Kultgefährten der Göttin Hathor, des Uch von Kusae. Der neue Jahresgott suchte jetzt zudem Wesensgleichheit mit der göttlichen Partnerin. Die kuhgestaltige Himmelsgöttin Hathor war in mancher Hinsicht das ägyptische Pendant zur sumerisch-semitischen Inanna/Ischtar. Hathor galt als »Amme des Königs«; auch im Zweistromland rühmten sich Könige der Kindschaft der Inanna/Ischtar. Hathor wurde die »Seele der Bäume« genannt, Inanna war ursprünglich eine Baumgöttin. Sie ist wie Inanna/Ischtar Himmels-, Liebes- und Kriegsgöttin. Hathors Verwandtschaft zur großen kretischen Göttin wurde schon von Evans ermittelt.[422] Von den griechischen Göttinnen entsprach ihr die »kuhäugige« Hera (Homer, *Ilias* I 5,51).

Hathor von Kusae wie ihr Kultgefährte wurden in Gestalt des Papyrusstengels verehrt. Der »Uch von Kusae« erschien neben der kuhgestaltigen Hathor auch als Stier und als Schützer löwengestaltig, wie auch Hathor als kriegerische Göttin Löwengestalt annehmen konnte.[423] Kretische Siegelbilder zeigen Löwengott und Löwengöttin als Wächter am Tor.[424] Stiergott und Kuhgöttin waren allgegenwärtig in der kretischen Kunst auf Vasenbildern, als Kultgefäße und als Thema der Glyptik. Die Papyrusstaude gehörte zu den aus Ägypten entlehnten heiligen Pflanzen seit der Altpalastzeit, wie die Lilie und die Palme. Der Papyrusstengel kann mit einem Efeublattmotiv verbunden sein.[425] Evans nannte die Efeupflanze »the sacral ivy« und »mystic plant«.[426] Sie trat in schönen, dem Naturvorbild nachempfundenen Ranken auf Gefäßen der Kamares-Gattung am Ende der Altpalastzeit auf.[427] Zum sakralen Symbol scheint das einzelne Efeublatt zu Beginn der neuen Palastzeit erhöht worden zu sein. Damals schmückte es als ausschließlicher Dekor eine bronzene Tasse aus Grab XII von Mochlos.[428] Auf Siegelabdrücken aus der ostkretischen Stadt Zakros hat es wie ein dämonisches Wesen Flügel erhalten oder ist auf einen idolhaften, geflügelten Körper gesetzt worden.[429] In Raum B1 des Häuserblocks B von Akrotiri auf Thera überzieht ein Fries aus stilisierten, aber kraftvollen Efeublättern die von kultischer Bedeutung getragenen Fresken der boxenden Knaben und paarweise schreitenden Antilopen, deren gemeinsames Thema ein rituell zur Schau gestelltes Kräftemessen ist.[430] Den Schaft einer 46 cm hohen Miniatursäule aus purpurnem Alabaster mit Palmblattkapitell aus der Pfeilerkrypta des Südosthauses von Knossos umspannen spiralig Reliefbänder mit Reihen von Efeublättern. Im gleichen Raum fand man den gestuften Pyramidenstumpf mit oben eingelassener Tülle für eine Doppelaxtstandarte, wie sie der Sarkophag von Hagia Triada zeigt.[431] Die freistehende Säule mit Palmblattemblem wurde als kultische Form des orientalischen Lebensbaums erkannt.[432] Der orientalische Lebensbaum war als Kultbaum mit Metallgürteln umspannt.[433] Im Gilgameschepos trägt er Weinreben und wird mit Tammuz (Dumuzi), dem jungen Vegetationsgott, der im Epos auch »Heros« genannt wird, gleichgesetzt.[434] Auch in den Linear B-Texten des 13. Jahrhunderts v. Chr. trat der Titel »Heros« auf (Abb. 133 e).[435].

Der Dionysoskult auf Kreta

Den Titel »Heros« trug in griechischer historischer Zeit keiner der Götter außer Dionysos.[436] Von dessen Verehrung in Gestalt des orientalischen Lebensbaums berichtete Pausanias (IX 12,4): In Theben auf der Burg des Königs Kadmos sei ein Holzstück vom Himmel in das Gemach der Königstochter Semele gefallen, und Polydoros habe dieses Stück Holz mit Erz geschmückt und Dionysos Kadmeios genannt. Die Thebaner verehrten ihren Gott aber auch unter dem Namen »Dionysos perikionios«[437] (Dionysos, den Säulen umrankenden), was darauf schließen läßt, daß sein erzgeschmücktes Kultmal eine dem Lebensbaum nachgebildete Holzsäule war, deren Metallbänder mit einer dem Dionysos heiligen Pflanze dekoriert waren, also mit Wein oder Efeu. Im Bezirk Acharnai wurde Dionysos als »kissos«, als Efeu angerufen (Pausanias I 31,6), d. h. mit dem Efeu identifiziert. Das Kultbild des Dionysos in Theben war eine efeuumrankte Holzsäule. So geben es auch Vasenbilder des 5. Jahrhunderts v. Chr. wieder.[438] Dem thebanischen Kultmal, das als Kultsäule seinen historischen Platz in der Kultur Altkretas und des mykenischen Festlands hat,[439] entsprach die Alabastersäule aus Knossos (Abb. 133 e). Der von Efeu umrankte Palmbaum ist auch auf einer Amphora des 15. Jahrhunderts v. Chr. aus Katsamba, der Hafenstadt von Knossos, dargestellt. Hier lösen sich aus der Krone eines stilisierten Palmbaums Ranken mit großen Efeublättern.[440]

Der Palmbaum war ein Symbol des semitisch-sumerischen Vegetationsgottes Dumuzi/Tammuz, der als »Herz des Palmbaums« galt. Dieses Herz stellen Vasenbilder aus dem Palast von Phaistos als Lanze mit rotem Schaft und roter Spitze dar.[441] Die Lanze paßte zum Herosgott Dumuzi/Tammuz. Sie gehörte aber auch in die Hand des Heldengottes Baʿal/Hadad[442] und als »kission bélos«, als Efeuspeer (Euripides, *Bakchen* V 25), zum Herosgott Dionysos. Das Bild des Dionysos wurde einst in Magnesia am Mäander gleichsam als Herz des Baumes in dem vom Wind zertrümmerten Stamm einer Platane gefunden, woraufhin in der Stadt der Dionysoskult errichtet wurde.[443] In Byblos in Syrien soll ein Baumstamm, der als Pfeiler des Palastes diente, den Körper des Vegetationsgottes Osiris geborgen haben.[444] Als Baum bzw. Säule, Pfahl oder Pfeiler konnten der ugaritische Baʿal/Hadad, der mesopotamisch-syrische Dumuzi/Tammuz, der ägyptische Osiris (und vor ihm der Stadtgott Ptah von Memphis) und der griechische Dionysos verehrt werden. Mit den Bildzeugnissen der zweiten Palastzeit Kretas verbindet sich aber am engsten die Ikonographie des Dionysos, so im Symbol des Efeus, der hölzernen oder steinernen Säule und im umfriedeten, von einem Sakralbau umgebenen heiligen Baum.[445] Dionysos wurde als »dendritis«, als Baumgott verehrt, der den Baumpflanzungen Gedeihen gab und »heiligen Glanz der Reife« (Pindar *fr.* 153).[446]

Aus dem kretischen Ba^cal der Altpalastzeit hatte sich unter ägyptischen und nahöstlichen Einflüssen der ägäisch-kretische Dionysos der zweiten Palastzeit entwickelt. Wo sich seine neue Kultgestalt zuerst manifestierte, ob auf Kreta oder auf den ägäischen Inseln, läßt sich bisher nicht entscheiden.[447] Jedenfalls gehörte er der Zeit an, in der die ägäischen Inseln und Kreta eine kulturelle Einheit bildeten, die auch das frühmykenische Festland einschloß. Dort tritt das Efeusymbol des Gottes nicht nur auf den Grabsteinen des 17. und 16. Jahrhunderts v. Chr. über den Schachtgräbern des Grabzirkels A und B von Mykene auf, sondern schmückt auch das Schwertblatt einer königlichen Grabbeigabe aus Schachtgrab IV des Grabzirkels A.[448]

Zum Wesen des kretischen Dionysos gehörte auch seine Manifestation im Doppel- und Achterschild. Diese Fähigkeit, wie auch das Wesen eines großen Jägers, übernahm er vom anatolisch-nordsyrischen Reschef, der bereits zum ugaritischen Ba^cal in Kultnähe getreten war und mit diesem die Hirschgestalt und die Verbindung mit den Göttinnen Anat und Astarte teilte. Ein kultisches Spendegefäß mit perforiertem Boden aus dem Herrenhaus A von Ajia Irini zeigt das Efeublatt des Dionysos über einem Doppelschild und macht dadurch die göttliche Manifestation im Schild deutlich. Eine altkretische Amethystgemme des 15. Jahrhunderts v. Chr. aus Griechenland[449] bekrönt den Doppelschild mit einem Helm und läßt von ihm in machtvoll göttlicher Gebärde ausgebreitete Arme ausgehen, deren Hände den Griff eines Schwertes (Insigne des Königs, des Herosgottes und der Herosgöttin) umspannen. Unter die Schwertfäuste ist je ein Bein, bestehend aus Unterschenkel, Fessel und Fuß, gesetzt. Die Fußrichtung geht einmal nach rechts, einmal nach links, wodurch die Wirksamkeit des Schildgottes in zwei Richtungen – oder sogar in jede Richtung – angegeben zu sein scheint.[450] Auf einem Siegelabdruck des 16. Jahrhunderts v. Chr. aus dem Palast von Knossos[451] ist der Doppelschildgott mit Lanze und kretischem Spitzhelm von zwei Doppelschildern flankiert, die seinen Schutz zur Rechten und zur Linken bzw. seine allseitige Schutzmacht symbolisieren. Der Doppelschildgott auf einer Elfenbeinplatte des 13. Jahrhunderts v. Chr. aus dem Artemisheiligtum von Delos trägt den mykenischen Eberzahnhelm. Nur mit Armreif und Gürtel bekleidet, hebt sich die männliche Gestalt des Herosgottes vor dem gewaltigen Doppelschild ab. In ihrer Rechten hält sie die Lanze.[452] Die schlichteste und häufigste Art der Darstellung des Doppelschildgottes erscheint unter anderem auf einer Doppelaxt aus der Mesara.[453] Hier bekrönt den Doppelschild ein kleiner Halbbogen, der offenbar einen über den Schild herausragenden Kopf oder Helm angeben soll. Eine Miniaturamphora, dekoriert mit dem gleichen zeichenhaften Doppelschildgott, barg P. Warren mit weiteren Kultgefäßen im Raum eines Hauses in Knossos, dem benachbart der bereits beschriebene Raum lag, in dem die Kinderknochen mit Schabespuren ans Tageslicht kamen. Da keine Brandspuren entdeckt werden konnten, war das Fleisch roh verzehrt worden. In den »Kretern« des Euripides *(frg. 472)* wird die Omophagie dem Dionysos Zagreus zugeschrieben.[454] Mit diesem verband daher Warren den im 15. Jahrhundert v. Chr. in Knossos bezeugten Kultbrauch des Rohverzehrs von Opferfleisch (Abb. 133 b–d).[455]

Nun trat im Vorstellungskreis um den Vegetationsgott Dionysos in Göttermythos und -kult die Omophagie in zweierlei Form auf. Einmal, im Fall seines Todes, wurde der Gott von einem anderen Gott (Zeus) verschlungen, wodurch die in ihm etablierten göttlichen Kräfte aufgenommen und neuerlich freigesetzt werden konnten. Ein andermal verschlang der Gott sich selbst, indem er ein ihm anverwandeltes Opfer fraß und so die von ihm in die Natur ausgegangenen göttlichen Kräfte wiedergewann.

Die erste Omophagie findet man im Mythos des Dionysos Zagreus, der nach Kreta versetzt wird, und ebenso im Mythos des ugaritischen Baʿal. Von diesem erzählt der Mythos, daß die Göttin Anat seinen leblosen Körper fand und sogleich begann, sein Fleisch ohne Messer zu verschlingen, sein Blut ohne Becher zu trinken.⁴⁵⁶ »Zagreus, ein Sohn des Zeus und der Persephone, wird von den Titanen auf Anstiften Heras zerrissen. Das noch zuckende Herz verschlingt Zeus (oder er läßt es Semele verschlucken). So entsteht später aus dem alten Dionysos-Zagreus durch die Verbindung des Zeus mit Semele der jüngere Dionysos.«⁴⁵⁷

Der zweiten Art von Omophagie begegnet man im Kult des griechischen historischen Dionysos. Auch sie war allem Anschein nach im vorgriechischen Kreta beheimatet.⁴⁵⁸ Die beliebtesten theriomorphen Epiphanien des Gottes Dionysos, nach denen er auch benannt wurde, waren der Stier (Dionysos-Bougenes), der Ziegenbock (Dionysos-Eriphios oder -Eriphos), der Hirsch (Dionysos-Kemelios) und der Löwe (Dionysos-Kechenos).⁴⁵⁹ Diese Tiere waren zugleich seine heiligen Tiere. Die Bildwelt gibt sie ihm attributiv zur Seite.⁴⁶⁰ Auffälligerweise sind es auch die Tiere, die den ugaritischen Baʿal umgaben und im bronzezeitlichen Kreta als heilig galten. Da wurde der Hirsch auf einem Siegelabdruck des Palastes von Knossos mit dem zweifachen Zeichen für das Kultgewand der Heiligen Hochzeit kombiniert,⁴⁶¹ und auf dem Schild eines goldenen Siegelrings waren Wildziegenbock und Stier dem Lebensbaum und Symbol des Vegetationsgottes, der Palme, zugeordnet.⁴⁶² Wildziegenböcke lagern zu Seiten des Bergmals eines Gipfelheiligtums oder ein großer Stier vor einem kleinen Sakralbau;⁴⁶³ Löwen flankieren die Göttin oder die heilige Säule.⁴⁶⁴ Es hat schon immer überrascht, daß der Dionysos des historischen Altertums gerade seine Tierepiphanien als Opfertiere verlangte. Er nahm sie sich selbst als Taurophagos (Stierfresser), als Aigobolos (Ziegenschleuderer), als tanzender Gott, der ein Hirschkalb zerreißt, oder als Panther, als Rohverschlinger (Omestes), der ein Hirschkalb packt.⁴⁶⁵ Oder sie wurden ihm dargebracht wie der dem Dionysos in Löwengestalt anverwandelte, junge König Pentheus von Theben, der von seiner Mutter als Kultdienerin des Dionysos zerrissen wurde (Euripides, *Bakchen* V 1173/74–1283/84).

In frappierender Übereinstimmung zeigt die altkretische Bildwelt der neuen Paläste die vier genannten Tiere auch hier als Epiphanie des Gottes in Gestalt von Stiermann, Bockmann,⁴⁶⁶ Hirschmann und Löwenmann sowie den Gott selbst,

Religion und Brauchtum

der als Omestes, als rohschlingendes Raubtier, Stier, Bock und Hirsch als Beute packt.[467] Stier und Bock sind während der Zeit der neuen Paläste die klassischen Opfer, die beim Tieropferritual auf einem speziellen Kulttisch getötet wurden.[468] Auf dem »Goldring des Nestor« liegt auch der Löwe auf dem Opfertisch, auf anderen Siegelbildern tragen Kultdiener vom Typ der Taurtdämonen geopferte oder zum Opfer bestimmte Löwen und einen Hirsch herbei oder führen Löwe und Stier zum Opfer.[469] Beigezeichnete Gliedmaßen weisen wohl darauf hin, daß wie beim historischen Dionysos, so auch im Kult des prähistorischen kretischen Dionysos das Zerreißen des Opfers ebenso wie die Omophagie eine Rolle spielten.

Doch gehörten nicht nur Tiere zu den Erscheinungsformen des Dionysos, sondern auch Pflanzen und Menschen; sie hatten ebenso teil an den Kräften des Vegetationsgottes. So konnte dieser auch danach Verlangen tragen, die von ihm ausgegangenen göttlichen Kräfte von ihnen zurückzufordern und sich in einem »pars pro toto-Opfer« wieder anzueignen. Die Magie dieses Aktes war allerdings nur wirksam, wenn das Opfer dem Gott angeglichen und schließlich in ihn verwandelt wurde. So mußte es der thebanische König Pentheus als das von Dionysos ausersehene Opfer zunächst dulden, dem Gott äußerlich angeglichen zu werden (Euripides, *Bakchen* V 454–455; 821–834), doch bald verwandelte er sich auch innerlich. Er glaubte, des Kithairon Felshaupt mit nackter Hand losreißen und sich auf die Schultern laden zu können (V 945–950). Dionysos selbst setzte Pentheus als Dionysos »dendritis« (des Baumes) oder »endendros« (im Baum) auf eine hohe Fichte des Kithairon-Gebirges (V 1070–1075). Auch der Baum war damit zum Opfer erwählt. Die Riesenfichte wurde mit den Wurzeln aus der Erde gerissen, und Mann und Baum stürzten zugleich zu Boden (V 1101–1113). Vom Baum auf dem Kithairon überlieferte Pausanias (II 2,7), daß das Orakel den Korinthern befahl, den Baum wie den Gott zu verehren.

Das Baumopfer des vorgriechischen Dionysos stellt ein um 1500 v. Chr. datierter Goldring aus Kammergrab 91 der Unterstadt von Mykene dar (Abb. 141). Die Szene wurde stets als Kulthandlung in einem Baumheiligtum verstanden.[470] Wie die

Fichte auf dem Kithairon in den *Bakchen* des Euripides (V 1109–1110) wird hier der heilige Baum aus seinem Schrein vom jugendlichen Vegetationsgott selbst mit den Wurzeln ausgerissen.

141 Siegel aus der Unterstadt von Mykene, Kammergrab 91, Große Göttin und Jahresgott, 16. Jh. v. Chr. (nach Nilsson 1955).

Der Sturz des Pentheus mit der Riesenfichte kam einem Zerschmettern gleich. Dionysos Anthroporrhaistes, der »Menschenzerschmetterer«, erhielt auf der Insel Tenedos, wo er noch in archaischer Zeit in Gestalt der Doppelaxt verehrt wurde,[471] ein besonderes Opfer (Aelian, *de nat. anim.* 12,34). Hier glich man ein Kalb einem Menschenopfer dadurch an, daß man die Kuh, seine Mutter, wie eine Wöchnerin behandelte. Kurz vor der Opferung durch die Doppelaxt aber wurde es in Dionysos selbst, den Theatergott, verwandelt, indem man ihm Kothurne (Theaterschuhe) an die Füße band. Es gehörte zum zentralen Gedanken der Religion des historischen Dionysos, daß der Gott sich selbst in einer seiner vielfältigen Metamorphosen als Opfer wählte und tötete. Von Kultgemeinde und Göttern wurde der Opferbrauch des Vegetationsgottes Dionysos nachvollzogen, vornehmlich im Rohgenuß des Rebensaftes. »Man gießt den Gott vor allen Göttern aus«, heißt es in den *Bakchen* des Euripides (V 284).[472] Gemeint ist die Weinspende, die an den Altären aller Götter zelebriert wurde. Als größter göttlicher Zecher ist aber Dionysos selbst dargestellt worden. In seine Hand gehört der mächtige »Kantharos«, der kultische Weinkelch des Gottes. Auch hierin gleicht er dem ugaritischen Baʿal.

Im bronzezeitlichen Kreta des 15. Jahrhunderts v. Chr. hatte die schon mehrfach erwähnte Kultgemeinde in einem Haus in Knossos nicht nur das Weinopfer dargebracht, sondern auch die Omophagie mit Menschenfleisch kultisch vollzogen. Dieses archäologische Zeugnis läßt sich mit keinem Gott besser verbinden als mit Dionysos. Das Menschenopfer forderte oder erhielt Dionysos in historischer Zeit, wenn er erzürnt oder in höchster

Religion und Brauchtum

Not zur Hilfeleistung aufgefordert war.[473] Da die Opferreste im Haus von Knossos unter dem Zerstörungsschutt von 1450 v. Chr. lagen, mag es der Zweck der Anthropophagie gewesen sein, den Gott zur wirksamen Hilfeleistung mit mystisch erneuerten Kräften auszustatten.

Während der Zeit der neuen Paläste hatte der dem ugaritischen Baʿal/Hadad nahestehende kretische Königs-, Wetter-, Vegetations- und Jahresgott neue Züge hinzugewonnen, die ihn jetzt als dionysischen Gott kennzeichneten. Er wurde in verschiedener Gestalt, wohl auch im Dual als Gott des Diesseits wie des Jenseits,[474] als Gott der Schönwetter- wie der Regenperiode verehrt und konnte unter mehreren Namen angerufen werden. Zu diesen gehörte auch Zagreus, der »große Jäger«, der »lebendig Fangende«. Unter ägyptischem Einfluß hatte sich die Tendenz der Angleichung von Gott und Göttin verstärkt. So stand jetzt zum Schutz von Königtum und Stadtstaat der Schildgöttin der Schildgott, der Doppelaxtgöttin der Doppelaxtgott, der Säulengöttin der Säulengott und der Löwengöttin der Löwengott zur Seite. Gemeinsam förderten sie Fruchtbarkeit und Wohlergehen der Menschen, Tiere und Pflanzen – als Stiergott und Kuhgöttin, als Baumgott und Baum- sowie Papyrusgöttin, als Efeugott und Rosettengöttin,[475] als Meergott, Dionysos »Delphinios« und Dionysos »Pelagios«, sowie als Meergöttin.

Wie der Jahresgott, so wurde wohl auch die große kretische Göttin unter verschiedenen Namen verehrt. Linear A-Inschriften auf Kultobjekten wie Altären, Steinvasen, Votiv-Doppeläxten etc. zeigen drei sich wiederholende Zeichengruppen, die analog der Lautwerte ihrer Zeichen in der Linear B-Schrift als die drei Namen »Atano«, »Jasasara« und »Nopina« gelesen werden können. Unter Berücksichtigung der Kultobjekte stellte Atano eine Schutz- und Palastgöttin dar, Jasasara eine mit der Landwirtschaft verbundene Gottheit und Nopina eine Naturgottheit.[476] Auf diese Weise könnte in »Atano«, entsprechend der griechischen Athena, das jungfräuliche und kriegerische Wesen der großen kretischen Göttin verehrt worden sein, in »Jasasara«, entsprechend der ugaritischen Muttergottheit Ascherat, eine Königsmutter und Himmelskönigin und in »Nopina« die Natur einer Vegetationsgottheit, die stirbt und wiederersteht. Dieser letztgenannte Aspekt scheint bei der ugaritischen Anat zu fehlen, war aber bei der sumerischen Inanna vorhanden.[477] Für Kreta läßt sich mit Sicherheit »der Überlieferung entnehmen, daß es eine minoische Göttin Ariadne gab, deren Tod ihr besonderes Merkmal war. Der griechischen Religion war dies so fremd, daß sie vor allem in die Mythologie aufgenommen und mythisch umgewandelt wurde.«[478] Nach dem geläufigen Mythos hatte Dionysos auf der Insel Naxos Ariadne zu seiner Gattin erhoben, doch überlieferte Homer *(Odyssee* X 321 ff.), daß Ariadne auf der Insel Dia auf Anweisung des Dionysos von Artemis getötet wurde, und laut Pausanias (II 23,7) gab es in Argos im Tempel des kretischen Dionysos das Grab der Ariadne.

Die antike Überlieferung bewahrte noch zwei weitere vorgriechische, kretische Götternamen: Diktynna und Britomartis. Diktynna bezeichnet die kretische Göttin als Berggöttin, die einst ihr Gipfelheiligtum auf dem Dikte-Gebirge hatte. Britomartis, die »süße Jungfrau«, spricht den Liebreiz der Göttin an, der sich mit der Lust an der Jagd und damit mit den kriegerischen Zügen einer waffentragenden Göttin vereinte. Auch hatte sich die Erinnerung bewahrt, daß Diktynna und Britomartis zwei Namen einer einzigen Gottheit waren (Diod. Sic. V 76,3–4). Das Wesen der Vegetationsgottheit mit Tod und Wiederkehr klingt in der Passage der Überlieferung an, nach der sie das Verlangen des Königs Minos erregt hatte und, vor ihm fliehend, offenbar ins Meer sprang, aus dem sie mit den Netzen der Fischer geborgen wurde (Strabon X 4,12; Diod. Sic. V 76,3–4).

Die Jahresfeste

Riten eines Vegetationszyklus sollen, so suchte man schon lange nachzuweisen, in privaten Kulten und öffentlichen Festen zu den verschiedenen Jahreszeiten begangen worden sein.[479] Die göttliche Epiphanie sei mit ekstatischen Tänzen heraufbeschworen und das Erscheinen der großen Naturgöttin dadurch gefeiert worden, daß Gebäude und Hörnerpaare mit frischem Grün geschmückt wurden. Der Ring von Mykene (vgl. Abb. 140) stelle den vollen Sommer dar. Die Stierspiele seien das große öffentliche Fest. Nachdem mit Klagen und Bestattungsriten das Absterben der Natur kultisch begangen, der Vegetationsgott gestorben und begraben worden sei, habe sich die große Göttin über das Meer entfernt. Nach M. Cameron[480] war die Hauptsaison der Feste und Rituale der Frühling, die Zeit der Geburt der Natur. Jetzt begannen die Festakte, so die Wahl der Frau, die würdig war, die Göttin darzustellen und zu vertreten, die Heilige Hochzeit der Göttin mit einem Mann, vielleicht einem Priester, verbunden mit einem großen Bankett und verschiedenen Einweihungsritualen, die Schwängerung der Göttin, die vielleicht vor der Menge erschien, in Knossos z. B. vor der Fassade des dreiteiligen Heiligtums, und eine Schlange als Phallussymbol hochhielt sowie – eventuell – die Geburt des göttlichen Kindes.

142 »Camp stool«-Fresko, Palast von Knossos, um 1400 v. Chr. (nach Boulotis 1987).

Der heilige Knoten, bestehend aus einer Schärpe, die mit einer oberen Schlaufe geknotet ist und auf dem »Camp stool«-Fresko (Abb. 142) das Gewand der »kleinen Pariserin« ziert (vgl. Abb. 9), wurde als Symbol für den Vollzug des Festakts der Heiligen Hochzeit gedeutet, dem sich die altkretische Jugend als Höhepunkt einer Folge von Initiationen in einer Kollektivhochzeit am Fest der großen Göttin unterwarf.[481] Zu Recht hat Castleden das Symbol des heiligen Knotens allgemeiner aufgefaßt, als ein Zeichen für den Bund zwischen den Gläubigen und der Gottheit bzw. den Versuch, die Gottheit magisch zu binden.[482]

143 Gabenbringer, Prozessionskorridor des Palastes von Knossos, Ende 15. Jh. v. Chr. (nach Schachermeyr 1964).

Anhand der allerdings sehr fragmentarisch erhaltenen Fresken im Palast von Knossos, deren Zeitstellung zudem unterschiedlich ist, versuchte Cameron die Kultfeiern des Frühjahrs zu rekonstruieren.[483] Für ihn stand die Göttin im Zentrum der Geschehnisse. Zur Feier ihrer Epiphanie[484] gehöre das Darbringen von Gaben (Gabenbringerfresko aus dem Prozessionskorridor des Westflügels). Von zwei Seiten nähern sich der Göttin männliche Gabenbringer (Abb. 143), um sie willkommen zu heißen. Nach Ch. Boulotis war dieses Fest der gegebene Anlaß, um im Namen der Göttin Abgabenlieferungen für den Palast entgegenzunehmen,[485] was allerdings verbrämt und ins Repräsentative gesteigert wurde: Zahlreiches Publikum war bei Veranstaltungen im Westhof versammelt.[486] So konnte mit den kostbaren Schätzen handwerklicher Kunstfertigkeit geprunkt werden. Dem Willkommen sei ein Symposion im Palast gefolgt (»Camp stool«-Fresko). Die Göttin, geschmückt mit dem heiligen Knoten, throne inmitten der höfischen Kultteilnehmer. Danach sei sie, von der Festgemeinde eskortiert, zur dreigeteilten Fassade des Heiligtums am Zentralhof, das Berghöhen symbolisiere, geführt worden. Es folge die Entkleidungsszene des »Jewel«-Freskos aus dem Westtrakt, das um 1400 v. Chr. datiert wird. Von diesem ist nur ein kleines Fragment erhalten. Es zeigt den Ausschnitt eines weiblichen, mit enganliegender Kette geschmückten Halses. Die Hautfarbe der Frauen wurde weiß dargestellt. Zu ihr kontrastieren das Gold der Perlen und die Kettenanhänger in Form von dunkelgelockten Männerköpfen mit langem Ohrschmuck. Eine braunhäutige,

Religion und Brauchtum

männliche Hand berührt mit Daumen, Mittel- und Zeigefinger behutsam die Kette. Die Geste kann auch das Befestigen der Kette am Halse bedeuten. Die Gabe und ihre Annahme würden jedoch in gleicher Weise die Heilige Hochzeit einleiten. Nach dem Vollzug der Verbindung habe man sich die Göttin im Thronsaal auf dem Thron vorzustellen, welcher der Gestalt ihres heiligen Berges nachgebildet sei (vgl. Abb. 12). Hier fände auch die symbolische Geburt des Kindes statt. Das Fresko im Vorraum des Thronsaals sei von besonderer Bedeutung. Es zeige einen schreitenden Stier, der die Verbindung von geschwängerter Göttin und Stiergott bezeuge, von männlichem Fruchtbarkeitssymbol und gebärender Göttin.

Im Gegensatz zu Cameron war L. Palmer überzeugt, daß im Thronsaal von Knossos der König als Vertreter des göttlichen Herrschers auf dem Thron an der Nordwand saß. Das Fresko hinter ihm sei als Greifenfresko falsch restauriert und habe einst Palmen und einen Fluß gezeigt. Stiegen Besucher, vom Zentralhof kommend, die wenigen Stufen in den Vorraum des Thronsaals hinab, so trat ihnen auf dem Fresko der Nordwand gleichsam als Hausherr der Stier entgegen. Auch Palmer verlegte das größte Jahresfest in den Frühling, als Fest des Todes, des Begräbnisses, der Beweinung und der Auferstehung des jungen Vegetationsgottes.[487] Der König als der irdische Vertreter des göttlichen Jahresherrschers könnte durch das Hinuntersteigen ins »Lustralbecken« und das folgende Hinaufsteigen in seinen Thronraum den jährlichen Abstieg des Vegetationsgottes in die Unterwelt und die Auferstehung kultisch nachvollzogen haben.

Nach P. Faure[488] waren die großen Paläste Tempel. Auf den Westhöfen vor diesen Tempeln wohnten die Menschen aus Stadt und ländlicher Umgebung den Neujahrsprozessionen, den jahreszeitlichen Festen, den Feiern der Initiation, den Investiturfeiern, den sportlichen Spielen und dem Sprung über die Hörner der Stiere bei. Sie hatten Anteil an den Tänzen und öffentlichen Opfern und besuchten mindestens einmal im Jahr eines der berühmten Gipfel-, Höhlen- und Feldheiligtümer. Am Neujahrstag – dem Fest der Erneuerung der Zeit, der Natur, der Gesellschaft und der Dynastie – fanden in den Tempeln Inthronisationsfeiern statt. Der König, der außerhalb des Tempels in

Das Leben im alten Kreta

einer königlichen Villa lebte, kam, in einer Prozession oder in einer Zeremonialsänfte getragen, zum Tempel, um sich und symbolisch auch sein Volk im Lustralbecken zu läutern. Er kam mit großer Pracht zum Hieros Gamos, zum Ritual der Heiligen Hochzeit mit der Göttin.

Dunkel umgibt bis heute das altkretische Frühlingsfest. Standen Menschen im Zentrum der heiligen Handlungen, so scheint es am wahrscheinlichsten, daß der König und die Königin den Gott und die Göttin vertraten. Der Mythos kennt die Verbindung des Gottes mit weiblichen Mitgliedern der Königsfamilie, so des Stieres mit Königin Pasiphae oder des Dionysos mit der Prinzessin Ariadne. Daran hielt der Kult offenbar bis in griechische historische Zeit fest. So war die Hauptzeremonie der Anthesterien, des attischen Blüten- und Frühlingsfestes, die Heilige Hochzeit des Dionysos mit der Basilinna, der Gattin des Archon-Basileus (Königsarchon), in dessen Amtslokal. Dieser oberste Beamte des demokratischen Athen stellte in der Pflege der uralten Kulte, die in die mykenische Zeit zurückreichten, den Nachfolger der attischen Könige dar.[489] Das Blüten- und Frühlingsfest Altkretas wird im März/April gefeiert worden sein. Von März bis Juni dauerte die Wachstumszeit. Anfang Mai begann die Kornernte, die bis Anfang August ging, und wie in allen Ackerbaukulturen gab es auch im bronzezeitlichen Kreta Erntefeste. Auf der Schnittervase aus Hagia Triada (Abb. 115) vereinen sich Schnitter und Drescher zur Ernteprozession. Sie tragen Sensen und Worfeln und singen, vom König oder einem hohen Beamten angeführt, nach dem Rhythmus eines Rasselinstruments, des Sistrums. Sie werden den goldenen Segen der Felder in die Magazine der Paläste füllen.[490] Von Juni bis Oktober herrschte Trockenzeit. Jetzt reiften Obst und Wein. In dieser Zeit der Reife und Vollendung, der Obsternte und Weinlese begann die Natur abzusterben. Auch der Tod des Vegetationsgottes fiel in diese Zeit, kam jäh wie der Schnitt des Ernte- oder Opfermessers. Mitten aus ekstatischer Lebensfreude, von vollbesetzter Tafel, ging der Gott fort. Ein Goldring aus Mykene zeigt, daß zum ekstatischen Wirbeltanz der Göttin der Jahresgott den üppig Frucht und Blätter tragenden Baum, sein Lebenssymbol, aus dem Heiligtum reißt. Trauer setzt ein (Abb. 141). Im Juni/Juli wurde in Syrien der Tod des Tammuz beklagt. Stieropfer und Trauerrituale werden auch auf Kreta in der Dürreperiode vollzogen worden sein.

Das Stieropfer zeigt der Bildzyklus des Sarkophags von Hagia Triada, der immer wieder Gegenstand gelehrter Deutungen war, ohne daß die letzten Rätsel gelöst werden konnten (Abb. 136). W. Pötscher sah auf den Fresken ein dreitägiges Jahresfest dargestellt, dessen rituelle Handlungen am Morgen (gelbe Hintergrundfarbe, links vom Stieropfer), am Mittag (weiße Hintergrundfarbe) und nachts (blaue Hintergrundfarbe) vollzogen wurden.[491] Im Rot des Hintergrunds einer Schmalseitenszene vermutete Pötscher eine sakrale Farbe, welche die göttliche Zeit bezeichnete. Inhalt des Festes schien ihm die Ankunft der Göttin (Vorderseite, links vom Stieropfer), der Aufstieg des Jahresgottes aus der Unterwelt (Rückseite, rechte Bildszene) und die Heilige Hochzeit des Götterpaars, symbolisiert in der Verbindung von Doppelaxt und Vogelepiphanie, zu sein. Uns fällt auf, daß die Sarkophagwände Kontrastthemen zu Bildpaaren ordnen. So zeigt die Frontseite mit dem Ritual des Opfers von Stier und Böcken das Sterben der Natur an und damit auch das Sterben des Vegetationsgottes, das vom klagenden Klang des sogenannten phrygischen Aulos begleitet wird. Daneben steht ein Opferritual, das der reichen, üppigen Natur Rechnung trägt. Die Libationskanne mit dem Lebenswasser ist über dem Altar sichtbar, ebenso der mit Früchten angefüllte Opferkorb. Viele Doppelhörner bekrönen den Sakralbau, über dem der Lebensbaum der Göttin, des Gottes, weit seine Blätterkrone entfaltet. Über der Doppelaxtstandarte ist eine Gottheit in Vogelepiphanie zu erkennen. Erscheinungen von Gottheiten in Vogelgestalt waren noch den homerischen Gesängen geläufig. Hier mag die Vierfachaxt auf eine Heilige Hochzeit hinweisen, deren Folge die üppige Entfaltung der Natur ist. Die Rückseite des Sarkophags stellt abermals zwei Rituale nebeneinander. Rechts handelt es sich um ein Totenritual. Tönerne Rinder waren in den Gräbern der Mesara den Toten beigegeben, wohl um sie durch dieses Symbol mit magischen Lebenskräften auszustatten. Bootsmodelle dienten dem toten Pharao und dem Sonnengott zur Fahrt über die Gewässer in der Unterwelt und zum Verlassen des Totenreichs. Das Ritual, das für den einstigen Sarkophaginhaber sicher nicht ohne Bedeutung war, diente im Götterkult der Vorbereitung zur Wiederkehr des Jahresgottes. Dieser steht hinter einem Stufenaltar in orientalischer Tracht, wie sie syrische oder ugaritische Götter trugen,[492] vor seinem unterirdischen Tempelbau, dem bezeichnenderweise die Vitalität ausdrückenden Doppelhörner fehlen. Doch der Jahresgott lebt. Dies zeigt der »halbe« Lebensbaum an seiner Seite.

Die Kulthandlung links hat einen freudigen Anlaß. Hier wird eine Weinspende vollzogen und mit dem Saitenspiel auf der Kithara begleitet. Ein großes Gefäß, das zwischen zwei grünen Baumpfeilern steht, nimmt die Spende auf. Die Baumpfeiler tragen je eine Vierfachaxt und eine Gottheit in Vogelepiphanie. Die Vögel hatten einst gelbes, d. h. goldenes, Gefieder. Nach altägyptischer Vorstellung war der Goldhorus, der Goldfalke, eine Erscheinungsform des im Osten neugeborenen Sonnengottes. Die Baumpfeiler haben in Ägypten im Djetpfeiler ihre Entsprechung, dem Symbol des Schöpfergottes Ptah und später des Osiris. Auf königlichen Pektoralen (Brustschmuck) des Neuen Reiches trägt der Djetpfeiler die Scheibe der im Osten aufgehenden Sonne. Ein palastzeitliches Karneolsiegel aus Zentralkreta[493] zeigt den Baumpfeiler, bekrönt von der Scheibe der neugeborenen Sonne. Er ist flankiert von Ta-urt-Dämonen mit Spendekannen. Ein etwas jüngeres altkretisches Siegel[494] ersetzt den Baumpfeiler durch den Vogelmann. Der mit den Baumpfeilern verbundene Kultakt auf dem Sarkophag von Hagia Triada gehört also zu einem Auferstehungsfest. Vegetationsgott und Göttin erscheinen neugeboren. Kein Gebäude ist zu sehen. Die Handlung wird im Freien, vielleicht vor einer Kultgrotte, spielen. Auch hier klingt in dem Thema der Vierfachaxt die Heilige Hochzeit an. Das Götterpaar im Hochzeitswagen ist auf den beiden Schmalseiten zu sehen. Das eine Mal fährt es prächtig daher, geflügelte Greifen sind vorgespannt, und Gott und Göttin haben sich herausgeputzt. Hier ist der Bildgrund rot. Das andere Mal sind dem Wagen Wildziegen vorgespannt und die das Gefährt lenkenden Götter schlicht gewandet.

Für die Heilige Hochzeit gibt es in der griechischen Überlieferung »ein mythisches und ein rituelles Beispiel«.[495] Als ritu-

Religion und Brauchtum

elles Beispiel gilt die Heilige Hochzeit zwischen Dionysos und der Basilinna in Athen, als mythisches Beispiel die Verbindung von Demeter und Iasion auf dem dreimal gepflügten Feld oder das Lager, das Zeus mit Europa unter der immergrünen Platane teilte. Die heilige Verbindung erfolgte also einmal im Palast, einmal in der freien Natur. Bei athletischen Wettkämpfen wurde Ähnliches beobachtet:[496] Das Stiersprungspiel gehörte ganz offenbar zum Palastareal, während sich die Überwindung und das Fangen von Wildstieren in der freien Natur abspielte. Offenbar hatte auch die Regenperiode ihre Kultrituale, die denen der Schönwetterperiode entsprachen.

Das Ba‛al/Hadad-Jahr begann in Ugarit, seinem Mythos gemäß, im Herbst. So wird es auch im palastzeitlichen Kreta gewesen sein. Nachdem in den Monaten der größten Hitze der Jahresgott gestorben und unter Trauerriten begraben worden war, hatte sich offenbar auch die Göttin in die Unterwelt begeben, durch Abstieg in die Felsgrotte oder durch Sprung ins Meer. In abermaligen Trauerriten wurde ihre Abwesenheit oder ihr Tod beklagt. Die Votivtafel aus der Psychro-Grotte (Abb. 66), deren Ritzung ein Stück Göttermythos schildert, gibt einen Einblick in die unterirdischen Vorgänge in einer Wasserregion. Die an göttlicher Kraft (Doppelhorn mit Lebenspflanze) reiche Göttin erwartet in Tauben- oder Wasservogelgestalt den kraftlosen Gott, der sich ihr als Fisch nähert, um sich mit ihr in Heiliger Hochzeit zu verbinden (Zeus vereint sich mit der unterirdischen Persephone in Schlangengestalt und zeugt Dionysos-Zagreus). Durch das heilige Beilager erhält der Gott neuerlich strahlende Götterkraft, was einer magischen Geburt gleichkommt. Mit ihm wird zugleich der neue Vegetationszyklus geboren. Aus der Wasserregion steigen beide Götter in der Vogelepiphanie auf.

Solch mythischem Geschehen mag in geheimen Riten gedacht worden sein, die das Vorspiel des großen Herbstfestes darstellten. Dieses kann mit Zeremonien in den heiligen Grotten, Geburtsgrotten des Jahresgottes, begonnen haben. Nachdem die Epiphanie der großen Göttin zelebriert wurde, wird der Jahresgott mit hymnischen Gesängen und dem Schall der Muscheltrompete aus der Unterwelt heraufgerufen worden sein.[497] Dem Erscheinen des Gottes scheint sein Aufstieg zur Bergeshöhe gefolgt zu sein. Entsprechend wird eine vom König angeführte Prozession den Weg zum Gipfelheiligtum genommen haben, wobei der König im Wechselgesang mit dem Gefolge die Heldentaten des Jahresgottes besang.[498] Im Gipfelheiligtum feierte man dann dessen Inthronisierung mit Zeremonien, Schmaus und Umtrunk. Im Rahmen der folgenden Festtage scheinen zu Ehren des neuen göttlichen Regenten Kampfspiele, Wildstierjagden und Tierprozessionen unter freiem Himmel aufgeführt worden zu sein. Dieses »Neujahrsfest« wird man vor dem Einsetzen der Regenzeit, also wohl Ende Oktober, gefeiert haben.

Von November bis April macht der Regen des neuen Jahresgottes die Erde fruchtbar. Jetzt war die Zeit der Aussaat. Die Überlieferung weiß vom Brautlager der Göttin Demeter in Kreta auf dem dreimal gepflügten Feld (Homer, *Ilias* V 125 ff.; Hesiod, *Theogonie* 969 ff.). Das rituelle Nachvollziehen dieser »mythischen Heiligen Hochzeit« diente der magischen Kräfteanreicherung der Natur. Faure wies darauf hin, daß noch in unserem Jahrhundert der griechische Bauer mit der Bäuerin eine Nacht zwischen den Furchen des gepflügten Feldes verbrachte.[499] War die »Heilige Hochzeit« auf dem Feld, im heiligen Hain oder in den Sümpfen ein alter Kultbrauch, der zu späterer Zeit im Stadtpalast gefeiert wurde,[500] oder gehörten das Brautlager unter freiem Himmel und die Feier im Palast in den Rahmen eines einzigen großen Festes? Letzteres scheint der Fall gewesen zu sein. Dafür sprechen bereits die altpalastzeitlichen Hieroglyphen und der Siegelabdruck auf einem Tonbatzen aus Knossos (Abb. 94), welche die Zeichengruppen Doppelaxt, Palast, Stierkopf, Pflug, Zweig, Berggipfel mit Musikinstrument und Katzen verbinden. Dafür sprechen auch die Fresken im Nordteil des sogenannten Frauenhauses der bronzezeitlichen Stadt Akrotiri auf Thera, wo sich die Darstellung der Einkleidung der Göttin als Braut zwischen einem im Osten angrenzenden Speise- und Bankettsaal und dem Papyruszimmer im Westen befand (Abb. 130). Die Raumausstattung scheint für Kulthandlungen bestimmt gewesen zu sein, welche die Heilige Hochzeit im Papyrusdickicht, d. h. in der Natur, und deren Feier im Bankettsaal, d. h. in Palast und Wohnstatt der Menschen, zelebrierten.

Religion und Brauchtum

Noch in griechischer historischer Zeit wurden am zweiten Tag, dem Haupttag des dreitägigen Anthesterienfestes in Athen, von der Basilinna, der Gattin des Archon-Basileus, heilige Handlungen im Dionysosheiligtum »in den Sümpfen« ausgeführt und im Amtslokal des Königsarchon die Heilige Hochzeit mit dem Gott Dionysos vollzogen. Dieses »Blütenfest« wurde im Frühjahr für Dionysos in Athen gefeiert. Der Gott war über das Meer gekommen und fuhr in einer Schiffskarrenprozession durch die Stadt seiner Braut entgegen. Eine Schiffsprozession, die Bugzier dekoriert mit Frühlingssymbolen, Blüte und Schmetterling, zeigte der Südwandfries von Raum 5 des Westhauses im bronzezeitlichen Akrotiri auf Thera. Die Schiffe schmückten zugleich Tierbilder des Dionysos Omestes oder Kechenos (Löwe) und des Dionysos Delphinios (Delphin). Die Prozession ist derjenige Teil eines Frühlingsfestes, der die Ankunft des Gottes, vielleicht auch von Gott und Göttin, zum Thema hat. Die ganze Stadt nimmt Anteil an der Feier, von Dachterrassen und aus den Fenstern blicken die Menschen. Den Schiffen entgegen aber schreitet eine Prozession von Jünglingen, die einen Stier mit sich führen. Der Nordwandfries des gleichen Raumes bewahrte das Bild des jugendlichen sieghaften Gottes, der, mit seinem Schiff landend, in herrscherlicher Geste das lange Stabzepter aufsetzt. Eine Prozession von Männern im Waffenschmuck hat sich zu seiner Begrüßung auf den Weg gemacht.

Schiffsmodelle und ein Delphinvotiv fand man auch im Tempel von Ajia Irini auf Keos und im Südhof der königlichen Villa von Hagia Triada. Auf einem Miniaturfresko aus Knossos, dem »Sacred Grove and Dance«-Fresko (Abb. 143 b), haben sich Männer und Frauen offenbar im Westhof des Palastes von Knossos zu Empfangszeremonien in Erwartung des ankommenden Gottes versammelt. Die Göttin mag von ihrem Brautlager auf dem Felde schon eingetroffen und im Palast zur Herrscherin und Braut ausgestattet worden sein. Als Stellvertreter des Gottes wird schließlich der König von der Festgemeinde und den speertragenden Jünglingen zu seiner und des Gottes Inthronisierung und Heiligen Hochzeit in den Palast geleitet. Aufs neue erklingt der Ruhm der göttlichen Heldentaten. Im Zusammenspiel von Stadt und Palast werden Kampfspiele und der Stier-

Das Leben im alten Kreta

sprung aufgeführt. Man feiert mit Gesang, Tanz und festlichem Bankett.

Noch nicht geklärt ist, wie oft die »Heilige Hochzeit« im altkretischen Kultjahr zelebriert wurde. Griechische Sage und griechischer Kultbrauch überliefern drei Hochzeitstypen: die unterirdische bzw. Grottenhochzeit (Zeus – Persephone), das Brautlager auf dem Feld (Demeter – Jasion, Pasiphae – Poseidonstier, Zeus – Europa) und die Hochzeit im Amtslokal des Königsarchon (Basilinna – Dionysos). Die »Heilige Hochzeit« im Palast war im sumerisch-semitischen Kulturkreis vorgegeben, diejenige auf dem Feld der Unter- und der Oberwelt im ugaritischen Ba^{c}al-Mythos. So ist denkbar, daß das altkretische Jahresschwellenfest im Herbst durch eine vorangegangene unterirdische Heilige Hochzeit Wiedergeburt, Auferstehen und Fruchtbarkeit der Natur garantierte, das Jahresschwellenfest im Frühjahr mit der rituellen Heiligen Hochzeit im Palast und ihrem mythischen Vorspiel im Freien der Natur Entfaltung und Frucht, Stadt und Palast aber Reichtum und Macht sicherte.

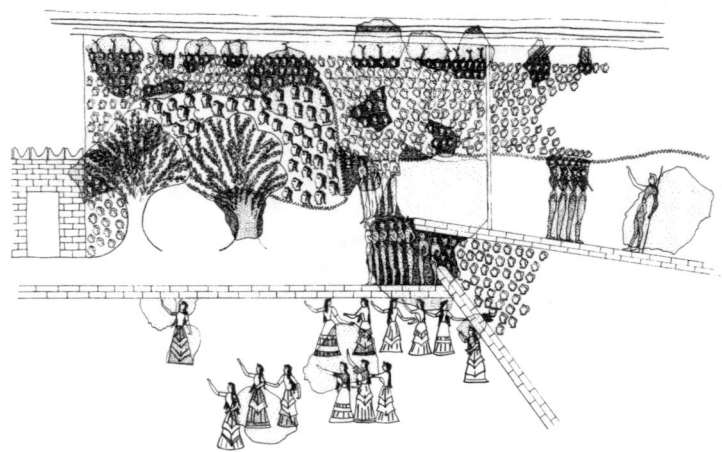

143 b) Miniaturfresko, Westtrakt des Palastes von Knossos, Menschenmenge und Kulttanz, 17. Jh. v. Chr. (nach Marinatos 1987).

Das minoische Kreta

Die minoische Ära des mykenisch geprägten Kreta wurde von Jahrzehnten eingeleitet, die teils als »Zwischenzeit«, teils als »Auftakt« der Mykenisierung Kretas angesehen und in die Zeit von 1450 bis 1370 v. Chr. datiert werden. Das Zwielicht, das die Ereignisse dieser Zeit umgibt, läßt heute noch einer Vielzahl von Vermutungen Raum. Unsere Sicht der Ereignisse ist im Kapitel über den historischen Hintergrund der Sagengestalten Sarpedon, Rhadamanthys und Minos niedergelegt. Danach waren die weiträumigen Zerstörungen von 1450 v. Chr. auf Eroberungszüge von mykenischen bzw. mykenisierten Invasoren zurückzuführen, die sich um eine machtvolle Führerpersönlichkeit geschart hatten. Fast alle Herrenhäuser und Städte der wohlhabenden, blühenden Insel wurden zerstört, ebenso die Paläste von Mallia, Gournia und Zakros. Der neue achäische Herrscher machte Kydonia zu seiner Residenz und baute sein Reich auf Kreta und den Inseln Kythera, Thera und Melos aus. Der Versuch, den letzten Widerstand der Insel durch Zerstörung des Königspalastes von Knossos, der altkretischen Hochburg, zu brechen, gelang nicht. Zwar fiel die Stadt Knossos den Angreifern zum Opfer, aber der Palast konnte sich behaupten. Diplomatische Verhandlungen führten zu einem Bündnis, in das für einige Jahrzehnte auch Phaistos eingeschlossen war. Wahrscheinlich wurde die Übereinkunft mit einer Hochzeit besiegelt, in der dem neuen Machthaber eine Tochter aus dem Königshaus von Knossos als Gattin angetraut wurde – ein Ereignis, das dann im Rahmen der Heiligen Hochzeit des Neujahrsfestes im Frühling stattfand.

In den Jahren der Koexistenz altkretischer Kulturtradition und mykenischer Neuerungen erhielt der Palast von Knossos das große Südpropylon mit den zwei Säulen in jeder der beiden Durchgangshallen[501] und wurde mit Fresken ausgeschmückt, die Zeremonien der Jahresfeste wiedergeben und

Gabenbringer, eine Tänzerin sowie Festteilnehmer beim Bankett zeigen. Während das übrige Kreta künstlerisch verarmte, aber an alten Formen festhielt, änderte sich der Kunststil in Knossos merklich. Die biegsame, blühende Eleganz der Götter und Menschen wich einer statuarischen Würde. Die in Knossos erzeugte Palaststilkeramik, die mit entsprechenden Prunkgefäßen des mykenischen Griechenland zusammenging, komponierte die heiligen Pflanzen (Papyrus, Efeu, Palme), die im Floralstil des 17. und 16. Jahrhunderts v. Chr. naturnah wuchsen und blühten, strenger, oft zum dekorativen Symbol erstarrt, in Reihung oder Axialsymmetrie. Daneben versuchten die Töpfer von Knossos eine qualitätvolle Keramik aus vermutlich argivischer Werkstatt, die sogenannte Ephyräische Ware, nachzuahmen (Abb. 3 und 4).

In einer neuen Nekropole nördlich von Knossos, zwischen dem Palast und der Küste, wurden Kammergräber festländischer mykenischer Provenienz angelegt. Auch fand man zahlreiche Felskammergräber im Umkreis von Knossos und weniger dicht im nördlichen Zentralkreta. Waren einst die altkretischen Kammergräber in unregelmäßiger, an Höhlengräber erinnernder Form in den Felsen eingegraben worden, so zeigte der neue Typus einen exakten, zumeist axial angelegten Plan. Zu diesem gehörte ein gerader Gang, der Dromos, der sich vor der meist rechteckigen, seltener ovalen Grabkammer zur Eingangsanlage, dem Stomion, hin verengte. Dieses Stomion vermauerte man nach der Bestattung des Toten zum Schutz vor Grabräubern durch eine Steinpackung. Die in den Grabkammern beigesetzten männlichen Verstorbenen waren entgegen herkömmlicher Sitte mit Waffen (Schwerter, Speere, Dolche, Helme) ausgestattet. Zu den Kammergräbern gehört auch das um 1400 datierte »Grab der Doppelaxt« von Knossos. Seine Grabkammer ist zweigeteilt. Ein eingezogener Wandpfeiler trennte Bestattungs- und Kultplatz. Während im Ostteil entlang der Ost- und Südwand Kultbänke laufen, legte man im Westteil eine Plattform an, in deren Mitte die Grablege in Gestalt einer Doppelaxt eingehauen wurde. Die Plattform konnte über eine Stufe betreten werden. Eine Doppelaxt, die offenbar bei der Anlage des Grabes als Werkzeug diente, war in die Steinpackung des Stomions einge-

Das minoische Kreta

bettet worden. In der Grabkammer gleich hinter dem Stomion hatte man einen Teil der Grabbeigaben niedergelegt. Zu ihnen gehörten ein Rhyton aus Serpentin, zwei bronzene Doppeläxte, ein bronzenes Rasiermesser, zwei bronzene Messer, zwanzig Pfeilspitzen aus Bronze, Fragmente goldener Schwertbeschläge, ein Karneolsiegel, Bernsteinperlen, Reste einer Silberschale, Keramik und ein Weihrauchbrenner. Einige Gefäße standen auch auf oder vor den Kultbänken.[502]

Zu den nördlich von Knossos gelegenen Kammergräbern gehörte auch ein gebautes Kammergrab mit Spitzbogentonnengewölbe, das sogenannte königliche Grab von Isopata. Es hat Parallelen in einigen Gräbern des 14. Jahrhunderts v. Chr., die in Ugarit ausgegraben wurden.[503] Sein langer Dromos entspricht aber dem mykenischer Gräber. Die Schachtgräber der nördlich von Knossos gelegenen Zapher-Papura-Nekropole[504] scheinen ebenso auf festländische Vorbilder in der Argolis zurückzugehen. Zum Bestattungsniveau führten rechteckige, in den Fels gehauene Schächte hinab, die offenbar nach der Beisetzung des in die Larnax gebetteten Toten zugeschüttet und mit Deckplatten verschlossen wurden. In den Gräbern dieser Nekropole fand man eine qualitätvolle Keramik, die offenbar in den Werkstätten des Palastes von Knossos hergestellt wurde, die Zapher-Papura-Gattung.[505] Die formschönen, eleganten Gefäße wachsen gleichsam birnenförmig aus einem schlanken, mit schwarzem Glanzton bedeckten Fuß auf. Ornamentstreifen mit zierlichen, oft geometrischen Mustern umspannen Schulter und Brust der Gefäße. Als beliebte Gefäßform tritt jetzt die sogenannte Bügelkanne auf, ein flaschenförmiges, jedoch bauchiges Gefäß, das auf seiner runden Kuppe einen Bügelhenkel und neben diesem einen schmalen zylindrischen Ausguß trägt.

Ins frühe 14. Jahrhundert v. Chr. fiel auch die letzte Bestattungshandlung in der königlichen Grabkammer des sogenannten Tempelgrabs von Knossos. Diese in den Abhang eines Felsens eingetiefte, großartigste altkretische Königsgruft des 17. Jahrhunderts v. Chr. entdeckte Evans, als er an der Stelle zu graben begann, wo Kinder zuvor einen goldenen Ring gefunden hatten, der später wieder verlorenging. Zum Ost-West-orientierten Bau gehörte im Osten eine breite Halle, deren Zweisäulenfront sich auf einen gepflasterten Innenhof öffnete. Von diesem führte eine enge, mit mächtigen Mauerblöcken eingefaßte Toranlage in einen Gang, von dem man weiterschreitend in eine Zweipfeilerkrypta oder, über eine Treppe aufsteigend, in den über der Krypta liegenden Saal eines Heiligtums gelangte, nach dem das Grab »Tempelgrab« genannt wurde. Der Raum, zur Zeit der altkretischen Könige die Königsgruft, lag ganz im Westen und war von der Zweipfeilerkrypta aus zugänglich. In dieser Grabkammer waren der Fußboden mit etwas eingesenktem Mittelquadrat und die Wände mit Alabasterplatten verkleidet. Ein monolithischer Mittelpfeiler stieg 1,80 m hoch zur Felsdecke auf, die man einst tiefblau ausgemalt hatte. Die Wände des viereckigen Raumes (4 x 4 m) waren in den Ecken und jeweils in der Mitte durch pilasterartige Vorsprünge gegliedert[506], was noch entfernt an die Vor- und Rücksprünge orientalischer Fassaden, wie der des Ischtarat- und Ninni-Zaza-Tempels in Mari erinnert. Die Anlage war von Grabräubern nicht verschont geblieben, und so ist ihre Geschichte nicht mehr zweifelsfrei zu rekonstruieren. Man nimmt an, daß sie im 17. oder 16. Jahrhundert v. Chr., wohl durch ein Erdbeben, teilweise zerstört wurde. Bei der Wiederherstellung habe man im Südwestteil der Zweipfeilerkrypta rohe Trennwände zwischen die Pfeiler sowie vom Westpfeiler zur Süd- und Westwand eingezogen. In diesen Abteilungen wurden die Skelette von zwanzig Menschen gefunden.[507]

Die letzte Bestattung des 14. Jahrhunderts v. Chr. aber scheint vom Untergang einer Dynastie zu erzählen. Zu ihr gehören die Knochenreste eines alten Mannes und eines Kindes, die direkt vor dem Eingang zur Grabkammer gefunden wurden. In der Kammer gleich hinter dem Eingang konnte man die zugehörigen Grabbeigaben aus einer Grube bergen. Hier kamen ein Goldring, ein Bronzemesser, ein bronzenes Rasiermesser, ein Elfenbeinkamm, zwei Alabastergefäße sowie verschiedene Keramiken, darunter ein Wasserkrug[508] und ein einhenkliger Weihrauchbrenner, zutage. Hatte der Brand des Palastes von Knossos um 1370 v. Chr. dem Leben von Mann und Kind ein Ende gesetzt, oder war der Tod dieser beiden und damit das Erlöschen der altkretischen Dynastie in Knossos durch Palastintrigen herbeigeführt und damit ein Fanal zu Zerstörung und Okkupation des Palastes durch die mykenisierten Achäer gegeben worden? Es wird ihr Geheimnis bleiben.

Die Periode der dritten Paläste

Seit den Forschungen von Evans hatte man sich daran gewöhnt, die Epoche des 14. und 13. Jahrhunderts v. Chr. auf Kreta als »Nachpalastzeit« zu bezeichnen. Evans hatte geglaubt, daß sich in dieser Periode keine Paläste mehr auf Kreta erhoben. Zwar blieben auch in seiner Sicht die Ruinen von Knossos nicht ohne Leben, schienen sie doch in bescheidenerer Form wiederbesiedelt, reokkupiert worden zu sein. Er nannte daher diese Periode die Zeit der Reokkupation. Schachermeyr stellten sich 1964 die beiden Jahrhunderte als Zeit der Okkupation dar, die den Namen »minoisch« nur noch mit Einschränkungen verdiene, da Kreta, von mykenischen Einwanderern überschwemmt, ein Teil der mykenischen Welt geworden sei.[509] Auch heute noch sieht man das 14. und 13. Jahrhundert v. Chr. als Zeit des Wiederaufbaus, der erneuten Besiedlung und Mykenisierung der Insel an, wobei altkretische Kultur und Lebensformen assimiliert oder ins Innere des Landes, in schwer zugängliche Winkel verdrängt wurden. Die charakteristischen Zeitetiketten wie »Nachpalastzeit«, »Reokkupationszeit« und »bedingt minoisch« gelten jedoch nicht mehr.

Seit Leonard Palmer 1961 Evans darin widersprach, daß der Palast von Knossos um 1400 v. Chr. aufgehört habe zu existieren, hat die jüngere Forschung den Nachweis erbracht, daß der Palast um 1370/60 und auch später noch Wiederaufbau und Umgestaltung erlebte. Das Ergebnis unterstützt auch die antike Überlieferung, die gerade das Kreta des 14. und 13. Jahrhunderts v. Chr. mit König Minos und seiner Dynastie verband. Die Schwierigkeit allerdings, sich anhand der Baudenkmäler und Grabungsbefunde ein Bild vom minoischen Kreta zu machen, besteht darin, »daß die betreffenden Schichten in der Regel ganz unmittelbar unter der heutigen Oberfläche liegen und (...) allen Zerstörungen ausgesetzt sind, die durch Baumaterialräuberei, landwirtschaftliche Geräte und Maschinen oder auch durch Wasserläufe hervorgerufen werden. (...) Allein aus diesen Tatsachen ergibt sich, wie schwer es bei Subhumusschichten ist, zu klaren Ergebnissen zu kommen.«[510] So steht unserer Kenntnis von den zweiten, den neuen Palästen der altkretischen Inselkultur ein sehr fragmentarisches Bild von den dritten Palästen des minoischen Kretas gegenüber – wobei unter der Bezeichnung »zweite Paläste« und »dritte Paläste« ein Sammelbegriff zu verstehen ist für verschiedene Bauphasen und -aktivitäten in beiden Perioden.

Den bedeutenden Aufgaben der ersten und zweiten altkretischen Paläste, Residenzen des königlichen Hofes, vorratbergende Garanten für den Wohlstand der Residenzstadt sowie Wirtschafts- und Kulturzentren zu sein, entsprach ihre majestätisch hohe, vielgestaltige Architektur. Zu ihr gehörten über mehrere Stockwerke aufsteigende, vielgestaltige Raumanlagen, welche die großen Höfe im Westen und im Zentrum flankierten, freskengeschmückte Eingangshallen und lange Korridore, Repräsentationsräume und Festsäle, die zu Raumfluchten geweitet werden konnten, indem man die drei- oder vierteiligen Türpassagen (Polythyra) ihrer Wände öffnete, königliche Gemächer, der Luxus eines durchdachten Kanalisationssystems, Küchen, Bäder, Toilettenräume, Licht, Luft und Schattenspiel in den Säulenhallen, Peristylen und Lichthöfen, der Schmuck zahlloser aus schmalem Fuß kräftig aufwachsender kretischer Holzsäulen, Treppenläufe und Balustraden, Prozessionswege und Freitreppen, Kulträume, Kultbecken, Pfeilerkrypten und Magazine, in deren Pfeiler und Wände heilige Symbole eingehauen waren. Hinzu kam die glanzvolle Ausstattung vieler Räume mit Gipssteinplatten, die Böden, Stufen und Wandzonen verkleideten und deren Kristalle glitzernd das Sonnenlicht oder die Flammen tragbarer Herde und Lampen reflektierten. Fresken von Fels-, Fluß- und Gartenlandschaften des poetischen Floralstils, festliche Zeremonien im höfischen Miniaturstil oder im dekorativen Spätstil spiegelten die Lebensfreude eines von Kriegen unbeschwerten Zeitalters wider. Die Architektur der großen Paläste hatte ein Echo in kleinen Palästen, großen Stadthäusern und über Land in Villen und Herrenhäusern gefunden.

Die für den Palast von Knossos nach 1360 v. Chr. zugewiesenen Baustrukturen lassen vermuten, daß sich der »dritte, minoische Palast« von Knossos in Funktion und Gestalt noch am »zweiten, altkretischen Palast« orientierte (vgl. Abb. 117). Der Zentralhof (19) wurde beibehalten, und über seinem jetzt erhöhten Niveau stiegen im Norden und Süden, im Osten und Westen die Raumkomplexe mindestens bis zu einem Obergeschoß auf. Vom Zentralhof führten ein paar Stufen in den Vorraum des Thronsaals (38) hinab; dieser wurde neu mit Fresken ausgestattet, deren Bildschmuck am Thron nicht die von Evans ergänzten Greifen, sondern Palmen und ein Fluß waren.[511] Südlich an den Thronraumkomplex anschließend, war ein großes, repräsentatives Treppenhaus mit Mittelsäule (27) errichtet worden, über das man zum »Piano nobile« hinaufstieg. Das Südpropylon (13) hatte man allerdings aufgegeben und den Raum seiner Halle und der Südkorridore für Magazine verwendet. Ebenso fand eine Umwidmung der Räume im Ostflügel statt. Hier wurden das Werkstattareal (46, 48) und der nördlich anschließende kleine Hof (49) als Keramikspeicher benutzt. Der Töpferofen der zugehörigen Keramikwerkstatt wurde südlich des Lichtschachts (44), der ehemals Teil des Wohntrakts der Königin war, gefunden. In den südlichen Ausläufern der Räume im Ostflügel hatten vielleicht die Töpfer und Handwerker dieses Palastteils sich einen kleinen Kultraum (45) von 1,50 x 1,50 m Größe eingerichtet, den sogenannten Schrein der Doppeläxte. Der kleine Kultraum, von Evans freigelegt[512], war in drei stufenartig ansteigende, horizontale Zonen gegliedert. Die höchste Zone stellte eine Kultbank dar, in deren Tonverputz kleine Flußkiesel eingedrückt waren. Auf ihr standen zwei Doppelhörner und Terrakottafigurinen. Zu diesen gehörten zwei Göttinnen, eine mit erhobenen Händen, die andere charakterisiert durch einen Vogel auf dem Haupt, zwei weibliche Beifiguren kleineren Formats und eine männliche Gestalt mit einem Vogel in den Händen. Auch eine kleine bronzene Doppelaxt wurde gefunden. Auf der nächsten, tiefer gelegenen Zone, die ebenfalls mit Flußkieseln bedeckt war, standen ein runder Dreifußaltar, Tassen und eine Bügelkanne. Auf der untersten Zone aus gestampftem Lehmestrich wurden größere Gefäße gefunden. Im

Korridor westlich des Schreins der Doppeläxte lagen Linear B-Tafeln, die bei der Zerstörung um 1200 v. Chr. vom oberen Stockwerk heruntergefallen waren. Sie bezeugen, daß in einem Raum des Obergeschosses Schwerter und Dolche registriert wurden. Auch in der Passage des Nordeingangs wurde ein Depot von Linear B-Tafeln gefunden, das beim Brand von 1200 v. Chr. vom oberen Stockwerk herabgefallen war. Hier registrieren die Texte Schafe und Wolle.

Der Zeitgeist läßt sich auch anhand der Umbauten beurteilen, die im benachbarten sogenannten kleinen Palast (Abb. 18, Nr. 73) vorgenommen wurden. Dort war man deutlich bestrebt, den alten Raumeinteilungen bescheidenere Ausmaße zu geben, mauerte die offene Säulenstellung der Ostfront zu und baute ein Bad im Nordteil in einen kleinen Kultraum, den sogenannten Schrein der steinernen Fetische, um. So läßt sich erkennen, daß viele kleine Räume wenigen repräsentativen großen vorgezogen wurden. Man war offenbar diesseitiger ausgerichtet. Bescheidenheit, Fleiß und Kriegstüchtigkeit ersetzten die Tugenden eines glänzenden höfischen Lebensstils und sakraler Ritterlichkeit.

Dennoch waren die »dritten Paläste« Residenzen von Königen. Das zeigt sich am Thronsaal von Knossos und an der Größe der Palastbauten. In Archanes, im Bezirk Tourkoghi, zeugt eine dicke Steinschicht und die Tiefe der Fundamentierung der erhaltenen mykenischen Mauern sowie die über mehrere Räume verteilte mykenische Keramik von der einstigen Ausdehnung und Höhe des mykenisierten minoischen Palastes, der als »äußerst prachtvoll« und als »Sitz eines so mächtigen Königs wie Idomeneus, der am trojanischen Krieg teilnahm«, angesehen wird.[513] Auch die Grabbauten, so Grabbau 11 und Kuppelgrab A und D des zu Palast und Stadt gehörenden Friedhofs von Phourni bei Archanes, bezeugen durch Reichtum und Qualität der Grabbeigaben die Existenz einer Herrscherschicht, die altkretische Traditionen mit neuem mykenischem Brauchtum verband.

Im mykenischen Grabbezirk (Grabbau 11) lagen sechs der sieben Schachtgräber in Ost-West-Ausrichtung. Der Tote war mit dem Kopf nach Westen ins Grab gebettet worden. Über dem

Kopfende des Grabes erhob sich eine Stele. Schachtgrab 4 wurde wegen seiner zwölf Bronzegefäße, darunter ein Eimer, eine Deckelschale und eine Pfanne, das »Grab der Bronzen« genannt. Grab 5 erbrachte Bronzen und Elfenbeine, Grab 2 Steingefäße. Zu weiteren Grabbeigaben gehörten eine große Elfenbeindose, deren Deckel Relieflöwen schmückten, kosmetische Gerätschaften aus Elfenbein, ein Bronzespiegel mit reliefiertem Elfenbeingriff, der eine ihr Kalb säugende Kuh zeigt, ein Elfenbeinkamm mit Eidechsenreliefs und unter den Siegeln ein Talisman, in dessen Amethyst Efeublätter mit einem Stern in der Mitte eingeschnitten worden waren.[514] Im Seitenraum von Kuppelgrab A, das mit seinem falschen Gewölbe aus Kragsteinen und oberem Abschlußstein sowie mit seinem zum Eingang führenden langen Gang, dem Dromos, mykenischen Kuppelgräbern der Argolis entsprach, wurde eine ungeplünderte königliche Grablegung aus dem ersten Viertel des 14. Jahrhunderts v. Chr. entdeckt. In einem Tonsarkophag lag die Tote mit dem Kopf nach Westen in Kauerstellung. Ihr Geschlecht ist durch die Grabbeigaben bezeugt, zu denen eine Fülle von Haushaltsgeräten, zwei Spindeln aus Steatit und Schmuckstücke gehörten. Sie trug offenbar einst ein kostbares, langes Gewand, auf dem Goldzierate angenäht waren. Vor dem Sarkophag stand einst eine Fußbank mit Elfenbeinintarsien. Diese zeigten im Relief Doppelschilde und zwei Kriegerköpfe mit Eberzahnhelmen. Fußbänke aus Ebenholz mit Elfenbeinintarsien nannte Homer »Threnyes«. Auf den Linear B-Täfelchen aus dem mykenischen Palast von Pylos liest man: »ta-ra-nu«. Zum Grablegungsritual gehörten ein Stieropfer, dessen Kopf (identifiziert als »bos primigenius«) in die Türvermauerung des Seitenraums eingebettet wurde, und ein Pferdeopfer, das man im runden Hauptraum rechts neben dem Eingang zur Seitenkammer zerstückelte und aufgehäuft niederlegte.[515]

Eine Frauenbestattung der zweiten Hälfte des 14. Jahrhunderts v. Chr. barg das Kuppelgrab D.[516] Die Tote lag einst auf einer hölzernen Bahre, den Kopf gen Osten, die Füße gen Westen gerichtet. Das Haupt schmückte ein Golddiadem, dessen rechteckige Glieder in zartem Relief Doppelargonauten (Schalenkraken) zeigten. Die Ketten, die der Toten um den Hals gelegt worden waren, bestanden aus Perlen von Gold, Glaspaste, Fayence, Karneol und Bernstein. Goldspangen schmückten ihr Haar, zwei Nadeln aus Glaspaste hielten das Kleid an den Schultern zusammen. Ein Schleier- oder Manteltuch, das einst über Kopf und Schultern der Toten lag, machten 67 aufgeheftete Goldplättchen mit Rosettendekor kostbar. Sie haben sich erhalten, während das Gewebe zerfiel. In ihrer linken Hand hielt die Tote einen Bronzespiegel. In einer großen tönernen Deckeldose war ihr weiteres Geschmeide beigegeben. Die Ausgräber sprachen hier von einer »fürstlichen« Grablegung, während sie die Bestattung in der Seitenkammer von Kuppelgrab A eine »königliche« nannten. Die herrschaftlichen Bestattungen zeigen das gleiche Bild wie die Paläste: Zum Ende der zweiten Paläste sind Status und höfisches Niveau der regierenden Familien höher als während der Zeit der dritten Paläste.

Neben Knossos und Archanes gab es auf Kreta wohl noch einen Palast in Chania und seit dem späten 14. und 13. Jahrhundert v. Chr. Megaronbauten mykenischen Typs in Hagia Triada, Gournia und Tylissos. In dieser Zeit wurde auch im Palast von Knossos, nördlich benachbart zum einstigen Südpropylon, ein 16 x 7 m großer Rechteckbau mit steinernem Altar errichtet, den Evans das »pelasgische Megaron« genannt hatte.

Zweifellos war das Einflußgebiet des Palastes von Knossos sehr groß und umfaßte wohl viele Städte Zentral- und Ostkretas. In diesen hatte gegen 1400 v. Chr. der Wiederaufbau begonnen, und in den Folgejahren kehrten die Städte Knossos, Phaistos, Zakros, Palaikastro, Gournia und Mallia zum gewohnten Leben zurück, das eine gewisse altkretische Nachblüte erbrachte. In Gournia wurde ein 4 x 3 m großer Tempel mit gestampftem Lehmestrich und Kultbank erbaut. Hier konnten die Terrakotte einer Göttin mit erhobenen Armen, die Tonvotive von vier kleinen Vögeln und zwei Schlangenköpfen sowie röhrenförmige Opferständer mit heiligen Symbolen geborgen werden.[517] Das Tonidol einer Göttin der gleichen Zeit des späten 14. oder 13. Jahrhunderts v. Chr. mit erhobenen Händen und einer Schlange auf ihrer flachen Tiara kam aus der Pfeilerkrypta des kleinen Palastes von Knossos ans Tageslicht. Es war wohl aus einem über der Pfeilerkrypta gelegenen Heiligtum heruntergefallen.[518]

Das minoische Kreta

Auf das Verhältnis zwischen Stadt und Palast im minoischen Kreta hat die Auswertung der 37 in Knossos gefundenen Linear B-Texte, die den Ortsnamen Amnissos aufführen, einiges Licht geworfen.[519] Danach unterlagen weder die Hafenstadt Amnissos noch ihre autonomen Heiligtümer der Verwaltung und Kontrolle des Palastes von Knossos. Vielmehr erscheint der Palast als Spender von Opfergaben – Öl, Gewürze, vielleicht Weihrauch – an die Götter im Rahmen eines kanonischen Festkalenders. Neben anderen Göttern, wie die »pa-si-te-o-i« (alle Götter), wurden in Amnissos die Göttin Eileithyia und »e-ne-si-da-o-ne« (Poseidon) verehrt. Zu den Empfängern von Gaben aus dem Palast von Knossos gehörten außerdem die namentlich aufgeführten Streitwagenkrieger, die außer in Knossos auch in Amnissos stationiert waren. Die Buchführung von Knossos vermerkt einen festlichen Stoff für einen dieser Streitwagenkrieger. Einen Bereich der palatialen Verwaltung von Knossos stellte die Schafhaltung und Wollproduktion von 18 Orten dar, unter ihnen auch Amnissos, das zudem für die Palastwirtschaft ein wichtiges Zentrum der Textilindustrie gewesen zu sein scheint. Die Herstellung textiler Produkte bildete neben der Töpferei einen Hauptzweig der palatialen Manufaktur. In Amnissos arbeitete offenbar ein beachtliches Kontingent von Palastsklavinnen, die mit dem Weben von Wolle und Leinen beschäftigt waren. Die Linear B-Texte des Palastes nennen sie als Produzentinnen von »e-ne-ro«-Textilien und führen sie mit ihren Kindern – Knaben und Mädchen – auf. Aus den Registraturen des Palastes von Pylos erfährt man, daß dort solche Palastweberinnen mit Palastruderern verheiratet waren. Die Webarbeiten der Frauen von Amnissos kamen schließlich zur Verbrämung und endgültigen Fertigstellung in Werkstätten der Stadt, in denen Männer tätig waren, die ebenfalls dem Palast unterstanden. Über die Fortschritte der Textilproduktion in Amnissos forderte der Palast offenbar von neun Männern, die sich täglich nach Knossos zu begeben hatten, Bericht und Rechenschaft.

Schließlich stellte Amnissos eine Sammelstelle für Jungtiere dar. Diese wurden hier zusammengezogen, wie es scheint, einerseits, um auf bedürftige Herden verteilt zu werden, und andererseits, um den Fleischbedarf des Palastes zu decken. Als Abgabe der Produktion eines agrarisch tätigen Palastkollektivs lieferte Amnissos Öl nach Knossos. Spiegeln die Amnissos-Texte von Knossos allgemeingültige Zustände wider, so hatten die dritten Paläste der minoischen Zeit nicht ganze Städte, nicht die ganze Insel ihrer straffen Verwaltung unterworfen. Sie zogen vielmehr ihren Nutzen nur aus der Arbeitskraft von Kollektiven, von Gruppen, die Teil der palatialen Landwirtschaft und Manufakturbetriebe waren.

Die Gesellschaft im minoischen Kreta

Trotz der Linear B-Texte aus Knossos, welche die gesellschaftlichen Verhältnisse des späten 14. und 13. Jahrhunderts v. Chr. auf Kreta spärlich beleuchten, bleibt es schwer, ein Bild von der minoischen Gesellschaft zu entwerfen. Die Texte der Palastverwaltung berühren in lakonischer Kürze Wirtschaft, Gesellschaft und spirituelles Leben, wobei es im einzelnen um Viehhaltung, Arbeiter für handwerkliche Produkte, Agrarabgaben, Lieferungen für Heiligtümer und Götter sowie militärische Angelegenheiten geht. Da auf den Linear B-Tafeln von Knossos Amtstitel zu finden sind, die auch auf den Linear B-Tafeln des Palastes von Pylos auftreten, liegt die Annahme nahe, daß die minoische Gesellschaft Kretas ähnlich strukturiert war wie die des mykenischen Pylos. In der Buchführung beider Paläste tritt der Titel »Wanax« (Beschützer, König, Herr) auf. Noch die homerische Dichtung kannte das Wort und verwendete es für König und Gott. Auch das Adjektiv »königlich« erscheint in Knossos. Die Texte von Pylos verbinden es mit Handwerkern, sie sprechen vom königlichen Walker oder königlichen Töpfer. Dem »Wanax« ganz oder fast ebenbürtig war der »Lawagetes«, der Führer des Volkes. Bei Homer in der *Ilias* war er der Anführer der Männer in Waffen. R. Castleden erwog, ob der minoische Wanax zwar der charismatische Brennpunkt öffentlicher Zeremonien, im übrigen aber ein Monarch mit geringer weltlicher Macht war, während der Lawagetes als eine Art Premierminister die weltliche Macht in Händen hielt.[520] Beiden Amtsträgern stand ein adliges Elitekorps, die »Hequetai«, zu Schutz und Geselligkeit zur Seite. In

Das minoische Kreta

Pylos hatten diese Gefolgsleute eine eigene Tracht, Sklaven und Wagen.

Zum Palast, der das Zentrum eines Staatsgebildes darstellte, gehörte eine weite Region mit Städten und Ländereien. Die Verwaltung dieses Raumes oblag offenbar, soweit sie das »Temenos«, das »Krongut« des Wanax oder des Lawagetes betraf, dem »Koreter«, einem vom Palast eingesetzten Bezirksgouverneur, und seinen Vertretern, zu denen der »Prokoreter« gehörte. Diese Ämter sind für Pylos bezeugt, es gab sie aber wohl auch auf Kreta. Die lokale Verwaltung der autonomen Gemeinden hatte offenbar der »Basileus« (das homerische Wort für König) in Händen. Seine Würde scheint die eines Kleinkönigs gewesen zu sein, dessen Stand vielleicht aus Ansehen und Aufgabenbereich des altkretischen Clanoberhaupts hervorgegangen war. Eine Linear B-Tafel aus Knossos nennt den Basileus von Sitia, dessen Stab aus zwölf oder mehr Männern bestand. Zum Basileus einer anderen Stadt zählten 32 Männer. Jedes kleine Zentrum, wie die im Golf von Chania gelegene Insel Agii Theodori, wie Kanli Kastelli, Archanes und Pyrgos-Myrtos, mag seinen eigenen Basileus gehabt haben. Besitzer und Verwalter großer Ländereien, zugleich ausgestattet mit kultischen Aufgaben, scheinen die »Telestai« gewesen zu sein, die vielleicht über Land ein Gegengewicht zur städtischen Macht der Hequetai bildeten. Das hohe, wohl mit priesterlichen Würden verbundene Amt des »Klawiphoros«, des Schlüsselträgers, das die Pylos-Tafeln nennen, war eine Frauenamt. R. Castleden vermutete, daß die Klawiphoroi Priesterinnen waren, welche die Räume der Paläste und Tempel kontrollierten, in denen der Reichtum des Landes aufgestapelt und registriert war.[521]

Die große Masse der Bevölkerung ging ihrer Arbeit als Bauern, Handwerker, Händler, Fischer, Seeleute, als Freie, als Dienstleute und als Sklaven nach. Soweit einfache Männer und Frauen in die Palastwirtschaft eingebunden waren, wurden sie durch ihre Tätigkeit bezeichnet. Unfreie Frauen charakterisierte ihre Arbeit oder ihr Ethnikon. Dienstbare Frauen bezeichnete ein Possessivpronomen als zum Palast gehörig.[522]

Die Götter im minoischen Kreta

Die Linear B-Texte in den Palästen von Knossos und Pylos führten Abgaben auf, die an Götter und Heiligtümer entrichtet wurden. Eine große Anzahl der ermittelten Götternamen ist aus der Religion des griechischen Altertums bekannt. Zu ihnen gehören die Götter Poseidon, Zeus, Dionysos und Hermes sowie die Göttinnen Athena, Hera, Artemis und, in Knossos, Eileithyia (Tafel KN Gg 705) und Erinys (Tafel Kn Fp 1, Fs 390). Zudem wird in Knossos Öl für eine Priesterin der Winde (KN Fpl.; Fpl. 3) verbucht. In Pylos verehrte man offenbar auch einen Pferdegott »Hippos« und eine Taubengöttin.[523] Eine Anzahl weiterer Götternamen harrt noch ihrer Erklärung.

Neben der allgemeinen Bezeichnung »Gott« und »Götter« (Theos, Theoi) kamen auch ehrende Göttertitel vor, so »Potnia« (Herrin), »Wanassa (Herrin, Königin, Schützerin) und der schon erwähnte »Wanax«. Außerdem tritt in Pylos (PY Fr. 1222; 1219) die Dualform »Wanassoi« für zwei zusammengehörende Göttinnen auf.[524] Die auf den Linear B-Tafeln identifizierten männlichen Gottheiten können aufgrund einer Gemeinsamkeit ihres Wesens alle mit dem männlichen Partner der Naturgöttin verbunden werden. Die Göttinnen ließen sich scheiden in Palastgöttinnen (Athena, Hera) und Fruchtbarkeitsgöttinnen (Artemis, Eileithyia), die mit dem Kult der jährlich wiederkehrenden Fruchtbarkeit verbunden waren. Die Kultgestalt einer Artemis sollen ebenso Eileithyia, Britomartis, Diktynna, Ariadne und Aphaia in sich aufgenommen haben. Nun könnten sich aber auch die Sphären der Palastgöttin und der Fruchtbarkeitsgöttin in einer Gottheit vereinen. Dies bezeuge die Kultgestalt der Hera, die in Argos den Beinamen Eileithyia hatte.[525] Die numinosen Vorstellungen also, die sich an das altkretisch-ägäische Götterpaar, die universale Kriegs- und Liebesgöttin und den Jahresgott, knüpften, wurden zuerst von den Pelasgern (Herodot II 50–51), dann von den griechischen Einwanderern auf ihre eigenen Götter übertragen und bildeten spätestens im 14. und 13. Jahrhundert v. Chr. das Pantheon der Mykener und Minoer.

Von diesen Göttern trug Poseidon in Pylos den Titel »Wanax«, den er auch bei Homer noch trug und noch lange beibehielt.[526] Er war in Pylos mit einer göttlichen Herrin, einer Potnia, verbunden. Den Titel »Potnia« können im griechischen Altertum die Göttinnen Artemis, Athena, Demeter, Themis und Nemesis führen.[527] Von diesen Göttinnen bildet nur Demeter mit Poseidon ein Paar. Ihre Zusammengehörigkeit scheint schon in beider Namen begründet zu sein. Demeter kann als De- (= Ge oder Ga = Erde) -meter (= Mutter), also als »Erdmutter« gelesen werden. Poseidon bzw. Poteidas kann man als Potei- (Vokativ von Posis = Herr, Gemahl) -das (Genitiv von Da = Ga = Erde), also als Gemahl der Erdmutter verstehen.[528] In Arkadien, wo Demeter und Poseidon als Paar verehrt wurden, erzählte die Kultlegende, daß Poseidon in Gestalt eines Pferdes die in eine Stute verwandelte Demeter besprang (Pausanias VIII 25,5). In den Linear B-Texten von Pylos erscheint ein Gott »Hippos« (= Pferd) und eine Göttin »Hippeia« mit dem Titel »Potnia« (= die pferdegestaltige Herrin). Neben Poseidon und Hippeia gab es in Pylos noch ein anderes Götterpaar. Auf einer Tontafel mit Opfervorschriften las man »e-ra« (Hera) neben »d-we« (Dativ von Dios = Zeus).[529]

In Knossos erfahren wir von der Hauptgöttin nur, daß sie »dapuritoio potinija« (Labyrinthoio potnia), die Herrin des Labyrinths, war (KN Gg 702). Zudem wurden die Göttinnen Eileithyia (»ereu-ti-ja«, KN Gg 705) und Erinys (»erinu«, Kn Fp 1, Fs 390) genannt. Den Namen Eileithyia verbindet die Fachwelt mit Demeter über ihren späteren Beinamen Eleutho[530], und Erinys war der Kultname Demeters in Arkadien, wo sie mit Poseidon verehrt wurde. Auch in Knossos wird sie mit Poseidon verbunden gewesen sein, da der Gott hier unter dem Namen »e-ne-si-da-o-ne« Opfergaben in der Eileithyia-Höhle von Amnissos erhielt.[531] Als Demeter Erinys wird die Potnia oder Wanassa von Knossos angerufen worden sein, wenn man den Schutz der kriegerischen, der rächenden Göttin brauchte; ein Gebet an Demeter Eileithyia wird Mutterschaft, Geburt, Fruchtbarkeit und Gedeihen erfleht haben. Über dem Altar des Raumes der Fresken in Mykene zeigt ein Wandgemälde zwei Göttinnen. Der ernsten, in eine strenge Robe gekleideten Göttin, die sich auf ihr langes Schwert stützt, steht die mit offenem

Das Leben im alten Kreta

Mieder und Volantrock sehr weiblich geschmückte Göttin gegenüber, die ein langes Stabzepter in der Hand hält.[532]

Das ambivalente Wesen einer Ischtar, einer Anat, wurde aufgespalten und führte zum Gegensatzpaar zweier Göttinnen. Der nächste Schritt wies die eine Göttin der Erdregion oder Unterwelt zu, die andere der Himmelsregion und dem Palast. Dieser Vorgang zeigt sich deutlich an den Göttinnen Demeter und Hera. Beide waren sie ehemals eine Einheit, da sie beide die gleichen Beinamen trugen, so Eileithyia[533] und Europa[534]. Wahrscheinlich war Hera einst nur ein Beiname der kriegerisch auftretenden Demeter.[535]

Die Griechen neigten dazu, ausgeprägte Wesenszüge einer Gottheit zu personifizieren. So wurde Hera als Palastherrin neben Zeus gestellt und die Seite ihres Wesens, die der Beiname Eileithyia charakterisierte, von ihr abgetrennt, personifiziert und der Göttin als Tochter zugeordnet. Die Kreter glaubten, so überlieferte Pausanias (I 18,5), daß Eileithyia im Gebiet von Knossos, in Amnissos, geboren und die Tochter der Hera sei. Es kam in der minoischen Zeit auch zur Bildung von Dualgöttinnen. Zu ihnen gehörten nach heutigem Forschungsstand Mutter-Tochter-Paare wie Hera und Eileithyia oder Demeter und Persephone. Sie wurden als »Wanassoi« (Dualform von Wanassa) verehrt. Der Tochter, als der verjüngten Muttergöttin, war der Grottenkult mit Bezügen zu Unterwelt, Tod und Geburt eigen, der Mutter oblag die göttliche Regentschaft im Himmel und im Palast.

Ein solcher Aufspaltungsprozeß erfaßte auch die Kultgestalt des altkretisch-ägäischen Jahresgottes, dessen Zugehörigkeit zu Unterwelt und Himmelsregion langsam aufgelöst wurde. Noch konnte Poseidon sowohl als Gott des Erdbebens und »Herr der Unterwelt« in der Grotte bei Amnissos mit Eileithyia verehrt werden[536] als auch in der Stiergestalt des Himmelsgottes mit Pasiphae, der weithin Strahlenden, liiert sein. Doch war die Entwicklung wohl schon eingeleitet, die ihn mit der Erd- und Meerestiefe, Zeus hingegen mit der Himmels- und Bergeshöhe verband und aus beiden Göttern ein brüderliches Gegensatzpaar machte. Weitere gegensätzliche Brüder stellten Apollon und

Das minoische Kreta

Dionysos dar. Apollon erhielt die Züge eines strahlenden Himmelsgottes und wurde zum Hauptgott im panhellenischen Heiligtum von Delphi, wo er während der Sommerperiode zugegen war. Dionysos verblieben im delphischen Kultjahr dagegen Tod, Unterwelt, Winterzeit und Geburt. Dennoch überdauerte eine Erinnerung an die gemeinsame Wurzel. Wie Dionysos Erdbeben, Donnerlaut und Blitzstrahl veranlassen konnte (Euripides, *Bakchen*, V 585; 594 f.), so standen auch Apollon Blitz und Erdbeben zu Gebote, mit denen er die kriegerischen Phlegyer aus Delphi vertrieb (Paus. IX 36,3).[537] Apollon und Dionysos wurden beide als Götter der Vegetation, beide auch in Gestalt einer Kultsäule verehrt.[538] Darüber hinaus trugen beide den Beinamen »Delphinios« und konnten, wie Zeus, mit dem Namen »Paian« angerufen werden, der offenbar eine göttliche Allmacht in Sinn von »Heiler«, »Überwinder«, »Sieger« bedeutete.[539] Den letztgenannten Götternamen kannte bereits das minoische Kreta. Seine Frühform »*pa-ja-wo*« erscheint auf einer Linear B-Tafel in Knossos.[540]

Versöhnlich reichen sich die delphischen Jahresgötter Apollon und Dionysos auf einem griechischen Vasenbild des 4. Jahrhunderts v. Chr. aus Kertsch über alle Trennung hinweg die Hand (Abb. 144). Die Geste erwirkt die Vereinigung beider Kultgestalten. Sie verschmelzen noch einmal zu jener universalen Gottheit der Vegetation, des Himmels und der Unterwelt, die im blühenden Kreta der alten und neuen Paläste an der Seite der großen Himmels-, Kriegs und Liebesgöttin stand.

144 Apollon und Dionysos

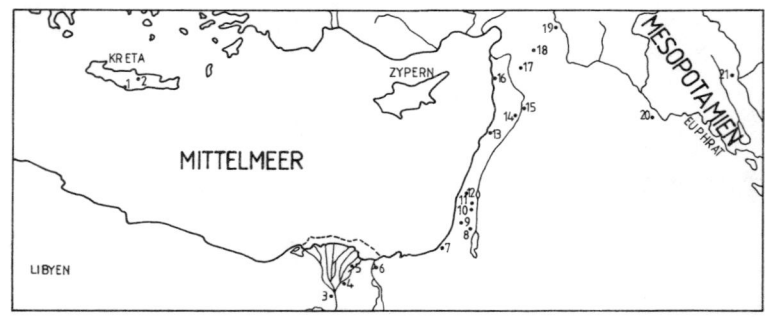

1) Phaistos
2) Knossos
3) Memphis
4) Tell El-Yahudiya
5) Tell El-Dabʿa/Auaris
6) Sile
7) Gaza (nord-östl, von Beerscheva)
8) Jerusalem
9) Gezer
10) Sichem
11) Tell El-Farah (N)

12) Megiddo
13) Byblos
14) Qadesch
15) Qadna
16) Ugarit
17) Ebla
18) Aleppo
19) Karkemisch
20) Mari
21) Assur

Anhang

145 Säugende Kuh, Fayencerelief aus dem östlichen Tempeldepot des Haupttheiligtums von Knossos (nach Schachermeyr 1964).

Anmerkungen

Vorwort

1 HESIOD, Sämtliche Werke, übersetzt und erläutert von W. MARG (Darmstadt ²1984).
2 HOMER, Odyssee, übersetzt von R. HAMPE, siehe auch HOMER, Ilias II 645–652; 649 sind es 100 Städte Kretas.

Götter und Menschen auf der »Insel der Seligen«

1 G. SASSE, APA Guides. Kreta (Berlin 1990), 59.
2 SCHOLIEN ZU KALLIMACHOS, ad Hymn. in Jovem, 8.
3 H. GOEDICKE, The Chronology of the Thera/Santorin Explosion, in: Ägypten und Levante III, 1992, 57 ff.
4 R. BICHLER/W. P. HAIDER, Kreta, Artemis-Cicerone, Kunst-und Reiseführer (Zürich 1988), 11 f. Siehe auch die Kontroverse bei W.-D. NIEMEIER, Die Palaststilkeramik von Knossos. Stil, Chronologie und historischer Kontext (Berlin 1985), 203 ff., und gegen Niemeier wieder P. HAIDER, Griechenland – Nordafrika (Darmstadt 1988), 11 f.
5 HAIDER, a. a. O., 13.
6 HAIDER, a. a. O. 13 f. Haider trennt die Linear B schreibenden Leute ethnisch von den Mykenern. In seiner Sicht ist die Zerstörung des Palastes von Knossos im frühen 14. Jh. v. Chr. auf den Sturz der bisherigen mykenischen Dynastie und die gewaltsame Übernahme der Macht durch mykenische Protogriechen zurückzuführen. Für diese sei die Linear-B-Schrift entwickelt worden, die zwar Indogermanismen aufweise, aber nicht notwendig ein frühes Griechisch sei.
7 The Loeb Classical Library, The Geography of Strabo V (London/Cambridge/Massachusetts 1961), 121–159.
8 Das Längenmaß des antiken Stadions variiert. Ein Mittelwert sind ca. 185 m; das Achtfache davon ist etwa eine römische Meile.
9 HOMER, Odyssee XIX 175.
10 HOMER, Ilias II 649.
11 HOMER, Odyssee XIX 174.
12 EPHOROS VON KYME, griechischer Geschichtsschreiber des 4. Jh. v. Chr., verfaßte als Hauptwerk die »Historia«, sie blieb unvollendet, doch im Abschnitt »Europa« beschrieb er die Verfassung des Königs Minos. Die »Historia« erschien in Abschnitten ca. 350 bis 330 v. Chr. STRABON

Anmerkungen

und DIODORUS SICULUS überliefern Passagen daraus in ihren Exzerpten.
13 Nach DIODORUS SICULUS (V 78) lag Knossos in dem Teil der Insel, der nach Asien orientiert war, Phaistos, nahe dem Meer, wendete sich gegen Süden und Kydonia im Westen blickte gegen die Peloponnes.
14 EPIMENIDES, kretischer Dichter und Theologe, der offenbar gegen 600 v. Chr. in Athen als Sühnepriester wirkte und Verfasser einer Theogonie war. Seine Gestalt, seine Lebensdauer (150 bis 299 Jahre) und seine Wundertaten wurden zur Legende.
15 HERODOT III 122.
16 EPHOROS V. KYME, vgl. oben, Anm. 12.
17 HOMER, Odyssee XIX 178–181.
18 PLATON, Nomoi 631 b: »(...) nicht umsonst stehen die Gesetze der Kreter bei allen Hellenen in besonderem Ansehen; denn sie sind gut, da sie diejenigen, welche sich ihrer bedienen, glücklich machen. Verschaffen sie ihnen doch alle Güter. Die Güter aber sind doppelter Art, menschliche und göttliche, und von den göttlichen sind die anderen abhängig. Wird nun einer der höheren teilhaftig, dann erlangt er auch die geringeren, wenn aber nicht, dann büßt er beide ein.« Zitiert nach H. MÜLLER, Platon, Sämtliche Werke 6, Nomoi 631 b–c (Leck/Schleswig 1968), 16.
19 Zu Pyrrichos siehe STRABON X 3,8 und zu den Kureten, die in Aetolien, Akarnanien oder in Chalkis lebten, kampfestüchtig seien, ihr Haar aber in Art von Knaben oder Mädchen geschnitten trügen, weshalb man sie »Kureten«, abgeleitet von Kuros (= Knabe), nenne, siehe STRABON X 3,6; Homer hat die vornehmsten jungen Männer der Achäer Kureten genannt (Ilias XIX 193); STRABON X 3,8. Zu den dämonischen Wesen, die wie die Satyrn und Silene Diener der Götter seien, ebenfalls Kureten hießen und in der Kretischen und Phrygischen Sagentradition beheimatet seien, siehe STRABON X 3,7.
20 ARISTOTELES, Politika, griech. u. deutsch, Hrsg. F. SUSEMIHL, Teil I (Aalen ²1978), 235–243.
21 Die griechische Sage kannte Herakles als Sohn der argivischen Alkmene und des Zeus.
22 Ammon oder Amon ist Stadtgott des ägyptischen Theben ab dem Mittleren Pharaonenreich. Seine Familie bilden Mut oder Mut-urt (= »die große Mutter«) und sein Sohn Chons, der Mondgott. Amun, der Verborgene, Geheimnisvolle, ist zunächst ein Fruchtbarkeitsgott, ein Gott der Winde, bevor er als Gott der thebanischen Könige, die diese die Hyksos vertrieben hatten, im Neuen Reich zum Rang des höchsten Gottes aufstieg (POSENER, s. v. »Amun«, in: Lex. d. Ägypt. Kultur [München/Zürich 1960], 23). Sein heiliges Tier ist nach HERODOT (II 42) der Widder, s. auch ED. MAYER, s. v. »Ammon«, in: W. H. ROSCHER, Lex. d. griech. röm. Mythologie (Leipzig 1884–1886).
23 Von Apollon sollen die Kreter das Bogenschießen gelernt haben. Sie wurden Meister in der Kunst, weshalb man den Bogen den »kretischen« nannte; DIOD. SIC. V 74,5.

Anmerkungen

24 Siehe J. G. FRAZER, Apollodorus, The Library I (London 1954), 301, Anm. 3.
25 APOLLODOR III 1,1 f., siehe auch HERODOT I 173; DIOD. SIC. V 79,3; STRABON XII 8,5; PAUSANIAS VII 3,5.
26 Siehe L. MALTEN, Elysion und Rhadamanthys, in: Jb. d. dt. Archäol. Inst. 28, 1913, 37.
27 PAUSANIAS VIII 53,5 und Scholien zu Euripides, Rhesos 28, zitiert bei MALTEN, s. v. »Rhadamanthys«, in: RE, I A (Stuttgart 1914), Sp. 32.
28 Talos war der Sage nach ein eherner Mann, ein Kunstwerk des Schmiedegotts Hephaistos, das dieser dem Minos schenkte.
29 Zitiert nach der von K. SCHÖPSDAU revidierten Fassung der Übersetzung von HIERONYMUS MÜLLER, Platon, Gesetze, Buch VII–XII, Minos, (Darmstadt 1977), 549.
30 HOMER, Odyssee XIX 178–181; vgl. PAUSANIAS III 2,4. Nach PLATON, Minos 319c, besuchte Minos seinen Vater alle neun Jahre.
31 Vgl. auch PLATON, Minos 319c und STRABON X 9.
32 Die Bibliothek Apollodors gilt als Werk eines Verfassers des 1. Jh. n. Chr., der allem Anschein nach eine ihm vorliegende mythographische Sammlung benützte; siehe P. KROH, Lexikon der antiken Autoren (Stuttgart 1972), 60.
33 Wir folgen im wesentlichen Übersetzung und Kommentar von J. G. FRAZER, Apollodorus, The Library I u. II (London 1954).
34 PAUSANIAS III 26,1 deutet Pasiphae als den Mond.
35 Vgl. DIOD. SIC. IV 77,2.
36 Vgl. HERODOT I 171; THUKYDIDES I, 4 u. 8.
37 Diese Vorstellung besteht offenbar schon seit Euripides, frg. d. »Kreter«; W. SCHUBART u. U. V. WILAMOWITZ-MOELLENDORF, Griechische Dichterfragmente II (Berlin 1907), 74 f.
38 DIOD. SIC. IV 76,1.
39 Vgl. PAUSANIAS I 27, 10.
40 Vgl. SCHOLIEN ZU HOMER, Ilias XVIII 590; SCHOLIEN ZU PLATON, Minos 321 A; DIOD. SIC. IV 60,4 ff.
41 Vgl. AISCHYLOS, Choephor. 612 ff.; PAUSANIAS I, 19, 5 u. II, 34. 7; HYGINUS, Fab. 198; OVID, Metamorphosen VIII, 6 ff.
42 Vgl. HYGINUS, Fab. 238.
43 Vgl. DIOD. SIC. IV 61,4; HYGINUS, Fab. 42; PLUTARCH, Theseus 19.
44 Nach HESIOD, Theog. 947–949, frg. 298 (vgl. auch frg. 145) nimmt Dionysos die goldgelockte Ariadne zur Braut, und Zeus macht sie unsterblich. Dagegen hat Ariadne in HOMER, Odyssee XI, 321–325 offenbar ältere Rechte, die Dionysos an ihr hatte, verletzt, indem sie sich Theseus nach Athen anschloß, und sie wird, da Dionysos gegen sie zeugt, von Artemis auf der Insel Dia (nach DIOD. SIC. IV 61: Naxos) getötet.
45 Vgl. DIOD. SIC. IV 61,6; HYGINUS Fab. 43; PAUSANIAS I 22,5; PLUTARCH, Theseus 22.
46 Vgl. dagegen PAUSANIAS IX 11,4–6.
47 Vgl. HERODOT VII 196; DIOD. SIC. IV 79; PAUSANIAS VII 4,6.

Anmerkungen

48 DIOD. SIC. IV 79,3.
49 SCHOLIEN ZU KALLIMACHOS, Hymn. in Jov. 8; R. PFEIFFER, Callimachus II (Oxford 1953), 42.
50 Nach DIOGENES LAERTIOS I 112 schrieb Epimenides eine Dichtung von 4000 Versen über Minos und Rhadamanthys.
51 Vgl. auch DIOD. SIC. V 75; STRABON X 4,8.
52 Siehe HOMER, Ilias XIII 449 ff., Odyssee XII 173 u. XIX 179–184; HERODOT VII 171.
53 P. KROH, s. v. »Marmor Parium«, in: Lexikon der antiken Autoren (Stuttgart 1972), S. 397 f.
54 K. ZIEGLER, s. v. »Troja«, in: Der Kleine Pauly, Lexikon der Antike (München 1975), Sp. 980.
55 F. POLAND, s. v. »Minos«, in: RE XV 2 (Stuttgart 1932), Sp. 1892.
56 Wir setzen die Regierungszeit des Eurystheus in Mykene um 1300 v. Chr. an. Von Eurystheus erhielt Atreus den Thron; Atreus folgte sein Sohn Agamemnon, der um 1208 v. Chr. mit dem verbündeten Griechenheer vor Troja zog.
57 Der Vater des Eurystheus war Stenelaos, dessen Vater Perseus, dessen Mutter Danae, deren Vater Akrisios, dessen Vater Abas, dessen Mutter Hypermestre und deren Vater Danaos; Danaos war ein Vetter des Phoinix, der nach HOMER, Ilias XIV 321, der Vater Europas war.
58 Siehe oben, Anm. 55.
59 J. VERCOUTTER, L'Egypte et le monde égéen préhellenique (Kairo 1956), 159 ff.; P. HAIDER, Griechenland – Nordafrika, ihre Beziehungen zwischen 1500–600 v. Chr. (Darmstadt 1988), 16 ff.
60 S. MARINATOS, Les Légendes Royales de la Crète Minoenne, in: Revue Arch. 34, 1949, 5–18.
61 L. MALTEN, in: Jb. d. dt. Archäol. Inst. 27, 1912, 264.
62 B. HEDERICH, s. v. »Minos«, in: Gründliches Mythologisches Lexikon (Darmstadt 1967), Sp. 1638. Siehe zur Existenz eines Palastes und einer blühenden Keramikproduktion im 14. Jh. v. Chr. in Chania: ST. HILLER, Das minoische Kreta nach den Ausgrabungen des letzten Jahrzehnts (Wien 1977), 147 f.
63 BICHLER/HAIDER, Kreta, 27.
64 Zur Palaststilkeramik siehe W.-D. NIEMEIER, Die Palaststilkeramik von Knossos. Stil, Chronologie und historischer Kontext (Berlin 1985); zu den ephyräischen Bechern siehe ibid. 196, Anm. 1524; zur historischen Situation siehe auch ibid. 217 ff.
65 BICHLER/HAIDER, a. a. O., 27.
66 BICHLER/HAIDER, a. a. O., 42.
67 POLAND, a. a. O., Sp. 1892.
68 Siehe E. BETHE, Minos, in: Rheinisches Museum für Philologie, N. F. 65, 1910, 200 ff.; STEPHANOS V. BYZANZ, s. v. »Gaza«; HAIDER, a. a. O., 42, Anm. 141.
69 HAIDER, a. a. O., 16–18.
70 Siehe auch J. BAIKIE, The Sea Kings of Crete (London 1910), 8.

Anmerkungen

Entdeckungsgeschichte – auf den Spuren der minoischen Kultur

1. SYLVIA L. HORWITZ, Knossos, Sir Arthur Evans auf den Spuren des Königs Minos, dt. Übersetzung von Dr. J. REHORK (Bergisch Gladbach 1983).
2. HORWITZ, a. a. O., 63.
3. HORWITZ, a. a. O., 88.
4. A. EVANS, Primitive Pictographs and Pre-Phoenician Script from Crete and the Peloponnese, in: JAS 14, 1894, 350 ff.
5. G. KARO, Greifen am Thron, Erinnerungen an Knossos (Baden-Baden 1959), 6.
6. Seine Promotionsarbeit trug den Titel: Das Rechtssystem des Königs Minos und sein Einfluß auf römische Gesetzgeber.
7. KARO, a. a. O., 6.
8. HORWITZ, a. a. O., 95.
9. HORWITZ, a. a. O., 125.
10. HORWITZ, a. a. O., 96.
11. HORWITZ, a. a. O., 111.
12. Mitteil. d. Dt. Archäol. Inst. Athen, Abt. 102, 1987, 65 ff.
13. HORWITZ, a. a. O., 115.
14. HORWITZ, a. a. O., 129 f.
15. Der Alabaster (Gipsstein) konnte auf dem nahen, südlich von Knossos gelegenen Gypsades-Hügel gewonnen werden.
16. Siehe G. KARO, Die Schachtgräber von Mykenai (München 1930–33).
17. Evans identifizierte drei Tüllen zur Aufnahme von Holzsäulen und rekonstruierte drei Säulen, siehe A. EVANS, The Palace of Minos IV, 2 (London 1935), Titelblattabbildung. Siehe auch HORWITZ, a. a. O., 97.
18. KARO, a. a. O., 6–9.
19. KARO, a. a. O., 24.
20. HORWITZ, a. a. O., 98.
21. HORWITZ, a. a. O., 126–128.
22. Die Kamares-Höhle am Südhang des Ida wurde zunächst von J. HAZZIDAKIS und L. MARIANI entdeckt (Mon. Ant. 6, 1895, 333 ff., Taf. 9–11) und 1912 endgültig von R. M. DAWKINS und M. L. LAISTNER erforscht (Annuals of the British School at Athens 19, 1912/13, 1–34, Taf. 1–12).
23. Zu Evans' Periodengerüst siehe unten, S. 94
24. KARO, a. a. O., 22; A. EVANS, The Palace of Minos at Knossos I–IV (London 1921–1936).
25. W. A. MCDONALD/C. G. THOMAS, Progress into the Past (Bloomington ^{2}1990), 163–165.
26. A. EVANS, Knossos: The Palace, in: Annuals of the British School at Athens 6, 1889–1990, 3–70, speziell 63–66.
27. D. MACKENZIE, The Pottery of Knossos, in: The Journal of Hellenic Studies 23, 1903, 157–205.
28. D. MACKENZIE u. a., Excavation at Phylakopi in Melos (London 1904), siehe auch MCDONALD/THOMAS, a. a. O., 157.

Anmerkungen

29 Siehe M. WOOD, Der Krieg um Troja (Frankfurt 1985), 120.
30 Siehe MCDONALD/THOMAS, a.a.O., 158.
31 WOOD, a.a.O., 122f.
32 MCDONALD/THOMAS, a.a.O., 159; Evans mag nicht zuletzt durch DIODORUS SICULUS (III 68–74) zu diesen Recherchen veranlaßt worden sein.
33 EVANS, The Palace of Minos IV, 1936, 884–888.
34 WOOD, a.a.O., 127.
35 E. HALLAGER, The Mycenaean Palace at Knossos. Evidence for Final Destruction in the III B Period, in: Medelhavsmuseet, Memoir 1 (Stockholm 1977) 60f.
36 Nur ein kurzer Bericht erschien: F. B. WELCH, Knossos – Notes on the Pottery, in: Annuals of the British School at Athens 7, 1900, 85–92.
37 HALLAGER, a.a.O., 61.
38 Siehe hierzu ST. HILLER, Das minoische Kreta nach den Ausgrabungen des letzten Jahrzehnts (Wien 1977), 209–218.
39 EVANS, The Palace of Minos IV (London 1936), 883f.; J. W. GRAHAM, The Palace of Crete (Princeton, New Jersey ^{2}1972), 13f.
40 EVANS, a.a.O., 942; siehe auch HALLAGER, a.a.O., 7.
41 R. BICHLER/P. W. HAIDER, Kreta, a.a.O., 16.
42 M. WOOD, Der Krieg um Troja (Frankfurt 1985), 128.
43 C. W. BLEGEN/M. RAWSON, A Guide to the Palace of Nestor (Cincinnati 1962) mit Plan, 33.
44 C. W. BLEGEN, A Chronological Problem, in: Minoica, Festschrift zum 80. Geburtstag von J. Sündwall (Berlin 1958), 61, Anm. 1, 65f.
45 L. R. PALMER, Mycenaeans and Minoans. Aegean Prehistory in the Light of the Linear B Tablets (London 1961), 210–215; siehe auch: Studies in Aegean Chronology (Hrsg. P. ASTROM); L. PALMER, The Linear B Palace at Knossos (Gothenburg 1984), 26ff.
46 Die Linear B-Leute sind für Palmer Griechen, deren Ankunft auf dem Festland er um 1600 v. Chr. ansetzt. Ihre Vorgänger auf Kreta, die Linear A-Leute, identifiziert er mit kleinasiatischen Luwiern. L. R. PALMER, Minoici e micenei (Torino 1963), 281, 283, 285.
47 S. HOOD, The Minoans, Crete in the Bronze Age (London 1971), 149f.; MERVYN R. POPHAM gibt die absoluten Daten für Spätminoisch III A$_1$ mit 1417–1365 v. Chr. an; Spätminoisch III A$_2$ erhält allgemein eine Laufzeit von ca. 1365 bis 1300 v. Chr., bei BICHLER/HAIDER, a.a.O., endet die Phase SM III A$_2$ um 1347 v. Chr.; siehe M. R. POPHAM, The Destruction of the Palace at Knossos. Pottery of the Late Minoan III A Period, Stud. in Mediterr. Archaeol. XII (Göteborg 1970), 94.
48 A. EVANS, The Palace of Knossos and its Dependencies, in: Annuals of the British School at Athens 11 (1904/5), 1–26; zitiert nach W. A. MCDONALD/C. G. THOMAS, Progress into the Past (Bloomington ^{2}1990), 155f.
49 HILLER, a.a.O., 216.
50 E. VERMEULE, Greece in the Bronze Age (Chicago ^{5}1972), 151.
51 POPHAM, a.a.O., 85–95.

Anmerkungen

52 MCDONALD/THOMAS, a. a. O., 348.
53 HALLAGER, a. a. O.
54 S. MIRIE, Das Thronraumareal des Palastes von Knossos. Saarbrücker Beiträge zur Altertumswissenschaft 26 (Bonn 1979), 39–57; W.-D. NIEMEIER, On the Function of the Throne Room in the Palace at Knossos, in: R. HÄGG/N. MARINATOS (Hrsg.), The Function of the Minoan Palaces: Proceedings of the Fourth International Symposium at the Swedish Institute in Athens 1984 (Stockholm 1987), 167.
55 HILLER, a. a. O., 216.
56 GRAHAM, a. a. O., 14 f.
57 R. W. HUTCHINSON, Prehistoric Crete (London 1962), 303.
58 Zitiert bei HUTCHINSON, a. a. O., 302, siehe auch GRAHAM, a. a. O., 14.
59 W.-D. NIEMEIER, Palaststilkeramik, 217.
60 NIEMEIER, a. a. O., 230 f.
61 HILLER, a. a. O., 217; S. HOOD/D. SMYTH, Archaeol. Survey of the Knossos Area, in: Ann. of Brit. School at Athens Suppl. 14, 1981, 27: Die Stadt Knossos erfährt eine Verödung um 1450 und im 12. Jh. v. Chr.
62 HILLER, a. a. O., 182 f. mit Abb. 59.
63 Haider schreibt in unserem Sinn: »Aufgrund der Namensgleichheit zwischen Menus/Minus und der sagenhaften Gestalt des Minos von Knossos darf man in der späteren (...) Überlieferung Kretas den Reflex eines ehemaligen historischen Staatsgebildes namens Menus/Minus sehen, (...) Minos könnte vielleicht gleichzeitig auch der Titel seines Herrschers in Knossos gewesen sein.« BICHLER/HAIDER, a. a. O., 11 f.
64 NIEMEIER, a. a. O., 167.
65 G. KARO, Greifen am Thron, 118 f.
66 N. PLATON, Kreta (Genf ^{4}1968), 206 f.
67 R. BICHLER/P. W. HAIDER, Kreta, Artemis-Cicerone, Kunst- und Reiseführer (München/Zürich 1988), 320.
68 P. P. BETANCOURT, Dating the Aegean Late Bronze Age with radiocarbon, in: Archaeometry 29, 1987, 45–49; S. MANNING, The Thera Eruption, the Third Congress and the Problem of Date, in: Archaeometry 32, 1990, 91–100.
69 P. WARREN/V. HANKEY, Aegean Bronze Age Chronology (Bristol 1989), 169; N. LURZ, Der Einfluß Ägyptens, Vorderasiens und Kretas auf die Mykenischen Fresken, Studien zum Ursprung der Frühgriechischen Wandmalerei (Frankfurt a. Main 1994), 255; S. MANNING bei O. DICKINSON, The Aegean Bronze Age (Cambridge 1994), 19.
70 N. PLATON, Kreta (Genf ^{4}1968); J. u. E. SAKELLARAKIS, Kreta. Archanes (Athen 1991), 10–14; O. DICKINSON, The Aegean Bronze Age (Cambridge 1994), 19.

Anmerkungen

Das Leben im alten Kreta

1. F. SCHACHERMEYR, in: Archäol. Anzeiger 1962, 110 ff., A. FURNESS, in: BSA 48, 1953, 94 ff.; J. EVANS, in: BSA 59, 1964, 132–240.
2. S. HOOD, The Minoans, Crete in the Bronze Age (London 1971), 24 f.
3. R. W. HUTCHINSON, Prehistoric Crete (London 1962), 49 f.
4. HUTCHINSON, a. a. O., 51.
5. HUTCHINSON, a. a. O., 51.
6. Siehe K. F. VICKERY, Food in Early Greece (Chicago 1980), 16–18.
7. K. LANGE/M. HIRMER, Ägypten (München ²1957), 39; J. PERROT, Syrien-Palästina I, Archaeologica Mundi (München 1978), 158; S. HOOD, The Minoans, Crete in the Bronze Age (London 1971), 34, Anm. 12 u. 13.
8. V. KARAGHEORGHIS, Zypern, Propyläen Kunstgeschichte 13 (Berlin 1974), 201.
9. U. HÖCKMANN, Die Kykladen und ihre östlichen Nachbarn, in: J. THIMME (Hrsg.), Kunst und Kultur der Kykladeninseln im 3. Jt. v. Chr. (Karlsruhe 1976), 160 ff.
10. A. GÖTTLICHER, Die Schiffe der Antike (Berlin 1985), Abb. 5, 25 u. 26.
11. F. SCHACHERMEYR, Die minoische Kultur des alten Kreta (Stuttgart 1964), 47 f., 54; HUTCHINSON, Prehistoric Crete, 56; siehe auch J. B. HALEY/C. W. BLEGEN, The Coming of the Greeks, in: American Journal of Archaeol. 1928, 141–159. In der Antike kannte man drei vorgriechische Völker: die Pelasger, die Karer und die Leleger.
12. J. D. S. PENDLEBURY, Aegyptiaca (Cambridge 1930), 3.
13. K. BRANIGAN, The Tombs of Mesara. A Study of Funerary Architecture and Ritual in Southern Crete, 2800–1700 B. C. (London 1970), 123.
14. Siehe auch zum folgenden: J. A. SAKELLARAKIS, Die Kykladen und Kreta, in: J. THIMME. Kunst und Kultur der Kykladeninseln im 3. Jahrtausend v. Chr. (Karlsruhe 1976), 149–158.
15. ST. XANTHOUDIDES, The Vaulted Tombs of Mesará (überarbeitet und neu ediert K. BRANIGAN; Richmond 1971), 105.
16. SAKELLARAKIS, a. a. O., 156, sowie J. A. SAKELLARAKIS und E. SAPOUNA-SAKELLARAKIS, Archanes (Athen 1991), 10.
17. HUTCHINSON, a. a. O., 58–63.
18. A. GÖTTLICHER, Materialien für ein Corpus der Schiffsmodelle im Altertum (Mainz 1978) Taf. 24, Nr. 311, 313, 314.
19. S. HOOD, The Minoans. Crete in the Bronze Age (London 1971) 31–34; S. S. WEINBERG, The Relative Chronology of the Aegean in Stone and Early Bronze Ages, in: R. W. EHRICH, Chronologies in Old World Archaeology (London 1965), 306 f.
20. HUTCHINSON, a. a. O., 145.
21. K. BRANIGAN, The Foundation of Palatial Crete. A Survey of Crete in the Early Bronze Age (London 1970), 44–51.
22. R. B. SEAGER, Vasiliki, Trans. Pennsylvania University, 1907 u. 1912.
23. R. B. SEAGER, Explorations in the Island of Mochlos (Athen 1912), 41; und HUTCHINSON, a. a. O., 146.

Anmerkungen

24 HOOD, a. a. O., 84.
25 HUTCHINSON, a. a. O., 91 f.
26 P. WARREN, Myrtos, an Early Bronze Age Settlement in Crete, Annuals of the British School at Athens Suppl. 7 (London 1972); Rezension von J. SCHÄFER, in: Präh. Zeitschr. 52, 1977, 250–254.
27 WARREN, a. a. O., 305 f.
28 R. CASTLEDEN, Minoans. Life in Bronze Age Crete (London/New York ²1993), 65; er zitiert WHITELAW S. 197.
29 WARREN, a. a. O., Appendix III, V u. VI.
30 P. FAURE, Kreta, Das Leben im Reich des Minos (Stuttgart 1976), 168.
31 S. HOOD, a. a. O., Fig. 8.
32 HOOD, a. a. O., 31.
33 WARREN, a. a. O., 81 f., 342.
34 WARREN, a. a. O., 210, 266.
35 ST. XANTHOUDIDES, The Vaulted Tombs of Mesara. An Account of some Early Cemeteries of Southern Crete (London 1924).
36 ST. ALEXIOU, in: Archäolog. Anzeiger 1958, 1 ff.; Kret. Chronika 15 f., 1961/2, 90 f.
37 SP. MARINATOS, in: Deltion 12, 1929, 102 ff.
38 K. BRANIGAN, The Tombs of Mesara. A Study of Funerary Architecture and Ritual in Southern Crete, 2800–1700 B. C. (London 1970).
39 ALEXIOU, a. a. O., 18.
40 Siehe hierzu J. PINI, Beiträge zur minoischen Gräberkunde (Wiesbaden 1968), 4–7.
41 BRANIGAN, a. a. O., 88 f.
42 Auf die Beobachtungen zum Grabkult, die Branigan machte, werden wir später eingehen, da sie Riten betreffen, die der mittleren Bronzezeit auf Kreta angehören.
43 R. HIGGINS, The Archaeology of Minoan Crete (London 1973), 34 f.
44 F. SCHACHERMEYR, a. a. O., 58.
45 K. BRANIGAN, The Foundation of Palatial Crete. A Survey of Crete in the Early Bronze Age (London 1970), 74 f.
46 J. SAKELLARAKIS, a. a. O., 149–158; siehe dort auch die Zeittafel Abb. 184 auf S. 416.
47 R. B. SEAGER, Explorations in the Island of Mochlos (Athen 1912).
48 SAKELLARAKIS, a. a. O., 150 f.
49 Siehe ST. ALEXIOU, Minoische Kultur (Iraklion 1964, Göttingen 1976), 21 f.
50 P. WARREN, Minoan Stone Vases (Cambridge 1969).
51 BRANIGAN, a. a. O., 79, siehe auch ders., Copper and Bronze Working in Early Bronze Age Crete, in: Studies in Mediterr. Archaeol. XIX, 1968, 55 ff.; des weiteren K. BRANIGAN, Waffen und Metallwerkzeuge der Kykladen-Kultur, in: J. THIMME (Hrsg.), Kunst und Kultur der Kykladeninseln im 3. Jahrtausend v. Chr. (Karlsruhe 1976), 120–125.
52 P. DEMARGNE, Die Geburt der griechischen Kunst (Universum der Kunst VI, München 1965) 84.

Anmerkungen

53 DEMARGNE, a. a. O.
54 S. HOOD, a. a. O., 49 mit Anm. 1.
55 R. CASTLEDEN, a. a. O., 29; BRANIGAN, Foundation (London 1970).
56 BICHLER/HAIDER, Kreta, 7.
57 P. WARREN/V. HANKEY, Aegean Bronze Age Chronology (Bristol 1989).
58 A. BAHNASSI, Ebla, Archaivs (Damaskus 1988).
59 K. KOHLMEYER, Ebla, in: Das Land des Baal, Syrien-Forum der Völker und Kulturen (Berlin 1982), 61.
60 A. RABAN, Minoan and Canaanite Harbours, in: Aegaeum 7 (1991), 130 ff.
61 W.-D. NIEMEIER, Minoan Artisans Travelling Overseas, in: Aegaeum 7, 1991, 191; zur Wissenschaftsdiskussion, ob die Bautechnik der Orthostaten-Fassade vom Nahen Osten nach Kreta gekommen sei oder vice versa.
62 Zu beiden Bautypen siehe: B. HROUDA, Vorderasien I, Mesopotamien, Babylonien, Iran und Anatolien (Handbuch der Archäologie, Hrsg. U. HAUSMANN, München 1971), 116.
63 V. HAAS, Kulte und Mythen, in: Das Land des Baal, Syrien-Forum der Völker und Kulturen (Berlin 1982), 332.
64 R. HELBIG, s. v. »Europa«, in: W. H. ROSCHER, Lex. d. Griech. u. Röm. Mythologie I, 2 (Leipzig 1884–1890), Sp. 1412.
65 V. HAAS, a. a. O., 332 f.
66 V. STÜRMER, Ein Gründungsdeposit im Palast von Malia, in: Schriften des Deutschen Archäologen-Verbandes IX, Kolloquium zur Ägäischen Vorgeschichte (Mannheim 1987), 41–43.
67 Statue einer Göttin mit Wassergefäß aus dem Palast der Larsa-Periode (2040–1870 v. Chr.) Kat. Nr. 86, in: Das Land des Baal, Syrien-Forum der Völker und Kulturen (Berlin 1982), 103.
68 A. FALKENSTEIN, Sumerische und akkadische Hymnen und Gebete (Zürich/München^2 1975), Nr. 10, 74.
69 E. FEUCHT-PUTZ, Die königlichen Pektorale, Motive, Sinngehalt und Zweck (Bamberg 1967), 101.
70 K. BRANIGAN, Foundations, 93, Anm. 1.
71 BRANIGAN, a. a. O., 103–108.
72 R. CASTLEDEN, a. a. O., 53–59, 181; siehe auch B. RUTKOWSKI, The Cult Places of the Aegean (New Haven/London 1986), 97 f.
73 B. RUTKOWSKI, a. a. O., 73–98, speziell 90.
74 BICHLER/HAIDER, a. a. O., 139 f.
75 CASTLEDEN, a. a. O., 56.
76 J. F. HEALEY, Die Literatur, in: Land des Baal, Syrien-Forum der Völker und Kulturen (Berlin 1982), 338–341; V. MAAG, Die syro-kanaanäische Religion, in: Kulturgeschichte des Alten Orients, Hrsg. H. SCHMÖKEL (Stuttgart 1961), 577 f.
77 MAAG, a. a. O., 577 f.
78 P. FAURE, a. a. O., 209–211.
79 BICHLER/HAIDER, a. a. O., 166.

Anmerkungen

80 R. HIGGINS, The Archaeology of Minoan Crete (London 1973), 98 f.
81 K. GALLAS, Kreta, (DuMont Kunst-Reiseführer, Köln ⁷1993), 319.
82 H. GNANELLA, Kreta, ein Reiseführer (Zürich ³1972) 240–242.
83 K. GALLAS, a. a. O., 282.
84 J. u. E. SAKELLARAKIS, Kreta, Archanes, Ausgrabungen in Archanes (Athen 1991), 138 f.
85 SAKELLARAKIS, a. a. O., 146–156.
86 V. MAAG, Syrien – Palästina, in: Kulturgeschichte des Alten Orient, Hrsg. H. SCHMÖKEL (Stuttgart 1961), 587.
87 P. FAURE, a. a. O., 212 f.
88 CH. DOUMAS, Die frühkykladische Architektur, in: Kunst und Kultur der Kykladeninseln im 3. Jahrtausend v. Chr., Hrsg. J. THIMME (Karlsruhe 1976), 33.
89 R. W. HUTCHINSON, a. a. O., 162 f.
90 J. D. S. PENDLEBURY, The Archaeology of Crete (New York 1963), 100, Anm. 2 u. 3.
91 Vgl. den »Square-Tempel« in Tell Asmar; B. HROUDA, Vorderasien I. Mesopotamien, Babylonien, Iran und Anatolien (Handbuch der Archäologie, Hrsg. U. HAUSMANN, München 1971), 116, Abb. 42.
92 BICHLER/HAIDER, a. a. O., 202.
93 HUTCHINSON, a. a. O., 163 f.
94 PENDLEBURY, a. a. O., 98, Anm. 4.
95 Nach HUTCHINSON, a. a. O., 165.
96 W.-D. NIEMEIER, On the Function of the »Throne Room« at Knossos, in: The Function of the Minoan Palaces (Svenska Institutet i Athen, Skrifter 4, XXXV, Stockholm 1987), 163–168.
97 Zu Zeus Asterion siehe SCHIRMER, s. v. »Asterion« in: W. H. ROSCHER, Lexikon d. Griech. u. Röm. Mythologie I, 1 (Leipzig 1884–1890).
98 Der Zaphon ist 1770 m hoch und liegt ca. 50 km nördlich von Ugarit. In römischer Zeit hieß er Mons Casius, heute wird er Dschebel el-Akra genannt.
99 Siehe zur Gestalt des Baal in den Mythen von Ugarit: J. AISTLEITNER, Die Mythologischen und Kultischen Texte aus Ras Schamra (Bibliotheca Orientalis Hungarica VIII, Budapest 1959).
100 B. C. DIETRICH, The Origins of Greek Religion (Berlin/New York 1974), 44 f.; M. BIETAK, Die Religion von Auaris, in: Pharaonen und Fremde Dynastien im Dunkel (Wien 1994), 45; L. VANCE WATROUS, The Role of the Near East in the Rise of Cretan Palaces, in: The Function of the Minoan Palaces (Svenska Institutet i Athen, Skrifter 4, XXXV, Stockholm 1987), 68, Anm. 24.
101 B. OTTO, Minoische Bildsymbole, in: Schriften des Deutschen Archäologischen Verbandes IX (Mannheim 1987), 13–21.
102 G. C. GESELL, Town, Palace and House Cult in Minoan Crete (Studies in Mediterr. Archaeology LXVII, 1985), 11, 130, 102.
103 Eine mit roter Farbe bemalte Seemuschel, eine sog. Ohrmuschel, deren spitzes Ende abgebrochen worden war, um als Trompete benutzt zu werden,

Anmerkungen

muß bereits im vorpalatialen Myrtos eine besondere Funktion gehabt haben, GESELL, a. a. O., 7 f.
104 Zum Baal-Mythos siehe auch W. ECKSCHMITT, Ugarit – Qumran – Nag Hammadi. Die großen Schriftfunde zur Bibel (Mainz 1993), 74.
105 GESELL, a. a. O., 124 f.
106 Siehe GESELL, a. a. O., 31.
107 W. PÖTSCHER, Aspekte und Probleme der minoischen Religion (Hildesheim/Zürich/New York 1990), 187.
108 Vgl. die Berggötter von Yazilikaya; E. AKURGAL/M. HIRMER, Die Kunst der Hethiter (München 1961), 51, Abb. 19 u. Taf. 76 f.
109 J. W. GRAHAM, The Palaces of Crete (Princeton, New Jersey ^{3}1972), 73–83.
110 GESELL, a. a. O., 105, Nr. 72.
111 Siehe die Auflistung der gemeinsamen Züge bei PÖTSCHER, a. a. O., 8 mit Anm. 4.
112 F. SCHACHERMEYR, Poseidon und die Entstehung des griechischen Götterglaubens (Salzburg 1950), 164 ff.
113 B. C. DIETRICH, The Origins of Greek Religion (Berlin/New York 1974), 177, 185 mit Anm. 305.
114 J. ALSTLEITNER, Die Mythologischen und Kultischen Texte aus Ras Schamra (Bibliotheca Orientalis Hungarica VIII, Budapest 1956), 16, Ugaritischer Text I AB, V, 5 ff.
115 GESELL, a. a. O., 99 f., Nr. 61 f.
116 J. PINI, Beiträge zur Minoischen Gräberkunde (Wiesbaden 1968), 3 f.
117 DIETRICH, a. a. O., 302 mit Anm. 72; A. J. EVANS, Scripta Minoa (Oxford 1909), 152, P 16.
118 GESELL, a. a. O., 36.
119 DIETRICH, a. a. O., 177 Anm. 50.
120 PÖTSCHER, a. a. O., 27.
121 ALSTLEITNER, a. a. O., 16, 53 f., Ugaritischer Text: I, AB, V und IV, AB, II.
122 ALSTLEITNER, a. a. O., 1, 4, Ugaritischer Text I, AB, II.
123 DIETRICH, a. a. O., 177, Anm. 247.
124 HUTCHINSON, a. a. O., 187.
125 GALLAS, a. a. O., 256.
126 GRAHAM, a. a. O., 135.
127 N. MARINATOS, Kunst und Religion im Alten Thera (Athen 1987), 14 f.; siehe auch NIEMEIER, a. a. O., 164, Anm. 10.
128 J.-C. POURSAT, Town and Palace at Mallia in the Protopalatial Period, in: The Function of the Minoan Palaces (Skrifter utgivna av Svenska Institutet i Athen 4, XXXV, Stockholm 1987), 75 f.
129 M. P. NILSSON, Geschichte der griechischen Religion (München 1955), Taf. 33, 3, Lekythos in Jena.
130 GESELL, a. a. O., 9.
131 PINI, a. a. O., 13.
132 K. BRANIGAN, Foundations, a. a. O., 177.
133 J. u. E. SAKELLARAKIS, Kreta, Archanes, a. a. O., 112–118.

Anmerkungen

134 E. SIMON, Die Götter der Griechen (München 1969), 236 mit Anm. 24.
135 SAKELLARAKIS, a. a. O., 126 f.
136 G. C. GESELL, a. a. O., 16 f.
137 PINI, a. a. O., 30, u. BRANIGAN, Tombs of Mesara, 114.
138 Siehe GESELL, a. a. O., 17, u. ST. ALEXIOU, Minoische Kultur (Göttingen 1976), 100.
139 GESELL, a. a. O., 68, Nr. 2; PINI, a. a. O., 30.
140 B. NEUTSCH, Vom Steinmal zur Gestalt, in: Innsbrucker Beiträge zur Kulturwissenschaft 27, 1990, 245–262.
141 H. SCHMÖKEL, Götter, Kult und Frömmigkeit (Kulturgeschichte des Alten Orient, Hrsg. H. SCHMÖKEL, Stuttgart 1961), 279 f.
142 BRANIGAN, a. a. O., 119.
143 G. WALBERG, Early Cretan Tombs. The Pottery, in: Aegaeum 1 (Liège 1987), 56 f.
144 PINI, a. a. O., 29 f.
145 PINI, a. a. O., 30 f.
146 V. STÜRMER, Bemerkungen zur Keramik der Nekropole von Chrysolakkos, in: Aegaeum 1 (Liège 1987), 75–77.
147 SAKELLARAKIS, a. a. O., 96 ff.
148 J. SAKELLARAKIS (a. a. O., 100) sagt zum Elfenbeinsiegel in Form einer Fliege: »Es ist möglich, daß dies symbolischen Charakter hat, da auch Homer den Mut einiger seiner Helden mit dem Mut der Fliege vergleicht. Außerdem war die Fliege auch in Ägypten ein Symbol für Mut, und es wurden Auszeichnungen vergeben, die die Form einer Fliege hatten.«
149 PINI, a. a. O., 33.
150 H. RINGGREN, Religions of the Ancient Near East (London 1973) 175.
151 A. EVANS, The Palace of Minos at Knossos I (London 1921), 509.
152 R. GERMER, Die Flora des pharaonischen Ägyptens (Mainz 1985), briefliche Mitteilung vom 14. 4. 1990.
153 A. EVANS, a. a. O., 277, Fig. 207 k; siehe zum kretischen Skarabäus mit der Hieroglyphe Wadschet: N. Platon, Corpus der minoischen und myhenischen Siegel II, 1 (Berlin 1969), 138 Nr. 121
154 A. EVANS, The Palace of Minos at Knossos, II, 2 (London 1928), 480.
155 A. EVANS, Scripta Minoa I (Oxford 1909), Taf. III, P 53 a; M. A. V. GILL, The Knossos Sealings, in: Ann. of the Brit. School at Athens 60, 1965, 66, Pl. 5, H 2; P. YULE, The Cretan Seals (Mainz 1980), Pl. 25 Motiv 44, 5.
156 H. G. BUCHHOLZ, Zur Herkunft der kretischen Doppelaxt (München 1959), 9, 16, 29.
157 EVANS, a. a. O., 128–134.
158 EVANS, a. a. O., 134–180.
159 Zitiert bei HUTCHINSON, a. a. O., 65.
160 P. YULE, Early Cretan Seals (Mainz 1980), 120, Taf. 2, Motiv 1, 44; Taf. 3, Motiv 2, 18; Taf. 11, Motiv 17, 1.
161 Das idolartige Bildzeichen wurde als Gerät gedeutet und von EVANS (a. a. O., 155) als »trowel«, als Maurerkelle, von K. BRANIGAN (Kadmos IV, 1965, 81 ff.) als »scraper«, als Schaber, bezeichnet. Daß ein Werkzeug im

Anmerkungen

bronzezeitlichen Kreta zugleich ein göttliches Emblem sein kann, welches die Anwesenheit der Gottheit kundtut, zeigt sich am Beispiel der Doppelaxt, die in der frühen Bronzezeit auf Kreta sowohl als Werkzeug wie als Weihgeschenk auftritt und spätestens ab der mittleren Bronzezeit zum Göttersymbol wird. Siehe zum »Zowel«-Zeichen Anm. 174

162 H. PRINZ, Altorientalische Symbolik (Berlin 1915), 30 ff.
163 V. E. G. KENNA, Cretan Seals (Oxford 1960), 112, Nr. 170; J. BOARDMAN, Greek Gems and Finger Rings (London 1970), 99, Pl. 43.
164 Vgl. die andere Betrachtungsweise von E. GRUMACH, Zur Frage des X-Initials in den hieroglyphischen Inschriften, in: Minoica, Festschrift Sundwall (Berlin 1958), 177.
165 Siehe hierzu A. EVANS, Palace of Minos at Knossos I, 495 ff., speziell 504 f.
166 Die Lebenspflanze ist ein aus der sumerisch-altbabylonischen Kultur entlehntes Symbol. Siehe hierzu: B. OTTO, Der gebeugte Baum in ägäischer Ikonographie, in: Sixth International Colloquium on Aegean Prehistory, Athens 1987, im Druck.
167 KENNA, a. a. O., 112, Nr. 167; BOARDMAN, a. a. O., 98, Pl. 27.
168 J. ASSMANN, Ägyptische Hymnen und Gebete (Zürich/München 1975), 103, Nr. 5.
169 GRUMACH, a. a. O., 170 f.
170 EVANS, Scripta Minoa, 258; ders., Palace of Minos at Knossos I, 279.
171 EVANS, a. a. O., 278, u. F. SCHACHERMEYR, Die minoische Kultur Kretas (Stuttgart 1964), 244, Abb. 127.
172 EVANS, Scripta Minoa, 268, Fig. 120.
173 GRUMACH, a. a. O., 173.
174 ST. XANTHOUDIDES, The Vaulted Tombs of Mesara (Neudruck, Westmead 1971), 108, Taf. LVI, 1944.
175 Siehe hierzu K. LANGE/M. HIRMER, Aegypten (München 1955), 56, Nr. 96, Taf. 96.
176 EVANS, a. a. O., 270 f.
177 GRUMACH, a. a. O., 176–177. Grumach wies darauf hin, daß N. PLATON, Kretika Chronika 7, 1951, 408 ff., in demjenigen Zeichen (Abb. 93 b, Mitte), das Evans fälschlich als »template« gedeutet hatte, die Wiedergabe der Vorderseite des lehnenlosen Thrones nachweisen konnte.
178 EVANS, a. a. O., 272, ders., Palace of Minos at Knossos I, 276, Fig. 206.
179 H. HAARMANN, Universalgeschichte der Schrift (Frankfurt/New York 1990), 100.
180 HUTCHINSON, a. a. O., 66–70.
181 Zitiert bei M. BERNAL, Schwarze Athene, die afroasiatischen Wurzeln der griechischen Antike (München/Leipzig 1992), 655–657.
182 HAARMANN, a. a. O., 90, 167–169.
183 O. PELON, Minoan Palaces and Workshops: New Dates from Malia, in: The Function of the Minoan Palaces (Skrifter utgiv. av Svenska Inst. i Athen 4, XXXV, Stockholm 1987), 269.
184 Siehe hierzu R. HAMPE/A. WINTER, Bei Töpfern und Töpferinnen in

Anmerkungen

Kreta, Messenien und Zypern (Mainz 1962), 117, Anm. 6; H. VAN EFFENTERRE, Les Égéens (Paris 1986), 210.
185 EVANS, Palace of Minos at Knossos I, 240.
186 K. BRANIGAN, The Economic Role of the First Palaces, in: The Function of the Minoan Palaces (Skrifter utgiv. av Svenska Inst. i Athen 4, XXXV, Stockholm 1987), 245–247.
187 J. A. MACGILLIVRAY, Pottery Workshop and the Old Palaces in Crete, in: The Function of the Minoan Palaces (Skrifter utgiv. av. Svenska Inst. i Athen 4, XXXV, Stockholm 1987), 273–276.
188 G. CADOGAN, Early Minoan and Middle Minoan Chronology, in: American Journal of Archaeology 87, 1983, 515 f.
189 Siehe CADOGAN, a. a. O., 513–515, u. M. H. WIENER, Trade and Rule in Palatial Crete, in: The Function of the Minoan Palaces (Skrifter utgiv. av. Svenska, Inst. i Athen 4, XXXV, Stockholm 1987), 261; zum Kontext von Grab 416 in Abydos siehe: F. SCHACHERMEYR, Minoische Kultur, Taf. 10, b.
190 H.-G. BUCHHOLZ, Syrien und Zypern, Kreta, Griechenland, in: Land des Baal, Syrien-Forum der Völker und Kulturen (Berlin 1982), 310. Noch ein zweites Grab (LXXXVI), dessen Türpfosten aufgestellte Schiffsanker bildeten, ist aus Ugarit bekannt. Aus ihm stammt eine schöne Kamares-Tasse mit Efeurankendekor, abgebildet bei: M. BIETAK u. a., Pharaonen und Fremde. Dynasten im Dunkel, Ausst.-Kat. Wien 1994, 209, Nr. 235.
191 EVANS, a. a. O., 291, 296.
192 W. M. F. PETRIE, The Egyptian Bases of Greek History, in: Journal of Hellenic Studies 11, 1890, 271–277.
193 BIETAK, a. a. O., 39 f., 208, Nr. 234.
194 E. EDEL, Die hieroglyphische Inschrift auf der Dioritstatuette des User aus Knossos, in: Studies in Egyptology I (Jerusalem 1990), 122–133 (den Literaturhinweis verdanke ich Herrn Dr. Peter Jánosi); siehe auch EVANS, a. a. O., 289; SCHACHERMEYR, a. a. O., 82.
195 ST. ALEXIOU, Minoische Kultur (Göttingen 1969) 49. – K. P. FORSTER, Reconstructing Minoan Palatial Faience Workshops, in: The Function of the Minoan Palaces (Skrifter utgiv. av. Svenska Inst. i Athen 4, XXXV, Stockholm 1987), 287–292.
196 Zur Datierungskontroverse um die Zeitstellung von Schicht VII des Jarimlim-Palastes von Alalach (die Frühdatierung durch L. Wooley um 1780–1730 v. Chr. und die Spätdatierung durch W.-D. Niemeier zwischen 1650 und 1575 v. Chr.) siehe: W.-D. NIEMEIER, Minoan Artisans travelling Overseas: The Alalakh Frescoes and the Palatial Plaster Floor at Tel Kabri (Western Galilee), in: Aegaeum 7, 1991, 190 f.
197 H. WIENER, Trade and Rule in Palatial Crete, in: The Function of the Minoan Palaces (Skrifter utgiv. av. Svenska Inst. i Athen 4, XXXV, Stockholm 1987), 262.
198 SCHACHERMEYR, a. a. O., 79.
199 K. BRANIGAN, Byblite Daggers in Cyprus and Crete, in: Americ. Journ. of Archaeology 70, 1966, 120 ff.

Anmerkungen

200 HOOD, a. a. O., 41.
201 W. HELCK, General Discussion on Economy and Trade, in: The Function of the Minoan Palaces (Skrifter utgiv. av. Svenska Inst. i Athen 4, XXXV, Stockholm 1987), 267.
202 G. KOPCKE, The Cretan Palaces and Trade, in: The Function of the Minoan Palaces (Skrifter utgiv. av. Svenska Inst. i Athen 4, XXXV, Stockholm 1987), 258.
203 A. ZOIS, zitiert bei KOPCKE, a. a. O., 258, Anm. 27.
204 N. MARINATOS, zitiert bei KOPCKE, a. a. O., 258 f., Anm. 27.
205 STRABON X 9,19; HOMER, Odyssee XIX 178–181; PAUSANIAS III 2–4; PLATON, Minos, 319 c.
206 A. WEIHER, Homerische Hymnen (München 1951), Vers 473–477.
207 EURIPIDES, Iphigeneia in Aulis, 1540; AISCHYLOS, Agamemnon, 1534.
208 Zum Priestertum in Mesopotamien und Ägypten siehe: E. O. JAMES, Das Priestertum (Wiesbaden 1957), 40–58.
209 JAMES, a. a. O., 57.
210 JAMES, a. a. O., 58.
211 Siehe zu König und Königsgöttern in Ägypten: G. POSENER, s. v. »Horus« und »Seth«, in: Knaurs Lexikon der Ägyptischen Kultur (Zürich-München 1960), 108–109; E. OTTO, Osiris und Amun (München 1966), 116; idem, s. v. »Amun«, in: Lexikon der Ägyptologie I (Wiesbaden 1975), Sp. 237–248; M. ELIADE, Geschichte der religiösen Ideen I, Von der Steinzeit bis zu den Mysterien von Eleusis (Paris 1976), 88–93.
212 D. O. EDZARD, Die frühdynastische Zeit, in: Fischer Weltgeschichte 2, Die Altorientalischen Reiche I (Frankfurt a. M. 1965), 77.
213 H. SCHMÖKEL, Kulturgeschichte des Alten Orient (Stuttgart 1961) 86 ff., speziell 90; EDZARD, a. a. O., 77.
214 Zu den theophoren Königsnamen siehe: K. OBERHUBER, Die Kultur des Alten Orients (Frankfurt a. Main 1972), 348–352; zum Wettergott Dagan und den Namensentwicklungen des Wettergotts, siehe: W. HELCK, Betrachtungen zur Großen Göttin und den ihr verbundenen Gottheiten (München/Wien 1971), 173 ff.
215 K. KOHLMEYER, Ebla, in: Das Land des Baal (Mainz 1982), 61.
216 A. BAHNASSI, Ebla, Archaivs (Damaskus 1989), 142.
217 H. KLENGEL, König Hammurapi und der Alltag Babylons (Zürich 1980), 110, 179–180.
218 Siehe hierzu: OBERHUBER, a. a. O., 136–140.
219 OBERHUBER, a. a. O., 136–146.
220 OBERHUBER, a. a. O., 137; 146.
221 R. M. BOEHMER, Glyptik von der alt- bis zur spätbabylonischen Zeit, in: W. ORTHMANN, Der Alte Orient. Propyläen Kunstgeschichte 14 (Berlin 1975), 344 ff., Fig. 267; H. RINGGREN, Religions of the Ancient Near East London³ 1976, 59.
222 OBERHUBER, a. a. O., 128–135.
223 RINGGREN a. a. O., 14; B. OTTO, Minoische Bildsymbole, in: Schriften des Deut. Archäologen-Verbandes 9 (Mannheim 1987), 12 mit Anm. 42.

Anmerkungen

224 RINGGREN, a. a. O., 14 mit Anm. 31.
225 J. AISTLEITNER, Die mythologischen und kultischen Texte aus Ras Schamra. Bibliotheca Orientalis Hungarica VIII (Budapest 1959), 13, 19–21.
226 B. C. DIETRICH, The Origins of Greek Religion (Berlin, New York 1974), 29.
227 J. G. GRIFFITHS, s. v. »Osiris«, in: Lexikon der Ägyptologie (Wiesbaden 1982), Sp. 624.
228 J. E. HARRISON, Prolegomena to the Study of Greek Religion (Cambridge 1908), 490.
229 E. SIMON, Die Götter der Griechen (München 1969), 279 f.
230 SIMON, a. a. O., 15. Die antike Überlieferung und mit ihr der Hymnus von Palaikastro bezeugen für den kretischen Zeus den Charakter eines Jahresgotts, siehe hierzu: O. WASER, s. v. »Zeus«, in: W. H. ROSCHER, Ausführl. Lex. d. griech. u. röm. Mythologie (Leipzig/Berlin 1924–1937), 579 f.
231 Zur Elfenbeinplatte von Ugarit siehe: H. KLENGEL, Geschichte und Kultur Alt-Syriens (Leipzig 1965), 82; Zum Paar Wettergott-Liebes-/Kriegsgöttin siehe: W. HELCK, Betrachtungen zur Großen Göttin und den ihr verbundenen Gottheiten (München/Wien 1971).
232 H. SCHMÖKEL, Mesopotamien, in: Kulturgeschichte des Alten Orient (Stuttgart 1961), 93–94.
233 D. O. EDZARD, Das Reich der III. Dynastie von Ur und seine Nachfolgestaaten, in: Fischers Weltgeschichte 2, Die Altorientalischen Reiche I (Frankfurt a. Main 1965), 138.
234 A. FALKENSTEIN, Sumerische und akkadische Hymnen und Gebete (Zürich/München 1953), 90 ff.
235 DIETRICH, a. a. O., 44; zu Baal als Dynastiegott des Kleinkönigtums von Auaris im Nildelta seit ca. 1700 v. Chr. siehe: M. BIETAK, Der Ursprung des Ba'al Zephon Kultes in Ägypten, in: Innsbrucker Beiträge zur Kulturwissenschaft 27, 1990, 43.
236 A. JIRKU, Kanaanäische Mythen und Epen aus Ras-Schamra-Ugarit (Bonn 1962), 58.
237 RINGGREN, a. a. O., 172.
238 ELIADE, a. a. O., 93. 104. 105; POSENER, a. a. O., s. v. »Seth«, 204.
239 KLENGEL, a. a. O., 140.
240 HELCK, a. a. O., 180–181.
241 E. AKURGAL, Die Kunst der Hethiter (München 1961), 69.
242 ODERHUBER, a. a. O., 204.
243 RINGGREN, a. a. O., 38.
244 HELCK, a. a. O., 176; K. KOHLMEYER, Mari, in: Das Land des Baal (Mainz 1982), 95, Abb. 24.
245 B. RUTKOWSKI, The Cult Places of the Aegean (New Haven/London 1986), 148.
246 OTTO, a. a. O., 12–13; E. OTTO, s. v. »Amun«, in: Lexikon der Ägyptologie I (Wiesbaden 1975) Sp. 240.
247 OTTO, Osiris und Amun, 77.

Anmerkungen

248 V. HAAS, Götter, Kulte, Mythen, in: Land des Baal (Mainz 1982), 332.
249 POBLENZ, s. v. »Kronos«, in: Paulys Real-Encyclopädie XI, 2 (Stuttgart 1992), 1987; OTTO, a. a. O., s. v. Amun, Sp. 240
250 Siehe vor allem die Gau-Namen, OTTO, »Amun«, 237.
251 SCHIRMER zitiert PRELLER in: W. H. ROSCHER, Ausführl. Lex. d. Griech. u. Röm. Mythologie (Leipzig 1884–1890), 656.
252 RINGGREN, a. a. O., 6; siehe auch zur Verbreitung und Langlebigkeit der sumerischen Sprache im Rahmen der Religion: DIETRICH, a. a. O., 26.
253 RINGGREN, a. a. O., 172.
254 W. PÖTSCHER, Aspekte und Probleme der minoischen Religion (Hildesheim, Zürich, New York 1990), 8 Anm. 4.
255 HELCK, a. a. O., 174, 204. 208 Anm. 44, 230. Der 50 km nördlich von Ugarit gelegene, 1770 m hohe Berg Zaphon hieß in römischer Zeit Mons Casius. In den hethitischen und babylonischen Keilschrifttexten wurde er Hazzi genannt. Der Begründer des heutigen Antiochia, König Seleukos I. (312–281 v. Chr.), opferte auf diesem heiligen Berg des Baʿal Hadad dem Zeus Kasios.
256 Zu den Inanna/Ischtar-Symbolen: Stern, Morgen- und Abendstern, Mond und Sonne, siehe RINGGREN, a. a. O., 59, 56, 61; zur Rosette: OBERHUBER, a. a. O., 129; s. hier S. 299, Abb. 107 a–b.
257 OBERHUBER, a. a. O., 170.
258 Die Taube ist die heilige Tiergestalt der Göttin Ischtar vom Amanus-Gebirge in Syrien (siehe V. HAAS, a. a. O., 333) und der Astarte, der griechischen Aphrodite.
259 OBERHUBER, a. a. O., 129.
260 Zur Basaltsäule der Ischtar, KOHLMEYER, a. a. O., 58; zur Verehrung des Baal als Säule und Pfeiler, HELCK, a. a. O., 179 u. KLENGEL, a. a. O., 80; R. KEYDELL. s. v. »Baal«, in: Der kleine Pauly, Lex. d. Antike (Stuttgart 1964), 793.
261 EVANS, Mycenaean Tree and Pillar Cult and its Mediterranean Relation, in: Journ. of Hell. Stud. 21, 1901, 99–204.
262 M. BIETAK, Der Ursprung des Baʿal Zephon-Kultes in Ägypten, in: Innsbrucker Beiträge zur Kulturwissenschaft 27, 1990, 42–43.
263 KLENGEL, a. a. O., 81.
264 HELCK, a. a. O., 151.
265 Der Stier, das bevorzugte Opfertier des Zeus, ist zugleich seine Tiergestalt, in der er Europa nach Kreta entführte. Ein Relief aus Samos zeigt ein Widderopfer an Zeus Ammon, der ab dem Neuen Reich widdergestaltig dargestellt werden konnte: H. G. BUCHHOLZ, Der Gott Hammon und Zeus Ammon auf Zypern, in: Mitt. d. Deut. Archäol. Inst. Athen 106, 1991, 87. Für Baal, den die Texte aus Ugarit Alijan Baal (den starken Baal) nennen, werden als Totenopfer von Anat Wildrinder, Schafe (wohl Widder), Hirsche, Böcke und Rehböcke geschlachtet. J. AISTLEITNER, Die Mythologischen und Kultischen Texte aus Ras Schamra. Bibliotheca Orientalis Hungarica VIII (Budapest 1959), 18.
266 B. OTTO, Kultisches und Ikonographisches zum minoisch-mykenischen

Anmerkungen

Dionysos, in: Mitt. d. Anthropolog. Gesell. i. Wien 123–124, 1993/1994, 363–379.
267 HELCK, a. a. O., 204.
268 Dieser Typ ist ohne Waffen schwer zu unterscheiden von dem des Gottes Reschef. Dieser war einst ein anatolischer, hirschgestaltiger Jagdgott. In Syrien – er wird schon in den Ebla-Texten als »Rasap« genannt – hat er Wesensmerkmale eines vernichtenden Gottes des verzehrenden Feuers, des Seuchengotts. Schließlich wird er zum Kriegsgott und nähert sich hierin dem kriegerischen Aspekt des Wettergotts an. Wie dieser kann er die Fensteraxt tragen und verbindet sich auch mit der Partnerin des Wettergotts, der Liebes- und Kriegsgöttin Astarte, mit der er unter dem Pharao Amenophis I. (1514–1493 v. Chr.) zu den Schutzgöttern des Landes Syrien aufsteigt. Seine spezifischen Waffen sind Pfeil und Bogen sowie das Schild. In letzterem kann er sich als Schildgott manifestieren. Die Griechen setzten ihn mit ihrem Gott Apollon gleich. HELCK, a. a. O., 169–201.
269 KLENGEL, a. a. O., 80.
270 Ein orientalischer Siegelzylinder des Grabbaus 5 der Nekropole von Phourni zeigt einen Gott, vielleicht Reschef mit Krummstab, oder einen König mit Königsinsignien: Stab und Krummstab. Reschef, ein altanatolischer Jagdgott, war in Syrien als Schutzgott und Partner der Göttin Anat dem Baʿal/Hadad angeglichen worden.
271 Y. TZEDAKIS/S. CHRYSOULAKI, Neopalatial Architectural Elements in the Area of Chania, in: Skrifter utgiv. av Svenska Inst. i Athen, 4, 35 (Stockholm 1987), 111–115.
272 HUTCHINSON, a. a. O., 193.
273 G. C. GESELL, a. a. O., 127, Nr. 104, Abb. 69, 8–11.
274 GESELL, a. a. O., 128, Nr. 107.
275 GESELL, a. a. O., 128, Nr. 108.
276 Sp. MARINATOS, Kreta, Thera und das mykenische Hellas (München 1973), 128.
277 Siehe hierzu: R. PALMER, Territorially, Production and Collection the Evidence of the Linear A Tablets, in: Politeia, 5. intern. Ägäis Kolloquium (Heidelberg 1994), 48–50; G. NEUMANN, Das Zeichen »Vinum« in den Ägäischen Schriften, in: Kadmos 16 (Berlin, New York 1977), 124–130.
278 CAMERON, zitiert bei N. MARINATOS, Minoan Religion, Ritual, Image and Symbol (South Carolina 1993), 149.
279 Zur Bedeutung des Palastmittelhofs als sakraler Ort, N. MARINATOS, a. a. O., 45; zur grundsätzlichen Bedeutung des Zentralhofs für die altorientalischen wie für die altkretischen Paläste, J. MARGUERON, Recherches sur les palais mesopotamiens de l'Age du Bronze (Paris 1982), 583.
280 Die Übergabe eines trichterförmigen Rhytons – Ringgefäße waren Kultgegenstände – an die sitzende Göttin zeigt ein Siegelabdruck aus Hagia Triada, N. MARINATOS, a. a. O., 159, Abb. 142.
281 EVANS, Palace of Minos at Knossos II, 146.
282 GALLAS, a. a. O., 192.

Anmerkungen

283 B. NEUTSCH, Der Palast des Minos – eine Totenstadt?, in: Archäolog. Anzeiger 4, 1973, 693 mit Abb. 9.
284 J.W. GRAHAM, The Palaces of Crete (Princeton ²1972), 30.
285 R. HAMPE/A. WINTER, Bei Töpfern und Töpferinnen in Kreta, Messenien und Zypern (Mainz 1962).
286 B. NEUTSCH, a. a. O., 692.
287 MARINATOS, a. a. O., 49, Abb. 39.
288 HUTCHINSON, a. a. O., 145.
289 EVANS, Palace of Minos at Knossos I, 514.
290 EVANS, a. a. O., 468.
291 M. MANTI-PLATONOS, Zeremonialhämmer und Streitkolben in der Minoischen Welt, in: Archaiologiki Ephemeris 1981, 74–83.
292 MARINATOS, a. a. O., 7. 128.
293 O. KEEL/CH. UEHLINGER, Göttinnen, Götter und Göttersymbole (Freiburg/Basel/Wien 1992), 48–50, Abb. 36 a–c.
294 W. HELCK, Betrachtungen zur großen Göttin und den ihr verbundenen Gottheiten (München/Wien 1971), 189–191, Abb. 173, 174, 178, 182, 183.
295 Wir folgen in der Datierung von Viadukt und Karawanserei in die Zeit der Neuen Paläste Evans, der beide Bauwerke in die erste spätminoische Phase (SM Ia) setzte; EVANS, Palace of Minos at Knossos II, 101. Die fast kyklopische Steinsetzung des Viadukts läßt an neue Baumeister denken. Sinclair Hood weist auf luwische Einwanderer aus Südanatolien um 1700 v. Chr. hin; HOOD, 51.
296 J.W. GRAHAM, The Palaces of Crete (Princeton ²1972), Abb. 85.
297 J. u. E. SAKELLARAKIS, Archanes (Athen 1991).
298 H. GUANELLA, in: L. VON MATT, Das antike Kreta (Würzburg 1967), 93.
299 R. HIGGINS, The Archaeology of Minoan Crete (London 1973), 71 ff.
300 J. WEINGARTEN, The Use of the Zakros Sealings, in: Kadmos 22, 1983, 7 ff.
301 GALLAS, a. a. O., 263.
302 N. PLATON, Zakros, the Discovery of a Lost Palace of Ancient Crete (New York 1971), 133–154.
303 W. F. ALBRIGHT, A Babylonian Geographical Treatise on Sargon, in: Journal Americ. Oriental Studies 45, 1925, 244.
304 W. D. NIEMEIER, Minoan Artisan Travelling Overseas, the Alalakh Frescoes and the painted Plaster Floor at Tel Kabri (Western Galilee), in: Aegaeum 7, 1991, 195, Anm. 60.
305 R. CASTLEDEN, a. a. O. In orientalischen Texten des 18. bis 19. Jh. v. Chr. wird Alasia vor als Kupferlieferant erwähnt. Die Identifizierung von Alasia mit der Insel Zypern ist wahrscheinlicher als nur mit der Stadt Enkomi auf Zypern. V. KARAGEORGHIS, Zypern. Archaeologia Mundi (deutsch bearb. v. H.-G. BUCHHOLZ, Genf 1968), 68–69 mit Anm. 26.
306 In Mesopotamien und Syrien bestand neben dem offiziellen Handel des Königs auch der Privathandel. Das gleiche darf für Kreta angenommen werden.

Anmerkungen

307 J. VERCOUTTER, L'Egypte et le monde Égéen Préhéllénique (Kairo 1956), 33 ff., 201 ff., 241 ff., 305 ff.
308 Zur Behandlung der Gesandtschaftsdarstellungen in den vier genannten Gräbern siehe auch: F. SCHACHERMEYR, Minoische Kultur, 109–115 und P.W. HAIDER, Griechenland-Nordafrika, ihre Beziehungen zwischen 1500 und 600 v. Chr., Impulse der Forschung 35 (Darmstadt 1988), 23 ff.
309 E. EDEL, Die Ortsnamenlisten Amenophis III., Bonner Biblische Beiträge 25 (Bonn 1966), speziell 33 ff.; HAIDER, o. z. Anm. 6, 2.
310 HAIDER, a. a. O., 3–9.
311 E. u. J. SAKELLARAKIS, The Keftiu and the Minoan Thalassocracy, in: Skrifter utgiv. av Svenska Institutet i Athen 4, 32 (Stockholm 1984), 198; P. W. HAIDER, a. a. O., 19. 22; die in der Liste von E. u. J. SAKELLARAKIS eingesetzten Zeitangaben folgen der hohen ägyptischen Chronologie, während die Wiener Schule sich für die niedrige ägyptische Chronologie entschieden hat. Die hier wiedergegebenen Regierungszeiten ägyptischer Pharaonen sind der Zeittafel des Ausstellungskatalogs Pharaonen und Fremde, Dynastien im Dunkel, Wien 18. Sept.–23. Okt. 1994 (Wien 1994), 58, entnommen.
312 HAIDER, a. a. O., 19.
313 SAKELLARAKIS, a. a. O., 201.
314 ST. HILLER, Pax Minoica versus Minoan Thalassocracy, Military Aspects of Minoan Culture, in: Skrifter utgivna av Svenska Inst. i Athen 4, 32 (Stockholm 1984), 27 ff.
315 G. CADOGAN, A Minoan Thalassocracy?, in: Skrifter utgivna av Svenska Institutet i Athen 4, 32 (Stockholm 1984), 15.
316 S. HOOD, A Minoan Empire in the 16th and 15th Centuries B. C.?, in: Skrifter utgivna av Svenska Inst. i Athen 4, 32 (Stockholm 1984), 33–36.
317 K. BRANIGAN, Minoan Community Colonies in the Aegean?, in: Skrifter utgivna av Svenska Inst. i Athen 4, 32 (Stockholm 1984), 49–53.
318 J. N. COLDSTREAM/G. L. HUXLEY, The Minoan of Kythera, in: Skrifter utgivna av Svenska Inst. i Athen 4, 32 (Stockholm 1984), 108–110.
319 S. HOOD, Diskussionsbeitrag zum Thema von Anm. 318, daselbst, 111.
320 W. EKSCHMITT, Kunst und Kultur der Kykladen I, Neolithikum und Bronzezeit. Kulturgeschichte der Antiken Welt (Mainz 1986), 155–169.
321 N. MARINATOS, Kunst und Religion im Alten Thera, Zur Rekonstruktion einer bronzezeitlichen Gesellschaft (Athen 1987). Marinatos legt eine interessante Ausdeutung der Bildprogramme dieser Krafträume vor, auf die wir im Folgenden auch eingehen werden.
322 N. LURZ, Der Einfluß Ägyptens, Vorderasiens und Kretas auf die Mykenischen Fresken (Frankfurt a. Main 1994), 205–206; siehe auch MARINATOS, o. z. Anm. 321, 89, Abb. 61.
323 M. BIETAK, Die Wandmalereien aus Tell el-Dabᶜa/ᶜEzbet Helmi, erste Eindrücke, in: Ägypten und die Levante 4, 1994, 4 ff.; Idem, Historische und Archäologische Einführung, Kap. 2, 3, die Stadt Auaris, in: Pharaonen und fremde Dynastien im Dunkel (Wien 1994), 37 ff.
324 A. EVANS, The Palace of Minos at Knossos I (London 1921), 357, Abb. 256;

Anmerkungen

zu den Vorstufen des Labyrinth-Musters in der Ägäis siehe: B. OTTO, Geometrische Ornamente auf anatolischer Keramik, Symmetrien frühester Schmuckformen im Nahen Osten und in der Ägäis (Mainz 1976) Beilage V und VI.

325 MARINATOS, a. a. O., 37.
326 MARINATOS, a. a. O., und SAKELLARAKIS, a. a. O., 197–203.
327 N. MARINATOS, a. a. O., 109, Abb. 77.
328 MARINATOS, a. a. O., 80–81.
329 MARINATOS, a. a. O., 60.
330 N. MARINATOS, Minoan Threskeiocracy on Thera, in: Skrifter utgivna av Svenska Institutet i Athen 4, 32 (Stockholm 1984), 167–178.
331 R. HAMPE /E. SIMON, Tausend Jahre Frühgriechische Kunst (München 1980), 187 Nr. 280.
332 F. SCHACHERMEYR, a. a. O., 147 Abb. 71, h.
333 E. HALLAGER stellte jüngst die altkretischen Bildbeispiele des in »herrscherlichem Gestus« gehaltenen Stabszepters zusammen. E. HALLAGER, The Master Impression, a Clay Sealing from the Greek Swedish Excavation at Kastelli, Khania, in: Studies in Mediterranean Archaeology 69 (Göteborg 1985), 22 ff.
334 M. E. CASKEY, Ayia Irini, Kea: The Terracotta Statues and the Cult in the Temple, in: Skrifter utgivna av Svenska Institutet i Athen 4, 28 (Stockholm 1981), 127–134; EKSCHMITT, o. z. Anm. 18, 169 ff.
335 B. C. DIETRICH, The Origin of Greek Religion (Berlin/New York 1974), 13–14, 173.
336 M. VENTRIS/J. CHADWICK, Documents in Mycenaean Greek (Cambridge Univ. Press 1973).
337 P. WARREN, Minoan Crete and Ecstatic Religion, in: Skrifter utgivna av Svenska Institutes i Athen 4, 28 (Stockholm 1981), 155–165.
338 WARREN, a. a. O., 161 Anm. 21; M. P. NILSSON, The Minoan-Mycenaean Religion and its Survival in Greek Religion (Lund ^{2}1950), 579.
339 Der jugendliche Dionysos/Zagreus konnte auch »Asterios« genannt werden: N. SCHLAGER, Minotauros in der Ägäischen Glyptik?, in: I. PINI (Hrsg.), Corpus der minoischen und mykenischen Siegel, Fragen und Probleme der bronzezeitlichen ägäischen Glyptik, Beiheft 3 (Berlin 1989), 225–239.
340 Der Name Zagreus ist vorgriechisch. Euripides bezeugt in seinem Drama »Die Kreter« (nur fragmentarisch erhalten) das Rohverschlingen des Opfers im Kult des Dionysos/Zagreus; WARREN, o. z. Anm. 35, 161–163.
341 Siehe oben, Anm. 339 und 340.
342 B. OTTO, Kultisches und Ikonographisches zum minoisch-mykenischen Dionysos, in: Mitt. d. Anthropolog. Gesellsch. in Wien (MAGW) 12 (Wien 1993/94), 368–379.
343 R. HAMPE, Kult der Winde in Athen und Kreta (Heidelberg 1967), 7–8.
344 C. H. GORDON, Ugarit and Minoan Crete (New York 1966), 36; zitiert bei E. HALLAGER, a. a. O., 32–33, Anm. 27.

Anmerkungen

345 VENTRIS/CHADWICK, a. a. O.
346 M. NILSSON, Geschichte der griechischen Religion I (München 1955), 300–301; Siehe hierzu O. DICKINSON, The Aegean Bronze Age (Cambridge 1994), 259, und CASTLEDEN, a. a. O., 126–129.
347 CASTLEDEN, a. a. O., 128–129; KARO zitiert bei NILSSON, a. a. O., 298, Anm. 4.
348 St. ALEXIOU, Minoische Kultur, 83.
349 V. HAAS, Götter, Kulte und Mythen, in: Land des Baal, Syrien-Forum der Völker und Kulturen (Mainz 1982), 331.
350 Siehe zu den Symbolen und Namen der Inanna/Ischtar K. OBERHUBER, Die Kultur des Alten Orients (Frankfurt 1972); 128–134; HAAS, a. a. O., 333–334; RINGGREN, Religions of the Ancient Near East (London ^{3}1976), 61.
351 ALEXIOU, a. a. O., 80–82.
352 CASTLEDEN, a. a. O., 1.
353 F. SCHACHERMEYR, a. a. O., 149; zum dorischen Namen »Velchanos« siehe W. PÖTSCHER, Aspekte und Probleme der minoischen Religion (Hildesheim/Zürich/New York 1990), 187.
354 P. R. FRANKE/M. HIRMER, Die griechische Münze (München 1964), Taf. 167 Nr. 552.
355 SCHACHERMEYR, a. a. O., 150.
356 NILSSON, a. a. O., 323.
357 Hom. Hymnus, Apollo 388 ff.; in diesem Sinn stellte auch B. C. Dietrich fest, daß alle männlichen Götter, welche die Linear B-Texte anführen, mit dem männlichen Partner der großen Naturgöttin in Verbindung gebracht werden können; DIETRICH, The Origins of the Greek Religion (Berlin, New York 1974), 178.
358 B. OTTO, Minoische Bildsymbole, in: Schriften des Deut. Archäol.-Verband. 9 (Mannheim 1987), 13.
359 Siehe zu Attributen und Symbolen des Ba^{c}al/Hadad: H. KLENGEL, Geschichte und Kultur Alt-Syriens (Leipzig 1965), 77. 78. 80. 81. 84; zu den Tiergestalten: M. BIETAK, Der Ursprung des Ba^{c}al Zephon-Kultes in Ägypten, in: Innsbrucker Beiträge zur Kulturwissenschaft 27 (1990), 42–43; W. HELCK, Betrachtungen zur Großen Göttin mit den ihr verbundenen Gottheiten (München/Wien 1979), 176.
360 Zur Deutung des vorliegenden religiösen Brauches haben wir uns ALEXIOU, a. a. O., 122, angeschlossen. Eine andere Deutung, die sich auf Strabon X 482–483 stützt, schlägt G. SÄFLUND vor: The Agoge of the Minoan Youth as Reflected by Palatial Iconography, in: Skrifter utgivna av Svenska Institutet i Athen 4, 35 (Stockholm 1987), 227–229.
361 Siegel aus Kydonia bei ALEXIOU, a. a. O., 85. Zur Zweijahreszeiten-Gottheit siehe die späteren Ausführungen dieses Kapitels mit Abb. 135 a
362 E. SIMON, Opfernde Götter (Berlin 1953), 9–10; K. OBERHUBER, Die Kultur des Alten Orient (Frankfurt a. M. 1972), 191.
363 M. NOVECK, Fürbittende Göttin, in: Ausst.-Kat. Archäologie zur Bibel (Mainz 1981), 100–102; siehe auch die Abb. 62–64, ibidem 11–113.

Anmerkungen

364 Siehe hierzu: K. SCHEFOLD, Götter- und Heldensagen der Griechen in der spätarchaischen Kunst (München 1978), 13 Abb. 1; 18 Abb. 5.
365 Sp. MARINATOS, Kreta, Thera und das mykenische Hellas (München ²1973), 152–3, Abb. 133 und 142.
366 KAISER zitiert bei E. HALLAGER, The Master Impression, in: Studies in Mediterranean Archaeology 69 (Göteborg 1985), 23.
367 N. SCHLAGER, Minotauros in der Ägäischen Glyptik, in: Corpus der Minoischen und Mykenischen Siegel, Beiheft 3 (Berlin 1989), 236.
368 H. RINGGREN, a. a. O., 171–172; M. ELIADE, Geschichte der religiösen Ideen I, Von der Steinzeit bis zu den Mysterien von Eleusis (Paris 1976), 88. 137.
369 H. SCHMÖKEL, Mesopotamien, in: Kulturgeschichte des Alten Orient (Stuttgart 1961), 306.
370 OTTO, a. a. O., 14 Abb. 1 ; 17–19 Abb. 11–12.
371 OTTO, a. a. O., 14 Abb. 2; L. Palmer zitiert einen babylonischen Text: »Das Herz des Palmbaumes ist Tammuz«; L. PALMER, Die letzten Riten im Thronraum von Knossos, in: Innsbrucker Beiträge zur Kulturwissenschaft, 27 (1990), 284.
372 Siehe hierzu: J. AISTLEITNER, Die mythologischen und kultischen Texte aus Ras Schamra, Bibliotheca Orientalis Hungarica VIII (Budapest 1959); V. MAAG, Syrien-Palästina, in: Weltgeschichte des Alten Orients, Hrsg. H. SCHMÖKEL (Stuttgart 1961), 563.
373 N. Marinatos hat dargelegt, daß der Stiersprung, der auch von Kreta nach Syrien »exportiert« wurde, auf Kreta für eine ausgewählte Elite der Nachweis großer Geschicklichkeit und Tüchtigkeit war und als Prestigeakt mit der Löwen- und Stierjagd der ägyptischen Pharaonen gleichzusetzen sei. N. MARINATOS, The »Export« Significance of Minoan Bull Hunting and Bull leaping Scenes, in: Ägypten und die Levante 4 (Wien 1994), 89–93.
374 N. MARINATOS, The Tree as a Focus of Ritual Action in Minoan Glyptic Art, in: Corpus der Minoischen und Mykenischen Siegel, Beiheft 3 (Berlin 1989), 127–143.
375 NILSSON, a. a. O., 211 Anm. 5.
376 KLENGEL, a. a. O., 77.
377 A. EVANS, Mycenaean Tree and Pillar Cult and its Mediterranean Relations, in: The Journal of Hellenic Studies 21 (1901), 106; siehe hierzu auch B. RUTKOWSKI, Der Baumkult in der Ägäis, in: Visible Religion 3 (1984), 159–171.
378 KLENGEL, a. a. O., 77; W. HELCK, Betrachtungen zur Großen Göttin mit den ihr verbundenen Gottheiten (München/Wien 1971), 179.
379 Siehe hierzu: OTTO, Kultisches und Ikonographisches 363–379, Abb. 18–19.
380 P. WARREN, Minoan Crete and Ecstatic Religion, in: Skrifter utgivna av Svenska Institutet i Athen, 4, 28 (Stockholm 1981), 155–165; zum Ba'al-Mythos siehe ELIADE, 149.
381 AISTLEITNER, a. a. O., 18.
382 FAURE, a. a. O., 321.

Anmerkungen

383 Zum Relief der Steinstele von Ugarit mit der Darstellung des thronenden El, dem ein Trankopfer dargebracht wird, siehe: KLENGEL, a. a. O., 79. Die griechischen Götter empfangen Trankopfer in Schalen, einzig Dionysos hat den Kultbecher (Kantharos) geerbt.
384 A. JIRKU, Kanaanäische Mythen und Epen aus Ras Schamra-Ugarit (Bonn 1962), 44–45.
385 E. HALLAGER, The Master Impression, A Clay Sealing from the Greek-Swedish Excavations at Kastelli, Khania, Studies in Mediterranean Archaeology 69 (Göteborg 1985), 32–33, 68 a–g.
386 H. GUANELLA, Kreta, ein Reiseführer (Zürich ^{3}1972), 86.
387 SCHMÖKEL, a. a. O., 198 u. 290.
388 H. HUNGER, s. v. »Kalender«, in: Lexikon der Assyriologie V, Hrsg. D. O. EDZARD (Berlin/New York 1976–1980), 298–299; den Hinweis auf die in Anm. 388–390 zitierte Literatur verdanke ich Frau Dr. E. Maróthy.
389 W. SALLABERGER, Der kultische Kalender der Ur III-Zeit (Berlin/New York 1993), 142 f. mit Anm. 669, siehe auch ibidem, 223, zum Akiti-Fest; ibidem, 310, schreibt Sallaberger allerdings, es sei ein Zeichen der kulturellen Einheit des Landes, daß der Kult und seine Riten in den einzelnen Orten gleich oder ähnlich auf bestimmte Naturgegebenheiten reagiere.
390 A. W. SJÖBERG, The Sumerian Dictionary (Pennsylvania 1994), 74, s. v. »akiti«.
391 OBERHUBER, a. a. O., 322.
392 Siehe SJÖBERG, a. a. O.
393 OBERHUBER, a. a. O., 303. 310. 318. 327.
394 V. HAAS, Götter, Kulte und Mythen, in: Land des Baal, Syrien-Forum der Völker und Kulturen (Mainz 1982), 331.
395 HELCK, a. a. O., 198–202.
396 HELCK, a. a. O., 153.
397 Zu Plastiken aus Nankratis und Delphi, die Apollon mit Löwen zeigen sowie zur Löwenterrasse von Delos siehe: E. SIMON, Die Götter der Griechen (München 1969), 130–131, Abb. 124–126.
398 Zum Stiergott Dionysos und zum Kultjahr in Delphi siehe NILSSON, a. a. O., 215. 573; E. SIMON, Festivals of Attika (Wisconsin 1983), 89 f.; SIMON, a. a. O., 292; PLUTARCH, de E. ap. Delph. IX.
399 SIMON, a. a. O., 122; HOMER, Hymnus auf Apoll, 475 ff.
400 SIMON, a. a. O., 135–136.
401 HAIDER, Griechenland-Nordafrika, 19.
402 OBERHUBER, a. a. O., 310.
403 AISTLEITNER, a. a. O., 56.
404 AISTLEITNER, a. a. O., 20.
405 Siehe P. YULE, Early Cretan Seals: a Study of Chronology (Mainz 1980), Taf. 8, Motiv 10 B, 7.
406 Siehe die Leierkästen aus dem Königsfriedhof von Ur (um 2685 [?]–2645 v. Chr.): E. STROMMENGER, 5 Jahrtausende Mesopotamien (München 1962), Abb. 76–77.
407 Siegel aus Mykene: A. EVANS, The Palace of Minos at Knossos IV (Lon-

Anmerkungen

don 1935), 608 Abb. 597 A, h; Siegel aus Kydonia: NILSSON, a. a. O., Taf. 20, 4; Zur Übernahme mesopotamischer Bildtypen siehe auch EVANS, a. a. O., 528 ff.
408 SIMON, a. a. O., 67 ff.
409 NILSSON, a. a. O., 206–207.
410 SIMON, a. a. O., 55.
411 EURIPIDES, Bakchen,Vers 605, 630–635, 1019–1020.
412 SIMON, a. a. O., 50.
413 CASTLEDEN, a. a. O., 135–136.
414 ALEXIOU, a. a. O., 106–108.
415 PÖTSCHER, a. a. O., 45–49.
416 EVANS, Palace of Minos at Knossos II, 619 Abb. 388; zur Existenz des Stiergotts nach dem Zeugnis der Linear B-Texte siehe: PALMER, Die letzten Riten, 281.
417 EVANS, Palace of Minos at Knossos I 434–435 Abb. 312 c.
418 SIMON, a. a. O., 63 Abb. 59 u. 60.
419 ALEXIOU, a. a. O., 88 mit Abbildung.
420 Seit der Zeit der neuen Paläste können Göttin und Gott einen neuen Gestus vortragen, der als Epiphaniegestus gilt. Die Arme sind ausgebreitet. Die Hände können Attribute tragen, so Doppeläxte auf einer steinernen Gußform aus Sitia: CH. ZERVOS, L'Art de la Crète, neolithique et minoenne (Paris 1956), Abb. 745; oder Schwerter auf einem Amethyst-Siegel in Boston, Mus. of Fine Arts (hier Abb. 133 c).
421 W. F. OTTO, Dionysos, Mythos und Kultus (Tübingen 1933), 148 ff.; OTTO, Kultisches und Ikonographisches 366–368; R. HAMPE, Kult der Winde in Athen und Kreta (Heidelberg 1967), 7.
422 EVANS, a. a. O., 511 ff.
423 H. BONNET, Reallexikon der Ägyptischen Religionsgeschichte (Berlin, New York 1971[2)], 841; G. POSENER, Knaurs Lexikon der Ägyptischen Kultur (München 1960), 99; A. ERMAN, Die Religion der Ägypter (Berlin 1968), 31.
424 Siegel aus Zakros, EVANS, a. a. O., 308 Abb. 227, c.
425 Wandgemälde, Raum 4 des Westhauses von Thera: N. MARINATOS, Kunst und Religion im alten Thera (Athen 1987), 47 Abb. 28.
426 A. EVANS,The Palace of Minos at Knossos II, 2 (London 1928), 478.
427 D. LEVI, Festòs e la civiltà minoica (Rom 1976),Taf. LIV, c.
428 R. B. SEAGER, Explorations in the Island of Mochlos (Athen 1912), 62 Abb. 31.
429 EVANS, a. a. O., 700 Abb. 523 a–b.
430 MARINATOS, a. a. O., 107, Abb. 72.
431 EVANS, a. a. O., 481, Abb. 288; idem,The Palace of Knossos,The Annual of the Brit. School at Athens, 1902–1903, 7.
432 B. RUTKOWSKI, Frühgriechische Kultdarstellungen, Mitt. d. Deut. Arch. Inst. Athen. Abt. 8. Beiheft (Berlin 1981), 73.
433 SMITH, Bulletin of the School of African und Oriental Studies 4, 1926, 72.

Anmerkungen

434 G. WIDENGREN, The King and the Tree of Life in ancient Near Eastern Religion (Uppsala 1951), 7–13.
435 DIETRICH, a. a. O., 168.
436 NILSSON, a. a. O., 186 Anm. 1; 571 Anm. 3.
437 Schol. Eurip. Phoen. 651.
438 Siehe B. NEUTSCH, Vom Steinmal zur Gestalt, in: Innsbrucker Beiträge zur Kulturwissenschaft 27 (Innsbruck 1990), 260 Taf. 2, 3.
439 SIMON, a. a. O., 271; B. OTTO, Dionysos und die Grabzirkel von Mykene. Archaeology and Heinrich Schliemann – A century after his Death, Athen 14.–22. 4. 1990 (Kongreßakte im Druck); idem, Der Efeu und sein Symbolwert in der minoisch-mykenischen Kunst, in: II. Congresso internazionale di Micenologia, Roma/Napoli 14.–20. 10. 1991 (Kongreßakte im Druck).
440 NIEMEIER, Palaststilkeramik 75, Abb. 24, 6.
441 L. PERNIER, Il Palazzo minoico di Festòs (Roma 1935), Taf. XXXI.
442 HALLAGER, a. a. O., 23–24.
443 NILSSON, a. a. O., 210.
444 CASTLEDEN, a. a. O., 128.
445 Siehe zum Baumheiligtum im Dionysoskult das von Nilsson zitierte Vasenbild aus Gela, NILSSON, a. a. O., Taf. 35, 1.
446 OTTO, Kultisches und Ikonographisches, 146.
447 Zu Dionysos sagt SIMON (a. a. O., 270–271, 280): »Daß Dionysos zu dem Typus der vorgriechischen Vegetationsgötter gehört, die geboren werden und sterben, ist nach allem, was wir von seinen Kulten und Mythen kennen, unabstreitbar. (...) Die Griechen der historischen Zeit pflegten den wichtigsten kretischen Vegetationsgott nicht mit Dionysos, sondern mit Zeus gleichzusetzen. Daneben freilich kannten sie auch den kretischen Dionysos, der in Argos einen Tempel hatte (Pausanias II 23,7). Das Grab der Kreterin Ariadne, der Gemahlin dieses Gottes, wurde dort gezeigt. (...) Die Sage verbindet ihn mit der Insel Naxos, wo er Ariadne traf. (...) Wahrscheinlich war dieser Dionysos, ehe er nach Athen kam, bereits Herr der ägäischen Inseln. Für viele ist alter Dionysoskult bezeugt, auf vielen wurde Wein angebaut. (...) Von manchen Inseln der Ägäis gab es Sagen, daß Söhne des Dionysos und der Ariadne ihre ersten Siedler gewesen seien. Es sei nur auf den Heros Staphylos, den Rebstock, hingewiesen und auf die Weininsel Chios, deren Weinkultur von Oinopion gegründet sein sollte.«
448 OTTO, Dionysos, u. EVANS, Palace of Minos at Knossos II, 481 Abb. 288 b.
449 Amethystsiegel, London, British Museum Gr/R/1935, 4–30. 1; RUTKOWSKI, a. a. O., 105 ff. Abb. 32, 4, daselbst auch Argumentation zur eventuellen Ableitung des Achterschilds aus Griechenland; zur Gegenüberstellung des Spendegefäßes aus Ajia Irini auf Keos mit der Amethystgemme des British Museum, siehe: T. E. SMALL, A possible Shield-Goddess from Crete, Kadmos V, 1966, 106–107 (hier Abb. 133 b–c).
450 OTTO, Anm. 439
451 A. EVANS, The Palace of Minos at Knossos III (London 1930), 313, Abb. 205.

Anmerkungen

452 R. HAMPE/E. SIMON, Tausend Jahre frühgriechische Kunst (München 1980), 212, Abb. 333.
453 RUTKOWSKI, a. a. O., 109 Abb. 32, 9.
454 NILSSON, a. a. O., 686 Anm. 1.
455 P. WARREN, Minoan Crete and Ecstatic Religion, 163.
456 ELIADE, a. a. O., 149.
457 H. HUNGER, Lexikon der griechischen und römischen Mythologie (Wien ^{6}1969), 429; Hygin, f. 157;. Nonnos, 6, 197.
458 OTTO, Kultisches und Ikonographisches, 370–376.
459 Siehe zur Erscheinungsform des Dionysos als Löwe EURIPIDES, Bakchen, Vers 1019–1020; E. THRAEMER, s. v. »Dionysos«, in: W. H. ROSCHER, Ausführliches Lexikon der griech. und röm. Mythologie (Leipzig 1884–1886), Sp. 1152.
460 Siehe hierzu J. E. HARRISON, Prolegomena to the Study of Greek Religion (Cambridge 1908), 431–435, Abb. 132, 134; M. PISCHELT, Dionysos in der griechischen Vasenmalerei (Heidelberg 1949), Abb. 14. 18.
461 EVANS, Palace of Minos at Knossos IV, 577 Abb. 562.
462 EVANS, a. a. O., 609 Abb. 597 B, m.
463 OTTO, a. a. O., 370.
464 EVANS, a. a. O., 610 Abb. 598 a.
465 OTTO, a. a. O., Abb. 1 u. 4.
466 OTTO, a. a. O., Abb. 11–12, siehe auch SCHLAGER, a. a. O., 237.
467 OTTO, a. a. O., Abb. 20.
468 J. A. Sakellarakis behandelte das kretisch-mykenische Tieropfer ausführlich: J. A. SAKELLARAKIS, Das Kuppelgrab A von Archanes und das kretischmykenische Tieropferritual, in: Prähistorische Zeitschrift 45, 1970, 135 ff.
469 Zum »Goldring des Nestor«: EVANS, Palace of Minos at Knossos III, 145 ff.; zu den Kultdienern: EVANS, Palace of Minos at Knossos IV, 440 ff. mit Abb. 364–369; Evans nannte diesen freundlichen, mit dem Lebenswasser auftretenden Dämon den Minoischen Genius (hier Abb. 135 a).
470 Siehe hierzu OTTO, a. a. O., 374, 4.
471 OTTO mit älterer Literatur, a. a. O., 369.
472 A. SEECK (Hrsg.), Euripides, Sämtliche Tragödien und Fragmente, griechisch-deutsch, übersetzt von E. BUSCHOR, V (München ^{3}1977), 274–275.
473 Siehe zum Knabenopfer an Dionysos Aigobolos in Potniai Pausanias IX 8,2 und zur Opferung der drei Neffen des persischen Großkönigs an Dionysos Omestes vor der Schlacht von Salamis Plutarch, Them. 13; OTTO, a. a. O., 366.
474 Siehe die Verdoppelung des jugendlichen Gottes bei NILSSON, a. a. O., Taf. 19, 7.
475 Siehe zum efeubekrönten Doppelschild des Spendegefäßes aus Ajia Irini (Abb. 133 b) die rosettenbekrönten Doppelschilde des frühen Palastes in Tiryns, EVANS, Palace of Minos at Knossos III, 304 Abb. 197.
476 A. FURUMARK, Linear A and Minoan Religion, in: Opuscula Atheniensia XVII, 4 (Stockholm 1988), 51–67.

Anmerkungen

477 OBERHUBER, a. a. O., 134.
478 NILSSON, a. a. O., 315.
479 Zitiert bei NILSSON, a. a. O., 284 Anm. 2.
480 M. CAMERON,The »Palatial« Thematic System in the Knossos Murals, in: Skrifter utgivna av Svenska Institutet i Athen 4, 35 (Stockholm 1987), 321–325.
481 G. SÄFLUND,The Agoge of the Minoan Youth as Reflected by Palatial Iconography, in: Skrifter utgivna av Svenska Institutet i Athen 4, 35 (Stockholm 1987), 232–233. Das gesamte Bildprogramm des Westflügels des Palastes von Knossos habe, so CAMERON (a. a. O.), mit verschiedenartigen Einweihungen und Gottesurteilen zu tun.
482 CASTLEDEN, a. a. O., 136 f.
483 CAMERON, a. a. O.
484 Zur Epiphanie altkretischer Götter siehe R. HÄGG, Die göttliche Epiphanie im minoischen Ritual, in: Mitteil. d. Deut. Archäolog. Inst., Athen. Abteil. 101, 1986, 41–62.
485 Ch. BOULOTIS, Nochmals zum Prozessionsfresko von Knossos: Palast und Darbringung von Prestige Objekten, in: Skrifter 4, 35, 153.
486 Siehe zum »Sacred Grove and Dance«-Miniaturfresko a. a. O., N. MARINATOS, Public Festivals in the West Courts of the Palaces, in: Skrifter 4, 35, a. a. O. 135–143 (hier Abb. 143 b).
487 PALMER, a. a. O., 286–287.
488 FAURE, a. a. O., 249. 251. 272 f.
489 SIMON, a. a. O., 279–280.
490 E. HALLAGER, »Harvest Festival Room« in the Minoan Palaces?, in: Skrifter 4, 35, a. a. O., 169 ff.
491 PÖTSCHER, a. a. O., 171–191 mit älterer Literatur.
492 PÖTSCHER, a. a. O.
493 EVANS, Palace of Minos at Knossos IV, 453 Abb. 377.
494 EVANS, a. a. O., 465 Abb. 389.
495 NILSSON, a. a. O., 121.
496 SÄFLUND, a. a. O., 230–231.
497 Polybios (4,86) überliefert, daß bei den Argivern Dionysos aus dem See von Lerna mit Trompetenschall emporgerufen wurde, wobei dem Gott der Unterwelt, Pylaochos (Hades), ein Lamm geopfert wurde, damit er dem aufsteigenden Dionysos die Tore zur Oberwelt öffne. Für den Türöffner warf man zudem Lampen in die Fluten hinab.
498 Vom kanaanäischen Baᶜal heißt es, daß er nach seiner Auferstehung schöne Lieder sang und seine Umgebung seinen Gesang erwiderte. V. MAAG, Syrien und Palästina, in: H. SCHMÖKEL, Kulturgeschichte des Alten Orient (Stuttgart 1961), 563.
499 FAURE, a. a. O., 170.
500 Siehe zur Heiligen Hochzeit von Baᶜal und Anat MAAG, a. a. O., 595.
501 Die Treppenanlage zum Obergeschoß (Abb. 114, 14) ist jedoch modern und geht auf Evans zurück.
502 G. C. GESELL, Town, Palace and House Cult in Minoan Crete, in: Studies

Anmerkungen

in Mediterranean Archaeology 67 (Göteborg 1985), 100, Nr. 62; siehe zu Felskammergräbern auch PINI, Beiträge, 41–45, 56–57, 84, 97–102.
503 HUTCHINSON, Prehistoric Crete, 292–293; PINI, a. a. O. 82.
504 PINI, a. a. O., 45, 83 Nr. XIII.
505 SCHACHERMEYR, a. a. O., 282–283.
506 EVANS, Palace of Minos at Knossos IV, 975, Abb. 935.
507 PINI, a. a. O., 39–40, 71.
508 GESELL, a. a. O., 99 Nr. 61.
509 SCHACHERMEYR, a. a. O., 285.
510 SCHACHERMEYR, a. a. O., 291.
511 PALMER, Die letzten Riten, 286–287.
512 Siehe hierzu GESELL, a. a. O., 90 Nr. 37.
513 J. u. E. SAKELLARAKIS, Archanes, 14, 42.
514 SAKELLARAKIS, a. a. O., 67–69.
515 SAKELLARAKIS, a. a. O., 72–85.
516 SAKELLARAKIS, a. a. O., 127–134.
517 GESELL, a. a. O., 72, Nr. 10.
518 GESELL, a. a. O., 94, Nr. 43.
519 St. HILLER, Amnisos in den mykenischen Texten, in: Kadmos 21, 1982, 33–63.
520 CASTLEDEN, a. a. O., 24.
521 CASTLEDEN, a. a. O., 26.
522 Siehe zu den Linear B-Texten aus Knossos und Pylos auch A. FURU-MARK, Aegean Society, in: Opuscula Atheniensia XII, Skrifter utgivna av Svenska Institutet i Athen, 4, 25 (Stockholm 1978), 15–17.
523 B. C. DIETRICH, The Origin of Greek Religion (Berlin/NewYork 1974), 176 u. Anm. 246.
524 DIETRICH, a. a. O., 175–176.
525 DIETRICH, a. a. O., 179 Anm. 261.
526 DIETRICH, a. a. O., 177 Anm. 249.
527 DIETRICH, a. a. O., 181.
528 DIETRICH, a. a. O., 177 Anm. 248; PÖTSCHER, Aspekte und Probleme, 8 Anm. 4.
529 SIMON, Götter der Griechen, 38.
530 PÖTSCHER, a. a. O., 224 Anm. 58.
531 DIETRICH, a. a. O., 177 u. 185 Anm. 305.
532 O. DICKINSON, The Aegean Bronze Age (Cambridge 1994), 292 Abb. 8, 14 (Fresken heute im Museum von Volos).
533 Zu Demeter s. o. Anm. 530;/zu Hera s. Hesych, s. v. »Eileithyia«.
534 Zu Demeter siehe Pausanias IX, 39, 3–5; zu Hera siehe Hesych, s. v. »Europa«.
535 SIMON, a. a. O., 39 zitiert WILAMOWITZ und NILSSON, die »Hera« als die weibliche Form von »Heros« auffaßten und mit »Herrin« übersetzten.
536 DIETRICH, a. a. O., 177 Anm. 250; 185 Anm. 305.
537 SIMON, a. a. O., 28.
538 NILSSON, a. a. O., 208; 529 ff.; 544; 582 ff.

Anmerkungen

539 DIETRICH, a.a.O., 176 Anm. 245; EISELE, s.v. »Paian«, in: W. H. ROSCHER, Ausführliches Lexikon der Griechischen und Römische Mythologie III (Leipzig 1897–1909), 1246; 1250. Die Bedeutung des Wortes »paian« ist heute noch nicht zweifelsfrei geklärt. Bei Homer (Ilias V 401, 899f.) erscheint die ionische Wortform »paieon« personifiziert als Heilgott. Nach NILSSON (a.a.O., 159; 543) war »Paieon«, der Heilgott der Ilias, die Personifikation eines ursprünglich bei Krankheiten gesungenen heilenden Zauberliedes.
540 DIETRICH, a.a.O., 176 Anm. 145.

Literaturhinweise

Aistleitner, J. (1959) Die Mythologischen und Kultischen Texte aus Ras Schamra. Bibliotheca Orientalis Hungarica VIII (Budapest)
Akurgal, E./Hirmer, M. (1961) Die Kunst der Hethiter (München)
Alexiou, St. (1976) Minoische Kultur (Göttingen)
Alexiou, St./Platon, N. (1967) Das antike Kreta (Würzburg)
Assmann, J. (1975) Ägyptische Hymnen und Gebete (Zürich/München)
Bahnassi, A. (1989) Ebla, Archaivs (Damaskus)
Baikie, J. (1910) The Sea Kings of Crete (London)
Bernal, M. (1992) Schwarze Athene, die afroasiatischen Wurzeln der griechischen Antike (München/Leipzig)
Bichler, R./Haider P.W. (1988) Kreta. Artemis-Cicerone, Kunst- und Reiseführer (Zürich)
Bietak, M. (1990) Der Ursprung des Ba'al Zephon-Kultes in Ägypten, in: Innsbrucker Beiträge zur Kulturwissenschaft 27
Bietak, M. u. a. (1994) Pharaonen und fremde Dynastien im Dunkel, Ausstellungskatalog (Wien)
Blegen, C.W. (1958) A Chronological Problem, in: Minoica, Festschrift zum 80. Geburtstag von J. Sundwall (Berlin)
Blegen, C.W./Rawson, M. (1962) A Guide to the Palace of Nestor (Cincinnati)
Boardman, J. (1970) Greek Gems and Finger Rings (London)
Bossert, H. Th. (1937³) Alt-Kreta (Berlin)
Boulotis, Ch. (1987) Nochmals zum Prozessionsfresko von Knossos: Palast und Darbringung von Prestige-Objekten, in: Skrifter utgivna av Svenska Institutet i Athen 4, 35 (Stockholm)
Boyd-Hawes, H. (1908) Gournia, Vasiliki and other Prehistoric Sites (Philadelphia)
Branigan, K. (1970) The Foundations of Palatial Crete. A Survey of Crete in the Early Bronze Age (London)
Branigan, K. (1970) The Tombs of Mesara, a Study of Funerary Architecture and Ritual in Southern Crete 2800–1700 B. C. (London)
Branigan, K. (1976) Waffen und Metallwerkzeuge der Kykladen Kultur, in: Thimme, J. (Hrsg.), Kunst und Kultur der Kykladeninseln im 3. Jahrtausend v. Chr. (Karlsruhe)
Buchholz, H.-G. (1982) Syrien und Zypern, Kreta, Griechenland, in: Land des Baal, Syrien-Forum der Völker und Kulturen (Mainz)
Buchholz, H. G. (1959) Zur Herkunft der kretischen Doppelaxt (München)
Buchholz, H. G./Karageorghis, V. (1971) Altägäis und Altkypros (Tübingen)

Literaturhinweise

Cadogan, G. (1974) Palaces of Minoan Creta (London)
Cassin, E./Bottéro, J./Vercoutter, J. (1965) Die Altorientalischen Reiche I. Fischer Weltgeschichte 2 (Frankfurt am Main)
Castleden, R. (1993[2]) Minoans, Life in Bronze Age Crete (London/New York)
Chadwick, J. (1959) Linear B. Die Entzifferung der mykenischen Schrift (Göttingen)
Chadwick, J. (1977[3]) The Mycenaean World (Cambridge)

Dawid, M. u. a. (1984) Kreta (Innsbruck/Frankfurt am Main)
Demargne, P. (1965) Die Geburt der griechischen Kunst, Universum der Kunst, Bd. VI (München)
Dickinson, O. (1994) The Aegean Bronze Age (Cambridge)
Dietrich, B. C. (1974) The Origins of Greek Religion (Berlin/New York)
Doumas, Ch./Doumas, A. (1992) The Wall-Paintings of Thera (Athens)

Eckschmitt, W. (1993) Ugarit-Qumran-Nag Hammadi, die großen Schriftfunde zur Bibel (Mainz)
Edel, E. (1966) Die Ortsnamenlisten Amenophis' III. Bonner Biblische Beiträge (Bonn)
Edel, E. (1990) Die hieroglyphische Inschrift auf der Dioritstatuette des User aus Knossos, in: Studies in Egyptology I (Jerusalem)
Edzard, D. O. (1965) Das Reich der III. Dynastie von Ur und seine Nachfolgestaaten, in: Die Altorientalischen Reiche I. Fischers Weltgeschichte 2, (Frankfurt am Main)
Effenterre, H. van (1986) Les Égéens, aux origines de la Grèce, Chypre, Cyclades, Crète et Mycènes (Paris)
Effenterre, H./Tiré, C. (1978) Guide des fouilles françaises en Crète (Paris)
Eliade, M. (1976) Geschichte der religiösen Ideen I. Von der Steinzeit bis zu den Mysterien von Eleusis (Paris)
Evans, A. (1901) Mycenaean Tree and Pillar Cult and its Mediterranean Relation, in: Journal of Hellenic Studies 21
Evans, A. (1904/05) The Palace of Knossos and its Dependencies, in: Annual of the British School at Athens 11
Evans, A. (1921–1935) The Palace of Minos at Knossos I–IV (London)
Evans, A. J. (1909) Scripta Minoa (Oxford)

Falkenstein, A. (1975[2]) Sumerische und akkadische Hymnen und Gebete (Zürich/München)
Faure, P. (1976) Kreta, Das Leben im Reich des Minos (Stuttgart)
Feucht-Putz, E. (1967) Die königlichen Pektorale, Motive, Sinngehalt und Zweck (Bamberg)

Gallas, K. (1993[7]) Kreta. DuMont Kunst-Reiseführer (Köln)
Germer, R. (1985) Die Flora des pharaonischen Ägyptens (Mainz)
Gesell, G. C. (1985) Town, Palace and House Cult in Minoan Crete, in: Studies in Mediterranean Archaeology 67 (Göteborg)

Literaturhinweise

Gill, M. A. V. (1965) The Knossos Sealings, in: The Annual of the British School at Athens, Suppl. 60.
Goedicke, H. (1992) The Chronology of the Thera/Santorin Explosion, in: Ägypten und Levante 3 (Wien)
Göttlicher, A. (1978) Materialien für ein Corpus der Schiffsmodelle im Altertum (Mainz)
Göttlicher, A. (1985) Die Schrift der Antike (Berlin)
Graham, J. W. (1972³) The Palaces of Crete (Princeton/New Jersey)
Grumach, E. (1958) Zur Frage des X-Initials in den hieroglyphischen Inschriften, in: Minoica, Festschrift Sundwall (Berlin)
Guanella, H. (1972³) Kreta, ein Reiseführer (Zürich)

Haarmann, H. (1990) Universalgeschichte der Schrift (Frankfurt am Main/New York)
Haas, V. (1982) Kulte und Mythen, in: Das Land des Baal, Syrien-Forum der Völker und Kulturen (Mainz)
Hägg, R./Marinatos, N. (1981) Sanctuaries and Cults in the Aegean Bronze Age, Skrifter utgivna av Svenska Institutet i Athen, 4, 28 (Stockholm)
Hägg, R./Marinatos, N. (1984) The Minoan Thalasocracy, Myth and Reality, Skrifter utgivna av Svenska Institutet i Athen 4, 32 (Stockholm)
Hägg, R./Marinatos, N. (1987) The Function of the Minoan Palaces, Skrifter utgivna av Svenska Institutet i Athen 4, 35 (Stockholm)
Haider, P. (1988) Griechenland-Nordafrika, ihre Beziehungen zwischen 1500–600 v. Chr. (Darmstadt)
Hallager, E. (1977) The Mycenaean Palace at Knossos. Evidence for Final Destruction in the III B Period, Medelhavsmuseet, Memoir 1 (Stockholm)
Hallager, E. (1985) The Master Impression, in: Studies in Mediterranean Archaeology 69 (Göteborg)
Hampe, R. (1966) Kult der Winde in Athen und Kreta, in: Sitzungsbericht der Heidelberger Akademie der Wissenschaften, Phil. Hist. Klasse
Hampe, R./Simon, E. (1980) Tausend Jahre frühgriechische Kunst (München)
Hampe, R./Winter, A. (1962) Bei Töpfern und Töpferinnen in Kreta, Messenien und Zypern (Mainz)
Harrison, J. E. (1908) Prolegomena to the Study of Greek Religion (Cambridge)
Hederich, B. (1967) Gründliches Mythologisches Lexikon (Darmstadt)
Helck, W. (1971) Betrachtungen zur Großen Göttin mit den ihr verbundenen Gottheiten (München/Wien)
Helck, W. (1979) Die Beziehungen Ägyptens und Vorderasiens zur Agäis bis ins 7. Jh. v. Chr. (Darmstadt)
Higgins, R. (1973) The Archaeology of Minoan Crete (London)
Higgins, R. (1981) Minoan and Mycenaean Art (London)
Hiller, St. (1977) Das minoische Kreta nach den Ausgrabungen des letzten Jahrzehnts. Mykenische Studien, Bd. 5 (Wien)
Höckmann, U. (1976) Die Kykladen und ihre östlichen Nachbarn, in: Thimme, J. (Hrsg.) Kunst und Kultur der Kykladeninseln im 3. Jahrtausend v. Chr. (Karlsruhe)

Literaturhinweise

Hood, S. (1971) The Minoans, Crete in the Bronze Age (London)
Hood, S./Smyth, D. (1981) Archaeological Survey of the Knossos Area, in: Annual of the British School at Athens, Suppl. 14
Horwitz, Sylvia L. (1983) Knossos, Sir Arthur Evans auf den Spuren des Königs Minos (Bergisch-Gladbach)
Hrouda, B. (1971) Vorderasien I, Mesopotamien, Babylonien, Iran und Anatolien, in: Hausmann U. (Hrsg.), Handbuch der Archäologie (München)
Hutchinson, R. W. (1962) Prehistoric Crete (London)

James, E. O. (1957) Das Priestertum (Wiesbaden)
Jirku, A. (1962) Kanaanäische Mythen und Epen aus Ras-Schamra-Ugarit (Bonn)

Karo, G. (1930/33) Die Schachtgräber von Mykenai (München)
Karo, G. (1959) Greifen am Thron, Erinnerungen an Knossos (Baden-Baden)
Keel, O./Uehlinger, Ch. (1992) Göttinnen, Götter und Göttersymbole (Freiburg/Basel/Wien)
Kenna,V. E. G. (1960) Cretan Seals with a Catalogue of the Minoan Gems in the Ashmolean Museum (Oxford)
Klengel, H. (1965) Geschichte und Kultur Alt-Syriens (Leipzig)
Klengel, H. (1980) König Hammurapi und der Alltag Babylons (Zürich)
Kohlmeyer, K. (1982) Ebla, in: Das Land des Baal, Syrien-Forum derVölker und Kulturen (Mainz)
Kohlmeyer, K. (1982) Mari, in: Das Land des Baal, Syrien-Forum derVölker und Kulturen (Mainz)
Kroh, P. (1972) Lexikon der antiken Autoren (Stuttgart)

Lange, K./Hirmer, M. (1957^2) Ägypten (München)
Lurz, N. (1994) Der Einfluß Ägyptens,Vorderasiens und Kretas auf die Mykenischen Fresken. Studien zum Ursprung der Frühgriechischen Wandmalerei (Frankfurt am Main)

Maag,V. (1961) Die syro-kanaanäische Religion, in: Schmökel, H. (Hrsg.), Kulturgeschichte des Alten Orient (Stuttgart)
Maag,V. (1961) Syrien-Palästina, in: Schmökel, H. (Hrsg.), Kulturgeschichte des Alten Orient (Stuttgart)
Mackenzie, D. u. a. (1904) Excavation at Phylakopi in Melos (London)
Malten, L. (1913) Elysion und Rhadamanthys, in: Jahrbuch des Deutschen Archäologischen Instituts (Berlin)
Manti-Platonos, M. (1981) Zeremonialhämmer und Streitkolben in der Minoischen Welt, in: Archaiologiki Ephemeris (Athen)
Margueron, J. (1982) Recherches sur les palais mesopotamiens de l'Age du Bronze (Paris)
Marinatos, N. (1987) Kunst und Religion im altenThera (Athen)
Marinatos, N. (1987) Public Festivals in the West Courts of the Palaces, in: Skrifter utgivna av Svenska Institutet i Athen 4, 35 (Stockholm)

Literaturhinweise

Marinatos, N. (1993) Minoan Religion, Ritual, Image and Symbol (South Carolina)
Marinatos, Sp. (1973²) Kreta, Thera und das mykenische Hellas (München)
Matt, L. v./Alexiou, St./Platon, N./Guanella, H. (1967) Das antike Kreta (Zürich)
Matt, L. v./Platon, N./Guanella, H. (1967) Das antike Kreta (Würzburg)
Matz, F. (1952) Forschungen auf Kreta 1942 (Berlin)
Matz, F. (1958) Kreta, Mykene, Troja (Stuttgart)
Matz, F. (1962) Kreta und frühes Griechenland (Baden-Baden)
Mayer, E./Roscher, W. H. (1884–1886) Lexikon der griechisch-römischen Mythologie (Leipzig)
McDonald, W. A./Thomas, C. G. (1990²) Progress into the Past (Bloomington)
Mellersch, H. E. L. (1967) Minoan Crete (London)
Mirie, S. (1979) Das Thronraumareal des Palastes von Knossos. Saarbrücker Beiträge zur Altertumswissenschaft 26 (Bonn)
Mylonas, G. (1966) Mycenae and the Mycenaean Age (Princeton/New Jersey)

Neutsch, B. (1973) Der Palast des Minos – eine Totenstadt?, in: Archäologischer Anzeiger 4 (Berlin)
Neutsch, B. (1990) Vom Steinmal zur Gestalt, in: Innsbrucker Beiträge zur Kulturwissenschaft 27
Niemeier, W.-D. (1985) Die Palaststilkeramik von Knossos. Stil, Chronologie und historischer Kontext (Berlin)
Niemeier, W.-D. (1987) On the Function of the »Throne Room« in the Palace at Knossos, in: The Function of the Minoan Palaces, Svenska Institutet i Athen, Skrifter 4, 35 (Stockholm)
Niemeier, W.-D. (1991) Minoan Artisans travelling Overseas: The Alalakh Frescoes and the Palatial Plaster Floor at Tel Kabri (Western Galilee), in: Aegaeum 7
Nilsson, M. P. (1950²) The Minoan-Mycenaean Religion and its Survival in Greek Religion (Lund)
Nilsson, M. P. (1955²) Geschichte der griechischen Religion I. Handbuch der Altertumswissenschaft V, 2. 1 (München)

Oberhuber, K. (1972) Die Kultur des Alten Orients (Frankfurt am Main)
Otto, B. (1987) Der gebeugte Baum in ägäischer Ikonographie, in: Sixth International Colloquium on Aegean Prehistory (Athens)
Otto, B. (1987) Minoische Bildsymbole, in: Schriften des Deutschen Archäologen-Verbandes IX, Kolloquium zur Ägäischen Vorgeschichte (Mannheim)
Otto, B. (1991) Der Efeu und sein Symbolwert in der minoisch-myhenischen Kunst, in: II. Congresso internazionale di Micenologia (Roma)
Otto, B. (1993/94) Kultisches und Ikonographisches zum minoisch-mykenischen Dionysos, in: Mitteilungen der Anthropolog. Gesellschaft in Wien 123/124 (Wien)
Otto, E. (1966) Osiris und Amun (München)

Palmer, L. (1984) The Linear B Palace at Knossos (Göteborg)

Literaturhinweise

Palmer, L. R. (1961) Mycenaeans and Minoans. Aegean Prehistory in the Light of the Linear B Tablets (London)
Palmer, L. R. (1963) Minoici e micenei (Torino)
Palmer, L. R. (1969) A New Guide to the Palace of Knossos (London)
Pelon, O. (1987) Minoan Palaces and Workshops: New Dates from Malia, in: Skrifter utgivna av Svenska Institutet i Athen, 4, 35 (Stockholm)
Pendlebury, J. D. S. (1930) Aegyptiaca (Cambridge)
Pendlebury, J. (1954) A Handbook to the Palace of Minos (London)
Pendlebury, J. D. S. (1963) The Archaeology of Crete (New York)
Pernier, L. (1935) Il Palazzo minoico di Festos I (Rom)
Pernier, L./Banti, L. (1947) Guida degli scavi italiani in Crete (Rom)
Pernier, L./Banti, L. (1951) Il Palazzo minoico di Festos II, Il secondo palazzo (Rom)
Pini, I. (1968) Beiträge zur minoischen Gräberkunde (Wiesbaden)
Platon, N. (1968[4]) Kreta (Genf)
Platon, N. (1971) Zakros, The Discovery of a Lost Palace of Ancient Crete (New York)
Popham, M. R. (1970) The Destruction of the Palace at Knossos. Pottery of the Late Minoan III A Period, Studies in Mediterranean Archaeology 12 (Göteborg)
Posener, G. (1960) Knaurs Lexikon der Ägyptischen Kultur (Zürich/München)
Pötscher, W. (1990) Aspekte und Probleme der minoischen Religion (Hildesheim/Zürich/New York)
Prinz, H. (1915) Altorientalische Symbolik (Berlin)

Ringgren, H. (1976[3]) Religions of the Ancient Near East (London)
Rutkowski, B. (1981) Frühgriechische Kultdarstellungen. Mitteilungen des Deutschen Archäologischen Instituts Athenische Abteilung, 8. Beiheft (Berlin)
Rutkowski, B. (1986) The Cult Places of the Aegean (New Haven/London)

Sakellarakis, J. (1970) Das Kuppelgrab von Archanes und das kretisch-mykenische Tieropferritual, in: Prähistorische Zeitschrift 45
Sakellarakis, J. u. E. (1991) Kreta. Archanes (Athen)
Sakellariou, A. (1964) Die Minoischen und Mykenischen Siegel des Nationalmuseums in Athen. Corpus der Minoischen und Mykenischen Siegel I (Berlin)
Sasse, G. (1990) APA Guides. Kreta (Berlin)
Schachermeyr, F. (1950) Poseidon und die Entstehung des griechischen Götterglaubens (Salzburg)
Schachermeyr, F. (1964) Die minoische Kultur des alten Kreta (Stuttgart)
Schachermeyr, F. (1967) Ägäis und Orient. Die überseeischen Beziehungen von Kreta und Mykenai mit Ägypten, der Levante und Kleinasien, unter besonderer Berücksichtigung des 2. Jahrtausends v. Chr. (Wien)
Schiering, W. (1976) Funde auf Kreta (Frankfurt am Main)
Schmökel, H. (1961) Götter, Kult und Frömmigkeit, in: Kulturgeschichte des Alten Orient (Stuttgart)
Schmökel, H. (1961) Mesopotamien, Kulturgeschichte des Alten Orient (Stuttgart)

Literaturhinweise

Seager, R. B. (1907 u. 1912) Vasiliki (Pennsylvania University)
Seager, R. B. (1912) Explorations in the Island of Mochlos (Athen)
Simon, E. (1969) Die Götter der Griechen (München)
Stürmer, V. (1987) Bemerkungen zur Keramik der Nekropole von Chrysolakkos, in: Aegaeum 1 (Liège)

Thimme, J. (1976) Kunst und Kultur der Kykladeninseln im 3. Jahrtausend v. Chr. (Karlsruhe)
Tzedakis, Y./Chrysoulaki, S. (1987) Neopalatial Architectural Elements in the Area of Chania, in: Skrifter utgivna av Svenska Institutet i Athen 4, 35 (Stockholm)

Vercoutter, J. (1956) L' Egypte et le monde égéen préhéllenique (Kairo)
Vermeule, E. (1972⁵) Greece in the Bronze Age (Chicago)
Vickery, K. F. (1980) Food in Early Greece (Chicago)

Walberg, G. (1987) Early Cretan Tombs, The Pottery, in: Aegaeum 1 (Liège)
Warren, P. (1969) Minoan Stone Vases (Cambridge)
Warren, P. (1972) Myrtos, an Early Bronze Age Settlement in Crete, in: Annual of the British School at Athens, Suppl. 7 (London)
Warren, P./Hankey, V. (1989) Aegean Bronze Age Chronology (Bristol)
Watrous, L. Vance (1987) The Role of the Near East in the Rise of Cretan Palaces, in: Skrifter utgivna av Svenska Institutet i Athen 4, 35 (Stockholm)
Weiher, A. (1951) Homerische Hymnen (München)
Weinberg, S. S. (1965) The Relative Chronology of the Aegean in Stone and Early Bronze Ages, in: Ehrich, R. W., Chronologies in Old World Archaeology (London)
Wood, M. (1985) Der Krieg um Troja (Frankfurt)

Xanthoudides, St. (1924) The Vaulted Tombs of Mesara, an Account of some Early Cemeteries of Southern Crete (London)
Xanthoudides, St. (1971 Neudruck) The Vaulted Tombs of Mesara (Westmead)

Yule, P. (1980) Early Cretan Seals, a Study of Chronology (Mainz)

Zervos, Ch. (1956) L'Art de la Crète, néolithique et minoenne (Paris)
Zois, A. (1968) Der Kamares-Stil. Werden und Wesen (Tübingen)

Dank

Ist es erlaubt, die Anregung, die wir durch das Lesen eines Buches erhalten, mit dem Genuß, den uns eine Reise verleiht, zu vergleichen, so darf der Gewinn, den das Schreiben eines Buches mit sich bringt, mit dem Zuwachs an Erfahrung, an Belehrung, Streßtüchtigkeit und Beglückung, den die Ansiedlung in einem Land vermittelt, gleichgesetzt werden. Ist eine Reise meist aus eigenen Mitteln zum glücklichen Ende zu bringen, so bedarf es im Fall der Ansiedlung des freundlichen Verständnisses und vielfacher Hilfen der Mitmenschen. Auch dieses Buch wäre nicht entstanden, wenn nicht Hans-Günther Buchholz die Anregung dazu gegeben hätte. Jolanda Völk begleitete mit konstruktiv kritischem Kollegengespräch und aufmunternder Freundschaft das Anwachsen des Manuskripts und gab unschätzbare redaktionelle und textgestaltende Hilfen. Marianne Müller-Dürr verdanke ich eine aufmerksame Textdurchsicht. Bei der zeichnerischen Ausstattung standen mir mit großem Geschick Ulli Wein und Barbara Welte sowie Barbara Danninger, Veronika Gertl, Alexandra Hamerl, Ute Kurz, Julia Polleres und Petra Walcher zur Seite. Bei der Beschaffung einschlägiger Literatur und notwendiger Bildvorlagen reichten mir Peter Haider, Wolf-Dieter Niemeier, Eveline Egger und Hansjörg Thaler eine hilfreiche Hand. Von der Familie aber, vom Kollegen- und Freundeskreis wurde liebenswürdige Nachsicht geübt, bis das Werk zu Ende gebracht war. Ihnen allen möchte ich an dieser Stelle von Herzen danken und ihnen sowie den Lesern versichern, ich tat mein möglichstes.

Register

Aartun, K. 264
Abendstern 207
Abri 121
Abu Fisch 197
Abu Matar 126
Abydos 268
Achäer 9, 34, 29, 58, 93, 94, 101, 108, 115, 132, 314, 365, 370, 383, 411, 415
Acharnai 393
Achill 355
Adad (s. Hadad)
Adonis 286, 360, 377
Adorant 186, 195, 196, 242, 354
Adrastia 43
»A-DU« 364, 365
Adyton 232
Ägäische Chronologie 90
Aegleis 51
Ägypten s. speziell 158ff., 164, 167, 169f., 247ff., 253, 267ff. 270ff., 272ff., 294ff., 300, 391
Aelian 197, 398
Aeoler 29
Aeria 40
Aféndis Christós 15
Aféndis Kavoússi 15
Affe 350, 354, 356
Agamemnon 10, 49, 108, 276
Agenor 45
agglutinierend 121, 134
Agii Deka 31
Agios Nikólaos 18
Agios Stephanos 268
Agii Theodori 423
Agora 230, 231
Agrimi 220, 225, 233, 242
»agulchu« 367
Ahmose 25

Ahnen 195, 242
Ahnenkult 15, 264
Ahnenverehrung 184
Aiakos 47
Aigeus 50, 51, 52, 55
Aigiochos 44
Aigobolos 364, 396
Ailias 186, 188
A/Jassara 226
Ajia Irini 358ff., 362, 363, 394, 409
Akale 49
Akiti (akitu)-Fest 382
akitu-Kapelle 382
Akkad 112, 176, 280, 282, 283, 284, 341
Akkader 22
Akragas 53
Akrobat 228, 278, 304, 352, 371
Akropolis 208
Akroteri-Höhlen 122
Akrotiri 25, 97, 114, 346ff., 354, 357, 392, 408, 409
Alabaster (Gipsstein) 82, 83, 167, 213, 318, 320, 330, 332, 414, 416
Alaca 228
Alalach (s. Atschana, Tell el) 175
Alasia 341
Aleppo 175, 272, 284
Alexandria 18, 72, 269
Alexion, St. 97, 153, 185, 267, 366f., 373, 374
Algier 309
Alijan Baal 192, 377, 378, 379, 382
Alkmene 40, 47
Althaimenes 34
Altkretische Kultur 115
Altkretische Kulturepochen 116
»amaja« (»ameaja«) 344, 383
Amalthea 41, 44, 368

Register

Amarna,Tel el 92, 280, 341
Ama`uschumgalana 183, 286, 287, 289, 291, 298
Amazonen 42
Amenemhet II. 274
Amenophis II. 60
Amenophis III. 36, 59, 62, 342, 344
Amenophis IV. 341
»amia« 383
Ammon (Amun, Amon) 10, 41, 42, 213, 239, 274, 279, 295, 296, 377
Amnissos 16, 27, 34, 26, 62,, 96, 121, 183, 199, 200, 224, 226, 329, 336, 342, 343, 421, 422, 425, 426
Amphitrion 47
Amphora 152, 153, 203, 234, 267, 273, 329, 339
Amulett 158, 160, 184, 237, 245, 246, 248, 257, 259, 277f.
An (Anu) 182, 183, 276, 282, 294
Anat 179, 180, 181, 190ff., 196, 215, 218, 226, 227, 230, 251, 286, 297, 301, 303, 324, 367, 371, 379, 380, 383, 386, 394, 395, 399, 426
Anatolien (s. Kleinasien)
»anch« 158, 159
Androgeos 49, 50, 55, 56, 297
Anemospilia 24, 97, 201, 202, 204, 205, 207, 386
anikonisch 117, 225, 241, 256, 257, 317, 389
»ankh« 248, 253
Annunitum 282
Ano Archanes 329
Ano Engliano 102
Ano Viánnos 209
Antheis 51
Anthesterien 286, 404, 409
Anthippos von Ioulis 363
Anthropologen 204, 205
Anthropologie 132, 363, 399
anthropomorph 256
Antiparos 132
Anzuvogel 294
Apesokari 134, 240, 241, 243
Aphaia 424

Aphrodite 44, 53, 180, 238
Apollodor 10, 43, 44, 45, 47, 48, 49, 51, 57, 58, 296ff., 368
Apollon 36, 44, 46, 286, 370, 383, 386, 426, 427
Apophis 279, 290
Archanes 26, 28, 97, 108, 115, 116, 131, 132, 140, 165, 173, 237, 238, 247, 266, 305, 329, 331, 364, 418, 420, 423
Archiv 174, 175, 228, 294, 311, 335ff.
Archon Basileus 287, 404, 409
Archonten 36
Areopag 50
Ares 44
Argoi Lithoi 241
Argolis 160, 413, 419
Argonauten 355
Argos 400
Aria 46
Ariadne 47, 50, 51, 52, 376, 400, 404, 424
Aristoteles 39, 54
Arkader 29
Arkadien 425
Arkalochori 388
Arkalochori-Höhle 198, 226, 263
Arsen 170
Artemis 44, 276, 370, 395, 400, 424, 425
»asaminthos« 319
»a-sa-sa-re« 226
Ascherat (Astarte) 180, 226, 227, 304, 380, 399
Askifou-Ebene 15
Askos 203
Asmar,Tell 212
Aspronisi 347
Assur 56, 284
Assyrien 280
Astarte 296f., 303, 367, 394
Asterios (Asterion) 46, 49, 50, 64, 195, 213, 274, 297f., 314, 345, 346, 364, 376, 387
Asterousia-Berge 15, 216, 331

471

Register

»astropeliki« 388
»Atano« 399
Athen 50, 51, 54, 55, 64, 69, 70, 76, 96, 244, 286, 335, 346, 357, 387, 404, 407, 409
Athena 41, 42, 44, 50, 226, 369, 375, 424, 425
Athenaios 203
Atirat 226
Atlantis 346
Atschana, Tell (Alalach) 172, 272, 273
Attaliden 31
Attis 360, 367f.
Atymnos 195
Audienzsaal 318, 319
Auge 259, 285
Aulis, 276
Aulos 405
Auaris 24, 300, 302, 318, 351, 353
Axios 389
Axt 180, 286, 367, 372

Baal 179, 190, 191, 192, 195, 213, 215, 218, 219, 225, 226, 227, 230, 235, 238, 247, 248, 251, 269, 286, 290, 294, 296ff., 300, 301ff., 325, 362, 364, 368, 372, 378, 379, 380, 384, 386, 390, 393, 394, 395, 396, 398, 399, 407, 410
Babylon 24, 112, 273, 276, 280, 284, 294, 300
Babylonien 160, 280
»Backtellerscheibe« 147, 148
Bad 319, 328, 337, 349, 416
Badari-Kultur 126
Badewanne 319
Baitylos 213
Bakchen 397, 398
Bakinthos 369
Balkan 163
Bankettsaal 227, 228, 229, 339, 408
Barbotine 163
Barren 331, 338, 340
»baru« 276
Basileus 289, 423
Basilinna 404, 407, 409, 410

Bastet 303
Baum, s. speziell 372, 379
Baum, sterbender 197
Baumgöttin 300, 369, 399
Baumgott 369, 394, 399
Baumheiligtum 360
Baumkult 286, 366
Baumpfeiler 406
Becher, konisch 234, 242, 244, 245, 330, 358, 380
Beersheva-Ghassul-Kultur 125, 126, 127
Belchanoi 369
Belos 45
Berg, heiliger 194, 195
Berggöttin 188, 213, 367, 400
Berggott 221
Best, J. 226
Betancourt, P. P. 114, 115
Bichler, R. 178, 187, 209, 234, 311, 316, 337
Bietak, M. 269, 270, 352, 353
Bimsstein 338, 347
Blitz 180, 224
Block B 348, 350, 392
Blutopfer 202, 207
Bock 301, 364, 374, 380, 390, 396, 405
Bockmann 396
Bogazköy 56
Bootsmodell 405
»bos creticus« 123
»bos primigenius» 123, 419
Bossert, H. Th. 260
Boston 390
Bothros 209, 210, 224, 234, 235
Boulotis, Ch. 401, 402
Boustrophedon 30
Boyd, H. A. 96, 334
Boxkampf 313, 355
brachyzephal 132, 157
Brandopferaltar, 224, 229
Branigan, K. 135, 138, 158, 160, 164, 165, 170, 184, 188, 237, 244, 266, 273, 346
Breitrandkappe 300

Register

Britomartis 44, 188, 195, 376, 400, 424
Bubastis 303
Buchholz, H.-G. 251, 268, 269
Bügelkanne 106, 329, 413, 417
Bundesgenossenkrieg 31
Buto 251, 303
Byblos (Gebal, Gubla) 172, 268, 273, 274, 303, 340, 343, 393
Byzantion 31

Cadogan, G. 142, 208, 345
Cameron, M. 401, 402, 403
»Campstool Fresco« 401, 402
Candia (s. Iraklion)
»Captain of the Blacks« 99
Caskey, J. L. 358
Castleden, R. 134, 143, 144, 148, 162, 172, 184, 193, 229, 366, 401, 422
Catal Hüyük 11
Chadwick 363, 364
Chajan 24, 318
Chalandriani 159, 208
Chamaizi (Chamezi) 138, 209, 210, 250
Chania (Kydonia) 16, 18, 23, 24, 26, 27, 28, 29, 31, 34, 35, 97, 107, 108, 116, 122, 236, 305, 312, 364, 374, 380, 381, 390, 411, 420, 422, 423
Chania, Kastelli 305
Chapouthier, F. 96, 224, 243, 265
Chepre 187, 259
Charismatiker 275, 278
Chariten 238
Chios 47
Christos 22, 222, 236
Chronologie-Tabelle 111, 112, 113, 114
Chrysolakkos 176, 222, 236, 243, 246, 265
chthonisch (erdverbunden, unterirdisch) 323
Clan 144, 151, 157, 237, 423
Cnosius 58
»Cupbearer« 75, 77

Dab´a, Tell el 302, 351
Dämon 335
Dagan 179, 180, 284, 294, 296
Daidalos 30, 50, 51, 52, 53, 314
Daktyloi 40
Danaoi 343
Danaja 343
Danaos 55, 275
»dapuritoio potinija« 425
Davaras, C. 97, 210
David 292
Dawid, M. 136, 267, 329
Delos 127, 395
Delphi 36, 287, 370, 383, 405, 427
Delphin 301, 349, 361, 386, 409
»Delphinios« 427
Demargne, P. 96, 121
Demeter 42, 43, 44, 180, 226, 234, 275, 376, 387, 391, 407, 408, 410, 425, 426
Demokratie 231
Dendra 303
»dendritis« 394
Dendrochronologie 89
Deukalion 10, 49, 55, 64, 274, 297
Dia 400
Diadem 336, 338, 419
Dickinson, O. 115
Dietrich, B. C. 363
»dikataja diwe« 227
Dike 44, 317, 368, 376, 389, 400
Diktäische Grotte (s. Psychro-Höhle)
Dikte 15, 43, 194, 195, 196, 201, 220
Diktya 44
Diktynna 44, 195, 400, 424
Diodorus Siculus 10, 40, 41, 42, 43, 44, 45, 46, 47, 49, 51, 54, 56, 208, 239, 295, 296ff., 345, 377, 387, 391, 400
Diokles 275
Diokletian 20
Dionysos 10, 41, 42, 44, 52, 238, 239, 286, 296, 301, 354, 357, 363, 364, 365, 367, 369f., 376, 377, 383, 385ff., 390ff. 400, 404, 407, 409, 410, 424, 427

473

Register

Dionysos Anthroporrhaistes 398
Dionysos Bougenes 396
Dionysos Delphinios 399, 409
Dionysos Dendritis (Endendros) 397
Dionysos Eriphios (Eriphos) 390, 396
Dionysos Kadmeios 393
Dionysos Kemelios 396
Dionysos Kechenos 396, 409
Dionysos Omestes 385, 409
Dionysos Pelagios 399
Dionysos Perikionios 393
Dionysos Zagreus 364, 379, 391,395, 396, 399, 407
»diphtera« 335
Diskos von Phaistos 265
Djemdet Nasr 112
Djetpfeiler 362, 406
Dörpfeld, W. 89, 92
Dolch 170, 197, 218, 227, 237, 273f., 412, 418
doliozephal 132
Doppelaxt 84, 160, 188, 196, 197, 198, 220, 224, 225ff., 234, 242, 246, 251, 253, 259, 260, 263, 308, 309, 314, 316f. 318, 321, 330, 332, 334, 338, 387, 389, 392, 395, 398, 399, 405, 408, 412f., 417
Doppelaxtgöttin 399
Doppelaxtgott 399
Doppelaxt (Grab) 225
Doppelaxtständer 320, 328
Doppelhorn 84, 160, 191, 197, 198, 234, 239, 309, 330, 332, 354, 355, 371, 372, 374, 388, 405, 406, 407, 417
Doppelschild 323, 363, 390, 394, 419
Doppelschildgöttin 323
Doppelschildgott 395
Dorer (Dorier) 10, 29, 34
Doris 34
Dorner, J. 269
Doumas, Ch. 348
Dreifuß 199, 234, 246
Dreifußaltar 417
dreiteiliges (dreigeteiltes) Heiligtum 192, 316, 321, 401
Dreizack 224, 303, 317, 330, 372
Dreros 29
Dromos 412, 413, 419
Dumuzi (Tammuz) 182, 192, 286, 287ff., 291, 294, 296, 298, 300, 368, 377, 392, 393
»d-we« 425
Dynastiegott 215, 290

Ea (s. Enki) 276, 288
Eanatum 282
Eberzahnhelm 357, 395, 419
Ebla (Tell Mardich) 173, 174, 175, 176, 179, 189, 284, 381, 382, 383
Echnaton 92, 341
Edel, E. 270
Efeu 350, 352, 392, 394, 412, 419
Efeugott 399
Effenterre, H. und E. 96, 224, 227, 230, 231
»e-gal« 281
Ehrfurchtsgestus 197
Eierschalenkeramik 80, 265, 267
Einkleidung 213, 355, 357, 408
Eileithyia 34, 329, 375, 421, 424, 426
Eileithyia-Höhle 96, 121, 199, 200, 224, 227, 425
Eirene 44
Eisen 205
»ekallum« 281
»El« 296, 380, 384
Elam 280
El Amarna 56
Elektra 310
Eleusis 275
Eleutho 425
Elfenbein s. speziell 181,196, 338, 340, 341, 374, 419
Ellinospilio 225
Elysium 46, 54
Emmenana 292
»en« 175, 281, 292
»e-ne-ro« 421
»e-ne-si-da-o-ne« 224, 227, 421, 425
Enheduana 292

Enki (Ea) 182
Enlil 180, 291, 294, 296
Enna-Dagan 175, 176
Ensi 281, 282, 283, 288, 292, 294, 298, 321
»entu« 292
Ephoros von Kyme 34, 41, 35, 46, 40, 57
Ephoren 36, 39
Ephyräische Becher 62, 412
Epimenides 18, 53, 35
Epiphanie 189 198, 213, 216, 238, 279, 301, 375, 386, 389, 396, 400, 402, 405, 406, 407
Eponymos 47
»e-ra« 425
Erdmutter 188, 234
Erechtheus 50
»eren-ti-ja« 425
»e-re-u-ti-ja« 200, 224
»erinu« 425
Erntefest 404
Erinys 424
Erythrae in Asien 47
Etana 281
Eteokreter 10, 29, 34, 40, 195
Euainetos 203
Eumolpos 275
Euripides 395, 396, 397, 398, 427
Europa 45, 46, 49, 55, 84, 179, 180, 208, 296, 297, 324, 376, 378, 407, 410, 426
Eurystheus 55
Eunomia 44
Evans, A. 67, 91ff., 105ff., 128, 129, 159, 185, 186, 191, 197, 212, 231, 239, 247, 249, 251ff., 258, 261ff., 266, 269, 300, 303, 315, 317, 318, 322ff., 329, 350, 352, 361, 366, 367, 379, 385, 391, 392, 413, 415, 417, 420
Evans, J. 67, 75, 119
Evolutionstheorie 69
Exorzist 275ff., 278
Ezbet Helmi 351
Ezbet Rushbi el-Saghira 269

Falbel 181, 221
Falkenstein, A. 289
Faure, P. 146, 184, 192, 200, 208, 403, 408
Fayence 88, 128, 169, 181, 238, 245, 248, 264, 271, 272, 319, 322, 323, 338, 340, 420
Feldkapelle 208
Fensteraxt 300, 301, 302, 324
Fest 194
Fisch 407
Fisch, fliegender 322
Fischer 356
Floralstil 329
Forst, H. 269
Franke, P. R. 291
Frauenhaus 352, 355, 357, 408
Fremdland 109
Fresko 76, 79, 82, 84, 85, 92, 94, 98, 99, 193, 213, 214, 264, 272, 327, 329, 332, 340, 348, 350, 353, 354, 358, 402, 405, 409, 416, 417, 425
Fruchtbarkeitsöttin 221, 308, 370, 372
Fruchtbarkeitsgott 189, 234, 247, 279, 295, 296, 364, 386, 424
Frühlingsfeier 357, 404, 409
Fürstengrab 168
Fyfe, Th. 73, 80, 84, 85, 86, 87, 315

»Gabenbringerfresko« 402, 412
Gallas, K. 317
Galopetra 71
Gaza 28
Ge 41
Geburtsgöttin 199, 366
Geislingen 76
Georg v. Griechenland 85
Gerani-Höhle 122
Gerestos 51
Germer, R. 248
Gerontes 36, 40
Geropotamos 310
Gerstengott 213
Gesell, G. C. 217, 219, 234, 239, 240
Geschtinanna 182, 192, 286, 377

Register

Gestus, herrscherlich 376, 409
Getreidemühle 349
Getreide-Kornspeicher 211, 213, 222, 230
Giamalakis, St. 254, 336
Gilgameschepos 392
Gilliéron, E. 75, 76, 78, 79
Giofiro (s. Theren)
Gipsstein (s. Alabaster)
Girsu 283, 291
Glanzton 162
Glasfluß 169
Glaukos 49
»Goddess of Myrtos« (Göttin v. Myrtos) 151f.
Göttin der Gestirne 366, 367
Göttin, fürbittende 375
Göttingen 67
Gold 168, 169, 176, 195, 196, 198, 222, 228, 229, 244, 270f., 273f., 319, 328, 336, 340f., 374, 387, 419
Goldhorus 406
Goldring 360, 361, 389, 390, 404, 414
Goldring des Nestor 397
Gonies 185, 186
Gordon, C. 364
Gortyn 21, 30, 31, 34, 35, 57, 122, 208, 369, 378
«Recht von Gortyn» 30
Gott, jugendlich 367, 370
Gottkönig 173
Gournia 23, 26, 28, 59, 96, 108, 116, 129, 139, 183, 236, 305, 333, 334, 411, 420
Graham, J. W. 107, 108, 228, 307, 320, 327
»Grand stand Fresco« 321
Grazien 44, 50
Greif 335, 352, 356f., 389, 406, 417, 420
Greifen 82, 213, 214
»Greifenfresko« 403
Griechenland s. speziell 161
Große Göttin 180, 197, 207, 219, 295, 303, 358, 362, 268, 372, 389, 401

Große Mutter 368
Große Treppe 85, 87, 88, 318
Großkönig 281, 282, 283, 291, 292
Grumach, E. 259, 260, 261
Gudea 283, 291, 300, 375
Gutäer 22, 24, 112, 283
Gyali (Yiali) 130, 153
Gypsades-Hügel 183

Haarmann, H. 261, 264
Hacilar 151
Hadad (Adad) 179, 180, 190, 227, 230, 247, 284, 285, 291, 294, 296ff., 303, 324, 325, 362, 364, 372, 377, 378, 380, 390, 391, 393, 399, 407, 422
Hades 43
Hafagi 212
Hagia Photia 97, 121
Hagia Triada 16, 28, 24, 26, 92, 96, 108, 116, 122, 129, 132, 158, 170, 310ff. 320, 340, 350, 362, 364, 372, 379, 380, 392, 405, 406ff. 420
Hagios Georgios Galatas 313
Hagios Ioannis 100
Hagios Nikolaos 330
Hagios Onouphrios 130, 133, 134, 138, 139, 161, 165
Haider, P. W. 101, 110, 113, 173, 178, 187, 188, 209, 234, 311, 316, 337, 343
»hai-kal« 281
Halbherr, F. 72, 96, 196, 200, 334
Haleb 273, 303
Hall, E. 96, 236, 334
Hallager, E. 97, 98, 105, 106, 305, 381
»Halle der Doppeläxte« 316, 318
Hammurabi (Hammurapi) 112, 273, 284, 292, 300
Handmühle 148, 153, 192, 358
Hankey, V. 114, 173
Harage 268, 269
Harmonia 45
Hathor 271, 287, 303, 391
Hatschepsut 342
hattisch 303

476

Register

Hattuscha (Hattusa) 24, 191
Haus B 354
»Haus der Fresken« 350
Hauskultgöttin 366
Hazor 272
Hazzidakis, J. 96, 196, 198ff.
Heaton, N. 75, 76
Heilige Hellena 20
Heilige Hochzeit (hieros gamos) 19, 44, 182, 219, 221, 227, 287, 288, 292, 295, 299, 358, 368, 369, 376, 380, 389, 390, 396, 401, 403ff.
Helena 276
»Held« 282, 284, 285, 291
helladische Kultur 101
Helm 412
Hepat 287, 294, 303
Hephaistos 44, 57, 226, 355, 387
»Hequetai« 422, 423
Hera 43, 44, 180, 200, 295, 370, 376, 387, 391, 396, 424, 425, 427
Herakles 40, 44, 47, 48, 290
Herdhaustempel 177
Herdgrube 224
Herkulaneum 347
Hermes 44, 424
Herme 387
Herodot 30, 53, 57, 275, 289, 335, 424
Heros 46, 151, 242, 275, 284, 286, 287, 304, 392
Herosgöttin 394
Herosgott 390, 393, 394, 395
Herrenhaus A 359, 394
Herrin der Tiere 366, 367
Hesiod 9, 54, 110, 136, 196, 200, 296, 368, 408
Hestia 42, 43
Hesychios 180, 376
Hethiter 171, 280, 291, 303, 377
Hierapetra 16
Hieroglyphe 23, 69, 70, 158, 159, 171, 233, 245, 247, 251ff., 257ff., 263f., 275, 280, 294, 295, 304, 341, 377, 378
Hieroglyphen Depot 251, 261

Hieros Gamos (s. Heilige Hochzeit)
Higgins, R. 162
Hiller, St. 105
Himmelsgöttin 227
»Hippeia« 425
Hippeis 36
»Hippos« 424, 425
Hirsch 300, 357, 364, 372, 380, 396, 397
Hirschmann 396
Hirte 285, 286, 287
Hirtentum 372
Hissarlik 69
Hochzeitsrobe 389, 390
Hörnerpaar 400
Hofhaus 177
Hogarth, D. C. 85, 96, 196, 335
Hohepriester 276, 292, 332
Homer 10, 11, 34, 35, 46, 49, 53ff., 70, 108, 200, 297, 309, 319, 329, 343, 377, 383, 391, 400, 408, 419, 425
Hood, S. 96, 104, 120, 125, 133, 134, 139, 142, 154, 159, 167, 172, 181, 345
Horen 44
Horn der Amalthea 41
»Horns of Consecration« 84
Horus 182, 257, 277, 278, 279, 294
Horus Djed 371
Horus Kefti 343, 346
»House of the Hill« 135, 211
Hurriter 280, 287
hurritisch 303
Hutchinson, R. W. 122, 133, 135, 137, 156, 188, 209
Hyakinthos 51, 195, 368, 369
Hyksos 24, 112, 318, 344, 351, 353, 383
Hyperion 41
Hypogäum 211

Iapetos 41
Iasion 45, 407, 410
Iasos 23
Ibul-Il 176

477

Register

Ida 15, 16, 29, 34, 40, 43, 199, 200, 201, 215, 216, 267, 310, 317, 331
Idäische Grotte 15, 96, 97, 191, 199, 380
Iddindagan 284, 288, 289, 298, 299
Idea 41
Ideogramm 98, 100, 312
Idol 125, 127, 129, 131, 152, 160, 165, 184, 210, 238, 239, 245, 247, 254, 255, 256, 269, 370, 420
Idomeneus 10, 49, 55, 108, 274, 418
Ikaros 52
»il« 298
Illujanka 290
Inanna (s. Ischtar)
Indoeuropäische Einwanderung 171
Inin (Inanna) 281, 282, 286, 287, 289
Initiantin 355
Initiation (Einweihung, Eintritt in etwas Neues) 356, 401, 403
»initratory area« 317
Inkarnation 279
Inkubation 276
Insel der Seligen 40, 58
Insignien 205, 215, 291, 292, 293, 294, 300, 324, 372, 373, 394
Inthronisierung 213, 219, 290, 403, 408, 409
Ionier 29
Iphigenie 276
Iran 282
Iraklion (Candia) 16, 17, 18, 19, 31, 32, 35, 71, 72, 78, 102, 109, 129, 153, 238, 257, 266, 312, 332, 334, 336
Ischkur 180, 285, 286, 303
Ischmedagan 284
Ischtar (Inanna) 179, 180, 181, 182, 189ff., 192, 195, 215, 226, 227, 230, 250, 251, 282, 286f., 292, 293, 294, 296f., 300, 303, 321, 323, 324, 367, 368, 371, 377, 391, 400, 426
Ischtarat 177, 219, 414
Isin 283, 284, 288, 289, 292, 298, 299
Isis 182, 277, 286, 358
Isopata 128, 413

Isyholz 277
Ithaka 10
Itinerar 342

Jahresfest 277
Jahresgöttin 221
Jahresgott 19, 215, 218, 219, 221, 227, 235, 260, 295, 297, 357, 358, 362, 365, 368, 369, 370, 372, 377, 380, 385, 386, 389ff. 399, 404ff., 424, 426, 427
Jahresschwellenfest (Neujahrsfest) 410
Jahreszyklus 257, 382, 385
Jam (Jammu) 191, 290, 304, 362, 378
Jamchad 273
James, E. O. 277
Jarimlim 272, 273, 284
»Jasasara« 399
Jasmach adad 284
Jasos 268
Jehova 292
Jenseitsvorstellungen 225, 237
Jericho 151
»Jewel Fresco« 402
Jong, P. de 73
Juchtas 24, 97, 121, 185ff., 190, 201, 215, 329, 331, 369
jugendlicher Gott 188

»Ka« 253, 259, 277, 295, 371
Kadmos 45, 393
Kaftu/Kaftiu/Keftiu 56, 60, 109, 341, 342, 343, 344, 383
Kahun (Lahun, Lischt) 90, 267ff.
Kairatos 35, 328, 329
Kaiser 282
Kalavassos 126
Kalb 398
Kalchas 276
Kallimachos 18, 364
Kalokairinos, M. 71, 72, 73, 96, 106, 107
Kalymnos 267
Kamares 90, 91, 96, 199, 200, 201, 216, 266ff., 270, 272, 328, 392

Register

Kamikos 52, 64
Kamilari 155, 156, 157, 240, 242, 243
Kammergrab 162, 166, 168, 169, 235, 243, 245, 247, 346, 412, 413
Kampos 130
Kanaanäer 377
Kanesch (Kültepe) 171
Kanli Kastelli 423
Kantharos 150, 362, 398
Kaphtoriter 28
Kap Misenum 40
»Kappuru« 276
»Kapte-ra« (Kaptara, Kaphtor) 176, 272, 273, 341, 343
Karer 263
Karawanserei 325
Karien 388
Karkemisch 273
Karne 44
Karo, G. 82, 84, 90, 110, 111, 366
Karpathos 23, 139, 267, 346
Karphi/Karfi 28, 29, 96, 186, 215, 304, 376
Kartusche 318
Karvani-Höhle 121
Kasos 346
Kassiten 280
Kastri 26, 208, 346
Kastro Kephalo 109
Kato Zakro s. Zakros 183, 185, 186, 305, 312, 334, 336, 337, 339, 345, 392, 411, 420
Katreus 49
Katsambas 97, 125, 329, 393
Katze 255ff., 322
Katzengöttin 303, 408
Kavousi 334
Kayseri 171
Keel, O. 325
Keilschrift 23, 179, 275, 280, 341
Keleos 275
Kenamun 60
Keos (Kea) 24, 26, 59, 109, 344, 358, 409
Kephala 71, 72, 73, 85, 97, 134, 170, 211

Kerameikos 244
Keraunion-Gebirge 41
Kernos 166, 167, 189, 223, 233, 243, 244, 245
Keros-Syros-Kultur 164
Keule 378
Keulenkopf 336, 338
Khirokitia 133
Kilix 45, 46
Kinaithos 57
»kissíon bélos« 393
»kissos« 393
Kistengrab 166, 167
Kithairon 397
Kithara 406
»Klappstuhlfresko« 78
»Klawiphoros« 423
Kleinasien s. speziell 160, 161, 169, 212, 213ff. 222, 224, 225, 280
»Kleiner Palast« 328, 385, 418,420
Klosett 328
Knabenherden 37
Knidos 23, 268
Knochen 395, 414
Knossos 10, 23, 24, 26, 27, 28, 30, 31, 34, 35, 40, 44, 49, 54, 55, 56, 57, 58, 59, 60, 62, 63, 64, 71, 72, 73ff., 83ff., 87, 90ff., 105ff., 116, 119ff., 125, 128, 134, 135, 147, 156, 165, 173, 176, 181, 183, 185, 190, 193, 198, 199, 200, 201, 205, 211, 229, 240, 243, 251, 255ff., 260ff., 265ff. 270ff., 278, 295, 297, 302f., 314ff., 318ff, 322, 324, 326f. 329, 330, 332, 334, 336, 343, 345^, 350, 360, 361, 363, 369, 373, 378, 383, 385, 388, 389, 392f., 395, 396, 398f., 401ff., 409ff., 420ff.
Knossos Orientierungsplan 103
Knoten heiliger 367, 388, 401, 402
König s. speziell 178, 181, 182, 191, 192, 205, 213, 215, 238, 260, 272, 275ff. 290, 293, 294, 301, 304ff., 314, 318, 325, 338, 341, 345, 370, 373, 376, 377, 394, 400, 403, 404,409ff., 415, 418, 422, 423

479

Register

Königin 319 speziell 404
»Königliche Villa« 328
Königsgrab 168
Königsstraße 317, 318, 328
Königtum 274
Kohlmeyer, K. 174, 293
Koine 288
Koios 41
Kokalos 52, 53
Komi 108, 116
Kommos 333
»Kommunionskelch« 338, 339
Komo 183
Konstantin der Große 20
Konstantinopel 31
Kophinas 186, 215
»Koreter« 423
Korinth 128, 397
Koroplastik 29
Kos 23, 130, 170
Kosmas und Damian 20
Kosmoi 36, 39, 40
Kostajnica 67
Kothurne 398
Koumasa 130ff., 153, 162, 165, 170, 186, 215, 242
Koutsokera 155, 157
Krasi 132, 137, 155, 247
Krater 267
Krates 40
Kres 40, 57
Krete 40, 41
Kretologenkongress 102
Kreuz 321
Kriegergrab 98, 100
Kriegsgott/-göttin 198, 227, 287, 288, 303, 323, 372, 424, 427
Kronos 1, 41, 42, 43, 44, 46, 58, 179, 180, 213, 274, 295, 296, 298, 302, 368
Krypta 225, 227, 230, 240, 241, 316, 317, 321, 328, 329, 372, 392, 414, 416, 420
Kuh 299, 322, 367, 372, 419
Kuhgöttin 399
Kuhkopf 338

Kultaxt 387
Kultbank 203, 216, 218, 219, 220, 224, 225, 233, 234, 235, 243, 413, 417, 420
Kultbankheiligtum 304, 308, 330, 338
Kultfassade 223, 227, 229, 333,
Kulthorn 188, 234, 235, 242,
Kultmahl 152, 213, 219, 221, 358
Kultpfeiler 200, 299
Kultsäule 393, 427
Kultstatue 202
Kumarbi 179
Kupfer 170, 273
Kuppelgrab (s. Tholos)
Kureten 36, 40, 41, 43, 368
»kybela« 388
Kybele 366ff., 387, 388
»kybelis« 388
Kydonia (s. Chania)
Kydonen 10, 29, 34
Kykladen 127, 129, 132, 160, 161, 165, 344
Kyparisi 132
Kyrene 31
Kythera 26, 27, 59, 62, 343, 344, 411

»Labrys« 388
Labranda 388
Labyrinth 50, 51, 52, 73, 90, 128, 297, 328, 352, 388, 425
Lagasch 282, 283, 288, 291, 293, 294, 300, 375
»LAMA« 375
Lanze 205, 380, 395
Lapithos 268
Larissa 208
Larnax 236, 237, 246
Larsa 283, 284
Lassithi 15, 17, 96, 122, 186, 195, 196, 222, 233
Lato 29, 369
Laurion 86
»Lawagetes« 422, 423
Lebena (Lenda) 16, 97, 123, 130, 132, 153, 154, 157, 158, 159, 173, 243, 247

Lebensbaum 377, 378, 392f., 396, 405, 406
Lebenspflanze 197, 254, 255, 370, 407
Lebenswasser 370, 374, 384, 405
Lekanis 149, 153, 164
Lemnos 52
Lenda (s. Lebena)
Leobotes 30
Lerna 23, 267, 268
Lesbos 387
Leuka Ori 15, 34
Levante s. speziell 160, 280
Levi, D. 96, 163, 267
Libanon 303
Libation 217, 250, 253
Libationskanne 405
Libya 45
Liebesgöttin 227, 286ff., 308, 323, 366, 367, 424, 427
Lilie 350, 388, 392
»Lilienfresko« 354
»Lilienprinz« 76
»Lilienzimmer« 348, 350
Linear-A 23, 74, 95, 99, 197, 203, 228, 253, 258, 312, 336, 364, 399
Linear-B 23, 27, 55, 72, 74, 92, 94, 95, 98, 99, 100, 102, 104, 106, 108, 109, 113, 200, 224, 227, 335, 363, 370, 418, 421, 422, 427
Linos 48
Löwe 294, 299, 301, 357, 364, 367, 372, 379, 382ff., 386ff., 390f., 396, 397, 409, 419
Löwengöttin 399
Löwengott 385, 399
Löwenkopf 338
Löwenmann 386, 396
Louros 130
Lugal 292
Lugalzagesi 282
Lurz, N. 114
»Lustralbecken« 83, 213, 214, 231, 232, 309, 338, 355, 403, 404
Luwisch 128
Lyder 388

Lykabettos 128
Lykastos 56, 64
Lyktos (Lyttos) 27, 369, 343
Lykurg 30, 36, 39, 54, 64
Lythaea 51

MacGilivray, A. 266, 267
Mackenzie, D. 73, 82, 85, 86, 89, 92, 93, 96, 104, 107, 210
Magasa 121, 122, 123, 136
Magie 275, 277, 278
Mahlstein 203, 218
Männerhäuser 38, 39
Malevizi 17, 19
»maliktum« 175
»malikum« 175
Mallia 16, 26, 56ff., 96, 121, 125, 135, 138, 140, 141, 172, 173, 176ff., 183, 185ff., 213ff., 222, 223, 229, 230, 233f. 236, 243, 253, 265, 267, 303ff., 320, 324, 345, 411, 420
Manning, S. 114, 115
Manti-Platonos, M. 324
Mardich, Tell (s. Ebla)
Marduk 276, 284
Mari 150, 172, 175, 176, 177, 179, 181, 189, 291, 292, 293, 300, 319, 367, 414
Mariani, L. 96, 200
Marinatos, N. 232, 274, 322, 348f., 352, 354ff., 410
Marinatos, Sp. 97, 155, 159, 198. 199. 200, 232, 309, 347
Marmor 82
Marmor Parium 54, 55, 56, 58
Maronia 166
Matala 332
Matz, F. 159
Mavro Spelio 263
McDonald, W. A. 106
»me« 182, 191
Mebaragesi 292
Medea 355
mediterraner Typ 132, 157
Medusa 387

481

Register

Meerdrachen 378
Meeresstil 329
Meergöttin 366, 399
Meergott 399
Megara 51, 64
Megaron 63, 92, 98, 108, 109, 116, 316, 420
Melaina 387
Melqart 290
Melisseus 43
Mellersch, H. E. L. 270
Melos 23, 24, 59, 62, 63, 109, 116, 130, 183, 268, 411
Memphis 294, 303, 318, 393
Mencheperreseneb 342
Menelaos 54
Menschenopfer 151, 206, 398
Menus/Minus 56, 58, 60, 62, 63, 64, 109
Mesara 97, 128, 130, 132, 153, 155, 156, 157, 160, 161, 167, 170, 173, 183, 184, 239, 240, 310, 312, 317, 371, 375, 395, 405
Mesopotamien s. speziell 160, 170
mesozephal 132, 157
Messara 15, 16, 22, 57
Messene 342
Messer 205, 413, 414
Metallurgie 170, 265
Metis 44
Miamou 122, 225, 247
Milatos 222
Milet 23, 24, 46, 57, 58, 222, 268
Miletos 46, 57
Minoa 53, 63, 65
Minoer 71, 72, 424
Minoische Epoche 116
Minoische Kultur 91, 94, 99, 101, 105, 110
Minos 19, 30, 33, 34, 35, 39 44, 45, 46, 47, 49ff., 71, 72, 108, 110, 132, 238, 258, 274, 275, 297, 314, 329, 345, 376, 400, 411, 415
Minosring 361
Minotaurus 50, 52, 55, 297
Mirabella-Bucht 160, 233, 305, 333

Mitani 280
Mnemosyne 41
Mochlos 23, 96, 128, 133, 136, 138, 139, 140, 153, 162, 166, 167, 168, 169, 183, 236, 259, 361, 392
Monastiraki 23, 24, 183
Mond 180, 182, 183, 189, 194, 198, 207, 279, 285, 286, 289, 299, 367, 372
Mondgott 371
Montu-Tempel 274
Morgenstern 207
Mosaik 88, 272
Mot 191, 192, 195, 218, 225, 226, 379, 382, 384
»mottled ware« 161
Mühle 347
Mursili I. 280
Muschel 190, 191, 194, 218, 233, 234, 238, 245, 247, 271, 322, 358, 407
Musen 44
Mykene 49, 55, 69, 70, 84, 94, 101, 102, 108, 109, 360, 385, 389f., 394, 397, 400, 404, 425
Mykener 92, 104, 108, 424
Mykenische Kultur 70, 82, 93, 101
Mykenische Zeit 92
Myrna 203
Myres, J. L. 97
Myrsini 155
Myrtos 22, 97, 136, 137, 141, 143ff. 161, 173, 185f., 200, 208, 423
Mythos 296, 297, 300, 325, 395, 400, 404, 407, 410

Nachpalastzeit 415
Nanna 285, 292
Naram Sin (Naramsin) 173, 175, 282, 283, 284, 285
Narmer 126, 133
Nash Mills 67
Naturgöttin 400, 424
Naturzyklos 248, 286, 369
Naxos 52, 129, 130, 132, 168, 400
»neb« 251
Negade-Kultur 126, 129

Register

Neleus 387
Nemesis 425
Neujahr 292, 377, 381, 382, 403, 408, 411
Neujahrsfest 218, 219, 288, 290
»nepher« 158, 159
Nergal 379, 382, 383
Nestor 102
Nidha-Ebene 15, 199
Niemeier, W.-D. 76, 108, 213, 214
Nildelta 25
Nilpferdgöttin 271
Nilsson, M. P. 314, 366, 369
Ninchursang 282
Ningirsu 291, 294, 296
Ninni-Zaza 177, 219 414
Ninurta 285, 291
Nippur 280, 281
Nirou Chani 26, 332, 333
Nisaba 282
Nisan 381
Nisos 51
Nisyros 130, 268
»Nopina« 399
Nun 182
Nuradad 284
Nymphen 43, 44
Nysa 41, 42

Obeid 112
Obsidian 130, 150, 160, 168, 216, 230, 245, 265
Odysseus 10, 18
Öl 422
Oinopion 47, 52
Okeanos 41, 44
Oktopus 69, 138
Oliaros 132
Olivenpresse 331
Olympia 89
Omestes 390, 396
Omophagie 364, 379, 395, 396, 397, 398
Opfer 232, 233, 234, 242
Opfertisch 188, 197, 204, 216, 218, 219, 224, 233f. 246, 332, 339, 356

Orchomenos 69, 101
Ori Sitias 15
Orion 182
Ornat 324
Orontes 175
Orpheus 44, 48
Orthea 51
Orthostaten 83, 213
Osiris 182, 197, 286, 358, 368, 377, 393, 406
Ossuarien (Beinhaus) 133, 136, 137, 158, 208, 235, 243
Oxford 67, 69, 70, 89, 102, 104, 106, 197, 250, 255f., 386
Oxyrhynchus Fisch 197

Pachnes 15
Pachyammos 236, 237
»Paian« 427
»pa-ja-wo« 427
Palästina 28, 206 speziell 125ff., 133ff. 151, 175, 270, 280, 282, 287, 289
Palaikastro 16, 23, 26, 96, 106, 129, 132, 133, 136, 137, 139, 183, 185, 220, 265, 329, 368, 374, 420
Palastruderer 421
Palaststil 92, 94, 412
»Palasttempel« 179
Palastweberin 421
Palme 352, 354, 377, 392, 393, 396, 403, 412, 417
Palmer, L. R. 102, 104, 106, 107, 403, 415
Panammuwa 247
Panathenäische Spiele 50
Pantheon 180, 280, 287, 290, 296, 303, 370, 424
Panther 261, 323
Papadakis, K. 80
Papyrus 159, 247, 248, 251, 271, 329, 335, 344, 350, 358, 391, 392, 408, 412
Papyrusgöttin 399
Paraskevi 199
Parhedros 46, 58

483

Register

Paris 355
»Die Pariserin« 78
Paros 50, 129, 130, 132, 238
Pasiphae 49, 50, 84, 376, 404, 410, 426
»pa-si-te-oi« 421
Patsikies 267
Pausanias 57, 180, 297, 298, 364, 376, 387, 393, 397, 400, 425
»Pax Minoica« 25, 93, 345, 346
Pefkakia 268
Pektoral 406
Pelasger 10, 29, 34, 388
Pelasgisches Megaron 92, 420
Pelon, O. 265
Peloponnes 163
Pendlebury, J. D. 96, 128, 173
Penelope 10
Pentheus 396, 397, 398
Peparethos 52
Pergamon 31
Peristyl 309
Pernier, L. 96
Persephone 44, 234, 391, 395, 407, 410, 426
Petrie, W. M. F. 90, 269
Petschaft 158, 160, 170
Petsophas (Petsofas) 97, 185, 186, 189, 190
Pfeil (sum. Hieroglyphe für den Lautwert »ti(l)« = leben) 254, 255, 256, 259
Pfeilerkult 300
Pferd 301
Pferdeopfer 419
Phaedra 49
Phaistos 23, 26, 29, 35, 53, 56, 57, 58, 59, 93, 96, 100, 116, 122, 123, 125, 128, 134, 135, 150, 163, 183, 199, 200, 211, 213, 215ff., 219, 220, 222, 223, 225, 229, 250, 258, 262, 265ff. 290, 291, 305, 306ff., 310, 312, 320, 329, 330, 332, 336, 345, 369, 411, 420
Pharos 269
Philiorimos 185, 186
Philister 28, 263
Philistides aus Mallos 40
Phlegyer 427
Phoebe 41
Phoenix 45, 49
Phönizien 304
Phönizier 30
Phonogramm 257
Photogrammetrie 89
Phourni 97, 132, 140, 236, 237, 238, 239, 245, 246, 373, 418
Phournou-Koriphi (Fournou-Korifi) 97, 141, 153, 185
Phylakopi 63, 92, 183
»Piano nobile« 326, 417
Picard, C. 239
Piktogramm 75, 257
piktographisch 228, 251ff., 261
Pindar 46, 58, 298
Pini, I. 155, 156
Piskokephalo 186
Pithos 72, 147, 150, 152, 236, 237, 238, 239, 241, 320, 331
Plastiras 127
Platanos 130ff., 138, 155ff., 170, 181, 242, 249, 250, 271, 274
Platon 46, 47, 58
Platon, N. 97, 110, 112, 115, 158, 181, 188, 210, 239, 249, 250, 336, 338, 339, 346
Platyvola 130
C. Plinius Secundus 40, 58
Plouton 43
Ploutos 44
Plutarch 364, 377, 388, 390
Pötscher, W. 405
Pokal 380
Polydoros 393
Politurmuster 161, 162
Polythyron 228, 309, 312, 319, 333, 349, 416
Pompeji 347
Popham, M. R. 104, 105
Porada, E. 302
Poros 238, 239
Porphyrios 380

Register

Porti 22, 131, 132, 138
Poseidon 43, 49, 50, 224, 227, 238, 275, 298, 301, 302, 303, 325, 370, 376, 386, 387, 388, 391, 410, 421, 424, 426
»Potnia« 424, 425
Poursat, C. 96, 233
Präphönizische Schrift 71
Praisos 29
Priamos 49
Priester 178, 259, 260, 261, 294, 324, 401, speziell 275ff.
Priesterin der Winde 424
Priesterkönig 324, 329
Prinias 29
Prinz 259, 334
»Prinzenbecher« 340, 372
Prokoreter 423
Prophetis Elias 186, 198, 215
Propylon 306, 307
Proto-Linear 23, 233
Prozession 179, 188, 212, 219, 229, 317, 402, 403, 404, 408, 409, 416
Pseira (Psira) 23, 26, 183, 333
Purulli-Fest 290
Pyrgos 22
Pythagoras 380
Psiloritis 15
Psychro-Höhle (Diktäische Grotte) 96, 196, 197, 226f., 238, 389, 407
Psychro-Tafel 198, 238
Ptah 393, 406
Pylos 102, 108, 109, 363, 387, 419, 421, 422, 423, 424, 425
Pyrgos 129, 134, 161, 162, 185, 186, 208, 265, 423
Pyrrichos 36
Pythagoras 199
Pyxis 130, 153, 165, 166

Quartier Mü ? 231, 233, 265

Radiokarbondatierung 89, 114
Ragusa/Dubrovnik 69
Ramses II. 63
Ramses III. 28

»rasaja« (raz saija) 344, 383
Rasap (Reschef) 383, 391, 394, 386
Re 182, 277, 279, 287
Rechmere 61, 342
Re-Harachte 182
»Reoccupation Phase« 104
Rhadamanthys 10, 35, 45, 46, 47, 48, 53, 54, 56, 57, 58, 64, 297, 298, 310, 314, 345, 346, 377, 411
Rhea 9, 40, 41, 42, 43, 295, 368, 387, 388
Rhetymnon 16, 18, 23, 32, 122
Rhodos 23, 24, 25, 28, 139, 268
Rhyton (Rinngefäß) 75, 77, 140, 203, 220, 225, 242, 304, 313, 338f., 358, 371, 413
Ridgeway, W. 108
Ringkampf 313
Ringkappe (Breitrandkappe) 190
Robe 322
Römer 137, 170
Rollsiegel 181, 324, 375
Rom 31
Rosette 299, 367, 372, 388, 420
Rosettenkönigin 399
Rousospiti 186
Rundgrab 129, 130, 134, 153, 154, 155, 157, 158, 167, 235, 237, 238, 239, 240, 243, 371
Rutkowski, B. 186, 202, 359

»sabru« 276
»Sacred Grove and Dance« 409
Säflund, G. 340, 361
Säulengöttin 399
Säulengott 399
Säule, heilige 372, 396
Säulenkult 300
Safadi 126
Safran 322
Sakellarakis, J. u. E. 97, 115, 130, 1332, 140, 165, 186, 199, 201, 236, 237, 239, 245, 329f., 343
Sakkara 371
Salame 155
Samonas 108, 116

485

Register

Samos 23, 163, 268
Samothrake 45, 89
Sansu iluna 284
Santorin 346f.
Sardes 25
Sargon I. 171, 176, 282, 283, 284, 292, 341
Sarkophag 236, 237, 238, 245, 246, 310, 379f., 392, 405f., 419
Sarpedon 10, 45, 46, 56, 57, 58, 274, 411
Satyr 354
Sausga 287, 303
Schachermeyer, F. 100, 162, 224, 258, 273, 302, 313, 402, 415
Schachtgrab 69, 101, 108, 310, 394, 413, 419
Schaefer, Ch. 269
Schamasch 182, 284ff., 294, 296, 382
Schamschi-Adad I. 284, 381
Schatzhaus des Atreus, sog. 101
»Schatzkammer« 227, 313, 335, 337, 338
»Schatztruhen« 319
Schautreppe 219, 223, 227, 229, 306
Schiff 313, 343, 361f.
Schiffsmodell 409
Schiffsprozession 357
Schild 199
Schildgöttin 366, 399
Schildgott 399
Schirokko 192
Schlange 255, 259, 301, 323, 364, 372, 387, 401, 407, 420
Schlangengöttin 220, 226, 251, 271, 272, 360, 375
Schlangenröhre 242
Schliemann, H. 69, 82, 84, 89
Schnabelkanne 136, 160, 161, 162, 329
Schnitter 314
Schnittervase 404
Schrein 187, 189, 213, 224, 337, 349, 398
»Schrein der Doppeläxte« 417, 418
»Schrein der steinernen Fetische« 418

Schriftsysteme 71
Schulgi 283, 291
Schwert 170, 197, 198, 218, 227f., 265, 273, 286, 354, 367, 372, 373, 394, 412f., 418
Seager, R. 236, 334
Sechmet 294, 303
Sechskantaltar 241
Seesieg 356
Seevölker 28, 113, 116, 263
Semele 391, 393, 396
Senmut 61, 342
Servius 238
Sesostris I. 259, 342
Sesostris II. 90, 269
Seth 279, 289, 303
Sethos I. 63
Sidon 180, 303
Siegel speziell 170, 257
Silamos 266, 267
Silber 176, 198, 205, 228, 229, 273, 274, 323, 328, 340f., 343, 413
Silphium (antike Nutzpflanze) 260, 261
Simon, E. 238
Sin 282, 284, 285, 294, 296
Sinai 125, 169
Sinkaschid 284
Sinmuballit 284
Siphnos 130, 132
Sistrum 271, 404
Sitia 15, 16, 19, 97, 210, 321, 423
Siva 155
Skaphidia 247
Skarabäus 159, 160, 170, 173, 186, 187, 195, 245, 247, 249, 259, 271, 324, 325
Sklave (Sklavin) 421, 423
Skotino-Höhle 199
Skylios 195
Skylla 51
Slavokampos 26
Smyrna 31, 53
Sobek-em-hat 270
Sokrates 47
Sonne 180, 182, 189, 190, 194, 198,

Register

207, 227, 259, 279, 284, 285, 286, 289, 299, 367, 372, 384
Sonnengott 371, 382, 405
Sonnenzyklus 371f.
Spätminoische Zeit 91
Sparta 30, 276, 302
Spartaner 109
Speer 239, 409, 412
Spekrographie 106
Spektroskopie 89
Sphinx 254, 294, 334
Sphoungaras 121, 167, 236, 237
Spielbrett/-tisch 80, 81, 224
Spindel 145, 330, 419
Spinnrocken 145
Spinnwirtel 145, 146, 150
Spitzkappe 190, 303
Stabszepter 356, 372, 376, 390, 409, 426
Stadtmosaik 88
Stadtstaat 172, 175, 280, 281, 283
Standarte 309, 320, 392
Staphylos 52
Stater 291
Steatit 168
Steinanker 268, 269
Steinbock 300
Stein v. Rosette 69
Stern 180, 224, 226, 297, 298f., 308, 321, 367, 372, 419
Stier 180, 191, 206, 220, 224, 225, 227, 239, 242, 246, 256, 260, 261, 285, 294ff., 301, 303f., 364, 370, 372, 378, 379, 380ff., 391, 396f., 403f., 405, 409f., 426
Stiergott 371, 384f., 391, 399, 403
Stierhorn 370
Stierkopf 84, 85, 189, 196, 252, 408
Stierkopfrhyton 328
Stiermann 386, 396
Stieropfer 206, 405, 419
Stiersprung (Stierspiel) 79, 223, 313, 328, 352f., 371, 378, 400, 403, 410
Stomion 412f.
Strabon 34, 35, 36, 37, 38, 39, 46, 54, 58, 297, 400

Streitkeule 372
Streitkolben (Keulenkopfszepter) 123, 125, 160
Stürmer, V. 244
Stufenaltar 187, 188, 202, 203, 309, 330, 332, 406
Sturmvogel 301, 372
Sumer 261, 262, 280, 281, 283, 293
»sunu« 277
Syrien s. speziell 127, 137, 160
Syros 130, 132, 159, 208
Syssitia andreia 36
Szepter 227, 291, 292, 294, 295

Tabu 277
Täfelchen 92
Talent 341
Talos 46, 57, 195
Tamariske 276
Tammuz (s. Damuzi)
Tanaja 343
Tanzplatz 50
Taramelli, A. 200
»ta-ra-nu« 419
Taube 299, 367, 372, 407
Taubengöttin 226, 238, 366, 424
taurischer Typ 132, 157
Taurophagie 396
Tauros 390
Ta-urt 271
Ta-urt-Dämon 374, 397, 406
Tegea, 387
Telephassa 45
»Telestai« 423
Tel el Amarna (s. Amarna, Tel el)
Tel Kabri 24
Temenos 185, 196, 202, 423
Tempel 172, 233ff., 262, 278, 281, 291ff., 299, 300, 303f., 327, 359, 360, 362f., 400, 403f., 406, 409, 414, 420, 423
Tempeldepot 316, 321, 322ff., 361
Tempelgrab 225, 413f.
Tenedos 398
Teschup 285, 287, 290, 303, 388
Textilindustrie 421

487

Register

Thalassokrat 35
Thalassokratie 344ff.
Thales 36
Theaterareal 307, 316f., 330
Theatergott 398
»Theatron« 219, 306
Theben 27, 45, 48, 50, 59, 106, 393, 396
Theben, ägypt. 279, 296, 341f.
Themis 41
theokratisch 281, 282, 349
Theoprast 378
»theos« (theoi) 424
Theophanie 187
Thera 24, 25, 59, 62, 63, 97, 109, 113ff., 268, 314, 344, 346, 352, 358, 392, 408f., 411
Therasia 347
Theren 44, 208
theriomorph 218, 224, 237, 255, 256, 257, 301, 364, 372, 374, 396
Thermoluminiszenz 89
Thera 97, 109
Theron 53
Theseus 51, 52, 55, 297, 387
Thesmophoros 43
Thessalien 163
Thetys 41
Thoas 52
Tholos (Kuppelgrab) 97, 101, 108, 130, 132, 156ff., 170, 237, 238ff., 243, 246, 249, 250, 259, 271, 274, 302, 309, 418, 419
Thrapsano 266
»Threnyes« 419
Thron 80, 82, 83, 174, 175, 192, 213ff. 219, 227, 259, 260, 278, 318f., 372, 378, 403, 417
Thronname 297
Thronsaal 82, 83, 92, 107, 109, 213, 227, 301, 316, 337, 378, 403, 417, 418
Thukydides 53, 64, 345
Thutmosis III. 56, 60, 274, 342f.
Thutmosis IV. 343
Tiermetamorphosen 323

Timios Stavros 15
Tintenfisch 329
Tiryns 102, 108, 109
Tischler 334
Titaea 41
Titanen 9, 40, 41, 42, 44, 46, 295, 379, 396
Titus (Bischof) 18
Tod 274
Töpfer 147, 161, 230, 264, 319, 334, 347, 359, 412, 417, 421, 422
Töpferscheibe 147, 148, 265, 334
Toilette 319, 349, 416
Tontafen 73, 74, 75
Tonzylinder 189
»Toreador« 79
Toreut 170
Toreutik 29
Totengott 386
Totenhaus 246
Totenklage 369
Totenkult 235, 236, 240, 241, 242, 247, 285
Totenopfer (Totenritual) 380, 405
»Town Mosaic« 88
Trankopfer 196
Traostalos 185, 186
Trapeza-Höhle 122, 165, 195, 196, 225, 247, 274
Traubenpresse 331
Trier 67
Triptolemos 275
Tritogeneia 41
Tritonis 41
Troas 160
Troja 10, 28, 49, 54, 69, 84, 89, 108
Trojanischer Krieg 34, 54
Troulli 141
Trowel 259
Tsountas, Ch. 70
Tourkoghitonia 330, 418
Tunis 309
Tutanchamon 358
Tylissos 26, 28, 96, 108, 116, 183 185, 186, 331, 364, 420
Tyros 290, 303

488

Register

Tzedakis, Y. 97, 305
Uch von Kusae 391
Udjat-Auge 257
Uelinger, Ch. 325
Ugarit 23, 175, 179, 189, 191, 207, 215, 225, 226, 236, 247, 268, 269, 272ff., 296, 297, 300, 303, 325, 340, 364, 377f., 379, 381ff., 407, 413
Umma 282
Ur 112, 168, 283, 288, 292, 294, 299, 321, 381, 384
Uranos 40
Urnammu 283
Uruk 182, 280, 281, 282, 291, 292, 294, 377
Urukagina 294
Uruk-Kullaba 286, 288
User 271
Useramon 61, 342
Utu 282, 284
Utuhengal 283

Vaphio 302, 385
Vasiliki 96, 133, 134, 135, 136, 147, 161, 167, 173, 211, 243, 265
Vathypetro 193, 331
Vegetationsfeier 356
Vegetationsgöttin 355, 367
Vegetationsgott 182, 195ff., 198, 213, 235, 260, 286ff., 290, 360f., 368f., 377, 392, 395f., 398f., 401, 403, 405f.
Vegetationsmythos 191, 197
Vegetationszyklus 367, 369, 400, 407
Velchanos 195, 368f.
Ventris, M. 99, 108, 363f.
»Venus von Beersheva« 126
Vergil 58
Vergöttlichung 282, 283
Vermeule, E. 105
Vierfachaxt 389, 405, 406
Vlychia 314, 325
Vogel 198, 364, 405ff., 417, 420
Vogelgöttin 198

Volos 268
Vorminoische Epoche 116, 183
Vorou 22, 239
Votiv 185, 186, 187, 188, 189, 190, 196, 199, 201, 226, 239, 313, 322, 360, 373, 374, 387, 407, 409, 420
Vorou 239
Vulkan 114, 346f., 386

Wace, A. 101, 102
Wadschet (Wadzet) 251, 271, 303, 323
Waffen 340
Walker 422
»Wanassa« 424, 425, 426
»Wanax« (Wanassoi) 422, 423, 424, 425, 426
Warren, P. 96, 114, 142, 143, 144, 148, 149, 152, 168, 173, 363f., 395
»waz« 248
w3d 159, 247
Webegewicht 145, 146, 330
Weberei 359
Weberschiffchen 146, 147
Webstuhl 145, 146, 150, 330, 349
Weihetafel 197
Welch, F. B. 98
»Wer« 285
Westhaus 347, 348, 350f., 356f., 409
Westhofheiligtum 216, 217, 219, 225, 250, 266, 308
Wettergott 189, 195, 197, 215, 218, 224, 226f., 252, 256, 260, 284, 285, 287, 288, 290, 292, 296, 301, 303f., 324, 364, 369f., 371f., 378, 380f., 388f., 399
Wettkämpfer 313, 378
Whitelaw, T. 144, 148
Widder 301
Wiedergeburt 226, 410
Wildkatze 357
Wildrind 301
Wildziege 322
Wood, M. 95
Wulstsaummantel 324, 325

489

Register

St. Xanthondides 97, 131, 153, 155, 156, 210, 259
Xenodike 49
Xeste 3 348, 350f., 354ff.

Yiali (s. Gyali)
Yorkshire 73
Yule, P. 249, 278, 373

»zagmu« 381
Zagmu-Fest 382
Zagreus (s. Dionysos Zagreus)
Zagros 125
Zahlzeichen 258
Zakkerer 263
Zakros (Kato Zakro) 26, 59, 96, 97, 110, 121, 132, 133, 166, 183, 185, 186
Zaphon (Zephon, Saphon) 215, 225, 298, 300ff., 364, 372, 378, 380, 390
Zeder 286
Zapher-Papura 413
Zephyros 309
Zeremonialaxt 227
Zeremonialhammer 324
Zeremonialwedel 373
Zervos, Ch. 141, 250, 304
Zeus 10, 19, 30, 35, 42, 44ff., 49, 53, 54, 64, 89, 179, 196, 199, 200, 208, 213, 220, 224, 226f., 238, 275, 279, 287, 290, 295ff., 364f., 368ff., 375f., 378, 379, 387, 391, 395, 396, 407, 410, 424ff.
Zeus Kretagenes 364, 368
Zeus Labrandeus 388
Zeus Stratios 388
Ziege 372
Zimmermann 334, 338
Zimri-Lim 273, 291, 293, 300
Zinn 170, 272, 273
Zisterne 211, 229
Zois, A. 274
Zweiarmwirbel 190, 250, 256, 381, 386
Zweijahreszeiten-Gott 374
Zweijahreszeitenzyklus 381
Zwischenzeit 116
Zylindersiegel 160, 170, 300, 301, 373, 389
Zypern 23, 25, 28, 126, 133, 172, 268

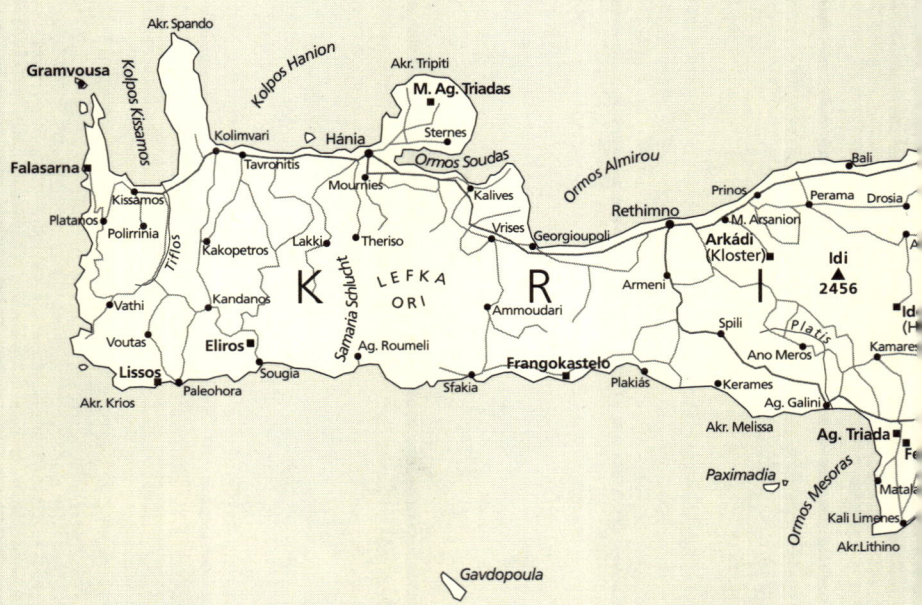

Kreta

30 km